Mainczyk
Bundeskleingartengesetz

Bundes-kleingartengesetz

Praktiker-Kommentar mit ergänzenden Vorschriften

bearbeitet von

Dr. Lorenz Mainczyk

Ministerialrat a. D., vormals im Bundesministerium
für Raumordnung, Bauwesen und Städtebau,
Rechtsanwalt, Bonn

7., neubearbeitete, erweiterte Auflage, 1997

REHM
VERLAGSGRUPPE
JEHLE REHM

Die Deutsche Bibliothek – CIP-Einheitsaufnahme

Mainczyk, Lorenz:
Bundeskleingartengesetz: Praktiker-Kommentar mit ergänzenden Vorschriften / bearb. von Lorenz Mainczyk, – 7. neubearb., erw. Aufl. – München / Berlin: Rehm, 1997
ISBN 3-8073-1319-2

Geänderter Nachdruck der 7. Auflage 1997 unter Berücksichtigung des Bau- und Raumordnungsgesetzes vom 18. August 1997 (BGBl I S. 2081)

Bei der Herstellung des Buches haben wir uns zukunftsbewußt für umweltverträgliche und wiederverwertbare Materialien entschieden. Der Inhalt ist auf elementar chlorfreiem Papier gedruckt.

ISBN 3-8073-1319-2

Verlagsgruppe Jehle Rehm GmbH
Einsteinstraße 172, 81675 München
Satz: Kort Satz GmbH, München
Druck und Bindung: F. Pustet, Regensburg

Vorwort zur 7. Auflage

Gut zwei Jahre nach der sechsten Auflage liegt jetzt — dank der anerkennenden Aufnahme der Vorauflage — die siebte Auflage des Praktiker-Kommentars vor. Die Neuauflage ist unter Berücksichtigung der Erfahrungen und Erkenntnisse in der Praxis ergänzt und erweitert worden. Dabei wurden die Vorschriften, die erfahrungsgemäß eine größere praktische Bedeutung haben, ausführlich kommentiert. Einige Teile sind neu in den Kommentar eingefügt worden. Hierzu gehören insbesondere die Ausführungen über die sog. naturschutzrechtlichen Eingriffsregelungen und ihre Auswirkungen auf die Planung von Dauerkleingärten sowie die Problematik der Baumschutzvorschriften und ihre Anwendung in Kleingärten. In beiden Fällen handelt es sich um Rechtsbereiche, die in der alltäglichen kleingartenrechtlichen Praxis immer größere Bedeutung gewinnen. Erweitert wurden auch die Erläuterungen zu § 3, insbesondere zur Frage der Folgen rechtswidrig hergestellter baulicher Anlagen in Kleingärten. Diese Ergänzungen stehen im engen Zusammenhang mit der kleingärtnerischen Nutzung als dem zentralen Problem des Bundeskleingartengesetzes. Sie stellen eine Art „Zwischenbilanz" der bisherigen Entwicklungen und sollen dazu beitragen, die Zusammenhänge und Verknüpfungen unterschiedlicher Rechtsbereiche mit dem Kleingartenrecht offenzulegen und transparent zu machen.

Neu bearbeitet wurde auch die Problematik des Bestandsschutzes. Der Bestandsschutz spielt insbesondere in den neuen Ländern wegen der Überleitung aller vor dem 3. Oktober 1990 geschlossenen Pachtverträge über Kleingärten i. S. d. BKleingG eine besondere Rolle. Das gilt sowohl für die Laubengröße als auch für Wohnnutzung der Gartenlaube und ihre Ausstattung.

Ergänzt und erweitert wurden ferner die Erläuterungen zur Überwälzbarkeit der öffentlich-rechtlichen Lasten, insbesondere im Hinblick auf die Grundsteuer, die grundsteuerrechtliche Bewertung von Kleingartenland und Gartenlauben sowie die abgabenrechtliche Behandlung gemeindeeigener Kleingartengrundstücke. Vertieft kommentiert wird auch die Kündigungsentschädigung vor allem im Hinblick auf die Art und Weise der Wertermittlung und die Berücksichtigung der Grundsätze der Enteignungsentschädigung.

Die siebte Auflage ist wie alle vorangegangenen Auflagen für die Praxis geschrieben. Sie will vor allem Pächtern und Verpächtern, Kleingärtnerorganisationen und Gemeinden sowie allen, die mit dem Kleingartenrecht befaßt sind, zuverlässige und umfassende Informationen zur Anwendung des BKleingG vermitteln. So sind zur Frage der Kleingarteneigenschaft auch Entscheidungen der Amtsgerichte in die Kommentierung mit aufgenommen worden, um der Praxis Hilfen an die Hand zu geben. Diesem Ziel dienen auch die im Anhang abgedruckten Auszüge der einschlägigen Gesetze, die in der kleingartenrechtlichen Praxis von Bedeutung sind, sowie Querverweisungen, die darauf aufmerksam machen, welche weiteren Kommentarstellen für das Verständnis einer bestimmten Norm zu berücksichtigen sind. Die neueste Rechtsprechung und die durch das BauROG erfolgten Änderungen des BauGB sind im Kommentar eingearbeitet worden.

Bonn, im Oktober 1997 — Der Verfasser

Inhaltsverzeichnis

Abkürzungsverzeichnis

A. (a.) A.	anderer Ansicht
a. a. O.	am angegebenen Ort
ABl	Amtsblatt
Abs.	Absatz
a. F.	alte Fassung
AG	Amtsgericht
AllMBl	Allgemeines Ministerialblatt
Amtl. Anz	Amtlicher Anzeiger
AmtsBl	Amtsblatt
AO	Abgabenordnung
AöR	Archiv für öffentliches Recht
Art.	Artikel
BauGB	Baugesetzbuch
BauNVO	Baunutzungsverordnung
BauO	Bauordnung
BauR	Baurecht, Zeitschrift für das gesamte öffentliche und private Baurecht (Jahr, Seite)
BauROG	Bau- und Raumordnungsgesetz
BauZVO	Verordnung zur Sicherung einer geordneten städtebaulichen Entwicklung und der Investitionen in den Gemeinden (Bauplanungs- und Zulassungsverordnung) vom 20. 6. 1990 – GBl I DDR S. 739 –
BayBO	Bayerische Bauordnung
BayVBl	Bayerische Verwaltungsblätter (Jahr, Seite)
Bay. VGH	Bayerischer Verwaltungsgerichtshof
BO	Bauordnung
BBauBl	Bundesbaublatt
BBauG	Bundesbaugesetz
BDG	Bundesverband Deutscher Gartenfreunde
BewG	Bewertungsgesetz
BFH	Bundesfinanzhof
BGB	Bürgerliches Gesetzbuch
BGBl	Bundesgesetzblatt
BGH	Bundesgerichtshof
BGHZ	Entscheidungen des BGH in Zivilsachen (Band, Seite)

BKleingÄndG	Gesetz zur Änderung des Bundeskleingartengesetzes
BKleingG	Bundeskleingartengesetz
BMBau	Bundesministerium für Raumordnung, Bauwesen und Städtebau
BR	Bundesrat
BReg	Bundesregierung
BremBauO	Bremische Landesbauordnung
BRS	Baurechtssammlung
BStBl	Bundessteuerblatt
BT-Drs.	Bundestags-Drucksache
BVerfG	Bundesverfassungsgericht
BVerfGE	Entscheidungen des Bundesverfassungsgerichts (Band, Seite)
BVerwG	Bundesverwaltungsgericht
BVerwGE	Entscheidungen des Bundesverwaltungsgerichts
DÖV	Die Öffentliche Verwaltung (Jahr, Seite)
DtZ	Deutsch-Deutsche Rechtszeitschrift (Jahr, Seite)
DVBl	Deutsches Verwaltungsblatt (Jahr, Seite)
DWW	Zeitschrift für deutsche Wohnungswirtschaft (Jahr, Seite)
EGBGB	Einführungsgesetz zum Bürgerlichen Gesetzbuch
EGZGB	Einführungsgesetz zum Zivilgesetzbuch
EPlaR	Entscheidungen zum Planungsrecht (Bonath)
f.	folgende(r)
ff.	fortfolgende
Fachberater	Der Fachberater, Zeitschrift für das Kleingartenwesen, für Grünpolitik und Umweltschutz (Jahr, Seite)
GBl	Gesetzblatt
GG	Grundgesetz
ggf.	gegebenenfalls
GMBl	Gemeinsames Ministerialblatt
GS	Preußische Gesetzsammlung
GVBl	Gesetz- und Verordnungsblatt
i. d. F.	in der Fassung
i. S.	im Sinne
i. V. m.	in Verbindung mit
JMBl	Justizministerialblatt
JZ	Juristen-Zeitung

KAG	Kommunalabgabengesetz
KÄndG	Gesetz zur Änderung und Ergänzung kleingartenrechtlicher Vorschriften v. 28. 7. 1969
KGO	Kleingarten- und Kleinpachtlandordnung vom 31. 7. 1919
KSchVO	Verordnung über Kündigungsschutz und andere kleingartenrechtliche Vorschriften vom 23. 5. 1942 i. d. F. der Bekanntmachung vom 15. 12. 1945
KStZ	Kommunale Steuer-Zeitschrift (Jahr, Seite)
LandAnpG	Landwirtschaftsanpassungsgesetz
LBG	Landesbeschaffungsgesetz
LBO	Landesbauordnung
LG	Landgericht
LPG	Landwirtschaftliche Produktionsgenossenschaft
MinBl	Ministerialblatt
MDR	Monatsschrift für Deutsches Recht (Jahr, Seite)
NJ	Neue Justiz (Jahr, Seite)
NJW	Neue Juristische Wochenschrift (Jahr, Seite)
NJW-RR	NJW-Rechtsprechung — Report — Zivilrecht
Nr.	Nummer
NuR	Natur und Recht
n. v.	nicht veröffentlicht
NVwZ	Neue Zeitschrift für Verwaltungsrecht (Jahr, Seite)
NW	Nordrhein-Westfalen
OLG	Oberlandesgericht
OVG	Oberverwaltungsgericht
PlanzV	Planzeichenverordnung von 1990
RdL	Recht der Landwirtschaft (Jahr, Seite)
Rn.	Randnummer
RdE	Runderlaß
RegBl	Regierungsblatt
RGBl	Reichsgesetzblatt
RGZ	Entscheidungssammlung des Reichsgerichts in Zivilsachen (Band, Seite)
s.	siehe
S.	Satz (Sätze)/Seite
StAnz.	Staatsanzeiger
StBauFG	Städtebauförderungsgesetz
SchuldRAnpG	Schuldrechtsanpassungsgesetz
SchuldRÄndG	Schuldrechtsänderungsgesetz

Urt.	Urteil
UStG	Umsatzsteuergesetz
VBl	Verwaltungsblätter (Jahr, Seite)
VermG	Vermögensgesetz, Gesetz zur Regelung offener Vermögensfragen
VGH	Verwaltungsgerichtshof
vgl.	vergleiche
VKSK	Verband der Kleingärtner, Siedler und Kleintierzüchter (in der ehemaligen DDR)
V/VO	Verordnung
VOPR	Verordnung auf dem Gebiet des Preisrechts
Vorbem	Vorbemerkung
VwVfG	Verwaltungsverfahrensgessetz
WM	Wertpapiermitteilungen (Jahr, Seite)
II. WoBauG	Zweites Wohnungsbaugesetz
z. B.	zum Beispiel
ZGB	Zivilgesetzbuch der ehemaligen DDR
ZfBR	Zeitschrift für deutsches und internationales Baurecht (Jahr, Seite
ZMR	Zeitschrift für Miet- und Raumrecht (Jahr, Seite)
ZOV	Zeitschrift für offene Vermögensfragen (Jahr, Seite)
ZPO	Zivilprozeßordnung

Literaturverzeichnis

Battis, U./ Krieger, H.-J. Bauplanungsrechtliche Neuordnung der Kleingärten, NuR 1981, 83 ff.

Bielenberg, W./ Mainczyk, L. Städtebauliche und eigentumsrechtliche Anforderungen bei der Neuregelung des Kleingartenrechts, AöR 1982, 513 ff.

Böckelmann, H. Erläuterungen zum BKleingG, in: Das Deutsche Bundesrecht, 501. Lieferung, 1983

Bork, G. Neues Kleingartenrecht, Städte und Gemeindebund, 1983, 98 ff.
Bundeskleingartenrecht, Textausgabe mit Einführung, 2. Auflage 1989

Bundesbauministerium Rechtslage der Kleingärten in den neuen Bundesländern, in: Infodienst Kommunal, Informationen der Bundesregierung für Städte, Gemeinden, Kreise in den neuen Ländern, Bonn 1992, Heft 47 S. 23 ff.

Bundesverband Deutscher Gartenfreunde e. V. Schriftenreihe des BDG (Vorträge in Schulungsveranstaltungen zu Rechtsfragen)

- Erschließung von Kleingartenanlagen, 1990, Heft Nr. 62
- Das BKleingG in den neuen Bundesländern, 1991, Heft Nr. 71
- Rechtslage der Kleingärten in den neuen Ländern, 1992, Heft Nr. 78
- Kleingartenanlagen in den neuen Ländern und in Berlin (Ost) – Aktuelle Rechtsfragen – 1992, Heft Nr. 85
- Aktuelle Rechtsfragen zu Kleingärten in den neuen Ländern und Berlin (Ost), 1993, Heft Nr. 90
- Kleingartenpachtverträge in den alten und neuen Bundesländern, 1993 Heft Nr. 94
- Aktuelle Rechtsprobleme zum BKleingG 1994, Heft Nr. 100

– Kleingartenrecht und Vereinsrecht in der Praxis, 1995, Heft Nr. 107

– Kleingarten- und Vereinsrecht in Theorie und Praxis, 1995, Heft Nr. 112

– Die Novellierung des § 3 Abs. 1 BKleingG und deren Auswirkungen auf die Nutzung und Bewirtschaftung des Kleingartens, 1996, Heft Nr. 118

– Aktuelle Fragen des Vereins- und Kleingartenrechts, 1996, Heft Nr. 115

Cupei, J. Verkehrslärmschutz für Kleingärten? – Zwei wichtige Entscheidungen –, Der Fachberater 1993, 132 f.

Ehrenforth, W. Das geltende Kleingartenrecht und seine Reform, RdL 1950, 132 ff.

Ganschezian-Finck Grabeland, RdL 1953, 287 ff.

Gassner, E. u. a. Sozialpolitische und städtebauliche Bedeutung des Kleingartenwesens, in: Schriftenreihe 03 „Städtebauliche Forschung" des BMBau, Bonn 1976, Heft 03.045

Gisbertz, W. Das Deutsche Kleingartenrecht, Frankfurt/O 1938

Göttlicher, M. Gärten im Städtebau, Dokumentation zum 1.–14. Bundeswettbewerb, in: Schriftenreihe des BMBau „Bundeswettbewerbe", Bonn 1981, Heft 05.011

Jekewitz, J. Anmerkung zum Beschluß des Bundesverfassungsgerichts vom 23. 9. 1992 – 1 BvL 15/85 u. 36/87, DVBl 1993, 250 ff.

Kaisenberg, G. Kleingarten- und Kleinpachtlandordnung, 3. Aufl., Berlin 1924

Kärsten, U. Rechtsstreitigkeiten im Kleingartenwesen der neuen Bundesländer, NJ 1994, 104 ff.

Kalb, W. Rechtsprechung zu Baurechtsfragen in bremischen Kleingartengebieten, RdL 1987, 141 ff.

Klepatz Lärmschutz für Kleingartenanlagen, Der Fachberater 1989, 7 ff.

Landfermann, H.-G. Zum neuen Bundeskleingartengesetz, NJW 1983, 2670 ff.

Mainczyk, L. Zur Reform des Kleingartenrechts, BBauBl 1981, 765 ff.

Die Novellierung des Kleingartenrechts, Zum Gesetzentwurf der Bundesregierung, BBauBl 1982, 301 ff.

Neuregelungen des Kleingartenrechts vom Bundestag beschlossen, BBauBl 1983, 18 ff.

Die Neuregelung des Kleingartenrechts, ZfBR 1983, 106 ff.

Schwerpunkte des neuen Kleingartenrechts, BBauBl 1983, 724 ff., 1984, 14 ff.

Schwerpunkte des Bundeskleingartengesetzes, Überleitung bestehender Kleingartenpachtverhältnisse auf das neue Recht u. a., Der Fachberater 1983, Heft 4, 81 ff. und 1984, Heft 1, 15 ff.

Aktuelle Probleme im Kleingartenrecht, die vierjährige Übergangsfrist nach § 16 Abs. 3 BKleingG, Der Fachberater 1986, Heft 2, 16 ff., und 1987, Heft 2, 3 ff.

Kleingärten in der Bauleitplanung, BBauBl 1988, 62 ff. sowie Der Fachberater 1989, Heft 3, 13 ff. und Heft 4, 12 ff.

Die kleingärtnerische Nutzung — Begriff und Bedeutung für Erschließungsanlagen —, Der Fachberater 1990 Heft 1, 11 ff.

Einigungsvertrag, Bundeskleingartengesetz, Übernahme des Gesetzes in den neuen Bundesländern, BBauBl 1991, 78 ff.

Der Beschluß des Bundesverfassungsgerichts vom 23. September 1992 zum Bundeskleingartengesetz — Zur Neuregelung der Pachtzinsen —, ZfBR 1983, 151 ff.

Neuregelung der Pachtzinsen im Kleingartenrecht — Zur Änderung des Bundeskleingartengesetzes — ZfBR 1994, 203 ff.

Bundeskleingartengesetz, Neuregelung der Pachtzinsen im Kleingartenrecht, BBauBl 1994, 514 ff.

Müller, B. Erschließungsbeitragspflicht nun auch für Kleingärten, KStZ 1983, 47

Niethammer, R. Rechtslage im Kleingartenrecht nach dem Beschluß des Bundesverfassungsgerichts, BBauBl 1980, 75 f.

Schlußfolgerungen aus dem Beschluß des Bundesverfassungsgerichts zum Kleingartenrecht vom 12. Juni 1979, ZfBR 1980, 64 ff.

Verfassungsrechtliche Zulässigkeit einer künftigen Pachtpreisbindung im Kleingartenrecht, DVBl 1980, 906 ff.

Nordalm, D. Problemfälle aus dem Kleingartenrecht, RdL 1979, 181 ff.

Otte, E. Das neue Bundeskleingartengesetz, Änderungen auch in den Aufgaben der Kreisbehörden, Der Landkreis 1983, 165 ff.

Neues Kleingartenrecht, Praxisgerechte Auslegung und Handhabung, Der Städtetag 1983, 404 ff.

Praxisgerechte Anwendung des Bundeskleingartengesetzes, Städte- und Gemeindebund 1983, 231 ff.

Kommentar zum Bundeskleingartengesetz, in: Ernst/Zinkahn/Bielenberg, Baugesetzbuch, Loseblatt-Kommentar, Verlag C. H. Beck, München, 1993

Richter, G. Kleingärten in der Raumordnung und Bauleitplanung, Der Fachberater 1986, Heft 2, 3 ff.

Bebauungspläne für Dauer-Kleingartenanlagen nach dem neuen Bundeskleingartengesetz, Der Fachberater, 1988, Heft 2, 7 ff.

Naturgarten—Nutzgarten—Kleingarten, Der Fachberater 1989, Heft 3, 12 ff.

Rothe, K.-H. Bundeskleingartengesetz, Kommentar mit Auszügen aus anderen Gesetzen, Wiesbaden und Berlin, 1983

Schnabel, Gunnar Datschen: Wann gilt das Bundeskleingartengesetz? Das Grundeigentum 1994, 478

Sokolowski-Mirels, J. Das deutsche Kleingartenrecht, Kommentar, Berlin 1930

Stang, G. Bundeskleingartengesetz, Kommentar, Karl Heymanns Verlag KG, Köln, Berlin, München, 2. Aufl., 1995

Entwicklung des neuen Kleingartenrechts, RdL 1987, 113 ff.

Strack, H. Eingriffsregelungen nach dem Naturschutzrecht und Dauerkleingärten, Der Fachberater, 1995, 209 ff.

Theobald, Ch. Rechtliche Grundlage des Lärmschutzes in Kleingartenanlagen, Der Fachberater 1993, 130 ff.

Einleitung

Das am 1. April 1983 in Kraft getretene **Bundeskleingartengesetz** 1
(BKleingG) **löste das alte Kleingartenrecht ab**. Das frühere Kleingartenrecht stammte zu wesentlichen Teilen aus Kriegs- und Notzeiten, in denen der Kleingarten für die Ernährung einzelner Bevölkerungsgruppen von großer Bedeutung gewesen ist. Dementsprechend enthielt es Regelungen, die auf die damaligen Verhältnisse abgestellt waren. Das gilt insbesondere für den Kündigungs- und Pachtpreisschutz des Kleingärtners, den Ausschluß befristeter Verträge und die Ersatzlandverpflichtung. Das Bundeskleingartengesetz baut zwar auf früheren Rechtsetzungen und einer alten Tradition im Kleingartenwesen auf, paßt das Kleingartenrecht aber den heutigen städtebaulichen und sozialpolitischen Anforderungen an.

I. Entwicklung des Kleingartenwesens

Das Kleingartenwesen blickt auf eine lange Tradition zurück. Vorläufer der 2
heutigen Kleingärten waren die sogenannten „Armengärten" aus der Mitte des 19. Jahrhunderts. Mit ihnen sollten Bedürftige anstelle einer Barunterstützung in die Lage versetzt werden, ihren Bedarf an Gartenfrüchten selbst zu decken. Eine weitere Wurzel der Kleingartenbewegung geht auf die Ideen des Leipziger Arztes Dr. Schreber zurück. Hier standen die körperliche Ertüchtigung und die Heranziehung der Kinder an die Natur im Vordergrund, die Dr. Schreber aus volkspädagogischen Gründen gefordert hatte. Später wurden dann die Arbeitergärten des Roten Kreuzes eingerichtet, die insbesondere auf gesundheitspolitische Gesichtspunkte zurückzuführen sind. Auch kirchliche Kleingartenkolonien wurden gegründet. Zahlreiche Kleingartenkolonien schließlich entstanden aus Initiative der Kleingärtner selbst.

Während des 1. Weltkrieges und der darauffolgenden Zeit erlangten Kleingärten vor allem Bedeutung für die Ernährung einzelner Bevölkerungsgruppen in den Städten. In der Weltwirtschaftskrise trat die existenzsichernde Bedeutung des Kleingartens in den Vordergrund. Auf dem Höhepunkt dieser Krise wurde im Jahre 1931 durch die Verordnung des Reichspräsidenten die Bereitstellung von Kleingärten für Erwerbslose angeordnet. Gleichzeitig erhielten die Gemeinden zusätzliche Mittel für die Beschaffung und Einrichtung von Kleingartenanlagen. Unmittelbar nach dem

Zweiten Weltkrieg wurden Kleingärten nicht nur zur Deckung des Nahrungsbedarfs, sondern auch zur Wohnraumbeschaffung genutzt. Im Laufe der Zeit hat sich die Funktion der Kleingärten gewandelt. Zum wirtschaftlichen Nutzen ist der Freizeit- und Erholungswert dazugetreten. Die Entwicklung des Kleingartenwesens zeigt allerdings auch, daß in wirtschaftlich schwierigen Zeiten der praktische Nutzen stets wieder in den Vordergrund tritt. Siehe hierzu die zusammenfassende Darstellung mit umfangreichem Literatur- und Quellennachweis: Geschichtliche Entwicklung und Bedeutung des Kleingartenwesens im Städtebau von Prof. Dr.-Ing. Edmund Gassner, Schriftenreihe des Instituts für Städtebau, Bodenordnung und Kulturtechnik der Universität Bonn (Nußallee 1), Bonn 1987.

II. Kleingärten heute

3 Kleingärten haben heute in unserer arbeitsteiligen Industriegesellschaft eine wichtige sozialpolitische Bedeutung. Sie stellen einen notwendigen Ausgleich zu den Mängeln im Wohnbereich und im Wohnumfeld dar und verbessern wesentlich die Lebensverhältnisse des Kleingärtners und seiner Familie. Das gilt in ganz besonderem Maße für die Großstädte mit ihrem hohen Anteil an Mietwohnungen. Kleingärten vermitteln ein Stück Natur in den Großstädten. Nach wie vor leben viele Menschen auf unzureichender Wohnfläche in Stadtquartieren mit hoher Bevölkerungskonzentration und verhältnismäßig wenig Freiraum. Heute ist auch der Anteil der Rentner, Vorruheständler und Arbeitslosen unter den Kleingärtnern besonders groß (BT-Drs. 12/6154 S. 6). Dem berufstätigen Kleingärtner bieten die Gärten einen Ausgleich gegenüber seiner häufig einseitigen Berufstätigkeit, womit im weitesten Sinne auch die Gesundheit der Bevölkerung gefördert wird (BT-Drs. 9/1900 S. 9 f.). Besondere Vorteile bietet der Kleingarten für die Entwicklung der Kinder.

4 Kleingärten sind darüber hinaus auch ein wichtiges Element zur Durchgrünung und Auflockerung der Bebauung. Sie leisten einen wirksamen Beitrag für mehr Grün in den Städten und verbessern ihre ökologischen Grundlagen (s. BT-Drs. 9/1900 S. 9 f.). Sie erfüllen im Städtebau als Teil des Gesamt-Grünflächensystems wichtige Ausgleichs- und Erholungsfunktionen, auch bezogen auf das städtische Klima — Veränderung der Luftfeuchtigkeit, Beeinflussung der Einstrahlung sowie der Temperatur und des Luftaustausches —, den Wasserhaushalt sowie als Lebensraum für Pflanzen und Tiere. Sie erfüllen insoweit auch Aufgaben des Natur- und Umweltschutzes.

5 Die Kleingartengrundstücke stehen in den alten Ländern zum überwiegenden Teil im Eigentum der Gemeinden, der Kirchen und der sonstigen Körper-

schaften des öffentlichen Rechts sowie der Deutschen Bahn. Der Anteil an Kleingartenflächen, die Privatpersonen gehören, liegt bei rund 10 v. H. (s. Sozialpolitische und städtebauliche Bedeutung des Kleingartenwesens – Schriftenreihe des BMBau Heft 03.045 – S. 37). In den neuen Ländern ist der Anteil privater Kleingartenflächen erheblich höher. Die vor dem 3. Oktober geschlossenen Kleingartenpachtverträge wurden gemäß § 20 a Nr. 1 in das BKleingG übergeleitet. Nach der Herstellung der Einheit Deutschlands gibt es etwa eine Million Kleingärten in Deutschland.

Kleingartenanlagen werden zunehmend in Bebauungsplänen als Dauerkleingärten ausgewiesen. Die rechtliche Grundlage hierfür bietet das Baugesetzbuch, das den Gemeinden die Möglichkeit gibt, Flächen für Dauerkleingärten im Bebauungsplan festzusetzen. Kleingartenanlagen können auf diese Weise mit den Erfordernissen des Städtebaues in Einklang gebracht und im städtischen Nutzungsgefüge abgesichert werden. 6

Der Bedarf an Kleingartenland ist ein Abwägungselement bei der Bauleitplanung (§ 1 Abs. 6 BauGB). Die Vorschrift des § 1 Abs. 5 BauGB fordert als Ziel der Bauleitplanung u. a. die Gewährleistung einer sozial gerechten Bodennutzung und die Sicherung einer menschenwürdigen Umwelt. Bei der Aufstellung der Bauleitpläne sind daher auch die Belange des Kleingartenwesens zu berücksichtigen (Näheres hierzu unter § 1 Rn. 35 ff.). 7

III. Grundzüge des alten Kleingartenrechts

Das alte Kleingartenrecht in den alten Ländern beruhte teils auf früherem Reichsrecht, das gemäß Art. 123 Abs. 1 GG fortgalt, teils auf landesrechtlichen Vorschriften, die – soweit sie früheres Reichsrecht abgeändert haben – nach Art. 125 Nr. 2 GG Bundesrecht geworden sind, und teils auf dem Gesetz zur Änderung und Ergänzung kleingartenrechtlicher Vorschriften vom 28. 7. 1969 – KÄndG – (BGBl I S. 1013). 8

Zum fortgeltenden Bundesrecht gehörten

- die Kleingarten- und Kleinpachtlandordnung vom 31. Juli 1919 (RGBl S. 1371) – in der im Bundesgesetzblatt Teil III, Gliederungsnummer 235-1 veröffentlichten bereinigten Fassung (BGBl III Nr. 235-1) – KGO –,
- das Gesetz zur Ergänzung der Kleingarten- und Kleinpachtlandordnung vom 26. Juni 1935 (RGBl I S. 809; BGBl III Nr. 235-2),
- die Verordnung über Kündigungsschutz und andere kleingartenrechtliche Vorschriften vom 23. Mai 1942 (RGBl I. S. 343) i. d. F. der Bekanntmachung vom 15. Dezember 1944 (RGBl I S. 345; BGBl III Nr. 235-4) – KSchVO –,

— die Anordnung über eine erweiterte Kündigungsmöglichkeit von kleingärtnerisch bewirtschaftetem Land vom 23. Januar 1945 (Reichsanzeiger Nr. 26, 1945; BGBl III Nr. 235-5),
— die Verordnung des Landwirtschaftsministeriums (für das ehemalige Land Württemberg-Hohenzollern) über Kündigungsschutz von Kleingärten vom 28. Juli 1947 (RegBl S. 104; BGBl III Nr. 235-8),
— die Landesverordnung (für das ehemalige Land Baden) über die Auflokkerung des Kündigungsschutzes von Kleingärten vom 19. November 1948 (GVBl 1949 S. 50; BGBl III Nr. 235-7),
— das Landesgesetz des Landes Rheinland-Pfalz über Kündigungsschutz für Kleingärten und andere kleingartenrechtliche Vorschriften vom 23. November 1948 (GVBl S. 410; BGBl III Nr. 235-10),
— das Kleingartengesetz des Landes Schleswig-Holstein vom 3. Februar 1948 (GVBl S. 59) i. d. F. des Änderungsgesetzes vom 5. Mai 1948 (GVBl S. 148; BGBl III Nr. 235-3) nebst der Verfahrensordnung für Kleingartensachen vom 16. August 1948 (GVBl S. 192; BGBl III Nr. 235-3-1).

8 a Das frühere gemeinsame Kleingartenrecht hat sich nach 1945 in Ost und West getrennt fortentwickelt. Das Kleingartenrecht der ehemaligen DDR ist mit Wirkung vom 3. 10. 1990 nach Art. 8 des Einigungsvertrages vom 31. 8. 1990 (BGBl II S. 885 ff., 892) außer Kraft getreten.

Hierzu gehörten insbesondere
— die Verordnung über das Kleingarten- und Siedlungswesen und über die Kleintierzucht vom 3. Dezember 1959 (GBl I 1960 S. 1)
— das Zivilgesetzbuch der Deutschen Demokratischen Republik vom 19. Juni 1975 (GBl I 1975, S. 465) — Vierter Teil, Fünftes Kapitel
— die Verordnung über die Verantwortung der Räte der Gemeinden, Stadtbezirke und Städte bei der Errichtung und Veränderung von Bauwerken durch die Bevölkerung — Verordnung über Bevölkerungsbauwerke — vom 8. November 1984 (GBl I 1984 S. 433)

und zahlreiche andere Vorschriften und Regelungen betr. den Verband der Kleingärtner, Siedler und Kleintierzüchter (VKSK), die kleingärtnerische Bodennutzung, den Pflanzen-, Versicherungs-, Gesundheits- und Arbeitsschutz, die Kleintierzucht und Kleintierhaltung sowie die Bestimmungen über Abgaben, Steuern und Gebühren. Beschlüsse des VKSK über die Kleingartenordnung vom 15. März 1983 i. d. F. vom 18. April 1985 und die Schätzungsrichtlinie für die Ermittlung der Entschädigung bei Nutzerwechsel eines Kleingartens (1985) sind durch neue Regelungen innerhalb der neuen Organisationsstruktur im Kleingartenwesen ersetzt worden.

Das frühere Kleingartenrecht in den alten Ländern war – ebenso wie das geltende – **Sonderrecht**. Es fand Anwendung nur auf Verträge, die die vertragliche Überlassung von Grundstücken zur kleingärtnerischen Nutzung zum Gegenstand hatten (§ 1 Abs. 1 KGO). Der Begriff der **„kleingärtnerischen Nutzung"** war gesetzlich nicht definiert; er ist im wesentlichen durch Ländererlasse und durch die Rechtsprechung entwickelt worden, wobei hierunter **die Bewirtschaftung von Grund und Boden zur Gewinnung von Gartenfrüchten aller Art durch eigene Arbeit für den eigenen Bedarf** verstanden wurde (vgl. die Bestimmungen über die Förderung von Dauerkleingärten durch Landesmittel, RdErl. d. nordrh.-westf. M. f. Wohnungsbau u. öff. Arbeiten in Minbl NW 1968 S. 1152; BGHZ 32, 8; OVG Lüneburg RdL 1962, 294). 9

Die Zweckbestimmung „kleingärtnerische Nutzung" konnte ausdrücklich in den Vertragswillen der Parteien aufgenommen werden. Die Begründung der „kleingärtnerischen Nutzung" mit den sich daraus ergebenden Schutzfolgen des Kleingartenrechts konnte aber auch in einer geduldeten Nutzungsumwandlung beispielsweise von **Grabeland (kurzfristige Nutzung mit einjährigen Kulturen)** in Kleingartenland liegen. Maßgebend war die tatsächliche kleingärtnerische Nutzung, sofern sie nicht gegen den Willen oder ohne Wissen des Berechtigten geschah (BGH, NJW 1960, 916; Wiethaup, ZMR 1970, 193 f.). 10

Auf sogenannte **Hausgärten,** die mit der Wohnung zusammen als deren Zubehör vermietet wurden und das mietrechtliche Schicksal der Wohnung teilten, fand das Kleingartenrecht keine Anwendung, auch nicht auf **Gärten, die im Zusammenhang mit einem Arbeitsvertrag** überlassen wurden (Wiethaup a. a. O. S. 194). 11

Die **vertraglichen Beziehungen** zwischen den Parteien von Kleingartenpachtverträgen richteten sich grundsätzlich **nach den Vorschriften des BGB über die Pacht.** Einer Verpachtung standen alle sonstigen Vereinbarungen gleich, die die Überlassung von Land zur kleingärtnerischen Nutzung zum Gegenstand hatten. Das Kleingartenrecht selbst enthielt Regelungen über die 12

- Zwischenpacht
- Pachtzinsen
- Kündigung
- Ersatzleistungen im Falle der Kündigung durch den Verpächter
- Begründung von Pachtverhältnissen durch Enteignung.

Die Zwischenpacht ist ein weit verbreitetes Instrument im Kleingartenwesen. Sie besteht im wesentlichen darin, daß ein Zwischenpächter (Generalpächter) eine größere Grundstücksfläche anpachtet, um sie in einzelne Par- 13 zellen aufzuteilen und an einzelne Kleingärtner weiterzuverpachten. Aufgrund des sogenannten **Zwischenpachtprivilegs (§ 5 KGO)** durften als Zwischenpächter nur Körperschaften oder Anstalten des öffentlichen Rechts oder als gemeinnützig anerkannte Unternehmen zur Förderung des Kleingartenwesens auftreten. Entgegenstehende Vereinbarungen waren nichtig. Diese Regelung war eingeführt worden, um die erwerbsmäßige Zwischenpacht zu verhindern, die vor Inkrafttreten der KGO zu Mißständen im Kleingartenwesen geführt hatte (z. B. die Errichtung von Schankwirtschaften durch den Zwischenpächter auf dem Kleingartengelände).

Nach § 5 KGO konnten also auch Kleingärtnervereine als Zwischenpächter auftreten. Voraussetzung für die Tätigkeit als Zwischenpächter war die Anerkennung des Kleingärtnervereins als gemeinnützig. Damit war die **kleingärtnerische Gemeinnützigkeit** eingeführt. Sie ist von der **steuerlichen Gemeinnützigkeit** zu unterscheiden. Die steuerliche Gemeinnützigkeit richtet sich nach den Vorschriften der Abgabenordnung. Danach wird eine Steuervergünstigung gewährt, wenn eine Körperschaft ausschließlich und unmittelbar gemeinnützige, mildtätige oder kirchliche Zwecke (steuerbegünstigte Zwecke) verfolgt. Die kleingärtnerische Gemeinnützigkeit und ihre Voraussetzungen waren vom Gesetzgeber selbst nicht festgelegt worden. In einigen Ländern sind jedoch aufgrund des in § 5 KGO geregelten Zwischenpachtprivilegs **Verwaltungsvorschriften über die Anerkennung und den Widerruf der kleingärtnerischen Gemeinnützigkeit sowie über das Anerkennungs- und Widerrufsverfahren** erlassen worden.

Nach den Bestimmungen über die **Anerkennung der kleingärtnerischen Gemeinnützigkeit** und Ausübung der Aufsicht des **Landes Nordrhein-Westfalen** (MinBl 1957 Sp. 513) wurden für die Anerkennung folgende Voraussetzungen gefordert:

1. Der Zweck des Vereins muß satzungsgemäß und tatsächlich auf die Förderung des Kleingartenwesens und die diesbezügliche Betreuung seiner Mitglieder beschränkt sein;
2. die Zwischenpacht darf nicht gewerbsmäßig erfolgen; etwaige erzielte Gewinne sind ausschließlich für Kleingartenzwecke zu verwenden;
3. Mitglieder der Vereine dürfen nur Pächter von Kleingärten oder Bewerber um Kleingärten sein;
4. der Verein muß Gewähr bieten für die ordnungsgemäße Bewirtschaftung der Anlage sowie die fachliche Beratung der Mitglieder.

Die Anerkennung erfolgt nach diesen Bestimmungen stets widerruflich und ist durch geeignete Maßnahmen in bezug auf die Wahrung des gemeinnützigen Charakters laufend zu überwachen. Die Ausübung der Aufsicht obliegt den Anerkennungsbehörden. Die Anerkennungsbehörden haben in eigener Zuständigkeit und Verantwortung dafür zu sorgen, daß festgestellte Mängel innerhalb einer angemessenen Frist beseitigt werden. Kommt der betreffende Verein dieser Forderung nicht nach, so ist ihm die Gemeinnützigkeit abzuerkennen.

Im Grundsatz ähnliche Regelungen enthalten die **Gemeinnützigkeitsrichtlinien in Schleswig-Holstein** (ABl 1950 S. 215) und die Bestimmungen über die **Anerkennung der Gemeinnützigkeit im Kleingartenwesen in Hamburg** (Amtl. Anz. 1955 S. 1141).

Kleingärtnerisch genutzte Grundstücke durften nicht zu höheren als den von **14** der unteren Verwaltungsbehörde festgesetzten Preisen verpachtet werden (§ 1 Abs. 1 KGO). Die **Festsetzung der Pachtpreise** erfolgte unter **Berücksichtigung der örtlichen Verhältnisse und des Ertragswerts der Grundstücke** nach Anhörung von landwirtschaftlichen, gärtnerischen oder kleingärtnerischen Sachverständigen. Mit dieser Regelung wurden ernährungs- und sozialpolitische Ziele verfolgt, die ihren Vorgänger in der Bundesratsverordnung über die Festsetzung von Pachtpreisen für Kleingärten vom 4. April 1916 (RGBl, S. 23) hatten; sie galt jedoch nur in Gemeinden mit mehr als 10 000 Einwohnern. Die KGO hat die Pachtpreisbindung auf alle kleingärtnerisch genutzten Grundstücke erweitert. Dies wurde „im Hinblick auf die nicht zu unterschätzende Bedeutung des Kleingartenbaues für die Nahrungsmittelversorgung der Bevölkerung und zum Schutze der anerkennenswerten Betätigung der Kleingärtner für notwendig angesehen" (Begründung zum Entwurf einer Kleingarten- und Kleinpachtlandordnung, Verfassungsgebende deutsche Nationalversammlung, Aktenstück Nr. 321 S. 196). Diese Pachtzinsregelung führte zu äußerst niedrigen Pachtzinsen. Sie wurde seit vielen Jahren als unbefriedigend angesehen.

Während der Geltungsdauer der Preisvorschriften für die Vermietung und Verpachtung von Grundstücken war den zuständigen Stellen eine Anpassung der Pachtpreise an die veränderten allgemeinen Wertverhältnisse grundsätzlich verwehrt, da die hierzu erforderliche Genehmigung der Preisbehörden nur in besonders gelagerten Ausnahmefällen erteilt werden konnte. Soweit nach der Aufhebung dieser Preisvorschriften (Verordnung PR Nr. 12/64 vom 27. 11. 1964 — BAnz. 1964 Nr. 229 S. 1 —) die Pachten für Kleingärten neu festgesetzt wurden, konnte bei den zuvor abgeschlossenen Pachtverträgen der Verpächter den höheren Pachtzins nicht beanspruchen, da eine Kündigung aus diesem Grunde nicht möglich war. Dies führte im Ergebnis dazu, daß die Pachtzinsen häufig nicht einmal die Grundstücksabgaben des Eigentümers deckten. Eine **teilweise Änderung brachte das Gesetz zur Änderung und Ergänzung kleingartenrechtlicher Vorschriften vom 28. Juli 1969** — Kleingartenrechtsänderungsgesetz 1969 — KÄndG — (BGBl I S. 1013). Es gab dem Verpächter das **Recht, durch einseitige**

vertragsgestaltende Erklärung den bisherigen Pachtzins bis zur Höhe des Pachtzinses anzuheben, der von der zuständigen Stelle festgesetzt worden war. Im übrigen ließ das KÄndG 1969 die Preisregelung der KGO unberührt.

15 Für die ständige Benutzung von **„Wohnlauben"** in Kleingärten konnte der Verpächter neben dem Entgelt für die kleingärtnerische Nutzung des Grundstücks ein zusätzliches Entgelt verlangen. Höchstbeträge für das sogenannte **„Wohnlaubenentgelt"** setzte die untere Verwaltungsbehörde fest (§ 2 des Gesetzes zur Ergänzung der Kleingarten- und Kleinpachtlandordnung vom 26. 6. 1935).

16 Das frühere Recht sah einen umfassenden **Kündigungsschutz** für alle Kleingartenpachtverhältnisse vor. Kleingartenpachtverträge durften **vom Verpächter nur in eng begrenzten Fällen gekündigt werden.** Die **Kündigungsgründe waren enumerativ** in § 1 Abs. 2 KSchVO, in der Anordnung über eine erweiterte Kündigungsmöglichkeit vom 23. 1. 1945 und in § 2 des Kleingartenrechtsänderungsgesetzes 1969 aufgezählt. Der Kündigungsschutz wurde noch dadurch verstärkt, daß durch Zeitablauf endende Pachtverträge als auf unbestimmte Zeit verlängert galten (§ 1 Abs. 1 Satz 2 KSchVO).

Nach § 1 Abs. 2 KSchVO konnte der Verpächter nur kündigen, wenn der Pächter (Kleingärtner) 3 Monate mit der Zahlung des Pachtzinses in **Verzug** war oder trotz Abmahnung die ihm obliegenden **Pflichten gröblich verletzt** hatte oder wenn das **Grundstück zur Durchführung öffentlicher Aufgaben benötigt wurde** (§ 1 Abs. 2 a, b und e KSchVO). Einen Zwischenpachtvertrag konnte der Verpächter kündigen, wenn der **Zwischenpächter gröbliche Vertragsverletzungen der Kleingärtner duldete** (§ 1 Abs. 2 c KSchVO). Nach der Anordnung über eine erweiterte Kündigungsmöglichkeit von kleingärtnerisch bewirtschaftetem Land durfte ein Pachtvertrag ferner gekündigt werden, wenn der **Inhaber des Kleingartens einen weiteren Kleingarten besaß oder über einen so großen Kleingarten verfügte,** daß der ihm zu belassende Restteil des Gartens noch mindestens 300 m^2 umfaßte, oder wenn der **Kleingärtner seinen Wohnsitz nicht nur vorübergehend in eine andere Gemeinde verlegte,** die über 10 km von der früheren Wohnsitzgemeinde entfernt lag.

In den früheren Ländern Baden und Württemberg-Hohenzollern sind die Kündigungsgründe erweitert worden. Vor allem war hier die sogenannte Eigenbedarfskündigung zugelassen. Dies galt auch für die Länder Rheinland-Pfalz und Schleswig-Holstein.

Das **KÄndG 1969** hatte die **Kündigungsmöglichkeiten erweitert.** Der Verpächter konnte nach § 2 Abs. 1 Nr. 1 kündigen, wenn ihm im Interesse der

Schaffung oder Aufrechterhaltung seiner **wirtschaftlichen Lebensgrundlage die Fortsetzung des Pachtverhältnisses nicht mehr zugemutet** werden konnte, **es sei denn, daß das öffentliche Interesse an dem Fortbestand des Pachtverhältnisses überwog.** Er mußte hiernach also aus zwingenden wirtschaftlichen Gründen auf eine anderweitige Verwertung des Grundstücks angewiesen sein. Diese Kündigungsmöglichkeit ist eingeführt worden, um die sich aus den Kündigungsschutzvorschriften ergebenden Beschränkungen der Eigentümerbefugnisse zu mildern. In der Begründung zum Regierungsentwurf des Kleingartenrechtsänderungsgesetzes (BT-Drs. V/2221 S. 5) wird hierzu ausgeführt, daß erfahrungsgemäß die Grundstücke, die an Kleingärtner verpachtet seien, in der Regel weder einen Kaufinteressenten fänden noch beliehen werden könnten. Es sei daher denkbar, daß die sich aus den Kündigungsschutzvorschriften ergebenden Beschränkungen der Eigentümerbefugnisse die Grenzen der verfassungsrechtlich zulässigen Eigentumsbindung überschritten, wenn der Eigentümer aus zwingenden wirtschaftlichen Gründen auf eine anderweitige Verwertung des Grundstücks angewiesen sei. Diesen verfassungsrechtlichen Bedenken sollte durch die Einführung dieses neuen Kündigungsgrundes Rechnung getragen werden.

Die Belange des Verpächters mußten jedoch zurücktreten, wenn das öffentliche Interesse an der Erhaltung der Kleingartenanlage überwog. Zur Wahrung der Verfassungskonformität dieser Kündigungseinschränkung wurde dem Verpächter in diesem Falle ein Anspruch auf Übernahme des Grundstücks durch die Gemeinde zugebilligt (§ 3 Abs. 1 KÄndG).

Darüber hinaus führte das Kleingartenrechtsänderungsgesetz 1969 einen weiteren neuen Kündigungstatbestand ein, der die Schwierigkeiten ausräumen sollte, die sich bei der Durchführung von Bebauungsplänen ergeben hatten. Nach § 2 Abs. 1 Nr. 2 konnte ein Kleingartenpachtvertrag auch dann gekündigt werden, wenn glaubhaft gemacht wurde, daß das **Grundstück alsbald einer im Bebauungsplan festgesetzten anderen Nutzung zugeführt oder für diese Nutzung vorbereitet werden sollte und dem Verpächter oder demjenigen, der das Grundstück planungsgemäß verwenden wollte, ein anderes in gleicher Weise geeignetes Grundstück nicht zur Verfügung stand.** Unter diesen Voraussetzungen wurde das öffentliche Interesse am Vollzug des Bebauungsplans als vorrangig behandelt, auch im Hinblick darauf, daß den kleingärtnerischen Belangen bereits im Bebauungsplanverfahren durch die dort vorgeschriebene Interessenabwägung (§ 1 Abs. 6, 7 BBauG) das ihnen gebührende Gewicht zugebilligt wurde.

Im Interesse der Rechtsklarheit und der Rechtsvereinheitlichung ist durch das Kleingartenrechtsänderungsgesetz 1969 der Kündigungstatbestand des § 1 Abs. 2 d der KSchVO **(Inanspruchnahme von Grundstücken für Zwekke der Reichsverteidigung) durch eine Neuregelung ersetzt worden, die auf**

die Voraussetzungen für die Grundstücksbeschaffung nach § 1 Landbeschaffungsgesetz vom 23. 2. 1957 (BGBl I S. 134, geändert durch das Vierte Änderungsgesetz LBG vom 29. 11. 1966, BGBl I S. 653) abgestimmt war.

Die Kündigung wegen Verschuldens des Pächters bedurfte der Genehmigung der unteren Verwaltungsbehörde, die Kündigung wegen Eigenbedarfs des Verpächters und zur Verwirklichung des Bebauungsplans der Genehmigung der höheren Verwaltungsbehörde.

Die Kündigung war unter Einhaltung einer Frist von 3 Monaten zum 31. Oktober eines Jahres zulässig. Erforderten zwingende Gründe eine vorzeitige Inanspruchnahme des Grundstücks, so konnte die Verwaltungsbehörde auf Antrag gestatten, daß die Kündigung zu einem früheren Zeitpunkt zulässig war; auch die Kündigungsfrist konnte hierbei abgekürzt werden.

17 Die kündigungsrechtlichen Vorschriften wurden ergänzt durch Bestimmungen, die die **Entschädigung des Pächters und die Ersatzlandbeschaffung** regelten.

Das alte Kleingartenrecht hatte unterschieden zwischen der **Entschädigung bei der Verschuldenskündigung** und der **Entschädigung bei Kündigung aus anderen Gründen.** Bei der sogenannten Verschuldenskündigung war die untere Verwaltungsbehörde berechtigt, dem Pächter eine Entschädigung zuzugestehen, soweit dies nach Lage der Sache der Billigkeit entsprach (§ 3 Abs. 5 KSchVO). Die Beschränkung auf die **Billigkeitsentschädigung** sollte dem Umstand Rechnung tragen, daß z. B. durch Bewirtschaftungsmängel notwendig gewordene Maßnahmen zur Wiederherstellung eines geordneten Zustandes bei der Entschädigung berücksichtigt werden mußten. Auch war gegebenenfalls der Aufwand zur Beseitigung nicht genehmigter Anlagen dem Pächter anzulasten. In anderen Kündigungsfällen hatte der Pächter einen Anspruch auf **angemessene Entschädigung,** wobei der Umfang **durch die „übliche kleingärtnerische Nutzung" bestimmt** war.

18 Bei **Kündigung** von Kleingartenland **aus überwiegenden Gründen des Gemeinwohls** (§ 3 Abs. 1 und 2 KSchVO), **zur Verwirklichung eines Bebauungsplans** sowie **zum Zwecke der Grundstücksbeschaffung nach dem Landbeschaffungsgesetz** (§ 3 Abs. 3 Kleingartenrechtsänderungsgesetz) war der Verpächter verpflichtet, neben einer angemessenen Entschädigung eine **geeignete Ersatzfläche** auf einem zur dauernden kleingärtnerischen Nutzung vorgesehenen Gelände zur Verfügung zu stellen. War dem Begünstigten die Beschaffung von Ersatzland nicht möglich oder nicht zumutbar, so hatte er 20 % der Kosten der in diesem Falle von der Gemeinde durchzuführenden

Ersatzlandbeschaffung zu tragen. Konnte die Gemeinde das Ersatzland in angemessener Zeit nicht beschaffen, war die höhere Verwaltungsbehörde befugt, sie von dieser Verpflichtung freizustellen.

Nach § 4 KÄndG konnten an Flächen, die in einem Bebauungsplan als **Dauerkleingärten festgesetzt** worden waren, **durch Enteignung Pachtverhältnisse zugunsten Nutzungswilliger begründet** werden, wenn eine Einigung zwischen dem Eigentümer und dem Nutzungswilligen nicht zustandegekommen war. Diese Vorschrift ermöglichte den Vollzug der planerischen Festsetzung „Dauerkleingarten", auch wenn die Voraussetzungen für eine Entziehung des Eigentums nicht gegeben waren. 19

Durch die Novelle 1976 zum Bundesbaugesetz ist das sog. Nutzungsgebot (§ 39 c BBauG) eingeführt worden. Es ermächtigte die Gemeinde, im Geltungsbereich eines qualifizierten Bebauungsplans den Eigentümer durch Bescheid zu verpflichten, die als Dauerkleingärten festgesetzten Flächen der im Bebauungsplan vorgesehenen Nutzung zuzuführen. Im Geltungsbereich eines einfachen Bebauungsplans konnte die festgesetzte kleingärtnerische Nutzung nur über § 4 KÄndG durchgesetzt werden. Das BauGB hat das Nutzungsgebot nicht übernommen. 20

Zum alten Kleingartenrecht s. Gisbertz, Das deutsche Kleingartenrecht, Frankfurt/O., 1938, Ergänzungsheft 1940; Kaisenberg, Kleingarten- und Kleinpachtlandordnung, Handbuch des Deutschen Kleingartenrechts, 3. Aufl. Berlin 1924; Sackers, Wegweiser durch das Kleingartenrecht, Karlsruhe, 1969; Sokolowski-Mirels, Das Deutsche Kleingartenrecht, Kommentar, Berlin 1930.

IV. Kritik am früheren Kleingartenrecht

Nach dem Inkrafttreten des Grundgesetzes wurde zunehmend Kritik an den Regelungen des Kleingartenrechts laut (Ehrenforth, Das geltende Kleingartenrecht und seine Reform, RdL 1950, 132; Wiethaup, Kritische Gedanken zum Kleingartenrecht, DÖV 1953, 335; Wiethaup, Zum geltenden Kleingartenrecht, ZMR 1970, 193). **Bemängelt** wurden insbesondere der äußerst weitreichende Kündigungsschutz und der Ausschluß befristeter **Kleingartenpachtverträge.** Durch das Kleingartenrechtsänderungsgesetz von 1969 wurde das kleingartenrechtliche Regelungssystem nur teilweise novelliert, eine Gesamtreform des Kleingartenrechts aber bereits damals in Aussicht genommen. 21

Im schriftlichen Bericht des federführenden Bundestagsausschusses heißt es hierzu: 22

„Der Ausschuß hat zunächst sehr eingehend darüber beraten, ob nicht von vornherein auf eine Gesamtreform des Kleingartenrechts hingewirkt werden soll. Er hat sich nach sehr sorgfältiger Abwägung den von der Bundesregierung vorgebrachten Argumenten angeschlossen, daß die Zeit für eine Gesamtreform wegen der zu überbrückenden gegensätzlichen Interessen von Kleingärtnern, Grundeigentümern und Gemeinden noch nicht reif ist. Eine Konzeption zu finden, die allen Interessen in sozial gerechter Weise Rechnung trägt, wird umfassender Überlegungen und Untersuchungen bedürfen, die eine längere Zeitspanne in Anspruch nehmen.

Unter diesen Umständen ist eine gesetzliche Zwischenlösung bis zu der in Aussicht genommenen Gesamtreform des Kleingartenrechts erforderlich. Dieses Ziel strebt der Gesetzentwurf an."
(BT-Drs. V/2221)

Auch der Bundesrat hat in einer Entschließung zum KÄndG auf die Notwendigkeit einer Reform des gesamten Kleingartenrechts hingewiesen.

23 Im Städtebaubericht 1970 (S. 74) hat auch die Bundesregierung die Notwendigkeit einer Neuregelung des Kleingartenrechts betont und festgestellt, daß das KÄndG von 1969 nur einen Schritt in Richtung auf die erforderliche Gesamtreform darstellt. Es heißt dort:

„Die Reform muß einerseits die aus verschiedenen Gründen anzustrebende Förderung des Kleingartenwesens in ausreichendem Maße weiterhin ermöglichen, andererseits muß jedoch das Kleingartenwesen stärker mit den Erfordernissen des Städtebaus in Einklang gebracht werden. Die Gemeinden müssen sich entsprechend der Verpflichtung des Bundesbaugesetzes bemühen, erforderliche Dauerkleingartenflächen in Bebauungsplänen festzusetzen; die Gemeinden müssen zugleich aber auch in die Lage versetzt werden, die sich daraus ergebenden finanziellen Verpflichtungen zu erfüllen."

V. Der Beschluß des Bundesverfassungsgerichts vom 12. 6. 1979 zum Kleingartenrecht

24 Durch den Beschluß des Bundesverfassungsgerichts vom 12. Juni 1979 mußte das frühere Kleingartenrecht auch aus **verfassungsrechtlichen Gründen** novelliert werden. Der 1. Senat des Bundesverfassungsgerichts hatte auf Vorlage des Bayerischen Verwaltungsgerichtshofs das geltende Kleingartenrecht auf seine Verfassungsmäßigkeit zu prüfen (BVerfGE 52, 1 ff.). Er hat festgestellt,

1. daß der weitgehende Ausschluß der Kündigungsbefugnis privater Verpächter von Kleingärten im Rahmen des Regelungssystems des Kleingartenrechts (Ausschluß befristeter Verträge, Pachtpreisbindung) mit dem Grundgesetz nicht zu vereinbaren ist und
2. daß die Bestimmungen, die für die Kündigung des Verpächters eine behördliche Genehmigung vorschreiben, wegen Verstoßes gegen das Rechtsstaatsprinzip nichtig sind.

25 Das verfassungsrechtliche Schwergewicht der Entscheidung liegt in den Darlegungen zur Abgrenzung der Enteignung (Art. 14 Abs. 3 GG) von der gesetzgeberischen Befugnis zur Inhaltsbestimmung und Schrankenziehung des Eigentums (Art. 14 Abs. 1 Satz 2 GG).

Enteignung ist nach der Rechtsprechung des BVerfG der (teilweise oder vollständige) Entzug einer durch Art. 14 Abs. 1 Satz 1 GG gewährleisteten Rechtsposition (BVerfGE 52, 27). Die Enteignung setzt also danach ein enteignungsfähiges Recht voraus, d. h. eine den Anforderungen des Art. 14 GG entsprechende und damit rechtswirksame Rechtsposition. **Werden die für die Inhalts- und Schrankenbestimmung festgelegten Grenzen überschritten, so sei die gesetzliche Regelung unwirksam; sie könne nicht in eine Enteignung i. S. des Art. 14 Abs. 3 umgedeutet werden.** Inhaltsbestimmung und Legalenteignung seien jeweils eigenständige Rechtsinstitute und nur dann gültig, wenn sie den jeweiligen Normen der Verfassung entsprächen. Diese Ausführungen richten sich an die Adresse des BGH zum sog. enteignungsgleichen Eingriff (s. auch BVerfGE 58, 319 ff.).

Der Gesetzgeber sei bei der Inhaltsbestimmung und Schrankenziehung des Eigentums nicht frei. Er müsse der grundgesetzlichen Anerkennung des Privateigentums durch Art. 14 Abs. 1 Satz 1 GG und dem Sozialgebot des Art. 14 Abs. 2 GG in gleicher Weise Rechnung tragen (vgl. auch BVerfGE 37, 140). Beschränkungen des Eigentums müßten vom geregelten Sachbereich her geboten sein und dürften nicht weitergehen als der Schutzzweck reiche, dem die Regelung diene. Die bei der Beurteilung der Verfassungsmäßigkeit von Eigentumsbelastungen anzulegenden Maßstäbe müßten nicht zu jeder Zeit und in jedem Zusammenhang dasselbe Gewicht haben. „Regelungen, die in Kriegs- und Notzeiten gerechtfertigt sind, können unter anderen wirtschaftlichen und gesellschaftlichen Verhältnissen eine andere Beurteilung erfahren" (BVerfGE 52, 30). Diese Aussagen des Bundesverfassungsgerichts entsprechen im Kern seinen früheren Entscheidungen zur „Vergänglichkeit von Eigentumspositionen" (vgl. BVerfGE 31, 288; 20, 361).

Diesen Grundsätzen entsprach das (alte) kleingartenrechtliche Regelungs- **26**
system nicht.

Die Kombination von (praktischem) Kündigungsverbot, Ausschluß befristeter Verträge und Pachtpreisbindung belaste die Verpächter von Kleingartenland in einem Maße, das durch die schutzwürdigen Belange der Pächter nicht gerechtfertigt sei. Das Kleingartenrecht stamme aus einer Zeit, als der Kleingarten für die Ernährung der ärmeren Bevölkerungsschichten von entscheidender Bedeutung gewesen sei. Heute dienten Kleingärten ganz überwiegend der Erholung und der Freizeitgestaltung. Zwar sei auch dies ein berechtigtes Anliegen, doch rechtfertige es nicht die Beibehaltung eines Regelungssystems, das in Kriegs- und Notzeiten zum Schutz lebenswichtiger Interessen eingeführt worden sei (BVerfGE 52, 35 ff.).

Die verfassungsrechtliche Gewährleistung des Eigentums werde durch den praktischen Ausschluß der Kündigung und den nahezu unbegrenzten Bestandsschutz des Pachtvertrages, auch wenn er zeitlich befristet abgeschlossen worden sei, verletzt. Die Beschränkungen des Eigentümers würden durch die Pachtzinsregelung noch verschärft. Diese weitgehende Einengung der Eigentümerbefugnisse sei auch nicht durch das Sozialgebot des Art. 14 Abs. 2 GG gerechtfertigt. Maß und Umfang der Bindungen des Eigentums seien davon abhängig, ob und in welchem Ausmaß das Eigentumsobjekt in einem sozialen Bezug und einer sozialen Funktion stehe. Je stärker der einzelne auf die Nutzung fremden Eigentums angewiesen sei, um so weiter sei der Gestaltungsbereich des Gesetzgebers. Artikel 14 Abs. 2 GG rechtfertige nicht eine übermäßige, durch die sozialen Belange nicht gebotene Begrenzung privatrechtlicher Befugnisse. Die Entwicklung des Kleingartenwesens zeige, daß es einen Funktionswandel erfahren habe. Die ernährungspolitische Funktion des (früheren) kleingartenrechtlichen Regelungssystems sei heute entfallen. Es sei daher nicht mehr gerechtfertigt, dieses Regelungssystem beizubehalten.

Auch mit dem Mangel an Kleingartenflächen lasse sich das (alte) Kleingartenrecht nicht begründen. Die ausreichende Versorgung mit Kleingärten sei eine öffentliche Aufgabe der Gemeinden. Die unzureichende Erfüllung dieser Aufgabe rechtfertige es jedoch nicht, private Eigentümerbefugnisse auf Dauer zu beschränken.

27 Das Bundesverfassungsgericht hat die Vorschriften, die das Genehmigungserfordernis für Kündigungen betreffen, und zwar die §§ 1 Abs. 3 KSchVO und 2 Abs. 2 KÄndG, wegen mangelnder Bestimmtheit der Normen für nichtig erklärt, hingegen für die übrigen Vorschriften des früheren Kleingartenrechts ausgesprochen, daß sie als „Regelungssystem mit dem Grundgesetz nicht vereinbar seien“ (BVerfGE 52, 18 f.). Dieses Regelungssystem ist im wesentlichen durch folgende Grundsätze gekennzeichnet: Pachtverträge sind grundsätzlich unkündbar; sie können nur aus den enumerativ festgelegten Gründen aufgelöst werden; im Falle der Kündigung hat der Verpächter grundsätzlich Entschädigung zu leisten und ggf. Ersatzland zur Verfügung zu stellen; zeitlich befristete Verträge gelten als auf unbestimmte Zeit verlängert (BVerfGE 52, 18 f.).

Es handelt sich hier um eine „System-Beanstandung“. Die Unvereinbarkeit des früheren Kleingartenrechts mit dem Grundgesetz liegt also im Zusammentreffen mehrerer Ursachen. Damit hat das BVerfG dem Gesetzgeber mehrere Möglichkeiten eingeräumt, die Unvereinbarkeit mit dem Grundgesetz zu beseitigen.

Der Gesetzgeber hat sich im Interesse der Kleingärtner dafür entschieden, die Pachtpreisbindung und die Begrenzung der Kündigungsmöglichkeiten des Verpächters beizubehalten, Zeitverträge dagegen wieder herzustellen bzw. der ursprünglich vereinbarten Befristung wieder Geltung zu verschaffen. Dieses Regelungssystem unterscheidet sich vom früheren Recht vor allem dadurch, daß es entsprechend dem Grundsatz der Vertragsfreiheit — unter bestimmten Voraussetzungen — zeitlich befristete Verträge nicht ausschließt bzw. „wiederherstellt". Damit hat der Gesetzgeber sowohl der Wertentscheidung des Grundgesetzes zugunsten des Privateigentums Rechnung getragen als auch allen übrigen Wertentscheidungen der Verfassung.

Die schutzwürdigen Interessen der Pächter werden in § 16 Abs. 3 BKleingG in erster Linie dadurch berücksichtigt, daß die dort genannten Kleingartenpachtverträge erst nach einer Übergangsfrist von 4 Jahren auslaufen. In dieser Übergangsfrist haben die Beteiligten die Möglichkeit, den Pachtvertrag zu verlängern. Darüber hinaus kann die Gemeinde, wenn städtebauliche Gründe nicht entgegenstehen, die auf Privatgelände angelegten planerisch noch nicht abgesicherten Kleingärten im Bebauungsplan als Dauerkleingärten festsetzen und damit die bestehenden Pachtverträge auf unbestimmte Dauer verlängern. Eine Bestandsgarantie für sog. Altverträge, die vor Inkrafttreten des BKleingG **nur** für eine befristete Zeit abgeschlossen worden waren, würde im Ergebnis zu einer Rechtslage führen, die bereits vor dem Beschluß des Bundesverfassungsgerichts bestanden hatte. Eine solche Rechtslage ist aber vom Bundesverfassungsgericht als mit dem Grundgesetz nicht vereinbar erklärt worden. Zum Beschluß des BVerfG s. Niethammer, Rechtslage im Kleingartenrecht nach dem Beschluß des BVerfG, BBauBl 1980, 75 f.; derselbe, Schlußfolgerungen aus dem Beschluß des BVerfG, ZfBR 1980, 64 ff.; derselbe, Verfassungsrechtliche Zulässigkeit einer künftigen Pachtpreisbindung im Kleingartenrecht, DVBl 1980, 906 ff.; Weyreuther, Anmerkung zum Beschluß des BVerfG vom 12. Juni 1979 in: EPla II 1 6.79 S. 24 ff.

VI. Vorarbeiten zum neuen Kleingartenrecht

Nach der Entscheidung des BVerfG vom 12. Juni 1979 ist beim Bundesmi- 28
nisterium für Raumordnung, Bauwesen und Städtebau eine „Arbeitsgruppe Kleingartenrecht" gebildet worden, der unter anderem Sachverständige aus Ländern und Gemeinden sowie des Bundesverbandes Deutscher Gartenfreunde e.V. angehörten. Dieses Weisungen nicht unterworfene unabhängige Gremium erhielt den Auftrag, das geltende Kleingartenrecht im Hinblick auf die Folgerungen, die aus dem Spruch des BVerfG zu ziehen waren, zu überprüfen und Vorschläge für eine Neuregelung zu erarbeiten. Die Sachverständigen kamen übereinstimmend zu dem Ergebnis, daß das **gesamte**

Kleingartenrecht novelliert werden müsse, um es den heutigen verfassungsrechtlichen und städtebaulichen Anforderungen anzupassen. Teiländerungen, wie das Kleingartenrechtsänderungsgesetz von 1969, seien zur Lösung der anstehenden Probleme nicht geeignet. Ein neues Kleingartenrecht müsse dem Funktionswandel, den das Kleingartenwesen im Laufe der Entwicklung erfahren habe, Rechnung tragen. Ursprünglich habe der wirtschaftliche Nutzen des Kleingartens im Vordergrund gestanden; später sei der Freizeit- und Erholungswert dazugekommen. Die Entwicklung des Kleingartenwesens zeige aber auch, daß in wirtschaftlich schwierigeren Zeiten der wirtschaftliche Nutzen in den Vordergrund trete.

Auch in unserer Zeit **hätten die Kleingärten eine wichtige sozialpolitische und städtebauliche Aufgabe.** Besonders in Ballungsgebieten spielten Kleingartenanlagen, die in vielen Fällen für die erholungsuchende Bevölkerung geöffnet seien, als Naherholungs- und Freizeitbereiche eine nicht zu unterschätzende Rolle. Kleingartenanlagen erfüllten auch Aufgaben des Landschaftsschutzes und der Stadtbildpflege. Sie müßten daher stärker als bisher in städtebauliche Funktionen einbezogen werden.

Die sozialpolitische und städtebauliche Funktion des Kleingartens rechtfertige und erfordere es, das **Kleingartenrecht weiterhin als Sonderrecht** mit den Bindungen des Eigentums, die sich notwendigerweise aus den Aufgaben des Kleingartenwesens ergäben, beizubehalten.

29 Die „Arbeitsgruppe Kleingartenrecht" hat ihre Arbeiten mit einem Bericht und Vorschlägen zur Neuregelung des Kleingartenrechts im Juni 1981 abgeschlossen. Auf der Grundlage dieser Vorschläge ist der Referentenentwurf erarbeitet worden. Hauptprobleme bei den Beratungen des Referentenentwurfs waren die Pachtpreisbindung und der Ausschluß befristeter Kleingartenpachtverträge bei Dauerkleingärten. Nach eingehenden Erörterungen ist die bereits von der Sachverständigenkommission vorgeschlagene Pachtpreisbindung in die Regierungsvorlage eingegangen. Das gleiche gilt auch für den Anschluß befristeter Verträge über im Bebauungsplan festgesetzte Dauerkleingärten.

VII. Gang des Gesetzgebungsverfahrens

30 Am 7. April 1982 hat die **Bundesregierung** den Entwurf eines Bundeskleingartengesetzes beschlossen. Der **Bundesrat** hat am 28. Mai 1982 im ersten Durchgang zum Regierungsentwurf Stellung genommen. Der Gesetzentwurf der Bundesregierung ist – nachdem die Bundesregierung ihre Auffassung zu der Stellungnahme des Bundesrates in der Gegenäußerung dargelegt hat – dem **Deutschen Bundestag** zur Beschlußfassung zugeleitet worden (BT-Drs. 9/1900).

Am 30. September 1982 hat der **Bundestag** den Entwurf eines Bundeskleingartengesetzes **in erster Lesung** beraten und nach Aussprache an den Ausschuß für Raumordnung, Bauwesen und Städtebau zur federführenden Beratung und an den Rechtsausschuß sowie an den Ausschuß für Ernährung, Landwirtschaft und Forsten zur Mitberatung überwiesen. 31

Der Ausschuß für Raumordnung, Bauwesen und Städtebau hat den Gesetzentwurf am 27. Oktober 1982, am 24. November 1982 sowie am 1. Dezember 1982 beraten. Er hat dabei Vertreter der **Bundesvereinigung der Kommunalen Spitzenverbände** und des **Bundesverbandes Deutscher Gartenfreunde e.V.** in einer nichtöffentlichen Sitzung am 24. November 1982 **angehört** (s. Beschlußempfehlung und Bericht des Ausschusses für Raumordnung, Bauwesen und Städtebau [16. Ausschuß] zu dem von der Bundesregierung eingebrachten Entwurf eines BKleingG — BT-Drs. 9/2232). 32

In den Ausschußberatungen hat der Regierungsentwurf **einige Änderungen** erfahren. Bis auf die Frage, ob die Öffnung von Kleingartenanlagen für die Bevölkerung gesetzlich geregelt werden soll, sind alle Änderungen im Einvernehmen zwischen den Fraktionen erzielt worden.

Der federführende Bundestagsausschuß hat sich eingehend mit der Frage der **Zugänglichkeit der Kleingartenanlagen für die Allgemeinheit** befaßt. Einvernehmen bestand darüber, daß **Kleingartenanlagen für die Bevölkerung geöffnet sein sollen.** Zur Frage, ob die Öffnung gesetzlich geregelt werden soll, gab es unterschiedliche Auffassungen. Die Koalitionsfraktionen der CDU/CSU und der FDP sowie die — inzwischen neue — Bundesregierung lehnten eine solche gesetzliche Verpflichtung mit folgender Begründung ab: 33

Kleingartenanlagen seien heute bereits ohne gesetzliche Verpflichtung in vielen Fällen für die Bevölkerung geöffnet. In einigen Teilen der Bundesrepublik sei die Zugänglichkeit der Anlagen für die Bevölkerung bereits die Regel. Diese Entwicklung zeige die Aufgeschlossenheit und das Verständnis der Kleingärtner und ihrer Organisationen für die Notwendigkeit, das Kleingartenwesen den heutigen Bedingungen anzupassen. Die Bundesregierung und die Koalitionsfraktionen begrüßten diese Entwicklung ausdrücklich, zumal die Kleingärtner damit einen wichtigen Beitrag zur Ergänzung der örtlich vorhandenen Grünanlagen leisteten.

In Anbetracht dieser von den Kleingärtnern selbst eingeleiteten Entwicklung sähen Bundesregierung und Koalitionsfraktionen keine Notwendigkeit, die Öffnung der Kleingartenanlagen gesetzlich vorzuschreiben. Die freiwillige Öffnung der Anlagen, die sich in der Praxis bewährt habe, wie die Ergebnisse der Kleingartenwettbewerbe zeigten, sei daher einer verordneten Öffnung vorzuziehen. Hinzu komme, daß die Frage der Verkehrssicherungspflicht bei einer freiwilligen Öffnung der Anlagen von den Kleingärtnervereinen selbst gelöst würde. Hierfür hätten die Kleingärtnervereine entsprechende Lösungen durch Abschluß von Versicherungsverträgen, die die Haftung im Rahmen der Verkehrssicherungspflicht abdeckten, gefunden.

Bundesregierung und Koalitionsfraktionen gingen bei dem Verzicht auf eine gesetzliche Regelung der Öffnung von Kleingartenanlagen davon aus, daß auch künftig bestehende und neu geschaffene Anlagen der Allgemeinheit zugänglich gemacht werden, soweit es die örtlichen Gegebenheiten zulassen.

34 Ein **verfassungsrechtliches Gebot,** die Kleingartenanlagen der Allgemeinheit zugänglich zu machen und dies gesetzlich festzulegen, läßt sich **weder aus der Sozialbindung des Eigentums** noch aus dem **Sozialstaatsprinzip herleiten.** Die im Gesetz vorgesehenen Beschränkungen der Eigentümerbefugnisse, und zwar die
- Begrenzung der Kündigungsmöglichkeiten für den Verpächter, die
- Pachtpreisbindung und der
- Ausschluß befristeter Verträge bei Dauerkleingärten

sind verfassungsrechtlich gerechtfertigt im Hinblick auf die auch vom Bundesverfassungsgericht anerkannte sozialpolitische und städtebauliche Funktion des Kleingartens. Sie betreffen das Verhältnis zwischen Verpächter und Pächter; sie dienen unmittelbar dem Schutz des Kleingärtners und mittelbar gleichzeitig auch den städtebaulichen Zielsetzungen. Der Zugang der Allgemeinheit zu Kleingartenanlagen ist aber kein ausschließliches Kriterium der städtebaulichen Funktion von Kleingärten. Er ist lediglich ein weiteres Element der städtebaulichen Bedeutung von Kleingartenanlagen neben anderen, wie zum Beispiel Durchgrünung und Auflockerung der Bebauung, Verbesserung der ökologischen Grundlagen in den Städten usw.

35 Am 9. Dezember 1982 hat der **Deutsche Bundestag in zweiter und dritter Lesung** den Entwurf eines Bundeskleingartengesetzes beschlossen. Am 1. April 1983 ist das Gesetz in Kraft getreten.

36 Das Bundeskleingartengesetz hebt das alte Kleingartenrecht auf und faßt das **materielle** Kleingartenrecht in einem **Sondergesetz** zusammen. Verfahrens- und organisationsrechtliche Fragen werden den Ländern überlassen.

37 Der **Regierungsentwurf** war als **nicht zustimmungsbedürftiges Gesetz ausgestaltet.** Nach Auffassung des **Bundesrates** war das Bundeskleingartengesetz zustimmungsbedürftig. Die Zustimmungsbedürftigkeit sei durch den Beschluß des Deutschen Bundestages vom 9. Dezember 1982 ausgelöst worden. Danach hat die Ermittlung des Höchstpachtzinses nicht mehr – wie im Regierungsentwurf vorgesehen – nach Maßgabe einer Rechtsverordnung der Landesregierung zu erfolgen, sondern auf Antrag einer Vertragspartei durch den örtlich zuständigen Gutachterausschuß (§ 137 BBauG = § 192 BauGB). Durch diese Regelung werde die Verwaltungstätigkeit der von den Ländern eingerichteten Gutachterausschüsse berührt. Da es sich bei diesen Ausschüssen um Behörden im Sinne des Verwaltungsverfahrensgesetzes handle, bedürfe das Gesetz der Zustimmung des Bundesrates. Diese **Zustimmung hat der Bundesrat** in seiner Sitzung **am 4. Februar 1983** erteilt (BR – Stenographischer Bericht, 519. Sitzung, S. 20). Das BKleingG wurde am 28. Februar ausgefertigt und am 4. März 1983 im Bundesgesetzblatt (BGBl I S. 210) verkündet.

VIII. Überleitung des BKleingG in den neuen Ländern

Gemäß Art. 8 des Einigungsvertrages vom 31. August 1990 (BGBl II S. 885, 892) ist mit Wirkung vom 3. Oktober 1990 in den neuen Ländern **Brandenburg, Mecklenburg-Vorpommern, Sachsen, Sachsen-Anhalt** und **Thüringen** sowie in **Berlin (Ost)** das Bundesrecht der Bundesrepublik Deutschland in Kraft getreten, soweit der Einigungsvertrag und seine Anlagen nichts anderes bestimmen. Mit dem 3. Oktober 1990 findet also auch das BKleingG in den neuen Ländern Anwendung mit Maßgaben, die der durch den Einigungsvertrag in das BKleingG eingefügte § 20 a enthält. Die in dieser Vorschrift enthaltenen Überleitungsregelungen aus Anlaß der Herstellung der Einheit Deutschlands tragen der Entwicklung des Kleingartenwesens im Gebiet der ehemaligen DDR Rechnung. **37 a**

IX. Die Entscheidung des Bundesverfassungsgerichts vom 23. September 1992 zum Überleitungsrecht und zur Pachtzinsregelung (BVerfGE 87, 114 ff.)

Am 23. September 1992 hat der Erste Senat des BVerfG zwei Entscheidungen zum Kleingartenrecht getroffen, und zwar zum Überleitungsrecht des BKleingG (§ 16 Abs. 3 und 4 Satz 1) und zur Höchstpachtzinsregelung (§ 5 Abs. 1 Satz 1). Die Überleitungsregelungen hat das BVerfG für verfassungskonform erklärt, § 16 Abs. 3 mit Maßgaben, die Pachtzinsbegrenzung in § 5 Abs. 1 Satz 1 dagegen für unvereinbar mit Art. 14 Abs. 1 Satz 1 GG, soweit sie Pachtverhältnisse mit privaten Verpächtern betrifft. **38**

Das BKleingG hat, anders als das frühere Recht, die Kleingartenpachtverhältnisse unterschiedlich ausgestaltet, je nach dem, ob das Grundstück durch einen Bebauungsplan als Fläche für Dauerkleingärten festgesetzt worden ist oder nicht (vgl. § 9 Abs. 1 Nr. 15 BBauG/BauGB). Im ersteren Fall stärkt das Gesetz die Rechtsstellung der Pächter zu Lasten der Verpächter dadurch, daß es eine Befristung der Pachtverhältnisse nicht zuläßt und befristete Verträge als auf unbestimmte Dauer geschlossen behandelt. **39**

Mit den **Überleitungsregelungen in § 16 Abs. 3 und in § 16 Abs. 4 Satz 1 BKleingG** wollte der Gesetzgeber ermöglichen, daß auch für solche Kleingartenanlagen, die im Zeitpunkt des Inkrafttretens des BKleingG nicht als Flächen für Dauerkleingärten festgesetzt waren, bei denen aber die Voraussetzungen hierfür vorlagen, die bauplanerische Festsetzung nachgeholt werden konnte mit der Folge, daß in diesen Fällen die Pachtverhältnisse auf bestimmte Zeit weiterliefen.

Nach § 16 Abs. 3 BKleingG endeten daher Pachtverträge über Kleingärten, die nicht im Eigentum der Gemeinde standen, nicht mit dem Inkrafttreten des BKleingG am 1. April 1983, sondern erst mit dem Ablauf des 31. März 1987, wenn der Vertrag befristet und die vereinbarte Pachtzeit bis zu diesem Zeitpunkt abgelaufen war. In diesem Zeitraum konnten die Gemeinden die kleingärtnerisch genutzten Grundstücke als Flächen für Dauerkleingärten im Bebauungsplan festsetzen (§ 9 Abs. 1 Nr. 15 BBauGB/BauGB). Hat die Gemeinde vor Ablauf dieser Frist das Kleingartenland im Bebauungsplan als Fläche für Dauerkleingärten festgesetzt, galt der Vertrag als auf unbestimmte Zeit verlängert (§ 16 Abs. 4 Satz 1 BKleingG). Diese Regelung sollte den Bestand der Kleingartenanlagen und die weitere Nutzung der Kleingärten durch die bisherigen Pächter sicherstellen.

Das BVerfG hat **diese Überleitungsvorschriften für verfassungsmäßig erklärt**, § 16 Abs. 3 BKleingG jedoch mit der Maßgabe, daß während der Verlängerungszeit des Pachtvertrages, also vom 1. April 1983 bis zum 31. März 1987, dem Verpächter die im BKleingG vorgesehenen Kündigungsmöglichkeiten in gleicher Weise wie bei einem unbefristeten Vertrag offenstanden. Das bedeutet, daß auch die Kündigung wegen Eigenbedarfs des Eigentümers (§ 9 Abs. 1 Nr. 3 BKleingG) und die Kündigung wegen anderer wirtschaftlicher Verwertung (§ 9 Abs. 1 Nr. 4 BKleingG) zulässig waren. Diese Kündigungsgründe sind nach § 9 Abs. 3 BKleingG bei zeitlich befristeten Kleingartenpachtverträgen ausgeschlossen. Ihr Ausschluß beruhe — so das BVerfG — auf einem entsprechenden Bindungswillen der Parteien, zu dem eine Kündigung aus den oben genannten Gründen in Widerspruch stehen könne. Die gesetzliche Verlängerung der Alt-Pachtverträge werde den Parteien dagegen aufgezwungen, so daß die Einräumung dieser Kündigungsmöglichkeiten damit nicht unvereinbar sei. Der Regelungszweck stehe einer verfassungskonformen Auslegung i. d. S. nicht entgegen.

40 Die **Pachtzinsbegrenzung in § 5 Abs. 1 Satz 1 BKleingG** hat das BVerfG in ihrem Ausmaß für private Verpächter für **unvereinbar mit Art. 14 Abs. 1 Satz 1 GG** erklärt. Die Unvereinbarerklärung hatte die Wirkung, daß Gerichte und Verwaltung die beanstandeten Vorschriften nicht mehr anwenden durften, sondern in anhängigen Verfahren die Neuregelung des Gesetzgebers abwarten mußten. Es trat insoweit ein Schwebezustand ein, der erst durch die gesetzliche Neuregelung beseitigt wurde.

Das BVerfG begründet die Verfassungswidrigkeit des § 5 Abs. 1 Satz 1 BKleingG mit den extrem niedrigen Pachtzinsen als Folge dieser Regelung. Es komme unter Zugrundelegung der Daten im Materialband zum Agrarbericht 1991 zu einem (Durchschnitts-)Pachtzins von monatlich 5,75 DM für einen 400 m² großen Kleingarten. Durch das Ausmaß der gesetzlichen Pachtzinsbeschränkung — so das BVerfG — seien die Grundstückseigentümer in unzumutbarer Weise beschwert. Das Regelungsziel, die sozial schwächeren Schichten der Bevölkerung zu schützen, rechtfertige eine so weitgehende Pachtzinsbeschränkung nicht. Der Gesetzgeber dürfe sich nicht allein an der Leistungsfähigkeit der Kleingärtner mit besonders niedrigem Einkommen, die nur einen geringen Anteil ausmachten, orientieren.

In der Sache handelt es sich um eine Überraschungsentscheidung. Der Beschluß des BVerfG ist zu zwei Richtervorlagen ergangen (Vorlagebeschluß des BGH vom 24. 5. 1985 — V ZR 11/85 — [BGH NJW 1985, 3096] und Vorlagebeschlüsse des OLG Hamm vom 26. 6. 1987 und vom 6. 3. 1992 — 30 U 21/86). Die schließlich mit dem Grundgesetz für unvereinbar erklärte Höchstpachtzinsregelung in § 5 Abs. 1 Satz 1 BKleingG war gar nicht Gegenstand der Richtervorlagen, die zum Beschluß des BVerfG führten. Der vorlegende Senat des BGH hatte vielmehr gerade die Pachtzinsregelung in § 5 Abs. 1 BKleingG in zwei zeitlich seinem Vorlagebeschluß folgenden Entscheidungen (23. 6. 1989 — V ZR 289/87 — und 5. 7. 1991 — V ZR 117/90) nicht beanstandet (BGHZ 108, 147 = NJW 1989, 2470; BGH MDR 1991, 1168). In die Überprüfung einbezogen wurde § 5 Abs. 1 Satz 1 BKleingG durch die Fragestellung des BVerfG an die zu den Vorlagen gehörten Verbände. Das BVerfG hat die Einbeziehung des § 5 Abs. 1 Satz 1 BKleingG damit begründet, daß in die zur Prüfung gestellte Übergangsregelung auch die Pachtzinsbegrenzung für die Zeit der Verlängerung der befristeten Alt-Pachtverhältnisse eingreife. Insoweit sei die Beschränkung, die die Pachtzinsregelung für die Verpächter mit sich bringe, damit zugleich Teil der Beschwer, die die zur Prüfung gestellte Übergangsregelung enthalte (näheres hierzu, Jekewitz, DVBl 1993, 92 f.). 41

Nicht behandelt worden ist vom BVerfG die Fallgestaltung, die sich speziell für die fünf neuen Bundesländer und Berlin (Ost) ergibt. Durch Anlage I Kap. XIV Abschnitt II Nr. 4 zum Einigungsvertrag vom 23. September 1990 (BGBl II S. 885, 1125 f.) ist im BKleingG § 20 a mit bestimmten Maßgaben für das Beitrittsgebiet hinzugefügt worden, der in bezug auf den Pachtzins in Nr. 6 nur eine schrittweise Anhebung „unter Berücksichtigung der Einkommensverhältnisse der Pächter" bis zur — limitierten — Höhe des § 5 Abs. 1 BKleingG nach Ablauf von 3 Jahren seit Wirksamwerden des Beitritts — also ab dem 3. 10. 1993 — erlaubt. 42

X. Vorarbeiten an der Novellierung des BKleingG

43 Nach der Entscheidung des BVerfG vom 23. September 1992 ist beim Bundesministerium für Raumordnung, Bauwesen und Städtebau eine **Arbeitsgruppe** gebildet worden, der **Vertreter der Verbände der Verpächter und Pächter von Kleingärten sowie Sachverständige aus den Ländern und Gemeinden** angehörten. Dieses Weisungen nicht unterworfene unabhängige Gremium hatte die Aufgabe, die sich aus dem Beschluß des BVerfG zur Höchstpachtzinsregelung ergebenden Konsequenzen einschließlich der in Betracht zu ziehenden Lösungsmöglichkeiten aufzuzeigen und ggf. einen entsprechenden Regelungsvorschlag für das anstehende Gesetzgebungsvorhaben zu empfehlen.

Die Mitglieder der Arbeitsgruppe führten in die Beratung zahlreiche Unterlagen, Stellungnahmen und Materialien ein. Die Arbeitsgruppe hat ihre Arbeiten mit einem Bericht und Vorschlägen zur Neuregelung der Pachtzinsen abgeschlossen. Sie kam nicht zu einem einheitlichen Votum. Von Anbeginn der Beratungen zeigten sich fast durchgängig wesentliche Auffassungsunterschiede, zumeist zwischen dem Vertreter des Bundesverbandes der Verpächter auf der einen Seite und den übrigen Mitgliedern der Arbeitsgruppe auf der anderen Seite.

44 Die **wesentlichen Ergebnisse des Mehrheitsvotums** der Arbeitsgruppe lassen sich wie folgt zusammenfassen:

- Beibehaltung der Pachtpreisbindung und der Bemessungsgrundlage für die Pachtzinsen,
- Verdoppelung des bisherigen Höchstpachtzinses,
- Rückwirkung der Pachtzinsneuregelung,
- Einführung einer Kostenüberwälzung für öffentliche Lasten, die auf dem Kleingartengrundstück ruhen, auf die Pächter.

45 Für eine grundsätzliche Freigabe der Pachtzinsen für Kleingärten sprach sich der Vertreter des Bundesverbandes der Verpächter aus und kündigte eigene Vorschläge für das Gesetzgebungsverfahren an.

46 Auf der Grundlage der Vorschläge der Mehrheit in der Arbeitsgruppe ist der Gesetzentwurf erarbeitet worden, der im Gesetzgebungsverfahren nur noch geringfügig – zumeist redaktionell – geändert bzw. ergänzt worden ist.

XI. Verlauf des Novellierungsverfahrens

Die **Bundesregierung** hat am 2. September 1993 den Entwurf eines Gesetzes zur Änderung des Bundeskleingartengesetzes beschlossen. Am 15. Oktober 1993 hat der **Bundesrat** im ersten Durchgang zum Regierungsentwurf Stellung genommen. Nachdem die Bundesregierung ihre Auffassung zu der Stellungnahme des Bundesrates in der Gegenäußerung dargelegt hat, ist der von der Bundesregierung beschlossene Gesetzentwurf am 11. November 1993 dem **Deutschen Bundestag** zur Beschlußfassung zugeleitet worden (BT-Drucks. 12/6154). Die Stellungnahme des Bundesrates und die Gegenäußerung der Bundesregierung sind in der o. g. BT-Drucks. enthalten. 47

Der Deutsche Bundestag hat den Gesetzentwurf am 2. Dezember 1993 im vereinfachten Verfahren an den Ausschuß für Raumordnung, Bauwesen und Städtebau zur federführenden Beratung und an den Ausschuß für Ernährung, Landwirtschaft und Forsten zur Mitberatung überwiesen. 48

Der **Ausschuß für Ernährung, Landwirtschaft und Forsten** hat dem Gesetzentwurf am 19. Januar 1994 mehrheitlich mit der Maßgabe zugestimmt, daß keine Begrenzung der Pachtpreisbindung in § 5 BKleingG erfolgt. 49

Der **federführende Ausschuß** hat den Gesetzentwurf am 1. Dezember 1993 und am 2. Februar 1994 beraten. 50

Am 12. Januar 1994 hat der federführende Ausschuß eine **nichtöffentliche Anhörung von Sachverständigen** durchgeführt. Dabei wurde die im Gesetzentwurf vorgesehene Änderung der Pachtzinsregelung ganz überwiegend gebilligt, und zwar sowohl hinsichtlich der Bemessungsgrundlage als auch hinsichtlich der Höhe. Lediglich der Bundesverband der Verpächter von Kleingartenland und der Deutsche Städtetag gaben abweichende Stellungnahmen ab. Der **Bundesverband der Verpächter** war gegen jede Pachtpreisbindung, der **Städtetag** forderte eine Verdreifachung der bisherigen Höchstgrenze an Stelle der im Gesetzentwurf vorgesehenen Verdoppelung, da die Kleingärten heute Freizeitanlagen gleichkämen. Vorzuziehen wäre nach Ansicht des Städtetages eine Orientierung am jeweiligen Bodenwert. In einer **schriftlichen Stellungnahme hat auch der Deutsche Bauernverband die völlige Freigabe der Pachtzinsen** für Kleingärten gefordert. Der Vertreter des Städtetages hat sich in der Anhörung auch gegen die im Gesetzentwurf vorgesehene Stundung der Erschließungsbeiträge gewandt. 51

Weitere Novellierungswünsche trug der **Interessenverband der Kleingärtner NRW** vor. Er verlangte, in § 3 Abs. 2 eine ausdrückliche Bestimmung, daß der **Anschluß der Gartenlaube an das Strom- und Wassernetz** sowie die **Abwasserentsorgung** zulässig sind. Dieses Votum wurde von der Vertreterin der **Stadt Essen** unterstützt, die darauf hinwies, den Städten müsse ermöglicht werden, in Kleingartenanlagen ordnungsmäßige Zustände zu schaffen.

Dieser Wunsch wurde in der Anhörung weder vom **Bundesverband der Gartenfreunde** noch vom **Sächsischen Landesverband der Kleingärtner** unterstützt. Die Vertreter der **Kommunalen Spitzenverbände** und der **Vertreter des Freistaats Bayern** traten dieser Forderung nach Aufweichung des Begriffs „einfache Ausstattung" mit dem Hinweis auf das Bauplanungsrecht und die Gefährdung der Verfassungsmäßigkeit der Pachtpreisbindung sowie im Hinblick auf die soziale Funktion der Kleingärtner entgegen.

52 Der federführende Ausschuß des Deutschen Bundestages **begrüßte einmütig** die im Gesetzentwurf vorgesehene Änderung der **Höchstpachtzinsregelung**. Sie trage sowohl den Interessen der Kleingärtner als auch den Belangen der Verpächter Rechnung und entspreche dem im Beschluß des Bundesverfassungsgerichts vom 23. September 1992 aufgestellten verfassungsrechtlichen Grundsätzen. Eine Freigabe der Pachtzinsen, wie sie der Bundesverband der Verpächter von Kleingartenland und der Deutsche Bauernverband forderten, seien mit der sozialpolitischen Funktion des Kleingartenwesens nicht vereinbar.

Der Ausschuß hielt auch die im Gesetzentwurf vorgesehene Stundung von Erschließungsbeiträgen angesichts des sozialpolitischen Charakters der Kleingärten einvernehmlich für angemessen.

53 Keine Einigkeit konnte im Ausschuß in der Frage der Zulässigkeit von **Ver- und Entsorgungsanlagen in Gartenlauben** erzielt werden. Ein entsprechender Antrag der Fraktion der SPD im Ausschuß, § 3 Abs. 2 Satz 1 BKleingG durch die Worte „sowie Elektrizitäts-, Wasserversorgung und Abwasserentsorgung" zu ergänzen, ist mit den Stimmen der Koalitionsfraktionen gegen die Stimmen der Antragsteller und des Vertreters der Gruppe der PDS/Linke Liste abgelehnt worden. Nach Ansicht der Ausschußmehrheit birgt eine großzügigere Ausstattung der Gartenlaube die Gefahr in sich, daß dann das Prinzip der Pachtpreisbindung verfassungsrechtlich nicht mehr zu halten sei. Der Verpächter erleide bei einer Pachtpreisbindung einen Renditeverlust, der sich nur unter dem Gesichtspunkt der Sozialpflichtigkeit des Eigentumsrechts rechtfertigen läßt. Dies setze nach Ansicht der Ausschußmehrheit voraus, daß die soziale Ausrichtung der Kleingärten gewahrt bleibe. Die bessere Ausstattung der Laube mit Ver- und Entsorgungsanlagen mache aber einen höheren Kapitaleinsatz erforderlich und schließe bei einem Pächterwechsel von vornherein diejenigen Bewerber aus, die sozial schwach seien. Diese verfassungsrechtlichen und sozialpolitischen Zusammenhänge verbieten nach Ansicht der Ausschußmehrheit eine Änderung der Anforderungen für die Gartenlaube.

Der **Deutsche Bundestag** hat in seiner 210. Sitzung am 24. Februar 1994 aufgrund der Beschlußempfehlung und des Berichts des Ausschusses für Raumordnung, Bauwesen und Städtebau (19. Ausschuß) – Drucks. 12/6782 – den von der Bundesregierung eingebrachten Entwurf eines Gesetzes zur Änderung des Bundeskleingartengesetzes (BKleingÄndG) – Drucks. 12/6154 – in zweiter und dritter Lesung beschlossen. Der in dieser Sitzung erneut eingebrachte Antrag der SPD Fraktion, die Elektrizitäts-, Wasserversorgung und Abwasserentsorgung in Gartenlauben für zulässig zu erklären ist mit Mehrheit abgelehnt worden. Der Bundesrat hat am 18. März 1994 im zweiten Durchgang beschlossen, dem vom Deutschen Bundestag am 24. Februar 1994 verabschiedeten Gesetz zuzustimmen. Das Gesetz wurde am 24. April 1994 im Bundesgesetzblatt (BGBl I S. 766) verkündet und ist am 1. April 1994 in Kraft getreten. **54**

XII. Änderungen des BKleingG durch das Schuldrechtsänderungsgesetz

In der ehemaligen DDR schlossen landwirtschaftliche Produktionsgenossenschaften (LPG) mit dem Verband der Kleingärtner, Siedler und Kleintierzüchter (VKSK) als Zwischenpächter zahlreiche Nutzungsverträge, mit denen Flächen zur Errichtung von Kleingartenanlagen überlassen worden sind. Hierzu waren die LPGs nach § 18 Abs. 2 LPG-Gesetz berechtigt. Infolge der ersatzlosen Aufhebung des § 18 LPG-Gesetz durch § 7 des Gesetzes über die Aufhebung oder Änderung von Gesetzen der DDR vom 28. Juni 1990 (GBl I S. 483) ist das von der LPG abgeleitete Besitz- und Nutzungsrecht der Kleingärtner erloschen. Bis zum 31. Dezember 1994 waren die Kleingärtner in diesen Fällen durch Moratorien in ihren Rechten geschützt. Darüber hinaus waren die mit den Räten der Kreise geschlossenen Verträge (sog. Kreispachtverträge) gemäß § 51 des Landwirtschaftsanpassungsgesetzes vom 29. Juni 1990 (GBl I S. 642) innerhalb eines Jahres nach Inkrafttreten dieses Gesetzes, also bis zum 20. Juli 1991, aufzulösen. Auch nach Beendigung der Kreispachtverträge waren die aus diesen Verträgen abgeleiteten Besitz- und Nutzungsrechte der Kleingärtner durch das Vertrags- und das Besitzschutzmoratorium geschützt. **55**

Die abschließende Regelung der gestörten Besitz- und Nutzungsverhältnisse ist durch das Schuldrechtsänderungsgesetz (SchuldRÄndG) vom 21. September 1994 (BGBl I S. 2538) erfolgt. Der durch Art. 5 SchuldRÄndG eingefügte neue § 20 b ordnet durch Verweisung auf die entsprechenden Regelungen in Art. 1 des Schuldrechtsänderungsgesetzes den gesetzlichen **Eintritt der Eigentümer in die Zwischenpachtverträge** mit den Kleingärtnerorganisationen bzw. **Einzelpachtverträge** mit den Nutzern an. Das Schuldrechtsänderungsgesetz ist am 1. Januar 1995 in Kraft getreten. **56**

Erster Teil
Gesetzestext

Bundeskleingartengesetz
(BKleingG)

Vom 28. Februar 1983 (BGBl I S. 210), zuletzt geändert durch Art. 9 a des Gesetzes zur Änderung des BauGB und zur Neuregelung des Rechts der Raumordnung (BauROG 1998) vom 18. August 1997 (BGBl I S. 2081)

ERSTER ABSCHNITT
Allgemeine Vorschriften

§ 1
Begriffsbestimmungen

(1) Ein Kleingarten ist ein Garten, der

1. dem Nutzer (Kleingärtner) zur nichterwerbsmäßigen gärtnerischen Nutzung, insbesondere zur Gewinnung von Gartenbauerzeugnissen für den Eigenbedarf, und zur Erholung dient (kleingärtnerische Nutzung) und
2. in einer Anlage liegt, in der mehrere Einzelgärten mit gemeinschaftlichen Einrichtungen, zum Beispiel Wegen, Spielflächen und Vereinshäusern, zusammengefaßt sind (Kleingartenanlage).

(2) Kein Kleingarten ist

1. ein Garten, der zwar die Voraussetzungen des Absatzes 1 erfüllt, aber vom Eigentümer oder einem seiner Familienangehörigen im Sinne des § 8 Abs. 1 des Zweiten Wohnungsbaugesetzes genutzt wird (Eigentümergarten);
2. ein Garten, der einem zur Nutzung einer Wohnung Berechtigten im Zusammenhang mit der Wohnung überlassen ist (Wohnungsgarten);
3. ein Garten, der einem Arbeitnehmer im Zusammenhang mit dem Arbeitsvertrag überlassen ist (Arbeitnehmergarten);
4. ein Grundstück, auf dem vertraglich nur bestimmte Gartenbauerzeugnisse angebaut werden dürfen;

5. ein Grundstück, das vertraglich nur mit einjährigen Pflanzen bestellt werden darf (Grabeland).

(3) Ein Dauerkleingarten ist ein Kleingarten auf einer Fläche, die im Bebauungsplan für Dauerkleingärten festgesetzt ist.

§ 2
Kleingärtnerische Gemeinnützigkeit

Eine Kleingärtnerorganisation wird von der zuständigen Landesbehörde als gemeinnützig anerkannt, wenn sie im Vereinsregister eingetragen ist, sich der regelmäßigen Prüfung der Geschäftsführung unterwirft und wenn die Satzung bestimmt, daß

1. die Organisation ausschließlich oder überwiegend die Förderung des Kleingartenwesens sowie die fachliche Betreuung ihrer Mitglieder bezweckt,
2. erzielte Einnahmen kleingärtnerischen Zwecken zugeführt werden und
3. bei der Auflösung der Organisation deren Vermögen für kleingärtnerische Zwecke verwendet wird.

§ 3
Kleingarten und Gartenlaube

(1) Ein Kleingarten soll nicht größer als 400 Quadratmeter sein. Die Belange des Umweltschutzes, des Naturschutzes und der Landschaftspflege sollen bei der Nutzung und Bewirtschaftung des Kleingartens berücksichtigt werden.

(2) Im Kleingarten ist eine Laube in einfacher Ausführung mit höchstens 24 Quadratmetern Grundfläche einschließlich überdachtem Freisitz zulässig; die §§ 29 bis 36 des Baugesetzbuchs bleiben unberührt. Sie darf nach ihrer Beschaffenheit, insbesondere nach ihrer Ausstattung und Einrichtung, nicht zum dauernden Wohnen geeignet sein.

(3) Die Absätze 1 und 2 gelten entsprechend für Eigentümergärten.

ZWEITER ABSCHNITT
Kleingartenpacht

§ 4
Kleingartenpachtverträge

(1) Für Kleingartenpachtverträge gelten die Vorschriften des Bürgerlichen Gesetzbuchs über die Pacht, soweit sich aus diesem Gesetz nichts anderes ergibt.

(2) Die Vorschriften über Kleingartenpachtverträge gelten, soweit nichts anderes bestimmt ist, auch für die Pacht von Grundstücken zu dem Zweck, sie aufgrund einzelner Kleingartenpachtverträge weiterzuverpachten (Zwischenpacht). Ein Zwischenpachtvertrag, der nicht mit einer als gemeinnützig anerkannten Kleingärtnerorganisation oder der Gemeinde geschlossen wird, ist nichtig. Nichtig ist auch ein Vertrag zur Übertragung der Verwaltung einer Kleingartenanlage, der nicht mit einer in Satz 2 bezeichneten Kleingärtnerorganisation geschlossen wird.

(3) Wenn öffentliche Interessen dies erfordern, insbesondere wenn die ordnungsgemäße Bewirtschaftung oder Nutzung der Kleingärten oder der Kleingartenanlage nicht mehr gewährleistet ist, hat der Verpächter die Verwaltung der Kleingartenanlage einer in Absatz 2 Satz 2 bezeichneten Kleingärtnerorganisation zu übertragen.

§ 5
Pachtzins

(1) Als Pachtzins darf höchstens der vierfache Betrag des ortsüblichen Pachtzinses im erwerbsmäßigen Obst- und Gemüseanbau, bezogen auf die Gesamtfläche der Kleingartenanlage, verlangt werden. Die auf die gemeinschaftlichen Einrichtungen entfallenden Flächen werden bei der Ermittlung des Pachtzinses für den einzelnen Kleingarten anteilig berücksichtigt. Liegen ortsübliche Pachtzinsen im erwerbsmäßigen Obst- und Gemüseanbau nicht vor, so ist der entsprechende Pachtzins in einer vergleichbaren Gemeinde als Bemessungsgrundlage zugrunde zu legen. Ortsüblich im erwerbsmäßigen Obst- und Gemüseanbau ist der in der Gemeinde durchschnittlich gezahlte Pachtzins.

(2) Auf Antrag einer Vertragspartei hat der nach § 192 des Baugesetzbuchs eingerichtete Gutachterausschuß ein Gutachten über den ortsüblichen Pachtzins im erwerbsmäßigen Obst- und Gemüseanbau zu erstatten. Die für die Anzeige von Landpachtverträgen zuständigen Behörden haben auf Verlangen des Gutachterausschusses Auskünfte über die ortsüblichen Pachtzinsen im erwerbsmäßigen Obst- und Gemüseanbau zu erteilen. Liegen anonymisierbare Daten im Sinne des Bundesdatenschutzgesetzes nicht vor, sind ergänzend Pachtzinsen im erwerbsmäßigen Obst- und Gemüseanbau in einer vergleichbaren Gemeinde als Bemessungsgrundlage heranzuziehen.

(3) Ist der vereinbarte Pachtzins niedriger oder höher als der sich nach den Absätzen 1 und 2 ergebende Höchstpachtzins, kann die jeweilige Vertragspartei der anderen Vertragspartei schriftlich erklären, daß der Pachtzins bis zur Höhe des Höchstpachtzinses herauf- oder herabgesetzt wird.

Aufgrund der Erklärung ist vom ersten Tage des auf die Erklärung folgenden Zahlungszeitraumes an der höhere oder niedrigere Pachtzins zu zahlen. Die Vertragsparteien können die Anpassung frühestens nach Ablauf von drei Jahren seit Vertragsschluß oder der vorhergehenden Anpassung verlangen. Im Falle einer Erklärung des Verpächters über eine Pachtzinserhöhung ist der Pächter berechtigt, das Pachtverhältnis spätestens am fünfzehnten Werktag des Zahlungszeitraums, von dem an die Pacht erhöht werden soll, für den Ablauf des nächsten Kalendermonats zu kündigen. Kündigt der Pächter, so tritt eine Erhöhung des Pachtzinses nicht ein.

(4) Der Verpächter kann für von ihm geleistete Aufwendungen für die Kleingartenanlage, insbesondere für Bodenverbesserungen, Wege, Einfriedungen und Parkplätze, vom Pächter Erstattung verlangen, soweit die Aufwendungen nicht durch Leistungen der Kleingärtner oder ihrer Organisationen oder durch Zuschüsse aus öffentlichen Haushalten gedeckt worden sind und soweit sie im Rahmen der kleingärtnerischen Nutzung üblich sind. Die Erstattungspflicht eines Kleingärtners ist auf den Teil der ersatzfähigen Aufwendungen beschränkt, der dem Flächenverhältnis zwischen seinem Kleingarten und der Kleingartenanlage entspricht; die auf die gemeinschaftlichen Einrichtungen entfallenden Flächen werden der Kleingartenfläche anteilig zugerechnet. Der Pächter ist berechtigt, den Erstattungsbetrag in Teilleistungen in Höhe des Pachtzinses zugleich mit dem Pachtzins zu entrichten.

(5) Der Verpächter kann vom Pächter Erstattung der öffentlich-rechtlichen Lasten verlangen, die auf dem Kleingartengrundstück ruhen. Absatz 4 Satz 2 ist entsprechend anzuwenden. Der Pächter ist berechtigt, den Erstattungsbetrag einer einmalig erhobenen Abgabe in Teilleistungen, höchstens in fünf Jahresleistungen, zu entrichten.

§ 6

Vertragsdauer

Kleingartenpachtverträge über Dauerkleingärten können nur auf unbestimmte Zeit geschlossen werden; befristete Verträge gelten als auf unbestimmte Zeit geschlossen.

§ 7

Schriftform der Kündigung

Die Kündigung des Kleingartenpachtvertrages bedarf der schriftlichen Form.

§ 8
Kündigung ohne Einhaltung einer Kündigungsfrist

Der Verpächter kann den Kleingartenpachtvertrag ohne Einhaltung einer Kündigungsfrist kündigen, wenn

1. der Pächter mit der Entrichtung des Pachtzinses für mindestens ein Vierteljahr in Verzug ist und nicht innerhalb von zwei Monaten nach schriftlicher Mahnung die fällige Pachtzinsforderung erfüllt oder
2. der Pächter oder von ihm auf dem Kleingartengrundstück geduldete Personen so schwerwiegende Pflichtverletzungen begehen, insbesondere den Frieden in der Kleingärtnergemeinschaft so nachhaltig stören, daß dem Verpächter die Fortsetzung des Vertragsverhältnisses nicht zugemutet werden kann.

§ 9
Ordentliche Kündigung

(1) Der Verpächter kann den Kleingartenpachtvertrag kündigen, wenn

1. der Pächter ungeachtet einer schriftlichen Abmahnung des Verpächters eine nicht kleingärtnerische Nutzung fortsetzt oder andere Verpflichtungen, die die Nutzung des Kleingartens betreffen, nicht unerheblich verletzt, insbesondere die Laube zum dauernden Wohnen benutzt, das Grundstück unbefugt einem Dritten überläßt, erhebliche Bewirtschaftungsmängel nicht innerhalb einer angemessenen Frist abstellt oder geldliche oder sonstige Gemeinschaftsleistungen für die Kleingartenanlage verweigert;
2. die Beendigung des Pachtverhältnisses erforderlich ist, um die Kleingartenanlage neu zu ordnen, insbesondere um Kleingärten auf die im § 3 Abs. 1 vorgesehene Größe zu beschränken, die Wege zu verbessern oder Spiel- oder Parkplätze zu errichten;
3. der Eigentümer selbst oder einer seiner Familienangehörigen im Sinne des § 8 Abs. 1 des Zweiten Wohnungsbaugesetzes einen Garten kleingärtnerisch nutzen will und ihm anderes geeignetes Gartenland nicht zur Verfügung steht; der Garten ist unter Berücksichtigung der Belange der Kleingärtner auszuwählen;
4. planungsrechtlich eine andere als die kleingärtnerische Nutzung zulässig ist und der Eigentümer durch die Fortsetzung des Pachtverhältnisses an einer anderen wirtschaftlichen Verwertung gehindert ist und dadurch erhebliche Nachteile erleiden würde;
5. die als Kleingarten genutzte Grundstücksfläche alsbald der im Bebauungsplan festgesetzten anderen Nutzung zugeführt oder alsbald für diese

Nutzung vorbereitet werden soll; die Kündigung ist auch vor Rechtsverbindlichkeit des Bebauungsplans zulässig, wenn die Gemeinde seine Aufstellung, Änderung oder Ergänzung beschlossen hat, nach dem Stand der Planungsarbeiten anzunehmen ist, daß die beabsichtigte andere Nutzung festgesetzt wird, und dringende Gründe des öffentlichen Interesses die Vorbereitung oder die Verwirklichung der anderen Nutzung vor Rechtsverbindlichkeit des Bebauungsplans erfordern, oder

6. die als Kleingartenanlage genutzte Grundstücksfläche
   a) nach abgeschlossener Planfeststellung für die festgesetzte Nutzung oder
   b) für die in § 1 Abs. 1 des Landbeschaffungsgesetzes in der im Bundesgesetzblatt Teil III, Gliederungsnummer 54-3, veröffentlichten bereinigten Fassung, das zuletzt durch § 33 des Gesetzes vom 20. Dezember 1976 (BGBl I S. 3574) geändert worden ist, genannten Zwecke

   alsbald benötigt wird.

(2) Die Kündigung ist nur für den 30. November eines Jahres zulässig; sie hat spätestens zu erfolgen

1. in den Fällen des Absatzes 1 Nr. 1 am dritten Werktag im August,
2. in den Fällen des Absatzes 1 Nr. 2 bis 6 am dritten Werktag im Februar

dieses Jahres. Wenn dringende Gründe die vorzeitige Inanspruchnahme der kleingärtnerisch genutzten Fläche erfordern, ist eine Kündigung in den Fällen des Absatzes 1 Nr. 5 und 6 spätestens am dritten Werktag eines Kalendermonats für den Ablauf des nächsten Monats zulässig.

(3) Ist der Kleingartenpachtvertrag auf bestimmte Zeit eingegangen, ist die Kündigung nach Absatz 1 Nr. 3 oder 4 unzulässig.

§ 10
Kündigung von Zwischenpachtverträgen

(1) Der Verpächter kann einen Zwischenpachtvertrag auch kündigen, wenn

1. der Zwischenpächter Pflichtverletzungen im Sinne des § 8 Nr. 2 oder des § 9 Abs. 1 Nr. 1 ungeachtet einer Abmahnung des Verpächters duldet oder
2. dem Zwischenpächter die kleingärtnerische Gemeinnützigkeit aberkannt ist.

(2) Durch eine Kündigung nach § 9 Abs. 1 Nr. 3 bis 6, die nur Teile der Kleingartenanlage betrifft, wird der Zwischenpachtvertrag auf die übrigen Teile der Kleingartenanlage beschränkt.

(3) Wird ein Zwischenpachtvertrag durch eine Kündigung des Verpächters beendet, tritt der Verpächter in die Verträge des Zwischenpächters mit den Kleingärtnern ein.

§ 11
Kündigungsentschädigung

(1) Wird ein Kleingartenpachtvertrag nach § 9 Abs. 1 Nr. 2 bis 6 gekündigt, hat der Pächter einen Anspruch auf angemessene Entschädigung für die von ihm eingebrachten oder gegen Entgelt übernommenen Anpflanzungen und Anlagen, soweit diese im Rahmen der kleingärtnerischen Nutzung üblich sind. Soweit Regeln für die Bewertung von Anpflanzungen und Anlagen von den Ländern aufgestellt oder von einer Kleingärtnerorganisation beschlossen und durch die zuständige Behörde genehmigt worden sind, sind diese bei der Bemessung der Höhe der Entschädigung zugrunde zu legen. Bei einer Kündigung nach § 9 Abs. 1 Nr. 5 oder 6 sind darüber hinaus die für die Enteignungsentschädigung geltenden Grundsätze zu beachten.

(2) Zur Entschädigung ist der Verpächter verpflichtet, wenn der Vertrag nach § 9 Abs. 1 Nr. 2 bis 4 gekündigt worden ist. Bei einer Kündigung nach § 9 Abs. 1 Nr. 5 oder 6 ist derjenige zur Entschädigung verpflichtet, der die als Kleingarten genutzte Fläche in Anspruch nimmt.

(3) Der Anspruch ist fällig, sobald das Pachtverhältnis beendet und der Kleingarten geräumt ist.

§ 12
Beendigung des Kleingartenpachtvertrages bei Tod des Kleingärtners

(1) Stirbt der Kleingärtner, endet der Kleingartenpachtvertrag mit dem Ablauf des Kalendermonats, der auf den Tod des Kleingärtners folgt.

(2) Ein Kleingartenpachtvertrag, den Eheleute gemeinschaftlich geschlossen haben, wird beim Tode eines Ehegatten mit dem überlebenden Ehegatten fortgesetzt. Erklärt der überlebende Ehegatte binnen eines Monats nach dem Todesfall schriftlich gegenüber dem Verpächter, daß er den Kleingartenpachtvertrag nicht fortsetzen will, gilt Absatz 1 entsprechend.

(3) Im Falle des Absatzes 2 Satz 1 ist § 569 a Abs. 3 und 4 des Bürgerlichen Gesetzbuchs über die Haftung und über die Anrechnung des geleisteten Mietzinses entsprechend anzuwenden.

§ 13
Abweichende Vereinbarungen

Vereinbarungen, durch die zum Nachteil des Pächters von den Vorschriften dieses Abschnitts abgewichen wird, sind nichtig.

DRITTER ABSCHNITT

Dauerkleingärten

§ 14

Bereitstellung und Beschaffung von Ersatzland

(1) Wird ein Kleingartenpachtvertrag über einen Dauerkleingarten nach § 9 Abs. 1 Nr. 5 oder 6 gekündigt, hat die Gemeinde geeignetes Ersatzland bereitzustellen oder zu beschaffen, es sei denn, sie ist zur Erfüllung der Verpflichtung außerstande.

(2) Hat die Gemeinde Ersatzland bereitgestellt oder beschafft, hat der Bedarfsträger an die Gemeinde einen Ausgleichsbetrag zu leisten, der dem Wertunterschied zwischen der in Anspruch genommenen kleingärtnerisch genutzten Fläche und dem Ersatzland entspricht.

(3) Das Ersatzland soll im Zeitpunkt der Räumung des Dauerkleingartens für die kleingärtnerische Nutzung zur Verfügung stehen.

§ 15

Begründung von Kleingartenpachtverträgen durch Enteignung

(1) An Flächen, die in einem Bebauungsplan für Dauerkleingärten festgesetzt sind, können durch Enteignung Kleingartenpachtverträge zugunsten Pachtwilliger begründet werden.

(2) Die Enteignung setzt voraus, daß

1. das Wohl der Allgemeinheit sie erfordert,
2. der Enteignungszweck auf andere zumutbare Weise nicht erreicht werden kann und
3. dem Eigentümer ein angemessenes Angebot zur Begründung der Kleingartenpachtverträge gemacht worden ist; das Angebot ist in bezug auf den Pachtzins als angemessen anzusehen, wenn dieser dem Pachtzins nach § 5 entspricht.

(3) Der als Entschädigung festzusetzende Pachtzins bemißt sich nach § 5.

(4) Im übrigen gilt das Landesenteignungsrecht.

VIERTER ABSCHNITT
Überleitungs- und Schlußvorschriften

§ 16
Überleitungsvorschriften für bestehende Kleingärten

(1) Kleingartenpachtverhältnisse, die im Zeitpunkt des Inkrafttretens dieses Gesetzes bestehen, richten sich von diesem Zeitpunkt an nach dem neuen Recht.

(2) Vor Inkrafttreten dieses Gesetzes geschlossene Pachtverträge über Kleingärten, die bei Inkrafttreten dieses Gesetzes keine Dauerkleingärten sind, sind wie Verträge über Dauerkleingärten zu behandeln, wenn die Gemeinde Eigentümerin der Grundstücke ist.

(3) Stehen bei Verträgen der in Absatz 2 bezeichneten Art die Grundstükke nicht im Eigentum der Gemeinde, enden die Pachtverhältnisse mit Ablauf des 31. März 1987, wenn der Vertrag befristet und die vereinbarte Pachtzeit bis zu diesem Zeitpunkt abgelaufen ist; im übrigen verbleibt es bei der vereinbarten Pachtzeit.

(4) Ist die Kleingartenanlage vor Ablauf der in Absatz 3 bestimmten Pachtzeit im Bebauungsplan als Fläche für Dauerkleingärten festgesetzt worden, gilt der Vertrag als auf unbestimmte Zeit verlängert. Hat die Gemeinde vor Ablauf des 31. März 1987 beschlossen, einen Bebauungsplan aufzustellen mit dem Ziel, die Fläche für Dauerkleingärten festzusetzen, und den Beschluß nach § 2 Abs. 1 Satz 2 des Bundesbaugesetzes bekanntgemacht, verlängert sich der Vertrag vom Zeitpunkt der Bekanntmachung an um vier Jahre; der vom Zeitpunkt der vereinbarten Beendigung der Pachtzeit bis zum 31. März 1987 abgelaufene Zeitraum ist hierbei anzurechnen. Vom Zeitpunkt der Rechtsverbindlichkeit des Bebauungsplans an sind die Vorschriften über Dauerkleingärten anzuwenden.

§ 17
Überleitungsvorschrift für die kleingärtnerische Gemeinnützigkeit

Anerkennungen der kleingärtnerischen Gemeinnützigkeit, die vor Inkrafttreten dieses Gesetzes ausgesprochen worden sind, bleiben unberührt.

§ 18
Überleitungsvorschriften für Lauben

(1) Vor Inkrafttreten dieses Gesetzes rechtmäßig errichtete Lauben, die die in § 3 Abs. 2 vorgesehene Größe überschreiten, können unverändert genutzt werden.

(2) Eine bei Inkrafttreten dieses Gesetzes bestehende Befugnis des Kleingärtners, seine Laube zu Wohnzwecken zu nutzen, bleibt unberührt, soweit andere Vorschriften der Wohnnutzung nicht entgegenstehen. Für die Nutzung der Laube kann der Verpächter zusätzlich ein angemessenes Entgelt verlangen.

§ 19
Stadtstaatenklausel

Die Freie und Hansestadt Hamburg gilt für die Anwendung des Gesetzes auch als Gemeinde.

§ 20
Aufhebung von Vorschriften

(1) Mit Inkrafttreten dieses Gesetzes treten außer Kraft:

1. Kleingarten- und Kleinpachtlandordnung in der im Bundesgesetzblatt Teil III, Gliederungsnummer 235-1, veröffentlichten bereinigten Fassung;
2. Gesetz zur Ergänzung der Kleingarten- und Kleinpachtlandordnung in der im Bundesgesetzblatt Teil III, Gliederungsnummer 235-2, veröffentlichten bereinigten Fassung;
3. Verordnung über Kündigungsschutz und andere kleingartenrechtliche Vorschriften in der im Bundesgesetzblatt Teil III, Gliederungsnummer 235-4, veröffentlichten bereinigten Fassung;
4. Bestimmungen über die Förderung von Kleingärten vom 22. März 1938 (Reichsanzeiger 1938 Nr. 74), Bundesgesetzblatt Teil III, Gliederungsnummer 235-6;
5. Anordnung über eine erweiterte Kündigungsmöglichkeit von kleingärtnerisch bewirtschaftetem Land in der im Bundesgesetzblatt Teil III, Gliederungsnummer 235-5, veröffentlichten bereinigten Fassung;
6. Gesetz zur Änderung und Ergänzung kleingartenrechtlicher Vorschriften vom 28. Juli 1969 (BGBl I S. 1013);
7. Artikel 4 des Gesetzes zur Änderung des Berlinhilfegesetzes und anderer Vorschriften vom 23. Juni 1970 (BGBl I S. 826);
8. Baden-Württemberg (für das ehemalige Land Württemberg-Hohenzollern): Verordnung des Landwirtschaftsministeriums über Kündigungsschutz von Kleingärten vom 28. Juli 1947 (Regierungsbl. S. 104), Bundesgesetzblatt Teil III, Gliederungsnummer 235-8;
9. Baden-Württemberg (für das ehemalige Land Baden): Landesverordnung über die Auflockerung des Kündigungsschutzes von Kleingärten

vom 19. November 1948 (Gesetz- und Verordnungsbl. 1949 S. 50), Bundesgesetzblatt Teil III, Gliederungsnummer 235-7;

10. Hamburg: Verordnung über Pachtpreise für Kleingärten vom 28. März 1961 (Hamburgisches Gesetz- und Verordnungsbl. S. 115), geändert durch die Verordnung zur Änderung der Verordnung über Pachtpreise für Kleingärten vom 18. Februar 1969 (Hamburgisches Gesetz- und Verordnungsbl. S. 22);
11. Rheinland-Pfalz: Landesgesetz über Kündigungsschutz für Kleingärten und andere kleingartenrechtliche Vorschriften vom 23. November 1948 (Gesetz- und Verordnungsbl. S. 410), Bundesgesetzblatt Teil III, Gliederungsnummer 235-10;
12. Schleswig-Holstein: Kleingartengesetz vom 3. Februar 1948 (Gesetz- und Verordnungsbl. S. 59) in der Fassung vom 5. Mai 1948 (Gesetz- und Verordnungsbl. S. 148), mit Ausnahme der §§ 24 bis 26, Bundesgesetzblatt Teil III, Gliederungsnummer 235-3;
13. Schleswig-Holstein: Schleswig-Holsteinische Verfahrensordnung für Kleingartensachen vom 16. August 1948 (Gesetz- und Verordnungsbl. S. 192), Bundesgesetzblatt Teil III, Gliederungsnummer 235-3-1.

(2) Mit Inkrafttreten dieses Gesetzes erlöschen beschränkte persönliche Dienstbarkeiten, die aufgrund von § 5 Abs. 1 Satz 5 des nach Absatz 1 Nr. 12 außer Kraft tretenden Kleingartengesetzes von Schleswig-Holstein im Grundbuch eingetragen worden sind. Für die Berichtigung des Grundbuchs werden Kosten nicht erhoben.

§ 20 a

Überleitungsregelungen aus Anlaß der Herstellung der Einheit Deutschlands

In dem in Artikel 3 des Einigungsvertrages genannten Gebiet ist dieses Gesetz mit folgenden Maßgaben anzuwenden:

1. Kleingartennutzungsverhältnisse, die vor dem Wirksamwerden des Beitritts begründet worden und nicht beendet sind, richten sich von diesem Zeitpunkt an nach diesem Gesetz.
2. Vor dem Wirksamwerden des Beitritts geschlossene Nutzungsverträge über Kleingärten sind wie Kleingartenpachtverträge über Dauerkleingärten zu behandeln, wenn die Gemeinde bei Wirksamwerden des Beitritts Eigentümerin der Grundstücke ist oder nach diesem Zeitpunkt das Eigentum an diesen Grundstücken erwirbt.
3. Bei Nutzungsverträgen über Kleingärten, die nicht im Eigentum der Gemeinde stehen, verbleibt es bei der vereinbarten Nutzungsdauer. Sind

die Kleingärten im Bebauungsplan als Flächen für Dauerkleingärten festgesetzt worden, gilt der Vertrag als auf unbestimmte Zeit verlängert. Hat die Gemeinde vor Ablauf der vereinbarten Nutzungsdauer beschlossen, einen Bebauungsplan aufzustellen mit dem Ziel, die Fläche für Dauerkleingärten festzusetzen, und den Beschluß nach § 2 Abs. 1 Satz 2 des Baugesetzbuchs bekannt gemacht, verlängert sich der Vertrag vom Zeitpunkt der Bekanntmachung an um sechs Jahre. Vom Zeitpunkt der Rechtsverbindlichkeit des Bebauungsplans an sind die Vorschriften über Dauerkleingärten anzuwenden. Unter den in § 8 Abs. 4 Satz 1 des Baugesetzbuchs genannten Voraussetzungen kann ein vorzeitiger Bebauungsplan aufgestellt werden.

4. Die vor dem Wirksamwerden des Beitritts Kleingärtnerorganisationen verliehene Befugnis, Grundstücke zum Zwecke der Vergabe an Kleingärtner anzupachten, kann unter den für die Aberkennung der kleingärtnerischen Gemeinnützigkeit geltenden Voraussetzungen entzogen werden. Das Verfahren der Anerkennung und des Entzugs der kleingärtnerischen Gemeinnützigkeit regeln die Länder.

5. Anerkennungen der kleingärtnerischen Gemeinnützigkeit, die vor dem Wirksamwerden des Beitritts ausgesprochen worden sind, bleiben unberührt.

6. Der bei Inkrafttreten des Gesetzes zur Änderung des Bundeskleingartengesetzes zu leistende Pachtzins kann bis zur Höhe des nach § 5 Abs. 1 zulässigen Höchstpachtzinses in folgenden Schritten erhöht werden:

   1. ab 1. Mai 1994 auf das Doppelte,
   2. ab 1. Januar 1996 auf das Dreifache,
   3. ab 1. Januar 1998 auf das Vierfache

   des ortsüblichen Pachtzinses im erwerbsmäßigen Obst- und Gemüseanbau. Liegen ortsübliche Pachtzinsen im erwerbsmäßigen Obst- und Gemüseanbau nicht vor, ist der entsprechende Pachtzins in einer vergleichbaren Gemeinde als Bemessungsgrundlage zugrunde zu legen. Bis zum 1. Januar 1998 geltend gemachte Erstattungsbeträge gemäß § 5 Abs. 5 Satz 3 können vom Pächter in Teilleistungen, höchstens in acht Jahresleistungen, entrichtet werden.

7. Vor dem Wirksamwerden des Beitritts rechtmäßig errichtete Gartenlauben, die die in § 3 Abs. 2 vorgesehene Größe überschreiten, oder andere der kleingärtnerischen Nutzung dienende bauliche Anlagen können unverändert genutzt werden. Die Kleintierhaltung in Kleingartenanlagen bleibt unberührt, soweit sie die Kleingärtnergemeinschaft nicht wesentlich stört und der kleingärtnerischen Nutzung nicht widerspricht.

8. Eine vor dem Wirksamwerden des Beitritts bestehende Befugnis des Kleingärtners, seine Laube dauernd zu Wohnzwecken zu nutzen, bleibt unberührt, soweit andere Vorschriften der Wohnnutzung nicht entgegenstehen. Für die dauernde Nutzung der Laube kann der Verpächter zusätzlich ein angemessenes Entgelt verlangen.

§ 20 b

Sonderregelungen für Zwischenpachtverhältnisse im Beitrittsgebiet

Auf Zwischenpachtverträge über Grundstücke in dem in Artikel 3 des Einigungsvertrages genannten Gebiet, die innerhalb von Kleingartenanlagen genutzt werden, sind die §§ 8 bis 10 und § 19 des Schuldrechtsanpassungsgesetzes entsprechend anzuwenden.

§ 21

Berlin-Klausel[1])

– gegenstandslos –

§ 22

Inkrafttreten[2])

Dieses Gesetz tritt am 1. April 1983 in Kraft.

1) Die Berlin-Klausel ist gegenstandslos geworden. Durch § 4 Abs. 1 Nr. 2 des sechsten Überleitungsgesetzes (BGBl I S. 2106) ist die Vorschrift des § 13 des Dritten Überleitungsgesetzes außer Kraft gesetzt worden, nachdem die Alliierten durch Erklärung vom 1. Oktober 1990 ihre Vorbehaltsrechte in bezug auf Berlin zum 3. Oktober 1990 suspendiert haben.

2) Der Zeitpunkt des Inkrafttretens der Änderungen des BKleingG aufgrund des Gesetzes zur Änderung des BKleingG (BKleingÄndG) ergibt sich aus Art. 4 dieses Gesetzes. Danach sind die Änderungen am 1. Mai 1994 in Kraft getreten.

Gesetz zur Änderung des Bundeskleingartengesetzes (BKleingÄndG)

Vom 8. April 1994 (BGBl I S. 766)

Artikel 1
Änderung des Bundeskleingartengesetzes

Das Bundeskleingartengesetz vom 28. Februar 1983 (BGBl I S. 210), zuletzt geändert durch Anlage I Kapitel XIV Abschnitt II Nr. 4 des Einigungsvertrages vom 31. August 1990 in Verbindung mit Artikel 1 des Gesetzes vom 23. September 1990 (BGBl II S. 885, 1125), wird wie folgt geändert:

. . .

– Die Änderungen sind in den Text des Bundeskleingartengesetzes eingearbeitet –

Artikel 2
Änderung des Baugesetzbuchs

Dem § 135 Abs. 4 des Baugesetzbuchs, das zuletzt durch Artikel 6 Abs. 29 des Gesetzes vom 27. Dezember 1993 (BGBl I S. 2378) geändert worden ist, wird folgender Satz 3 angefügt:

„Der Beitrag ist auch zinslos zu stunden, solange Grundstücke als Kleingärten im Sinne des Bundeskleingartengesetzes genutzt werden."

Artikel 3
Überleitungsregelungen

Für private Verpächter von Kleingärten findet Artikel 1 Nr. 4 Buchstabe a[1])

1. im Falle am 1. November 1992 nicht bestandskräftig entschiedener Rechtsstreitigkeiten über die Höhe des Pachtzinses rückwirkend vom ersten Tage des auf die Rechtshängigkeit folgenden Monats,
2. im übrigen ab 1. November 1992

Anwendung. Das gilt nicht für den Anwendungsbereich des § 20 a des Bundeskleingartengesetzes. § 5 Abs. 3 Satz 1 und 4 des Bundeskleingarten-

---

1) S. § 5 Abs. 1 Satz 1 BKleingG.

gesetzes gilt entsprechend. Die schriftliche Erklärung des Verpächters hat die Wirkung, daß mit dem vom Verpächter genannten Zeitpunkt an die Stelle des bisherigen Pachtzinses der erhöhte Pachtzins tritt.

Artikel 4
Inkrafttreten

Dieses Gesetz tritt am 1. Mai 1994 in Kraft.

Gesetz zur Änderung schuldrechtlicher Bestimmungen im Beitrittsgebiet (Schuldrechtsänderungsgesetz – SchuldRÄndG)

vom 21. September 1994 (BGBl I S. 2538),
zuletzt geändert durch Gesetz vom 6. Juni 1995 (BGBl I S. 748)

— Auszug —

Artikel 1
Gesetz zur Anpassung schuldrechtlicher Nutzungsverhältnisse an Grundstücken im Beitrittsgebiet (Schuldrechtsanpassungsgesetz — SchuldRAnpG)

§ 8
Vertragseintritt

(1) Der Grundstückseigentümer tritt in die sich ab dem 1. Januar 1995 ergebenden Rechte und Pflichten aus einem Vertragsverhältnis über den Gebrauch oder die Nutzung seines Grundstücks ein, das landwirtschaftliche Produktionsgenossenschaften bis zum Ablauf des 30. Juni 1990 oder staatliche Stellen im Sinne des § 10 Abs. 1 des Sachenrechtsbereinigungsgesetzes bis zum Ablauf des 2. Oktober 1990 im eigenen oder in seinem Namen mit dem Nutzer abgeschlossen haben. Die in § 46 des Gesetzes über die landwirtschaftlichen Produktionsgenossenschaften vom 2. Juli 1982 (GBl I Nr. 25 S. 443) bezeichneten Genossenschaften und Kooperationsbeziehungen stehen landwirtschaftlichen Produktionsgenossenschaften gleich. Die Regelungen zum Vertragsübergang in § 17 des Vermögensgesetzes bleiben unberührt.

(2) Ist der Vertrag mit einem Zwischenpächter abgeschlossen worden, tritt der Grundstückseigentümer in dieses Vertragsverhältnis ein.

(3) Absatz 1 Satz 1 gilt nicht, wenn der andere Vertragschließende zur Überlassung des Grundstücks nicht berechtigt war und der Nutzer beim Vertragsabschluß den Mangel der Berechtigung des anderen Vertragschließenden kannte. Kannte nur der Zwischenpächter den Mangel der Berechtigung des anderen Vertragschließenden, tritt der Grundstückseigentümer in den vom Zwischenpächter mit dem unmittelbar Nutzungsberechtigten geschlossenen Vertrag ein. Ein Verstoß gegen die in § 18 Abs. 2 Satz 2 des

Gesetzes über die landwirtschaftlichen Produktionsgenossenschaften vom 2. Juli 1982 genannten Voraussetzungen ist nicht beachtlich.

(4) Abweichende rechtskräftige Entscheidungen bleiben unberührt.

§ 9

Vertragliche Nebenpflichten

Grundstückseigentümer und Nutzer können die Erfüllung solcher Pflichten verweigern, die nicht unmittelbar die Nutzung des Grundstücks betreffen und nach ihrem Inhalt von oder gegenüber dem anderen Vertragschließenden zu erbringen waren. Dies gilt insbesondere für die Unterhaltung von Gemeinschaftsanlagen in Wochenendhausgebieten und die Verpflichtung des Nutzers zur Mitarbeit in einer landwirtschaftlichen Produktionsgenossenschaft.

§ 10

Verantwortlichkeit für Fehler oder Schäden

(1) Der Grundstückseigentümer haftet dem Nutzer nicht für Fehler oder Schäden, die infolge eines Umstandes eingetreten sind, den der andere Vertragschließende zu vertreten hat.

(2) Soweit der Grundstückseigentümer nach Absatz 1 nicht haftet, kann der Nutzer unbeschadet des gesetzlichen Vertragseintritts Schadensersatz von dem anderen Vertragschließenden verlangen.

. . .

§ 19

Heilung von Mängeln

(1) Ein Vertrag nach § 1 Abs. 1 Nr. 1 ist nicht deshalb unwirksam, weil die nach § 312 Abs. 1 Satz 2 des Zivilgesetzbuchs der Deutschen Demokratischen Republik vorgesehene Schriftform nicht eingehalten worden ist.

(2) Das Fehlen der Zustimmung zur Bebauung nach § 313 Abs. 2 des Zivilgesetzbuchs ist unbeachtlich, wenn der Nutzungsvertrag von einer staatlichen Stelle abgeschlossen worden ist und eine Behörde dieser Körperschaft dem Nutzer eine Bauzustimmung erteilt hat.

(3) Abweichende rechtskräftige Entscheidungen bleiben unberührt.

Zweiter Teil
Kommentar

ERSTES KAPITEL
Bundeskleingartengesetz (BKleingG)

ERSTER ABSCHNITT
Allgemeine Vorschriften

§ 1
Begriffsbestimmungen

(1) Ein Kleingarten ist ein Garten, der

1. dem Nutzer (Kleingärtner) zur nichterwerbsmäßigen gärtnerischen Nutzung, insbesondere zur Gewinnung von Gartenbauerzeugnissen für den Eigenbedarf, und zur Erholung dient (kleingärtnerische Nutzung) und
2. in einer Anlage liegt, in der mehrere Einzelgärten mit gemeinschaftlichen Einrichtungen, zum Beispiel Wegen, Spielflächen und Vereinshäusern, zusammengefaßt sind (Kleingartenanlage).

(2) Kein Kleingarten ist

1. ein Garten, der zwar die Voraussetzungen des Absatzes 1 erfüllt, aber vom Eigentümer oder einem seiner Familienangehörigen im Sinne des § 8 Abs. 1 des Zweiten Wohnungsbaugesetzes genutzt wird (Eigentümergarten);
2. ein Garten, der einem zur Nutzung einer Wohnung Berechtigten im Zusammenhang mit der Wohnung überlassen ist (Wohnungsgarten);
3. ein Garten, der einem Arbeitnehmer im Zusammenhang mit dem Arbeitsvertrag überlassen ist (Arbeitnehmergarten);
4. ein Grundstück, auf dem vertraglich nur bestimmte Gartenbauerzeugnisse angebaut werden dürfen;
5. ein Grundstück, das vertraglich nur mit einjährigen Pflanzen bestellt werden darf (Grabeland).

(3) Ein Dauerkleingarten ist ein Kleingarten auf einer Fläche, die im Bebauungsplan für Dauerkleingärten festgesetzt ist.

Übersicht

1. Anwendungsbereich

1 Das BKleingG ist **Sonderrecht.** Es faßt das materielle Kleingartenrecht in einem Gesetz zusammen. Es ist ein in sich geschlossenes, stark vom öffentlichen Recht her bestimmtes einheitliches Rechtsgebiet. Im Laufe der Entwicklung ist es zunehmend durch städtebauliche Bezüge geprägt worden. Das Bundeskleingartengesetz weist daher eine Mischung von privat- und öffentlich-rechtlichen Regelungen auf, die wegen des Sachzusammenhangs aufeinander bezogen und abgestimmt sind.

2 Den **sachlichen Geltungsbereich** legen die Vorschriften des § 1 Abs. 1 und 2 fest. Danach findet das BKleingG nur auf Gärten Anwendung, die den in Abs. 1 Nr. 1 und 2 genannten Begriffsmerkmalen entsprechen und die weder den in Abs. 2 aufgezählten Gärten (Nr. 1 bis 3) noch Grundstücksnutzungen (Nr. 4 und 5) zuzurechnen sind. Dauerkleingärten (Abs. 3) sind nach der gesetzlichen Definition Kleingärten im Sinne des Abs. 1.

2. Kleingartenbegriff

Nach Abs. 1 ist der Kleingarten eine Grundstücksfläche, die kleingärtnerisch genutzt wird (Nr. 1) und in einer Kleingartenanlage liegt (Nr. 2). Dabei geht das Gesetz – ohne dies ausdrücklich zu regeln – von der allgemein anerkannten Rechtsansicht aus, daß Kleingärten vertraglich, in der Regel aufgrund eines Pachtvertrages, überlassene Gärten sind (s. BT-Drs. 9/1900 S. 13). Näheres zur Frage der Rechtsform der kleingärtnerischen Nutzung s. Rn. 16 ff. **Wesensmerkmal des Kleingartens ist die Nutzung fremden Landes** (BVerfGE 52, 1, 32 f.; BVerwG, NVwZ 1984, 581 = BBauBl 1984, 199 = BRS 40, 119). Das ergibt sich auch aus der Regelung des § 1 Abs. 2 Nr. 1. Danach sind nämlich vom Eigentümer selbst oder seinen Familienangehörigen kleingärtnerisch genutzte Grundstücksflächen (Eigentümergärten) keine Kleingärten im Sinne des BKleingG. 3

Kleingärten im Sinne des BKleingG sind durch zwei Begriffsmerkmale gekennzeichnet, und zwar durch die **kleingärtnerische Nutzung** und die Zusammenfassung der Kleingärten zu einer **Kleingartenanlage**.

2.1 Kleingärtnerische Nutzung

Die kleingärtnerische Nutzung (§ 1 Abs. 1 Nr. 1) umfaßt die 4

- nicht erwerbsmäßige gärtnerische Nutzung, insbesondere zur Gewinnung von Gartenbauerzeugnissen für den Eigenbedarf, und die
- Erholungsnutzung.

Die **nicht erwerbsmäßige gärtnerische Nutzung** ist ein zentrales Merkmal des Kleingartens. Mit diesem Begriffsmerkmal knüpft § 1 Abs. 1 Nr. 1 an die „nicht gewerbsmäßige gärtnerische Nutzung" als Kennzeichnung des Kleingartens im früheren Kleingartenrecht an (§ 1 Abs. 1 KGO). In den Richtlinien zur KGO (veröffentlicht im Rundschreiben des Reichswirtschaftsministers vom 1. 10. 1919 – VI 5/12 –) wird die „nicht gewerbsmäßige gärtnerische Nutzung" konkretisiert als eine Nutzung, die die Erzeugung von Gemüse, Obst und anderen Früchten oder von Futter für Kleintierhaltung durch Selbstarbeit des Gartenbesitzers oder seiner Familie zwecks Versorgung seines und seiner Familie Eigenbedarfs zum Gegenstand hat. 5

Diese Auslegung des Begriffs „nicht gewerbsmäßige gärtnerische Nutzung" („kleingärtnerische Nutzung") im **früheren Recht** liegt auch der „nicht erwerbsmäßigen gärtnerischen Nutzung" im Sinne des § 1 Abs. 1 Nr. 1 zugrunde. Verdeutlicht wird dies durch die sich aus der „Insbesondere-Regelung" ergebende Erläuterung dieser Nutzung, nämlich „zur Gewinnung von Gartenbauerzeugnissen für den Eigenbedarf". Gartenbauerzeugnisse sind vor allem Obst und Gemüse, aber auch Feldfrüchte, z. B. Kartoffeln, und Blumen. 6

Aus der „Insbesondere-Regelung" in § 1 Abs. 1 Nr. 1 ist zu entnehmen, daß sich die „nicht erwerbsmäßige gärtnerische Nutzung" nicht nur auf die Erzeugung von Obst, Gemüse und anderen Früchten erstreckt, sondern neben der Gewinnung von Gartenbauerzeugnissen **auch eine andere gärtnerische Nutzung** nicht ausschließt. Hierzu gehören die Bepflanzung von Gartenflächen mit Zierbäumen, Sträuchern, die Anlage von Rasenflächen oder kleinen der Größe des Kleingartens entsprechenden Gartentei- 7 chen/Biotopen; **Waldbäume** und sonstige hochstämmige Bäume gehören **nicht** hierzu. Zur Problematik des Baumschutzes und der kleingärtnerischen Nutzung s. Rn. 61 ff. Dabei bleibt aber die Gewinnung von Gartenbauerzeugnissen unabdingbares Begriffsmerkmal der kleingärtnerischen Nutzung. Reine Zierbepflanzung erfüllt nicht die gesetzliche Voraussetzung der kleingärtnerischen Nutzung. Die Gewinnung von Gartenbauerzeugnissen gehört nach § 1 Abs. 1 Nr. 1 zwingend zur kleingärtnerischen Nutzung. Wegen der erforderlichen Vielfalt von Gartenbauerzeugnissen reichen auch Dauerkulturen, z. B. Obstbäume und Beerensträucher, auf Rasenflächen nicht für eine kleingärtnerische Nutzung aus (vgl. Schriftenreihe Landes- und Stadtentwicklungsforschung des Landes NW Bd. 0.031, „Kleingartenbedarf in NW", S. 11; Otte, in: Ernst/Zinkahn/Bielenberg, BauGB, Teil H, Kommentar zum BKleingG, § 1 Rn. 7).

Die „nicht erwerbsmäßige gärtnerische Nutzung" i. S. des BKleingG **umfaßt danach die Erzeugung von Obst, Gemüse und anderen Früchten durch Selbstarbeit des Kleingärtners oder seiner Familienangehörigen.** Kennzeichnend für diese Nutzungsart ist die Vielfalt der Gartenbauerzeugnisse.

7 a Die Gewinnung von Gartenbauerzeugnissen darf **nicht erwerbsmäßig** betrieben werden, also in der Absicht, sich aus ihrem Ertrag eine ständige Einnahmequelle zu verschaffen. Gelegenheitsverkäufe bei reicher Ernte sind insoweit unschädlich. Die gewonnenen Erzeugnisse müssen aber überwiegend der Selbstversorgung des Kleingärtners und seiner Familie dienen. Im Gesetz wird daher ausdrücklich hervorgehoben, daß die Gewinnung von Gartenbauerzeugnissen dem „Eigenbedarf" dienen muß. Bei Belastung von Kleingärten mit Schwermetallen können Nutzungsauflagen erforderlich werden. Zur Problematik der kontaminierten Gartenflächen s. § 4 Rn. 13.

7 b Die **Kleintierhaltung gehört grundsätzlich nicht zur kleingärtnerischen Nutzung.** Der Kleingarten ist keine Kleinsiedlung i. S. d. § 2 BauNVO. Für die neuen Bundesländer hat der Gesetzgeber in § 20 a Nr. 7 eine Sonderregelung getroffen. Danach bleibt die Kleintierhaltung unberührt, soweit sie bis zum 3. Oktober 1990 zulässig war, unter der Voraussetzung, daß sie in bescheidenem Umfang betrieben wird. Sie darf die Kleingärtnergemeinschaft nicht stören, der kleingärtnerischen Nutzung nicht widersprechen und nicht erwerbsmäßig betrieben werden. Die gärtnerische Nutzung muß überwiegen (s. § 20 a Rn. 29). **Zulässig ist dagegen die Bienenhaltung**. Sie dient schon wegen des Nutzens der Bienen für die Bestäubung der kleingärtnerischen Nutzung.

8 Zweites Element der kleingärtnerischen Nutzung ist die **Nutzung** des Kleingartens **zu Erholungszwecken.** Die gesetzliche Festlegung, daß der Kleingarten auch zur Erholung dient und die Erholung ein Element der kleingärtnerischen Nutzung ist, berücksichtigt die Entwicklung in den letzten Jahrzehnten im Kleingartenwesen und beseitigt vor allem die in der Praxis aufgetretenen Zweifelsfragen, ob nur der Anbau von Obst und Gemüse zur kleingärtnerischen Nutzung gehört. Der Freizeit- und Erholungswert des Kleingartens hat infolge des Wandels in den ökonomischen Verhältnissen einen besonderen Stellenwert gewonnen. Als „Erholung" wird dabei nicht nur die gärtnerische Betätigung gesehen. Erholung als Wiederherstellung des normalen kör-

perlichen Kräftezustands und des geistig-seelischen Gleichgewichts kann auf mannigfache Weise erfolgen durch Gartenarbeit oder durch Ruhe und Entspannung. Dem hat sich auch die gärtnerische Gestaltung des Kleingartens angepaßt. In vielen Fällen weist ein beträchtlicher Teil der Gartenfläche anstelle von Gemüse- und Obstkulturen Rasenbewuchs und Zierbepflanzung auf.

Mit der gesetzlichen Begriffsbestimmung der kleingärtnerischen Nutzung wird der heutigen Funktion des Kleingartens als Nutz- und Erholungsgarten Rechnung getragen. Der einzelne Kleingarten kann danach ein ausschließlicher Obst- und Gemüsegarten (Nutzgarten) sein oder ein Nutz- und Ziergarten. Die Gartenfläche darf also – wenn es ein Kleingarten sein soll – nicht allein aus Rasenbewuchs und Zierbepflanzung bestehen. Der „wirtschaftliche" Nutzen und der Erholungswert eines Kleingartens stehen in § 1 Abs. 1 Nr. 1 nicht alternativ nebeneinander in dem Sinne, daß die Gartenfläche entweder als „Ziergarten" oder als „Nutzgarten" ausgestaltet werden kann. Die Erzeugung von Obst, Gemüse und anderen pflanzlichen Produkten ist vielmehr ein notwendiger Bestandteil der kleingärtnerischen Nutzung, für die ein Teil der Gartenfläche verwendet werden muß. Das ergibt sich bereits aus der gesetzlichen Definition der kleingärtnerischen Nutzung. Danach besteht diese aus zwei durch das Wort „und" miteinander verbundenen Elementen, nämlich der „gärtnerischen Nutzung, insbesondere zur Gewinnung von Gartenbauerzeugnissen für den Eigenbedarf", **und** der „Erholung". Der Flächenanteil, der der Erzeugung von Gemüse, Obst und anderen pflanzlichen Kulturen dient, ist gesetzlich nicht festgelegt. Dies bleibt den einzelnen Kleingärtnern bzw. den Kleingärtnervereinen überlassen. Rasen und Zierbepflanzung dürfen aber nicht überwiegen. Die „Erholungsnutzung" darf der Gewinnung von Gartenbauerzeugnissen insoweit nicht übergeordnet sein (vgl. Otte, in: Ernst/Zinkahn/Bielenberg, BauGB, Teil H, Kommentar zum BKleingG, § 1 Rn. 8). Andererseits sind Rasen und/oder Zierbepflanzung nicht Voraussetzung eines Kleingartens i. S. des BKleingG. 9

Eine Nutzung des Gartens nur zur „Erholung" ohne Gewinnung von Gartenbauerzeugnissen ist keine kleingärtnerische Nutzung. Sie stellt einen Verstoß gegen § 1 Abs. 1 Nr. 1 und den Vertragszweck dar und berechtigt daher nach Abmahnung zur Kündigung des Kleingartenpachtvertrages (s. § 9 Rn. 3 ff.).

2.2 Kleingartenanlage

Als weiteres Begriffsmerkmal kommt nach § 1 Abs. 1 Nr. 2 hinzu, daß nur solche Gärten als Kleingärten anzusehen sind, die in einer **Kleingartenanlage** liegen, in der mehrere Einzelgärten mit gemeinschaftlichen Einrichtungen zusammengefaßt sind. Kleingärtnerisch genutzte Flächen außerhalb einer Kleingartenanlage sind keine Kleingärten im Sinne des BKleingG. 10

Wie viele einzelne Kleingärten eine Anlage umfassen muß, ist gesetzlich nicht geregelt. Eine Kleingartenanlage kann aus 20 Einzelgärten, aber auch aus 100 und mehr Einzelgärten bestehen. Hierüber entscheidet die örtliche Kleingartenplanung. Die Größe der Kleingartenanlage kann also den örtlichen Verhältnissen angepaßt werden. In der Untersuchung „Sozialpolitische und städtebauliche Bedeutung des Kleingartenwesens" (Schriftenreihe des BMBau „Städtebauliche Forschung" 03.045 S. 80) wird eine optimale Größe bei 50 bis 150 Kleingärten angenommen.

„Um einerseits überschaubar zu bleiben und andererseits wirtschaftlich erschlossen werden zu können, sollten die Kleingartenanlagen in der Größenordnung von 50 bis 150 Gärten ausgewiesen werden; das entspricht einem Besucherkreis von regelmäßig 250 bis 1200 Personen und einer Gesamtfläche von 2,5 bis 7,5 ha je Anlage."

Im Einzelfall kann es bei einer geringen Anzahl von Kleingärten (z. B. bei weniger als 20 Gärten) Abgrenzungsschwierigkeiten geben, ob eine Kleingartenanlage i. S. des § 1 Abs. 1 Nr. 2 anzunehmen ist oder nicht. Die Rechtsprechung sieht das Kriterium der „Zusammenfassung mehrerer Einzelgärten" bei 16 bzw. 13 Einzelgärten als erfüllt an (AG Potsdam – 28 C 187/94; 29 C 104/94 n. v.; AG Freiberg – 2 C 0293/94 n. v.). Im Schrifttum wird die Ansicht vertreten, daß bereits fünf Einzelgärten eine Anlage bilden können (Otte, in: Ernst/Zinkahn/Bielenberg, BauGB, Teil H, Kommentar zum BKleingG, § 1 Rn. 10; Stang, BKleingG, Kommentar, 2. Aufl § 1 Rn. 14). Ausschlaggebend ist in diesen Fällen, inwieweit die Einzelgärten den Eindruck der „Zusammengehörigkeit" i. S. der Zusammenfassung zu einer Anlage vermitteln (einheitliches Gesamtbild).

Zur Beurteilung bedarf es einer Wertung und Bewertung des konkreten Sachverhalts. Ein Bewertungskriterium stellt eine die Einzelgärten zusammenfassende Außeneinfriedung dar. Dabei ist zu berücksichtigen, daß die „Zusammenfassung mehrerer Einzelgärten" nur ein Kriterium der Kleingartenanlage ist. Das zweite – **entscheidende** – Kriterium ist das Vorhandensein von „gemeinschaftlichen Einrichtungen". Ist keine Gemeinschaftseinrichtung vorhanden, kommt es auf die Anzahl der aneinandergrenzenden Gärten nicht mehr an.

11 Das BKleingG setzt gemeinschaftliche Einrichtungen als Begriffsmerkmal der Kleingartenanlage zwingend voraus. Als **gemeinschaftliche Einrichtungen** werden in Abs. 1 Nr. 2 Wege, Spielflächen und Vereinshäuser genannt. Es handelt sich hier nur um eine beispielhafte Aufzählung von gemeinschaftlichen Einrichtungen. Es muß sich nur um Einrichtungen handeln, die dem Kleingartenzweck im weitesten Sinne dienen. Wege sind grundsätzlich nur dann gemeinschaftliche Einrichtungen i. S. des § 1 Abs. 1 Nr. 2, wenn sie innerhalb der Kleingartenanlage liegen. Außerhalb der Kleingartenanlage verlaufende Wege können gemeinschaftliche Einrichtungen sein, wenn es sich um nichtöffentliche Wege handelt, die den Zugang zu den Einzelgärten – durch Widmung gedeckt oder grundbuchrechtlich abgesichert – ermöglichen. Eine Kleingartenanlage kann also schon dann gegeben sein, wenn beispielsweise mehrere Einzelgärten durch Wege innerhalb der Anlage erschlossen sind. Zu den traditionellen Gemeinschaftseinrichtungen in Kleingartenanlagen gehören das Vereinsheim und vor allem der Spielplatz für Kinder. Sie sind deshalb auch bei der beispielhaften Aufzählung der Gemeinschaftseinrichtungen ausdrücklich genannt. Weitere Gemeinschaftseinrichtungen sind insbesondere im Zuge der Entwicklung des Kleingartenwesens und der Übernahme von städtebaulichen Funktionen der Anlage hinzugekommen, wie zum Beispiel Verweilmöglichkeiten in Form von Bänken und Sitzecken, Kommunikationsangebote in Form von Skattischen und weitere Erholungsmöglichkeiten wie etwa Liegewiesen, Spiel- und Sportflächen. Einrichtungen i. S. des § 1 Abs. 1 Nr. 2 sind auch gemeinschaftliche Wasserversorgunganlagen. Jede dieser Einrichtungen genügt, um die Eigenschaft „Kleingartenanlage" im Sinne des BKleingG zu begründen, wenn sie von den Kleingärtnern einer Anlage genutzt werden können.

§ 1 Abs. 1 Nr. 2 fordert insoweit grundsätzlich nichts Neues von Kleingartenanlagen, sondern greift auf bestehende Ausstattungen von Kleingartenanlagen, die in der Regel irgendeine gemeinschaftliche Einrichtung nach diesem Gesetz aufweisen, zurück.

Kleingartenanlagen gehören zu den gegen Verkehrslärm schutzbedürftigen Gebieten (BVerwG, GuG 1992, S. 222 f.). Näheres hierzu § 4 Rn. 14 a. **11 a**

Zur Abgrenzung der Kleingärten i. S. des § 1 Abs. 1 von Wochenendsiedlergärten (des VKSK in den neuen Ländern) s. Rn. 34 a; § 20 a Rn. 4 c ff. **11 b**

Die Zugänglichkeit der Kleingartenanlage für die Öffentlichkeit ist kein Beurteilungskriterium, auch dann nicht, wenn der Bebauungsplan für eine Dauerkleingartenanlage Festsetzungen getroffen hat, die den Zugang der Bevölkerung zur Kleingartenanlage ermöglichen soll, z. B. durch Festsetzung öffentlicher Verkehrsflächen (Wege) innerhalb der Anlage gemäß § 9 Abs. 1 Nr. 11 BauGB. Der Regierungsentwurf des BKleingG von 1982 (BT-Drs. 9/1900) sah vor, daß Kleingartenanlagen der Allgemeinheit zugänglich sein müssen. S. hierzu auch Einleitung Rn. 33. Die Öffnung der Anlage war aber kein Merkmal der Kleingartenanlage nach dem Entwurf. **11 c**

3. Erschließung von Kleingartenanlagen

Jede ordnungsgemäße Nutzung von Grundstücken setzt deren Erschließung voraus. Die Erschließung soll die **bestimmungsgemäße Bodennutzung** ermöglichen bzw. ihr dienen. Den Umfang der Erschließung und die Anforderungen an diese bestimmt die Art der Bodennutzung. Bebaubare Flächen, die der Wohnnutzung oder einer gewerblichen Nutzung dienen, sind anders zu erschließen als etwa landwirtschaftlich oder gärtnerisch genutzte Flächen. Da das Gesetz selbst keine Regelungen über die für die kleingärtnerische Nutzung notwendigen und zulässigen Erschließungsanlagen enthält, ist für eine Kleingartenanlage das an **Erschließungsanlagen bereitzustellen, was zu ihrer funktionsgerechten Nutzung erforderlich ist**. Zur Erschließung der einzelnen Gartenparzellen s. § 3 Rn. 22 ff. **12**

Unabdingbare Voraussetzung für die Nutzung einer Kleingartenanlage ist ihre **verkehrsmäßige Erschließung**, d. h. ihre Anbindung an das öffentliche Straßennetz der Gemeinde. Nutzungsvoraussetzung einer Kleingartenanlage ist ihre Erreichbarkeit in Form einer Zufahrt. Die verkehrsmäßige Erschließung einer Kleingartenanlage setzt voraus, daß mit Kraftfahrzeugen an ihre Grenze herangefahren und sie von da ab betreten werden kann (BVerwG NVwZ 1987, 56 = KStZ 1986, 211). Der Begriff „Zufahrt" ist dabei straßenrechtlich zu verstehen und stellt ab auf eine für die Benutzung mit Fahrzeugen geeignete Verbindung zwischen Grundstücken und einer öffentlichen Straße. Grundlage für die Art, Bemessung und Qualität der verkehrsmäßigen Erschließung ist der von Kleingärten ausgehende **Ziel- und Quellverkehr**. Näheres zur (äußeren) Verkehrserschließung s. Kötter, Verkehrserschließung von Kleingartenanlagen, in Schriftenreihe des BDG Nr. 62 S. 52 ff. **13**

Zur Verkehrserschließung gehört auch die Bereitstellung einer angemessenen Anzahl von **Stellplätzen**. Die Stellplatzquote muß für jede Kleingartenanlage gesondert ermittelt werden. Die ständige Konferenz der Gartenamtsleiter der kommunalen Spit- **13 a** zenverbände empfiehlt (1971) die Ausweisung je eines Stellplatzes pro drei Parzellen. Dieser Wert wird variiert werden müssen je nach Entfernung der Kleingartenanlage zum Siedlungsbereich. Er ist ferner abhängig vom Angebot des öffentlichen Nahverkehrs und von der (möglichen) Kombination mit anderen Freizeitangeboten. So werden z. B. Stellplätze bei Kleingartenanlagen mit ergänzenden Freizeitangeboten und — in noch größerem Maße — bei Kleingartenparks entsprechend erhöht werden müssen (Kötter, Verkehrserschließung von Kleingartenanlagen, Schriftenreihe des BDG Nr. 62 S. 57 f.; Dokumentation Gärten im Städtebau, Schriftenreihe des BMBau, 05.011, 1981 S. 118). Stellplätze können als öffentliche oder private Erschließungsanlagen hergestellt werden.

Selbständige Parkplätze als **öffentliche Erschließungsanlagen** i. S. d. § 127 Abs. 2 Nr. 4 BauGB sind außerhalb der für die Kleingartenanlage bestimmten Fläche anzulegen. Sofern **(private) Parkplätze** in den Grenzen der gepachteten Fläche für die Kleingartenanlage angelegt werden, sind diese peripher, am Rande der Kleingartenanlage anzuordnen und durch entsprechende Randbepflanzung von der Anlage abzutrennen. Bei Neuplanungen empfiehlt es sich, Stellplatzanlagen in überschaubare Bereiche zu gliedern und in eine Rahmenbepflanzung einzubinden.

14 Die Erschließung umfaßt auch Anlagen und Einrichtungen, die der **Ver- und Entsorgung** von Grundstücken dienen. Zu den Versorgungseinrichtungen gehören insbesondere Anlagen, die der Versorgung mit Wasser, Gas, Wärme und Elektrizität dienen, ferner Solarstromanlagen und Fernsprechanschlüsse. Die Entsorgung umfaßt Anlagen und Einrichtungen für die Abwasser- und Abfallbeseitigung.

14 a Der Anschluß **von Kleingartenanlagen an Ver- und Entsorgungseinrichtungen** ist wegen der Abhängigkeit der Erschließung von der Art der Bodennutzung **nur eingeschränkt** zulässig (vgl. Rn. 12). Zur Ausstattung der Gartenlaube mit Ver- und Entsorgungsanlagen s. § 3 Rn. 10 ff. **Kleingartenanlagen** sind **bauplanungsrechtlich Grünflächen** i. S. d. § 9 Abs. 1 Nr. 15 BauGB, wenn sie im Bebauungsplan als Flächen für Dauerkleingärten festgesetzt sind, **oder Außenbereich** (§ 35 BauGB), wenn sie nicht im Bebauungsplan als Dauerkleingarten ausgewiesen sind (näheres zur planungsrechtlichen Qualifizierung von Kleingartenanlagen s. § 3 Rn. 13 ff.). **Grünflächen sind grundsätzlich nicht bebaubar.** Bauliche Anlagen auf Grünflächen sind daher nur zulässig, wenn sie von ihrer Funktion der Grünfläche zuzuordnen und ihr untergeordnet sind. **Das gleiche** gilt im Grundsatz auch für den **Außenbereich**. Der Außenbereich soll vor allem der land- und forstwirtschaftlichen Nutzung sowie der Erholung vorbehalten bleiben. Daher sind im Außenbereich nur solche baulichen Anlagen zulässig, die ihrer Art nach durch ihren Zusammenhang mit der naturgegebenen Bodennutzung dorthin gehören.

Kleingartenanlagen sind keine Baugebiete, die der Erholung dienen, wie z. B. Wochenend-, Ferien- oder sonstige Gartenhausgebiete (§ 10 BauNVO). Sie **unterscheiden sich** vielmehr aus den oben genannten Gründen **grundlegend von Baugebieten** (§§ 2—11 BauNVO), in denen sich die bauliche Entwicklung der Gemeinde vollzieht und von den im Zusammenhang bebauten Ortsteilen, § 34 BauGB. Aus der unterschiedlichen Zweckbestimmung der baulichen und der kleingärtnerischen Nutzung ergeben sich auch Konsequenzen im Hinblick auf die Ver- und Entsorgung der kleingärtnerisch genutzten Flächen. Kleingartenanlagen können **nicht in der gleichen**

Weise ver- und entsorgt (erschlossen) werden, wie **Grundstücke in Baugebieten, die der Erholung dienen**.

Maßstab und Kriterium für den Anschluß einer Kleingartenanlage an Ver- und Entsorgungseinrichtungen ist die **kleingärtnerische Nutzung**. Die Ver- und Entsorgungseinrichtungen sollen diese **Nutzung ermöglichen und auf Dauer sicherstellen**. Es ist daher zu differenzieren zwischen Ver- und Entsorgungsanlagen, die notwendig sind, weil sie die kleingärtnerische Nutzung **ermöglichen** oder ihr **dienen**, einerseits, und andererseits Anlagen, die mit dieser Nutzung in **keinem Zusammenhang** stehen.

Zu den Anlagen, die die kleingärtnerische Nutzung ermöglichen oder ihr dienen, **14 b** gehört die **Wasserversorgung**. Die entsprechenden Einrichtungen sind daher erforderlich. Dieser Zweck wird erfüllt durch den Anschluß der Kleingartenanlage an das Wasserversorgungsnetz der Gemeinde. Über diesen Anschluß können dann die einzelnen Gartenparzellen mit Wasser versorgt werden. Wie die Wasserversorgung im einzelnen organisiert ist, ob z. B. jeder Garten einen Wasseranschluß hat oder ob sich mehrere Kleingärten eine Wasserzapfstelle teilen, bleibt der Entscheidung vor Ort überlassen. Hiervon zu unterscheiden ist der Anschluß der Gartenlaube an die Wasserversorgung. Ein Wasseranschluß in der Gartenlaube ist für die kleingärtnerische Nutzung nicht erforderlich. Es genügt ein Wasseranschluß auf der Gartenparzelle, um den Erschließungserfordernissen, die sich aus der Art der Bodennutzung ergeben, gerecht zu werden. Näheres hierzu s. § 3 Rn. 10 ff. Vereinsheime sind — im Unterschied zu Gartenlauben — mit Wasser zu versorgen.

Anlagen zur Versorgung der Kleingartenanlagen mit **Gas oder Wärme** sind weder **14 c** Voraussetzung der kleingärtnerischen Nutzung noch dienen sie ihr. Sie sind insoweit funktions- und bedeutungslos und stehen in keinem Zusammenhang mit der kleingärtnerischen Nutzung. Zulässig sind solche Anlagen nur im **Vereinsheim**. Insoweit ist der Anschluß der **Kleingartenanlage** an das Netz zur Versorgung mit Gas und Wärme zulässig.

Differenzierter zu beurteilen ist die **Versorgung** der **Kleingartenanlage** (nicht der **14 d** Einzelgärten) **mit Elektrizität**. Strom ist zwar nicht unabdingbare Voraussetzung für die kleingärtnerische Nutzung, kann aber als **Arbeitsstrom** auch der Gartennutzung dienen, z. B. zum Einsatz eines mit Elektromotor betriebenen Gartenhäckslers. Insoweit kann er die kleingärtnerische Nutzung erleichtern und ihr damit im weitesten Sinne dienen. Der Anschluß der Kleingartenanlage an das Stromnetz ist insoweit zulässig. Dabei muß jedoch **sichergestellt werden**, daß **Einzelgärten nicht auf Dauer mit Elektrizität versorgt** werden. Das kann dadurch geschehen, daß z. B. auf den Wegen innerhalb der Kleingartenanlage, die keinem Einzelgarten zuzuordnen sind, Anschlußeinrichtungen hergestellt werden, die z. B. zu bestimmten Zeiten zentral gesteuert, etwa vom Vereinsheim aus Arbeitsstrom liefern. Voraussetzung für solche Anschlußeinrichtungen ist das Einvernehmen zwischen Pächter und Verpächter (Eigentümer). Grundsätzlich hat nämlich weder der Pächter einen Anspruch auf Arbeitsstrom noch ist der Verpächter verpflichtet, entsprechenden Wünschen der Pächter auf Arbeitsstrom nachzukommen. Die Stromversorgung des Vereinsheims gehört dagegen zur funktionsgerechten Nutzbarkeit dieser baulichen Anlage.

Der Anschluß der Kleingartenanlage an das **Telefonnetz** ist keine Voraussetzung für **14 e** die kleingärtnerische Nutzung. Er kann aber dieser Nutzung insoweit „dienen" als er

z. B. in großen Anlagen die Errichtung von **Münzfernsprechern** für Notfälle – z. B. an zentralen Stellen – innerhalb der Kleingartenanlage – ermöglicht. In Gartenlauben selbst sind Fernsprechanschlüsse nicht zulässig (s. § 3 Rn. 10 c).

14 f Soweit die o. g. Versorgungsanlagen (in Gartenlauben) rechtmäßig errichtet worden sind, genießen sie **Bestandsschutz** (s. § 3 Rn. 11).

15 Zur Erschließung gehört auch die unschädliche **Beseitigung der Abwässer und Abfallstoffe**. Näheres hierzu s. Mainczyk, Die kleingärtnerische Nutzung als Maßstab für die Ausstattung der Kleingärten mit Ver- und Entsorgungsanlagen, in: Schriftenreihe des BDG Nr. 62 S. 33 ff.; Berger, Abwasserbeseitigung in Kleingärten und Kleingartenanlagen, in: Schriftenreihe des BDG, Nr. 62 S. 43 ff. Die gesicherte einwandfreie Entsorgung muß in der Kleingartenanlage als Ganzes gewährleistet sein. Die Anforderungen ergeben sich vor allem aus dem Wasserhaushaltsgesetz und dem Abfallbeseitigungsgesetz des Bundes sowie aus dem Wasser- und Abfallbeseitigungsrecht der Länder. Diese Vorschriften gelten selbständig neben dem Kleingarten- und neben dem Baurecht. Die Entsorgung ist dann einwandfrei, wenn vor allem die aus Gründen der Hygiene und Gesundheit zu stellenden Anforderungen erfüllt sind. So darf z. B. die vorgesehene Art der Wasserbeseitigung keine schädliche Verunreinigung von Gewässern verursachen. Die Beseitigung der **Abwässer und Abfallstoffe** in Kleingartenanlagen spielt eine nicht unerhebliche Rolle, weil sich aus ihrer unsachgemäßen Behandlung besondere Gefahren ergeben können. Hierbei kommt der Abwasserbeseitigung eine besondere Bedeutung zu.

Als Abwasser definieren die Landesgesetze das durch häuslichen, gewerblichen oder sonstigen Gebrauch in seinen Eigenschaften veränderte Wasser (Schmutzwasser/Grauwasser) sowie das von Niederschlägen aus dem Bereich von bebauten oder befestigten Flächen abfließende Wasser (Niederschlagswasser). Niederschlagswasser kann auf dem Kleingartengelände unmittelbar beseitigt werden. Es kann zum Gießen der Pflanzen oder in den Untergrund verrieselt oder versickert werden. Schmutzwasser ist grundsätzlich in eine Abwasseranlage einzuleiten, damit es gereinigt wieder dem natürlichen Wasser-, Stoff- und Energiekreislauf unschädlich zugeführt werden kann. Die Anforderungen an die Abwasserbeseitigung ergeben sich insbesondere aus den Landeswassergesetzen.

15 a Anlagen zur **Abwasserbeseitigung in Kleingartenanlagen sind erforderlich**, soweit dort **Abwasser anfällt. Das ist in Vereinshäusern immer der Fall.** In Gartenlauben sind Anschlüsse an die Wasserversorgung grundsätzlich nicht zulässig. Ein Anschluß der Gartenlaube an eine Abwasserbeseitigungsanlage kommt daher nicht in Betracht. Eine Ausnahme gilt nur für den Fall des Bestandsschutzes. Zur Entsorgung von Einzelgärten s. § 3 Rn. 10 f.

15 b Die Beseitigung der in **Vereinshäusern anfallenden Abwässer** kann durch den Anschluß an die **öffentliche Kanalisation** der Gemeinde erfolgen. Insoweit bestehen gegen den Anschluß der als Kleingartenanlage genutzten Grundstücksfläche keine Bedenken, wenn die Aufwendungen hierfür nicht unwirtschaftlich sind, also im Verhältnis zum erstrebten Zweck nicht unangemessen hoch sind (vgl. hierzu BVerwG BauR 1972, 222). Das gilt insbesondere für Kleingartenanlagen im Außenbereich. Das anfallende Abwasser kann aber auch bei ungüstigen Verhältnissen in **wasserdichten**

Gruben gesammelt werden. Der Betrieb solcher Gruben setzt eine ausreichend große Dimensionierung, die regelmäßige Abfuhr des anfallenden Abwassers zu einer Kläranlage, eine in regelmäßigen Abständen durchzuführende Wasserdichtigkeitsprüfung sowie die Überwachung des Füllstandes durch eine geeignete Füllstandsanzeige voraus. Da die Gefährdung des Grundwassers beim Betrieb von Abwassergruben höher ist als beim Betrieb von Kleinkläranlagen oder auch wegen der Schwierigkeiten, die mit der ordnungsgemäßen Abfuhr und unschädlichen Beseitigung des Grubeninhalts ergeben, kommen Abwassergruben erst in Frage, wenn feststeht, daß eine Kleinkläranlage ausgeschlossen ist.

Die Abwasserbeseitigung über **Kleinkläranlagen** setzt voraus, daß eine ausreichende Bemessung dieser Anlage nach DIN 4261 erfolgt, ausreichende Flächen für die Verrieselung oder Nachbehandlung des mechanisch geklärten Abwassers vorhanden sind, die Abfuhr des anfallenden Fäkalienschlammes durch die Gemeinde und die ordnungsgemäße Beseitigung sichergestellt und die regelmäßige Wartung der Kleinkläranlage auf Dichtigkeit gewährleistet ist.

Die **Abfallbeseitigung** kann durch **Kompostierung** erfolgen, wenn dadurch die Allgemeinheit nicht beeinträchtigt wird. Das gesamte kompostfähige Material ist daher grundsätzlich in entsprechenden Kompostecken zu lagern und im Garten wieder zu verwenden. **Nicht kompostierbares Material** dagegen ist zu sammeln und abzutransportieren ggf. auch zu verbrennen. Bei der Entsorgung über Trockentoiletten ist Voraussetzung, daß kein Wasser für die Spülung eingesetzt wird. Nur in diesem Falle handelt es sich um eine Abfallbeseitigung, die entsprechend den gesetzlichen Vorschriften durchzuführen ist.

Soweit der Grundstückseigentümer zu den Erschließungskosten als Beitrags- oder Gebührenpflichtiger nach Maßgabe der Kommunalabgabengesetze der Länder herangezogen wird, kann er vom Pächter gemäß § 5 Abs. 5 Erstattung der Aufwendungen verlangen. **15 c**

4. Rechtsformen der kleingärtnerischen Nutzung

4.1 Pacht

Das BKleingG geht von der allgemein anerkannten Rechtsansicht aus, daß Kleingärten vertraglich (in der Regel) aufgrund eines Pachtvertrages oder eines vergleichbaren Schuldverhältnisses überlassene, nicht erwerbsmäßig genutzte Gärten sind. Kleingärten werden auf der Grundlage schuldrechtlicher Beziehungen bewirtschaftet (BT-Drs. 9/1900 S. 13; BVerfGE 52, 1, 32 f.; BVerwG BBauBl 1984, 199 = NVwZ 1984, 581; Ehrenforth, RdL 1950, 132; Wiethaup, ZMR 1970, 193). S. auch oben Rn. 3). **16**

Die auf schuldrechtlichen Beziehungen beruhende Nutzung von Kleingärten hat vor allem sozialpolitische Gründe. Ursprünglich lag ihr der Gedanke einer Verbesserung der Ernährungsgrundlage bestimmter Bevölkerungsschichten zugrunde. Heute dient der Kleingarten nicht nur der gärtnerischen Nutzung (s. o. Rn. 8 f.). Ungeachtet des Funktionswandels hat das Bundesverfassungsgericht den Kleingarten als Pachtgarten nicht in Frage gestellt. Es hat vielmehr die überkommene Begriffsbestimmung, daß Kleingärten vertraglich genutzte Gärten seien, übernommen und festgestellt, daß

Kleingärtner nach wie vor auf die Nutzung fremden Eigentums, wenn auch nicht in dem Maße wie dies bei Wohnungen der Fall sei, angewiesen seien (BVerfGE 52, 33, 35 f.). Der Gesetzgeber hat mit der Bestimmung, daß Eigentümergärten keine Kleingärten sind, der anerkannten sozialpolitischen Bedeutung des Kleingartens Rechnung getragen und damit gleichzeitig die überkommene Nutzungsform – die pachtweise Nutzung von Kleingartenland – sichergestellt (s. auch BVerwG, BBauBl 1984, 199 = NVwZ 1984, 581). Näheres zur Kleingartenpacht § 4 Rn. 1 ff.; 31 ff.

4.2 Verknüpfung der Überlassung eines Kleingartens mit der Mitgliedschaft in der Kleingärtnerorganisation

17 In der Praxis ist die Überlassung eines Kleingartens häufig mit der Mitgliedschaft in der Kleingärtnerorganisation dergestalt gekoppelt, daß ein Kleingarten nur an ein Mitglied der Kleingärtnerorganisation „vergeben“ wird. Diese Art der Überlassung eines Kleingartens wird auch als **„mitgliedschaftsrechtliche Überlassung“** bezeichnet. Hierbei sind zwei Fallgestaltungen zu unterscheiden, und zwar die Mitgliedschaft als Voraussetzung (nur) für die Überlassung eines Kleingartens und die Mitgliedschaft als Voraussetzung für die Überlassung und (fortdauernde) Nutzung des Kleingartens mit der Folge, daß mit der Beendigung der Mitgliedschaft auch das Nutzungsrecht erlöschen soll.

18 Gegen die **Mitgliedschaft als Voraussetzung für die Überlassung** eines Gartens bestehen keine Bedenken. Der Verpächter (Zwischenpächter) kann als Verein festlegen, daß Kleingärten nur Vereinsmitgliedern überlassen werden. Diese Voraussetzung realisiert sich entweder im (förmlichen) Abschluß eines schuldrechtlichen Vertrages, und zwar eines Kleingartenpachtvertrages, mit dem Bewerber (s. hierzu § 4 Rn. 1) oder in der Erklärung des hierfür zuständigen Organs der Kleingärtnerorganisation, einen bestimmten Garten dem Bewerber zuzuteilen (zuzuweisen). Erfolgt die Überlassung des Kleingartens durch Zuteilung (Zuweisung), dann erwächst dem Erwerber hieraus das Recht, den ihm zugeteilten (zugewiesenen) Kleingarten in Anspruch zu nehmen. Mit der Zuteilungserklärung bindet sich die als Zwischenpächter (durch ihre Organe) handelnde Kleingärtnerorganisation insoweit gegenüber dem Bewerber. Ob in der Zuteilungserklärung und der Inanspruchnahme des Gartens eine Willenseinigung i. S. eines Vertrages liegt, kann letztlich dahinstehen. Die gegenseitigen Rechte und Pflichten des Kleingärtners und des Zwischenpächters, die sich aus dieser Art der Überlassung des Kleingartens ergeben, dürfen jedenfalls den zwingenden Vorschriften des BKleingG nicht widersprechen. Das gilt sowohl für die Nutzung und Bewirtschaftung des Gartens sowie die Nutzung der Gartenlaube als auch für die Dauer und Beendigung des Nutzungsrechts einschließlich der sich daraus ergebenden Folgen. Das durch diese Überlassungsart begründete Nutzungsverhältnis darf die Schutzvorschriften des BKleingG zugunsten des Kleingärtners nicht unterlaufen. Regelungen, durch die zum Nachteil des Kleingärtners von den Vorschriften über die Kleingartenpacht (§§ 4 ff.) abgewichen wird, sind in entsprechender Anwendung des § 13 BKleinG nichtig. Die Beendigung des Nutzungsrechts durch einseitige Erklärung der Kleingärtnerorganisation ist nur in den in den §§ 8 und 9 genannten Fällen rechtlich möglich.

4.3 Überlassung und Nutzung von Kleingärten aufgrund der Mitgliedschaft

19 Eine **„reine"** mitgliedschaftsrechtliche Nutzungsüberlassung liegt in den Fällen vor, in denen der Kleingärtner **allein aufgrund seiner Zugehörigkeit zur Kleingärtnerorganisation das kleingärtnerische Nutzungsrecht erlangt und ausüben darf, solange die Mitgliedschaft besteht**, mit der sich daraus ergebenden Folge, daß mit der Beendigung der Mitgliedschaft auch das kleingärtnerische Nutzungsrecht erlöschen soll. Die Rechtsbeziehungen zwischen dem Kleingärtner und der Kleingärtnerorganisation sollen sich danach — zumindest im Hinblick auf die Dauer der Nutzung des Kleingartens — nicht nach kleingartenpachtrechtlichen Vorschriften des BKleingG richten, sondern nach vereinsrechtlichen Regelungen. Das bedeutet letztlich, daß das BKleingG — zumindest partiell — keine Anwendung finden soll. Das hätte zur Folge, daß sich die Kleingärtner auf die Schutzbestimmung des BKleingG nicht berufen könnten. Eine solche „reine" mitgliedschaftrechtliche Ausgestaltung der Nutzungsüberlassung, bei der die Ausübung des Nutzungsrechts vom Fortbestand der Mitgliedschaft abhängen soll, widerspricht den Zielsetzungen des BKleingG, insbesondere den Schutzvorschriften des BKleingG im Hinblick auf die Beendigung des Nutzungsrechts. **Soweit Regelungen im Rahmen einer mitgliedschaftlichen Überlassung den nicht abdingbaren Vorschriften des BKleingG widersprechen, sind sie unwirksam.**

20 Das BKleingG findet Anwendung auf alle Nutzungsrechtsverhältnisse über Kleingärten i. S. d. § 1 Abs. 1 BKleingG, d. h. also auf Gärten, die den dort genannten Begriffsmerkmalen entsprechen und die weder den in § 1 Abs. 2 aufgezählten Gärten (Nr. 1 bis 3) noch Grundstücksnutzungen (Nr. 4 und 5) zuzurechnen sind. Durch eine „reine" mitgliedschaftsrechtliche Ausgestaltung der Nutzungsüberlassung kann der **sachliche Geltungsbereich des BKleingG nicht eingeschränkt** werden. Die Kleingärtnerorganisation als Zwischenpächter kann daher nicht durch Überlassung von Kleingärten auf mitgliedschaftsrechtlicher Grundlage den Schutzzweck des Gesetzes verhindern. Mit dem Zwischenpachtvertrag werden Grundstücke angepachtet zu dem Zweck, sie aufgrund einzelner Kleingartenpachtverträge weiterzuverpachten (§ 4 Abs. 2 Satz 1), **d. h. den einzelnen Pächtern (Kleingärtnern) auch den Schutz des BKleingG zu vermitteln**. Dieser Vertragszweck würde bei der in Rn. 19 beschriebenen „reinen" mitgliedschaftsrechtlichen Nutzungsüberlassung von Kleingärten vereitelt. Der Zwischenpachtvertrag würde insoweit nicht erfüllt. Der Verpächter (des Zwischenpachtvertrages) könnte z. B. Erfüllung des Zwischenpachtvertrages verlangen. Weigerte sich der Zwischenpächter, könnte ihm die kleingärtnerische Gemeinnützigkeit aberkannt werden. Einer vom Zwischenpächter mit der Vergabe von Kleingärten beauftragten Kleingärtnerorganisation könnte dieser Auftrag entzogen werden. Die Regelung über den Zwischenpachtvertrag in § 4 Abs. 2 Satz 1 würde ihren Zweck und ihre Zielsetzung verfehlen. Deshalb ist unter dem Begriff „Weiterverpachten" jede Überlassung einer Grundstücksfläche zur kleingärtnerischen Nutzung zu verstehen.

20 a Diese Bindung der mitgliedschaftlichen Überlassung von Kleingärten an den Schutzzweck des Gesetzes wird durch die Rechtsprechung des BGH bestätigt (BGH, NJW 1987, 2865). Der Begriff „Weiterverpachtung" i. S. d. § 4 Abs. 2 Satz 1 ist nach dieser Rechtsprechung **entsprechend dem Schutzzweck des BKleingG weit auszulegen**. Er umfaßt alle Vereinbarungen, die eine kleingärtnerische Nutzung i. S. d. § 1 Nr. 1 zum Gegenstand haben. Mitgliedschaftsrechtliche Überlassung bedeutet daher nur die Verknüp-

fung der Begründung des kleingärtnerischen Nutzungsrechts mit der Mitgliedschaft, nicht dagegen die Abhängigkeit dieses Nutzungsrechts vom Fortbestehen der Mitgliedschaft.

4.4 Genossenschaftskleingärten

21 In neuerer Zeit ist auch ein Interesse an **„genossenschaftlichen Kleingärten"** festzustellen. Hierbei handelt es sich um Kleingärten i. S. des § 1 Abs. 1, die im Eigentum der Genossenschaft stehen, an der die Kleingärtner als Genossen mit Geschäftsanteilen beteiligt sind. Im Vordergrund steht die Frage, ob „genossenschaftliche Kleingärten" den Schutz des BKleingG genießen.

22 Die Genossenschaft wird mit der Eintragung in das Genossenschaftsregister juristische Person. Als juristische Person ist die Genossenschaft selbständige Trägerin von Rechten und Pflichten. Eigentümer der „genossenschaftlichen Kleingärten" ist die Genossenschaft. Die einzelnen Genossen sind Rechtsinhaber des Genossenschaftsanteils, nicht des der Genossenschaft gehörenden Kleingartengrundstücks. Von den Genossen genutzte Einzelgärten sind also, wenn die Voraussetzungen des § 1 Abs. 1 vorliegen, keine Eigentümergärten i. S. des § 1 Abs. 2 Nr. 1.

23 Damit allein ist jedoch die Frage, ob auf „genossenschaftliche Kleingärten" das BKleingG Anwendung findet, noch nicht beantwortet. Es kommt auf die Ausgestaltung der Überlassung von Kleingärten an Genossen an. Es ist rechtlich möglich, das Nutzungsrecht rein körperschaftsrechtlich auszugestalten, etwa in der Weise, daß mit entsprechenden Anteilen an der Genossenschaft das Recht auf Nutzung eines der Genossenschaft gehörenden Kleingartens verknüpft ist. Rechtsgrundlage für das Nutzungsrecht ist dann allein der Gemeinschaftsanteil. Das BKleingG findet hier keine Anwendung.

24 Das Nutzungsrecht kann den Genossen aber auch durch einen (individualrechtlichen) Vertrag eingeräumt werden. Dieser Vertrag ist unabhängig vom Gemeinschaftsanteil. Die Vorschriften des BKleingG finden in diesem Fall uneingeschränkt Anwendung. Sie finden aber auch dann Anwendung, wenn der Überlassungs-(Nutzungs-)Vertrag mit dem Mitgliedschaftsverhältnis wesensmäßig verbunden und durch die mitgliedschaftsrechtlichen Beziehungen und Bindungen des Genossen geprägt ist. Das bedeutet, daß die Kündigung durch die Genossenschaft bzw. ihre Organe als Verpächterin nur in den im BKleingG genannten Fällen zulässig ist. Eine Erweiterung der Kündigungsgründe kann durch die Satzung nicht herbeigeführt werden. Das Ausscheiden aus der Genossenschaft ist dann allein noch kein Kündigungsgrund (s. auch § 9 Rn. 9).

5. Abgrenzung des Kleingartens von anderen ähnlichen Nutzungsarten

25 Keine Kleingärten i. S. des § 1 Abs. 1 BKleingG sind nach Abs. 2

- Eigentümergärten
- Wohnungsgärten
- Arbeitnehmergärten
- Gärten für bestimmte Gartenbauerzeugnisse
- Grabeland
- Wochenendsiedlergärten (in den neuen Ländern)

Auf Verträge über Gärten, die kleingärtnerisch genutzt werden, aber keine Kleingärten i. S. des BKleingG sind, finden die Vorschriften des BKleingG keine Anwendung. Es gilt das Pachtrecht des BGB bzw. das Gesetz zur Änderung schuldrechtlicher Bestimmungen im Beitrittsgebiet v. 21. 9. 1994 (BGBl I S. 2538).

5.1 Eigentümergärten

Ein vom Eigentümer oder von einem seiner Familienangehörigen im Sinne des § 8 Abs. 1 II. WoBauG genutzer Garten ist kein Kleingarten i. S. des BKleingG, auch wenn alle Voraussetzungen des Abs. 1 vorliegen, d. h. die Grundstücksfläche kleingärtnerisch genutzt wird und innerhalb einer Kleingartenanlage liegt. Diese Fläche ist zwar faktisch „Bestandteil" der Kleingartenanlage, rechtlich aber aus dem verpachteten übrigen Kleingartenland ausgesondert. Das BKleingG definiert einen solchen Garten als **Eigentümergarten.** Es geht von der allgemein anerkannten Begriffsbestimmung aus, daß Kleingärten vertraglich überlassene, nicht erwerbsmäßig genutzte Gärten sind. Wesensmerkmal des Kleingartens ist die Nutzung fremden Landes (s. Rn. 3, 16). **26**

Wer Eigentümer ist, ergibt sich aus dem Grundbuch. Zur Familie des Eigentümers rechnen die Angehörigen, die zum Familienhaushalt gehören. Als Angehöriger gelten der Ehegatte, Verwandte in gerader Linie sowie Verwandte zweiten und dritten Grades in der Seitenlinie, Verschwägerte in gerader Linie, Verschwägerte zweiten und dritten Grades in der Seitenlinie und Pflegekinder, ohne Rücksicht auf ihr Alter, sowie Pflegeeltern (§ 8 Abs. 2 II WoBauG).

Aus der Bestimmung des § 1 Abs. 2 Nr. 1, daß Eigentümergärten keine Kleingärten im Sinne des BKleingG sind, ergeben sich folgende Konsequenzen für das Bauplanungsrecht:

Eine im Bebauungsplan für Dauerkleingärten ausgewiesene Fläche darf nur aufgrund von Pachtverträgen oder vergleichbaren schuldrechtlichen Beziehungen bewirtschaftet werden. Der Dauerkleingarten ist ein Pachtgarten. Wird er wegen Eigenbedarfs gemäß § 9 Abs. 1 Nr. 3 gekündigt, verliert er die Kleingarteneigenschaft. Mit der Beendigung der Eigennutzung lebt sie wieder auf mit der Folge der Verpachtungspflicht. Soweit der Eigentümer diese Fläche nicht selbst verpachtet, kann nach § 15 ein Zwangspachtvertrag begründet werden.

Die Teilung einer Dauerkleingartenfläche mit dem Ziel der Übereignung an einzelne nutzungswillige Erwerber ist mit der Festsetzung „Dauerkleingärten" nicht vereinbar (vgl. BVerwG NVwZ 1984, 581 = BBauBl 1984, 199 = BRS 40, 119; BVerwG BauR 1992, 592 = ZfBR 1992, 241). Kleingärten sind Gärten, die aufgrund von Pachtverträgen oder vergleichbaren schuldrechtlichen Beziehungen bewirtschaftet werden. Die Gemeinde kann die Teilung durch Einführung des Genehmigungserfordernisses (§ 19 Abs. 1 BauGB) verhindern. Hierzu ist sie verpflichtet, wenn Dauerkleingärten festgesetzt sind und die Verwirklichung der Festsetzung sichergestellt werden soll. Eigentümergärten müssen als solche im Bebauungsplan ausgewiesen werden. S. auch Rn. 43 ff.

5.2 Wohnungsgärten; Arbeitnehmergärten; Gärten für bestimmte Gartenbauerzeugnisse

Nach § 1 Abs. 2 Nr. 2 sind Gärten, die mit der Wohnung zusammen als deren Zubehör dem Nutzer überlassen werden, keine Kleingärten. Sie teilen das mietrechtliche **27**

Schicksal der Wohnung („Wohnungsgärten"); das Kleingartenrecht findet keine Anwendung. Es kommt also entscheidend darauf an, ob mit dem Mietvertrag gleichzeitig auch ein Garten überlassen wird, der zur Wohnung „gehört". Der Vermieter soll in diesen Fällen bei Mieterwechsel über den Garten wie über die Wohnung verfügen dürfen. Ohne Belang ist hierbei, ob der „vermietete" Garten in einer Anlage liegt, in der mehrere Wohnungsgärten mit gemeinschaftlichen Einrichtungen zusammengefaßt sind.

27 a Die Bereitstellung von Wohnungsgärten im mehrgeschossigen Mietwohnungsneubau gehört heute vielfach zum Bestandteil des Sozialwohnungsbaus. Hierzu hat auch der experimentelle Wohnungs- und Städtebau des Bundes und der Länder beigetragen. Wohnungsgärten stellen insbesondere in verdichteten Wohngebieten ein wichtiges Element zur Durchgrünung und Auflockerung der Bebauung dar. Interessante Beispiele enthält der Schlußbericht zum Bundeswettbewerb 1990 „Gärten im Städtebau". Wohnungsgärten sind häufig Erdgeschoßwohnungen zugeordnet.

28 Auch Gärten, die im Zusammenhang mit einem Arbeits- oder Dienstvertrag dem Arbeitnehmer überlassen werden, sind keine Kleingärten i. S. d. BKleingG. Die Vorschrift des § 1 Abs. 2 Nr. 3 nennt diese Art von Gärten **„Arbeitnehmergärten"**. Die Rechtsverhältnisse hinsichtlich des überlassenen Gartens richten sich nach den für das Hauptvertragsverhältnis geltenden Vorschriften. In diesen Fällen handelt es sich um Gärten, die mit dem Arbeitsplatz „verbunden" sind. Nach Beendigung des Arbeitsverhältnisses werden sie frei und können dem nachfolgenden Arbeitnehmer überlassen werden. Es kommt also nicht entscheidend darauf an, ob der Verpächter Arbeitgeber ist, sondern darauf, ob der überlassene Garten an einen Arbeitsplatz gebunden ist. Die von der Bahn-Landwirtschaft verpachteten Gärten sind daher keine Arbeitnehmergärten, sondern Kleingärten, weil das kleingärtnerische Nutzungsrecht nicht an die Beschäftigung im Unternehmen „Deutsche Bahn" gekoppelt ist.

29 Ein wesentliches Merkmal des Kleingartens i. S. des § 1 Abs. 1 ist die Gewinnung von Gemüse, Obst oder anderen Früchten durch eigene Arbeit für den Eigenbedarf. Das Vorhandensein verschiedener Kulturen ist für die kleingärtnerische Nutzung charakteristisch. Grundstücke, auf denen vertraglich **nur bestimmte Gartenbauerzeugnisse** angebaut werden dürfen, sind daher keine Kleingärten, so zum Beispiel Obstplantagen. Aus dem Überlassungsvertrag muß sich eindeutig ergeben, auf welche Gartenbauerzeugnisse die Nutzung beschränkt ist. Unter dem Begriff „bestimmte Gartenbauerzeugnisse" sind einzelne näher zu bezeichnende Arten zu verstehen, z. B. Obstbäume, Beerensträucher, Erdbeeren usw. Nicht eindeutig genug im Sinne des Begriffs „bestimmte Gartenbauerzeugnisse" sind dagegen „Obst" oder auch „Gemüse". Beide Worte lassen die von § 1 Abs. 2 Nr. 4 geforderte Beschränkung auf bestimmte Gartenbauerzeugnisse nicht erkennen. Die Nutzungsbeschränkung muß sich aus dem Vertrag selbst ergeben. S. auch oben Rn. 4 ff., 6 f.

5.3 Grabeland

30 Keine Kleingärten sind nach § 1 Abs. 2 Nr. 5 auch Grundstücke, die vertraglich nur mit einjährigen Pflanzen bestellt werden dürfen. In Anlehnung an die Rechtsprechung und das Schrifttum unter der Geltung des alten Rechts bezeichnet das

BKleingG Grundstücke der in Nr. 5 genannten Art als **Grabeland.** Der Begriff Grabeland ist wiederholt behandelt und umgrenzt worden. Als wesentlich ist hervorgehoben worden, daß es sich bei Grabeland um eine gärtnerische Nutzung von nur kurzer und vorübergehender Dauer handle, und zwar in der Art, daß Bepflanzung und Ernte im gleichen Jahr erfolgen und somit praktisch in jedem Jahr die Nutzung unschwer beendet werden kann (vgl. BGH NJW 1960, 914 ff.; OLG Hamm, B. v. 22. 4. 1953, JMBl NW 1953 S. 176; Wiethaup ZMR 1970, 194). Bei der kleingärtnerischen Nutzung dagegen werde von einer regelmäßigen längeren Vertragsdauer ausgegangen. Dies komme auch dadurch zum Ausdruck, daß in Kleingärten Dauereinrichtungen wie beispielsweise Lauben, feste Einfriedungen, Hecken angelegt, Obstbäume und Sträucher usw. angepflanzt werden.

Die Unterscheidung zwischen **Kleingartenland und Grabeland** spielte im alten Recht **31** eine wesentliche Rolle. Vom äußerst strengen Kündigungsschutz und der Regelung, daß durch Zeitablauf endende Pachtverträge als auf unbestimmte Dauer verlängert gelten, waren nur Kleingärten betroffen. Für Grabeland galten diese Regelungen nicht. Das Grabeland bot insoweit eine Gelegenheit, Ländereien einer vorübergehenden gärtnerischen Bewirtschaftung zuzuführen. Bei Grabeland konnte der Eigentümer darauf vertrauen, daß die Freimachung des Landes im Bedarfsfalle auf keine Schwierigkeiten stoßen werde.

Unter der Geltung des neuen Rechts dürfte die Unterscheidung zwischen Kleingar- **32** tenland und Grabeland nicht mehr die gleiche Rolle spielen, weil das BKleingG befristete Verträge für Kleingärten zuläßt und dem Verpächter die Möglichkeit einräumt, auch bei unbefristeten Verträgen die kleingärtnerisch genutzte Fläche wegen Eigenbedarfs oder anderweitiger wirtschaftlicher Verwertung zu kündigen (§ 9 Abs. 1 Nr. 3 und 4). Bedeutsam bleibt jedoch die Unterscheidung zwischen diesen beiden Nutzungsarten im Hinblick auf die Überleitungsvorschriften für bestehende Kleingärten, insbesondere wenn die Gemeinde Eigentümerin der Grundstücke ist (§ 16 Abs. 2).

Ob das gärtnerisch genutzte Grundstück Grabeland oder Kleingartenland ist, hängt **33** zunächst einmal vom Inhalt des Vertrags ab. Die Bezeichnung des Grundstücks im Vertrag als Grabeland wird in der Regel genügen, es sei denn, daß sich aus dem sonstigen Inhalt des Vertrages etwas Gegenteiliges ergibt. Entscheidend ist, ob in dem Vertrag mit hinreichender Deutlichkeit die vom Gesetz vorgesehene Nutzungsbeschränkung – „nur mit einjährigen Pflanzen bestellt werden darf" – zum Ausdruck kommt und somit praktisch in jedem Jahr die Nutzung unschwer beendet werden kann. Das wird zum Beispiel dann der Fall sein, wenn im Vertrag die Schaffung von Daueranlagen beziehungsweise Daueranpflanzungen nicht gestattet wird (vgl. hierzu Ganschezian-Finck, Grabeland, RdL 1953, 287 ff.; BGH NJW 1960, 914 ff.). Aus der Überlassung des Grundstücks auf begrenzte Zeit allein kann jedoch nicht auf eine Nutzungsbeschränkung im Sinne des § 1 Abs. 2 Nr. 5 geschlossen werden.

Das als Grabeland verpachtete Grundstück kann jedoch auch ohne ausdrückliche **34** Vertragsänderung unter bestimmten Voraussetzungen dem Kleingartenland zugerechnet werden. So kann zum Beispiel die vertragswidrige Errichtung von Daueranlagen durch den Pächter zu einer Umwandlung des Grabelandvertrages in einen

Kleingartenpachtvertrag führen, wenn der Verpächter wissentlich dieses Verhalten des Pächters duldet (Otte, in Ernst/Zinkahn/Bielenberg, BKleingG, § 1 Rn. 19). Eine solche „stillschweigende Zustimmung" des Verpächters zur „Vertragsänderung" kann aber nur angenommen werden, wenn der Verpächter von dem Verhalten des Pächters positive Kenntnis hat. Darauf, ob der Verpächter diese Kenntnis hätte haben können oder müssen, kommt es nicht an. Das Unterlassen von Kontrollen rechtfertigt nicht den Schluß auf einen rechtsgeschäftlichen Willen des Verpächters, sich mit allen etwaigen Vertragswidrigkeiten des Verpächters einverstanden zu erklären. Ist der Verpächter zum Beispiel die Gemeinde, so muß das vertragswidrige Verhalten des Pächters derjenigen Dienststelle zur Kenntnis gelangt sein, die für die Verpachtung von Kleingartenland zuständig ist (s. Ganschezian-Finck, Grabeland, RdL 1953, 289). Der Verpächter muß ferner, nachdem er positive Kenntnis von dem vertragswidrigen Verhalten erlangt hat, durch eigenes Verhalten eindeutig zum Ausdruck bringen, daß er dem Vorgehen des Pächters nachträglich zustimmt. Regelmäßig werden hier nur Handlungen des Verpächters als Äußerung seines Zustimmungswillens in Frage kommen, die einen Schluß auf einen bestimmten Rechtsfolgewillen zulassen. Das Schweigen ist in der Regel keine Willenserklärung und kann daher grundsätzlich nicht als nachträgliche Zustimmung ausgelegt werden. Es steht allerdings einer Willenserklärung dann gleich, wenn der Verpächter nach Treu und Glauben unter Berücksichtigung der Verkehrssitte verpflichtet gewesen wäre, seinen abweichenden Willen zu äußern und der Vertragspartner nach Treu und Glauben mit einer Willenserklärung rechnen durfte. Der vertragsbrüchige Pächter wird sich aber nur ausnahmsweise auf einen Verstoß des Verpächters gegen Treu und Glauben berufen können, etwa wenn der Verpächter der Errichtung von Daueranlagen, die sich über einen längeren Zeitraum erstrecken, schweigend zusieht.

5.4 Wochenendsiedlergärten

34 a Die Wochenendsiedlergärten in den neuen Ländern sind ebenfalls keine Kleingärten i. S. d. BKleingG. Nach der Ordnung für Wochenendsiedlungen des VKSK dienten diese Einrichtungen der Naherholung und dementsprechend auch die Bodennutzung „der Erholung und Freizeitgestaltung". Dabei waren „die Möglichkeiten zur Erzeugung von Obst, Gemüse, Bienenhonig u. a. tierischen Produkten zu nutzen und zu fördern" (Nr. 1 der Ordnung für Wochenendsiedlungen des VKSK). Näheres hierzu s. unter § 20 Rn. 4 c ff.

6. Dauerkleingärten

35 Absatz 3 definiert den Begriff des **„Dauerkleingartens"**. Dauerkleingärten sind danach nur die im **Bebauungsplan** festgesetzten Flächen für Kleingärten, § 9 Abs. 1 Nr. 15 BauGB (s. Gesetzestext Anhang 2). Alle anderen kleingärtnerisch genutzten Grundstücke, auch die im Flächennutzungsplan dargestellten „Dauerkleingärten" (§ 5 Abs. 2 Nr. 5 BauGB – s. a. a. O.), sind sonstige Kleingärten. Das BKleingG unterscheidet insoweit zwischen **Dauerkleingärten** und **sonstigen Kleingärten**. Im Bauplanungsrecht wird dagegen der Begriff „Dauerkleingärten" sowohl für im Bebauungsplan festgesetzte als auch im Flächennutzungsplan dargestellte Flächen verwendet. Die §§ 9 Abs. 1 Nr. 15 BauGB und 5 Abs. 2 Nr. 5 BauGB erfassen Dauer-

kleingärten unter dem Oberbegriff „Grünfläche". Dauerkleingärten unterscheiden sich nicht nur von anderen vergleichbar genutzten Gärten, z. B. Eigentümergärten (s. oben Rn. 26), sondern auch von (Bau-) Gebieten, die der Erholung dienen, wie Wochenendhaus-, Ferienhaus- oder Gartenhausgebieten (s. oben Rn. 12 und § 3 Rn. 13 f.). Der planungsrechtliche Begriff „Dauerkleingärten" in den §§ 5 Abs. 2 Nr. 5 und 9 Abs. 1 Nr. 15 BauGB entspricht hier dem Kleingartenbegriff des § 1 Abs. 1 BKleingG. Er hat insoweit keinen anderen Inhalt (vgl. BVerwG, NVwZ 1984, 581 = BBauBl 1984, 199 = BRS 40, 119). Das bedeutet, daß der Begriff „Dauerkleingärten" in § 5 Abs. 2 Nr. 5 BauGB und § 9 Abs. 1 Nr. 15 BauGB nur Gärten umfaßt, die aufgrund von Pacht- oder ähnlichen Verträgen von Kleingärtnern bewirtschaftet werden.

Die **kleingartenrechtliche Differenzierung** zwischen Dauerkleingärten und sonstigen Kleingärten rechtfertigt sich aus der unterschiedlichen **rechtlichen Natur** des Flächennutzungsplans und des Bebauungsplans. 36

Der **Flächennutzungsplan** ist seinem Wesen nach ein nur vorbereitender Plan (§ 1 Abs. 2 BauGB). Er stellt für das ganze Gemeindegebiet die beabsichtigte Art der Bodennutzung nach den voraussehbaren Bedürfnissen der Gemeinde in den Grundzügen dar (§ 5 Abs. 1 BauGB). Der Flächennutzungsplan enthält keine rechtsverbindlichen Bodennutzungsregelungen, sondern lediglich (richtungweisende) Darstellungen, aus denen die rechtsverbindlichen Festsetzungen zu entwickeln sind. Er soll weitere konkretere Planungen mit Rechtswirkungen nach außen vorbereiten. Gleichwohl äußert auch der Flächennutzungsplan Wirkungen. Er bindet die Gemeinde bei der Entwicklung der Bebauungspläne aus dem Flächennutzungsplan und die bei seiner Aufstellung beteiligten öffentlichen Planungsträger, die ihm nicht widersprochen haben (§ 7 BauGB). 37

Demgegenüber ist der **Bebauungsplan** ein „verbindlicher Bauleitplan" (§ 1 Abs. 2 BauGB), der die „rechtsverbindlichen Festsetzungen für die städtebauliche Ordnung enthält und die Grundlage für weitere zum Vollzug des Baugesetzbuchs erforderlichen Maßnahmen bildet" (§ 8 Abs. 1 BauGB). Er beschränkt sich nicht — wie der Flächennutzungsplan — auf „Darstellungen", sondern trifft ins einzelne gehende „Festsetzungen" (§ 9 BauGB). Der Bebauungsplan entfaltet verbindliche Wirkungen. Er wird von der Gemeinde als Satzung beschlossen (§ 10 BauGB). Satzungen sind Gesetze im materiellen Sinne. Die Gemeinde wird insoweit als Ortsgesetzgeber tätig. Dem Bebauungsplan kommt daher Rechtsnormcharakter zu. Im Rahmen der Grenzen seines räumlichen Geltungsbereichs wirkt der Bebauungsplan für und gegen jedermann. Auch für juristische Personen des öffentlichen Rechts mit ihren Behörden sind die Bebauungspläne bindende Rechtsnormen. 38

6.1 Darstellung von „Dauerkleingärten" im Flächennutzungsplan

§ 5 Abs. 2 Nr. 5 BauGB, der die Ausweisung von Dauerkleingärten ausdrücklich vorsieht, erfaßt diese unter dem Oberbegriff „Grünfläche". Beispielhaft werden in dieser Vorschrift als Grünfläche neben Dauerkleingärten auch Parkanlagen, Sport-, Spiel-, Zelt- und Badeplätze sowie Friedhöfe genannt. In diesem Zusammenhang stellt sich daher die Frage, ob es regelmäßig ausreicht, im Flächennutzungsplan ledig- 39 lich Grünflächen darzustellen und die nähere Zweckbestimmung (Konkretisierung) dem Bebauungsplan zu überlassen oder ob bereits im Flächennutzungsplan die nähere Konkretisierung der „Grünflächennutzung" erforderlich oder auch (nur) zweckmäßig ist.

40 Für den **Bebauungsplan** ist bereits durch höchstrichterliche Rechtsprechung entschieden, daß die nicht näher konkretisierte Festsetzung einer Grünfläche lediglich die Anlage und Unterhaltung einer begrünten Fläche gestattet. **Eine nähere konkretisierte Festsetzung im Bebauungsplan ist jedoch erforderlich, sobald und soweit eine der in § 9 Abs. 1 Nr. 15 BauGB vorgesehenen, nicht lediglich begrünten Anlagen geplant ist** (BVerwGE 42, 5 = NJW 1973, 1710 = DÖV 1973, 712). Das Bedürfnis nach Bestimmtheit planerischer Festsetzungen ergibt sich bereits aus der Rechtsnatur, dem Sinn und dem Zweck des Bebauungsplans. Für die örtliche Planung allgemein wie auch für die betroffenen Grundeigentümer ist es von erheblicher Bedeutung, ob lediglich eine begrünte Fläche oder ob auf ihr Dauerkleingärten, Sport-, Spiel-, Zelt- oder Badeplätze errichtet werden sollen und dürfen. Dem Sinn und Zweck der Bebauungsplanung würde eine Festsetzung „Grünfläche" nicht gerecht, die dem Eigentümer die freie Wahl unter den nach § 9 Abs. 1 Nr. 15 BauGB in Betracht kommenden sehr verschiedenen Nutzungen ermöglicht und damit die Planung allgemein wie auch die Nachbarn insoweit im Ungewissen läßt. Für die Notwendigkeit den Verwendungszweck bei der Festsetzung anzugeben spricht auch die Beteiligung der Bürger am Planaufstellungsverfahren. Bedenken und Anregungen können in sachdienlicher Weise nur vorgebracht und von der Gemeinde und der höheren Verwaltungsbehörde berücksichtigt werden, wenn die beabsichtigten Festsetzungen hinreichend bestimmt sind. Das Erfordernis, die Festsetzung „Grünfläche" näher zu konkretisieren und den Verwendungszweck anzugeben, ergibt sich ferner aus dem Abwägungsgebot des § 1 Abs. 6 BauGB. Die Abwägung der öffentlichen und privaten Belange gegeneinander und untereinander führt in der Regel zu durchaus unterschiedlichen Ergebnissen, je nachdem, ob nur eine schlicht begrünte Fläche oder ob z. B. Dauerkleingärten beabsichtigt sind. Konkretere Festsetzungen sind auch erforderlich, weil der Bebauungsplan die Grundlage für weitere, zum Vollzug des Baugesetzbuchs erforderliche Maßnahmen bildet.

41 Diese Rechtsprechung des Bundesverwaltungsgerichts zu den Festsetzungen des Bebauungsplans kann zwar nicht schlechthin auf den Flächennutzungsplan übertragen werden, weil dieser Plan nur einen vorbereitenden Charakter hat. Eine **ausreichende Konkretisierung der dargestellten Grünflächen ist aber bereits im Flächennutzungsplan zweckmäßig,** um die sich aus der beabsichtigten städtebaulichen Entwicklung ergebende Art der Bodennutzung zu erkennen und sachdienliche Bedenken und Anregungen in der Bürgerbeteiligung zu ermöglichen (Mainczyk, BauGB, Kommentar, 2. Aufl. § 5 Rn. 13; Gaentzsch, BauGB, Kommentar, § 5 Rn. 17).

Eine **Zweckbestimmung der Darstellung ist in jedem Fall erforderlich, wenn mit der Ausweisung „Grünfläche" beabsichtigt ist, Flächen für Dauerkleingärten planungsrechtlich bereitzustellen** (vgl. Ernst/Zinkahn/Bielenberg, BauGB, Kommentar, § 5 Rn. 43; Mainczyk, BauGB, Kommentar, 2. Aufl. § 5 Rn. 13). Aus der Darstellung muß erkennbar sein, ob z. B. eine Parkanlage, ein Sportplatz oder Dauerkleingärten beabsichtigt sind. Nur dann können die Bürger sachdienlich zu Ausweisungen im Flächennutzungsplan Stellung nehmen. Die beabsichtigte künftige Bodennutzung muß erkennbar sein. Es kann auch keine sachgerechte fehlerfreie Abwägung stattfinden (s. unten Rn. 52 ff.), wenn im konkreten Einzelfall die beabsichtigte Art der Bodennutzung – z. B. Sportplatz oder kleingärtnerische Nutzung – nicht feststeht. Erfolgt im Flächennutzungsplan eine Ausweisung **„Grünfläche/kleingärtnerische Nutzung"**, so ist zwar die künftige Bodennutzung erkennbar. Nicht erkennbar ist jedoch, ob die kleingärtnerische Nutzung auf der Grundlage schuldrechtlicher Beziehungen erfolgen soll, ob also Dauerkleingärten oder Eigentümergärten beabsichtigt sind. Kleingärtnerisch genutzt werden auch Eigentümergärten im Sinne des § 1 Abs. 2 Nr. 1, obwohl sie keine Kleingärten im Sinne des BKleingG sind. Die Darstellung „Grünfläche/kleingärtnerische Nutzung" **konkretisiert zwar (ausreichend) planungsrechtlich den Nutzungszweck, ist aber unter dem Blickwinkel des BKleingG insoweit nicht eindeutig genug, als sie künftig sowohl Kleingärten als auch Eigentümergärten zuläßt. Die ausreichende kleingärtnerische Konkretisierung ist daher nur gewährleistet, wenn ausdrücklich Dauerkleingärten ausgewiesen werden** (s. Mainczyk, BBauBl 1988, 62). Weitergehende Differenzierungen der Nutzung innerhalb der für Dauerkleingartenanlagen vorgesehenen Fläche, etwa für gemeinschaftliche Einrichtungen, z. B. Spielflächen, sind nicht erforderlich. Bei sog. Kleingartenparks können im Einzelfall jedoch weitere Nutzungsdifferenzierungen der Dauerkleingartenfläche zweckmäßig sein.

Dabei ist auch die Belastung des für die kleingärtnerische Nutzung vorgesehenen **41 a** Bodens mit Schwermetallen zu berücksichtigen. Sind Flächen ehemaliger Deponien, alte Industrieflächen immissionsträchtiger Gewerbebetriebe, Uferbereiche von Fließgewässern oder Umfeldbereiche von Kläranlagen als Kleingartenland vorgesehen, besteht ein Untersuchungsbedarf solcher Flächen. Eine Ausweisung setzt insoweit entsprechende Prüfungen voraus. Nach § 5 Abs. 3 Nr. 3 BauGB ist die Gemeinde ohnehin verpflichtet, für bauliche Nutzungen vorgesehene Flächen, deren Böden mit umweltgefährdenden Stoffen belastet sind, im Flächennutzungsplan zu kennzeichnen. Flächen, die für eine bauliche Nutzung vorgesehen sind, sind außer Bauflächen und Baugebieten (§§ 2 ff. BauNVO) auch sonstige Flächen, auf denen bauliche Anlagen errichtet werden sollen oder können. Hierunter fallen auch Flächen für Dauerkleingärten. Es wäre daher abwägungsfehlerhaft, Überlegungen darüber, ob Dauerkleingärten auf diesen Flächen in Betracht kommen, beiseite zu schieben und die Belastung lediglich zu kennzeichnen. Zu kennzeichnen sind nur Flächen, bei denen über die Belastung gesicherte Erkenntnisse bestehen, nicht bloße Verdachtsflächen (Mainczyk, BauGB, Kommentar, 2. Aufl., § 5 Rn. 19). Zur Problematik kontaminierter Flächen s. auch § 4 Rn. 13.

6.2 Festsetzung von Dauerkleingärten im Bebauungsplan

Das BauGB geht von einer Stufenfolge der Planung aus, und zwar von einem die be- **42** absichtigte Bodennutzung betreffenden gemeindlichen Gesamtplan (Flächennutzungsplan), aus dem für einzelne Grundstücke der die Bodennutzung verbindlich regelnde Bebauungsplan entwickelt wird (§ 8 Abs. 2 Satz 1 BauGB). Der Begriff „Entwickeln" räumt aber auch gestalterische Freiheit ein, nicht nur das, was im Flächennutzungsplan vorgeplant ist, auszuführen, sondern in dem durch diesen Plan vorgegebenen Rahmen „eigenständig" zu planen. **„Bebauungspläne" sind** nämlich nach § 8 Abs. 2 Satz 1 BauGB **aus den ihnen vorgegebenen Flächennutzungsplänen** in der Weise **„zu entwickeln"**, daß durch ihre Festsetzungen die zugrunde liegenden Darstellungen des Flächennutzungsplans konkreter ausgestaltet und damit zugleich verdeutlicht werden (BVerwGE 48, 70 = NJW 1975, 1985 = DVBl 1975, 661). Je konkreter die Darstellungen des Flächennutzungsplans sind, desto weniger Spielraum bleibt der Gemeinde bei der Bebauungsplanung (Bielenberg in: Ernst/Zinkahn/Bielenberg, BauGB Kommentar, § 8 Rn. 5). Bei einer Darstellung im Flächennutzungsplan „Grünfläche/kleingärtnerische Nutzung" kann die Gemeinde im Bebauungsplan sowohl Dauerkleingärten (§ 1 Abs. 3) festsetzen als auch Eigentümergärten (§ 1 Abs. 2 Nr. 1). In beiden Fällen wäre das „Entwicklungsgebot" erfüllt. Hat dagegen die Gemeinde im Flächennutzungsplan eine Fläche als Dauerkleingärten ausgewiesen, dann würde die Festsetzung „Eigentümergärten" im Bebauungsplan der Darstellung im Flächennutzungsplan nicht mehr entsprechen und eine Überschreitung des „Entwickelns" bedeuten, weil dies der im Flächennutzungsplan nach — sachgerechter — Abwägung (§ 1 Abs. 6 BauGB) getroffenen Zweckbestimmung — Dauerkleingärten — widerspricht. Verstöße gegen das Entwicklungsgebot führen grundsätzlich zur Unwirksamkeit des Bebauungsplans. Sie sind nur dann unbeachtlich, wenn sie die geordnete städtebauliche Entwicklung nicht beeinträchtigen. Das hängt vom Einzelfall ab. Die geordnete städtebauliche Entwicklung ist jedenfalls beeinträchtigt, wenn die Abweichungen im Bebauungsplan Auswirkungen auf einen größeren Raum haben (VGH Kassel NVwZ 1988, 541 f.) Dazu gehören auch die Auswirkungen im Hinblick auf die Versorgung der Bevölkerung mit Kleingärten. Ist die Versorgung mit Kleingärten nicht gewährleistet, dann ist auch die geordnete städtebauliche Entwicklung beeinträchtigt.

43 Die Festsetzung einer **Grünfläche** im Bebauungsplan erfordert grundsätzlich zugleich eine Festsetzung der **öffentlichen oder privaten Zweckbestimmung.** Für die Bauleitplanung wie auch für die betroffenen Grundstückseigentümer ist es von erheblicher Bedeutung, ob eine Grünfläche einer privaten oder öffentlichen Nutzung zugeführt werden soll. Je nachdem, ob eine private oder öffentliche Grünfläche vorgesehen ist, sind andere Anregungen und Bedenken zu erwarten. Von Bedeutung ist ferner die öffentliche oder private Zweckbestimmung für weitere Vollzugsmaßnahmen, so z. B. für ein Enteignungsverfahren im Hinblick auf den Enteignungszweck oder im Umlegungsverfahren im Rahmen der Vorwegausscheidung nach § 55 Abs. 2 BauGB oder der Ausscheidung und Zuteilung von Flächen für öffentliche Zwecke gegen geeignetes Ersatzland nach § 55 Abs. 5 BauGB (BayVGH, BayVBl 1984, 339). Eine ausdrückliche Festsetzung der öffentlichen oder privaten Zweckbestimmung der Grünfläche ist jedoch dann nicht erforderlich, wenn sich die Zweckbestimmung bereits aus der Festsetzung selbst ergibt (BayVGH, a. a. O.). Zur Belastung der als Dauerkleingärten auszuweisenden Flächen s. oben Rn. 41 a und § 4 Rn. 13.

Kriterium für die Unterscheidung zwischen privaten und öffentlichen Grünflächen ist die öffentliche oder private Nutzung. Öffentliche Grünflächen sind solche, die der Öffentlichkeit, d. h. der Nutzung durch die Allgemeinheit gewidmet sind oder werden sollen; private Grünflächen dagegen solche, die für private Nutzungen bestimmt sind. Unterscheidungsmerkmal ist insoweit der Widmungszweck (vgl. Gaentzsch,

Berl. Komm. zum BauGB, § 9 Rn. 36). **Kleingärten dienen privaten Zwecken,** sie dienen nämlich den Kleingärtnern zur nicht erwerbsmäßigen gärtnerischen Nutzung und zur Erholung (§ 1 Abs. 1 Nr. 1). Das gleiche gilt auch für Dauerkleingärten (§ 1 Abs. 3). Die kleingärtnerische Nutzung erfolgt auf der Grundlage eines Pachtvertrages (s. hierzu § 4 Rn. 1). Durch diesen Vertrag verpflichtet sich der Verpächter (Zwischenpächter), das Kleingartenland dem Pächter (Kleingärtner) zur kleingärtnerischen Nutzung zu überlassen. Der Pächter verpflichtet sich, als Gegenleistung den vereinbarten Pachtzins zu zahlen. Kleingärten sind also eindeutig private Grünflächen im Sinne des § 9 Abs. 1 Nr. 15 BauGB (s. Gaentzsch, a. a. O.; Mainczyk, Zum Problem der Kleingärten in der Bauleitplanung, BBauBl 1988, 62; OVG Münster, U. v. 6. 8. 90 – NVwZ – RR 1991, 175).

Die private Zweckbestimmung ergibt sich also bereits aus dem Begriff „Dauerkleingarten". Die Festsetzung „Grünfläche/Dauerkleingarten" beinhaltet insoweit gleichzeitig die private Zweckbestimmung. Eine weitere Konkretisierung durch die zusätzliche Kennzeichnung „private Zweckbestimmung" oder „private Grünfläche" ist nicht erforderlich.

Die Öffnung von Gemeinschaftseinrichtungen in einer Kleingartenanlage für die Allgemeinheit, z. B. der Spielflächen oder der Wege, verändern den privaten Charakter der einzelnen (Dauer-)Kleingärten nicht. Sie bleiben auch in diesem Fall der privaten Nutzung gewidmet und sind daher als private Grünflächen zu qualifizieren. **44**

Die alleinige Festsetzung **„Grünfläche für private Nutzung"** genügt als Ausweisung von Dauerkleingartenland den Anforderungen **nicht,** die an die Bestimmtheit der Festsetzungen zu stellen sind. Der Begriff „private Grünfläche" umfaßt einerseits sowohl Pachtgärten als auch Eigentümergärten und andererseits private Spiel- oder Sportflächen. Hinweise in der Begründung zum Bebauungsplan, daß unter privaten Grünflächen Dauerkleingärten gemeint sind, reichen für die erforderliche Bestimmtheit der Festsetzungen nicht aus. Die Begründung ist nicht Bestandteil des Bebauungsplans; sie nimmt an seinem Rechtscharakter nicht teil. **45**

Beabsichtigt also die Gemeinde Flächen planungsrechtlich abzusichern, die auf der Grundlage von Pacht- oder ähnlichen schuldrechtlichen Verträgen kleingärtnerisch innerhalb einer Kleingartenanlage bewirtschaftet werden sollen, muß sie diese Flächen als Dauerkleingartenland ausweisen. Zur Sicherstellung dieser Bewirtschaftungsart ist es erforderlich, gemäß § 19 Abs. 1 BauGB die Teilung dieser Grundstücke der Genehmigung zu unterwerfen. S. auch oben Rn. 26. **45 a**

6.3 Ausweisung von Dauerkleingärten im einfachen Bebauungsplan

Das BauGB kennt **qualifizierte** (§ 30 Abs. 1 BauGB) und **einfache** (§ 30 Abs. 3 BauGB) **Bebauungspläne**. Der einfache Bebauungsplan unterscheidet sich vom qualifizierten (§ 30 Abs. 1 BauGB) einzig und allein dadurch, daß er die für den qualifizierten Bebauungsplan geforderten Mindestfestsetzungen, nämlich über die Art und das Maß der baulichen Nutzung, über die überbaubaren Grundstücksflächen und über die örtlichen Verkehrsflächen nicht (oder nicht alle Mindestfestsetzungen) enthält. Im übrigen entfaltet der einfache Bebauungsplan die gleichen Wirkungen wie der qualifizierte Plan. **46**

Für die Ausweisung von Dauerkleingärten wird häufig ein einfacher Bebauungsplan (vgl. § 30 Abs. 3 BauGB – s. Anhang 2 –) ausreichen, um eine geordnete städtebauliche Entwicklung zu gewährleisten. Ob das der Fall ist, beurteilt sich allein nach Maßgabe des § 1 BauGB, insbesondere nach Maßgabe der planerischen Konzeption der Gemeinde (§ 1 Abs. 3 BauGB), der Pflicht zur Berücksichtigung der Belange und des Abwägungsgebots (§ 1 Abs. 5 und 6 BauGB). Der einfache Bebauungsplan verändert nicht den Gebietscharakter (s. § 3 Rn. 16 ff.). Einfach beplante Dauerkleingärten sind bauplanungsrechtlich als Außenbereich zu qualifizieren. Die Zulässigkeit von Vorhaben (s. § 3 Rn. 12) beurteilt sich nach § 35 BauGB, sofern der einfache Bebauungsplan keine Festsetzungen für die beabsichtigten Vorhaben, z. B. Geräteschuppen, Gewächshäuser oder ähnliche Nebenanlagen enthält. Der einfache Bebauungsplan verdrängt aber die Zulässigkeitsvoraussetzungen nach § 35 BauGB, soweit er entsprechende Festsetzungen trifft.

6.4 Planungsbedürfnis

47 Die Bauleitplanung ist eine Selbstverwaltungsaufgabe der Gemeinde (§ 2 Abs. 1 Satz 1 BauGB). Diese Vollmacht zur Ordnung der städtebaulichen Entwicklung wird durch das BauGB in materieller und formeller Hinsicht bestimmt und begrenzt. Die Planung ist aber nicht nur ein Recht der Gemeinde, sondern kann auch ihre Pflicht sein. Nach § 1 Abs. 3 BauG haben die Gemeinden Bauleitpläne aufzustellen, sobald und soweit es für die städtebauliche Entwicklung und Ordnung erforderlich ist.

47 a Ob und in welchem Umfang eine Bauleitplanung erforderlich ist, bestimmt sich nach städtebaulichen Bedürfnissen. **Das Bedürfnis, Kleingärten in Bauleitplänen auszuweisen, ergibt sich aus dem (konkreten) Kleingartenlandbedarf in der Gemeinde.** Bei der Ermittlung des Kleingartenlandbedarfs wird in der Regel von bestimmten Richtwerten bezogen auf die Einwohnerzahl oder die Zahl der gartenlosen Geschoßwohnungen auszugehen sein. Die ständige Konferenz der Gartenbauamtsleiter beim Deutschen Städtetag hat in ihrem Gutachten „Das Kleingartenwesen als Teil der Stadtentwicklung“ 1971 einen Richtwert von 7–10 hausgartenlosen Wohnungen (= 10–15 %) je Kleingarten empfohlen (Schriftenreihe BMBau 05.011 Bundeswettbewerbe – Gärten im Städtebau“, S. 83). Gebräuchlich sind auch andere Richtwerte, z. B. Zahl der Einwohner je Kleingarten, Kleingartenfläche je Einwohner. Entscheidendes Kriterium für die planungsrechtliche Ausweisung (Bereitstellung) von Kleingärten ist das Verhältnis zwischen Angebot und Nachfrage nach ihnen.

6.5 Aufstellungsverfahren

48 Das förmliche Planverfahren, das für den Flächennutzungs- und Bebauungsplan grundsätzlich in gleicher Weise abläuft, beginnt mit dem Beschluß, einen Bauleitplan aufzustellen (§ 2 Abs. 1 BauGB – s. Anhang 2 –).

49 Bei der Aufstellung von Bauleitplänen sind die Gemeinden verpflichtet, die Behörden und Stellen, die **Träger öffentlicher Belange** sind und von der Planung berührt werden können, zu beteiligen (§ 4 BauGB). Die Begriffe „Behörden und Stellen“ entsprechen im wesentlichen dem im Verwaltungsverfahren verwendeten funktionalen Behördenbegriff. Hierzu gehören Behörden und sonstige Stellen der unmittelbaren

Staatsverwaltung, natürliche oder juristische Personen des Privatrechts, denen hoheitliche Befugnisse durch Gesetz oder aufgrund eines Gesetzes übertragen sind (beliehene Privatpersonen oder privatrechtliche Unternehmen, die durch örtliche Konzessionen berechtigt sind, öffentliche Aufgaben zu erfüllen, für die sich der Staat Beleihungsrechte vorbehalten hat). Der Begriff „Träger öffentlicher Belange" umfaßt nicht nur öffentliche Planungsträger, sondern auch Behörden und Stellen, die nicht Träger von Planungsaufgaben sind, denen aber die Wahrnehmung eines öffentlichen Belanges zur Erledigung im eigenen Namen mit Wirkung nach außen zugewiesen ist. Träger öffentlicher Belange kann also nur sein, wer eine mit solchen Belangen zusammenhängende öffentliche Aufgabe zu erfüllen hat. Stellen, die im wesentlichen private Belange verfolgen, sind als Interessenverbände und nicht als Träger öffentlicher Belange anzusehen. Insoweit sind auch die **Kleingärtnerorganisationen keine Träger öffentlicher Belange.** Kleingärtnerorganisationen vertreten primär die Interessen der Kleingärtner. Das Zwischenpachtprivileg der als gemeinnützig geltenden Kleingärtnerorganisationen nach §§ 2, 4 Abs. 2 verleiht den (gemeinnützigen) Kleingärtnerorganisationen nicht die Stellung von Trägern öffentlicher Belange. Die Wahrung der Belange des Kleingartenwesens im Rahmen der Aufstellung der Bauleitpläne obliegt den für das Kleingartenwesen zuständigen Behörden. Unbeschadet dieser Rechtslage können die Gemeinden die Kleingärtnerorganisationen wie Träger öffentlicher Belange behandeln und diese zur Stellungnahme auffordern, wenn z. B. Kleingartenland in Bauleitplänen ausgewiesen werden soll. In einigen Gemeinden wird bereits so verfahren. Einen Anspruch auf eine Trägern öffentlicher Belange vergleichbare Behandlung haben die Kleingärtnerorganisationen aber nicht.

Kleingärtnerorganisationen können in jedem Falle ihre Belange im Rahmen der 50
Beteiligung der Bürger an der Bauleitplanung geltend machen, und zwar sowohl im Rahmen der vorgezogenen Bürgerbeteiligung als auch im förmlichen Auslegungs- und Beteiligungsverfahren (§ 3 BauGB). Die **vorgezogene Bürgerbeteiligung** (§ 3 Abs. 1 BauGB) dient der allgemeinen Unterrichtung über die allgemeinen Ziele und Zwecke der Planung. Die Unterrichtung durch die Gemeinde hat möglichst frühzeitig zu erfolgen, also zu einem Zeitpunkt, in dem die Planung noch offen ist, die beabsichtigten Ausweisungen sich noch nicht verfestigt haben. In bestimmten Fällen kann die Gemeinde von der vorgezogenen Bürgerbeteiligung absehen (§ 3 Abs. 1 Satz 2 BauGB).

Im Rahmen der förmlichen Bürgerbeteiligung (§ 3 Abs. 2 BauGB) können **Anregungen** erhoben werden, die von der Gemeinde zu prüfen sind. Die Ablehnung der „Anregungen" ist keine im Rechtsmittelwege angreifbare Verwaltungsentscheidung. Die von der Gemeinde nicht berücksichtigten Anregungen sind, soweit die Bauleitpläne genehmigungsbedürftig sind (§§ 6, 10 Abs. 2 BauGB), aber mit einer Stellungnahme der Gemeinde der Genehmigungsbehörde vorzulegen. Nach Beschlußfassung legt die Gemeinde den Flächennutzungsplan zur Genehmigung der höheren Verwaltungsbehörde vor (§ 6 Abs. 1 BauGB). Der „selbständige" Bebauungsplan (§ 8 Abs. 2 Satz 2 BauGB) sowie der gleichzeitig mit dem Flächennutzungsplan aufgestellte, aber vor diesem bekanntzumachende Bebauungsplan (§ 8 Abs. 3 Satz 2 BauGB) und der vorzeitige Bebauungsplan (§ 8 Abs. 4 BauGB) bedürfen ebenfalls der Genehmigung der höheren Verwaltungsbehörde. In diesen Fällen handelt es sich um eine Ausnahme vom Grundsatz, daß der Bebauungsplan aus dem (von der höheren Verwaltungsbehörde genehmigten) Flächennutzungsplan zu entwickeln ist.

51 Nach § 2 Abs. 3 BauGB hat niemand einen Anspruch auf Aufstellung von Bauleitplänen. Diese Regelung gestattet keine Ausnahme (BVerwG, NJW 1977, 1979 = BauR 1977, 241; BVerwG, NVwZ 1983, 92 = DÖV 1982, 941 = BRS 39, 392; BGH, NJW 1990, 245). Eine Verpflichtungserklärung einer Gemeinde, innerhalb bestimmter Frist einen Bebauungsplan aufzustellen, ist nichtig (BGHZ 76, 16 = NJW 1980, 826 = BauR 1980, 527). Es gibt auch keinen Anspruch darauf, daß ein einmal in Kraft getretener Bauleitplan unverändert in dieser Form bestehen bleibt (BVerwG, NJW 1970, 626). Die Gemeinde kann ihre Bauleitplanung ändern, ergänzen oder aufheben ggf. unter Entschädigung für eingetretene Rechtsverluste.

Die Vorschriften über die Aufstellung von Bauleitplänen finden gemäß § 2 Abs. 4 BauGB auch auf die Änderung, Ergänzung und Aufhebung von Bauleitplänen Anwendung. Zur Genehmigungsunfähigkeit einer Festsetzung von Lauben, die die Höchstgrenze des § 3 Abs. 2 überschreitet s. § 3 Rn. 6.

6.6 Abwägungsgebot

52 § 1 Abs. 6 BauGB verpflichtet die Gemeinden, bei der Aufstellung von Bauleitplänen die öffentlichen und privaten Belange gegeneinander und untereinander gerecht abzuwägen. Der Begriff „Belange" ist weit auszulegen. Insgesamt ist in die Abwägung alles einzustellen, was nach Lage der Dinge im konkreten Einzelfall zu beachten ist (BVerwG, DVBl 1975, 492; BVerwGE 59, 87, 101; BVerwGE 75, 214, 253 f.; BGHZ 66, 322). Ziel der Abwägung ist es, einen Anspruch der komplexen öffentlichen und privaten Interessen herbeizuführen und die Interessenkonflikte, die sich aus den unterschiedlichen Bodennutzungsansprüchen ergeben, zu bewältigen. Das kann dazu führen, daß Kleingärten anderen Nutzungen weichen müssen und bestehende Kleingartenanlagen in städtische Randbereiche verlagert werden. S. hierzu Strack, Kleingartenanlagen in der städtebaulichen Planung, Der Fachberater 1995, 77 ff.

Daß ein öffentliches Interesse an Kleingärten besteht, hat bereits das BVerfG in seinem Beschluß vom 12. Juni 1979 ausdrücklich festgestellt (BVerfGE 52, 1, 37 f.). Kleingärten haben eine wichtige städtebauliche und sozialpolitische Bedeutung. Sie stellen ein Element zur Durchgrünung und Auflockerung der Bebauung dar und verbessern das ökologische Gleichgewicht in den Städten. Sie sind insoweit eine notwendige Ergänzung des mehrgeschossigen Wohnungsbaues. Kleingärten sind aber auch von großer sozialer Bedeutung für die Volksgesundheit, insbesondere in ihrer Ausgleichsfunktion zu einer einseitigen Berufstätigkeit, welcher der Mensch in der industriellen Massengesellschaft oft ausgesetzt ist, und können wesentlich zu einer Verbesserung der Lebensverhältnisse beitragen. Die Gemeinden haben daher die städtebauliche Verpflichtung, ausreichend Kleingartengelände bereitzustellen (BVerfGE a. a. O.; VGH Bad.-Württ. BRS 39, 14, OVG Lüneburg BRS 44, 17 = ZfBR 1985, 299). Dieser Verpflichtung kommen sie (auch) durch Festsetzung von Dauerkleingärten in Bebauungsplänen nach.

53 Im Rahmen der Abwägung sind aber auch alle anderen Belange zu berücksichtigen, insbesondere diejenigen, die sich aus dem Grundeigentum ergeben. Im Vordergrund

stehen hierbei die von der Bauleitplanung unmittelbar berührten Nutzungsinteressen. In die Abwägung sind daher auch die Auswirkungen einzustellen, die die Ausweisung der Dauerkleingärten für den Eigentümer und ggf. auch für einen diese Fläche nutzenden Pächter hat (VGH Baden-Württ. BRS 39, 14).

In diesem Zusammenhang muß die Gemeinde prüfen, ob Dauerkleingärten auf gemeindeeigenen Grundstücken festgesetzt werden können (zur Frage, inwieweit gemeindeeigene Flächen gegenüber privaten Grundstücken in Anspruch zu nehmen sind vgl. VGH Baden-Württ. BRS 29, 4). Gesichtspunkte, die hierbei zu berücksichtigen sind, sind u. a. die Einbettung der Kleingartenanlage in die städtebauliche Entwicklung, Größe der auszuweisenden Anlage, Standortvor- oder Nachteile auch in bezug auf das mit Kleingärten zu versorgende Einzugsgebiet.

Bei der Abwägung kommt keinem Belang von vornherein ein Vorrang gegenüber entgegenstehenden Belangen zu (BVerwG, BauR 1975, 35). Stehen mehrere Belange im Widerstreit, z. B. die Schaffung neuer Verkehrswege auf der einen und die Erhaltung oder Errichtung einer Kleingartenanlage auf der anderen Seite, muß die Gemeinde prüfen, welcher Belang aus welchem Grund den Vorrang genießt. In einem Fall kann die Ausweisung von Dauerkleingärten Vorrang haben, um z. B. das Kleinklima zu verbessern, im anderen Fall der Immissionsschutz ausschlaggebend für die Schaffung der Verkehrsanlage sein. **54**

Das Abwägungsgebot ist dann verletzt, wenn eine (sachgerechte) Abwägung überhaupt nicht stattfindet, wenn in die Abwägung an Belangen nicht eingestellt wird, was eingestellt werden muß, oder wenn die Bedeutung der betroffenen Belange verkannt oder wenn der Ausgleich zwischen den von der Planung berührten öffentlichen Belangen in einer Weise vorgenommen wird, der zu objektiver Gewichtigkeit einzelner Belange außer Verhältnis steht. Innerhalb dieses Rahmens wird das Abwägungsgebot nicht verletzt, wenn sich die Gemeinde in der Kollision zwischen verschiedenen Belangen für die Bevorzugung des einen und damit notwendig für die Zurückstellung des anderen entscheidet (BVerwGE 34, 301 = DÖV 1970, 277 = DVBl 1970, 414).

Abwägungsfehler führen grundsätzlich zur Nichtigkeit des Bauleitplans, Fehler im Abwägungsvorgang jedoch nur, wenn sie offensichtlich und auf das Abwägungsergebnis von Einfluß sind (vgl. BVerwG, DVBl 1982, 354 = DÖV 1982, 280). Abwägungsmängel sind aber gem. § 215 Abs. 1 Nr. 2 BauGB (s. Anhang 2) nach Ablauf von 7 Jahren seit Bekanntmachung des Bauleitplans unbeachtlich. **55**

6.7 Naturschutzrechtliche Eingriffsregelungen

Belange des Natur- und Landschaftsschutzes gehörten – wie auch die Belange des Kleingartenwesens – schon immer zu den Richtpunkten der planerischen Abwägung. Mit Inkrafttreten des Bundesnaturschutzgesetzes (BNatSchG) am 20. 12. 1976 (BGBl I S. 3574) wurde erstmals eine sog. „naturschutzrechtliche Eingriffsregelung" als eines der wichtigsten **Instrumente des Naturschutzrechts** eingeführt. Rechtlich liegt ihr das Verursacherprinzip zugrunde. Ziel dieser Regelung war es, den **Verursacher eines Eingriffs** zu verpflichten, vermeidbare Beeinträchtigungen von Natur und Landschaft zu verhindern bzw. unvermeidbare Beeinträchtigungen auszugleichen (§ 8 Abs. 2 **56**

BNatSchG). Unvermeidbare, grundsätzlich nicht ausgleichbare Eingriffe sind zu untersagen, wenn die Belange des Natur- und Landschaftsschutzes vorgehen. Nach Landesrecht konnte aufgrund von § 8 Abs. 9 BNatSchG dem Verursacher eine Geldzahlung auferlegt werden, wenn ein Eingriff zwar nicht ausgleichbar, aber aufgrund öffentlicher Belange gleichwohl erforderlich war (s. statt vieler Lange, Auswirkungen der §§ 8 a bis c BNatSchG auf naturschutzrechtliche Ausgleichsabgabenregelungen der Länder, DÖV 1994, 313).

57 Dieses Ausgleichssystem ist durch das Investitionserleichterungs- und Wohnbaulandgesetz vom 23. 4. 1993 (BGBl I S. 466) in Teilbereichen grundsätzlich umgestaltet worden. Durch die neu eingefügten §§ 8 a bis c BNatSchG ist die Prüfung der Eingriffsregelung auf das Stadium der Bauleitplanung „vorverlagert" worden (BVerwG NuR 1994, 229 f.). Sind aufgrund der Aufstellung, Änderung, Ergänzung oder Aufhebung von Bauleitplänen Eingriffe in Natur und Landschaft zu erwarten, ist zwingend über die Kompensation im Rahmen der bauleitplanerischen Abwägung zu entscheiden. Eingriffe in diesem Sinne sind Veränderungen in der Gestalt oder Nutzung von Grundflächen, die die Leistungsfähigkeit des Naturhaushalts oder das Landschaftsbild erheblich oder nachteilig beeinträchtigen können. Im Rahmen der Bauleitplanung erfordert dies zunächst eine Bestandsaufnahme und Prognose der Beeinträchtigungen mit Bewertung und Integration Landschaftsplanung.

58 Als bauleitplanerische Kompensationsmaßnahmen kommen gemäß § 1 a Abs. 3 BauGB Darstellungs- und Festsetzungsmöglichkeiten in Flächennutzungsplänen nach § 5 BauGB und in Bebauungsplänen nach § 9 BauGB in Betracht, z. B. die Ausweisung einer Ausgleichsfläche als Grünfläche (§ 5 Abs. 2 Nr. 5 BauGB; § 9 Abs. 1 Nr. 15 BauGB) oder als Fläche für Maßnahmen zum Schutz, zur Pflege und zur Entwicklung von Natur und Landschaft (§ 5 Abs. 2 Nr. 10 BauGB; § 9 Abs. 1 Nr. 20 BauGB).

59 Der Tatbestand des Eingriffs in Natur und Landschaft in § 8 Abs. 1 BNatSchG ist weit gefaßt. Der Eingriff liegt in der Änderung von Grundflächen durch Gestalt- oder Nutzungsänderungen. Schutzgüter sind die Leistungsfähigkeit des Naturhaushalts und das Landschaftsbild. Ihre Beeinträchtigung muß entweder erheblich oder nachhaltig, d. h. also dauerhaft sein. Sie muß nicht konkret nachgewiesen sein, aber eine gewisse Wahrscheinlichkeit besitzen. Unter Zugrundelegung dieses weit gefaßten Eingriffsbegriffs ist festzustellen, daß **auch die Errichtung von Dauerkleingartenanlagen mit Eingriffen in den Naturhaushalt und das Landschaftsbild verbunden** ist, und zwar durch die Zulässigkeit von Vereinsheimen in diesen Anlagen und Gartenlauben auf den einzelnen Parzellen sowie durch befestigte (versiegelte) Wege innerhalb der Anlage. Diese Eingriffe, die gemessen an dem Verhältnis der Größenordnung der baulichen Anlagen zur Fläche der Kleingartenanlage geringfügig (begrenzt) sind, **lassen sich innerhalb der Anlage durch entsprechende Ausgleichsmaßnahmen** ohne Schwierigkeiten kompensieren.

60 Andererseits können **Dauerkleingärten auch als Ausgleichsflächen für Baugebiete**, z. B. Wohngebiete mit einer starken Bebauungsdichte, in Betracht kommen. Dauerkleingärten sind bauplanungsrechtlich Grünflächen (§ 9 Abs. Nr. 15 BauGB). Grundsätzlich bestehen also keine rechtlichen Bedenken, Dauerkleingartenanlagen als

Kompensationsflächen im Bebauungsplan festzusetzen. Ob und inwieweit eine Dauerkleingartenanlage hierzu geeignet ist, hängt von den konkreten Umständen und Bedingungen des Einzelfalles ab. Es kann jedenfalls nicht von vornherein ausgeschlossen werden, daß Dauerkleingartenanlagen als Ausgleichsflächen i. S. d. § 8 a BNatSchG nicht in Betracht kommen können.

Näheres hierzu s. Strack, Eingriffsregelungen nach dem Naturschutzrecht und Dauerkleingärten. Der Fachberater, 1995, 209 f.

7. Baumschutzregelungen und Kleingärten

Baumschutzsatzungen und -verordnungen sind **naturschutzrechtliche Instrumente** zur 61
Erhaltung des Baumbestandes. Ermächtigungen zum Erlaß von Baumschutzvorschriften enthalten die Landesnaturschutzgesetze. Daneben kann Baumschutz in der Gemeinde auch aufgrund bauplanungsrechtlicher Rechtsgrundlagen erfolgen. So kann nach § 9 Abs. 1 Nr. 25 BauGB im Bebauungsplan festgesetzt werden, daß Bäume und Sträucher im Geltungsbereich des Bebauungsplans zu erhalten sind.

Die **landesrechtlichen Ermächtigungen** zum Schutz des Baumbestandes sind **Ausführungsbestimmungen zu § 18 BNatSchG**, der bundesrechtlichen Rahmenbestimmung 62
über geschützte Landschaftsbestandteile (s. LG Koblenz, NUR 1989, 145). Beim Erlaß derartiger Regelungen sind die Länder daher an die Vorgaben des § 18 BNatSchG gebunden. Baumschutzsatzungen und -verordnungen können also nur ergehen, wenn der Schutz der Bäume aus den in § 18 BNatSchG genannten Gründen erforderlich ist. Das ist der Fall, wenn der Schutz der Sicherung der Leistungsfähigkeit des Naturhaushaltes, der Belebung, Gliederung oder Pflege des Orts- und Landschaftsbildes oder der Abwehr schädlicher Einwirkungen dient. Wegen der besonderen ökologischen und klimatischen Bedeutung von Bäumen wird der Schutz in der Regel als erforderlich i. S. d. § 18 BNatSchG angesehen werden können. Unabweisbar muß er nicht sein. Es reicht aus, daß der Schutz vernünftigerweise geboten ist. Diese Voraussetzungen lassen sich angesichts der positiven klimatischen Wirkungen von Bäumen und vielfältigen Gefährdungen ihres Bestandes in städtebaulichen Verdichtungsgebieten regelmäßig bejahen (vgl. OVG Bremen, DÖV 1985, 729 f.; OLG Düsseldorf, NJW 1989, 1807 f.).

Baumschutzregelungen müssen — wie alle Rechtsnormen — den Grundsätzen der 63
Bestimmtheit und Normenklarheit entsprechen. Zu den wesentlichen erforderlichen Bestimmungen gehören: die Festlegung des räumlichen und sachlichen Geltungsbereichs, die Verbots- und Anordnungsmaßnahmen, Ausnahmen und Befreiungen für den Fall, daß von einem Baum Gefahren für die öffentliche Sicherheit ausgehen oder daß zulässige Bodennutzungen nicht ausgeübt werden können. Baumschutzsatzungen bestimmen in der Regel auch, daß für den Fall der genehmigten oder sonst zulässigen Entfernung von Bäumen eine Ersatzpflanzung oder Ausgleichszahlung zu leisten ist.

Soweit sich der **räumliche Geltungsbereich einer Baumschutzsatzung oder -verordnung auf Bebauungsplangebiete** erstreckt, in denen Dauerkleingärten liegen, können 64
Baumschutz und kleingärtnerische Nutzung im Widerstreit stehen, wenn Dauerklein-

gartenanlagen nicht ausdrücklich aus dem Geltungsbereich der Baumschutzregelungen ausgenommen oder Ausnahmen vom Verbot geschützte Bäume zu entfernen zugelassen sind, und diese Bäume die kleingärtnerische Nutzung z. B. den Gemüseanbau durch Beschattung beeinträchtigen. In solchen Fällen liegt eine Normenkollision vor. Es stellt sich daher die Frage nach der sachlichen Reichweite der Baumschutzregelungen und der bauplanerischen Festsetzung „Dauerkleingärten". Derartige und ähnliche Konkurrenzprobleme treten in der Rechtsordnung häufiger auf. In diesen Fällen gilt es, die Widerspruchsfreiheit unterschiedlicher Normenbereiche herzustellen. Es muß also entschieden werden, welche Regelung gegenüber der jeweils anderen Vorrang genießt.

65 Als **konkurrenzabgrenzendes Merkmal** kommt vor allem der **Normzweck** in Betracht. **Normzweck der Festsetzungen im Bebauungsplan** ist die abschließende Regelung der Grundstücksnutzung im Planbereich. Der Bebauungsplan — nach Durchführung eines förmlichen Verfahrens und nach Abwägung aller Belange von der Gemeinde beschlossen — regelt verbindlich mit Rechtswirkung gegenüber jedermann die Bodennutzung in seinem Geltungsbereich. Die Rechtsverbindlichkeit der festgesetzten Bodennutzung ist auch normativer Maßstab für alle hoheitlichen Maßnahmen, die auf die durch den Bebauungsplan verbindlich festgelegte städtebauliche Ordnung Einfluß nehmen (vgl. BVerwGE 47, 144 = DVBl 1975, 492 = NJW 1975, 841).

Die **Baumschutzsatzung bzw. -verordnung regelt nicht die Bodennutzung**. Sie verfolgt einen anderen Zweck, und zwar die Bäume aus naturschutzrechtlichen Gründen zu schützen. Verhindern oder beeinträchtigen die so geschützten Bäume z. B. den Anbau von Obst und Gemüse durch Beschattung, welcher wesentlicher Bestandteil der kleingärtnerischen Bodennutzung ist, dann steht die Baumschutzsatzung bzw. -verordnung der Realisierung der rechtsverbindlich festgesetzten Bodennutzung entgegen. Sie nimmt damit Einfluß auf die Bodennutzung, obwohl dies weder ihr Zweck noch ihre Aufgabe ist. Sie „verstößt" insoweit gegen rechtsverbindliche Bodennutzungsregelungen. In diesen Kollisionsfällen genießt die im Bebauungsplan festgesetzte Bodennutzung Vorrang vor Baumschutzregelungen.

66 Das gleiche gilt auch für den **Baumbestand auf Gemeinschaftsflächen**, wenn und soweit durch diesen die kleingärtnerische Nutzung gestört wird.

67 **Ersatzpflanzungen oder Ausgleichsleistungen** für die Beseitigung von Bäumen, die der Ausübung der kleingärtnerischen Nutzung entgegenstehen, können aus Rechtsgründen nicht verlangt werden. Die Baumschutzsatzung bzw. -verordnung kann (schon wegen fehlender Ermächtigungsnorm) keine „Nutzungssperre" für die Realisierung der kleingärtnerischen Nutzung, hier den Anbau von Obst und Gemüse, begründen, die erst durch Ersatzpflanzungen oder Ausgleichsleistungen beseitigt wird.

68 Unabhängig hiervon werden örtliche Kleingärtnerorganisationen den Zielsetzungen der Baumschutzregelungen in der Regel durch Anpflanzung von Bäumen auf Gemeinschaftseinrichtungen Rechnung tragen, soweit die Gemeinde nicht bereits im Bebauungsplan entsprechende Festsetzungen für die Dauerkleingartenanlage getroffen hat.

Kleingartenanlagen leisten ohnehin – auch ohne besondere Baumschutzregelungen einen Beitrag für mehr Grün in den Städten, verbessern ihre ökologischen Grundlagen, erfüllen im Städtebau als Grünflächen wichtige Ausgleichs- und Erholungsfunktion, auch bezogen auf das städtische Klima und den Wasserhaushalt und dienen als Lebensraum für Pflanzen und Tiere. Sie erfüllen insoweit auch die Funktionen, denen Baumschutzregelungen dienen. 69

Kleingartenanlagen, die nicht im Bebauungsplan als Dauerkleingärten festgesetzt sind, sind kein „im Zusammenhang bebauter Ortsteil", sondern Außenbereich (BVerw, NJW 1984, 1576; s. hierzu auch § 3 Rn. 16). Soweit Baumschutzregelungen sich auf nicht beplante Innenbereiche erstrecken, stellt sich also die Frage des Verhältnisses zwischen kleingärtnerischer Nutzung einerseits und Baumschutz auf der anderen Seite nicht. Im Außenbereich ist die kleingärtnerische Nutzung eine bauplanungsrechtlich zulässige Bodennutzung. Sie muß dort also auch ausgeübt werden können. Insoweit geht sie „dem Baumschutz vor" d. h., daß die kleingärtnerische Nutzung nicht beeinträchtigt werden darf. Beeinträchtigen geschützte Bäume die kleingärtnerische Nutzung durch Verschattung können diese beseitigt werden. Für die Beseitigung der Bäume auf Einzelparzellen oder Gemeinschaftseinrichtungen, die der kleingärtnerischen Nutzung entgegenstehen, können aber Ersatzpflanzungen oder sonstige Ausgleichsleistungen verlangt werden, jedenfalls dann, wenn die Bäume bereits vor Aufnahme der kleingärtnerischen Nutzung vorhanden bzw. geschützt waren. In diesem Fall kann ein (verfassungsrechtlich begründeter) Vertrauensschutz nicht in Betracht kommen. 70

8. Steuerliche Bewertung von Kleingärten

Die allgemeine Abgrenzung zwischen den Vermögensarten Grundvermögen und land- und forstwirtschaftliches Vermögen ergibt sich aus den §§ 68, 33 des Bewertungsgesetzes (BewG). Zum Grundvermögen gehören nach § 68 Abs. 1 BewG der Grund und Boden, die Gebäude, die sonstigen Bestandteile und das Zubehör, soweit es sich nicht gemäß § 33 BewG um land- und forstwirtschaftliches Vermögen handelt. Der Begriff des Grundvermögens wird also zum Begriff des land- und forstwirtschaftlichen Vermögens negativ abgegrenzt, während § 33 BewG positiv bestimmt, welcher Grundbesitz als land- und forstwirtschaftliches Vermögen anzusehen ist (BFHE 133, 212, 215). Zu letzterem gehören alle Wirtschaftsgüter, die einem Betrieb der Land- und Forstwirtschaft dauernd zu dienen bestimmt sind, insbesondere der Grund und Boden. Zur Bewertung von Kleingartenland in den neuen Ländern s. § 5 Rn. 41 e ff. 71

Unter Landwirtschaft wird die Nutzung des Grund und Bodens zur Gewinnung pflanzlicher oder tierischer Erzeugnisse verstanden sowie deren unmittelbare Verwertung. Der bewertungsrechtliche Begriff des Betriebs der Land- und Forstwirtschaft setzt keine Mindestgröße voraus. Entscheidend ist vielmehr die tatsächliche nachhaltige Nutzung und deren Zweckbestimmung durch den Eigentümer (BFHE 149, 71, 74). Ein landwirtschaftlicher Betrieb ist auch dann gegeben, wenn der Landwirt für den eigenen Bedarf erzeugt. 72

73 Grundstücksflächen, die als Kleingartenland verpachtet und genutzt werden, sind in der Regel wegen des weitgehenden Pachtschutzes als land- und forstwirtschaftliches Vermögen zu bewerten, es sei denn, daß aus besonderen Umständen zu entnehmen ist, daß das Land demnächst einer Bebauung oder einer anderen nichtgärtnerischen Nutzung zugeführt werden soll. Näheres hierzu § 5 Rn. 39 ff.

§ 2
Kleingärtnerische Gemeinnützigkeit

Eine Kleingärtnerorganisation wird von der zuständigen Landesbehörde als gemeinnützig anerkannt, wenn sie im Vereinsregister eingetragen ist, sich der regelmäßigen Prüfung der Geschäftsführung unterwirft und wenn die Satzung bestimmt, daß

1. **die Organisation ausschließlich oder überwiegend die Förderung des Kleingartenwesens sowie die fachliche Betreuung ihrer Mitglieder bezweckt,**
2. **erzielte Einnahmen kleingärtnerischen Zwecken zugeführt werden und**
3. **bei der Auflösung der Organisation deren Vermögen für kleingärtnerische Zwecke verwendet wird.**

Übersicht

1. Allgemeines

1 Die kleingärtnerische Gemeinnützigkeit ist durch die Kleingarten- und Kleinpachtlandordnung (KGO) von 1919 eingeführt worden. In einigen Ländern sind bereits aufgrund des in § 5 KGO geregelten Zwischenpachtprivilegs Bestimmungen über die Anerkennung und den Widerruf der kleingärtnerischen Gemeinnützigkeit sowie über das Anerkennungs- und Widerrufsverfahren erlassen worden. Die lan-

desrechtlichen Regelungen waren jedoch in der Regel überholt. Der Gesetzgeber des BKleingG hat daher die materiellen Voraussetzungen für die Anerkennung einer Kleingärtnerorganisation als kleingärtnerisch gemeinnützig einheitlich ausgestaltet und unter Berücksichtigung der bisherigen landesrechtlichen Prämissen neu gefaßt (BT-Drs. 9/2232 S. 17). Aus Klarstellungsgründen hat das Gesetz zur Änderung des BKleingG § 2 redaktionell geändert und ausdrücklich bestimmt, daß die Anerkennung von der zuständigen Landesbehörde ausgesprochen wird (BT-Drs. 12/6782 S. 4, 9). Bisher enthielt § 4 Abs. 2 eine entsprechende Regelung.

Als gemeinnützig anerkannte Kleingärtnerorganisationen bieten eine Gewähr dafür, 2 daß die Aufgaben, die ein Zwischenpächter zu erfüllen hat, sachgerecht und im Interesse der Kleingärtner und des Kleingartenwesens wahrgenommen werden.

2. Begriff der Gemeinnützigkeit

Der Begriff der **Gemeinnützigkeit** wird im Kleingartenrecht und im Steuerrecht (Ab- 3 gabenordnung) verwendet. Beide Arten der Gemeinnützigkeit sind voneinander zu unterscheiden (s. unten Rn. 17 f.). Gemeinsam ist ihnen das Prinzip der Selbstlosigkeit. Ganz allgemein wird unter **„Gemeinnützigkeit"** ein **bestimmtes wirtschaftliches und soziales Verhalten verstanden, das entweder auf die selbstlose Förderung des Kleingartenwesens (kleingärtnerische Gemeinnützigkeit) oder auf die selbstlose Förderung der Allgemeinheit (steuerliche Gemeinnützigkeit) gerichtet ist.** Die selbstlose Förderung ist in beiden Fällen das entscheidende Merkmal.

Selbstlos ist eine Förderung, wenn dadurch nicht in erster Linie eigenwirtschaftliche Zwecke verfolgt werden (BFH, BStBl 1979, II 482). Das sind solche Zwecke, die der Mehrung der eigenen Einkünfte oder der eigenen Vermögenssubstanz dienen. Die Selbstlosigkeit wird durch die Verfolgung eigenwirtschaftlicher Zwecke nicht schlechthin beseitigt; diese dürfen nur nicht Hauptzweck sein. Eine Kleingärtnerorganisation handelt z. B. noch nicht eigennützig, wenn sie aus der Verfolgung (kleingärtnerisch) gemeinnütziger Zwecke nebenbei auch geringe, hinter dem uneigennützigen Zweck in der Bedeutung zurücktretende Vorteile zieht (vgl. Kühn/Kutter/Hofmann, Abgabenordnung – Kommentar – § 55 Rn. 2). Eine solche Gewinnerzielung muß – schon aus Praktikabilitätsgründen – als unschädlich angesehen werden, insbesondere aber auch deshalb, weil diese „Gewinne" satzungsgemäß in ihrer Verwendung gebunden sind (§ 2 Nr. 2 und 3).

3. Kleingärtnerische Gemeinnützigkeit im früheren Recht

Der Gedanke der selbstlosen Förderung lag bereits der kleingärtnerischen Gemein- 4 nützigkeit nach altem Recht zugrunde. Nach § 5 KGO durften Grundstücke zum Zwecke der Weiterverpachtung als Kleingärten nur durch Körperschaften oder Anstalten des öffentlichen Rechts oder durch ein **als gemeinnützig anerkanntes Unternehmen zur Förderung des Kleingartenwesens** gepachtet und nur an solche verpachtet werden.

Von den Körperschaften und Anstalten des öffentlichen Rechts haben lediglich die Gemeinden praktische Bedeutung als Zwischenpächter erlangt. Andere juristische Personen des öffentlichen Rechts, die nach dieser Gesetzesfassung ebenfalls zum Kreis der Zwischenpachtprivilegierten gehörten, wie z. B. Zweckverbände,. Berufsgenossenschaften, u. a. hatten kaum Bedeutung. Der in § 5 Abs. 1 KGO verwendete Begriff **„Unternehmen zur Förderung des Kleingartenwesens"** entspricht der in den §§ 2, 4 Abs. 2 Satz 2 genannten Kleingärtnerorganisation. Als Unternehmen i. S. des § 5 Abs. 1 KGO galten nämlich Organisationen der Kleingärtner, deren Aufgabe und Zweck darin bestand, Grundstücke anzupachten und an eigene Vereinsmitglieder oder andere Kleingärtner weiter zu verpachten.

Die Berechtigung zur Zwischenpacht wurde durch eine ausdrückliche Anerkennung der kleingärtnerischen Gemeinnützigkeit erworben. Die Anerkennung konnte, wenn ihre Voraussetzungen nicht mehr erfüllt waren, widerrufen werden. In einigen Bundesländern sind aufgrund des in § 5 KGO geregelten Zwischenpachtprivilegs Bestimmungen über die Anerkennung und den Widerruf der kleingärtnerischen Gemeinnützigkeit sowie über das Anerkennungs- und Widerrufsverfahren erlassen worden.

5 Die aufgrund des § 5 KGO sowie aufgrund der dazu ergangenen Ausführungsvorschriften ausgesprochenen Anerkennungen der kleingärtnerischen Gemeinnützigkeit bleiben gemäß § 17 BKleingG unberührt. Die kleingärtnerische Gemeinnützigkeit dieser Organisationen gilt unverändert fort, solange sie ihnen nicht entzogen wird. Die Aberkennung der kleingärtnerischen Gemeinnützigkeit kann nur aufgrund des neuen Rechts folgen. S. auch § 17 Rn. 1 ff.

4. Begriff, Anerkennung und Entzug der kleingärtnerischen Gemeinnützigkeit

6 Das BKleingG enthält keine Begriffsbestimmung der kleingärtnerischen Gemeinnützigkeit. Es geht von dem überkommenen Verständnis der Gemeinnützigkeit als einem selbstlosen wirtschaftlichen und sozialen Verhalten aus, das im Kleingartenwesen grundsätzlich darauf gerichtet ist, ohne Gewinnerzielung Kleingärten anzupachten und an Pachtwillige weiterzuverpachten.

Die Vorschriften des § 2 über die kleingärtnerische Gemeinnützigkeit und des § 4 Abs. 2 über die Zwischenpacht stehen in einem engen Zusammenhang. § 2 BKleingG enthält eine Regelung darüber, unter welchen Voraussetzungen einer Kleingärtnerorganisation die Gemeinnützigkeit zuzuerkennen ist; § 4 Abs. 2 Satz 2 BKleingG bestimmt dagegen, daß Zwischenpachtverträge wirksam nur mit gemeinnützigen Kleingärtnerorganisationen oder mit Gemeinden abgeschlossen werden können. Die Regelung des § 4 Abs. 2 Satz 2 verhindert die erwerbsmäßige Zwischenpacht, die vor Inkrafttreten der KGO zu erheblichen Mißständen im Kleingartenwesen geführt hat (s. Kaisenberg, Kleingarten- und Kleinpachtlandordnung, § 5 Anm. 1, 1920). Aus dem Zusammenhang der §§ 2 und 4 Abs. 2 Satz 2 ergibt sich der Sinn und Zweck der kleingärtnerischen Gemeinnützigkeit, nämlich sicherzustellen, daß das Zwischenpachtprivileg nur einem Zusammenschluß zusteht, der die Gewähr für die Verwirklichung der durch das Gesetz geförderten Ziele bietet.

4.1 Anerkennungsvoraussetzungen

7 Die **kleingärtnerische Gemeinnützigkeit** tritt nicht „automatisch" ein, sobald die materiellen Voraussetzungen erfüllt sind. Sie **setzt vielmehr die behördliche Anerkennung voraus** (vgl. BGH, NJW 1987, 2865 = MDR 1987, 1012). Das Gesetz zur Ände-

rung des BKleingG hat dies ausdrücklich klargestellt (BT-Drs. 12/6782 S. 9). Das ergibt sich auch aus dem Zusammenhang dieser Vorschrift mit § 4 Abs. 2 Satz 2, der bestimmt, daß ein Zwischenpachtvertrag, der nicht mit einer nach Landesrecht als gemeinnützig anerkannten Kleingärtnerorganisation oder der Gemeinde geschlossen wird, nichtig ist. § 2 ordnet an, daß jede Kleingärtnerorganisation, die die Voraussetzungen der Gemeinnützigkeit erfüllt, als gemeinnützig anzuerkennen ist. Die Kleingärtnerorganisation hat danach also einen Rechtsanspruch, als (kleingärtnerisch) gemeinnützig anerkannt zu werden, wenn die gesetzlich vorgeschriebenen Bedingungen erfüllt sind.

Die Anerkennung hat konstitutive, rechtsbegründende Wirkung. Die Ausgestaltung des Anerkennungsverfahrens bleibt den Ländern überlassen (s. unten Rn. 15).

4.1.1 Eintragung in das Vereinsregister

Die Eintragung kann nach Erfüllung der in § 2 genannten Voraussetzungen gefordert 8
werden; es besteht ein öffentlich-rechtlicher Anspruch auf Eintragung.

Die Eintragung hat bei dem Amtsgericht zu erfolgen, in dessen Bezirk der Verein seinen Sitz hat. Sie setzt eine Satzung voraus, die Zweck, Namen und Sitz des Vereins enthält und ergibt, daß der Verein eingetragen werden soll. Ferner sind bei der Eintragung eine Reihe von Ordnungsvorschriften (Sollvorschriften) zu beachten. S. hierzu die §§ 56, 58, 59 ff. BGB. Die Vorschriften sind im Anhang 4, S. 279 ff. abgedruckt. Die Nichtbeachtung der Ordnungsvorschriften verpflichtet zwar das Registergericht zur Zurückweisung des Eintragungsantrages, bei einem Verstoß gegen die Ordnungsvorschriften ist die Eintragung gleichwohl voll gültig.

Die **Mitgliedschaft** wird erworben entweder durch Teilnahme an der Vereinsgründung oder durch späteren Beitritt, dessen Voraussetzungen sich nach der Satzung bestimmen. Der Beitritt ist ein Vertrag mit dem Verein. Die Mitgliedschaft ist, sofern nichts anderes durch die Satzung bestimmt ist, unübertragbar und unvererblich. Auch die Ausübung der Mitgliederrechte kann, von besonderen Bestimmungen abgesehen, nicht einem anderen überlassen werden. Ein Recht auf Aufnahme in einen Verein besteht im allgemeinen nicht. Eine Aufnahmepflicht kann jedoch durch einen Vorvertrag mit dem Aufzunehmenden oder durch Vertrag mit einem Dritten, durch die Satzung oder aus dem Gesichtspunkt der mißbräuchlichen Ausnutzung einer Monopolstellung ausnahmsweise begründet sein. Die Mitgliedschaft ist zunächst nichts anderes als die persönliche Rechtsstellung innerhalb des Vereins, also ein personenrechtliches Rechtsverhältnis. Vgl. die allgemeinen Vorschriften über Vereine, §§ 21 ff. BGB und die Bestimmungen über eingetragene Vereine, §§ 55 ff. BGB (Anhang 4, S. 279 ff.).

4.1.2 Prüfung der Geschäftsführung

Wesentliche Voraussetzung für die Anerkennung ist, daß sich die Kleingärtnerorga- 9
nisation „der regelmäßigen Prüfung der Geschäftsführung unterwirft". Hierunter fällt nicht nur die Kassen- und Rechnungsprüfung, sondern die Prüfung der gesamten Tätigkeit der Kleingärtnerorganisation. Die Prüfung erstreckt sich auch darauf, ob die Führung der Geschäfte mit den Satzungsbestimmungen in Übereinstimmung

steht. Die Unterwerfung muß bereits im Antrag auf Anerkennung erfolgen. Die verbandsinterne Aufsicht bleibt hiervon unberührt. Die sachliche Zuständigkeit und das Prüfungsverfahren regeln die Länder (s. auch unten Rn. 15 f.).

4.1.3 Satzungsbestimmungen

10 Der Zweck der Kleingärtnerorganisation muß ferner auf die ausschließliche oder überwiegende **Förderung des Kleingartenwesens** im allgemeinen und der Vereinsmitglieder im besonderen gerichtet sein (§ 2 Nr. 1). Diese Förderung muß mit den Regelungen und Zielsetzungen übereinstimmen. Dazu gehört insbesondere die selbstlose An- und Weiterpachtung (§ 4 Abs. 2 Satz 1) von Kleingartenland, die Beratung und Betreuung der Kleingärtner in Fragen der Gartenbewirtschaftung, die Unterstützung und Hilfeleistung bei der Verwaltung von Kleingartenanlagen und die Wahrnehmung ähnlicher Aufgaben, etwa im Bereich der Sicherstellung der kleingärtnerischen Nutzung. Daß die Kleingärtnerorganisation diesen Zielen nachstrebt, muß sich in erster Linie aus der Satzung ergeben. Dies allein genügt jedoch noch nicht; erforderlich ist darüber hinaus, daß die Kleingärtnerorganisation diese Ziele auch tatsächlich verfolgt. Ob das der Fall ist, wird sich aus der regelmäßigen Prüfung der Geschäftsführung ergeben.

11 Die in § 2 Nr. 2 und 3 genannten Voraussetzungen der kleingärtnerischen Gemeinnützigkeit, nämlich die Zuführung erzielter Einnahmen für kleingärtnerische Zwecke und die Verwendung des Vermögens bei Auflösung der Organisation für kleingärtnerische Zwecke sind lediglich Teilaspekte der grundsätzlichen Zielsetzung „Förderung des Kleingartenwesens". Die in Nr. 2 geregelte Voraussetzung hinsichtlich der Einnahmenverwendung ist als erfüllt anzusehen, wenn die Satzung bestimmt, daß die Einnahmen überwiegend kleingärtnerischen Zwecken zugeführt werden (so auch Stang, BKleingG, 2. Aufl. § 2 Rn. 10; Otte, in: Ernst/Zinkahn/Bielenberg, BKleingG § 2 Rn. 9; a. A. Rothe, BKleingG § 2 Rn. 9).

12 Die Satzung kann noch weitere Regelungen enthalten. § 2 bestimmt nur den Mindestinhalt der für die Anerkennung als kleingärtnerisch gemeinnützig erforderlich ist. Es empfiehlt sich, in die Satzung Bestimmungen über die Verpachtung von Kleingärten nach bestimmten Gesichtspunkten, z. B. nach sozialen Kriterien (Kinderzahl u. ä.) aufzunehmen, um eine einheitliche und durchschaubare Vergabepraxis sicherzustellen. Ferner können Bestimmungen darüber aufgenommen werden, daß der Verein sich (bestimmten) Entschädigungsrichtlinien unterwirft.

4.2 Entzug der kleingärtnerischen Gemeinnützigkeit

13 Das BKleingG regelt zwar die Voraussetzungen, unter denen die kleingärtnerische Gemeinnützigkeit entzogen wird, nicht ausdrücklich. Diese ergeben sich aber im Wege des „Umkehrschlusses" aus den Anerkennungsvoraussetzungen. Danach kann also die Anerkennung entzogen werden, wenn festgestellt wird, daß die Anerkennungsvoraussetzungen von Anfang an nicht vorgelegen haben oder später entfallen, insbesondere, wenn die Kleingärtnerorganisation ihre Rechtsfähigkeit verliert, in erheblichem Umfang nicht kleingärtnerische Tätigkeiten ausübt oder nicht mehr ihrem Zweck gemäß tätig ist.

Die Anerkennung kann ferner entzogen werden, wenn erhebliche Verstöße gegen Grundsätze kleingärtnerischer Gemeinnützigkeit festgestellt und nicht behoben werden, insbesondere wenn die finanzielle Verwaltungsführung nicht mit dem Prinzip der Selbstlosigkeit zu vereinbaren ist (s. auch § 10 Rn. 3). **14**

4.3 Verfahren; Gemeinnützigkeitsaufsicht

Die materiellen Voraussetzungen der kleingärtnerischen Gemeinnützigkeit sind abschließend in § 2 geregelt. Das **Verfahren** der Anerkennung und des Entzugs der kleingärtnerischen Gemeinnützigkeit erfolgt nach Landesrecht. Soweit das bereits geltende allgemeine oder besondere Landesverwaltungsverfahrensrecht nicht ausreicht, können die Länder weitergehende Verfahrensregelungen treffen. Hiervon haben fast alle Länder Gebrauch gemacht (s. hierzu Anhang 1). **15**

Die Bestimmungen der Länder sehen ausdrücklich vor, daß eine Kleingärtnerorganisation nur auf ihren Antrag als gemeinnützig anerkannt wird. Die Richtlinien einiger Länder verlangen über den Satzungsmindestinhalt des § 2 hinaus auch Satzungsbestimmungen über die Vergabe neu zu verpachtender Kleingärten nach darin festgelegten Gesichtspunkten. Solche Regelungen sind zulässig, sie sind aber keine Voraussetzung für die Anerkennung der kleingärtnerischen Gemeinnützigkeit (s. Rn. 12).

Die Wirkung der kleingärtnerischen Gemeinnützigkeit treten nach den landesrechtlichen Regelungen zu dem im Anerkennungsbescheid genannten Zeitpunkt ein. Entsprechendes gilt für den Widerruf der Anerkennung.

In den landesrechtlichen Verfahrensbestimmungen über die Anerkennung und den Widerruf der kleingärtnerischen Gemeinnützigkeit ist auch die **Gemeinnützigkeitsaufsicht** geregelt. Danach unterliegen die anerkannten Kleingärtnerorganisationen der Aufsicht durch die Anerkennungsbehörde. Die Aufsicht erstreckt sich auf die Einhaltung der materiellen Anerkennungsvoraussetzungen, insbesondere auch darauf, ob die Führung der Geschäfte mit den Bestimmungen der Satzung in Übereinstimmung steht. Die Anerkennungsbehörde ist berechtigt, in die Unterlagen der als gemeinnützig anerkannten Kleingärtnerorganisation Einblick zu nehmen bzw. ihre Vorlage zu verlangen, Kassenprüfungen durchzuführen oder durchführen zu lassen, Einzelvorgänge zum Gegenstand einer Nachprüfung zu machen. Über ihre Tätigkeit hat die Kleingärtnerorganisation regelmäßig der Anerkennungsbehörde zu berichten. Die Anerkennungsbehörde kann auch einen außerordentlichen Bericht anfordern. **16**

5. Steuerliche Gemeinnützigkeit

Die kleingärtnerische Gemeinnützigkeit ist mit der steuerlichen Gemeinnützigkeit nicht identisch (s. oben Rn. 3). Die steuerliche Gemeinnützigkeit begünstigt steuerlich den Einsatz von Kapital und Arbeit zur Erfüllung gemeinnütziger Zwecke, sofern dieser Einsatz selbstlos, d. h. nicht zu Erwerbszwecken erfolgt. Die Ausgestaltung der Steuervergünstigung ist den Einzelsteuergesetzen vorbehalten. **17**

Die Begriffsbestimmung der steuerlichen Gemeinnützigkeit enthält § 52 der Abgabenordnung 1977 (AO). Danach verfolgt eine Körperschaft gemeinnützige Zwecke, wenn ihre Tätigkeit darauf gerichtet ist, die Allgemeinheit auf materiellem, geistigem oder sittlichem Gebiet selbstlos zu fördern. Der Begriff **Körperschaft** umfaßt nicht nur Körperschaften im engeren Sinne, sondern auch Personenvereinigungen und Vermögensmassen. Dazu gehören auch Vereine des Privatrechts. Aus der Satzung muß sich ergeben, welchen Zweck die Körperschaft verfolgt. Der Satzungszweck und die Art ihrer Verwirklichung müssen so genau bestimmt werden, daß aufgrund der Satzung geprüft werden kann, ob die satzungsgemäßen Voraussetzungen für die Steuervergünstigung gegeben sind (§§ 59, 60 AO). Eine allgemeine Zweckangabe, daß gemeinnützige Zwecke verfolgt werden, genügt nicht. Es muß vielmehr gesagt werden, welcher gemeinnützige Zweck und in welcher Form verfolgt wird.

18 § 52 Abs. 1 Satz 2 AO grenzt den Begriff der Allgemeinheit negativ ab. Danach ist eine Förderung der Allgemeinheit nicht gegeben, wenn der Kreis der Personen, dem die Förderung zugute kommt, fest abgeschlossen ist oder dauernd nur klein sein kann. Die Förderung der Allgemeinheit muß ferner selbstlos erfolgen. Selbstlosigkeit liegt nach § 55 AO vor, wenn nicht in erster Linie eigenwirtschaftliche Zwecke, z. B. gewerbliche oder sonstige Erwerbszwecke verfolgt werden und wenn die Mittel der Körperschaft nur für satzungsgemäße Zwecke verwendet werden.

In Einzelfällen werden Kleingärtnerorganisationen auch steuerbegünstigte Zwecke in diesem Sinne verfolgen. Das kann zum Beispiel der Fall sein, wenn sich die Organisation um die Erhaltung und Schaffung von Kleingartenanlagen bemüht, die der Allgemeinheit zugänglich sind und ihr damit als Erholungsgrün dienen können oder wenn sie die Naturverbundenheit insbesondere der Jugend fördert. Ob diese Voraussetzungen bei einer Kleingärtnerorganisation vorliegen, ist von Fall zu Fall durch die für die steuerliche Gemeinnützigkeit zuständige Behörde zu prüfen.

§ 3
Kleingarten und Gartenlaube

(1) Ein Kleingarten soll nicht größer als 400 Quadratmeter sein. Die Belange des Umweltschutzes, des Naturschutzes und der Landschaftspflege sollen bei der Nutzung und Bewirtschaftung des Kleingartens berücksichtigt werden.

(2) Im Kleingarten ist eine Laube in einfacher Ausführung mit höchstens 24 Quadratmetern Grundfläche einschließlich überdachtem Freisitz zulässig; die §§ 29 bis 36 des Baugesetzbuches bleiben unberührt. Sie darf nach ihrer Beschaffenheit, insbesondere nach ihrer Ausstattung und Einrichtung, nicht zum dauernden Wohnen geeignet sein.

(3) Die Absätze 1 und 2 gelten entsprechend für Eigentümergärten.

Übersicht

1. Gartengröße

Die in Abs. 1 Satz 1 vorgesehene **Größe eines Einzelgartens** entspricht den heutigen Empfehlungen und ermöglicht eine optimale Gartennutzung. Sie kommt auch der im Rahmen der Auswertung der Befragung von Gemeinden als durchschnittlich ermittelten Gartengröße sehr nahe (Dokumentation Gärten im Städtebau; Schriftenreihe Bundeswettbewerbe des BMBau 05.011, S. 111 f.). Empfehlungen für die Gartengröße haben sich bei 350 +/– 50 m² eingependelt. 1

Bei der Festlegung der Nettogartengröße wird selbstverständlich auch die Angebots- und Nachfragesituation zu berücksichtigen sein. In Gemeinden mit hohen konkurrierenden Flächenansprüchen und knappen Flächenreserven bei entsprechend hohem Bedarf an Kleingartenflächen wird versucht werden müssen, mit kleineren Gartenflächen auszukommen. Entsprechende Modelle sind in der Praxis bereits erprobt worden. 2

Die gesetzlich vorgesehene **Gartengröße** ist in einer **Soll-Vorschrift** geregelt. Sollvorschriften beinhalten eine Verpflichtung für den Regelfall. Abweichungen von der Regel sind bei Vorliegen wichtiger Gründe zulässig, etwa wenn die örtlichen Verhältnisse Ausnahmen rechtfertigen. § 3 Abs. 1 Satz 1 gilt für neu zu errichtende Kleingartenanlagen. Bestehende Anlagen werden durch diese Vorschrift nicht berührt, solange nicht eine Neuordnung der Anlage, z. B. Beseitigung von Behelfswohnungen, Verbreiterung des Wegenetzes oder Errichtung von Gemeinschaftseinrichtungen (§ 9 Abs. 1 Nr. 2) durchgeführt wird. Die Neuordnung kann auch darin liegen, daß neue Kleingärten durch Verkleinerung der Gartenparzellen geschaffen werden. 3

Die **Größe der Einzelgärten** kann nicht im Bebauungsplan festgesetzt werden (so auch Otte, a. a. O., § 3 Rn. 6). Die Festsetzungsmöglichkeiten im Bebauungsplan sind in § 9 Abs. 1 BaugGB abschließend aufgezählt. In diesem Katalog ist die Möglichkeit, die Kleingartengröße festzusetzen, nicht genannt. § 9 Abs. 1 Nr. 15 BauGB ermöglicht nur, Flächen für Dauerkleingärten auszuweisen. Mittelbar kann die Gartengröße über die Förderung von Kleingartenanlagen erfolgen.

2. Belange des Umwelt- und Naturschutzes sowie der Landschaftspflege

3 a Die Vorschrift des § 3 Abs. 1 Satz 2 über die Berücksichtigung der Belange des Umwelt- und Naturschutzes sowie der Landschaftspflege bei der Nutzung und Bewirtschaftung von Kleingärten ist durch das Gesetz zur Änderung des Bundeskleingartengesetzes (BKleingÄndG) vom 8. April 1994 (BGBl I S. 766) in das Bundeskleingartengesetz neu eingefügt worden. Sie soll die bisherige Entwicklung zugunsten einer zunehmend umweltbewußt gestalteten Nutzung und Bewirtschaftung der Kleingärten verstärken (BT-Drs. 12/6154 S. 8). Hinweise und Anregungen enthält das vom BDG als Loseblattsammlung herausgegebene Handbuch „Neuartige Formen der Umweltfachberatung durch Verbände im Kleingartenwesen — Gute fachliche Praxis —.

Abs. 1 Satz 2 erfaßt unter den Begriffen „Umweltschutz, Naturschutz und Landschaftspflege" alle für die Nutzung und Bewirtschaftung von Kleingärten umweltschutzrelevanten Belange. Umweltschutz kann als Oberbegriff für die Aufgaben der Erhaltung und des Schutzes der natürlichen Lebensbedingungen verstanden werden. Insoweit ergeben sich Überschneidungen mit den Belangen des Naturschutzes und der Landschaftspflege. Die Belange des Umweltschutzes dienen so als partielle Generalklausel. Zum Umweltschutz im engeren Sinne gehören u. a. die Abfall- und Abwasserbeseitigung, die Luftreinhaltung und Lärmbekämpfung sowie der Boden- und Pflanzenschutz. Die Belange des Naturschutzes der Landschaftspflege sind im umfassenden Sinne zu verstehen, soweit sie kleingärtnerisch von Bedeutung sind. Sie ergeben sich im einzelnen aus dem Bundesnaturschutzgesetz (§ 1 Abs. 1 BNatSchG) sowie aus den landesrechtlichen Naturschutz- und Landschaftsschutzgesetzen bzw. -Verordnungen. Diese Gesetze bzw. Verordnungen enthalten insbesondere Ziele und Grundsätze des Naturschutzes und der Landschaftspflege, Regelungen über Landschaftsprogramme, Landschaftsrahmenpläne oder Landschafts- und Grünordnungspläne. § 1 Abs. 1 BNatSchG nennt als Ziele die nachhaltige Sicherung des Schutzes, der Pflege der Entwicklung der Leistungsfähigkeit des Naturhaushaltes und der Nutzungsfähigkeit der Naturgüter sowie der Pflanzen- und Tierwelt und schließlich der Vielfalt, Eigennart und Schönheit von Natur und Landschaft als Lebensgrundlage des Menschen und als Voraussetzung für seine Erholung in Natur und Landschaft. Durch Rückgriff auf die Bestimmungen und Zielsetzungen in den spezialgesetzlichen Vorschriften zum Umwelt- und Naturschutz sowie zur Landschaftspflege werden die in Satz 2 genannten Belange hinreichend bestimmbar und justiziabel.

3 b Die Belange berücksichtigen bedeutet, sie in die Entscheidung über Maßnahmen im Rahmen der kleingärtnerischen Bewirtschaftung und Nutzungsweise einzustellen und zu verwirklichen. Das setzt voraus, daß diese Belange den Pächtern hinreichend bekannt sind.

Die im einzelnen zu berücksichtigenden Belange sind vielfältig. Sie reichen von der Bodenbearbeitung mit dem Ziel der Erhaltung und Mehrung der natürlichen Bodenfruchtbarkeit über die Art der Düngung des Bodens, den Pflanzenschutz einschließlich fachgerechter Pflege, der Förderung und Schonung von Nützlingen, Schnittmaßnahmen und vieles andere mehr bis zur Kompostierung hierfür geeigneter Abfälle. Näheres hierzu: Handbuch „Neuartige Formen der Umweltfachberatung durch Verbände – „Gute fachliche Praxis"; Natur-, Umwelt- und Landschaftsschutz – ein wesentliches Element der kleingärtnerischen Nutzung, Schriftenreihe des BDG Heft Nr. 102; Novellierung des § 3 Abs. 1 BKleingG und deren Auswirkung auf die Nutzung und Bewirtschaftung des Kleingartens, Schriftenreihe des BDG Heft Nr. 118.

Diese Vorschrift bietet auch den Ansatzpunkt für eine Umsetzung der Berücksichtigungsverpflichtung durch die Kleingärtnervereine im Rahmen der Ausgestaltung der Vereinssatzungen bzw. Gartenordnungen. **3 c**

Die Berücksichtigungspflicht ist als Sollvorschrift ausgestaltet (s. oben Rn. 3). Sollvorschriften gelten für den Regelfall, schließen aber kleingartenrechtlich vertretbare Ausnahmen nicht aus. Die Berücksichtigungspflicht nach § 3 Abs. 1 Satz 2 ergänzt die in § 1 Abs. 1 definierte kleingärtnerische Nutzung insoweit, als sie festlegt, welche Belange bei der kleingärtnerischen Nutzung zu beachten sind. Eine Verletzung dieser Berücksichtigungspflichten kann daher ein Kündigungsgrund nach Maßgabe des § 9 Abs. 1 Nr. 1 (Bewirtschaftungsmängel) sein (s. § 9 Rn. 8).

3. Größe und Ausstattung der Lauben

Die Vorschrift des § 3 Abs. 2 normiert aus kleingartenrechtlicher Sicht **Größe und Ausstattung der Laube**. Sie regelt nicht die baurechtliche Zulässigkeit von Gartenlauben. Dieser Regelung liegt der Gedanke zugrunde, daß Lauben als der kleingärtnerischen Nutzung dienende (und untergeordnete) Nebenanlagen in Kleingärten üblich sind und dem Kleingärtner auch einen vorübergehenden Aufenthalt ermöglichen sollen. Lauben sind aber kein Wesensbestandteil der kleingärtnerischen Nutzung. Wohnen in Lauben stellt eine Zweckentfremdung dar (s. § 9 Rn. 6). **4**

Der **Regierungsentwurf** sah ursprünglich eine Begrenzung der Laube auf eine Grundfläche von 20 m² und des Freisitzes auf 6 m² vor. Eine Begrenzung der Laubengröße ist erforderlich, um eine Entwicklung von Kleingartenanlagen hin zu Wochenendhaus-, Ferienhaus- oder Gartenhausgebieten zu verhindern. Im Bericht des federführenden Bundestagsausschusses zum Entwurf eines BKleingG (BT-Drs. 9/2232 S. 14) heißt es hierzu: **5**

> „Eine solche Entwicklung wäre – ganz abgesehen von dem Widerspruch zu den Festsetzungen eines vorhandenen Bebauungsplans – den Interessen der Allgemeinheit insofern abträglich, als die Anlage als Element der Durchgrünung und Auflockerung der städtischen Bebauung an Wert verlöre; sie wäre andererseits auch nicht im Hinblick auf die Interessen des Verpächters gerechtfertigt. Schließlich widerspräche die allzu großzügige Bemessung der Lauben, worauf die Vertreter des Bundesverbandes Deutscher Gartenfreunde im Ausschuß hingewiesen haben, der sozialpolitischen Intention des Kleingartenwesens: Je größer die Lauben sind, desto höher ist die Ablösungssumme beim Pächterwechsel zu bemessen. Es erleichtert daher die Übernahme eines Kleingartens, wenn die höchstzulässige Laubengrundfläche nicht zu großzügig bemessen wird."

3.1 Grundfläche und Höhe

6 § 3 Abs. 2 sieht eine kleingartenrechtliche Höchstgrenze für die **Grundfläche der Laube** vor. Grundfläche ist die mit einer Laube – einschließlich überdachtem Freisitz – überbaubare Fläche des Kleingartens. Das ist diejenige Fläche, die durch senkrechte Grundrißprojektion der Laube bedeckt wird. Dachvorsprünge, die ausschließlich dazu dienen, den Regen von der Laube fernzuhalten, sind also nicht anzurechnen. Im Rahmen der kleingartenrechtlich vorgegebenen Höchstgrenze ist das Verhältnis zwischen Gartenlaube und überdachtem Freisitz variabel. Auf einen Freisitz kann auch völlig verzichtet werden. Die **Höchstgrenze der Grundfläche** der Laube kann durch **Festsetzungen im Bebauungsplan** (BVerwG, DÖV 1984, 855 = NJW 1984, 1576 = ZfBR 1984, 254) oder durch **vertragliche Vereinbarungen** unterschritten werden. Eine Überschreitung der Höchstgrenze widerspricht der Regelung des § 3 Abs. 2. Insoweit hat diese Bestimmung abschließenden Charakter. Die bauaufsichtliche Genehmigungsfreiheit für die Errichtung der Laube läßt die kleingärtnerische Höchstgrenze unberührt. Bei Verstoß gegen die Regelung in § 3 Abs. 2 hat die Bauaufsichtsbehörde die erforderlichen Maßnahmen zu treffen (OVG Lüneburg, NuR 1988, 397). Die Festsetzung von Lauben in einem Bebauungsplan, die die Höchstgrenzen des § 3 Abs. 2 überschreitet, ist wegen eines Widerspruchs zu „sonstigen Rechtsvorschriften" i. S. des § 6 Abs. 2 i. V. mit § 10 BauGB **nicht genehmigungsfähig** (OVG Lüneburg, ZfBR 1990, 211). Im Genehmigungsverfahren (§ 10 BauGB) hat die höhere Verwaltungsbehörde die Verletzung des § 3 Abs. 2 geltend zu machen.

Im Rahmen planungsrechtlicher Entscheidungen wird unter Berücksichtigung der Zweckbestimmung der Laube und des Kleingartens auch das Flächenverhältnis zwischen (der Grundfläche der) Laube und Einzelgarten zu beachten sein. Lauben und Gartengröße müssen in einem angemessenen Verhältnis zueinander stehen. Maßgebend ist die Festsetzung im Bebauungsplan, wenn eine entsprechende Ausweisung getroffen worden ist. Der Bebauungsplan kann eine unter der Höchstgrenze liegende Grundfläche für Lauben festsetzen (BVerwG, DÖV 1984, 855 = BBauBl 1984, 498 = ZfBR 1984, 254 = BRS 42, 94). Ausnahmen und Befreiungen von der Festsetzung sind nur nach Maßgabe des § 31 BauGB möglich, wenn der mit der Planung verfolgte Zweck, z. B. Sicherstellung eines angemessenen Verhältnisses zwischen Lauben- und Gartengröße noch gewahrt bleibt. Liegt ein Bebauungsplan nicht vor, sind Gartenlauben nur nach Maßgabe des § 35 Abs. 2 BauGB zulässig (s. unten Rn. 19). Die kleingartenrechtliche Höchstgrenze für die Grundfläche der Laube darf nicht überschritten werden.

7 Die **Höhe der Laube** ist im Gesetz nicht geregelt. Höhenbegrenzungen ergeben sich aber bereits aus der (kleingärtnerischen) Funktion der Laube im Zusammenhang mit den baurechtlichen Zulässigkeitsbestimmungen. Lauben dürfen keine Höhe haben, die sie nach landesrechtlichen Vorschriften dazu geeignet macht, zum dauernden Wohnen genutzt zu werden. Das BVerwG hat es demzufolge als im Einklang mit § 3 Abs. 2 stehend angesehen, daß die Genehmigungsbehörde nur Lauben mit einer Traufhöhe von nicht mehr als 2,25 m und einer Dachhöhe von nicht mehr als 3,50 m zuläßt (BVerwG, DÖV 1984, 855 = BBauBl 1984, 498 = ZfBR 1984, 254 = BRS 42, 94).

3.2 Einfache Ausführung

Zulässig ist nach § 3 Abs. 2 Satz 1 nur eine Laube in **einfacher Ausführung**, d. h. unter Verwendung **kostengünstiger Baustoffe und Bauteile** mit konstruktiv einfachen, auf die Funktion der Laube abgestellten Ausbaumaßnahmen. Grundsätzlich geeignet ist jeder Baustoff, der den Laubencharakter nicht beeinträchtigt, aber dauerhaft ist; das kann Holz oder Mauerstein sein. Im übrigen ist die Materialfrage wesentlich eine Frage der Örtlichkeit, der landschaftlichen Gegebenheiten, des (einheitlichen) Erscheinungsbildes in einer Kleingartenanlage. Auch die **Inneneinrichtung** der Laube ist nach § 3 Abs. 2 Satz 1 nur in einfacher Ausführung zulässig, also unter Verwendung preiswerter Materialien. Teure Wand- und Deckenverkleidungen widersprechen z. B. der Regelung des § 3 Abs. 2 Satz 1. 8

Das Merkmal **„einfache Ausführung"** der Laube in § 3 Abs. 2 Satz 1 knüpft an die **Funktion der Laube** an und steht auch im engen Zusammenhang mit § 3 Abs. 2 Satz 2, wonach die Laube nach ihrer Beschaffenheit, insbesondere nach ihrer Ausstattung und Einrichtung, nicht zum dauernden Wohnen geeignet sein darf. S. hierzu unten Rn. 9 ff. Darüber hinaus trägt dieses Merkmal auch der sozialpolitischen Funktion des Kleingartens Rechnung (BVerfGE 87, 114, 146). Je besser, aufwendiger die Ausführung, desto höher der hierfür notwendige Kapitaleinsatz. Das wiederum schließt bei einem Pächterwechsel von vornherein diejenigen Bewerber aus, die sozial schwach sind und daher die Ablösesumme für die Gartenlaube nicht erbringen können (s. auch Beschlußempfehlung und Bericht des Ausschusses für Raumordnung, Bauwesen und Städtebau, BT-Drs. 12/6782 S. 8). Die einfache Ausführung dagegen gewährleistet einerseits, daß die Ablösungssumme beim Pächterwechsel kleingartenrechtlich und sozialpolitisch vertretbar bleibt, und andererseits trägt sie dazu bei, dauerndes Wohnen in der Gartenlaube nicht zu fördern. 8 a

Darüber hinaus führt die einfache Ausführung der Laube im Zusammenhang mit ihrer bestimmungsgemäßen Nutzung zu sozialpolitisch und kleingartenrechtlich sachgerechten und angemessenen Beiträgen der Kleingärtner in der Kleingarten-Sachversicherung (Feuer-, Einbruch-/Diebstahl-, Glasbruch-, Sturm- und Vandalismusversicherung). Der Jahresbeitrag für die sog. Grundversicherung beträgt derzeit 55,– DM, bei einer Grundversicherungssumme für Laube und Inhalt von insgesamt 8000,– DM (5000,– DM für die Laube und 3000,– DM für den Inhalt); s. Merkblätter des Securitas Kleingartenversicherungsdienstes. Dabei gilt der Inhalt als versichert, der „zur Gartenbewirtschaftung sowie dem kurzen Aufenthalt dient. Über den Rahmen des üblichen hinaus vorhandener Inhalt ist nicht mitversichert." Die Gegenstände müssen also „dem Charakter des Kleingartens entsprechen" (s. Merkblätter Nr. 12). 8 b

3.3 Ungeeignetheit zum dauernden Wohnen; Ver- und Entsorgungseinrichtungen

Die Gartenlaube darf nach ihrer Beschaffenheit, insbesondere nach ihrer Ausstattung und Einrichtung, nicht zum dauernden Wohnen geeignet sein (§ 3 Abs. 2 Satz 2). **Wohnen** umfaßt die **Gesamtheit der mit der (selbständigen) Führung des Haushalts und des häuslichen Lebens verbundenen Tätigkeiten**. Unter dem Begriff „Wohnen" ist eine auf (gewisse) Dauer angelegte Häuslichkeit zu verstehen, d. h. ein 9 häusliches Leben, das die Wohnbedürfnisse und übliche Wohngewohnheiten umfaßt. Ein Raum ist also geeignet, dem Wohnen zu dienen, wenn die häuslichen Tätigkeiten auf Dauer dort ausgeübt werden können, und zwar zu allen Jahreszeiten (vgl. OVG Saarl. BRS 27, 33; Bielenberg, in: Ernst/Zinkahn/Bielenberg, BauNVO § 3 Rn. 8). Lauben dürfen daher nur so ausgestattet und eingerichtet sein, daß nur ein **vorübergehender Aufenthalt** möglich ist (s. auch oben Rn. 4). Die (kleingärtnerische) Nutzung einer Laube besteht sowohl in der Aufbewahrung von Geräten für die Gartenbearbeitung und von Gartenerzeugnissen, als auch in kurzfristigen Aufenthalten des Kleingärtners und seiner Familie aus Anlaß von Arbeiten oder der Freizeiterholung im Garten (BVerwG, DÖV 1984, 855 = BBauBl 1984, 498 = ZfBR 1984, 254 = BRS 42, 94). Als **kurzfristiger Aufenthalt** dürften auch gelegentliche behelfsmäßige Übernachtungen des Kleingärtners und seiner Familienangehörigen in der Laube anzusehen sein. Gartenlauben dürfen jedoch nicht eine Ausstattung und Einrichtung haben, die zu einer regelmäßigen Wohnnutzung, etwa an den Wochenenden, einladen (BVerwG, a. a. O.).

10 Das Gesetz will bereits durch die **Ausstattung und Einrichtung der Laube** dauerndes Wohnen verhindern und damit der Entwicklung von Kleingartenanlagen zu Baugebieten — Gartenhaus-, Wochenendhaus- oder Ferienhausgebieten — vorbeugen. Die Gartenlaube ist kein verkleinertes Eigenheim. Sie ist auch kein Wochenend- oder Ferienhaus, sondern eine von Gesetzes wegen im Kleingarten zulässige bauliche Anlage, die **der kleingärtnerischen Nutzung zu dienen** bestimmt und **ihr** daher auch **untergeordnet ist. Diese Funktion der Gartenlaube bestimmt, was an Ausstattung und Einrichtung erforderlich und zulässig** ist, um die ordnungsgemäße und zweckentsprechende Nutzung der Laube sicherzustellen. „Eine bessere Ausstattung der Laube hin zu einem verkleinerten Eigenheim würde die Entwicklung zu einem Wochenendhausgebiet bedeuten, obwohl die Kleingartenflächen planungsrechtlich als Grünflächen zu bewerten sind. Als Folge einer solchen Entwicklung kämen auf die Gemeinden zwangsläufig Folgelasten bei der Entsorgung zu" (Beschlußempfehlung und Bericht des Ausschusses für Raumordnung, Bauwesen und Städtebau, BT-Drs. 12/6782 S. 8).

Die kleingartenrechtlich bestimmungsgemäße Nutzung der Laube besteht in kurzfristigen vorübergehenden Aufenthalten des Kleingärtners und seiner Familie im Garten sowie in der Aufbewahrung von Gartengeräten und Gartenerzeugnissen (s. o. Rn. 9). An diese kleingartenrechtliche Nutzung der Gartenlaube knüpft Abs. 2 Satz 2 an, indem er bestimmt, daß die Beschaffenheit der Laube, insbesondere nach ihrer Ausstattung und Einrichtung, nicht zum dauernden Wohnen geeignet sein darf. Mit dieser gesetzlichen Vorgabe **nicht vereinbar sind alle Anschlüsse und Anschlußeinrichtungen der Gartenlaube, die die Wohnnutzung fördern und infolge ihrer Vorbildwirkung Ansatz zu einer Nutzungserweiterung oder -änderung** der Gartenlaube (und des Kleingartens) sein können (so auch Otter, Bauliche Nutzung und Erschließung von Kleingärten, Bestandsschutz, in: Kleingartenpachtverträge in den neuen Bundesländern — Fragen und Probleme zum BKleingG —, Schriftenreihe des Bundesverbandes Deutscher Gartenfreunde [BDG] Heft Nr. 94, S. 52 ff.). Zulässig sind daher nur solche Anlagen und Einrichtungen, die die kleingärtnerische Nutzung ermöglichen oder ihr (zumindest) dienen (s. auch § 1 Rn. 12 ff.).

Der Anschluß der Gartenlaube an Anlagen zur Versorgung mit **Wasser, Gas, Wärme und Elektrizität** ist weder Voraussetzung für die bestimmungsgemäße Nutzung der Laube noch dient er der kleingärtnerischen Nutzung. Das gleiche gilt auch für den **Telefonanschluß** sowie **Abwasserbeseitigungsanlagen**.

Die Gartenlaube ist kein dem (dauernden) Wohnen dienendes Gebäude, das mit **Trink- und Brauchwasser** zu versorgen ist. Die Wasserversorgung der Gartenlaube ist im Unterschied zu Wohngebäuden — nach dem Bauordnungsrecht der Länder — auch keine Voraussetzung weder für die Errichtung noch für die Nutzung. Aus dem gleichen Grund ist daher auch eine **Abwasserbeseitigungsanlage** nicht erforderlich. Diese Einrichtungen sind entbehrlich, weil sie nicht der kleingärtnerischen Funktion der Laube dienen. Die Entsorgung kann im übrigen über zentrale Einrichtungen in der Kleingartenanlage und/oder (ergänzend) auch über sog. Trockentoiletten in den Gärten erfolgen. Zur Entsorgung von Kleingärten: s. Berger, Entsorgungsverfahren im Kleingarten, in: Der Kleingarten, Fachzeitschrift für das Kleingartenwesen, — Ausgabe Rheinland — 1990, 61 f.; Entsorgungsproblematik in Kleingartenanlagen — Bericht über die gemeinsame Tagung der Gartenamtsleiter des Landes NW und der Landesverbände Rheinland und Westfalen-Lippe, in: Der Kleingarten 1993, 5 f. Zulässig ist dagegen der Wasseranschluß im Kleingarten, weil er der kleingärtnerischen Nutzung dient (s. hierzu § 1 Rn. 14 b). **10 a**

Unzulässig ist ferner der Anschluß einer Laube an das **Elektrizitätsnetz**. Er fördert in ganz besonderer Weise die planungsrechtlich unerwünschte Entwicklung von Kleingartenanlagen zu Baugebieten (Gartenhaus-, Wochenendhaus- und Ferienhausgebieten). Er ermöglicht nicht nur die elektrische Beleuchtung der Laube, sondern auch den Betrieb von Elektrogeräten verschiedenster Art einschließlich einer Elektroheizung. Das gleiche gilt auch für **Solaranlagen**. Hierbei handelt es sich lediglich um eine andere Art der Stromgewinnung. Solaranlagen ermöglichen, begünstigen und fördern — wie der Anschluß der Laube an das Stromnetz — nicht nur die Wohnnutzung der Laube, und begründen die Gefahr, daß sich Kleingartenanlagen im Laufe der Zeit zu Baugebieten entwickeln. Solaranlagen gehen auch über eine einfache Ausführung der Laube (§ 3 Abs. 2 Satz 1) hinaus. Die Frage nach einer umweltfreundlichen Energie stellt sich in diesem Zusammenhang nicht, weil diese Anlagen nicht der bestimmungsgemäßen Nutzung der Laube dienen. **10 b**

Soweit Elektrizität als **„Arbeitsstrom"** zum Betrieb von Gartengeräten genutzt wird, dient sie der kleingärtnerischen Nutzung. Der Anschluß kann durch entsprechende Einrichtungen innerhalb der Kleingartenanlage, die keinem Einzelgarten zuzuordnen sind, sichergestellt werden (s. hierzu § 1 Rn. 14 d).

Unzulässig ist auch der **Telefonanschluß** in der Laube (BT-Drs. 9/1900 S. 13; BT-Drs. 9/2232 S. 17; LG Bremen, U. v. 28. 10. 1980 — 1 S. 360/80 —, Schriftenreihe BMBau 05.011 S. 119). Er dient nicht der kleingärtnerischen Nutzung. Für Notfälle kann ein Münzfernsprecher in der Kleingartenanlage errichtet werden (s. auch § 1 Rn. 14 e). Im übrigen hat die Problematik durch die technische Entwicklung (Mobilfunk) an Bedeutung verloren. **10 c**

Insgesamt ist festzustellen, daß eine mit Ver- und Entsorgungseinrichtungen ausgestattete Laube den Charakter einer der kleingärtnerischen Nutzung dienende Neben- **10 d** anlage verliert. Sie kann — so ausgestattet — als **Kleinwochenendhaus** oder als **Wohngelegenheit** genutzt werden und unterscheidet sich insoweit nicht von entsprechenden Unterkünften in **Baugebieten mit Erholungsfunktion** (§ 10 BauNVO), in denen insbesondere Wochenendhäuser, Ferien- oder Gartenhäuser und sonstige der Zweckbestimmung „Erholung" dienende bauliche Anlagen zulässig sind. Der Unterschied zwischen Kleingartenanlagen mit solchen „Luxuslauben" und Erholungsgebieten i. S. d. § 10 BauNVO würde dann nur noch in der Höhe des Entgelts für die überlassene Fläche bestehen. In beiden Fällen wären bauliche Anlagen mit gleichen Ausstattungsmerkmalen und Nutzungsmöglichkeiten zulässig, in einem Fall als „Gartenlaube" mit Pachtpreisbindung, in anderen als „Kleinwochenendhaus" ohne Preisbindung. Das wäre aber verfassungsrechtlich bedenklich (so auch Otter, a. a. O. S. 54). Im Gesetzgebungsverfahren zur Novellierung des BKleingG (BKleingÄndG) ist daher auch ein Antrag, Ver- und Entsorgungseinrichtungen in Gartenlauben gesetzlich zuzulassen, abgelehnt worden, vor allem wegen der Gefahr, daß „dann das Prinzip der Pachtpreisbindung nicht mehr zu halten" sei (s. Beschluß und Bericht des BT-Ausschusses für Raumordnung, Bauwesen und Städtebau zum Entwurf des BKleingÄndG in BT-Drs. 12/6782 S. 8).

10 e Die weitere sich hieraus ergebende Folge wäre eine notwendige Änderung des bauplanungsrechtlichen Charakters der Kleingärten. Diese könnten nicht mehr als Grünflächen (§§ 5 Abs. 2 Nr. 5; 9 Abs. 1 Nr. 15 BauGB) qualifiziert werden, sondern als Baugebiete (Sondergebiete), die der Erholung dienen (vgl. § 10 BauNVO).

11 **Nicht betroffen** von diesen Einschränkungen sind rechtmäßig zum Wohnen genutzte Lauben **(Wohnlauben). Rechtmäßig hergestellte Ver- und Entsorgungseinrichtungen** in der Gartenlaube **genießen Bestandsschutz**. Hierunter fallen in der Regel Kleingartenlauben in den neuen Ländern. Zum Bestandsschutz s. § 18 Rn. 1 ff., § 20 a Rn. 27 ff.

11 a Daß Lauben nach ihrer Beschaffenheit nicht zum dauernden Wohnen geeignet sein dürfen, bedeutet auch, daß sie nicht eine **Höhe** haben dürfen, die sie nach landesrechtlichen Vorschriften dazu geeignet machen, zum dauernden Wohnen genutzt zu werden. S. hierzu Rn. 7.

4. Baurechtliche Zulässigkeitsvoraussetzungen für die Errichtung von Lauben und anderen baulichen Anlagen

12 Die Vorschrift des **§ 3 Abs. 2 ersetzt weder die planungsrechtlichen noch die bauordnungsrechtlichen Zulässigkeitsvoraussetzungen** für die Errichtung oder Änderung von Gartenlauben und anderen baulichen Anlagen. Sie regelt — auch in öffentlich-rechtlicher Beziehung — lediglich die Zulässigkeit von Lauben, soweit nicht das Bebauungsrecht engere Zulässigkeitsanforderungen stellt (BVerwG, DÖV 1984, 855 = NJW 1984, 1576 = BBauBl 1984, 498 = ZfBR 1984, 254 = BRS 42, 94). § 3 Abs. 2 Satz 1 Halbs. 2 stellt dies durch die Bestimmung, daß die §§ 29 bis 36 BauGB unberührt bleiben, ausdrücklich klar. Diese Vorschriften regeln die Zulässigkeit von Vorhaben, die die Errichtung, Änderung oder Nutzungsänderung von baulichen Anlagen zum Inhalt haben.

Bauliche Anlagen (Bauten) sind aus künstlichen Stoffen oder Bauteilen hergestellte Einrichtungen, die mit dem Erdboden in einer auf Dauer gedachten Weise verbunden sind (BVerwG, DÖV 1974, 200). Eine Verbindung mit dem Boden besteht auch dann, wenn die Einrichtung durch eigene Schwere auf dem Boden ruht. Die Verbindung mit dem Erdboden wird nicht dadurch aufgehoben, daß die Einrichtung jederzeit abgebaut und anderswo wieder aufgestellt werden kann. Dem Erfordernis der Dauer genügt ein Zustand, der jeweils für mehrere Monate besteht (BVerwG, BauR 1977, 109 ff.). Bauliche Anlagen sind danach nicht nur Gartenlauben und Vereinsheime, sondern auch Gewächshäuser, Geräteschuppen, mit dem Boden verbundene Bänke, Tische und Sitzgruppen, Pergolen, befestigte (z. B. mit Steinplatten) Wege, Einfriedungen. **Keine baulichen Anlagen** sind dagegen gelegentlich und nur vorübergehend aufgestellte **Partyzelte**. **12 a**

Auch **Kleingartenanlagen** i. S. des § 1 Abs. 1 Nr. 2 (als Einheit) mit Lauben, Einfriedungen, befestigten Wegen und Plätzen sind **bauliche Anlagen**. Einzelne, für sich genommen genehmigungsfreie Anlagen (Baulichkeiten) unterliegen den planungsrechtlichen Bestimmungen der §§ 30 bis 37 BauGB, wenn sie Teil einer Kleingartenanlage sind (OVG Münster, NWVBl 1988, 115). **12 b**

Die Bauordnungen der Länder fingieren auch Anlagen, die nach dem Regelbegriff keine baulichen Anlagen sind, als bauliche Anlagen. Hierzu gehören auch Aufschüttungen und Abgrabungen, Stellplätze für Kraftfahrzeuge (vgl. z. B. § 2 BauO NW; § 2 ThürBO). Ob eine bauliche Anlage errichtet oder geändert werden darf, ergibt sich im Einzelfall aus den planungsrechtlichen Bestimmungen, also aus den Festsetzungen des Bebauungsplans oder aus § 35 BauGB, der die planungsrechtliche Zulässigkeit von Vorhaben im (nicht beplanten) Außenbereich regelt, sowie aus anderen öffentlich-rechtlichen Vorschriften, insbesondere den Regelungen des Bauordnungsrechts der Länder. **12 c**

4.1 Kleingärten in Plangebieten — Dauerkleingärten — (§ 30 BauGB)

Im Geltungsbereich eines **qualifizierten Bebauungsplans** (§ 30 Abs. 1 BauGB) richtet sich die Zulässigkeit von baulichen Anlagen **nach dessen Festsetzungen**; im Geltungsbereich eines **einfachen Bebauungsplans** (§ 30 Abs. 3 BauGB) nach den **gesetzlichen Zulässigkeitsbestimmungen** (§ 35 BauGB), **soweit der Bebauungsplan selbst nicht entsprechende Festsetzungen** enthält. Der einfache Bebauungsplan verändert nämlich den Gebietscharakter des Außenbereichs (§ 35 BauGB) nicht. Er verdrängt lediglich mit seinen Festsetzungen die Zulässigkeitsvoraussetzungen nach diesen Vorschriften. Im übrigen hat der einfache Bebauungsplan die gleichen Wirkungen wie der qualifizierte Bebauungsplan (s. hierzu § 1 Rn. 46). **13**

Im (qualifizierten oder einfachen) Bebauungsplan festgesetzte Dauerkleingartenflächen sind **Grünflächen** (s. hierzu auch § 1 Rn. 43). „Grünfläche" ist ein Oberbegriff, der in der Bauleitplanung der Konkretisierung bedarf. Die Vorschriften der §§ 5 Abs. 2 Nr. 5 BauGB und 9 Abs. 1 Nr. 15 BauGB zählen beispielhaft als Grünflächen auf: Parkanlagen, Dauerkleingärten, Sport-, Spiel-, Zelt- und Badeplätze, Friedhöfe. Dabei unterscheidet das BauGB noch zwischen öffentlichen und privaten Grünflächen. Im Bebauungsplan sind Grünflächen als öffentliche oder private Grünflächen besonders zu bezeichnen (PlanzV 90 — Anlage Nr. 9 —). Näheres hierzu s. § 1 Rn. 35 ff., 43. **14**

Grundsätzlich ist eine **Bebauung der Grünfläche** unzulässig. Die Festsetzung einer Grünfläche schließt jedoch die Errichtung einer **baulichen Anlage** dann nicht aus, wenn diese **der Grünfläche von ihrer Funktion her zugeordnet** ist. In Dauerkleingärten sind Gartenlauben, obwohl sie kein Begriffsmerkmal des Kleingartens sind, üblich und planungsrechtlich zulässig, wenn sie der kleingärtnerischen Nutzung dienen. Diese Voraussetzung gilt als erfüllt, wenn die Gartenlaube den Anforderungen des § 3 Abs. 2 genügt. Zulässig ist danach eine Laube in einfacher Ausführung mit höchstens 24 m² Grundfläche einschließlich überdachtem Freisitz. Der Bebauungsplan kann jedoch engere Zulässigkeitsanforderungen stellen. Darüber hinaus dürfen Lauben nach ihrer Beschaffenheit auch nicht zum dauernden Wohnen geeignet, d. h. nicht mit Ver- und Entsorgungseinrichtungen ausgestattet sein (s. Rn. 10 ff.).

15 Die **Zulässigkeit anderer baulicher Anlagen** beurteilt sich entsprechend den baurechtlichen Vorschriften nach ihrer Funktion im Rahmen der kleingärtnerischen Nutzung. Als andere bauliche Anlagen sind alle Anlagen anzusehen, die in einer auf Dauer gedachten Weise künstlich mit dem Erdboden verbunden sind (BVerwG, DÖV 1974, 200 = BRS 27, 122). Bei der Beurteilung der Zulässigkeit kommt es entscheidend darauf an, ob diese baulichen Anlagen der Zweckbestimmung der Festsetzung „Dauerkleingärten" widersprechen. Zulässig sind danach grundsätzlich nur solche Baulichkeiten, die eine der kleingärtnerischen Nutzung dienende Hilfsfunktion haben. Im wesentlichen wird es sich hierbei um **Nebenanlagen handeln, die der kleingärtnerischen Nutzung im weitesten Sinne förderlich** sind (so auch Otter, a. a. O., S. 57). Unter Berücksichtigung dieser Voraussetzungen dienen **Gewächshäuser** der kleingärtnerischen Nutzung, wenn sie eine bestimmte Größe nicht überschreiten. Das gleiche gilt im Grundsatz auch für Pergolen sowie mit dem Boden verbundene Bänke und Tische und sonstige bauliche Anlagen. Sie sind zulässig, wenn sie – als Nebenanlagen – keine die gärtnerische Nutzung beeinträchtigende Fläche („Erholungsfläche") beanspruchen. Anders zu behandeln sind dagegen z. B. **Geräteschuppen** und **Kleintierställe**. Geräteschuppen dienen zwar der kleingärtnerischen Nutzung, sie sind aber nicht erforderlich, wenn eine Laube vorhanden ist, weil diese bereits der Aufbewahrung von Geräten für die Gartenbearbeitung dient (BVerwG, DÖV 1984, 855 = BBauBl 1984, 498 = ZfBR 1984, 254 = BRS 42, 94). Kleintierställe dienen nicht der kleingärtnerischen Nutzung, weil die Kleintierhaltung grundsätzlich nicht zur kleingärtnerischen Nutzung gehört (s. § 1 Rn. 7 b); sie sind daher grundsätzlich nicht zulässig. Für die neuen Länder gilt die Sonderregelung des § 20 a Nr. 7 Satz 2 (s. § 20 a Rn. 29).

4.2 Kleingärten im Außenbereich (§ 35 BauGB)

16 **Kleingartenanlagen sind planungsrechtlich als Außenbereich zu qualifizieren,** wenn sie nicht im Bebauungsplan als Dauerkleingärten festgesetzt sind. Sie sind kein „im Zusammenhang bebauter Ortsteil" (§ 34 BauGB), auch dann nicht, wenn sie mit Gartenlauben bebaut sind (BVerwG, NJW 1984, 1576 DÖV 1984, 855 = BRS 42, 94).

Ein „im Zusammenhang bebauter Ortsteil" ist nach der höchstrichterlichen Rechtsprechung anzunehmen, wenn ein Gebiet einen Komplex von Bauten aufweist, die zueinander in einem engen räumlichen Zusammenhang stehen, und der den Eindruck der Geschlossenheit vermittelt, ein gewisses Gewicht besitzt und damit

Ausdruck einer organischen Siedlungsstruktur ist (BVerwG, BBauBl 1969, 404; BVerwG, BBauBl 1969, 289). Auch eine größere Anzahl von Gartenlauben auf einem Kleingartengelände erfüllt diese Voraussetzungen nicht. Gartenlauben sind dazu bestimmt, der kleingärtnerischen Nutzung zu dienen. Sie sind deshalb für sich genommen keine Bauten, die einen im Zusammenhang bebauten Ortsteil bilden können. Die Tatsache, daß Lauben häufig massiv gemauert sind, führt ebensowenig zum Entstehen eines Ortsteils wie der Umstand, daß die Lauben von Kleingärtnern zeitweise auch zum Übernachten genutzt werden (BVerwG, NJW 1984, 1576 = DÖV 1984, 855 = BRS 42, 94).

Kleingartenanlagen sind auch nicht Bestandteil eines im Zusammenhang bebauten Ortsteils, der durch die umgebende Wohn- oder gewerbliche Bebauung gebildet würde. Eine ringsum von Bebauung umgebene Kleingartenanlage ist als Außenbereich im Innenbereich" zu beurteilen (vgl. BVerwG, NJW 1984, 1576). Eine andere bodenrechtliche Qualifizierung kann nur bei einzelnen kleingärtnerisch genutzten Flächen in Betracht kommen, bei denen schon wegen der geringen Zahl an Kleingärten zweifelhaft sein mag, ob überhaupt eine Kleingartenanlage i. S. des § 1 BKleingG vorliegt. Die Rechtsprechung hat bei 16 bzw. 13 Einzelgärten das Kriterium der Kleingartenanlage „Zusammenfassung mehrerer Einzelgärten" als erfüllt angesehen. Näheres hierzu § 1 Rn. 10.

Im Außenbereich sind bauliche Anlagen (und Nebenanlagen) nach Maßgabe des § 35 BauGB zulässig. § 35 BBauG unterscheidet zwischen privilegierten (§ 35 Abs. 1 BauGB) und nicht privilegierten sonstigen Vorhaben (§ 35 Abs. 2 BauGB). Zum Begriff des Vorhabens s. Rn. 12 f. Privilegierte Vorhaben sind bevorrechtigt im Außenbereich zulässig. Sonstige Vorhaben dagegen unterliegen schärferen Beschränkungen; sie dürfen nur dann errichtet werden, wenn öffentliche Belange nicht beeinträchtigt werden. § 35 Abs. 3 BauGB zählt beispielhaft die öffentlichen Belange auf. **17**

Gartenlauben und sonstige bauliche Nebenanlagen in Kleingärten gehören **nicht** zu den privilegierten Vorhaben i. S. des § 35 Abs. 1 BauGB. Privilegiert sind nur Vorhaben, die einem land- oder forstwirtschaftlichen Betrieb, einem Betrieb der gartenbaulichen Erzeugung oder der öffentlichen Versorgung oder einem ortsgebundenen Betrieb dienen und schließlich Vorhaben, die wegen ihrer besonderen Anforderungen, Wirkungen oder Zweckbestimmung nur im Außenbereich ausgeführt werden sollen und Vorhaben, die der Erforschung, Entwicklung oder Nutzung der Kernenergie zu friedlichen Zwecken oder der Entsorgung radioaktiver Abfälle oder der Wind- und Wasserenergie dienen. **18**

Keiner dieser Privilegierungstatbestände trifft auf Gartenlauben und andere bauliche Nebenanlagen in Kleingärten zu. Die kleingärtnerische Nutzung setzt schon begrifflich den nichterwerbsmäßigen Gartenbau voraus und kann daher nicht der Landwirtschaft/dem Gartenbau i. S. des § 201 BauGB (s. Anhang 2) zugerechnet werden. Die übrigen Privilegierungstatbestände liegen evident nicht vor. Landwirtschaft im baurechtlichen Sinne ist mit dem Begriff „land- und forstwirtschaftliches Vermögen" i. S. d. Bewertungsrechts nicht identisch. Zum Begriff „Landwirtschaft" s. auch § 4 Rn. 9.

Gartenlauben sind als **nichtprivilegierte, sonstige Vorhaben** gemäß § 35 Abs. 2 und 3 BauGB zulässig, wenn sie die im BKleingG ausdrücklich zugelassene Größe von 24 m² Grundfläche nicht überschreiten, gemäß § 3 Abs. 2 Satz 2 nach ihrer **19**

Beschaffenheit nicht zum dauernden Wohnen geeignet sind und wenn öffentliche Belange nicht beeinträchtigt werden. Sie sind dagegen unzulässig, wenn sie die gesetzlich geregelte Größe überschreiten oder zum dauernden Wohnen geeignet sind. In diesem Falle beeinträchtigen sie nämlich öffentliche Belange i. S. d. § 35 Abs. 2 und 3 BauGB, weil sie die Entstehung einer Splittersiedlung befürchten lassen. Solche Gebäude können z. B. als Wochenendhäuser genutzt werden und infolge ihrer Vorbildwirkung Ansatz zu einer Umnutzung der Kleingartenanlage zu einer Wochenend- oder gar einer Wohnsiedlung werden (BVerwG, NJW 1984, 1576).

20 **Andere bauliche Anlagen** (sonstige Nebenanlagen) sind zulässig, wenn sie der kleingärtnerischen Nutzung dienen und **wenn ihre Ausführung oder Benutzung öffentliche Belange nicht beeinträchtigt** (s. auch Rn. 15 — „Geräteschuppen" und „Kleintierställe"). Als öffentliche Belange können z. B. in Betracht kommen die Darstellung des Flächennutzungsplans, der Natur- und Landschaftsschutz, das Orts- und Landschaftsbild oder die natürliche Eigenart der Landschaft. Der Natur- und Landschaftsschutz ist schon beeinträchtigt, wenn die Anlage mit der naturgegebenen Bodennutzung nicht im Einklang steht (BVerwG, DÖV 1974, 565). Das Orts- und Landschaftsbild ist verunstaltet, wenn mit der Schaffung der Anlage der landschaftliche Gesamteindruck erheblich gestört würde. Der Begriff der natürlichen Eigenart der Landschaft umfaßt auch den Schutz einer im Einzelfall schutzwürdigen Landschaft vor ästhetischer Beeinträchtigung (BVerwG, DVBl 1972, 865). Der Belang der Wahrung der natürlichen Eigenart der Landschaft soll auch dazu dienen, das reizvolle Landschaftsbild gegen Verunstaltung durch bauliche Anlagen zu schützen. Zur Frage der Einfriedung kleingärtnerisch genutzter Grundstücke im Außenbereich s. BVerwG, BRS 44, 166. In diesem Urteil hat das BVerwG entschieden, daß eine Einfriedung nicht zulässig ist, wenn das kleingärtnerisch genutzte Grundstück im Flächennutzungsplan als Fläche für die Landwirtschaft dargestellt ist. „Mit einer solchen Nutzung hängt seine Einfriedung aber nicht zusammen. Sie begünstigt neben anderen Einfriedungen in der näheren Umgebung die der vorgegebenen Nutzung fremde Verdrahtung und Zerstückelung dieser Landschaft" (BVerwG, a. a. O.).

21 **Gartenlauben** und sonstige bauliche Nebenanlagen in **Kleingärten** einerseits und die kleingärtnerische Nutzung als (reine) Bodennutzung andererseits werden planungsrechtlich unterschiedlich behandelt. Wesensmerkmal der kleingärtnerischen Nutzung ist die nicht erwerbsmäßige Bewirtschaftung fremden Landes zur Gewinnung von Gartenfrüchten aller Art und die Erholungsnutzung. Das Vorhandensein von Gartenlauben (und häufig auch anderen Nebenanlagen) in Kleingärten ist zwar durchweg üblich, aber kein Begriffsmerkmal der kleingärtnerischen Nutzung. Die **kleingärtnerische Nutzung** ist daher keine bauliche, sondern eine **sonstige Nutzung** im Sinne der §§ 29 ff. BauGB. Sie ist daher nicht von § 29 BauGB erfaßt, mit der Folge, daß auch § 35 BauGB für kleingärtnerische Nutzung selbst nicht zur Anwendung kommt (Weyreuther, Bauen im Außenbereich, kleingärtnerische Dauernutzung). Im Außenbereich kann also der Grund und Boden jederzeit kleingärtnerisch genutzt werden, Gartenlauben und andere Nebenanlagen dürfen dagegen nur errichtet werden, wenn öffentliche Belange nicht beeinträchtigt werden.

4.3 Sicherung der Erschließung

22 Die (gesicherte bzw. ausreichende) **Erschließung ist immer Voraussetzung für die Zulässigkeit eines Vorhabens** sowohl im Geltungsbereich eines (qualifizierten) Bebauungsplans (§ 30 Abs. 1 BauGB) als auch im Außenbereich (§ 35 BauGB). Zum Begriff des Vorhabens i. S. d. §§ 30, 35 BauGB s. Rn. 12 f.

23 Das gilt uneingeschränkt für das **Vereinsheim.** Im räumlichen Geltungsbereich eines Bebauungsplans bestimmt sich der **Umfang der Erschließung** nach Maßgabe des Bebauungsplans. Die Erschließung muß jedoch mindestens den Anschluß an das öffentliche Straßennetz, Versorgung mit Elektrizität und Wasser und die Abwasserbeseitigung umfassen. Im Außenbereich richtet sich die Erschließung nach den Auswirkungen und Bedürfnissen des jeweiligen Vorhabens. Es genügt, wenn die Mindesterfordernisse zur Befriedigung des durch dieses Vorhaben ausgelösten Erschließungsbedürfnisses erfüllt sind. Die Erschließung soll gewährleisten, daß die Nutzung der baulichen Anlage möglich ist (s. hierzu § 1 Rn. 12 ff.).

24 Im übrigen bestimmt die kleingärtnerische Nutzung den Umfang der Erschließungsmaßnahmen, die erforderlich sind, um die Gartenlaube im Kleingarten bestimmungsgemäß zu nutzen. In **verkehrsmäßiger** Hinsicht bedeutet dies, daß die Kleingartenanlage einen **Zugang zum öffentlichen Verkehrsnetz** haben muß; der einzelne Kleingarten über die (Erschließungs-)Wege innerhalb der Kleingartenanlage. Das Wegenetz innerhalb der Kleingartenanlage kann sich aus den Festsetzungen des Bebauungsplans selbst ergeben oder aus den örtlichen Bedürfnissen. Zur Ver- und Entsorgung der Laube s. Rn. 10 ff.

5. Geltung anderer öffentlich-rechtlicher Vorschriften

25 Neben den kleingarten- und planungsrechtlichen Bestimmungen gelten für Lauben und sonstige Nebenanlagen auch andere öffentlich-rechtliche Vorschriften, die sich auf die Zulässigkeit von Bauvorhaben beziehen. § 29 Abs. 2 BauGB, auf den das BKleingG in § 3 Abs. 2 Halbs. 2 Bezug nimmt, stellt dies ausdrücklich klar. Diese Vorschriften können weitere **Voraussetzungen für die Zulässigkeit** aufstellen.

26 Zu diesen öffentlich-rechtlichen Vorschriften gehören insbesondere das **Bauordnungsrecht** der Länder **(s. Anhang 3)** und die zur Durchführung des Baugesetzbuchs ergangenen Gesetze und Verordnungen, z. B. die Verordnung über Baugestaltung oder die Landschaftspflegegesetze. Die materiellen Vorschriften der Bauordnungen der Länder gelten im Rahmen ihres Anwendungsbereichs unabhängig davon, ob das Vorhaben genehmigungspflichtig ist oder nicht. Genehmigungsfreie Vorhaben sind zwar vom Baugenehmigungsverfahren befreit und unterliegen auch nicht der Bauüberwachung oder der Bauzustandsbesichtigung. Die Genehmigungsfreiheit läßt aber die Pflicht zur Einhaltung öffentlich-rechtlicher Vorschriften unberührt. Das zuständige Bauordnungsamt kann daher die teilweise oder vollständige Beseitigung solcher baulicher Anlagen verlangen, die im Widerspruch zu öffentlich-rechtlichen Vorschriften errichtet oder geändert worden sind (s. hierzu OVG Bremen, Der Fachberater 1981, 78; OVG Lüneburg, NuR 1988, 397). S. Rn. 29 ff.

6. Anwendung der Vorschriften des § 3 auf Eigentümergärten

27 Nach Abs. 3 gelten die Regelungen des § 3 Abs. 1 und 2 über die Größe des Kleingartens sowie über die Größe und Beschaffenheit der Gartenlaube auch für Eigentümergärten in einer Kleingartenanlage. Kleingärten sind zwar *Pacht*gärten (§ 1 Rn. 16), aber auch der Eigentümer des Kleingartengrundstücks soll einen in der Kleingartenanlage liegenden Garten kleingärtnerisch nutzen können. § 9 Abs. 1 Nr. 3 sieht ausdrücklich vor, daß der Eigentümer einen Kleingartenpachtvertrag kündigen kann, wenn er selbst oder einer seiner Familienangehörigen einen Garten kleingärtnerisch nutzen will und ihm anderes geeignetes Gartenland nicht zur Verfügung steht. Abs. 3 stellt für diese Fälle sicher, daß der Eigentümergarten, insbesondere bezüglich der Laube wie ein Kleingarten zu behandeln ist. Der Eigentümer hat insoweit keine größeren, aber auch keine geringeren Rechte als der Pächter eines Kleingartens.

Über die Beteiligung des Eigentümers an Gemeinschaftsleistungen der Kleingärtner enthält das BKleingG keine Regelung. Ob und auf welche Art und Weise sich der Eigentümer an diesen Gemeinschaftsleistungen beteiligt, bleibt insoweit den Vereinbarungen der Betroffenen überlassen.

7. Rechtswidrige bauliche Anlagen und Folgen der Rechtswidrigkeit

28 Rechtswidrig sind Anlagen, die gegen die geltende Rechtsverordnung verstoßen und die niemals rechtmäßig waren. Hierbei handelt es sich um Verstöße gegen Baurecht und Verstöße gegen vertragliche Vereinbarungen.

7.1 Verstöße gegen das Baurecht

29 Zu unterscheiden ist zwischen **formeller und materieller Rechtswidrigkeit. Formell rechtswidrig** ist eine bauliche Anlage, wenn für sie die erforderliche Baugenehmigung nicht vorliegt. Grundsätzlich ist nach den Bauordnungen der Länder für die Errichtung, Änderung, Nutzungsänderung und für den Abbruch von baulichen Anlagen eine Genehmigung erforderlich. Einige bauliche Anlagen sind genehmigungsfrei. Dazu gehören auch bauliche Anlagen in Kleingärten. Die **Genehmigungsfreiheit ist in den Landesbauordnungen** unterschiedlich ausgestaltet. In einigen Landesbauordnungen bedürfen Gartenlauben in Kleingartenanlagen generell keiner Baugenehmigung (z. B. Berlin, Mecklenburg-Vorpommern, Nordrhein-Westfalen, Schleswig-Holstein), in anderen nur Gartenlauben in einer Dauerkleingartenanlage oder in Kleingartenanlagen, für die eine Baugenehmigung erteilt ist (Baden-Württemberg, Brandenburg, Hessen, Rheinland-Pfalz, Saarland, Sachsen-Anhalt und Thüringen). Genehmigungsfrei sind auch sonstige bauliche Anlagen in Kleingärten, z. B. Gewächshäuser und andere der kleingärtnerischen Nutzung dienende Einrichtungen.

30 In der ehemaligen DDR waren bauliche Anlagen bis zum 31. 7. 1990 auf der Grundlage der Verordnung über Bevölkerungsbauwerke vom 8. 11. 1984 (GBl I Nr. 36 S. 438) zustimmungspflichtig, die größer als 5 m², höher als 3 m und tiefer als 1 m waren. Die Entscheidung über den Antrag auf Zustimmung traf der für den Standort des Bauwerks zuständige Rat. Er war verpflichtet, vor Erteilung der Zustimmung die Baugenehmigung der staatlichen Bauaufsicht einzuholen. Die Zustimmungsbefugnis

konnte auch auf den VKSK übertragen werden. Ab 1. 8. 1990 galt für die Zustimmung die Bauordnung der ehemaligen DDR, später die Bauordnungen der Länder.

Die formelle Rechtswidrigkeit allein reicht für den Erlaß einer Rückbau- oder Beseiti- 31
gungsanordnung nicht aus. Denn wenn es nur an der erforderlichen Genehmigung, nicht aber an der Genehmigungsfähigkeit fehlt, können ohne weiteres rechtmäßige Zustände durch Erteilung einer Baugenehmigung hergestellt werden. Formelle Rechtsverstöße liegen ohnehin dann nicht vor, wenn für die bauliche Anlage eine Genehmigung nicht erforderlich ist.

Materiell rechtswidrig ist eine bauliche Anlage, wenn sie in Kleingärten nicht zulässig 32
ist, also nicht genehmigungsfähig ist oder wäre und auch niemals genehmigungsfähig gewesen war. Die **Anforderungen an die materielle Rechtmäßigkeit** ergeben sich aus dem BKleingG (§ 1 Abs. 1 und § 3 Abs. 2), aus dem Bebauungsplan bzw. den Vorschriften über die Zulässigkeit von Vorhaben im Außenbereich (§ 35 BauGB) und aus der Bauordnung des jeweiligen Landes. Rechtswidrig ist z. B. eine Gartenlaube, wenn sie die in § 3 Abs. 2 vorgeschriebene Größe (24 m^2 Grundfläche) oder die im Bebauungsplan festgesetzte Grundfläche für Lauben überschreitet.

Jeder Verstoß gegen dieses Recht stellt eine Störung der öffentlichen Ordnung dar. 33
Die zuständige Bauaufsichtsbehörde ist deshalb gehalten, für die **Beseitigung gesetzwidriger Zustände** Sorge zu tragen. In Betracht kommen der **Rückbau** (auf die zulässige Größe) oder die **Beseitigung der baulichen Anlagen**. Beide Maßnahmen setzen einen entsprechenden Verwaltungsakt voraus. Rechtsgrundlage hierfür sind die entsprechenden Bestimmungen über den Rückbau bzw. die Beseitigung baulicher Anlagen in den jeweiligen Landesbauordnungen. In mehr oder weniger gleichlautenden Fassungen sehen diese Bestimmungen vor, daß die Bauaufsichtsbehörde die teilweise oder vollständige Beseitigung der baulichen Anlagen anordnen kann, wenn diese im Widerspruch zu öffentlich-rechtlichen Vorschriften errichtet oder geändert worden sind und nicht auf andere Weise rechtmäßige Zustände wiederhergestellt werden können.

Der Erlaß einer Rückbau- bzw. Beseitigungsanordnung stellt eine **Ermessensentschei-** 34
dung („Kann-Vorschrift") dar. Eine Ermessensentscheidung ist nicht dem Belieben der Behörde überlassen. Die Behörde ist vielmehr verpflichtet, über das Ob und das Wie eine auf sachlichen Erwägungen beruhende Entscheidung zu treffen. Der Ermessensspielraum, den die Landesbauordnungen den Behörden einräumen, soll ein flexibles Vorgehen und die Beachtung der Besonderheiten des Einzelfalles ermöglichen.

Es gibt rechtswidrige Anlagen, die die **Behörde ausnahmsweise dulden** kann oder 35
muß, z. B. bei Zusagen in Bagatellfällen. In bestimmten Fällen kann sogar eine von zuständigen Behörden bekundete Duldung einer rechtswidrigen baulichen Anlage einen Rechtsstatus herbeiführen, der einem Bestandschutz gleichkommt (s. OVG Berlin, MDR 1983, 16; LG Hannover, ZMR 1987, 23 f.).

Die Handhabung des Ermessens bei der Rückbau- bzw. Beseitigungsanordnung muß 36
vom **Grundsatz der Verhältnismäßigkeit** und vom **Gleichheitsgrundsatz** beherrscht sein. Die Forderung, ein rechtswidriges Bauwerk zu beseitigen, verstößt in aller Regel nicht gegen den Grundsatz der Verhältnismäßigkeit, es sei denn, daß die Rechtmäßig-

keit durch mildere Mittel erreichbar ist, z. B. durch Rückbau. Persönliche (wirtschaftliche) Verhältnisse oder soziale Gesichtspunkte können einer Beseitigungsanordnung nicht entgegengehalten werden. Das Baurecht ist boden- und grundstücksbezogen. Persönliche wirtschaftliche Verhältnisse können aber im Rahmen der Entscheidung über die Vollstreckung der jeweiligen Maßnahme berücksichtigt werden.

Die Beachtung des Gleichheitssatzes soll verhindern, daß gleichliegende Tatbestände ohne sachlichen Grund unterschiedlich behandelt werden. Soll in einer Kleingartenanlage, in der rechtswidrige Zustände sich häufen, Ordnung geschaffen werden, so erfordert es der Grundsatz des pflichtgemäßen Ermessens zur Vermeidung von Willkür, alle baurechtswidrigen Anlagen in die Rückbau- bzw. Beseitigungsmaßnahmen einzubeziehen. Das setzt eine systematische Erfassung des rechtswidrigen Baubestandes voraus und erfordert ein gleichartiges Vorgehen gegen vergleichbare Anlagen in einem zeitlichen Zusammenhang. Die zuständige Behörde braucht also nicht schlagartig gegen alle rechtswidrigen baulichen Anlagen vorzugehen. Das System, rechtmäßige Zustände wiederherzustellen, muß aber auf der Absicht beruhen, alle rechtswidrigen baulichen Anlagen zurückzubauen oder zu beseitigen.

7.2 Vertragsverstöße

37 Im Rahmen der gesetzlichen Regelungen können die Vertragsparteien untereinander ihre Beziehungen frei bestimmen. Die Parteien können also z. B. vereinbaren, daß nur Gartenlauben mit einer Grundfläche von höchstens 20 m^2 errichtet werden dürfen. Errichtet der Pächter trotz vertraglicher Abrede eine Laube mit einer Grundfläche von 24 m^2, so ist diese Laube zwar gesetzeskonform, widerspricht aber den vertraglichen Vereinbarungen und ist somit vertragswidrig. Diese Vertragsverletzung ist relativ rechtswidrig, denn sie wäre es nicht, wenn diese besondere vertragliche Bindung nicht bestünde. Läßt der Vertrag Gartenlauben mit einer Grundfläche von mehr als 24 m^2 zu, so widerspricht eine solche Vereinbarung der zwingenden gesetzlichen Bestimmung des § 3 Abs. 2 Satz 1 BKleingG über die Laubengröße. Eine solche Vereinbarung ist gemäß § 134 BGB nichtig. Der Vertrag ist in einem solchen Fall so zu behandeln, als ob eine Vereinbarung über die Größe der Laube nicht getroffen worden wäre. Es gilt die gesetzliche Regelung über die Laubengröße.

38 Die gleichen Grundsätze gelten auch für Vereinbarungen über andere bauliche Anlagen, z. B. über Gewächshäuser, sowie über die Ausstattung und Einrichtung der Laube, z. B. über Ver- und Entsorgungseinrichtungen. Soweit diese Vereinbarungen den gesetzlichen Regelungen widersprechen, haben sie zwischen den Vertragsparteien keine Bindungswirkung.

39 Bei Verstößen gegen (rechtmäßige) Vertragsvereinbarungen hat der Verpächter wegen vertragswidrigen Gebrauchs einen **Rückbau- bzw. Beseitigungsanspruch gemäß § 550 BGB**. Anspruchsvoraussetzung ist die Abmahnung des Verpächters und die Fortsetzung des vertragswidrigen Gebrauchs.

40 In Einzelfällen kann dem Rückbau- bzw. Beseitigungsverlangen des Verpächters der **Einwand der unzulässigen Rechtsausübung gemäß § 242 BGB** und der **vereinsrechtliche Gleichbehandlungsgrundsatz** entgegengehalten werden.

Eine **unzulässige Rechtsausübung** liegt vor, wenn der Verpächter sich widersprüchlich verhält, wenn er also einen vertragswidrigen Zustand über eine längere Zeit wissentlich geduldet und damit gegenüber dem Pächter einen Vertrauenstatbestand begründet hat und nunmehr im Widerspruch zu seinem früheren Verhalten die Beseitigung des vertragswidrigen Zustands verlangt. Auch der Grundsatz der **gleichmäßigen Behandlung aller Kleingärtner** kann im Einzelfall dazu führen, daß der Rückbau- bzw. Beseitigungsanspruch nach § 550 BGB gegenüber einem einzelnen Kleingärtner nicht durchgreift, wenn vergleichbare Verletzungen anderer Kleingärtner folgenlos bleiben, denn ein exemplarisches Vorgehen gegen einzelne beseitigt nicht den vertragswidrigen Zustand in einer Kleingartenanlage. In einem solchen Fall stellt sich das Problem der Umwandlung des Kleingartenpachtvertrages in einen anderen Vertrag, etwa einen „Erholungsnutzungsvertrag" mit der Folge der Nichtanwendbarkeit des BKleingG (s. hierzu auch § 1 Rn. 33 f.). Zur Frage zum Rückbauverlangen übergroßer Lauben s. Besprechung des Urteils des OLG Hamm vom 22. 11. 1994 – 7 U 44/94 – in: Der Fachberater 1995, 152 f. **41**

Hat der Verpächter ein Urteil erwirkt, dann kann er die Durchsetzung seines Anspruchs auf Rückbau bzw. Beseitigung im Wege der Zwangsvollstreckung betreiben. **42**

ZWEITER ABSCHNITT

Kleingartenpacht

§ 4

Kleingartenpachtverträge

(1) Für Kleingartenpachtverträge gelten die Vorschriften des Bürgerlichen Gesetzbuches über die Pacht, soweit sich aus diesem Gesetz nichts anderes ergibt.

(2) Die Vorschriften über Kleingartenpachtverträge gelten, soweit nichts anderes bestimmt ist, auch für die Pacht von Grundstücken zu dem Zweck, sie aufgrund einzelner Kleingartenpachtverträge weiterzuverpachten (Zwischenpacht). Ein Zwischenpachtvertrag, der nicht mit einer als gemeinnützig anerkannten Kleingärtnerorganisation oder der Gemeinde geschlossen wird, ist nichtig. Nichtig ist auch ein Vertrag zur Übertragung der Verwaltung einer Kleingartenanlage, der nicht mit einer in Satz 2 bezeichneten Kleingärtnerorganisation geschlossen wird.

(3) Wenn öffentliche Interessen dies erfordern, insbesondere wenn die ordnungsgemäße Bewirtschaftung oder Nutzung der Kleingärten oder der Kleingartenanlage nicht mehr gewährleistet ist, hat der Verpächter die Verwaltung der Kleingartenanlage einer in Absatz 2 Satz 2 bezeichneten Kleingärtnerorganisation zu übertragen.

Übersicht

1. Begriff der Kleingartenpacht

1 Unter dem Begriff „Kleingartenpacht" ist die **vertragliche Überlassung von Grundstücken zur Nutzung** als Kleingarten i. S. des § 1 Abs. 1 gegen Entgelt zu verstehen (s. § 1 Rn. 16 f.). Auf die Bezeichnung des Vertrages kommt es nicht an. Entscheidend ist allein der von den Parteien gewollte Zweck, ob also das Grundstück zur Nutzung als Kleingarten i. S. des § 1 Abs. 1 überlassen wird. S. hierzu § 1 Rn. 17 ff., 20 – „mitgliedschaftsrechtliche Überlassung" –; § 20 a Rn. 3. Der federführende BT-Ausschuß hat in seinem Bericht ausdrücklich darauf hingewiesen, daß unter dem Begriff „Kleingartenpachtverträge" alle schuldrechtlichen Verträge fallen, die die Überlassung von Land zur kleingärtnerischen Nutzung zum Gegenstand haben (BT-Drs. 9/2232 S. 18).

2 Die Kleingartenpacht ist wegen der sozialpolitischen und städtebaulichen Funktion des Kleingartenwesens – soweit erforderlich – sondergesetzlich geregelt. Zur Bedeutung der Kleingärten s. Einleitung Rn. 3 ff. Die kleingartenpachtrechtlichen Sonderregelungen sind im 2. Abschnitt zusammengefaßt. Sie gehen dem allgemeinen Pachtrecht des BGB vor. Nach § 4 Abs. 1 gelten die Vorschriften des Bürgerlichen Gesetzbuchs über die Pacht, soweit sich aus dem Bundeskleingartengesetz nichts anderes ergibt.

3 Kleingartenpachtrechtliche **Sonderregelung** enthält das BKleingG über

- die Zwischenpacht (§ 4 Abs. 2 Satz 1 und 2),
- die Übertragung der Verwaltung einer Kleingartenanlage (§ 4 Abs. 2 Satz 3, § 4 Abs. 3),
- den Pachtzins (§ 5),
- die Anpassung des Pachtzinses an den Höchstpachtzins; Kündigungsrecht des Pächters (§ 5 Abs. 3 Satz 4 BKleingG; Art. 3 Satz 3 BKleingÄndG),
- die Vertragsdauer bei Dauerkleingärten (§ 6),
- die Schriftform der Kündigung (§ 7),
- die Kündigung des Kleingartenpachtvertrages durch den Verpächter (§§ 8 bis 10),

– die Kündigungsentschädigung (§ 11),
– die Beendigung des Kleingartenpachtvertrages bei Tod des Kleingärtners (§ 12),
– die Nichtigkeit von Vereinbarungen zum Nachteil des Pächters (§ 13).

2. Anwendbare Vorschriften des BGB über die Pacht

Soweit sich aus dem Sonderrecht des BKleingG nichts anderes ergibt, richten sich die vertraglichen Beziehungen zwischen Verpächter und Pächter nach den Vorschriften des BGB über die Pacht (§§ 581 ff. BGB). Für die Kleingartenpacht gelten also insbesondere die Vorschriften über die Kündigungsfrist (§ 584 BGB) – soweit es um Kündigungen des Pächters geht – über die Unterpacht (§ 584 a Abs. 1 BGB) und über die verspätete Rückgabe (§ 584 b BGB). Darüber hinaus finden gemäß § 581 Abs. 2 BGB die Vorschriften über die Miete (§§ 535 ff. BGB) entsprechende Anwendung. 4

Die Vorschriften des BGB über die Pacht und die Miete sind in Anhang 4 abgedruckt.

§ 584 BGB regelt die **Kündigungsfrist bei der Grundstückspacht.** Diese Vorschrift kommt nur für die Kündigung durch den Pächter in Betracht, weil die Kündigung eines Pachtvertrages durch den Verpächter sondergesetzlich geregelt ist. Nach § 584 Abs. 1 BGB ist die Kündigung in den Fällen, in denen die Pachtzeit nicht bestimmt ist, nur für den Schluß eines Pachtjahres zulässig; sie hat spätestens am 1. Werktag des halben Jahres zu erfolgen, mit dessen Ablauf die Pacht endigen soll. Das gleiche gilt auch für die Fälle, in denen das Pachtverhältnis unter Einhaltung der gesetzlichen Frist vorzeitig gekündigt werden kann. Ist über den Beginn des Pachtjahres nichts bestimmt, so wird die Regelung des § 9 Abs. 2 über die Kündigung durch den Verpächter zugrunde zu legen sein. Danach beginnt das Pachtjahr am 1. Dezember eines Jahres und endet am 30. November. § 584 BGB ist abdingbar; im Pachtvertrag kann eine abweichende Vereinbarung getroffen werden. 5

Die Vorschrift des § 584 a BGB enthält **Sonderregelungen** für bestimmte **vorzeitige Kündigungsrechte.** Abs. 1 schließt das Recht des Pächters zur vorzeitigen Kündigung für den Fall aus, daß der Verpächter die Erlaubnis zur Unterverpachtung verweigert. Diese Bestimmung hat lediglich für den Einzelpachtvertrag Bedeutung. Auch das BKleingG geht davon aus, daß die Überlassung eines Kleingartens an einen Dritten ohne Erlaubnis des Verpächters nicht gestattet ist. § 9 Abs. 1 Nr. 1 räumt dem Verpächter in diesen Fällen ein Kündigungsrecht ein. Auf Zwischenpachtverträge findet § 584 a Abs. 1 BGB keine Anwendung, weil Gegenstand dieser Verträge gerade die Weiterverpachtung von Kleingartenland ist. Nur zu diesem Zweck werden Zwischenpachtverträge abgeschlossen. 6

§ 584 b BGB regelt die **Entschädigung bei verspäteter Rückgabe** des Pachtgegenstandes. Voraussetzung für den Entschädigungsanspruch ist die Beendigung des Kleingartenpachtverhältnisses und die Vorenthaltung des gepachteten Kleingartenlandes gegen den Willen des Verpächters, d. h. also die nicht rechtzeitige Räumung der 7

Fläche. Die Vorschrift ist nicht zwingend. Die Bemessung der Entschädigung richtet sich nicht nach dem zulässigen Höchstpachtzins. Darüber hinaus können die während der Vorenthaltung anfallenden öffentlich-rechtlichen Lasten auf den Pächter überwälzt werden. Verschulden ist für die Entschädigung nach § 584 b BGB keine Voraussetzung. Für die Geltendmachung eines weiteren Schadens ist Verschulden erforderlich, z. B. für Schadensersatzansprüche aus Verzug.

8 Die **§§ 582 bis 583 a BGB** enthalten besondere Regelungen für die **Verpachtung von Grundstücken mit Inventar.** Als Inventar ist die Gesamtheit der beweglichen Sachen anzusehen die der Nutzung des Grundstücks dienen und zu diesem in einem entsprechenden räumlichen Verhältnis stehen (Putzo, in Palandt, BGB § 582 Rn. 1 b). Für die Verpachtung von Grundstücken zu kleingärtnerischen Zwecken kommen diese Vorschriften nicht in Betracht, weil Inventar i. S. d. Vorschrift grundsätzlich nicht verpachtet wird.

9 Die Vorschriften über die **Landpacht (§§ 585 bis 597 BGB),** die durch das Gesetz zur Neuordnung des landwirtschaftlichen Pachtrechts vom 8. 11. 1985 (BGBl I S. 2065) mit Wirkung vom 1. 7. 1986 in das BGB eingefügt worden sind, finden auf die Kleingartenpacht **keine Anwendung.** Ein **Landpachtvertrag** liegt vor, wenn die Pacht eines Grundstücks überwiegend zu **landwirtschaftlichen Zwecken** erfolgt. Der Begriff „Landwirtschaft" wird in den einzelnen Rechtsbereichen unterschiedlich definiert. Das Pachtrecht versteht unter Landwirtschaft die Bodenbewirtschaftung (z. B. Ackerbau, Wiesen- und Weidewirtschaft, Erwerbsobstbau, Weinbau) und die mit der Bodennutzung verbundene Tierhaltung, um pflanzliche und tierische Erzeugnisse zu gewinnen, sowie die gartenbauliche Erzeugung. Mit dem Begriff „gartenbauliche Erzeugung" wird der Erwerbsgartenbau erfaßt.

3. Anwendbarkeit des Mietrechts

10 Nach § 581 Abs. 2 BGB sind auf die Kleingartenpacht die Vorschriften über die Miete entsprechend anzuwenden, d. h. also mit den aus dem Wesen der Kleingartenpacht sich ergebenden Änderungen.

11 Für die Gewährleistungsansprüche sind die §§ 536 bis 540 BGB maßgebend. Nach § 536 BGB hat der Verpächter den Pachtgegenstand in einem zu dem vertragsmäßigen Gebrauch geeigneten Zustand zu überlassen. Der Inhalt dieser Pflichten bestimmt sich in erster Linie nach dem Vertrag. Fehlt eine entsprechende vertragliche Bestimmung, ist der übliche Gebrauch zu gewähren; das bedeutet für den Kleingartenpachtvertrag, dem Pächter das Grundstück so zu überlassen, daß er in die Lage gesetzt wird, es kleingärtnerisch nutzen bzw. zum Zwecke der kleingärtnerischen Nutzung weiterverpachten zu können.

12 Das BKleingG geht davon aus, daß der Pächter (Kleingärtner) zur **Bewirtschaftung des Kleingartens** und zu Gemeinschaftsleistungen zum Erhalt der Kleingartenanlage verpflichtet ist. § 9 Abs. 1 Nr. 1 räumt dem Verpächter insoweit sogar ein Kündigungsrecht ein. Daraus folgt, daß die Erhaltungspflicht des Verpächters nach § 536 BGB eingeschränkt ist, soweit vertraglich nichts anderes vereinbart ist. Die Instandhaltung der Gemeinschaftseinrichtungen, der Ver- und Entsorgungsanlagen insgesamt die Pflege der Kleingartenanlage obliegt den Kleingärtnern.

Hat der Pachtgegenstand z. Z. der Überlassung an den Pächter **Fehler, die die Tauglichkeit zu dem vertragsmäßigen Gebrauch aufheben oder mindern** oder entsteht im Laufe der Pacht ein solcher Fehler, so ist der Pächter vom Pachtzins befreit, wenn die Tauglichkeit aufgehoben ist. Er kann den Pachtzins mindern, wenn die Tauglichkeit erheblich gemindert ist (§ 537 BGB). Ein **Fehler i. S. d. § 537 Abs. 1 BGB** liegt z. B. vor, wenn die Kleingartenfläche mit **umweltgefährdenden Stoffen** derart belastet ist, daß sie kleingärtnerisch nicht genutzt werden kann oder in ihrem Nutzungswert beeinträchtigt ist. Hierbei handelt es sich um sog. „kontaminierte Standorte", das sind z. B. Verfüllungen mit umweltgefährdenden Produktionsrückständen, ehemalige Industriestandorte, Kontaminationen durch Korrosionen, defekte Abwasserkanäle, abgelagerte Kampfstoffe und andere Ursachen (s. Bodenschutzkonzeption der BReg, BT-Drs. 10/2977 S. 27 f.). Zu Kontaminationen kann es auch im Bereich (früher) landwirtschaftlich genutzter Flächen durch Rückstände von Pflanzenschutzmitteln kommen. Diese Verunreinigungen gefährden nicht nur Böden, Grund- und Oberflächenwässer und schränken mögliche Folgenutzungen ein; sie können auch unmittelbare Gesundheitsgefahren bilden (BT-Drs. a. a. O.). Ob im Einzelfall eine die kleingärtnerische Nutzung ausschließende Gesundheitsgefährdung vorliegt oder „nur" eine erhebliche Beeinträchtigung, die nach Stärke und Intensität das übliche und zumutbare Maß überschreitet und insoweit die „Tauglichkeit" des Kleingartens mindert, läßt sich durch Einholung eines Gutachtens feststellen. Gefährdungen sind bei Schwellenwertüberschreitungen anzunehmen. Die tatsächliche Gefährdung muß nachgewiesen werden. Erst danach können (rechtliche) Folgerungen abgeleitet werden. Das kann dazu führen, daß im Bauleitplan eine für Dauerkleingärten vorgesehene Fläche nicht ausgewiesen, der Bauleitplan wegen erkannter Schwellenwertüberschreitungen geändert wird, Anbaubeschränkungen verfügt oder Sanierungsmaßnahmen eingeleitet werden. Zur Problematik der kontaminierten Standorte im Rahmen der Bauleitplanung (s. Grauvogel in: Kohlham. Kom. § 5 Rn. 129 ff.; Löhr, NVwZ 1987, 364; Hoppenberg, NJW 1987, 748 ff.; Lenz, BauR 1987, 391 ff.; Schink, BauR 1987, 397 ff.). 13

Einen erheblichen Fehler begründen auch äußere **Einwirkungen,** insbesondere von **Lärm, Luftverschmutzung** und **Geruch,** wenn sie die Tauglichkeit des Kleingartengrundstücks zum vertragsgemäßen Gebrauch aufheben oder mindern. Während früher Kleingärten häufig als Pufferzone zwischen störenden Anlagen und der Wohnbebauung empfohlen wurden, gehören sie heute selbst zu den zu schützenden Einrichtungen, um Gewähr für Ruhe und Erholung zu bieten (s. Kleingartenbedarf in NW, Bd. 0.031, S. 33; Schallschutz im Städtebau, RdE des Innenministeriums NW v. 8. 11. 1973, MBl NW S. 1918; Richtlinien für die Gewährung von Zuwendungen zur Förderung von Dauerkleingärten durch Landesmittel, RdE des Ministers für Umwelt, Raumordnung und Landwirtschaft v. 30. 6. 1987, MBl NW S. 1142). 14

Kleingartenanlagen gehören nach der höchstrichterlichen Rechtsprechung zu den gegen Verkehrslärm schutzbedürftigen Gebieten (BVerwG, GuG 1992, 222 f.; s. auch BayVGH BayVBl 1992 S. 657 f.). Kleingärten könnten ihrer Erholungsfunk- 14 a tion nicht gerecht werden, wären sie ungeschützt dem von einer in unmittelbarer Nähe entlang führenden Straße ausgehenden Verkehrslärm ausgesetzt (BVerwG, a. a. O. S. 223). Die Schutzbedürftigkeit ergibt sich aus § 2 Abs. 2 der 16. BImSchV. In § 2 Abs. 1 der Verordnung sind für die in der Praxis häufigsten Anlagen und Baugebiete, wie z. B. Wohngebiete, Immissionsgrenzwerte festgelegt. Für den Lärmschutz „sonstiger" Gebiete in der Nachbarschaft von Straßen und Schienenwegen bestimmt § 2 Abs. 2 Satz 2 dieser VO allgemein, daß diese Gebiete entsprechend ihrer Schutzbedürftigkeit nach Absatz 1 zu beurteilen sind. Danach ist eine situationsgemäße Einordnung der Kleingartenanlagen nach ihrer sich aus den örtlichen Verhältnissen ergebenden Schutzwürdigkeit erforderlich. Nach der Rechtsprechung kann eine Kleingartenanlage entsprechend dem Tagesimmissionsgrenzwert für ein Dorfgebiet schutzbedürftig sein (BVerwG, GuG 1992, 657).

14 b Schalltechnische Orientierungswerte für die städtebauliche Planung, die auch im Rahmen der Folgewirkung für Mängel i. S. d. § 537 BGB Bedeutung erlangen können, enthält auch das Beiblatt 1 zu DIN 18 005. Der Orientierungswert für die ausdrücklich dort genannten Kleingartenanlagen beträgt tags und nachts 55 dB(A). Auch von emittierenden Anlagen können Einwirkungen ausgehen, die die kleingärtnerische Nutzung beeinträchtigen. Durch Ablagerungen von Stäuben kann der Boden z. B. durch Schwermetalle geschädigt und damit die gärtnerische Nutzung gefährdet sein.

15 Wie ein Fehler, der die Tauglichkeit des Kleingartens zum vertragsgemäßen Gebrauch aufhebt oder mindert ist das Fehlen oder der Wegfall einer **zugesicherten Eigenschaft** zu behandeln (§ 537 Abs. 2 BGB). Die Bedeutung dieser Regelung liegt in der Beweiserleichterung für den Pächter.

16 Liegt ein Mangel i. S. d. § 537 BGB vor, tritt **Minderung oder vollständige Befreiung von der Pachtzinspflicht** kraft Gesetzes ein (vgl. BGH, NJW 1961, 916). Nach § 538 Abs. 1 BGB kann der Pächter bei Vorliegen eines Mangels i. S. d. § 537 BGB auch Schadensersatz wegen Nichterfüllung verlangen, wenn ein Sachmangel bei Vertragsschluß vorlag ohne Rücksicht auf das Verschulden des Verpächters, wenn ein Mangel nach Vertragsabschluß auftritt, den der Verpächter zu vertreten hat, oder wenn der Verpächter mit der Beseitigung des Mangels in Verzug ist. Zum „Nichterfüllungsschaden" gehören insbesondere der Minderwert der zur kleingärtnerischen Nutzung überlassenen Fläche, die Mängelbeseitigungskosten und die Vertragskosten. Kenntnis des Mangels bei Vertragsabschluß oder bei Vertragsverlängerung beseitigt gemäß § 539 BGB den Anspruch des Pächters aus §§ 537, 538 auch dann, wenn der Verpächter den Mangel arglistig verschwiegen hatte (BGH, NJW 1972, 249). Der Ausschluß der Gewährleistung tritt auch ein, wenn der Pächter den Mangel bei Vertragsabschluß grob fahrlässig nicht erkannte, es sei denn, daß der Verpächter Mangelfreiheit zugesichert oder den Mangel arglistig verschwiegen hatte (§ 539 Satz 2 BGB i. V. m. § 460 BGB).

17 Die **Gewährleistung von Rechtsmängeln** (§ 541 BGB) entspricht in der Sache der Gewährleistung für Sachmängel mit der Ausnahme, daß ein Rechtsmangel erst vorliegt, wenn der Dritte sein Recht auf das verpachtete Kleingartenland geltend macht und dadurch die Nutzung des Kleingartenlandes verhindert oder die Fläche der Nutzung entzieht. Das kann z. B. bei Doppelverpachtung von (Teil-)Flächen der Fall sein. Der nichtbesitzende Pächter ist auf den Schadensersatzanspruch nach den §§ 538, 541 BGB und das Kündigungsrecht nach § 542 BGB beschränkt.

Die Vorschrift des § 542 BGB gewährt dem Pächter ein **außerordentliches (fristloses) Kündigungsrecht**, wenn er an der Ausübung des Nutzungsrechts gehindert wird (Vorenthaltung des Gebrauchs der gepachteten Sache). Verschulden des Verpächters ist nicht erforderlich. Es genügt, wenn der Mangel durch erhebliche Störungen Dritter oder andere zufällige Ereignisse verursacht wird, z. B. Immissionen (vgl. AG Jever, NJW 1971, 1086) oder durch erhebliche Zugangserschwerungen (vgl. OLG Köln, NJW 1972, 1814). Bei unerheblichen Behinderungen ist die Kündigung ausgeschlossen. **18**

Die **Lasten**, die auf dem Kleingartengrundstück ruhen, kann der Verpächter gemäß § 5 Abs. 5 auf die Pächter übertragen. § 546 BGB findet auf Kleingartenpachtverhältnisse keine Anwendung. **19**

Zum Erschließungsbeitrag s. Erläuterungen zu Art. 2 BKleingÄndG, S. 195. **20**

§ 547 a Abs. 1 BGB gilt auch für den Kleingartenpachtvertrag. Der Pächter (Kleingärtner) ist danach zur **Wegnahme von Einrichtungen** berechtigt. Einrichtungen sind bewegliche Sachen, die mit der Pachtsache fest verbunden sind, aber wieder abgetrennt werden können und die dazu bestimmt sind, dem wirtschaftlichen Zweck der Pachtsache zu dienen, z. B. Anlagen und Anpflanzungen. Dazu gehört auch die Gartenlaube (s. hierzu auch BGH, NJW 1981, 2564). Nach höchstrichterlicher Rechtsprechung bleiben vom Pächter auf dem gepachteten Grundstück errichtete bauliche Anlagen sein Eigentum (BGHZ 8, 1 ff.; BGHZ 92, 70, 73 f.). Das gilt auch für die vom Kleingärtner errichtete Laube und andere der kleingärtnerischen Nutzung dienende bauliche Anlagen im Kleingarten. Verbindet ein Pächter Sachen mit Grund und Boden, ist regelmäßig davon auszugehen, daß dies mangels besonderer Vereinbarungen mit dem Verpächter nur in seinem Interesse für die Dauer des Pachtverhältnisses und damit zu einem vorübergehenden Zweck i. S. d. § 95 Abs. 1 BGB (Scheinbestandteile) geschieht (BGHZ 8, 1 ff.; BGHZ 92, 74; LM BGB § 95 Nr. 6; BGH, WM 1965, 1028 f.). Diese Regel gilt auch bei einer massiven Bauart des Bauwerks oder bei langer Dauer des Vertrages (BGHZ 8, 5; BGHZ 10, 176; BGH, VersR 1960, 365). Wird der Kleingartenpachtvertrag beendet, kann daher der weichende Pächter das Eigentum an der Gartenlaube und an anderen der kleingärtnerischen Nutzung dienende Nebenanlagen auf seinen Nachfolger übertragen oder in entsprechender Anwendung des § 547 a BGB wegnehmen. **21**

Die Vorschriften über das **Vermieterpfandrecht** (§§ 559 bis 563 BGB) gelten auch für die Kleingartenpacht. **22**

Das Bundeskleingartengesetz regelt die Kündigung durch den Pächter (als Kleingärtner oder Zwischenpächter) nicht. Für die Pächterkündigung gelten die Vorschriften des Bürgerlichen Gesetzbuchs über die Miete entsprechend (§ 4 Abs. 1; § 581 Abs. 2 BGB). Nach § 564 Abs. 2 BGB kann der Pächter einen auf **unbestimmte Dauer geschlossenen Kleingartenpachtvertrag** unter Beachtung der in **§ 584 BGB** festgelegten Frist jederzeit **kündigen** (s. Rn. 6). **Zeitlich befristete Kleingartenpachtverträge** enden **23** mit dem Ablauf der Zeit, für die sie eingegangen wurden (§ 564 Abs. 1 BGB). Eine vorzeitige Beendigung des Vertrages ist möglich durch Aufhebungsvertrag, außerordentliche Kündigung, z. B. bei Nichtgewährung des vertragsmäßigen Gebrauchs, nach Maßgabe der vereinbarten Kündigungsgründe.

24 Nach Ablauf der vereinbarten Pachtdauer gilt gemäß § 568 BGB der Kleingartenpachtvertrag als auf unbestimmte Zeit verlängert, wenn der Pächter die kleingärtnerische Nutzung fortsetzt, sofern der Verpächter nicht seinen entgegenstehenden Willen binnen einer Frist von zwei Wochen dem Pächter gegenüber erklärt (BGH, NJW 1991, 1349 f.). Zweck der Regelung ist es, die Rechtsverhältnisse nach Fortsetzung der Nutzung durch den Kleingärtner klarzustellen. Die Frist beginnt für den Verpächter mit dem Zeitpunkt, in dem er von der Fortsetzung der kleingärtnerischen Nutzung Kenntnis erhält.

25 Die Vorschriften der §§ 571 bis 579 BGB **(„Kauf bricht nicht Miete")** sind auch auf Kleingartenpachtverhältnisse entsprechend anwendbar.

4. Geltung allgemeiner Vorschriften

26 Die Kleingartenpacht ist ein schuldrechtlicher gegenseitiger Vertrag. Auf Kleingartenpachtverhältnisse **finden die Vorschriften des Bürgerlichen Gesetzbuchs über das Zustandekommen von Verträgen,** also insbesondere die Bestimmungen über die Geschäftsfähigkeit, Willenserklärung, Vertrag, Vertretung, Vollmacht, Einwilligung, Genehmigung, Bedingung und Zeitbestimmung **Anwendung.**

27 Ebenso gelten die allgemeinen Auslegungsgrundsätze.

Haben mehrere Verpächter **gemeinschaftlich verpachtet,** so sind sie grundsätzlich Gesamtgläubiger und Gesamtschuldner; eine abweichende Regelung ist möglich. Ist eine **Erben- oder Bruchteilsgemeinschaft** Eigentümerin eines Kleingartengrundstücks, so ist die Verpachtung Verwaltungshandlung (BGHZ 56, 47 = NJW 1971, 1265), die durch Mehrheitsbeschluß nach Maßgabe der §§ 2038, 744 f. BGB erfolgen kann. Pachten mehrere gemeinsam einen Kleingarten, so sind sie hinsichtlich ihrer Verpflichtungen Gesamtschuldner, hinsichtlich ihrer Forderungen stehen sie in ungeteilter Gläubigergemeinschaft.

Bei **Ehegatten** kommt es darauf an, wer den Pachtvertrag geschlossen hat. Haben beide den Vertrag geschlossen, so sind sie Gesamtgläubiger und Gesamtschuldner. Beide haften für die Verpflichtungen aus dem Vertrag, beide können nur gemeinsam kündigen. Bei Streitigkeiten unter den Ehegatten und während der Scheidung gilt die allgemeine Regel, daß nur eine von beiden Eheleuten erklärte Kündigung wirksam ist.

28 Die Nichtigkeit des Kleingartenpachtvertrages richtet sich ebenfalls nach den Vorschriften des Bürgerlichen Gesetzbuchs. Eine Anfechtung des Kleingartenpachtvertrages ist nach Maßgabe des § 119 BGB möglich.

29 **Die Grundsätze über Fehlen und Wegfall der Geschäftsgrundlage (§ 242 BGB) gelten für alle schuldrechtlichen Verträge, also auch für Kleingartenpachtverträge.** Als Geschäftsgrundlage sieht die Rechtsprechung die beim Vertragsabschluß zu Tage getretene, vom Geschäftsgegner in ihrer Bedeutung erkannte und nicht beanstandete

Vorstellung eines Beteiligten oder die gemeinsame Vorstellung beider Teile vom Vorhandensein oder künftigen Eintritt gewisser Umstände, auf denen sich der Geschäftswille aufbaut (BGH, NJW 1951, 836 ff.; NJW 84, 1746; BGH, ZMR 1991, 425 f.). **Eine Störung der Geschäftsgrundlage hat nur dann rechtliche Bedeutung, wenn das Festhalten am bisherigen Vertrag ein Verstoß gegen Treu und Glauben wäre** (BGHZ 84, 9). Die Prinzipien der Vertragstreue und der Rechtssicherheit fordern, daß Verträge — auch Kleingartenpachtverträge — grundsätzlich Bestand haben und von den Parteien erfüllt werden. Nur unter bestimmten Umständen können schwerwiegende Gründe einen Einbruch in die Vertragsordnung und in die Rechtssicherheit geboten erscheinen lassen, wenn ein Festhalten am Vertrag zu untragbaren, mit Recht und Gerechtigkeit schlechthin unvereinbaren Ergebnissen führen würde. Das kann z. B. der Fall sein, wenn die Parteien die Übernahme der Gartenlaube durch den Zwischenpächter gegen Zahlung einer Ablösesumme bei Beendigung des Kleingartenpachtvertrages vereinbart hatten und dabei davon ausgegangen sind, daß ein nachfolgender Pächter die Ablösesumme zahlt, im Zeitpunkt der tatsächlichen Vertragsbeendigung die Verpachtungsmöglichkeiten sich aber grundlegend geändert haben, weil Kleingärten nicht mehr nachgefragt werden. In solchen Fällen kommen Vertragsanpassungen wegen Wegfalls der Geschäftsgrundlage in Betracht.

Geschäftsgrundlage kann auch die im Zeitpunkt des Vertragsschlusses geltende Rechtsordnung sein; bei Kleingartenpachtverträgen also das kleingartenrechtliche Regelungssystem bei Vertragsabschluß, so daß Gesetzesänderungen zu erheblichen Störungen der Geschäftsgrundlage führen können. So kann z. B. die Geschäftsgrundlage einer vertraglichen Vereinbarung, daß der Verpächter die Lasten, die auf dem Kleingartengrundstück ruhen, teilweise trägt, weggefallen sein, wenn die Abrede getroffen wurde in der Erwartung, daß eine Überwälzung der öffentlichen Lasten nur durch Vertrag — wie nach früherem Recht — fortdauern würde. 30

Eine Vertragsanpassung wegen Wegfalls der Geschäftsbedingungen kann auch für den Zeitraum vor Inkrafttreten des BKleingG vor allem wegen einer durch Geldwertschwund eingetretenen Äquivalenzstörung in Betracht kommen. Sie darf aber nicht dazu führen, daß der Verpächter für die Zeit vor Inkrafttreten des BKleingG einen höheren Pachtzins verlangen kann als für die Zeit danach (BGH, NJW RR 1996, 143). Insgesamt darf das Regelungssystem des BKleingG nicht mit Hilfe des Rechtsinstituts des Fehlens bzw. Wegfalls der Geschäftsgrundlage „aus den Angeln" gehoben werden (BGH a. a. O.). 30 a

5. Zwischenpachtverträge; Zwischenpachtprivileg

Kleingartenpachtverträge können geschlossen werden zwischen dem Eigentümer und einzelnen Kleingärtnern (**Einzelpachtverträge**) sowie zwischen dem Eigentümer und einer Gemeinde oder einer als gemeinnützig anerkannten Kleingärtnerorganisation zu dem Zweck, die Grundstücke aufgrund einzelner Kleingartenpachtverträge weiterzuverpachten (**Zwischenpachtverträge**). Das BKleingG geht von nur einem zwischengeschalteten Vertrag aus. Aber auch mehrfach gestufte Pachtverhältnisse sind in der Praxis üblich und rechtlich zulässig (vgl. BGHZ 119, 300 = BGH, NJW 1993, 55 ff.). In der Regel werden Grundstücke über Zwischenpachtverträge der kleingärtnerischen Nutzung zugeführt. Das BKleingG greift diese Praxis auf. Als Zwischen- 31 pachtverträge definiert § 4 Abs. 2 Satz 1 solche Verträge, deren Gegenstand die Weiterverpachtung von Grundstücken zu kleingärtnerischen Zwecken aufgrund einzelner Kleingartenpachtverträge ist.

32 Der Begriff „weiterverpachten" im Sinne des Zwischenpächterprivilegs ist entsprechend dem Schutzzweck des Gesetzes weit auszulegen und umfaßt alle Vereinbarungen, die eine kleingärtnerische Nutzung i. S. von § 1 Nr. 1 zum Gegenstand haben (BGH, NJW 1987, 2865 = MDR 1987, 1012 = RdL 1987, 2063). Beim Zwischenpachtvertrag leitet also der Kleingärtner sein Besitz- und Nutzungsrecht aus dem Zwischenpachtvertrag ab.

33 Der Zwischenpächter kann sich selbstverständlich auch eines **Beauftragten** zum Zwecke der **Weiterverpachtung** der kleingärtnerisch zu nutzenden Fläche an Kleingärtner und/oder zur **Verwaltung einer Kleingartenanlage** bedienen. In der Praxis wird häufig so verfahren; das BKleingG läßt diese Praxis unberührt.

33 a **Zwischenpächter** kann die **Gemeinde** und eine als **kleingärtnerisch gemeinnützig** anerkannte Kleingärtnerorganisation sein.

34 Bei der Einschaltung eines Zwischenpächters bestehen zwei – bei mehrfach gestuften Pachtverhältnissen mehrere – voneinander unabhängige Verträge mit unterschiedlichen Vertragsgegenständen. **Gegenstand des Zwischenpachtvertrages** ist die Anpachtung von Grundstücken zum Zwecke der Weiterverpachtung an einzelne Kleingärtner, **Gegenstand des Einzelpachtvertrages** die Überlassung von Flächen an einzelne Kleingärtner zur kleingärtnerischen Nutzung. Vertragliche Beziehungen bestehen nur zwischen den jeweiligen Vertragspartnern des Zwischenpachtvertrages beziehungsweise des Einzelpachtvertrages. Bei einem Zwischenpachtvertrag bestehen also zwischen den Kleingärtnern und dem Eigentümer keine unmittelbaren Rechtsbeziehungen.

35 Der **Zwischenpächter** hat eine **doppelte Rechtsstellung;** er ist Pächter beim Zwischenpachtvertrag und Verpächter beim Einzelpachtvertrag. Dies wirkt sich auf die Kündigung wie folgt aus: Als Verpächter steht ihm das Kündigungsrecht nur in den im BKleingG einzelnen aufgeführten Fällen zu; als Pächter beim Zwischenpachtvertrag richten sich seine Kündigungsmöglichkeiten nach dem Vertrag und den Vorschriften des BGB über die Pacht (s. Lehmann, Zum Kleingartenrecht – Gibt es ein generelles Eintrittsrecht des Unterpächters bei Auflösung des Zwischenpachtvertrages durch den Zwischenpächter? DVBl 1960, 843 ff.). Damit stellt sich die Frage, **ob der einzelne Kleingärtner** das Besitz- und Nutzungsrecht verliert, wenn der Zwischenpächter den Zwischenpachtvertrag gekündigt hat und infolgedessen nach § 985 BGB bzw. nach §§ 556 Abs. 3, 581 Abs. 2 BGB, § 4 Abs. 1 BKleingG zur Herausgabe der kleingärtnerisch genutzten Flächen an den Verpächter verpflichtet ist. Das BKleingG enthält hierzu keine Regelung. Es hat in § 10 Abs. 3 – weil es die Kündigung durch den Verpächter abschließend sondergesetzlich regelt – für die Fälle, in denen der Zwischenpachtvertrag durch **Kündigung des Verpächters** nach § 10 Abs. 1 beendet wird, die Regelung getroffen, daß der kündigende **Verpächter** in die **Einzelpachtverträge** mit den Kleingärtnern **eintritt** (BGHZ 119, 300 ff. = BGH, NJW 1993, 56; BGH, MDR 1994, 1212 f.). Sinn und Zweck dieser Regelung ist es, die vertraglichen

Besitz- und Nutzungsrechte der Kleingärtner zu erhalten, wenn nur der Zwischenpachtvertrag beendet werden soll (s. § 10 Rn. 5). In der Begründung zur Regierungsvorlage heißt es hierzu:

> „Der in Abs. 3 vorgesehene Eintritt des Verpächters in die Verträge mit den Kleingärtnern soll sicherstellen, daß die Kleingärtner, die ihre Pflichten erfüllen, ihren Kleingarten durch die Kündigung nicht verlieren. Sie sollen nicht die Folgen tragen, die sich aus Pflichtverletzungen des Zwischenpächters ergeben." (BT-Drs. 9/1900 S. 17)

Die Interessenlage ist insoweit im einen wie im anderen Kündigungsfall vergleichbar. 36
In beiden Fällen wird der Zwischenpachtvertrag beendet und den Einzelpachtverträgen ihre Rechtsgrundlage entzogen, obwohl die Kleingärtner ihre Pflichten erfüllen und die Beendigung des Zwischenpachtvertrages ausschließlich auf das Verhalten des Zwischenpächters zurückzuführen ist. Dennoch kommt § 10 Abs. 3 nicht zur Anwendung. Er gilt nur für eine Kündigung des Verpächters (vgl. BGH, NJW 1993, 859). Näheres hierzu s. § 10 Rn. 6 f.

Zwischenpachtverträge sind nach Abs. 2 Satz 2 **nichtig,** wenn sie nicht mit der 37
Gemeinde oder einer nach Landesrecht als gemeinnützig anerkannten Kleingärtnerorganisation geschlossen werden (hierzu auch BGH, NJW 1987, 2865). Diese Vorschrift schränkt insoweit das Vertragsrecht ein. Sie tastet jedoch das Grundrecht der freien Entfaltung der Persönlichkeit und die darin enthaltene Vertragsfreiheit nicht im Wesensgehalt an, so daß keine verfassungsrechtlichen Bedenken gegen das Zwischenpachtprivileg bestehen. Das BKleingG hat dieses **„Zwischenpachtprivileg"** im wesentlichen aus dem alten Recht übernommen. Nach § 5 KGO durften als Zwischenpächter nur Körperschaften oder Anstalten des öffentlichen Rechts oder ein als gemeinnützig anerkanntes Unternehmen zur Förderung des Kleingartenwesens auftreten. Diese Beschränkung ist seinerzeit eingeführt worden, um die gewerbsmäßige Zwischenpacht zu verhindern, die vor Inkrafttreten der KGO zu Mißständen im Kleingartenwesen (zum Beispiel Errichtung von Schankwirtschaften durch den Zwischenpächter) geführt hat. In der Begründung zum Regierungsentwurf wird hierzu ferner ausgeführt, daß

> „als gemeinnützig anerkannte Kleingärtnerorganisationen eine Gewähr dafür bieten, daß die Aufgaben, die ein Zwischenpächter zu erfüllen hat, sachgerecht und im Interesse der Kleingärtner und des Kleingartenwesens wahrgenommen werden." (BT-Drs. 9/1900 S. 14)

Die Gewähr für eine sachgerechte Aufgabenerfüllung will das Gesetz durch die Voraussetzungen für die kleingärtnerische Gemeinnützigkeit sicherstellen. Diese sind in § 2 geregelt (s. auch Erläuterungen zu § 2).

Der mit einer nicht gemeinnützigen Kleingärtnerorganisation geschlossene Vertrag 38
wird wirksam, wenn die Gemeinnützigkeit nachträglich anerkannt wird und der Vertrag vollzogen ist (s. BGH, NJW 1987, 2865). Das BKleingG enthält zwar keine ausdrückliche Heilungsvorschrift, die Heilung ergibt sich aber aus dem Sinn und Zweck des Gesetzes. Das Zwischenpachtprivileg soll die Kleingärtner schützen vor der Ausnützung durch einen gewerbsmäßigen Zwischenpächter. Ist der Zwischenpächter nachträglich als gemeinnützig anerkannt, so verlangt der Schutz der einzelnen Kleingärtner die Nichtigkeit des — dann mit einem „vertrauenswürdigen" Zwischenpächter geschlossenen — Vertrages nicht mehr (BGH a. a. O.).

Die Nichtigkeit gilt zwar nur für den Zwischenpachtvertrag. Die Nichtigkeitsfolgen 39
treffen aber auch Einzelpachtverträge, die ein nicht gemeinnütziger Zwischenpächter

geschlossen hat. Sie vermitteln nämlich den Pächtern keine Besitz- und Nutzungsrechte dem Eigentümer gegenüber. Der Eigentümer kann das Kleingartenland von den Kleingärtnern oder vom mittelbaren Besitzer (Verpächter im Rahmen des Einzelpachtvertrages), § 868 BGB, gemäß § 985 BGB herausverlangen (BGH, NJW 1987, 2865). Allerdings kann nur die Abtretung des Herausgabeanspruches verlangt werden, wenn der mittelbare Besitzer außerstande ist, die Sache vom unmittelbaren Besitzer zurückzuverlangen, es sei denn, der mittelbare Besitzer hat sein Unvermögen zur Rückgabe gegenüber dem Eigentümer nach den §§ 989 ff. BGB zu vertreten (BGH, NJW 1987, 2866; BGHZ 53, 29, 33). Die Vorschrift des § 10 Abs. 3 kann auf den Fall der Nichtigkeit eines Zwischenpachtvertrages wegen Verstoßes gegen das Zwischenpächterprivileg (§ 4 Abs. 2 Satz 2) nicht entsprechend angewendet werden, weil ein solcher Vorschlag des Bundesrates in Gesetzgebungsverfahren zwar erwogen, schließlich aber abgelehnt wurde (s. BT-Drs. 9/1900 S. 21, 26). Der nichtige Vertrag kann durch die nachträgliche Anerkennung der kleingärtnerischen Gemeinnützigkeit geheilt werden (s. Rn. 38).

Zum Zwischenpachtprivileg der Kleingärtnerorganisationen in den neuen Ländern und der Überleitung dieses Privilegs s. § 20 a Nr. 4 Rn. 19 ff.

6. Übertragung der Verwaltung der Kleingartenanlage

40 Das **Zwischenpachtprivileg** gilt auch für die Übertragung der Verwaltung einer Kleingartenanlage (§ 4 Abs. 2 Satz 3). Unter **Verwaltung** ist die selbständige Erledigung aller Aufgaben zu verstehen, die im Zusammenhang mit dem Betrieb einer Kleingartenanlage anfallen. Verwalter i. S. d. § 4 Abs. 2 Satz 3 kann nur eine gemeinnützige Kleingärtnerorganisation sein, nicht die Gemeinde.

41 Der Verpächter, der die Kleingartenanlage selbst verwaltet, ist **öffentlich-rechtlich verpflichtet,** die Verwaltung der Anlage einer als gemeinnützig anerkannten Kleingärtnerorganisation zu übertragen, wenn öffentliche Interessen dies erfordern. Das Gesetz spricht hier nur vom Verpächter, gemeint ist aber offensichtlich der private Verpächter, d. h. also der Eigentümer des Kleingartenlandes. Privater Verpächter kann aber auch ein Zwischenpächter sein, der nach Vertragsschluß die kleingärtnerische Gemeinnützigkeit verloren hat, wenn das Zwischenpachtverhältnis nicht gekündigt worden ist.

42 Das Gesetz sagt nicht, was unter **„öffentlichen Interessen“** zu verstehen ist. Diese lassen sich aber **aus den dem BKleingG zugrunde liegenden Zielsetzungen entnehmen**, die in den Bestimmungen über die Nutzung des Kleingartens und der Gartenlaube (§§ 1 und 3), das Zwischenpachtprivileg (§§ 2 und 4 Abs. 2) und die Kündigung durch den Verpächter wegen Pflichtverletzungen des Pächters (§ 9 Abs. 1 Nr. 1) ihren Niederschlag gefunden haben und schließlich aus der städtebaulichen und sozialen Funktion des Kleingartens. Daß öffentliche und private Interessen sich überlagern oder im Einzelfall gar deckungsgleich sein können, ist unschädlich (vgl. Schmidt-Aßmann, in: Ernst/Zinkahn/Bielenberg, BBauG, § 1 Rn. 312). Nach § 4 Abs. 3 liegen die Voraussetzungen für die Übertragung der Verwaltung vor, wenn z. B. eine ordnungsgemäße Bewirtschaftung oder Nutzung der einzelnen Kleingärten oder der gesamten Kleingartenanlage nicht gewährleistet ist. In der Begründung des RegE heißt es hierzu:

> „Hierbei handelt es sich im wesentlichen um solche Fälle, in denen die zur Erhaltung der Funktionsfähigkeit der Anlage notwendigen Gemeinschaftsleistungen nicht mehr oder nicht in dem erforderlichen Umfang erbracht werden und die Anlage dadurch zu „verfallen" droht, die Gärten nicht mehr kleingärtnerisch genutzt werden oder Lauben zum dauernden Wohnen verwandt werden und der Verpächter keine Maßnahmen zur Beseitigung dieser Mängel ergreift."
> (BT-Drs. 9/1900 S. 14)

Die **Pflicht zur Übertragung** der Verwaltung nach § 4 Abs. 3 stellt sich im konkreten Einzelfall als **Pflicht zum Abschluß eines Vertrages** dar, durch den die als „kleingärtnerisch" gemeinnützig anerkannte Kleingärtnerorganisation die Verwaltung der Anlage übernimmt. In Betracht kommt der Auftrag gemäß § 662 BGB, d. h. also die unentgeltliche Geschäftsbesorgung gegen Erstattung von Aufwendungen. Die **Durchsetzung der Übertragung** der Verwaltung ist im BKleingG nicht geregelt. Es bleibt insoweit Aufgabe der für das Kleingartenwesen zuständigen Behörde, die Einhaltung dieser Vorschrift durch Erlaß eines **Verwaltungsaktes** sicherzustellen. Auf die **Vollstreckung des Verwaltungsaktes** findet das Landesrecht hier Verwaltungsvollstrekkungsrecht des Landes Anwendung. 43

§ 5
Pachtzins

(1) Als Pachtzins darf höchstens der vierfache Betrag des ortsüblichen Pachtzinses im erwerbsmäßigen Obst- und Gemüseanbau, bezogen auf die Gesamtfläche der Kleingartenanlage, verlangt werden. Die auf die gemeinschaftlichen Einrichtungen entfallenden Flächen werden bei der Ermittlung des Pachtzinses für den einzelnen Kleingarten anteilig berücksichtigt. Liegen ortsübliche Pachtzinsen im erwerbsmäßigen Obst- und Gemüseanbau nicht vor, so ist der entsprechende Pachtzins in einer vergleichbaren Gemeinde als Bemessungsgrundlage zugrunde zu legen. Ortsüblich im erwerbsmäßigen Obst- und Gemüseanbau ist der in der Gemeinde durchschnittlich gezahlte Pachtzins.

(2) Auf Antrag einer Vertragspartei hat der nach § 192 des Baugesetzbuches eingerichtete Gutachterausschuß ein Gutachten über den ortsüblichen Pachtzins im erwerbsmäßigen Obst- und Gemüseanbau zu erstatten. Die für die Anzeige von Landpachtverträgen zuständigen Behörden haben auf Verlangen des Gutachterausschusses Auskünfte über die ortsüblichen Pachtzinsen im erwerbsmäßigen Obst- und Gemüseanbau zu erteilen. Liegen anonymisierbare Daten im Sinne des Bundesdatenschutzgesetzes nicht vor, sind ergänzend Pachtzinsen im erwerbsmäßigen Obst- und Gemüseanbau in einer vergleichbaren Gemeinde als Bemessungsgrundlage heranzuziehen.

(3) Ist der vereinbarte Pachtzins niedriger oder höher als der sich nach den Absätzen 1 und 2 ergebende Höchstpachtzins, kann die jeweilige Vertragspartei der anderen Vertragspartei schriftlich erklären, daß der

Pachtzins bis zur Höhe des Höchstpachtzinses herauf- oder herabgesetzt wird. Aufgrund der Erklärung ist vom ersten Tage des auf die Erklärung folgenden Zahlungszeitraumes an der höhere oder niedrigere Pachtzins zu zahlen. Die Vertragsparteien können die Anpassung frühestens nach Ablauf von drei Jahren seit Vertragsschluß oder der vorhergehenden Anpassung verlangen. Im Falle einer Erklärung des Verpächters über eine Pachtzinserhöhung ist der Pächter berechtigt, das Pachtverhältnis spätestens am fünfzehnten Werktag des Zahlungszeitraums, von dem an die Pacht erhöht werden soll, für den Ablauf des nächsten Kalendermonats zu kündigen. Kündigt der Pächter, so tritt eine Erhöhung des Pachtzinses nicht ein.

(4) Der Verpächter kann für von ihm geleistete Aufwendungen für die Kleingartenanlage insbesondere für Bodenverbesserungen, Wege, Einfriedigungen und Parkplätze, vom Pächter Erstattung verlangen, soweit die Aufwendungen nicht durch Leistungen der Kleingärtner oder ihrer Organisationen oder durch Zuschüsse aus öffentlichen Haushalten gedeckt worden sind und soweit sie im Rahmen der kleingärtnerischen Nutzung üblich sind. Die Erstattungspflicht eines Kleingärtners ist auf den Teil der ersatzfähigen Aufwendungen beschränkt, der dem Flächenverhältnis zwischen seinem Kleingarten und der Kleingartenanlage entspricht; die auf die gemeinschaftlichen Einrichtungen entfallenden Flächen werden der Kleingartenfläche anteilig zugerechnet. Der Pächter ist berechtigt, den Erstattungsbetrag in Teilleistungen in Höhe des Pachtzinses zugleich mit dem Pachtzins zu entrichten.

(5) Der Verpächter kann vom Pächter Erstattung der öffentlich-rechtlichen Lasten verlangen, die auf dem Kleingartengrundstück ruhen. Absatz 4 Satz 2 ist entsprechend anzuwenden. Der Pächter ist berechtigt, den Erstattungsbetrag einer einmalig erhobenen Abgabe in Teilleistungen, höchstens in fünf Jahresleistungen, zu entrichten.

Übersicht

1. Pachtpreisbindung; Verfassungsrechtliche Grundlagen

Durch den Kleingartenpachtvertrag wird der Pächter unter anderem verpflichtet, den vereinbarten Pachtzins zu entrichten (§ 581 Abs. 1 Satz 2 BGB; § 4 Abs. 1 BKleingG). Vereinbarungen über den Pachtzins unterliegen nach Maßgabe des § 5 Beschränkungen. Kernstück der Pachtzinsregelung des § 5 ist dessen Absatz 1 Satz 1. Er legt die zulässige Höhe des Pachtzinses fest. Danach kann der Verpächter höchstens den vierfachen Betrag des ortsüblichen Pachtzinses im gewerbsmäßigen Obst- und Gemüseanbau, bezogen auf die Gesamtfläche der Kleingartenanlage verlangen. 1

Abs. 1 Satz 1 ist durch das BKleingÄndG neu gefaßt worden. Unter Beibehaltung der Bemessungsgrundlage ist der Multiplikator gegenüber der früheren Regelung verdoppelt worden (vierfacher Betrag). Zur neuen Pachtzinsregelung s. Mainczyk, Neuregelung der Pachtzinsen im Kleingartenrecht, ZfBR 1994, 203 ff.; Theobald, ZAP Fach 4, 333. Die Gesetzesänderung war durch den Beschluß des BVerfG vom 23. September 1992 erforderlich geworden (BVerfGE 87, 114 ff.). Siehe hierzu Einleitung Rn. 38 ff. 2

Das BVerfG hat in seiner Entscheidung vom 23. September 1992 die Begrenzung des Pachtzinses für Kleingärten in **§ 5 Abs. 1 Satz 1 BKleingG a. F. in ihrem Ausmaß für unvereinbar mit Art. 14 Abs. 1 Satz 1 GG erklärt, soweit sie private Verpächter betrifft** (BVerfGE 87, 114 ff.). Es hat die Bemessungsgrundlage, nämlich die pauschale Anknüpfung an den Bodenpachtmarkt für den erwerbsmäßigen Obst- und Gemüseanbau nicht beanstandet, sondern lediglich den in § 5 Abs. 1 Satz 1 a. F. enthaltenen Multiplikator (den doppelten Betrag) für zu niedrig erachtet, da dieser, bezogen auf den Bundesdurchschnitt, für einen 400 m^2 großen Kleingarten lediglich einen monatlichen Höchstpachtzins von 4,67 DM (auf der Grundlage des Agrarberichts 1982) ergebe und damit die Nutzungsbefugnis des Eigentümers allzusehr einschränke (BVerfGE 87, 114, 148). Näheres zur Entscheidung des BVerfG s. Mainczyk, Der Beschluß des BVerfG vom 23. September 1992 zum BKleingG, ZfBR 1993, 151 ff. Der Änderungsgesetzgeber, der sich unter eingehender Würdigung der tatsächlichen Verhältnisse mit der Entscheidung des BVerfG auseinandergesetzt hat (s. BT-Drs. 12/6154 S. 6 f.) hat dieser Entscheidung nicht nur durch eine Verdoppelung des Multiplikators Rechnung getragen, sondern auch die Möglichkeit einer Kostenüberwälzung für öffentlich-rechtliche Lasten, die auf dem Kleingartengrundstück ruhen, auf den Pächter geschaffen (§ 5 Abs. 5 n. F.). Damit hat er ein weiteres Bedenken gegen die Verfassungsmäßig- 3 keit der früheren Pachtzinsregelung ausgeräumt (vgl. BVerfGE 87, 114, 150). Dem Verpächter wird durch die neuen Regelungen ein hinreichender Ertrag ermöglicht. Die neue Regelung des § 5 Abs. 1 Satz 1 stellt keine verfassungswidrige Beschränkung der Eigentümerrechte dar (s. BGH, NJW-RR 1996, 143 f.). Eine Vorlage an das BVerfG wegen Verfassungswidrigkeit des § 5 Abs. 1 Satz 1 n. F. hat der BGH abgelehnt (BGH a. a. O.). Das Regelungssystem des BKleingG, das zulässigerweise Einschränkungen der Vertragsfreiheit hinsichtlich der Festlegung der Vertragsdauer, der Kündigungsmöglichkeiten und des Pachtzinses vorsieht, ist auch als solches, trotz der Unvereinbarkeit einzelner Bestimmungen mit dem Grundgesetz, nie obsolet geworden (BGH, NJW-RR 1996, 142 ff.).

4 Nach dieser Entscheidung war also der Gesetzgeber von Verfassungs wegen nicht grundsätzlich gehindert, eine Pachtzinsbegrenzung einzuführen. Das BVerfG hat in diesem Beschluß die Voraussetzungen für eine Preisbindung näher dargelegt. Danach sind preisrechtliche Vorschriften verfassungsrechtlich nicht ausgeschlossen, wenn sie durch **sozialpolitische Ziele** hinreichend legitimiert werden. Sie **konkretisieren** insoweit im Rahmen von Art. 14 GG die **Sozialbindung des Eigentums** (BVerfGE 87, 114, 146; BVerfGE 21, 87, 90). Das gilt **insbesondere für Grundstücke**, weil bei diesen sowohl das Angebot als auch die Nachfrage weniger flexibel sind als bei anderen vermögenswerten Gütern, ihre **soziale Bedeutung** aber besonders groß ist. Da Grund und Boden nicht vermehrbar sind und Grundstücke für bestimmte Nutzungen auch nicht ohne weiteres ausgetauscht werden können, kann sich am Markt ein Preis bilden, der im Hinblick auf die soziale Funktion des Eigentumsobjekts nicht mehr angemessen ist (BVerfGE 87, 114, 146).

5 Diese Erwägungen gelten nach dem Spruch des BVerfG auch für **Kleingärten**. Für Kleingartenanlagen werden überwiegend **Grundstücke** benötigt, die **innerhalb des Stadtgebiets** oder in seiner **unmittelbaren Nähe** liegen und verkehrsmäßig (den heutigen städtebaulichen Anforderungen entsprechend) **erschlossen** sind. **Grundstücke**, die diesen Anforderungen entsprechen, **sind knapp**, und die **Nachfrage** nach ihnen **groß**. Durch Ausweisung von Kleingartenland in Bauleitplänen kann das Angebot nur in engen Grenzen erhöht werden. In Ballungsgebieten ist nach Aussagen der Kleingärtnerorganisationen und der Sachverständigen der Länder und der kommunalen Spitzenverbände ein ausgeprägter Mangel an Kleingärten festzustellen. Bewerber müßten nicht selten fünf bis acht Jahre Wartezeit hinnehmen bevor sie einen Kleingarten pachten könnten (vgl. BT-Drs. 12/6154 S. 6).

6 Unter Berücksichtigung der **sozialen Funktion des Kleingartens** und der **Nachfrage nach Kleingärten**, hat der Gesetzgeber entschieden, die Preisbildung nicht völlig dem freien Spiel der Kräfte zu überlassen, insbesondere auch deshalb, weil durch § 5 Abs. 5 gleichzeitig sichergestellt wird, daß die öffentlich-rechtlichen Lasten, die auf dem Kleingartengrundstück ruhen, auf die Kleingärtner überwälzt werden können. Mit dieser Regelung soll einer nicht absehbaren Preisentwicklung vorgebeugt werden, die aufgrund der **Unausgewogenheit von Angebot und Nachfrage** Verdrängungsprozesse in unteren und mittleren Einkommensschichten der Kleingärtner nach sich ziehen könnte. Hierbei hat der Gesetzgeber berücksichtigt, daß der Anteil der Rentner, Vorruheständler und Arbeitslosen unter den Kleingärtnern – wie von den

Kleingärtnerorganisationen in der Arbeitsgruppe dargelegt wurde (s. o. Einleitung Rn. 43) — erheblich ist (BT-Drs. 12/6154 S. 6).

Die neue Pachtzinsregelung **unterscheidet nicht** — wie die alte übrigens auch — zwischen **privaten Verpächtern** und der **Gemeinde** als Verpächterin von Kleingartenland sowie allen **anderen juristischen Personen des öffentlichen Rechts** (z. B. Bund, Länder, die Flächen für Kleingärten verpachtet haben), obwohl das BVerfG die frühere Pachtzinsregelung nur für verfassungswidrig erklärt hat, soweit private Verpächter betroffen sind. Der Gesetzgeber war danach also nicht gehindert, die alte Regelung für Kleingartenpachtverhältnisse mit juristischen Personen des öffentlichen Rechts aufrechtzuerhalten. Die Folge wäre jedoch ein unterschiedlicher, ein „gespaltener Pachtzins" einerseits für Privatland und andererseits für sonstiges Kleingartenland. Eine Beschränkung der Reichweite der Neuregelung lediglich auf private Verpächter hat der Gesetzgeber aus grundsätzlichen Erwägungen für nicht vertretbar gehalten. Ein **gespaltener Pachtzins** würde den sozialen Frieden unter den Kleingärtnern gefährden, insbesondere in sog. **gemischten Kleingartenanlagen**, die aus privaten und gemeindlichen Grundstücken bestehen. Vor allem in den neuen Ländern sind gemischte Eigentümerstrukturen häufig anzutreffen. 7

Die (rückwirkende) **Erhöhung des Pachtzinses auf den vierfachen Betrag** des ortsüblichen Pachtpreises im erwerbsmäßigen Obst- und Gemüseanbau regelt das BKleingÄndG in Art. 3 (Überleitungsregelungen). Diese Bestimmung gilt nur in den alten Ländern. Für die neuen Länder hat der Gesetzgeber eine Sonderregelung in § 20 a — neu — getroffen. Zur Erhöhung des Pachtzinses nach Art. 3 s. Erläuterungen zu Art. 3 BKleingÄndG, S. 224 f. 7 a

2. Ortsübliche Pacht im erwerbsmäßigen Obst- und Gemüseanbau

Grundlage für die Ermittlung der nach Abs. 1 zulässigen Höchstpacht ist die ortsübliche Pacht im **erwerbsmäßigen Obst- und Gemüseanbau.** Zum **Obstbau** gehören die Aufzucht und Pflege von Obstbäumen und Obststräuchern einschließlich des Beerenobstes, zum **Gemüseanbau,** der Anbau der üblichen Gemüsekulturen (s. Picallo-Bendel, Grundstücksverkehrsgesetz S. 185). Der Blumen- und Zierpflanzenbau, die Samen- und Pilzzucht, Garten- und Obstbaumschulen fallen zwar unter den Begriff des Erwerbsgartenbaues, nicht aber unter den Obst- und Gemüseanbau. Pachtflächen, auf denen weder Obst- noch Gemüseanbau der oben beschriebenen Art betrieben werden, können nicht als Maßstab für die Ermittlung der zulässigen Höchstpacht nach § 5 Abs. 1 herangezogen werden. Obst- und Gemüseanbau müssen gewerbsmäßig betrieben werden, das heißt also in der Absicht ständiger Gewinnerzielung. Die Nutzung des Bodens muß über die Deckung des Eigenbedarfs hinausgehen. Dient das gewonnene Obst und Gemüse nur der Selbstversorgung des Nutzungsberechtigten, liegt kein erwerbsmäßiger Obst- und Gemüseanbau vor. 8

Zu ermitteln ist die **ortsübliche Pacht,** d. i. der in der betreffenden Gemeinde tatsächlich durchschnittlich gezahlte Pachtpreis (§ 5 Abs. 1 Satz 4). Die Bemessungsgrundlage stellt damit auf den Bodenpachtmarkt ab, setzt also einen aufgrund von Angebot und Nachfrage frei vereinbarten Pachtpreis voraus, der im gewöhnlichen Geschäftsverkehr erzielt wird. Zur Ermittlung des ortsüblichen Pachtzinses sind nur solche Pachtpreise heranzuziehen, bei denen anzunehmen ist, daß sie nicht durch 9 ungewöhnliche Verhältnisse beeinflußt sind, z. B. durch besondere Schwierigkeiten bei der Nutzungsvorbereitung oder durch verwandtschaftliche Beziehungen zwischen den Vertragsparteien. Als Ermittlungsgrundlage ist diejenige Pacht heranzuziehen, die der kleingärtnerischen Nutzung am nächsten liegt, d. i. der Freilandgemüse- und Obstanbau.

9 a Liegen ortsübliche Pachtzinsen im erwerbsmäßigen Obst- und Gemüseanbau nicht vor, ist ersatzweise der entsprechende Pachtzins in einer vergleichbaren Gemeinde als Bemessungsgrundlage zugrunde zu legen. Vergleichbar sind Gemeinden gleicher Größenordnung und gleicher Wirtschaftsstruktur z. B. in einer Industrieregion oder in einer Region mit großer Verdichtung oder Verdichtungsansätzen. Weitere Kriterien für die Vergleichbarkeit können sich aus raumordnerischen und landesplanungsrechtlichen Gesichtspunkten ergeben in Hinblick auf Wirtschaftsleistung, Einkommen, Beschäftigung, Branchenstruktur (BT-Drs. 12/6154 S. 9). Die Vergleichbarkeit ist nicht auf das Land beschränkt, in dem der Pachtpreis ermittelt werden soll. Vergleichbar sind auch Gemeinden in anderen Bundesländern, und zwar sowohl in den alten als auch in den neuen Ländern.

10 Auskünfte über ortsübliche Pachtzinsen im erwerbsmäßigen Obst- und Gemüseanbau können die für die Anzeige von Landpachtverträgen zuständigen Behörden erteilen. Nach § 2 LPachtVG (= Landpachtverkehrsgesetz vom 8. 11. 1985 – BGBl I S. 2075) ist die Anzeige gegenüber der Landwirtschaftsbehörde binnen eines Monats nach Abschluß der Vereinbarung zu erklären. Die Anzeige kann durch Zwangsgeld erzwungen werden. Die Landwirtschaftsbehörde kann u. a. den vereinbarten Pachtzins beanstanden, wenn er nicht in einem angemessenen Verhältnis zu dem bei ordnungsgemäßer Bewirtschaftung nachhaltig zu erzielenden Ertrag steht. Die zuständige Behörde für die Anzeige bestimmen die Länder. Das sind in der Regel die Ämter für Landwirtschaft.

In der Begründung zur Regierungsvorlage des BKleingG wird zur Frage der Höhe des Pachtzinses im erwerbsmäßigen Obst- und Gemüseanbau ausgeführt:

> „Die Pachtpreise für erwerbsmäßig genutzte Flächen liegen beim Obstbau im Bundesdurchschnitt bei 656,– DM/ha und Jahr und Freilandgemüseanbau unter Berücksichtigung der verschiedenen Intensitätsstufen bei 717,– DM/ha, im Schnitt somit bei 686,– DM/ha oder 0,07 DM/m² und Jahr (Quelle: Material zum Agrarbericht 1982). Regional schwanken die Angaben zur Pachthöhe. Das hängt u. a. davon ab, ob viele Gartenbaubetriebe insgesamt in der Region ihren Sitz haben und damit der Grundstücksmarkt für Pachtland stärker belastet ist. Im Bereich der Landwirtschaftskammern Rheinland und Westfalen-Lippe im Lande Nordrhein-Westfalen liegen die Pachtpreise für den Obst- und Gemüseanbau zwischen 0,08 DM/m² und 0,16 DM/m² und Jahr je nach Intensitätsstufe und Nachfragesituation." (BT-Drs. 9/1900 S. 14)

11 Nach dem Materialband zum Agrarbericht 1996 der Bundesregierung liegen die Pachtzinsen im früheren Bundesgebiet für das Wirtschaftsjahr 1994/95 für Freilandgemüseanbau bei 1027,– DM/ha, für Obstbau bei 816,– DM/ha, für landwirtschaftliche Vollerwerbsbetriebe bei 488,– DM/ha (BT-Drs. 13/3681 S. 260, 256, 178). Danach liegen die Pachtpreise im erwerbsmäßigen Obst- und Gemüseanbau in den alten Ländern im Durchschnitt bei 0,0921 DM/m².

In den neuen Ländern konnte nach den Erläuterungen im Materialband für das Wirtschaftsjahr 1994/95 noch keine ausreichende Repräsentativität aller Betriebsstrukturen erreicht werden. Damit war eine Hochrechnung der Stichprobenergebnisse noch nicht möglich. Die Ergebnisse wurden daher als einfache arithmetische Durchschnitte für die jeweilige Betriebsgruppe dargestellt. Zusätzlich wurden die Betriebe gegliedert in Einzelunternehmen, Personengesellschaften (BGB-Gesellschaft, OHG, KG) und juristische Personen (Genossenschaften, AG, GmbH) einschließlich der Mischform GmbH und Co KG (BT-Drs. 13/3681 S. 156). Danach liegen die Pachten im Bereich Gartenbaubetriebe Gemüse – (Einzelunternehmen) bei 673,– DM/ha (BT-Drs. 13/3681 S. 291, im Bereich der landwirtschaftlichen Vollerwerbsbetriebe/Einzelunternehmen bei 196,– DM/ha (S. 278), im Bereich der Personengesellschaften bei 198,– DM/ha (S. 294) und im Bereich der juristischen Personen bei 161,– DM/ha (S. 301). **11 a**

Die tatsächlichen Kleingartenpachtzinsen sind regional sehr unterschiedlich. In Ballungsräumen liegen sie erheblich über den Pachtzinsen im ländlichen Bereich. Unter der Geltung des § 5 Abs. 1 BKleingG a. F. (doppelter Betrag des ortsüblichen Pachtzinses im erwerbsmäßigen Obst- und Gemüseanbau) lagen die Pachtzinsen z. B. in Düren bei 0,10 DM/m²/Jahr und in Düsseldorf bei 0,35 DM/m²/Jahr nach dem vom Bundesverband Deutscher Gartenfreunde e.V. herausgegebenen Pachtzins-Spiegel – Stand Februar 1992 – (Der Fachberater 1992, 20 f.). **11 b**

3. Pachtobergrenze

Zulässige Höchstpacht ist nach § 5 Abs. 1 Satz 1 der vierfache Betrag der ortsüblichen Pacht im erwerbsmäßigen Obst- und Gemüseanbau, **bezogen auf die Gesamtfläche der Kleingartenanlage.** Dabei sind die auf die gemeinschaftlichen Einrichtungen entfallenden Flächen bei der Ermittlung des Pachtzinses für den einzelnen Kleingarten **anteilig zu berücksichtigen** (Abs. 1 Satz 2). Der Zwischenpächter entrichtet danach dem Verpächter die Pacht für die gesamte Fläche der Kleingartenanlage, der einzelne Kleingärtner für seinen Kleingarten und anteilig für die auf die gemeinschaftlichen Einrichtungen (z. B. Wege, Spielflächen und Vereinshäuser, § 1 Abs. 1 Nr. 2) entfallenden Flächen. Liegen in der Kleingartenanlage auch Eigentümergärten, dann sind die Flächen dieser Gärten nicht verpachtet. Der Pachtzins für die Anlage vermindert sich also um diese Fläche. Nach welchen Maßstäben die anteilige Berücksichtigung erfolgen soll, ist in Abs. 1 Satz 2 nicht geregelt. In Anlehnung an den Grundgedanken der Erstattungspflicht eines Kleingärtners für die vom Verpächter geleisteten Aufwendungen für die Kleingartenanlage (§ 5 Abs. 4) empfiehlt sich die anteilige Berücksichtigung nach dem **Flächenverhältnis zwischen dem einzelnen Kleingarten** und der auf die **gemeinschaftlichen Einrichtungen entfallenden Flächen** (so auch Stang, § 5 Rn. 19). Diese pauschale, an dem Verhältnis zwischen Kleingarten und Flächen für Gemeinschaftseinrichtungen orientierte Heranziehung der Kleingärtner ist auch gerechtfertigt, weil diese Gemeinschaftseinrichtungen elementarer Bestandteil der Kleingartenanlage und damit Voraussetzung der Kleingarteneigenschaft i. S. des BKleingG sind. So ermöglichen z. B. Wege erst die kleingärtnerische Nutzung im Sinne dieses Gesetzes. **12**

13 Die Größe der Fläche für Gemeinschaftseinrichtungen beeinflußt nicht die gesetzlich vorgeschriebene anteilsmäßige Verteilung des Pachtzinses für diese Flächen auf die Einzelgärten. Der Grundsatz der anteiligen Berücksichtigung der Einzelgärten (Abs. 1 Satz 2) gilt auch dann, wenn die Kleingartenanlage für die Allgemeinheit geöffnet ist (a. A. [wohl] Otte, in: Ernst/Zinkahn/Bielenberg, BKleingG, § 5 Rn 8; Stang, BKleingG, § 5 Rn. 20 bei „übermäßig großen Wege- und Grünflächen"). Die Vorschrift des Abs. 1 Satz 2 sieht Ausnahmen nicht vor. Die Vertragsparteien können jedoch bei der Pachtzinsvereinbarung Abmachungen treffen, die die Öffnung der Anlage für die Allgemeinheit oder/und die Übernahme der Pflege dieser Flächen berücksichtigen, etwa durch Abschläge vom (an sich zulässigen) Höchstpachtzins. Der federführende Bundestagsausschuß hat sich während der parlamentarischen Beratungen des Entwurfs eines BKleingG eingehend mit der Frage befaßt, ob eine Regelung notwendig ist, die Abschläge in den Fällen vorsieht, in denen die Kleingärtner und die Vereine die Pflege der Fläche übernommen haben, die für die Bevölkerung zugänglich sind.

> „Der Ausschluß hält eine solche Regelung einvernehmlich für entbehrlich, da § 4 Abs. 1 (jetzt § 5 Abs. 1) keinen festen Regelpachtzins vorschreibt, sondern nur eine Höchstgrenze angibt. Es wird also der Preisvereinbarung zwischen den Parteien überlassen bleiben, bestimmte Sonderleistungen der Kleingärtner zu berücksichtigen." (BT-Drs. 9/2232 S. 16)

13 a Sind im Bebauungsplan Wege innerhalb der Dauerkleingartenanlage als (öffentliche) Verkehrsflächen nach § 9 Abs. 1 Nr. 11 BauGB festgesetzt oder Spielflächen als öffentliche Grünflächen nach § 9 Abs. 1 Nr. 15 BauGB, bleiben diese Gemeinschaftsflächen bei der Ermittlung des Pachtzinses unberücksichtigt. In beiden Fällen handelt es sich um sog. entschädigungspflichtige Festsetzungen. Der Eigentümer dieser Flächen kann nach Maßgabe des § 40 BauGB Entschädigungen in Geld verlangen.

14 Die Vorschrift des § 5 Abs. 1 Satz 1 regelt lediglich den zulässigen Höchstpachtzins. Die Vertragsparteien können (selbstverständlich) auch Pachtzinsen vereinbaren, die unter der gesetzlich zulässigen Höchstpacht liegen. Überschreitet der vereinbarte Pachtzins den gesetzlich zulässigen Höchstpachtpreis, ist die Vereinbarung insoweit nichtig (§ 13). An die Stelle des vereinbarten (überhöhten) Pachtzinses tritt der Höchstpachtzins nach Abs. 1 (vgl. BGHZ 108, 147, 150 = BGH, NJW 1989, 2470 ff.). Das gilt auch für vor dem 1. 4. 1983 abgeschlossene Verträge, in denen eine höhere als die nach Abs. 1 zulässige vereinbart wurde. Die gesetzliche Herabsetzung der Pachtzinsen ist verfassungsrechtlich unbedenklich (BGHZ a. a. O.). Im übrigen bleibt der Pachtvertrag unverändert wirksam. Den über den zulässigen Höchstpachtzins hinausgehenden Betrag kann der Pächter nach § 812 Abs. 1 BGB zurückverlangen (so auch zum früheren Recht RGZ 97, 82; vgl. im übrigen hierzu auch Staudinger, Kommentar zum BGB, 11. Aufl., Vorbemerkungen zu den §§ 581 ff.; Putzo, in Palandt: BGB, 51. Aufl. 1983, Einführung vor § 581, Rn. 14; BGHZ 51, 181; 108, 147, 150).

15 Über sogenannte **„Zwischenpächterzuschläge"** enthält das BKleingG keine Bestimmung. Solche Zuschläge sind aber zulässig, wenn sie dazu dienen, den im Zusammenhang mit der Nutzungsüberlassung entstehenden Verwaltungsaufwand des Zwi-

schenpächters (hier konkret der als gemeinnützig anerkannten Kleingärtnerorganisation) zu finanzieren und wenn die zulässige Höchstpacht dadurch nicht überschritten wird. Der Zwischenpächter wird deshalb bei Vertragsschluß darauf zu achten haben, daß ein Pachtpreis vereinbart wird, der es ermöglicht, einen Zwischenpächterzuschlag zu erheben. Ist ein Zwischenpächterzuschlag nicht mehr möglich, weil die Höchstgrenze für die Pacht bereits erreicht ist, dann wird der Zwischenpächter seine Aufwendungen für die Kleingartenanlage — aus Gründen des § 13 — nur über Mitgliedsbeiträge — gegebenenfalls durch Erhöhung der Mitgliedsbeiträge — oder über Verwaltungszuschläge, sofern Kleingärtner nicht Mitglieder der Kleingärtnerorganisation sind — finanzieren können. S. auch Nebenleistungen des Pächters Rn. 26 ff.

Geldliche oder sonstige Gemeinschaftsleistungen, die der Kleingärtner zur Instandhaltung, Erneuerung oder Verbesserung der Kleingartenanlage vertraglich zu erbringen hat, sind nicht Teil des Pachtzinses und können auf diesen auch nicht angerechnet werden. Der Leistungsgrund ist in beiden Fällen ein anderer. Der Pachtzins wird geleistet für die Nutzungsüberlassung der Kleingartenfläche und für den Genuß der Früchte, der durch die Nutzungsüberlassung ermöglicht wird, die Gemeinschaftsleistungen werden erbracht für den „Betrieb" der Kleingartenanlage, für die Kleingärtnergemeinschaft der Anlage (teilw. a. M. Stang, § 5 Rn. 23). **15 a**

4. Gutachten über den örtlichen Pachtzins

Abs. 2 räumt den Vertragsparteien die Möglichkeit ein, ein Gutachten beim Gutachterausschuß (§ 192 BauGB) einzuholen. Gutachterausschüsse werden als selbständige und unabhängige Institutionen gebildet. Aufgabe der Gutachterausschüsse ist die Ermittlung von Grundstückswerten und die Vornahme anderer Wertermittlungen. Abs. 2 hat ihnen auch die Aufgabe übertragen, Pachtzinsen in erwerbsmäßigem Obst- und Gemüseanbau zu ermitteln. **16**

Gutachterausschüsse bestehen aus einem Vorsitzenden und ehrenamtlichen weiteren Gutachtern. Es sollen nur sachkundige und erfahrene Personen als Gutachter bestellt werden. Sie dürfen nicht hauptamtlich mit der Verwaltung von Grundstücken der Gebietskörperschaft befaßt sein, für deren Bereich der Gutachterausschuß gebildet ist. Gutachterausschüsse bedienen sich einer Geschäftsstelle zur Vorbereitung ihrer Gutachtertätigkeit. **17**

Die Parteien sind nicht verpflichtet, ein Gutachten über die ortsüblichen Pachtzinsen einzuholen. Abs. 2 verpflichtet lediglich den Gutachterausschuß, ein Gutachten zu erstatten, wenn ein solcher Antrag gestellt wird. Antragsberechtigt ist jede Vertragspartei eines Kleingartenpachtvertrages. Die Antragstellung kann zum Beispiel aktuell werden, wenn die Vertragspartner über den ortsüblichen Pachtzins keine Einigkeit erzielen. Diese Gutachten haben **keine bindende Wirkung, soweit nichts anderes vereinbart** wird (vgl. § 193 Abs. 4 BauGB). Auch wenn sie keine rechtlich bindende Wirkung haben, sind sie faktisch von erheblicher Bedeutung. Wer vom Gutachten des Gutachterausschusses abweichen will, muß dies konkretisiert begründen. Im Streitfall entscheiden die ordentlichen Gerichte über den zulässigen Höchstpachtzins. **18**

Das Gutachten des Gutachterausschusses ist in einem gerichtlichen Verfahren als Sachverständigenbeweis i. S. der §§ 402 ff. ZPO zu behandeln (BGHZ 62, 93). Die Kosten für das Gutachten richten sich nach Landesrecht. Die Vertragsparteien können auch einen privaten Sachverständigen beauftragen, die ortsübliche Pacht im erwerbsmäßigen Obst- und Gemüseanbau zu ermitteln. Zur Art und Weise der Ermittlung der ortsüblichen Pachtzinsen s. oben Rn. 8 f.

18 a Der durch das BKleingÄndG neu eingefügte Satz 2 in Abs. 2 stellt ausdrücklich klar, daß die für die Anzeige von Landpachtverträgen zuständigen Landwirtschaftsbehörde auf Verlangen des Gutachterausschusses verpflichtet sind, Auskünfte über die von ihnen gesammelten Daten über Pachtzinsen im erwerbsmäßigen Obst- und Gemüseanbau zu erteilen. Diese Vorschrift ergänzt insoweit § 197 Abs. 2 BauGB. Danach sind die Behörden zur Rechts- und Amtshilfe gegenüber dem Gutachterausschuß verpflichtet.

18 b Aus datenschutzrechtlichen Gründen wurde auch Satz 3 durch das BKleingÄndG in die Vorschrift über die Erstellung von Gutachten zum Pachtzins neu eingefügt. Liegen danach anonymisierbare Daten i. S. d. Bundesdatenschutzgesetzes nicht vor, sind ergänzend Pachtzinsen im erwerbsmäßigen Obst- und Gemüseanbau in einer vergleichbaren Gemeinde (s. oben Rn. 9 a) als Bemessungsgrundlage heranzuziehen. Dadurch sollen Rückschlüsse auf personenbezogene Daten verhindert werden, z. B. auf Pachteinnahmen, wenn nur ein Verpächter in der Gemeinde Kleingartenland zur Verfügung gestellt hat. Die Verbreiterung der Datengrundlagen trägt auch dazu bei, ausgewogene Ergebnisse bei der Datenermittlung zu erlangen.

5. Anpassung des Pachtzinses an den veränderten Pachtmarkt

19 § 5 Abs. 1 regelt den Höchstpachtzins. Der Höchstpachtzins seinerseits knüpft an den Bodenpachtmarkt an. Um diese Anknüpfung auf Dauer sicherzustellen, muß eine Anpassung an die veränderten Marktverhältnisse möglich sein. § 5 Abs. 3 regelt diese Anpassung. Nach § 5 Abs. 3 Satz 3 können die Vertragsparteien die **Anpassung frühestens nach Ablauf von drei Jahren** seit Vertragsschluß oder der vorhergehenden Anpassung verlangen. Die Anpassung betrifft nicht den Fall des von vornherein (vereinbarten) überhöhten Pachtzinses (s. hierzu oben Rn. 12). Abs. 3 regelt nur die Anpassung einer nach Abs. 1 zulässigen Pachtzinsvereinbarung (BGHZ, 108, 147, 150 f. = BGH, NJW 1989, 2470 ff.). Für Pachtzinsvereinbarungen, die vor dem 1. 4. 1983 geschlossen wurden, gilt nichts anderes. Soweit das BKleingG zu einer Herabsetzung vereinbarter und gezahlter Pachten führt, ist es verfassungsrechtlich unbedenklich (BGH a. a. O). Die Sperrfrist beginnt mit dem Zeitpunkt zu laufen, in dem der Vertrag abgeschlossen oder die vorhergehende Anpassung erklärt worden ist. A. A. gegen den eindeutigen Gesetzeswortlaut Stang, a. a. O. § 5 Rn. 52. Der Anpassungsrhythmus von drei Jahren lehnt sich insoweit an die Erbbaurechts-Verordnung an. Die Sperrfrist von drei Jahren ist zwingendes Recht; sie ist nicht abdingbar. Eine vertragliche Vereinbarung, die diese Frist abkürzt oder ausschließt, ist nach § 13 nichtig.

Soweit für den Zeitraum vor Inkrafttreten des BKleingG eine Pachtzinserhöhung wegen Wegfalls der Geschäftsgrundlage, vor allem wegen einer durch Geldwertschwund eingetretenen Äquivalenzstörung erfolgt, darf sie nicht dazu führen, daß der Verpächter für die Zeit vor dem Inkrafttreten des BKleingG einen höheren Pachtzins verlangen kann als für die Zeit danach (BGH, NJW RR 1996, 142 f.). § 5 ist insoweit Orientierungshilfe und entfaltet daher für einen möglichen Erhöhungsanspruch eine gewisse Vorwirkung (BGH a. a. O.). **19 a**

Abs. 3 Satz 1 ermächtigt die Vertragsparteien, durch **einseitige vertragsgestaltende Erklärung** den bisherigen Pachtzins bis zur Höhe des in § 5 Abs. 1 vorgesehenen **Pachtzinses anzuheben oder,** sofern der bisherige Pachtzins darüber liegt, **herabzusetzen.** Den Nachweis der Veränderung auf dem Pachtzinsmarkt hat derjenige zu erbringen, der eine Herauf- oder Herabsetzung des Pachtzinses erklärt. Abs. 3 Satz 1 stellt ab auf die nach Absatz 1 zulässige Pachtzinsvereinbarung (BGHZ 108, 147, 150 f; BGH, NJW 1989, 2470 ff.). Zum Nachweis der zulässigen Höchstpacht können die Vertragsparteien ein Gutachten einholen (s. oben Rn. 18 ff.). Im Streitfall über die Richtigkeit des ermittelten Pachtzinses entscheiden die ordentlichen Gerichte über den zulässigen Höchstpachtzins (s. auch oben Rn. 18). Die einseitige Pachtzinsänderung knüpft an den Rechtsgedanken des § 1 KÄndG von 1969 an; danach konnte der Pachtzins durch einseitige Erklärung des Verpächters angehoben werden. **20**

Die „Anpassungserklärung" hat schriftlich zu erfolgen; sie ist unwirksam, wenn die Form nicht eingehalten wird (s. hierzu auch § 7 Rn. 1). Die Wirksamkeit der Anpassungserklärung setzt voraus, daß sie der anderen Vertragspartei zugegangen ist, d. h. in ihren Machtbereich gelangt ist (s. Vorbemerkungen zu den §§ 7 bis 10 Rn. 2). Nach Abs. 3 Satz 2 schuldet der Pächter vom ersten Tage des auf die Anpassungserklärung folgenden (viertel-, halb-, jährlichen) Zahlungszeitraumes an — anstelle des bisher zu entrichtenden Pachtzinses — den höheren oder niedrigeren Pachtzins. Bei jährlicher Zahlungsweise wirkt sich also die Anpassungserklärung erst auf die Pachtzinszahlung im nächsten Jahr aus. Hat der Verpächter einen zu hohen oder der Pächter einen zu niedrigen Pachtzins verlangt, so verliert die Erklärung des Verpächters oder Pächters dadurch zwar nicht ihre Gültigkeit, sie wird aber nur in der zulässigen Höhe nach § 5 Abs. 1 wirksam (s. auch oben Rn. 14). **21**

Die Anpassungserklärung einer Vertragspartei ist zweifellos ein Eingriff in den Grundsatz „Verträge müssen gehalten werden", hat aber den Vorteil, daß der Vertrag im übrigen nicht berührt wird. Der Pachtvertrag gilt — mit Ausnahme des Pachtzinses — unverändert fort. **22**

Im Falle einer Pachtzinserhöhung räumt § 5 Abs. 3 Satz 4 dem Pächter ein **vorzeitiges Kündigungsrecht** ein. Diese Regelung knüpft an den Rechtsgedanken des § 11 Wohnungsbindungsgesetz und des § 9 Miethöhegesetz an. Durch die **Ausübung des Kündigungsrechts kann sich der Pächter den Wirkungen der Pachterhöhung entziehen.** Das Kündigungsrecht besteht bei allen Kleingartenpachtverträgen. Die Kündigung des Pächters muß schriftlich erfolgen. Macht der Pächter rechtzeitig Gebrauch von der Kündigung, wird die Pachtzinserhöhung nicht wirksam. Bis zur Beendigung **23** des Vertragsverhältnisses schuldet der Verpächter die bisherige Pacht. Eine verspätete Kündigung ist unwirksam und kann höchstens in eine ordentliche Kündigung umgedeutet werden, jedoch bleibt in diesem Falle die Wirksamkeit der Erhöhung bestehen.

Da die Wirksamkeit der Anpassungserklärung unabhängig vom Zeitpunkt ihres Zugangs immer mit dem Beginn des nachfolgenden Zahlungszeitraums eintritt – also zum Beispiel eine am Tag vor einem neuen Zahlungszeitraum eingehende Erklärung bereits Wirkungen für diesen Zeitraum begründen kann – hat der Pächter eine Überlegungsfrist von zwei Wochen. Nach Abs. 3 Satz 4 ist der Pächter berechtigt, das Pachtverhältnis spätestens am fünfzehnten Werktag des Zahlungszeitraums, von dem an die Pacht erhöht werden soll, für den Ablauf des nächsten Kalendermonats zu kündigen.

Beispiel:

Jährliche Zahlungsweise – Zahlungszeitraum 1. Dezember bis 30. November (Pachtjahr)
Wirksam werdende Anpassungserklärung: 29. November
Neuer Pachtzins: ab 1. Dezember
Kündigung (spätestens) am 15. Dezember zum 31. Januar.

Die Ausübung des vorzeitigen Kündigungsrechts durch den Pächter hat die Wirkung, daß das Pachtverhältnis zu dem entsprechenden Zeitpunkt beendet wird. Die Pachtzinserhöhung tritt nicht ein. Bis zur Beendigung des Pachtverhältnisses ist die bisherige Pacht zu zahlen.

24 Entsprechend § 4 Abs. 2 Satz 1 gelten die Regelungen über die einseitige Pachtzinsänderung auch für den Zwischenpachtvertrag.

25 Schuldrechtliche Vereinbarungen (Wertsicherungsklauseln), die zum Nachteil des Pächters oder an andere als in § 5 vorgeschriebene Maßstäbe anknüpfende Pachtzinsanpassungen vorsehen, sind gemäß § 13 nichtig.

6. Nebenleistungen des Pächters

26 **Der Pachtzins i. S. des § 5 Abs. 1 ist das Entgelt für die Überlassung (Bereitstellung) von Grund und Boden zur kleingärtnerischen Nutzung. Er umfaßt nicht die sog. Nebenleistungen,** zu denen der Pächter unter bestimmten Voraussetzungen neben dem Pachtzins – verpflichtet sein kann.

Zu den Nebenleistungen gehören die Erstattung von bestimmten Aufwendungen des Verpächters (Abs. 4), ferner die öffentlich-rechtlichen Lasten, die auf dem Kleingartengrundstück ruhen (Abs. 5), und schließlich die Entrichtung von Beiträgen zur Finanzierung des Verwaltungsaufwands des Zwischenpächters. Ein vertraglicher Ausschluß der Nebenleistungen ist möglich.

6.1 Erstattung von Aufwendungen für die Kleingartenanlage (Abs. 4)

27 Nach § 5 Abs. 4 Satz 1 kann der **Verpächter für von ihm geleistete Aufwendungen für die Kleingartenanlage vom Pächter Erstattung verlangen,** soweit die Aufwendungen nicht durch Leistungen der Kleingärtner oder ihrer Organisationen oder durch Zuschüsse aus öffentlichen Haushalten gedeckt worden sind und soweit sie im Rah-

men der kleingärtnerischen Nutzung üblich sind. Erstattungsfähig sind nur die vom Verpächter geleisteten Aufwendungen, das heißt die Kosten, die er für die Maßnahmen erbracht hat. Unter „**Aufwendungen** für die Kleingartenanlage" sind Aufopferungen von Vermögenswerten zu verstehen, **die der Errichtung und Nutzung einer Kleingartenanlage dienen** (vgl. BGH, NJW 1960, 1568). Kosten für Erschließungsmaßnahmen nach dem Baugesetzbuch oder nach landesrechtlichen Vorschriften gehören nicht hierzu.

In Satz 1 werden beispielhaft einige Aufwendungen für die Kleingartenanlage genannt und zwar für 28

- Bodenverbesserungen,
- Wege,
- Einfriedungen und
- Parkplätze.

Hierbei handelt es sich nicht um eine erschöpfende Aufzählung; das Gesetz will aber mit diesen Beispielen den Kreis der in Betracht kommenden erstattungsfähigen Aufwendungen abstecken. Erstattungsfähig sind insbesondere Maßnahmen zur Herrichtung des Geländes, wie Rodung und Dränage, insgesamt Maßnahmen zur Übergabe der Fläche in einem für die kleingärtnerische Nutzung vorbereiteten Zustand.

Die Aufwendungen für die Kleingartenanlage müssen ferner **im Rahmen der kleingärtnerischen Nutzung üblich** sein. Der Verpächter kann also nicht die Kleingartenanlage nach freiem Ermessen ausstatten, um dann von den Pächtern die hierfür erbrachten Aufwendungen erstattet zu verlangen. Das Gesetz selbst begrenzt den Erstattungsanspruch auf das heute im Kleingartenwesen Übliche; die Kleingartenanlage soll normalen Anforderungen genügen. Es besteht kein Erstattungsanspruch für einen Ausbau der Kleingartenanlage, der über das hinausgeht, was üblich ist, beispielsweise für ein **zu aufwendig gestaltetes Wegenetz,** das in dieser Art für die Anlage nicht erforderlich ist, für **zu großzügig bemessene Freiflächen mit einem Überangebot von Freizeiteinrichtungen** und ähnliches. Was im einzelnen im Rahmen der kleingärtnerischen Nutzung üblich ist, kann durch Vergleich von — in der Gemeinde vorhandenen — Kleingartenanlagen ermittelt werden. Dabei wird sich der Verpächter nicht „sklavisch" an die Ausstattung bereits vorhandener Kleingartenanlagen halten müssen, insbesondere dann nicht, wenn es sich um ältere Kleingartenanlagen handelt. Es wird noch kein Übermaß sein, wenn ein Verpächter über diese — durch Vergleich ermittelte — Ausstattung hinausgeht und bei den Aufwendungen für die Kleingartenanlage die Entwicklungen im Kleingartenwesen in den letzten Jahren mit in Rechnung stellt. 29

Abs. 4 Satz 1 gilt sowohl für den **Verpächter bei Zwischenpachtverträgen** als auch für den **Verpächter bei Einzelpachtverträgen.** Auch der Zwischenpächter — als Verpächter bei Einzelpachtverträgen — hat einen Erstattungsanspruch, wenn er Aufwendungen für die Kleingartenanlage geleistet, das heißt die Kosten getragen hat, soweit die Aufwendungen im Rahmen der kleingärtnerischen Nutzung üblich sind. Für die **Gemeinde als Verpächterin von Kleingartenland** gilt diese Bestimmung mit folgenden Einschränkungen: 30

31 **Landesmittel** zur Förderung des Kleingartenwesens **sind keine Aufwendungen** der Gemeinde, auch wenn sie der Gemeinde zur Ausstattung von Kleingartenanlagen zur Verfügung gestellt werden und über die Gemeinde den Kleingartenanlagen „zufließen". Die Gemeinde als Verpächterin von Kleingartenland kann diese Mittel nicht über den Erstattungsanspruch nach Abs. 4 Satz 1 zurückverlangen, auch nicht um andere Kleingartenanlagen zu fördern. Zuwendungen Dritter für Kleingartenanlagen sind keine Leistungen (Aufwendungen) der Gemeinde.

Unter welchen Bedingungen und mit welchen Auflagen diese Mittel vergeben werden, ist eine andere Frage; sie berühren jedenfalls nicht den Erstattungsanspruch nach Abs. 4 Satz 1. Das gleiche gilt auch für die Mittel der Gemeinde, die sie neben den Landesmitteln komplementär zur Verfügung zu stellen hat bzw. zur Verfügung stellt.

32 Die Gemeinde als Verpächterin von Kleingartenflächen hat auch **keinen Erstattungsanspruch** nach Abs. 4 Satz 1 für „kommunale Mittel", die als **Zuschuß aus dem gemeindlichen Haushalt** für Kleingartenanlagen bewilligt und vergeben worden sind. Abs. 4 Satz 1 bestimmt ausdrücklich, daß die Aufwendungen des Verpächters nicht durch Zuschüsse aus öffentlichen Haushalten gedeckt sein dürfen. Unter den Begriff **„Zuschüsse aus öffentlichen Haushalten" fallen alle zweckgebundenen nicht rückzahlbaren Leistungen (Zuwendungen, Zuweisungen), die im Haushaltsplan der Gemeinde veranschlagt sind oder außerplanmäßig verausgabt werden.** Einen Erstattungsanspruch kann die Gemeinde als Verpächterin von Kleingärten nur dann geltend machen, wenn sie diese Mittel ausdrücklich als erstattungsfähige Aufwendungen nach Abs. 4 vergeben, z. B. im Haushaltsplan als rückzahlbare zweckgebundene Darlehen ausgewiesen hat (ebenso Otte, § 5 Rn. 23; a. M. Stang, § 5 Rn. 64). S. hierzu BGH NJW 1997, 1071.

33 Erstattungspflichtig ist der Pächter, letztendlich der Kleingärtner. Bei einem Pächterwechsel geht die Erstattungspflicht in Höhe des noch zu leistenden Betrages auf den neuen Pächter (Kleingärtner) über, wenn der Erstattungsanspruch vom Verpächter bereits geltend gemacht worden ist. Bei Zwischenpachtverträgen wird der Zwischenpächter die ihm obliegende Erstattungspflicht an die Kleingärtner weitergeben. Satz 2 legt daher zur Vermeidung von Unsicherheiten den Umfang der Erstattungspflicht im einzelnen fest. Danach erstreckt sich die **Erstattungspflicht eines Kleingärtners auf den Teil der ersatzfähigen Aufwendungen, der dem Flächenverhältnis zwischen seinem Kleingarten und der Kleingartenanlage entspricht.** Die auf die gemeinschaftlichen Einrichtungen entfallenden Flächen werden der Kleingartenfläche anteilig zugerechnet. Diese Bestimmung schließt eine andere „privatrechtliche" Verteilung der Aufwendungen auf die einzelnen Kleingärtner aus.

34 Der Pächter kann den Erstattungsbetrag in **Teilleistungen** in Höhe des Pachtzinses und zugleich mit dem Pachtzins entrichten. Der Erstattungsanspruch erlischt, wenn die geschuldete Leistung bewirkt wird, wenn also der Erstattungsbetrag bezahlt ist.

35 Die Erstattungspflicht nach § 5 Abs. 4 ist eine kleingartenrechtliche Sonderregelung, auf die § 256 BGB über die Verzinsung von Aufwendungen keine Anwendung findet (so auch Otte, in: Ernst/Zinkahn/Bielenberg, BKleingG § 5 Rn. 21; a. A. Stang, BKleingG, § 5 Rn. 62). Der Aufwendungsersatz i. S. des § 256 BGB knüpft an das

Bestehen eines Schuldverhältnisses an. Er ist ein aus dem Schuldverhältnis fließender Anspruch; er setzt voraus, daß für den Vertragspartner im Rahmen eines Schuldverhältnisses Aufwendungen erbracht worden sind (s. Müller, Der Anspruch auf den Aufwendungsersatz im Rahmen eines Schuldverhältnisses, JZ 1968, 769 ff.). Die Aufwendungen nach § 5 Abs. 4 sind keine Leistungen, die im Rahmen eines Schuldverhältnisses für den Vertragspartner erbracht werden; sie setzen auch kein Schuldverhältnis voraus. Sie sind vielmehr vom Schuldverhältnis unabhängig. Die Aufwendungen kommen zwar den späteren Nutzern (Kleingärtnern) im Ergebnis insoweit zugute als eine bereits hergerichtete Kleingartenanlage „wertvoller" ist. Eben weil diese Aufwendungen im Pachtpreis nicht berücksichtigt werden, sieht Absatz 4 eine Erstattungspflicht vor.

6.2 Kostenüberwälzung für öffentlich-rechtliche Lasten, die auf dem Kleingartengrundstück ruhen (Abs. 5)

Nach Abs. 5 kann der Verpächter die Erstattung der öffentlich-rechtlichen Lasten, **36**
die auf dem Kleingartengrundstück ruhen, verlangen. Diese Vorschrift ist durch das BKleingÄndG in das BKleingG eingefügt worden.

Nach früherem Recht hatte nach den §§ 546, 581 Abs. 2 BGB, § 4 Abs. 1 BKleingG **37**
der Verpächter die Lasten, die auf dem Kleingartengrundstück ruhen, zu tragen, soweit vertraglich nichts anderes vereinbart worden war. Das BVerfG hat in seiner Entscheidung vom 23. September 1992 (BVerfGE 114, 148 f.) die Verfassungswidrigkeit der bisherigen Pachtzinsbegrenzung u. a. damit begründet, daß der Eigentümer ggf. sogar Verluste hinnehmen müsse, wenn er keine Möglichkeit habe, öffentliche Lasten, die für ein Kleingartengrundstück in beträchtlicher Höhe anfallen könnten, in angemessener Weise bei der Bemessung des Pachtzinses zu berücksichtigen. Der Gesetzgeber hat daher im Zusammenhang mit der Neugestaltung der Pachtzinsregelung auch die Überwälzbarkeit der öffentlich-rechtlichen Lasten, die auf dem Kleingartengrundstück ruhen, auf den Pächter geregelt. Die Kostenüberwälzung verbessert zusätzlich die Rendite des Verpächters; umgekehrt wird für den Pächter des Kleingartens deutlich, daß diese von ihm zu tragende Mehrbelastung auf unmittelbar anfallende Kosten zurückzuführen ist.

Zu den **öffentlich-rechtlichen Lasten**, die auf dem Kleingartengrundstück ruhen, **38**
gehören insbesondere die **Grundsteuer, Beiträge** (Anschluß- und Straßenausbaubeiträge) nach den Kommunalabgabengesetzen der Länder und grundstücksbezogene **Gebühren**. Für **Erschließungsbeiträge trifft das BKleingÄndG in Art. 2 eine Sonderregelung.** Danach werden Erschließungsbeiträge für Grundstücke, die als Kleingärten i. S. d. BKleingG genutzt werden, solange **zinslos gestundet**, bis das Kleingartengrundstück einer anderen Nutzung zugeführt wird.

6.2.1 Grundsteuer

Kleingärten i. S. d. BKleingG sind – für die **Grundsteuer** – nach den Richtlinien **39**
für die Bewertung des Grundvermögens vom 19. September 1960 (BStBl I 890) und nach der Rechtsprechung des Bundesfinanzhofs (BFH) in der Regel wegen des weitgehenden Pachtschutzes als land- und forstwirtschaftliches Vermögen zu bewerten, es sei denn, daß aus besonderen Umständen zu entnehmen ist, daß das Land dem-

nächst einer Bebauung oder einer anderen nicht gärtnerischen Nutzung zugeführt werden soll (BFH, U. v. 9. August 1989 – II R 116/86 – BStBl II S. 870 = BFHE 158, 90 ff.). Zur Abgrenzung der Vermögensarten aus steuerlicher Sicht s. § 1 Rn. 71 f. Dauerkleingärten (§ 1 Abs. 3) sind stets als land- und forstwirtschaftliches Vermögen zu bewerten (Rössler/Troll, Bewertungsgesetz und Vermögensteuergesetz, § 69 Rn. 44). Das bedeutet, daß ein **Einheitswert** durch Anwendung des sog. **Ertragswertverfahrens zu ermitteln** ist. Hierbei ergeben sich vergleichsweise **niedrige Einheitswerte** und dementsprechend geringe Grundsteuerbeträge. Zur Bewertung von Kleingartenland und Gartenlauben in den neuen Ländern s. Rn. 41 e ff.

40 Nur ausnahmsweise ist Kleingartenland dem Grundvermögen zuzurechnen (§ 69 BewG). In Betracht kommen zwei Fallgestaltungen, und zwar, wenn

– Kleingartenland im Bebauungsplan für eine andere Nutzung vorgesehen ist (§ 69 Abs. 3 BewG)
  und
– eine anderweitige Verwertung von Kleingartenland in absehbarer Zeit aufgrund sonstiger Umstände zu erwarten ist (§ 69 Abs. 1 BewG).

40 a Nach § 69 Abs. 3 BewG wird Kleingartenland dem Grundvermögen zugerechnet, wenn folgende Voraussetzungen gleichzeitig erfüllt sind:

1. die Flächen müssen in einem (rechtsverbindlichen) Bebauungsplan als Bauland ausgewiesen sein,
2. ihre Bebauung muß sofort möglich sein und
3. die Bebauung muß innerhalb des Plangebiets in benachbarten Bereichen bereits begonnen haben oder schon durchgeführt sein.

Unter Bauland i. S. d. § 69 Abs. 3 BewG sind die in § 1 Abs. 2 BauNVO genannten Baugebiete zu verstehen, also z. B. Kleinsiedlungsgebiete, reine Wohngebiete, allgemeine Wohngebiete, Mischgebiete, Gewerbegebiete, Sondergebiete u. a. Die sofortige Bebaubarkeit als Zuordnungsvoraussetzung liegt vor, wenn keine Hinderungsgründe tatsächlicher oder rechtlicher Art, z. B. fehlende Erschließung, der Bebauung entgegenstehen. Bei der Frage, ob im benachbarten Bereich die Bebauung schon begonnen hat oder durchgeführt wurde, ist allein auf die Verhältnisse des jeweiligen Plangebiets abzustellen. Bezogen auf Kleingärten bedeutet dies, daß die Voraussetzung der sofortigen Bebaubarkeit nicht erfüllt ist, solange Grundstücke (noch) kleingärtnerisch genutzt werden und die Kündigungsvoraussetzung „**alsbald** der im Bebauungsplan festgesetzten Nutzung zugeführt oder **alsbald** für diese Nutzung vorbereitet" (noch) nicht vorliegt, § 9 Abs. 1 Nr. 5 (s. § 9 Rn. 24 ff.). S. hierzu Mainczyk, Weitere Neuregelungen durch die Änderung des BKleingG, in: Schriftenreihe des BDG Nr. 106, 67 ff. Aktuelle Rechtsfragen nach der Novellierung des BKleingG.

40 b Nach § 69 Abs. 1 BewG ist Kleingartenland dem Grundvermögen zuzurechnen, wenn nach seiner Lage, den bestehenden Verwertungsmöglichkeiten oder den sonstigen Umständen anzunehmen ist, daß es in absehbarer Zeit – in einem Zeitraum von etwa 6 Jahren (BFH, BStBl 1972, S. 849) – anderen als kleingärtnerischen Zwecken dienen wird. Die Ausweisung einer anderen als der kleingärtnerischen Nutzung im Flächennutzungsplan genügt hierfür nicht (BFH, BStBl 1978, S. 292). Dagegen kann die Einleitung eines Umlegungsverfahrens (§§ 45 ff. BauGB) ein geeigneter Anhaltspunkt dafür sein, daß in absehbarer Zeit mit der Änderung der Bodennutzung i. S. von § 69 Abs. 1 BewG gerechnet werden kann (BFH, BStBl 1984 S. 744).

Da Dauerkleingärten (§ 1 Abs. 3 BKleingG) einer Bebauung entzogen und für eine dauernde kleingärtnerische Nutzung bestimmt sind, sind sie in jedem Fall als land- und forstwirtschaftliches Vermögen zu bewerten. **40 c**

6.2.1.1 Bewertung von Gartenlauben

Eine grundsteuerlich **selbständige** als Grundvermögen zu qualifizierende **Wirtschaftseinheit** bilden **Lauben, wenn sie die zulässige Grundfläche von 24 m² überschreiten.** Das gleiche gilt für **Wohnlauben**. Auf den Bestandsschutz kommt es insoweit nicht an. Der Bestandsschutz ist kein Kriterium für die bewertungsrechtliche Zuwendung von Wirtschaftsgütern. Er schützt nur die Nutzung eines nach früherem Recht rechtmäßigen Bauwerks. Der Bestandsschutz ist daher gerichtet gegen ein behördliches Beseitigungsverlangen. Zum Grundvermögen gehörende Lauben sind dem Kleingärtner als wirtschaftlichem Eigentümer zuzurechnen. Lauben sind nicht dem Grundvermögen zuzuordnen, wenn der Einheitswert die für das Land maßgebliche **Bagatellgrenze** nicht überschreitet. **41**

Gartenlauben sind, wenn sie den Anforderungen des § 3 Abs. 2 BKleingG entsprechen, d. h. wenn sie die Grundfläche von 24 m² nicht überschreiten, als der kleingärtnerischen Nutzung dienende Nebenanlagen dem land- und forstwirtschaftlichen Vermögen zuzurechnen. **41 a**

Neben den über der jeweiligen Bagatellgrenze liegenden Großlauben sind alle Wohnlauben – unabhängig von ihrer Größe – dem Grundvermögen zuzurechnen. Steht die Wohnlaube auf einer in äußerlich erkennbarer Weise abgegrenzten Gartenfläche mit reiner Erholungsnutzung (Rasen mit Zierbepflanzung), so gehört auch diese – dem Wohnen zuzuordnende Fläche – dem Grundvermögen. Fehlen äußerlich erkennbare Abgrenzungsmerkmale, so kann nach der Rechtsprechung des BFH das Fünffache der überbauten Fläche ein geeigneter Abgrenzungsmaßstab sein (BFH, BStBl II 1979, 398). **41 b**

6.2.1.2 Bewertungsverfahren

Ausgangswert für die Grundsteuer ist der Einheitswert. Der Einheitswert ist ein Wert, der in einem gesonderten Steuerverfahren nach den Vorschriften des BewG festgestellt wird. Für Kleingartenland, das dem land- und forstwirtschaftlichen Vermögen zuzurechnen ist, ist ein Einheitswert durch Anwendung des sog. Ertragswertverfahrens zu ermitteln (§ 36 BewG). Der Einheitswert ist die Grundlage für die Ermittlung des Steuermeßbetrages, auf dem das Steuerfestsetzungsverfahren aufbaut. Der Steuermeßbetrag wird vom Finanzamt festgesetzt. Die endgültige Veranlagung der Steuer wird von der Gemeinde vorgenommen. Die Gemeinde bestimmt, mit welchem Hundertsatz des Steuermeßbetrages die Grundsteuer zu erheben ist (Hebesatz). Im Rahmen ihres Ermessens kann die Gemeinde die Hebesätze nach ihren finanziellen Bedürfnissen festlegen. Sie darf dabei nur nicht willkürlich oder unsachlich verfahren. **41 c**

Ist Kleingartenland ausnahmsweise dem Grundvermögen zuzurechnen, dann ist dieses im Einheitswertverfahren mit dem sog. gemeinen Wert (Verkehrswert) zu bewerten. Der gemeine Wert wird durch den Preis bestimmt, der im gewöhnlichen Geschäftsver- **41 d** kehr nach der Beschaffenheit des Wirtschaftsgutes bei einer Veräußerung zu erzielen wäre. Er wird **einheitlich** festgestellt. Da dieser Wert regelmäßig höher ist als der im Ertragswertverfahren ermittelte Wert, ergeben sich bei Kleingartenflächen, die ausnahmsweise dem Grundvermögen zugerechnet werden, wesentlich höhere Einheitswerte und somit auch wesentlich höhere Grundsteuerbeträge.

6.2.1.3 Bewertung von Kleingärten und Lauben in den neuen Ländern

41 e In den neuen Ländern ist die Einheitsbewertung von Kleingärten und Gartenlauben in Kleingartenanlagen erstmals durch gleichlautende Erlasse der Obersten Finanzbehörden der Länder Berlin, Brandenburg, Mecklenburg-Vorpommern, Sachsen, Sachsen-Anhalt und Thüringen vom 1. 12. 1990 (BStBl I 1990, 833 ff.) geregelt worden. Die Rechtslage in den alten und neuen Ländern ist im wesentlichen die gleiche. Kleingärten i. S. d. § 1 Abs. 1 BKleingG sind danach grundsätzlich dem land- und forstwirtschaftlichen Vermögen zuzurechnen. Dem Grundvermögen sind sie nur dann zuzurechnen, wenn nach ihrer Lage und den sonstigen Verhältnissen, insbesondere mit Rücksicht auf die bestehenden Verwertungsmöglichkeiten, anzunehmen ist, daß sie in absehbarer Zeit anderen als land- und forstwirtschaftlichen Zwecken dienen werden, z. B. wenn sie hiernach als Bauland, Industrieland oder als Land für Verkehrszwecke anzusehen sind (§ 51 Abs. 2 BewG – DDR). Für die Ermittlung der Einheitswerte der zum Grundvermögen gehörenden Grundstücke finden die Vorschriften des Bewertungsgesetzes der DDR i. d. F. vom 18. 9. 1970 über das Grundvermögen (§§ 50–53) Anwendung (§ 129 BewG). Für Kleingärten ist zum Bewertungsstichtag 1. Januar 1991 ein Ersatzwirtschaftswert zu ermitteln. Der Ersatzwirtschaftswert wird nach § 125 BewG in einem vereinfachten Verfahren festgestellt. Maßgebend sind die Wertverhältnisse, die bei der Hauptfeststellung der Einheitswerte des land- und forstwirtschaftlichen Vermögens in der Bundesrepublik Deutschland auf den 1. Januar 1964 zugrunde gelegt worden sind.

41 f Kleingärten, die mit einem Gebäude von mehr als 24 m^2 Grundfläche (einschließlich überdachtem Freisitz) bebaut sind, sind als unbebaute Grundstücke dem Grundvermögen zuzurechnen. Das Gebäude bildet gemäß des § 50 Abs. 3 BewG – DDR eine (weitere) selbständige wirtschaftliche Einheit. In einfacher Bauausführung errichtete Baulichkeiten in Kleingartenanlagen sind im Sachwertverfahren mit einem Raummeterpreis von 17,– DM/cbm für den umbauten Raum zu bewerten. Bei der Ermittlung des Bodenwertes ist von dem Wert auszugehen, der für die Fläche festzustellen wäre, wenn sie nicht Kleingartenland wäre. Von diesem Wert ist unter Berücksichtigung der Beschränkungen, denen das Kleingartenland unterliegt, ein Abschlag in Höhe von 20 v. H. des Ausgangswertes vorzunehmen.

41 g Zur Bewertung von Kleingartenland und Gartenlauben sind in einzelnen (neuen) Ländern die Regelungen im gemeinsamen Erlaß vom 11. Dezember 1990 fortgeschrieben worden. Nach dem Erlaß des Thüringer Finanzministeriums vom 18. 2. 1993 sind z. B. für Gartenlauben, die vor dem 1. Januar 1991 errichtet wurden und deren bebaute Fläche nicht mehr als 25 m^2 beträgt, keine Einheitswerte festzustellen. Für Gartenlauben mit einer bebauten Fläche von 26 bis 30 m^2 ist der Einheitswert mit 800 DM in Holzbauweise und mit 1000 DM in Fertigbau bzw. Massivbauweise anzusetzen.

6.2.1.4 Überwälzbarkeit der Grundsteuer

Ist der (bürgerlich-rechtliche) Eigentümer des Kleingartenlandes grundsteuerpflichtig – der Regelfall –, dann kann er (als Verpächter) gemäß Abs. 5 vom Pächter Erstattung der Grundsteuer verlangen.

Probleme können sich ergeben, wenn der erstattungsberechtigte Verpächter einen **erkennbar fehlerhaft ermittelten Steuerbetrag** hinnimmt, z. B. für einen auf nicht zutreffender Bewertung des Kleingartenlandes als Grundvermögen beruhenden Steuerbescheid **Bestandskraft eintreten läßt**, also kein Rechtsmittel gegen den Bescheid einlegt, **und den fehlerhaften Steuerbetrag** auf die Kleingärtner **abwälzt**. Hierin kann eine Pflichtverletzung liegen. Aus dem Pachtverhältnis ergibt sich für den erstattungsberechtigten Verpächter u. a. auch die (Neben-)Verpflichtung, sich so zu verhalten, daß Eigentum und sonstige Rechtsgüter des Pächters nicht verletzt werden. Läßt aber der Verpächter den erkennbar fehlerhaften Steuerbescheid bestandskräftig werden, auf dem ursächlich der Erstattungsanspruch des Verpächters beruht, so kann dies dazu führen, daß der Pächter Schadensersatz nach den Grundsätzen der positiven Vertragsverletzung zu leisten hat. Dabei trifft den Pächter, der sich auf eine positive Vertragsverletzung des Verpächters beruft, die Beweislast dafür, daß ein Rechtsmittel zur Änderung des Bescheids geführt hätte. Legt also ein Verpächter gegen einen erkennbar unrichtigen Bescheid ein Rechtsmittel nicht ein, so kann er den auf der Unrichtigkeit beruhenden Steuerbetrag vom Pächter nicht erstattet verlangen (vgl. LG München – U. v. 4. 11. 1977 – DWW 1978, 99 f.). 42

6.2.2 Beiträge

Beiträge sind öffentlich-rechtliche Entgeltabgaben für gebotene Vorteile, die durch die Möglichkeit der Inanspruchnahme öffentlicher Einrichtungen und Anlagen entstehen. Zu unterscheiden ist zwischen Beiträgen, die nach Bundesrecht erhoben werden, das sind die Erschließungsbeiträge, und den auf Landesrecht beruhenden Beiträgen (Straßenausbau- und Anschlußbeiträge nach den Kommunalabgabengesetzen der Länder – KAG –). 43

Erschließungsbeiträge (§§ 127 bis 135 BauGB) werden erhoben für die **erstmalige Herstellung** von Verkehrsanlagen (Straßen, Wege, Plätze, die zum Ausbau bestimmt sind, und Sammelstraßen), von Stellplätzen und Immissionsschutzanlagen. Diese Beiträge sind, soweit Kleingartenland hiervon betroffen ist, nach Art. 2 BKleingÄndG zinslos zu stunden, solange das Land kleingärtnerisch genutzt wird. 43 a

Straßenausbaubeiträge werden von der Gemeinde erhoben für die Erneuerung, Verbesserung und Erweiterung von befahrbaren und nichtbefahrbaren Verkehrsanlagen (Straßen, Wegen, Plätzen) und Parkflächen. **Anschlußbeiträge** werden von der Gemeinde erhoben für leitungsgebundene Einrichtungen (Wasseranschluß- und Kanalbeiträge). 43 b

Dieses **Beitragsrecht** ist **Landesrecht**. Beiträge können also nur erhoben werden, wenn und soweit der Landesgesetzgeber Regelungen zur Erhebung von Ausbau- 44 und Ausschlußbeiträgen erlassen hat. Die entsprechenden Ermächtigungsnormen sind in der Regel in den jeweiligen Kommunalabgabengesetzen (KAG) enthalten. In Bremen können Ausbaubeiträge nach dem Ortsgesetz über die Erhebung von Beiträgen über die Erweiterung und Verbesserung von Erschließungsanlagen vom 12. Juni 1973 (GBl S. 127) und in Hamburg nach dem Wegegesetz i. d. F. vom 22. Januar 1974 (GVBl S. 41) gefordert werden. Nach den Kommunalabgabengesetzen der Länder dürfen Beiträge in der Regel nur aufgrund einer **Satzung** erhoben werden. Die Satzung muß außer dem Kreis der Abgabenschuldner den die Abgabe begründenden Tatbestand, den Verteilungsmaßstab und Abgabesatz sowie den Zeitpunkt der Fälligkeit angeben. Grundsätzlich sind die Gemeinden gehalten, Beiträge nach Maßgabe der einschlägigen Bestimmungen zu erheben. Ein Beitragserlaß oder sonstige Billigkeitsmaßnahmen (z. B. Stundung) ist nur zulässig, wenn eine unbillige sachliche oder persönliche Härte im Einzelfall vorliegt.

6.2.3 Gebühren

45 **Gebühren** sind wie Beiträge öffentlich-rechtliche Entgeltabgaben. Sie werden entweder für (besondere) Verwaltungsleistungen oder für die Inanspruchnahme öffentlicher Einrichtungen und Anlagen erhoben. Öffentlich-rechtliche Lasten i. S. des § 5 Abs. 5 sind die sog. **grundstücksbezogenen Gebühren**. Grundstücksbezogene Benutzungsgebühren sind Abfall-, Abwasser-, Straßenreinigungs- und Wassergebühren. Den Kreis der Gebührenschuldner legt der Ortsgesetzgeber in der Satzung fest. Soweit der Verpächter als Grundstückseigentümer Gebührenschuldner ist und als solcher in Anspruch genommen wird, kann er die Aufwendungen auf die Pächter überwälzen. Zum Schuldner bei grundstücksbezogenen Benutzungsgebühren s. Driehaus, in: Kommunalabgabenrecht, § 4 Rn. 272 ff.

46 Soweit das Gebührenrecht nicht auf den Grundstückseigentümer, sondern auf den Grundstücksnutzer abstellt, ändert sich die Rechtslage durch das BKleingÄndG nicht. § 5 Abs. 5 hat daher für die Zukunft nur Bedeutung in den Fällen, in denen Grundstückseigentümer nach Landesrecht (und der gemeindlichen Satzung) Gebührenschuldner sind.

6.2.4 Gemeindeeigene Kleingartengrundstücke und Kommunalabgaben

46 a Nach höchstrichterlicher Rechtsprechung **kann niemand sein eigener Schuldner sein** (BGHZ 48, 214, 218; BVerwG, DÖV 1984, 590). Daraus ergeben sich Konsequenzen, wenn die Gemeinde zur Erhebung einer Abgabe berechtigt ist, also Abgabengläubigerin und gleichzeitig Eigentümerin eines mit dieser Abgabe belasteten Grundstücks ist. Eine **Beitragspflicht nach KAG** (s. Rn. 43 ff.) **entsteht in diesem Falle nicht**. So auch Driehaus, in: Kommunalabgabenrecht, § 8 Rn. 88, 363; a. A. für das bayerische Landesrecht VGH München, KStZ 1985, 218; KStZ 1988, 144 sowie für das niedersächsische Landesrecht OVG Lüneburg, NVwZ RR 1991, 42. Entsteht keine Beitragspflicht, also keine auf dem Grundstück ruhende öffentlich-rechtliche Last, kann auch eine Überwälzung auf den/die Pächter nicht stattfinden (s. hierzu OVG Münster, B. v. 10. 9. 1985 – 2 B 1431/85 – nicht veröffentlicht; Driehaus a. a. O.; Ruff, KStZ 1986, 9).

Entsprechendes gilt nach herrschender Meinung auch für (grundstücksbezogene) Gebühren. Vgl. Driehaus, Kommunalabgabenrecht, Kommentar, § 4 Rn. 285; Ahlers, KStZ 1988, 81 ff. Der Gleichheitsgrundsatz verlangt aber, daß sich die Gemeinde gemeindliche gebührenpflichtige Leistungen nicht auf Kosten der übrigen Gebührenschuldner unentgeltlich zukommen läßt (vgl. VGH Mannheim, VBlBW 1990, 103). In der Praxis wird vielfach eine sog. Selbstveranlagung der Gemeinde als Ausgleich gegenüber den Gebührenschuldnern durchgeführt. Eine solche „Selbstveranlagung" ist keine öffentlich-rechtliche Last i. S. des § 5 Abs. 5. **46 b**

Dagegen kommt der im Beitrags- und Gebührenrecht anerkannte **Konfusionsgedanke im Steuerrecht nicht zur Anwendung**. Gebietskörperschaften können also Steuergläubiger und Steuerschuldner zugleich sein. Dies gilt insbesondere für die Grundsteuer. Das Reichsgericht hat das Selbstbesteuerungsrecht der Gemeinden anerkannt und auf dieser Grundlage entschieden, daß Gemeinden Steuern von ihrem eigenen Grundbesitz erheben und auf Mieter überwälzen können (RGZ 119, 304 ff.). Der Konfusionsgedanke wird bei der Grundsteuer vor allem mit der Begründung abgelehnt, daß er in Widerspruch zu den abschließend geregelten Befreiungstatbeständen (§§ 3 und 4 GrStG) steht und die Wettbewerbsverhältnisse am Grundstücksmarkt verzerren würde. Demgegenüber hat das LG Dortmund in seinem Urteil vom 19. 10. 1995 — 7 0295/95 — festgestellt, daß die Gemeinde Grundsteuern (und Straßenreinigungsgebühren) bei kommunaleigenen Grundstücken nicht auf Kleingärtner umlegen darf, da niemand sein eigener Schuldner sein kann (s. Der Fachberater 1996, 77). Die weitere Entwicklung (in der Rechtsprechung) bleibt abzuwarten. **46 c**

6.2.5 Verteilung des Erstattungsbetrages

Abs. 5 Satz 2 **verweist auf die Verteilungsregelung** für die Erstattung von Aufwendungen i. S. d. Abs. 4 Satz 1. Die entsprechend anzuwendende Vorschrift bestimmt, **in welchem Verhältnis der dem Verpächter zu erstattende Gesamtbetrag auf die einzelnen Kleingärtner zu verteilen ist**. Danach entspricht der Anteil des einzelnen Kleingärtners am Gesamterstattungsbetrag dem **Flächenverhältnis zwischen seinem Kleingarten und der Kleingartenanlage**. Die auf die gemeinschaftlichen Einrichtungen (Wege, Spielflächen usw.) entfallenden Flächen werden der Kleingartenfläche anteilig zugerechnet. Diese Regelung ist nicht abdingbar. Sie schließt eine andere „privatrechtliche" Verteilung des Erstattungsbetrages auf die einzelnen Kleingärtner aus. **47**

Satz 3 ermächtigt den Pächter den Erstattungsbetrag, sofern es sich um eine einmalige Abgabe handelt, in **Teilleistungen** zu entrichten, höchstens in fünf Jahresleistungen. In Betracht kommen hier Straßenausbau- und Ausschlußbeiträge nach KAG. Das Gesetz geht dabei davon aus, daß über die Höhe der Teilleistungen entsprechende Vereinbarungen zwischen den Parteien getroffen werden. Treffen die Parteien keine Abrede, ist der Erstattungsbetrag in fünf gleichen Jahresleistungen zu erbringen. Unberührt bleiben weitergehende vertragliche Vereinbarungen über die Entrichtung des Erstattungsbetrages in Teilleistungen. **48**

7. Überleitungsregelungen (Art. 3 BKleingÄndG)

49 Das BVerfG hat in seiner Entscheidung vom 23. September 1992 den Gesetzgeber aufgefordert, die Pachtzinsen auch für die Vergangenheit nachzubessern, soweit private Verpächter betroffen sind. Die **Nachbesserung** muß danach für alle Pachtverhältnisse mindestens für die Zeit von der Bekanntgabe des Beschlusses des BVerfG, also von November 1992 an, vorgenommen werden. Für die weitere Vergangenheit muß sie jedenfalls auf Fälle erstreckt werden, in denen Rechtsstreitigkeiten über die Höhe des Pachtzinses anhängig gemacht worden sind, die aber noch nicht bestandskräftig abgeschlossen sind (BVerfGE 87, 114, 151).

50 Dieser Forderung des BVerfG wird durch Art. 3 des BKleingÄndG Rechnung getragen. Danach können private Verpächter rückwirkend ab 1. November 1992 und soweit zu diesem Zeitpunkt Rechtsstreitigkeiten über die Höhe der Kleingartenpacht nicht bestandskräftig entschieden waren rückwirkend zum ersten Tag des auf die Rechtshängigkeit folgenden Monats Pachtzinserhöhungen nach Maßgabe des § 5 Abs. 1 geltend machen. Die Rückwirkungsregelung gilt nicht für juristische Personen des öffentlichen Rechts, z. B. Bund, Länder und Gemeinden. Diese können den Pachtzins frühestens ab 1. Mai 1994 bis zur Pachtobergrenze erhöhen. Für die Bundesbahn-Landwirtschaft gilt, daß auf die Bahn AG zu Eigentum übertragene Flächen mit dem Zeitpunkt der Übertragung privat verpachtet sind. Die **Rückwirkungserklärung** bedarf der Schriftform (Art. 3 Satz 3 BKleingÄndG). Die schriftliche Erklärung des Verpächters hat die Wirkung, daß mit dem vom Verpächter genannten Zeitpunkt an die Stelle des bisherigen Pachtzinses der erhöhte Pachtzins tritt (Art. 3 Satz 4 BKleingÄndG). Wird die Schriftform nicht eingehalten, ist die Erhöhungserklärung unwirksam. S. auch Erläuterungen zu Art. 3 BKleingG, Rn. 1 ff.

51 Im Falle einer Pachtzinserhöhung hat der Pächter ein vorzeitiges **Kündigungsrecht** (Art. 3 Satz 3 BKleingÄndG, § 5 Abs. 3 Satz 4 BKleingG). Eine verspätete Kündigung ist unwirksam. Sie kann in eine ordentliche Kündigung umgedeutet werden. Die Erhöhung der Pacht bleibt bestehen.

52 **Die Rückwirkungsregelung des Art. 3 BKleingÄndG gilt nur in den alten Bundesländern.**

§ 6
Vertragsdauer

Kleingartenpachtverträge über Dauerkleingärten können nur auf unbestimmte Zeit geschlossen werden; befristete Verträge gelten als auf unbestimmte Zeit geschlossen.

Übersicht

1. Dauerkleingärten und sonstige Kleingärten

Das Bundeskleingartengesetz unterscheidet zwischen Dauerkleingärten und sonstigen Kleingärten (s. auch § 1 Rn. 35 ff.). Diese Differenzierung geht auf das Bauplanungsrecht zurück. Sie ist auch erforderlich, weil die im Bebauungsplan enthaltene Festsetzung „Dauerkleingarten“ für die von dieser Festsetzung betroffene Fläche verbindlich ist. Flächen, die als Dauerkleingärten festgesetzt sind, sind – jedenfalls solange diese Festsetzung Bestand hat – kleingärtnerisch zu nutzen. Sonstige Kleingärten sind alle Kleingärten auf Flächen, die **nicht** im Bebauungsplan für Dauerkleingärten festgesetzt sind, auch wenn sie im Flächennutzungsplan als „Dauerkleingärten“ dargestellt sind. 1

Im Unterschied zum Kleingartenrecht wird im Bauplanungsrecht der Begriff „Dauerkleingärten“ sowohl für im Bebauungsplan festgesetzte als auch im Flächennutzungsplan dargestellte Flächen verwendet. Das ist bauplanungsrechtlich sachgerecht, weil die Bauleitplanung in zwei Stufen erfolgt, und zwar durch den Flächennutzungsplan als vorbereitenden Bauleitplan und durch den Bebauungsplan als verbindlichen Bauleitplan. Der Flächennutzungsplan stellt die beabsichtigte künftige Bodennutzung – hier Dauerkleingärten – vorbereitend dar. 2

2. Pachtverträge über Dauerkleingärten

Von dieser bauplanungsrechtlichen Grundlage ausgehend sieht § 6 Halbsatz 1 vor, daß **Kleingartenpachtverträge über Dauerkleingärten nur auf unbestimmte Zeit geschlossen werden können.** Für die (unbestimmte) Geltungsdauer des Bebauungsplans wird damit gleichzeitig auch kleingartenrechtlich der Bestand von Verträgen sichergestellt. Diese Bestimmung ist auf die verbindliche Nutzungsregelung im Bebauungsplan abgestimmt. Sie trägt den städtebaulichen Funktionen des Kleingartenwesens und den berechtigten Belangen der Kleingärtner Rechnung. Für die Schaffung und Erhaltung einer Dauerkleingartenanlage sind nicht unerhebliche Investitionen der Kleingärtner und der Allgemeinheit erforderlich. 3

„Die Dauerkleingartenanlage mit ihrem Wegenetz und den gemeinschaftlichen Einrichtungen, z. B. den Spielflächen, bedarf nicht zuletzt unter dem Gesichtspunkt der Stadtgestaltung und ihrer Einbeziehung in die städtische Grünplanung einer dauernden Pflege. Nur dann kann sie ihre städtebauliche Funktion erfüllen. Hierbei kommt es entscheidend auf die Leistungsbereitschaft der Kleingärtner an. Dies ist bei unbefristeten Verträgen naturgemäß höher als bei befristeten Verträgen.“ (BT-Drs. 9/1900 S. 15)

Für den Verpächter, der ohnehin die Dauerkleingartenfläche einer anderen Nutzung nicht zuführen kann, ist es grundsätzlich bedeutungslos, wer als Kleingärtner sein Grundstück nutzt, wenn der Pächter die vertraglichen Verpflichtungen erfüllt. Bei Vertragsverletzungen kann der Verpächter den Vertrag nach § 9 Abs. 1 Nr. 1 kündigen. Im übrigen hat der private Verpächter der Flächen, die im Bebauungsplan als Dauerkleingärten festgesetzt sind, nach § 40 BauGB einen Übernahmeanspruch, wenn und soweit es ihm mit Rücksicht auf die Festsetzung oder Durchführung des Bebauungsplans wirtschaftlich nicht mehr zuzumuten ist, das Grundstück zu behalten (a. A. Gaentzsch, BauGB-Kommentar, § 40 Rn 5). S. hierzu auch § 15 Rn. 3 ff. 4

5 Unbestimmt ist die Pachtzeit dann, wenn aus den Vereinbarungen der Parteien der Zeitpunkt der Beendigung der Pacht weder unmittelbar noch mittelbar hervorgeht. Bei befristeten Pachtverträgen mit Verlängerungsklausel kommt es auf die Ausgestaltung der Verlängerung des Pachtverhältnisses an, d. h. also darauf an, ob sie auf bestimmte oder unbestimmte Zeit erfolgt (s. § 9 Rn. 47). Im Endergebnis spielen die verschiedensten Konstruktionen, die bei der Gestaltung der Vertragsdauer denkbar sind, insoweit keine Rolle, als nach § 6 zweiter Halbsatz befristete Verträge über Dauerkleingärten als auf unbestimmte Zeit geschlossen gelten.

3. Pachtverträge über sonstige Kleingärten

6 Die **Vertragsdauer bei sonstigen Kleingärten** wird der Vereinbarung der Parteien überlassen. Hier sind verschiedene Gestaltungen der Vertragsdauer denkbar. Die Pachtverträge können auf unbestimmte oder auf bestimmte Dauer geschlossen werden. Bestimmt ist jedenfalls die Pachtzeit nicht nur dann, wenn sie nach Kalenderzeit festgelegt ist, sondern auch dann, wenn die Pacht nur zu einem gewissen zeitlich bestimmten Gebrauch erfolgt oder auch dann, wenn das Ende der Pacht an den Eintritt eines gewissen Ereignisses, auch wenn die Zeit seines Eintritts noch ungewiß ist, geknüpft ist. Bei befristeten Verträgen mit Verlängerungsklausel kommt es auf die Ausgestaltung der Verlängerung des Pachtverhältnisses — auf bestimmte oder unbestimmte Zeit — an (s. auch § 9 Rn. 47).

Vorbemerkungen zu den §§ 7 bis 10

Übersicht

1. Kündigung von Kleingartenpachtverhältnissen

1 Das **Bundeskleingartengesetz regelt abschließend die Kündigung** von Kleingartenpachtverträgen **durch den Verpächter.** Es enthält dagegen keinerlei Vorschriften über die Kündigungsmöglichkeiten des Pächters, und zwar weder beim Zwischenpachtvertrag noch beim Einzelpachtvertrag, abgesehen von den Regelungen über die Kündigung bei Pachtzinserhöhungen (§ 5 Abs. 3 Satz 4 BKleingG; Art. 3 Satz 3 BKleingÄndG) und der vorgeschriebenen Schriftform der Kündigung. Die Vertragsparteien sind im Hinblick auf die Ausgestaltung der Kündigungsgründe und -fristen frei. Falls keine Vereinbarung getroffen wird bei der Pächterkündigung, stehen dem Pächter die Kündigungsmöglichkeiten nach BGB zur Verfügung. Danach kann das Pachtverhältnis mit einer halbjährigen Kündigungsfrist zum Ende des Pachtjahres gekündigt werden. Ohne Einhaltung der Kündigungsfrist kann der Pächter wegen Hinderung oder Vorenthaltung des Gebrauchs gemäß § 542 BGB kündigen. Zur Pächterkündigung siehe § 4 Rn. 5 f., 18 und 24.

Die **Kündigung** ist eine **einseitige, empfangsbedürftige Willenserklärung**. Sie bringt das Kleingartenpachtverhältnis vom Zeitpunkt ihres Wirksamwerdens (für die Zukunft) zum Erlöschen. Sie muß daher eindeutig den Willen, das Pachtverhältnis zu beenden, zum Ausdruck bringen und darf nicht auch als Mahnung oder Fristsetzung verstanden werden können. Das Wort „Kündigung" oder „kündigen" braucht dabei allerdings nicht genannt zu werden. Wirksam und damit bindend wird die Kündigung zu dem Zeitpunkt, in dem sie dem Vertragspartner zugeht (§ 130 BGB). Das ist dann der Fall, wenn die Kündigung derart in den Verfügungsbereich der anderen Seite gelangt, daß diese unter normalen Verhältnissen von ihr Kenntnis nehmen konnte und die Kenntnisnahme von ihr auch erwartet werden durfte (BGH, NJW 1980, 990). In den Verfügungsbereich des Kündigungsempfängers ist das Kündigungsschreiben auf jeden Fall gelangt, wenn sich der Brief in seinem Briefkasten befindet. Bei Abgabe des Kündigungsschreibens an Dritte ist entscheidend, ob sie nach der Verkehrsauffassung als ermächtigt zur Annahme für den Empfänger gelten können. Als ausreichend wird es auch anzusehen sein, wenn das Kündigungsschreiben an Familienmitglieder des Empfängers übergeben worden ist. Bei mehreren Beteiligten einer Vertragspartei kann die Kündigung nur von allen gegen alle erfolgen. Der Beweis für den Zugang der Kündigung obliegt dem Erklärenden. Einen Beweis des ersten Anscheins gibt es insoweit nicht. Die Übergabe eines Schreibens an die Post begründet keinen Anscheinsbeweis. Der Beweis kann durch eingeschriebenen Brief mit Rückschein erbracht werden. Der Zugang kann durch die Zustellung ersetzt werden (§ 132 BGB). Zustellung ist die formale Übergabe der schriftlichen Kündigung unter Ausstellung einer Zustellungsurkunde (vgl. § 170 ZPO). Sie erfolgt durch den Gerichtsvollzieher. Ist die formale Übergabe nicht ausführbar, etwa wegen Unkenntnis des Aufenthaltsorts, so kann die Zustellung auch durch die sog. öffentliche Zustellung erfolgen (§ 132 Abs. 2 BGB). 2

2. Sonstige Beendigungsgründe

Kleingartenpachtverhältnisse enden, abgesehen von der Kündigung, durch Zeitablauf, Vertragsaufhebung, Aufhebung durch staatlichen Eingriffsakt und Tod des Kleingärtners. 3

Der zeitlich befristete Kleingartenpachtvertrag endet mit dem Ablauf der Zeit, für die er eingegangen ist. Das gilt nicht für Dauerkleingärten. Kleingartenpachtverträge über Dauerkleingärten dürfen nur auf unbestimmte Zeit geschlossen werden; zeitlich befristete Verträge gelten als auf unbestimmte Dauer geschlossen (§ 6). 4

Ein Kleingartenpachtvertrag kann jederzeit im gegenseitigen Einvernehmen von Verpächter und Pächter aufgehoben werden, wenn diese an dem geschlossenen Vertrag nicht mehr festhalten wollen. Die widerspruchslose Hinnahme einer Kündigung aus anderen als im Gesetz vorgesehenen Gründen kann nicht ohne weiteres als Abschluß eines Aufhebungsvertrages bewertet werden. In diesem Zusammenhang ist stets zu prüfen, ob eine Vereinbarung vorliegt, durch die zum Nachteil des Pächters vom Kündigungsschutz des Kleingartengesetzes abgewichen wird (§ 13). Eine Vereinbarung im Kleingartenpachtvertrag, wonach der Pächter sich bei Vorliegen bestimmter Voraussetzungen zum Abschluß eines Aufhebungsvertrages verpflichtet, ist gemäß § 13 nichtig. 5

6 Unter bestimmten Voraussetzungen können Kleingartenpachtverträge auch durch staatlichen Eingriffsakt beendet werden. Voraussetzung ist, daß die Kleingartenfläche einer anderen Nutzung zugeführt werden soll. Staatliche Eingriffsakte sind möglich im Rahmen der Baulandumlegung (§ 61 BauGB) oder der Enteignung (§ 86 BauGB), wenn der Verpächter von seinen Kündigungsmöglichkeiten nach § 9 Abs. 1 Nr. 5 oder 6 keinen Gebrauch gemacht hat bzw. noch nicht machen konnte. Eine Aufhebung kann auch im Zuge der Flurbereinigung in Betracht kommen (§ 49 FlurbG). Erfordert die Verwirklichung der Ziele einer städtebaulichen Sanierungs- oder Entwicklungsmaßnahme oder die Durchführung des Baugebots die Aufhebung eines Pachtverhältnisses, kann die Gemeinde dieses Pachtverhältnis auf Antrag des Eigentümers aufheben, wenn für das Kleingartengrundstück nach den Festsetzungen des Bebauungsplans eine andere Nutzung vorgesehen und die alsbaldige Nutzungsänderung beabsichtigt ist (§ 182 BauGB). Wird ein Kleingartenpachtverhältnis nach dieser Vorschrift aufgehoben, so ist die Gemeinde außer zur Entschädigung auch zur Bereitstellung oder Beschaffung von Ersatzland verpflichtet (§ 185 Abs. 3 BauGB). Die Gemeinde kann aber auch von der Verpflichtung oder Ersatzlandbeschaffung freigestellt werden, wenn sie nachweist, daß sie zur Erfüllung dieses Anspruchs nicht in der Lage ist.

7 Das Kleingartenpachtverhältnis endet ferner mit dem Tod des Kleingärtners (§ 12). Der Tod des Verpächters dagegen hat keine Auswirkungen auf den Bestand des Kleingartenpachtvertrages. Dieses bleibt in diesem Fall mit den Erben zu den mit dem Erblasser vereinbarten Bedingungen bestehen.

3. Räumung des Kleingartens nach Beendigung des Pachtverhältnisses

8 Mit der Beendigung des Kleingartenpachtvertrages entstehen für die Parteien Abwicklungspflichten. Der Pächter ist verpflichtet, den Kleingarten (bei der Zwischenpacht die Kleingartenanlage) zurückzugeben (§ 581 Abs. 2, § 556 Abs. 1 BGB i. V. m. § 4 Abs. 1 BKleingG). Der Inhalt der Rückgabepflicht besteht grundsätzlich darin, nach dem Ende der Pachtzeit den Kleingarten zu räumen. Die Pflicht zur Räumung umfaßt grundsätzlich auch die Verpflichtung, Anlagen, Einrichtungen und Anpflanzungen, die der Kleingärtner in den Garten eingebracht oder übernommen hat, zu entfernen, soweit diese nicht vereinbarungsgemäß vom Verpächter oder vom nachfolgenden Pächter übernommen werden (BGH, NJW 1981, 2564). Der Verpächter ist andererseits verpflichtet, die Wegnahme durch den Pächter zu dulden (§ 547 a BGB). Darauf, ob die Anlagen, Einrichtungen und Anpflanzungen der kleingärtnerischen Nutzung dienen oder nicht, ob sie zulässig oder unzulässig sind, kommt es in diesem Zusammenhang nicht an. Entscheidend ist allein, ob und welche Anlagen und Anpflanzungen vereinbarungsgemäß auf dem Kleingartengrundstück zurückgelassen werden dürfen, weil sie übernommen werden sollen.

9 Setzt der Pächter nach dem Ablauf der Pachtzeit die kleingärtnerische Nutzung fort, so gilt das Kleingartenpachtverhältnis gemäß § 568 BGB als auf unbestimmte Zeit verlängert, sofern nicht der Verpächter oder der Pächter seinen entgegenstehenden Willen binnen einer Frist von zwei Wochen dem Vertragspartner gegenüber erklärt.

Kommt der Pächter der Rückgabepflicht nicht nach, so kann der Verpächter gegen den Pächter Räumungsklage erheben.

§ 7

Schriftform der Kündigung

Die Kündigung des Kleingartenpachtvertrages bedarf der schriftlichen Form.

Übersicht

1. Geltungsbereich; Gründe; Folgen

1 Die in § 7 vorgeschriebene **Schriftform gilt für den Pächter und Verpächter,** für die fristlose, die ordentliche und die vorzeitige Kündigung. Sie ist zwingendes Recht und kann nicht vertraglich abgeändert werden. Die Vertragsparteien sollen sich der Tragweite ihrer Entscheidung bewußt werden, sie soll ferner unüberlegten Handlungen vorbeugen und der Rechtsklarheit dienen. Eine Begründung der Kündigung ist nicht notwendig, empfiehlt sich aber. Die Schriftform ist Wirksamkeitsvoraussetzung für eine Kündigung. Sie richtet sich nach § 126 BGB. Das Kündigungsschreiben muß danach eigenhändig durch Namensunterschrift vom Aussteller unterzeichnet sein und, da es sich um eine empfangsbedürftige Willenserklärung handelt, in dieser Form dem Empfänger zugegangen sein (BGH, RdL 1987, 127 f.). Die Zustellung einer beglaubigten Abschrift von Anwalt zu Anwalt oder von Amts wegen nach § 198 oder §§ 208 ff. ZPO genügt auch im Hinblick auf 132 Abs. 1 BGB nicht. Faksimile genügt auch bei Verkehrsüblichkeit nicht. Die Nichtbeachtung der schriftlichen Form hat die Nichtigkeit der Kündigung zur Folge (§ 125 Satz 1 BGB). Hat allerdings der Prozeßbevollmächtigte des Verpächters die Kündigung selbst ausgesprochen oder führt dieser als Rechtsanwalt den Prozeß selbst, so wird dem Formerfordernis im allgemeinen auch dann Genüge getan, wenn der Anwalt den Beglaubigungsvermerk auf der der anderen Partei zugestellten Abschrift des Schriftsatzes unterschrieben hat (BGH, RdL 1987, 128).

2. Formmangel und Aufhebungsvertrag

2 Die wegen Formmangels nichtige Kündigung kann u. U. in einen Antrag auf Aufhebung des Kleingartenpachtverhältnisses umgedeutet werden. In der Räumung des Kleingartens kann die Annahme dieses Antrages durch schlüssiges Verhalten liegen. Ein Aufhebungsvertrag kann jedoch nur dann angenommen werden, wenn der Pächter zum Ausdruck bringt, daß er mit der Beendigung des Kleingartenpachtverhältnisses einverstanden ist. Für eine solche Unterstellung müssen besondere Umstände vorliegen z. B. Aufgabe des anfänglichen Widerstandes gegen die „Kündigung“ durch (freiwillige) Räumung des Kleingartens.

3. Formvorschriften im Gemeindebereich

3 Die Formvorschrift des § 7 gilt auch für Gemeinden und andere öffentlich-rechtliche Körperschaften. Darüber hinaus sind in den Gemeindeordnungen der Länder für Verpflichtungserklärungen, die nicht lediglich die laufende Verwaltung betreffen, regelmäßig Schriftform und die Unterzeichnung durch bestimmte Vertretungsorgane und zum Teil noch weitergehende Förmlichkeiten — Dienstsiegel, Amtsbezeichnung — vorgeschrieben. Die Beachtung der vorgeschriebenen Förmlichkeiten ist Voraussetzung dafür, daß die Gemeindeorgane wirksam als Vertreter handeln können.

§ 8

Kündigung ohne Einhaltung einer Kündigungsfrist

Der Verpächter kann den Kleingartenpachtvertrag ohne Einhaltung einer Kündigungsfrist kündigen, wenn

1. **der Pächter mit der Entrichtung des Pachtzinses für mindestens ein Vierteljahr in Verzug ist und nicht innerhalb von zwei Monaten nach schriftlicher Mahnung die fällige Pachtzinsforderung erfüllt oder**
2. **der Pächter oder von ihm auf dem Kleingartengrundstück geduldete Personen so schwerwiegende Pflichtverletzungen begehen, insbesondere den Frieden in der Kleingärtnergemeinschaft so nachhaltig stören, daß dem Verpächter die Fortsetzung des Vertragsverhältnisses nicht zugemutet werden kann.**

Übersicht

1. Anwendungsbereich

1 **§ 8 regelt die fristlose Kündigung** durch den Verpächter. Sie ist nur in zwei Fällen zulässig, und zwar bei Zahlungsverzug des Pächters und erfolgloser schriftlicher Mahnung sowie bei so schwerwiegenden Pflichtverletzungen des Pächters, daß dem Verpächter eine Fortsetzung des Pachtverhältnisses nicht zugemutet werden kann. Der Zahlungsverzug betrifft nach dem eindeutigen Wortlaut des Gesetzes nur den Pachtzins, nicht die vom Pächter zu erbringenden Nebenleistungen. Hätte der Gesetzgeber auch die Nebenleistungen in den Kündigungstatbestand einbeziehen wollen, dann wäre der Wortlaut des § 8 anders gefaßt. Das gilt insbesondere nach der Novelle des BKleingG, durch die die Überwälzung öffentlich-rechtlicher auf dem Kleingartengrundstück ruhender Lasten ermöglicht wurde (a. A. Stang, BKleingG, § 8 Rn. 5).

2. Zahlungsverzug des Pächters

2 Ohne Einhaltung einer Kündigungsfrist kann der Verpächter nach Nr. 1 kündigen, wenn der Pächter mit der Entrichtung des Pachtzinses für mindestens ein Vierteljahr in Verzug ist und nicht innerhalb von zwei Monaten nach schriftlicher Mahnung den fälligen Pachtzins leistet. **Der Verzug selbst tritt bei Kleingartenpachtverträgen regelmäßig ohne Mahnung ein.** § 8 Nr. 1 geht davon aus, daß Kleingartenpachtverträge einen nach dem Kalender bestimmten Zahlungszeitpunkt enthalten und daher nach § 284 Abs. 2 Satz 1 BGB Verzug durch Nichtzahlung zum vorgesehenen Zeitpunkt eintritt, ohne daß es einer Mahnung bedarf. Diese Vorschrift sieht daher ausdrücklich eine schriftliche Mahnung als Kündigungsvoraussetzung vor. Der Verzug wird dadurch aufgehoben, daß der Pächter dem Verpächter den Pachtzins, mit dem er im Verzuge ist, und alles was er wegen des Verzuges schuldet, anbietet. Der Verzug endet auch durch Erlaß des Verpächters. Mit der Beendigung des Verzuges erlischt das dem Verpächter aufgrund des Verzuges erwachsene und noch nicht ausgeübte Kündigungsrecht, weil die Ausübung dieses Rechts die Fortdauer des Verzuges voraussetzt. Die Beweislast dafür, daß der Verzug beendet ist, trägt der Pächter.

3 Die weitere Voraussetzung für die Ausübung des Kündigungsrechts nach § 8 Nr. 1 ist die Nichterfüllung der Pachtzinsforderung innerhalb von zwei Monaten nach **schriftlicher Mahnung.** Die Mahnung ist danach **eine Aufforderung des Verpächters an den Pächter zur Leistung des Pachtzinses.** Die Aufforderung muß die verlangte Leistung mit hinreichender Deutlichkeit bezeichnen. Sie erfordert keine Festsetzung oder Androhung bestimmter Folgen, muß aber erkennen lassen, daß das Ausbleiben der Leistung Folgen haben wird. Die Mahnung kann nach dem Bericht des federführenden Bundestagsausschusses (BT-Drs. 9/2232 S. 20) nur die Funktion einer zusätzlichen Warnung haben. Die Mahnung ist keine Willenserklärung im rechtstechnischen Sinne, sondern eine geschäftsähnliche Handlung. Sie steht insoweit der einseitigen empfangsbedürftigen Willenserklärung sehr nahe, so daß die Vorschriften über diese entsprechende Anwendung finden. Das bedeutet unter anderem, daß die Mahnung mit dem Zugang wirksam wird. Von diesem Zeitpunkt an ist die für die Leistung vorgesehene Zweimonatsfrist nach den §§ 186 ff. BGB zu berechnen. Das Kündigungsrecht entsteht erst, wenn innerhalb von zwei Monaten der Pachtzins nicht entrichtet wird.

3. Schwerwiegende Pflichtverletzungen des Pächters

4 Der Verpächter kann ferner nach § 8 Nr. 2 den Kleingartenpachtvertrag ohne Einhaltung einer Kündigungsfrist kündigen, wenn der Pächter oder von ihm auf dem Kleingartengrundstück geduldete Personen so schwerwiegende Pflichtverletzungen begehen, insbesondere den Frieden in der Kleingartengemeinschaft so nachhaltig stören, daß dem Verpächter die Fortsetzung des Vertragsverhältnisses nicht zugemutet werden kann. Diese Vorschrift knüpft im wesentlichen an den **Regelungsgehalt des § 554 a BGB** an, der jedoch im Unterschied zu § 8 Nr. 2 Verschulden voraussetzt. Die Rechtsprechung gewährt bereits seit langem aus allgemeinen Erwägungen das Recht zur **fristlosen Kündigung wegen eines „wichtigen Grundes“,** das für alle Dauerschuldverhältnisse gilt. Ein „wichtiger Grund“ zur fristlosen Kündigung ist danach ein Umstand, der es einem der Teile, vornehmlich wegen der Zerstörung des unent-

behrlichen Vertrauensverhältnisses, unzumutbar macht, das Rechtsverhältnis fortzusetzen (BGHZ 41, 104 ff.). Dieser Rechtsgedanke liegt der Regelung des § 8 Nr. 2 zugrunde.

5 Pflichtverletzungen i. S. dieser Vorschrift sind Verletzungshandlungen durch Tun oder Unterlassen, die sich auf eine aus dem Pachtverhältnis ergebende Haupt- oder Nebenpflicht des Pächters beziehen. Die Verletzungshandlung selbst kann vom Pächter oder von auf dem Kleingartengrundstück geduldeten Personen ausgehen. Verschulden ist nicht erforderlich; es genügt die objektive Pflichtverletzung. Die Verletzungshandlung muß so schwerwiegend sein, daß nach den gesamten Umständen des einzelnen Falles unter Abwägung des Verhaltens aller Beteiligten das für das Kleingartenpachtverhältnis unentbehrliche Vertrauen zerstört ist und die Fortdauer des Pachtvertrages daher nicht mehr zumutbar ist. Die möglichen schwerwiegenden Pflichtverletzungen sind vielgestaltig. Das können z. B. dauernde Verstöße gegen die Gartenordnung oder erhebliche Belästigungen gegenüber dem Verpächter sein. Von den nicht unerheblichen Pflichtverletzungen i. S. des § 9 Abs. 1 Nr. 1 unterscheiden sich die Pflichtverletzungen nach § 8 Nr. 2 durch die Schwere des Verstoßes (s. hierzu auch § 9 Rn. 5). Grundlage der Kündigung können schwerwiegende schuldhafte oder auch nicht schuldhafte Pflichtverletzungen jeglicher Art sein, **z. B. Zerwürfnisse mit dem Verpächter oder den Kleingärtnern, insgesamt ein Verhalten, das diesen Anlaß zu berechtigten Beschwerden gibt.**

6 Voraussetzung einer Kündigung ist weder eine Abmahnung noch eine Fristsetzung. Doch kann im Einzelfalle eine Pflichtverletzung erst dadurch schwerwiegend und für den Verpächter unzumutbar werden, daß sie trotz Abmahnung fortgesetzt wird. Andererseits kann eine einmalige Pflichtverletzung bereits so erheblich sein, daß dem Verpächter die Fortsetzung des Pachtverhältnisses nicht zugemutet werden kann, zum Beispiel bei Tätlichkeiten und groben Beschimpfungen oder anderen Belästigungen gegenüber dem Verpächter, dessen Angehörigen oder gegenüber Kleingartennachbarn oder Vorständen von Kleingartenvereinen. Das Gesetz erwähnt als Beispiel einer schwerwiegenden Pflichtverletzung die nachhaltige Störung des Friedens in der Kleingärtnergemeinschaft.

Weitere Beispiele von erheblichen Pflichtwidrigkeiten des Pächters, die zur Kündigung nach § 8 Nr. 2 berechtigen, sind fortgesetzter ruhestörender Lärm, fortdauernde Belästigung durch (unbefugte) Tierhaltung oder dauernde unpünktliche Pachtzinszahlung, wenn das Vertrauensverhältnis durch die mangelnde Zahlungsmoral zerstört und eine Fortsetzung des Pachtverhältnisses daher nicht mehr zumutbar ist. Keine Pflichtverletzung im Sinne des § 8 Nr. 2 ist das Geschrei von Säuglingen und Kleinkindern; dies muß grundsätzlich geduldet werden, es sei denn, daß es auf Vernachlässigung oder Mißhandlung beruht (s. AG Aachen, ZMR 1965, 75).

7 Der Pächter haftet gegenüber dem Verpächter schuldunabhängig auch für das Verhalten von Personen, die sich mit seinem Willen auf dem Kleingartengrundstück aufhalten. Er muß sich insoweit schwerwiegende Pflichtverletzungen Dritter zurechnen lassen. Die **Eigenhaftung Dritter** bleibt unberührt.

Die Kündigung muß alsbald nach dem pflichtwidrigen Verhalten ausgeübt werden. Läßt der Verpächter erst einige Zeit verstreichen, so wird er damit regelmäßig zu erkennen geben, daß er die Fortsetzung des Pachtverhältnisses nicht als unzumutbar ansieht. 8

§ 9

Ordentliche Kündigung

(1) Der Verpächter kann den Kleingartenpachtvertrag kündigen, wenn

1. der Pächter ungeachtet einer schriftlichen Abmahnung des Verpächters eine nicht kleingärtnerische Nutzung fortsetzt oder andere Verpflichtungen, die die Nutzung des Kleingartens betreffen, nicht unerheblich verletzt, insbesondere die Laube zum dauernden Wohnen benutzt, das Grundstück unbefugt einem Dritten überläßt, erhebliche Bewirtschaftungsmängel nicht innerhalb einer angemessenen Frist abstellt oder geldliche oder sonstige Gemeinschaftsleistungen für die Kleingartenanlage verweigert;

2. die Beendigung des Pachtverhältnisses erforderlich ist, um die Kleingartenanlage neu zu ordnen, insbesondere um Kleingärten auf die im § 3 Abs. 1 vorgesehene Größe zu beschränken, die Wege zu verbessern oder Spiel- oder Parkplätze zu errichten;

3. der Eigentümer selbst oder einer seiner Familienangehörigen im Sinne des § 8 Abs. 1 des Zweiten Wohnungsbaugesetzes einen Garten kleingärtnerisch nutzen will und ihm anderes geeignetes Gartenland nicht zur Verfügung steht; der Garten ist unter Berücksichtigung der Belange der Kleingärtner auszuwählen;

4. planungsrechtlich eine andere als die kleingärtnerische Nutzung zulässig ist und der Eigentümer durch die Fortsetzung des Pachtverhältnisses an einer anderen wirtschaftlichen Verwertung gehindert ist und dadurch erhebliche Nachteile erleiden würde;

5. die als Kleingarten genutzte Grundstücksfläche alsbald der im Bebauungsplan festgesetzten anderen Nutzung zugeführt oder alsbald für diese Nutzung vorbereitet werden soll; die Kündigung ist auch vor Rechtsverbindlichkeit des Bebauungsplans zulässig, wenn die Gemeinde seine Aufstellung, Änderung oder Ergänzung beschlossen hat, nach dem Stand der Planungsarbeiten anzunehmen ist, daß die beabsichtigte andere Nutzung festgesetzt wird, und dringende Gründe des öffentlichen Interesses die Vorbereitung oder die Verwirklichung der anderen Nutzung vor Rechtsverbindlichkeit des Bebauungsplans erfordern, oder

6. die als Kleingartenanlage genutzte Grundstücksfläche
   a) nach abgeschlossener Planfeststellung für die festgesetzte Nutzung oder
   b) für die in § 1 Abs. 1 des Landbeschaffungsgesetzes in der im Bundesgesetzblatt Teil III, Gliederungsnummer 54-3, veröffentlichten bereinigten Fassung, das zuletzt durch § 33 des Gesetzes vom 20. Dezember 1976 (BGBl I S. 3574) geändert worden ist, genannten Zwecke

   alsbald benötigt wird.

(2) Die Kündigung ist nur für den 30. November eines Jahres zulässig; sie hat spätestens zu erfolgen

1. in den Fällen des Absatzes 1 Nr. 1 am dritten Werktag im August,
2. in den Fällen des Absatzes 1 Nr. 2 bis 6 am dritten Werktag im Februar

dieses Jahres. Wenn dringende Gründe die vorzeitige Inanspruchnahme der kleingärtnerisch genutzten Fläche erfordern, ist eine Kündigung in den Fällen des Absatzes 1 Nr. 5 und 6 spätestens am dritten Werktag eines Kalendermonats für den Ablauf des nächsten Monats zulässig.

(3) Ist der Kleingartenpachtvertrag auf bestimmte Zeit eingegangen, ist die Kündigung nach Absatz 1 Nr. 3 oder 4 unzulässig.

Übersicht

1. Allgemeines

Die Vorschrift des § 9 regelt die Fälle der ordentlichen Kündigung durch den Verpächter, also der Kündigung, die stets an die Einhaltung bestimmter Fristen gebunden ist. Die Kündigungsmöglichkeiten gelten — mit Ausnahme der Bestimmung in Absatz 1 Nr. 4 — **für Verträge über Dauerkleingärten** und **sonstige Kleingärten.** Eine Kündigung nach Nr. 4 kommt nur bei sonstigen Kleingärten in Betracht. Die in § 9 genannten Kündigungsgründe gelten **für Einzelpachtverträge** und **für Zwischenpachtverträge.** Weitere Kündigungsmöglichkeiten des Verpächters bei Zwischenpachtverträgen enthält § 10. 1

Die **Kündigungsmöglichkeiten des Verpächters** sind in den §§ 8 bis 10 **abschließend geregelt.** Sie sind zum Nachteil des Pächters nicht abdingbar (§ 13). Das hat zur Folge, daß eine Kündigung aus einem anderen als dem im BKleingG genannten Grunde nicht wirksam ist. Dieser Kündigungsschutz kann (hinsichtlich des Kleingärtners) nicht dadurch unterlaufen werden, daß Mitgliedschaft in der Kleingärtnerorganisation und Nutzung des Kleingartens vertraglich untrennbar miteinander gekoppelt sind mit der Folge, daß das Erlöschen der Mitgliedschaft den Verlust des Nutzungsrechts automatisch bewirkt. Näheres hierzu s. unten Rn. 9. Der Pächter kann den Kleingartenpachtvertrag nach Maßgabe der Vorschriften des Bürgerlichen Gesetzbuchs über die Pacht (§ 4 Abs. 1, § 581 Abs. 2 BGB), des § 5 Abs. 3 Satz 4 BKleingG und Art. 3 Satz 3 BKleingÄndG kündigen. S. § 4 Rn. 5 f., 18, 24, § 5 Rn. 23 und Art. 3 Rn. 4. 2

2. Kündigung wegen nicht unerheblicher Pflichtverletzungen (Nr. 1)

Nach Abs. 1 Nr. 1 kann der Verpächter den Kleingartenpachtvertrag kündigen, wenn der Pächter ungeachtet einer schriftlichen Abmahnung des Verpächters eine **nichtkleingärtnerische Nutzung fortsetzt** oder andere Verpflichtungen, die die Nutzung des Kleingartens betreffen, nicht unerheblich verletzt. Gleichzeitig werden in Nr. 1 Beispiele genannt, die den Rahmen für die Wertung abstecken, ob eine nicht kleingärtnerische Nutzung oder eine andere nicht unerhebliche Pflichtverletzung vorliegt. Andere im Beispielskatalog nicht genannte Gründe müssen ein vergleichbares Gewicht haben (s. Rn. 5 ff.). 3

Die **kleingärtnerische Nutzung** in Nr. 1 ist in § 1 Abs. 1 definiert. Sie umfaßt zwei Elemente: die Gewinnung von Gartenbauerzeugnissen für den Eigenbedarf des Kleingärtners und die Erholungsnutzung (§ 1 Rn. 4 bis 9). Eine Nutzung nur zur Erholung ohne jede Gewinnung von Gartenbauerzeugnissen ist keine kleingärtnerische Nutzung. Sie berechtigt nach Abmahnung zur Kündigung des Kleingartenpachtvertrages. 4

Als zweiten Kündigungsgrund nennt Nr. 1 **nicht unerhebliche Pflichtverletzungen,** die den Kleingarten betreffen. **Pflichtverletzungen** sind Verletzungshandlungen durch Tun oder Unterlassen, die sich auf alle dem Kleingärtner obliegenden Vertragspflichten beziehen. Verschulden ist nicht Voraussetzung einer Pflichtverletzung. Nicht unerheblich bedeutet, daß die Pflichtverletzung nicht so schwer zu sein braucht wie die, die eine fristlose Kündigung rechtfertigt. **Unerheblich** ist eine Pflichtverletzung, wenn nur eine geringfügige Beeinträchtigung vorliegt. Der Unter- 5 schied zu den Kündigungsgründen in § 8 ist gradueller Natur, das bedeutet, daß die Pflichtverletzung nach § 9 Abs. 1 Nr. 1 nicht so schwer zu sein braucht wie die nach § 8. So kann beispielsweise eine wiederholte unpünktliche Pachtzinszahlung, insgesamt eine schlechte Zahlungsmoral, eine Kündigung wegen nicht unerheblicher Pflichtverletzung rechtfertigen. Andererseits kann der Verpächter eine ordentliche Kündigung auch auf Gründe stützen, die ihn zur fristlosen Kündigung berechtigen. Gegenüber § 8 Nr. 2 setzt die ordentliche Kündigung weder eine nachhaltige Störung der Kleingärtnergemeinschaft noch die Unzumutbarkeit der Fortsetzung der Vertragsverhältnisse für den Verpächter voraus. Da die Pflichtverletzung aber nicht unerheblich sein muß, wird ein einmaliger Verstoß, der sowohl den Verpächter als auch andere Kleingärtner für die Zukunft nicht beeinträchtigen wird, zur Kündigung nicht ausreichen, zum Beispiel ein einmaliges lautstarkes Feiern aus besonderem Anlaß. Andererseits kann aber auch eine Vielzahl kleiner Pflichtverletzungen, die jede für sich nicht erheblich ist, in der Gesamtschau doch so bedeutsam sein, daß sie eine Beendigung des Pachtverhältnisses durch Kündigung rechtfertigt.

In Nr. 1 werden einige „nicht unerhebliche Pflichtverletzungen" beispielhaft genannt, die den Verpächter zur Kündigung nach § 9 Abs 1 Nr. 9 berechtigen.

2.1 Dauerndes Wohnen in der Laube

6 Eine nicht unerhebliche Pflichtverletzung ist insbesondere die **Nutzung der Laube zum dauernden Wohnen.** Dauerndes Wohnen in Gartenlauben widerspricht ihrer Zweckbestimmung. Lauben sollen der kleingärtnerischen Nutzung dienen. § 3 Abs. 2 bestimmt ausdrücklich, daß Lauben nach ihrer Beschaffenheit, insbesondere nach ihrer Ausstattung und Einrichtung, nicht zum dauernden Wohnen geeignet sein dürfen (s. hierzu auch § 3 Rn. 9 ff.).

Dauerndes Wohnen in der Kleingartenlaube **als Kündigungsgrund** ist nicht neu. Das BKleingG greift insoweit lediglich auf frühere Regelungen zurück. Nach § 3 Abs. 2 KGO war eine Kündigung aus wichtigem Grunde möglich. Als wichtiger Grund wurde auch das ganzjährige Wohnen in der Laube angesehen (vgl. hierzu Der Fachberater 1978, 66). Das Gesetz zur Ergänzung der KGO vom 26. 6. 1935 legalisierte zum Teil das Dauerwohnen in einer Gartenlaube. Danach konnte aus der ständigen Benutzung von Kleingartenlauben zu Wohnzwecken ein wichtiger Kündigungs- und Aufhebungsgrund im Sinne des § 3 Abs. 2 KGO nicht hergeleitet werden, wenn der Laubenbesitzer die Laube vor dem 31. März 1935 bezogen hatte und sich keine andere Unterkunft zu angemessenen Bedingungen beschaffen konnte. Geschützt war also die Wohnnutzung einer Laube durch dieses Gesetz nur für die Wohnverhältnisse, die vor dem 31. März 1935 begründet waren. Das nach diesem Zeitpunkt begründete Dauerwohnen berechtigte weiterhin zur Kündigung des Kleingartenpachtverhältnisses. Die Kriegs- und Nachkriegsverhältnisse mit der großen Zahl zerstörter Wohnungen zwangen zahlreiche Kleingärtner, ihre Lauben auszubauen und zum ganzjährigen Wohnen zu beziehen. Für Luftkriegsbetroffene wurde dies ausdrücklich durch § 10 KSchVO vom 15. 12. 1944 gestattet. Durch das Gesetz zur Änderung und Ergänzung kleingartenrechtlicher Vorschriften vom 28. 7. 1969 (BGBl I S. 1013) wurde § 10 KSchVO außer Kraft gesetzt. Mit der Normalisierung der Wohnverhältnisse nach dem Krieg ist das Dauerwohnen in Gartenlauben zurückgegangen. Einige Kleingärtner blieben jedoch in ihren Lauben wohnen. In vielen Fällen sorgen die Verpächter dafür, daß bei einem Wechsel der Besitzer der entsprechenden Kleingärten das Wohnen in Gartenlauben unterbleibt (s. auch Erläuterungen zu § 18).

2.2 Unbefugte Überlassung des Gartens an Dritte

Ohne Erlaubnis des Verpächers ist dem Kleingärtner **die Überlassung des Gartens an einen Dritten nicht gestattet,** es sei denn, daß im Pachtvertrag etwas anderes vereinbart worden ist. Das kleingärtnerische Nutzungsrecht umfaßt grundsätzlich nicht die Befugnis zur Unterverpachtung. Der Kleingarten soll dem Pächter – und den zu seinem Haushalt gehörenden Familienangehörigen – zur nichterwerbsmäßigen gärtnerischen Nutzung und zur Erholung dienen (§ 1 Abs. 1; s. auch § 1 Rn. 6 ff.). In zahlreichen Einzelpachtverträgen ist die Überlassung des Gartens an Dritte ausdrücklich ausgeschlossen. 7

Die **unbefugte Überlassung** des Kleingartens an einen Dritten stellt eine **erhebliche Pflichtverletzung** dar; sie ist ein **Kündigungsgrund.**

Unter dem Begriff **„Überlassung"** wird in Anlehnung an das Pachtrecht des BGB die tatsächliche Einräumung des kleingärtnerischen Nutzungsrechts zur **selbständigen Ausübung** zu verstehen sein, nicht dagegen die „Mit"-Nutzung des Kleingartens durch Dritte, wenn der Kleingärtner den unmittelbaren Besitz über den Kleingarten behält. Insoweit umfaßt das kleingärtnerische Nutzungsrecht auch die Nutzungsmöglichkeit Dritter. Dritter in diesem Sinne ist jeder, der nicht Vertragspartei ist, auch die zum Haushalt des Kleingärtners gehörenden Angehörigen. Das BKleingG räumt weder dem Ehegatten noch den Kindern des Kleingärtners im Hinblick auf eine Unterverpachtung eine Sonderstellung ein. Die Überlassung des Gartens für die Zeit des Urlaubs ist keine „unbefugte Überlassung" i. S. des § 9 Abs. 1 Nr. 1.

2.3 Bewirtschaftungsmängel

Zu den Pflichten des Kleingärtners gehört auch die **Bewirtschaftung** des Gartens. In der Regel ist diese Verpflichtung ausdrücklich in den Kleingartenpachtvertrag aufgenommen. Eine solche Verpflichtung besteht aber auch dann, wenn im Einzelpachtvertrag hierüber nichts vereinbart worden ist. Sie ergibt sich aus der Natur des Kleingartenpachtverhältnisses. Der Einzelgarten ist Teil der Kleingartenanlage. Er soll sich in diese einfügen. Dies setzt voraus, daß die Kleingärtner zusammenarbeiten, aufeinander Rücksicht nehmen, die Gesamtanlage und ihre Gärten entsprechend den Zielsetzungen des Kleingärtnervereins bewirtschaften und pflegen. Mängel in der Bewirtschaftung stellen insoweit eine Pflichtverletzung dar; erhebliche Bewirtschaftungsmängel berechtigen zur Kündigung. Das BKleingG enthält keine Bestimmungen darüber, wann erhebliche Bewirtschaftungsmängel anzunehmen sind. Dies ergibt sich in erster Linie **aus den Gartenordnungen der Kleingärtnervereine**, in denen nähere Einzelheiten über die Gartennutzung und -gestaltung geregelt sind, zum Beispiel im Hinblick auf die Gartenlaube, Einfriedung, Kompost- und Düngeplätze, Pflanzenschutz und Schädlingsbekämpfung (vgl. hierzu § 3 Rn. 3 a–c; die beispielhaft abgedruckte Gartenordnung in Anhang 6). Nicht jeder Verstoß gegen die in der 8

Gartenordnung vorgeschriebenen Bewirtschaftungspflichten ist erheblich im Sinne des § 9 Abs. 1 Nr. 1. Darüber, ob ein Bewirtschaftungsmangel **erheblich oder unerheblich** ist, **entscheiden die Verkehrsauffassung** und die **Umstände des Einzelfalles.** Ein erheblicher Bewirtschaftungsmangel ist z. B. die mangelnde Vorsorge zur Verhütung der Grundwasserverunreinigung oder der fehlende Pflanzenschutz. Beim Pflanzenschutz und bei der Schädlingsbekämpfung wird es hinsichtlich der zu verwendenden Mittel auf die Verkehrsanschauung und insbesondere auf die im Gartenbau üblicherweise zu beachtenden Regeln ankommen. Einen erheblichen Bewirtschaftungsmangel stellt zweifellos die Verwahrlosung des Kleingartens dar. Der Kleingarten ist kein „Wildgarten". Das Verwildernlassen eines Kleingartens zu dem Zweck, einen „Wild- und Naturgarten" anzulegen, stellt keine ordnungsgemäße Bewirtschaftung i. S. einer kleingärtnerischen Nutzung dar und rechtfertigt eine ordentliche Kündigung (vgl. LG Frankfurt, WM 1987, 232).

Bewirtschaftungsmängel können sich auch aus der Nichtberücksichtigung der Belange des Umwelt- und Naturschutzes sowie der Landschaftspflege ergeben (s. § 3 Rn. 3a—3 c). Die Verpflichtung zur umwelt- und naturschutzgerechten Bewirtschaftung ergibt sich durch die als Satz 2 in § 3 Abs. 1 eingefügte Neuregelung unmittelbar aus dem Gesetz.

Die Kündigung wegen erheblicher Bewirtschaftungsmängel setzt den fruchtlosen Ablauf einer angemessenen Frist zur Beseitigung der Mängel voraus. Dabei ist auch auf die zeitlichen Möglichkeiten des Pächters, die Mängel zu beseitigen, Rücksicht zu nehmen. Die Rechtsprechung ist bisher bei Kündigungen wegen erheblichen Bewirtschaftungsmängeln sehr zurückhaltend. Vgl. hierzu Beitrag in Der Fachberater 1994, 146 f. zu einem Urteil auf eine Räumungsklage (Kündigung wegen erheblicher Bewirtschaftungsmängel).

2.4 Verweigerung von Gemeinschaftsleistungen

9 Das BKleingG geht davon aus, daß das **Erlöschen der Mitgliedschaft** in der Kleingärtnerorganisation **allein noch kein Grund zur Kündigung** des Kleingartenpachtvertrages ist (s. auch § 1 Rn. 20). In den meisten Fällen wird der Ausschluß eines Mitglieds aus Gründen erfolgen, die gleichzeitig eine zur Kündigung berechtigende Pflichtverletzung darstellen. In den Fällen, die verbleiben, darf der Ausschluß oder auch der Austritt aus dem Kleingärtnerverein nicht zu geldlichen oder sonstigen Vorteilen für den ausgeschlossenen oder ausgetretenen Kleingärtner führen; er bleibt vielmehr weiterhin verpflichtet, alle Leistungen zu erbringen, die satzungsgemäß oder durch Beschluß der Mitgliederversammlung von den Vereinsmitgliedern verlangt werden können. Der Einzelgarten ist Teil der Kleingartenanlage; er soll sich in die Gesamtanlage einfügen. Dies setzt unter anderem voraus, daß alle Kleingärtner ihren Beitrag für die Gesamtanlage erbringen. Die geldlichen und sonstigen Gemeinschaftsleistungen sind insoweit Kleingärtnerpflichten, die ohne Rücksicht auf die Zugehörigkeit zum Verein alle Pächter einer Kleingartenanlage in gleicher Weise binden.

9 a Das Kleingartenpachtverhältnis wird — wie jedes Schuldverhältnis — beherrscht und ist gekennzeichnet durch die Leistungspflicht des Schuldners, der nach § 242 BGB seine Leistung so zu bewirken hat, wie Treu und Glauben mit Rücksicht auf die Verkehrssitte es erfordern. Aus diesem Gebot ergeben sich auch Nebenpflichten. Diese Pflichten sollen letztlich der Verwirklichung des Schuldzweckes dienen. Zu diesen Pflichten gehören auch

Gemeinschaftsleistungen für die Kleingartenanlage i. S. des § 9 Abs. 1 Nr. 1. In der Regel sind derartige Nebenpflichten in der Gartenordnung festgelegt. Soweit die Gartenordnung Vertragsbestandteil ist, handelt es sich um „echte" Vertragspflichten, ist das nicht der Fall, wurzeln sie im Grundsatz von Treu und Glauben (§ 242 BGB). Hieraus ergeben sich diese Nebenpflichten auch, wenn die Pflicht zu Gemeinschaftsleistungen in der Vereinssatzung verankert ist oder von der Mitgliederversammlung in Einzelfällen beschlossen wird (a. M. Stang, § 9 Rn. 13).

Die **Verweigerung** dieser **Leistungen** stellt eine **nicht unerhebliche Verletzung** der Kleingärtnerpflichten dar. Sie ist ein Kündigungsgrund nach § 9 Abs. 1 Nr. 1 und wird beispielhaft ausdrücklich als nicht unerhebliche Pflichtverletzung dort genannt. **9 b**

Soweit mit den **Mitgliedsbeiträgen** auch die Kosten für die Verwaltung einer Kleingartenanlage abgegolten werden, ist auch der Pächter, der nicht Vereinsmitglied ist, verpflichtet, sich anteilig an den Kosten der Verwaltung der Kleingartenanlage zu beteiligen. Nach Stang gehören dagegen solche Entgelte zum Pachtzins (Stang, § 9 Rn. 13). Wie zu verfahren ist, wenn der Verpächter des Zwischenpachtvertrages bereits den Höchstpachtzins verlangt, bleibt danach ungeklärt. Es wäre aber mit dem Grundsatz von Treu und Glauben nicht vereinbar, wenn der Kleingärtner, der aus dem Verein austritt oder ausgeschlossen wird, nicht mehr verpflichtet wäre, die Kosten der Verwaltung der Kleingartenanlage anteilig zu tragen. Es widerspräche auch dem Grundsatz der Gleichbehandlung aller Kleingärtner in einer Anlage. Die Kosten für die Verwaltung der Kleingartenanlage müssen daher sowohl Mitglieder als auch Nichtmitglieder gemeinsam tragen (s. hierzu Der Fachberater 1971, 22 f., 28). S. hierzu auch § 5 Rn. 15. Obergrenze ist der Mitgliedsbeitrag. Die Verweigerung dieser Geldleistung ist ein Kündigungsgrund. **9 c**

2.5 Andere nicht unerhebliche Pflichtverletzungen

§ 9 Abs. 1 Nr. 1 nennt nur **beispielhaft einige** (nicht unerhebliche) **Pflichtverletzungen,** die die Nutzung des Gartens betreffen. Weitere (nicht unerhebliche) Pflichtverletzungen sind nicht ausgeschlossen. **10**

Die **Pflichten** können sich aus der Satzung des Kleingartenvereins ergeben oder aus der Gartenordnung, wenn sie Bestandteil des Pachtvertrages ist, aus sonstigen den Pachtvertrag ergänzenden Vereinbarungen. In Betracht kommen z. B. Verpflichtungen betr. die Tierhaltung, die eigene gärtnerische Betätigung des Kleingärtners und/oder seiner Familienangehörigen, die Einfriedungen und Befestigung von Wegen, Gewächshäuser u. ä. m. Eine nicht unerhebliche Pflichtverletzung stellt auch die Errichtung oder Erweiterung einer Laube dar, die die vereinbarte Größe überschreitet. Die Vereinbarung über die Laubengröße darf die gesetzlich vorgeschriebene Höchstgröße nicht überschreiten (s. § 3 Rn. 6). Liegt keine Vereinbarung vor, so gilt § 3 Abs. 2 Satz 1, es sei denn, der Bebauungsplan schreibt eine kleinere Laube vor (s. § 3 Rn. 6). Überschreitet die Laube die gesetzlich zugelassene Größe, kann die Rückführung der Anlage auf die zulässige Größe verlangt werden. Die Weigerung des Pächters der Aufforderung des Verpächters nachzukommen, ist eine zur Kündigung berechtigende Pflichtverletzung. S. auch LG Hannover, ZMR 1987, 23. Schließlich gehören hierher auch Verletzungen von sonstigen Verhaltenspflichten, die sich aus dem allen Schuldverhältnissen zugrunde liegenden allgemeinen Grundsatz ergeben, die Vertragspflichten so zu erfüllen wie Treu und Glauben es mit Rücksicht auf die Verkehrssitte erfordern, z. B. Unterlassen von Anpflanzungen, die die Nachbarparzelle beschatten. Rechtlich bedeutsam sind die Pflichtverletzungen i. S. des § 9 Abs. 1 Nr. 1 nur, soweit sie nicht unerheblich sind (s. oben Rn. 5).

2.6 Schriftliche Abmahnung

11 Voraussetzung der Kündigung wegen fortgesetzter nicht kleingärtnerischer Nutzung oder Verletzung anderer Verpflichtungen, die die Nutzung des Kleingartens betreffen, ist die **schriftliche Abmahnung des Verpächters** (so auch Otte, in: Ernst/Zinkahn/Bielenberg, BKleingG, § 9 Rn. 4; LG Hannover ZMR 1987, 23 f.). Die Abmahnung ist eine Rechtshandlung, auf die die Vorschriften über die Willenserklärung und Rechtsgeschäfte entsprechend anwendbar sind. Sie muß vom Verpächter ausgehen und ist immer an den Pächter zu richten. In der Abmahnung muß das Verhalten, das der Verpächter als Kündigungsgrund ansieht, bezeichnet werden. Der Pächter muß dabei aufgefordert werden, die Verstöße zu unterlassen, gegebenenfalls unverzüglich das Erforderliche zu veranlassen, damit der Kleingarten vertragsgemäß genutzt wird.

Nach Abmahnung muß dem Pächter eine angemessene Zeit verbleiben, in der er die gerügten Verstöße abstellen kann. Bei Kündigungen wegen Bewirtschaftungsmängel sieht § 9 Abs. 1 Nr. 1 ausdrücklich eine angemessene Fristsetzung vor, innerhalb der die Mängel abzustellen sind. Sinn und Zweck der Fristsetzung ist es, dem Pächter eine letzte Möglichkeit zu geben, die Mängel abzustellen. Was eine angemessene Frist ist, richtet sich nach der objektiven Sachlage. Es kommt also insoweit auf die Art der zu beseitigenden Mängel und die Umstände des Einzelfalles an. Bei Streit über die Angemessenheit der Fristsetzung ist die Fristbemessung Sache des Richters.

3. Kündigung wegen Neuordnung einer Kleingartenanlage (Nr. 2)

12 Die Kündigung des Kleingartenpachtverhältnisses zum Zwecke, die Kleingartenanlage neu zu ordnen, kannte das alte Kleingartenrecht nicht. Sie ist durch das BKleingG neu eingeführt worden. Dieser Kündigungsgrund ist notwendig, weil ein nicht geringer Teil der älteren Anlagen aus städtebaulicher und gartengestalterischer Sicht nicht mehr den heutigen Anforderungen entspricht. Bereits im Ergebnisbericht zum Bundeswettbewerb heißt es hierzu:

> „Neben der Schaffung neuer Anlagen tritt als immer wichtigere Aufgabe die Neugestaltung der alten Kolonien. Hierbei kann es sich um Umgestaltungen im Sinne der Schaffung moderner Anlagen nach Art von Kleingartenparks oder um die Sanierung von Kleingartengebieten handeln, besonders dann, wenn Dauerbewohnung vorliegt."
> (Gärten im Städtebau, Dokumentation, Schriftenreihe des BMBau 05.011 S. 134)

Eine wesentliche Voraussetzung für die Neugestaltung einer Kleingartenanlage ist die Bereitschaft der Betroffenen. Einzelne Kleingärtner, deren Mitwirkung für Sanierungsmaßnahmen notwendig ist, sollen die Neuordnung einer gesamten Anlage nicht verhindern können.

13 Die **Neuordnung** kann zum Beispiel der **Beseitigung von Behelfswohnungen** dienen, **der Schaffung zusätzlicher Kleingärten durch Verkleinerung der Parzellen, der Ver-**

besserung des Wegenetzes (Verbreiterung der Hauptwege einer Anlage, um sie der Öffentlichkeit zugänglich zu machen), **der Errichtung von Gemeinschaftseinrichtungen usw.**

14 Die Kündigung wegen Neuordnung nach § 9 Abs. 1 Nr. 2 setzt voraus, daß **die Beendigung des Pachtverhältnisses erforderlich ist,** das heißt, daß ohne Kündigung die Neuordnungsmaßnahme nicht durchgeführt werden kann. In jedem Einzelfall ist daher zunächst zu prüfen, ob die Neuordnung auch ohne Kündigung möglich ist, ob etwa weniger belastende Maßnahmen zum gleichen Ergebnis führen. Eine Sperre für „übereilte Kündigungen" ist die Entschädigungspflicht (s. § 11 Rn. 3 ff.).

4. Eigenbedarfskündigung (Nr. 3)

15 Nach § 9 Abs. 1 Nr. 3 kann der Verpächter einen Kleingartenpachtvertrag auch kündigen, wenn der Eigentümer der kleingärtnerisch genutzten Fläche selbst oder einer seiner Familienangehörigen im Sinne des § 8 Abs. 1 des Zweiten WoBauG einen Garten kleingärtnerisch nutzen will und ihm anderes geeignetes Gartenland nicht zur Verfügung steht. Die **Eigenbedarfskündigung** ist nur **zulässig bei unbefristeten Verträgen — auch über Dauerkleingärten.** § 9 Abs. 3 bestimmt ausdrücklich, daß **bei zeitlich befristeten Kleingartenpachtverträgen** die **Eigenbedarfskündigung ausgeschlossen** ist. In diesen Fällen soll der Grundsatz, daß Verträge einzuhalten sind, Vorrang vor dem Eigenbedarf haben, zumal der Eigentümer ohnehin nach Ablauf der Vertragsdauer über sein Grundstück wieder verfügen kann.

16 Als Eigentümer kommt nur eine **natürliche Person** in Betracht. **Juristische Personen können keinen Eigenbedarf** im Sinne des § 9 Abs. 1 Nr. 3 **haben.** Zum Begriff „Familienangehörige" s. § 1 Rn. 26. Die Eigenbedarfskündigung soll den berechtigten Belangen des Eigentümers, der ihm gehörende Flächen zur kleingärtnerischen Nutzung auf Dauer überlassen hat, Rechnung tragen. Der Eigentümer soll die Möglichkeit haben, unter den in § 9 Abs. 1 Nr. 3 bestimmten Voraussetzungen auf dieses Kleingartenland zurückzugreifen. Insoweit liegt der Eigenbedarfskündigung auch der Grundgedanke der verfassungsrechtlichen Eigentumsgarantie zugrunde.

17 **Der Eigenbedarf** muß erst nach **Abschluß des Pachtvertrages entstanden** sein und bis zum Ablauf der Kündigungsfrist vorliegen. Ist der Kündigungsgrund bei Ablauf der Kündigungsfrist wieder entfallen, so ist die Kündigung nicht mehr gerechtfertigt. Hält der Verpächter trotzdem an ihr fest, so kann dies eine unzulässige Rechtsausübung sein (BGH, NJW 1991, 1349). Vorratskündigungen für den Fall, daß ein Eigenbedarf entstehen könnte, sind unzulässig.

18 Kündigungsvoraussetzung ist — abgesehen vom Nutzungswillen — das **Fehlen anderen geeigneten Gartenlandes,** das heißt einer Fläche, die beispielsweise in zumutbarer Entfernung kleingärtnerisch genutzt werden kann. Der Eigentümer kann nicht auf die Anpachtung einer entsprechenden Fläche verwiesen werden; er muß die Möglichkeit haben, eigenes ihm gehörendes Land kleingärtnerisch zu bewirtschaften.

19 Bei der Eigenbedarfskündigung ist der Garten unter **Berücksichtigung der Belange der Kleingärtner** auszuwählen. Zu den Belangen gehört zum Beispiel die Frage, ob in absehbarer Zeit ein Kleingarten ohnehin frei wird, weil ein Kleingärtner seinen Gar-

ten aufgibt. Auch soziale Gesichtspunkte (z. B. geringes Einkommen der Familie des Kleingärtners, Kinderzahl u. ä.) können eine Rolle spielen. Bei der Auswahl des Gartens kann der jeweilige Kleingartenverein die erforderlichen Informationen liefern. Die Auswahl des Gartens ist damit nicht dem freien Belieben des Verpächters überlassen. Der Pächter kann sich im Streitfall darauf berufen, daß der Garten „falsch" ausgewählt worden sei, daß die Belange der Pächter unberücksichtigt blieben. Hat der Eigentümer selbst Einzelpachtverträge ohne Einschaltung eines Zwischenpächters abgeschlossen, so kann nur ein (konkreter) Einzelpachtvertrag gekündigt werden. Bei Zwischenpachtverträgen kommt eine Teilkündigung in Betracht (§ 10 Abs. 2). Mit der Teilkündigung ist die Rechtsgrundlage für den Besitz und das Nutzungrecht des betroffenen Kleingartens weggefallen mit der Folge, daß dann der Eigentümer den Herausgabeanspruch nach § 985 BGB geltend machen kann (vgl. BGHZ 121, 91). § 10 Abs. 3, der bei Kündigung von Zwischenpachtverträgen den Eintritt des Verpächters in die Einzelpachtverträge vorsieht, ist auf Kündigungen nach § 9 Abs. 1 nicht anwendbar. Der Verpächter kann also mit der Beendigung des von der Teilkündigung betroffenen Kleingartens die Herausgabe der Pachtsache auch nach §§ 556 Abs. 3, 581 Abs. 2 BGB, § 4 Abs. 1 BKleingG verlangen (BGH, NJW 1993, 55 ff. = RdL 1992, 318). Zur Kündigung wegen Eigenbedarfs des Eigentümers ist auch der Zwischenpächter berechtigt, wenn der Eigentümer des Kleingartenlandes Eigenbedarf geltend macht.

5. Kündigung wegen anderer wirtschaftlicher Verwertung (Nr. 4)

20 Die Kündigung zum Zwecke einer anderen wirtschaftlichen Verwertung des Kleingartengrundstücks setzt zunächst voraus, daß **eine andere als die kleingärtnerische Nutzung planungsrechtlich zulässig** ist. **Gemeint ist** hiermit nicht die im Bebauungsplan oder durch Planfeststellung festgesetzte andere Nutzung, sondern **die andere zulässige Nutzung im Außenbereich** nach § 35 BauGB (s. § 3 Rn. 16 ff.). Insoweit ist zu unterscheiden zwischen der Kündigung zum Zwecke der Verwirklichung des Bebauungsplans (Nr. 5) und der Planfeststellung (Nr. 6) einerseits und der Kündigung nach Nr. 4. Dieser Kündigungsgrund kommt auch nur bei Verträgen über sonstige Kleingärten in Betracht. Er gilt nicht bei Dauerkleingärten.

§ 9 Abs. 1 Nr. 4 ist **nicht anwendbar** auf Verträge über Kleingärten, die **wie Dauerkleingärten zu behandeln sind** (§ 16 Abs. 2; § 20 a Nr. 2), weil auf diesen Flächen nur die kleingärtnerische Nutzung zulässig ist, solange sie durch Bebauungspläne nicht geändert wird. Dauerkleingärten und Kleingärten, die als Dauerkleingärten gelten, dürfen und sollen auf Dauer — jedenfalls solange ein Bebauungsplan mit einer anderen Festsetzung für diese Fläche nicht rechtsverbindlich geworden ist — nur kleingärtnerisch genutzt werden. Die Kündigung wegen anderer wirtschaftlicher Verwertung des Grundstücks setzt dagegen voraus, daß eine andere als die kleingärtnerische Nutzung zulässig ist.

21 Kündigungsvoraussetzung ist ferner, daß der **Kleingartenpachtvertrag auf unbestimmte Dauer geschlossen** worden ist. Wie bei der Kündigung wegen Eigenbedarfs bleibt der Verpächter bei befristeten Verträgen an die vereinbarte Vertragsdauer gebunden (s. oben Rn. 15).

Der Verpächter kann kündigen, wenn der Eigentümer durch die Fortsetzung des Kleingartenpachtvertrages an **einer anderen wirtschaftlichen Verwertung gehindert ist. „Andere wirtschaftliche** Verwertung" bedeutet eine **andere Grundstücksnutzung**, eine bauliche, z. B. eine nach § 35 Abs. 1 BauGB privilegierte bauliche oder eine sonstige Nutzung gemäß § 35 Abs. 2 BauGB, z. B. als Campingplatz, wenn öffentliche Belange nicht beeinträchtigt werden und die ausreichende Erschließung gesichert ist, oder „als Freizeit- und Ziergarten" (s. BGH, NJW 1991, 1349). Hat der Verpächter eine Fläche zur kleingärtnerischen Nutzung auf unbestimmte Zeit verpachtet, so hindert ihn diese Verpachtung an der Realisierung einer anderen Nutzung bzw. am Verkauf zum Zweck einer anderen Nutzung. Für diese Fälle bietet die Nr. 4 einen Kündigungsgrund. Die Tatsache, daß eine Fläche kleingärtnerisch genutzt wird, hindert den Verpächter nicht, diese zu verkaufen, obwohl der Kreis der Kaufinteressenten möglicherweise kleiner ist. **Eine andere planungsrechtlich zulässige wirtschaftliche Verwertung i. S. des § 9 Abs. 1 Nr. 4 liegt erst dann vor, wenn der Eigentümer das Kleingartenland zum Zweck einer anderen Nutzung veräußert.** Der Verkauf allein ist noch keine andere planungsrechtlich zulässige wirtschaftliche Verwertung des kleingärtnerisch genutzten Grundstücks. Beim Verkauf als Bauerwartungsland muß deshalb eine bauliche Nutzung im Zeitpunkt der Beendigung des Vertrages möglich oder wenigstens zu erwarten sein (BGH, NJW 1991, 1349). 22

Die Hinderung an der anderen wirtschaftlichen Verwertung des Grundstücks muß für den Verpächter **erhebliche Nachteile** verursachen. Die Fortsetzung des Kleingartenpachtverhältnisses und die dadurch gegebene Verhinderung der Verwertung müssen für die Nachteile kausal sein. Die Nachteile müssen sich konkret abzeichnen. Die bloße Befürchtung reicht nicht aus. Der Eigentümer braucht zwar **nicht auf eine andere Verwertung wirtschaftlich angewiesen zu sein,** die Nachteile müssen jedoch für ihn **wirtschaftlich „spürbar"** sein; erst dann sind sie erheblich im Sinne des § 9 Abs. 1 Nr. 4. 23

Dieser Kündigungsgrund ist demnach nicht nur dann gegeben, wenn dem Eigentümer im Interesse der Schaffung oder Aufrechterhaltung seiner wirtschaftlichen Lebensgrundlage die Fortsetzung des Kleingartenpachtverhältnisses nicht mehr zugemutet werden kann, sondern auch dann, wenn der Eigentümer Vermögenseinbußen durch die Fortsetzung des Pachtverhältnisses erleidet, die ihm auch unter Berücksichtigung des Grundsatzes der Vertragstreue nicht zuzumuten sind. Die Kündigung ist jedenfalls wirksam, wenn die Voraussetzungen im Zeitpunkt der Erklärung und auch noch bei Ablauf der Kündigungsfrist vorliegen (BGH, NJW 1991, 1349).

Die Vorschrift der **Nr. 4 ist keine Generalklausel** für die Zuführung kleingärtnerisch genutzter Flächen zu einer anderen planungsrechtlich zulässigen Nutzung (a. M. Stang, § 4 Rn. 30; § 9 Rn. 41), sondern ein **eigenständiger Kündigungsgrund bei nicht beplanten Flächen**, sofern die Kündigungsvoraussetzungen vorliegen. Nr. 4 findet keine Anwendung, wenn die planungsrechtliche Zulässigkeit (erst durch ein planungsrechtliches Instrument) geschaffen werden soll, z. B. durch Bebauungsplan, Planfeststellung oder durch einen vorhabenbezogenen Bebauungsplan (Vorhaben- und Erschließungsplan gemäß § 12 BauGB). Zur Frage der Kündigung zum Zwecke der Verwirklichung des vorhabenbezogenen Bebauungsplans nach § 12 BauGB s. § 9 Rn. 32 a f. 23 a

6. Kündigung zum Zweck der Verwirklichung des Bebauungsplans (Nr. 5)

24 Die Durchführung von Bebauungsplänen kann die Beendigung von Kleingartenpachtverhältnissen erfordern. Bebauungspläne i. S. des § 9 Abs. 1 Nr. 5 sind qualifizierte (§ 30 Abs. 1 BauGB), vorhabenbezogene (§ 30 Abs. 2 BauGB) und einfache Bebauungspläne (§ 30 Abs. 2 BauGB). Näheres hierzu s. § 1 Rn. 46. Abs. 1 Nr. 5 räumt dem Verpächter zur Planverwirklichung ein Kündigungsrecht ein. Diese Kündigungsbestimmung findet **Anwendung auf alle Pachtverträge,** auf zeitlich befristete und unbefristete Verträge über kleingärtnerisch genutzte Flächen – Dauerkleingärten und sonstige Kleingärten –, wenn das Kleingartenland durch Bebauungsplan einer nichtkleingärtnerischen Nutzung zugeführt werden soll. Abs. 1 Nr. 5 unterscheidet im Hinblick auf die Kündigungsvoraussetzungen zwischen der Kündigung

– nach Rechtsverbindlichkeit des Bebauungsplans (Abs. 1 Nr. 5 erster Halbs.)

– und vor dessen Rechtsverbindlichkeit (Abs. 1 Nr. 5 zweiter Halbs.).

Beide Kündigungstatbestände gehen davon aus, daß das **öffentliche Interesse am Vollzug des Bebauungsplans Vorrang vor den Interessen der Kleingärtner** genießt. Die kleingärtnerischen Belange finden bereits im Bebauungsplanaufstellungsverfahren gebührende Berücksichtigung (s. § 1 Rn. 47 ff.; 52 ff.).

25 Nach § 1 Abs. 3 BauGB sind die Gemeinden verpflichtet, Bauleitpläne, das sind der Flächennutzungsplan (vorbereitender Bauleitplan) und der Bebauungsplan (verbindlicher Bauleitplan), in eigener Verantwortung (§ 2 Abs. 1 BauGB) aufzustellen, sobald und soweit es für die städtebauliche Ordnung erforderlich ist (§ 1 Abs. 3 BauGB). Näheres hierzu in § 1 Rn. 35 ff.

Das Baugesetzbuch weist somit die Bauleitplanung den Gemeinden als Selbstverwaltungsaufgabe zu, es begründet aber auch gleichzeitig eine Rechtspflicht der Gemeinden zur Bauleitplanung, wenn und soweit die gegebenen örtlichen Verhältnisse eine Ordnung der städtebaulichen Entwicklung erfordern. Grundsätzlich steht es im pflichtgemäßen kommunalpolitischen Ermessen der Gemeinde, ob sie plant, wann sie plant und wie sie plant. Jedoch ist dieses Ermessen beschränkt. Dies hängt von den konkreten Bedürfnissen vor Ort ab. Die Gemeinde muß planen, wenn die Bedürfnisse nicht anders aufgefangen werden können, wenn also die Planung zur Deckung des zukünftigen Bedarfs dient, z. B. für den Wohnungsbau oder für das Gewerbe. S. auch § 1 Rn. 47.

26 **Nach Rechtsverbindlichkeit des Bebauungsplans** kann der Kleingartenpachtvertrag gekündigt werden, wenn die kleingärtnerische Fläche alsbald der im Bebauungsplan festgesetzten anderen Nutzung zugeführt oder alsbald für diese Nutzung vorbereitet werden soll. Dieser Kündigungsgrund entspricht im wesentlichen dem früheren Kleingartenrecht (§ 2 Abs. 1 Nr. 2 des Gesetzes zur Änderung und Ergänzung kleingartenrechtlicher Vorschriften vom 28. Juli 1969 – BGBl I S. 1013). Die Festsetzung im Bebauungsplan allein genügt zur Kündigung nicht. Durch das zeitliche Erfordernis **„alsbald"** soll vermieden werden, daß bisher kleingärtnerisch genutztes Land nach der Kündigung über Gebühr brachliegt. Andererseits erfordert „eine am Sinn und Zweck der Bestimmung" orientierte Auslegung des Merkmals „alsbald", daß keine übertriebenen Anforderungen gestellt werden, da andernfalls die Durch-

führung zumindest größerer Bauvorhaben auf fast unüberwindliche Schwierigkeiten stoßen würde. So brauchen zum Beispiel verbindliche Kreditzusagen von Bankinstituten zum Zeitpunkt der Kündigung noch nicht vorzuliegen; in diesem Falle würden nicht unerhebliche Kreditbereitstellungskosten zu einem sehr frühen Zeitpunkt entstehen. Zum anderen erfordert die Vorschrift jedoch bezüglich des Merkmals „alsbald" strenge Anforderungen. Die ernsthafte Absicht von Unternehmen, das Gelände zu erwerben und dann zu bebauen, reicht für sich allein nicht aus. Es ist vielmehr erforderlich, daß erkennbare Vorbereitungen für die alsbaldige Inangriffnahme des Bauvorhabens getroffen worden sind.

Um das Merkmal „alsbald" bejahen zu können, muß feststehen, daß

> „die ernsthafte Absicht bereits feste Formen angenommen hat und nach außen hin dokumentiert ist. Dazu wäre hier zumindest erforderlich, daß konkrete Verhandlungen geführt worden wären, die Klägerin sich für einen der Bewerber entschieden, diesem die Ausführung des Bauvorhabens übertragen hätte und der Zeitpunkt des Baubeginns in etwa feststünde."
> (OVG Münster, Urt. v. 27. 9. 1978 – IX A 732/76 – RdL 1979, 301 = Der Fachberater 1979, 94 f.)

Die in der Rechtsprechung zu § 2 Abs. 1 Nr. 2 KÄndG 1969 entwickelten Grundsätze zu dem Merkmal „alsbald" finden auch Anwendung auf die Kündigung nach Nr. 5. Das Gesetz hat bewußt die Kündigung „erschwert". Sie soll nicht schon dann zulässig sein, wenn noch unbestimmt ist, wann und durch wen die Fläche der im Bebauungsplan festgesetzten Nutzung zugeführt wird. Vom Verpächter kann erwartet werden, daß er diese Unsicherheit ausräumt, bevor er den Kleingartenpachtvertrag kündigt. Der Verpächter muß insoweit den „Nachweis" führen, daß die im Bebauungsplan festgesetzte andere Nutzung „unmittelbar bevorsteht".

Der Unterschied zwischen **Nutzung** und **Nutzungsvorbereitung** erklärt sich aus dem Unterschied im Zustand der Grundstücke. Unter **Nutzungsvorbereitung** fallen alle diejenigen **sachdienlichen Maßnahmen, die die anschließende Nutzung ermöglichen,** beispielsweise Entwässerungs- oder Erschließungsmaßnahmen, Grundstücksparzellierungen usw. 27

Nach § 9 Abs. 1 Nr. 5 zweiter Halbsatz kann der Verpächter unter bestimmten engen Voraussetzungen den Kleingartenpachtvertrag bereits **während der Planaufstellung kündigen.** Die Kündigung ist an das gleichzeitige Vorliegen folgender Voraussetzungen geknüpft. 28

– Die Gemeinde muß **beschlossen haben, einen Bebauungsplan aufzustellen** oder einen bestehenden Bebauungsplan zu **ändern** oder zu **ergänzen.** Die Beschlußfassung der Gemeinde muß ortsüblich bekanntgemacht sein (§ 2 Abs. 1 BauGB). Erst mit der gesetzlich vorgeschriebenen Publikation wirkt dieser Beschluß nach außen. Dabei ist es ohne Bedeutung, ob ein qualifizierter, ein vorhabenbezogener oder ein einfacher Bebauungsplan (§ 30 BauGB) aufgestellt werden soll. 29

– Die Planungsarbeiten müssen einen **Stand erreicht haben,** der die Annahme rechtfertigt, daß die beabsichtigte andere (nichtkleingärtnerische) Nutzung **endgültig festgesetzt wird.** Es muß nach dem Sachstand der Planung damit gerechnet 30 werden können, daß die in Aussicht genommenen Festsetzungen bestehen bleiben. Wann dieses Stadium der **Planreife** erreicht ist und infolgedessen mit einer Nichtbeanstandung des Bebauungsplans und ggf. seiner Genehmigung (§ 10 Abs. 2 BauGB) hinreichend sicher zu rechnen ist, läßt sich generell nicht festlegen. Der Zeitpunkt der Planreife ist in der Regel gegeben, wenn nach der Beteiligung der Träger öffentlicher Belange und dem Auslegen des Planentwurfs die Anregungen der Bürger geprüft worden sind.

31 – **Dringende Gründe des öffentlichen Interesses** müssen die Verwirklichung der anderen Nutzung bereits vor Rechtsverbindlichkeit des Bebauungsplans erfordern. Solche Gründe liegen vor, wenn erhebliche Nachteile für die Entwicklung der Gemeinde vermieden oder die Verwirklichung eines Vorhabens sichergestellt werden soll. Das kann z. B. der Fall sein bei der Ansiedlung von Gewerbebetrieben, um neue Arbeitsplätze zu schaffen. Die Voraussetzungen für eine Kündigung liegen jedenfalls dann vor, wenn die Verwirklichung des Vorhabens vordringlich ist und die Rechtsverbindlichkeit des Bebauungsplans nicht abgewartet werden kann. Ein Abwarten wird dann nicht möglich sein, wenn es zu erheblichen Nachteilen für die Entwicklung der Gemeinde führen würde. Damit ist für diese Kündigungsmöglichkeit eine immanente Grenze festgelegt. Ob diese im Einzelfall vorliegt, wird der Verpächter nur dann beurteilen können, wenn er über die dringenden Gründe unterrichtet ist. Soweit nicht die Gemeinde selbst Verpächterin ist, wird sie auf Anfrage dem „Privaten" mitzuteilen haben, daß die Voraussetzungen für die Kündigung vorliegen.

32 Sind die Kündigungsvoraussetzungen verkannt worden, so ist die Kündigung unwirksam.

32 a Ist eine Kleingartenanlage oder sind Teile davon in einen vorhabenbezogenen Bebauungsplan (Vorhaben- und Erschließungsplan § 12 BauGB) einbezogen worden, können Kleingartenpachtverhältnisse über die betroffenen Flächen gemäß § 9 Abs. 1 Nr. 5 gekündigt werden. Der vorhabenbezogene Bebauungsplan ist ein eigenständiges planungsrechtliches Instrument. Er sichert Investitionen planungsrechtlich ab und gewährleistet gleichzeitig die städtebauliche Ordnung in der Gemeinde. Miteinander verknüpft sind bei diesem Instrument der Vorhaben- und Erschließungsplan des Investors, der Bebauungsplan, durch den Baurechte begründet werden, und der Durchführungsvertrag zwischen dem Investor und der Gemeinde, durch den die Bauverpflichtung begründet und die Kosten der Planung und Erschließung geregelt werden.

32 b Der Erlaß eines vorhabenbezogenen Bebauungsplans setzt voraus, daß das Vorhaben ohne Bebauungsplan nicht zugelassen werden könnte. Der vorhabenbezogene Bebauungsplan ist die rechtlich verbindliche Grundlage für die bauplanungsrechtliche Zulässigkeit des Vorhabens und der Erschließungsanlagen.

7. Kündigung zum Zweck der Verwirklichung der Planfeststellung (Nr. 6)

Bei **Inanspruchnahme von Kleingartenland durch Fachplanungen** steht dem Verpächter ein Kündigungsrecht nach Nr. 6 a zu. Diese Vorschrift korrespondiert mit Nr. 5 insoweit, als sie einen Kündigungstatbestand enthält für die Fälle, in denen kleingärtnerisch genutztes Land durch Planungsakte einer anderen Nutzung zugeführt werden soll. Von Nr. 6 a sind alle **Nutzungsregelungen erfaßt, die im Rahmen eines förmlichen Planfeststellungsverfahrens entschieden werden.** Hierzu gehören also die Fachplanung des Bundes und überörtliche und örtliche Fachplanungen der Länder. 33

Zu den raumordnenden **Fachplanungen** des Bundes gehören z. B. 34

- Personenbeförderungsgesetz (Bau neuer und Änderung bestehender Straßenbahnen, Hoch- und Untergrundbahnen, Schwebebahnen);
- Bundesfernstraßengesetz (Bau und Änderung von Bundesfernstraßen);
- Luftverkehrsgesetz (Anlage und Änderung von Flughäfen und Landeplätzen mit beschränktem Bauschutzbereich);
- Wasserstraßengesetz (Ausbau und Neubau von Bundeswasserstraßen);
- Gesetz über den Bau und Betrieb von Versuchsanlagen zur Erprobung von Techniken für den spurgeführten Verkehr.

Die **Länder** haben auf dem Gebiet des **Wasserrechts,** des **Straßenrechts** und des **privaten Eisenbahnrechts** Vorschriften über raumordnende Fachplanung erlassen. 35

Die **Kündigung** nach § 9 Abs. 1 Nr. 6 a **setzt voraus, daß die Planfeststellung abgeschlossen ist,** d. h. es muß ein **Verwaltungsakt** vorliegen. 36

Rechtsbehelfe gegen einen Verwaltungsakt haben zwar grundsätzlich – von Ausnahmen (§ 80 Abs. 2 VwGO) abgesehen – aufschiebende Wirkung (§ 80 Abs. 1 Satz 1 VwGO). Solange aber ein Rechtsbehelf nicht eingelegt ist, ist der Verwaltungsakt verbindlich. Für den Anwendungsbereich des § 9 Abs. 1 Nr. 6 a bedeutet dies, daß auch **aufgrund eines noch anfechtbaren Verwaltungsaktes rechtmäßig gekündigt** werden kann, die Kündigung aber mit dem Risiko der aufschiebenden Wirkung im Falle der Einlegung eines Rechtsbehelfs belastet ist (vgl. Eyermann/Fröhler, VwGO, § 80 Rn. 1 ff.; 6 ff.). So auch Otte, a. a. O. § 9 Rn. 14; Stang, a. a. O. § 9 Rn. 49. Während der Dauer der aufschiebenden Wirkung darf eine bereits ausgesprochene Kündigung nicht vollzogen werden. Das Ende der aufschiebenden Wirkung tritt ein mit der Unanfechtbarkeit des Widerspruchsbescheids; die aufschiebende Wirkung der Klage endet in dem Zeitpunkt, in dem das Urteil rechtskräftig wird. Sie endet auch mit der Anordnung der sofortigen Vollziehung. 37

Mit Rücksicht darauf, daß die Realisierung der Fachplanung nach Abschluß des Planfeststellungsverfahrens noch häufig geraume Zeit in Anspruch nimmt, bestimmt die Vorschrift Nr. 6 a, daß die Kündigung erst möglich ist, wenn das kleingärtnerisch genutzte Land **„alsbald"** benötigt wird. Die neue durch die Planfeststellung bestimmte Grundstücksnutzung muß unmittelbar bevorstehen. Hierzu gehört auch die Sicherung der Finanzierung des Vorhabens. Solange die Finanzierung nicht gesichert ist, wird man auch nicht annehmen können, daß das Kleingartengrundstück benötigt wird (BT-Drs. 9/1900 S. 16). S. auch oben Rn. 26. 38

39 Der in § 9 Abs. 1 Nr. 6 b genannte Kündigungsgrund entspricht dem alten Recht. Danach kann der Verpächter kündigen, wenn die kleingärtnerisch genutzte Fläche für die in § 1 Abs. 1 des **Landbeschaffungsgesetzes** genannten Zwecke **alsbald benötigt wird** (s. Rn. 38). Nach Maßgabe dieses Gesetzes kann der **Bund** Grundstücke beschaffen

1. für Zwecke der Verteidigung;
2. insbesondere auch zur Erfüllung der Verpflichtungen des Bundes aus zwischenstaatlichen Verträgen über die Stationierung und Rechtsstellung von Streitkräften auswärtiger Staaten im Bundesgebiet;
3. zur Gewährung einer Entschädigung in Land im unmittelbaren Zusammenhang mit Maßnahmen nach Nummer 1 oder 2;
4. zur Verlegung oder Errichtung öffentlicher Einrichtungen und Anlagen im unmittelbaren Zusammenhang mit Maßnahmen nach Nummer 1, 2 oder 3;
5. zur Unterbringung von Personen, Betrieben und öffentlichen Einrichtungen, die wegen der Verwendung bundeseigener Grundstücke für Zwecke der Nummern 1 und 2 notwendig ist;
6. zur Verlegung von Anlagen oder Einrichtungen der Verteidigung, weil die benutzten Grundstücke für Anlagen oder Einrichtungen benötigt werden, für die eine Enteignung nach anderen Gesetzen zulässig wäre.

8. Aufhebung von Kleingartenpachtverträgen

40 Weitere Kündigungsgründe können vertraglich nicht wirksam vereinbart werden. Nach § 13 ist eine solche Vereinbarung nichtig. Auch die Verlegung des Wohnsitzes des Kleingärtners in eine andere Gemeinde ist kein Kündigungsgrund für den Verpächter.

41 Der Kleingartenpachtvertrag kann jedoch durch Aufhebung vorzeitig beendet werden. Die (einvernehmliche) Aufhebung von Verträgen ist nicht gesetzlich geregelt. Sie erfolgt durch Abschluß eines Aufhebungsvertrages. Der **Aufhebungsvertrag** ist auf die Beendigung des Kleingartenpachtvertrages gerichtet. Er bedarf keiner Form, auch wenn für Vertragsänderungen vertraglich Formabreden getroffen worden sind, weil die Aufhebung keine Änderung des Vertrages ist. Die auf die Aufhebung des Pachtvertrages gerichteten Willenserklärungen können also formlos abgegeben werden. Um aber den Kündigungsschutz nicht leerlaufen zu lassen, bedarf das Vorliegen eines Aufhebungsvertrages besonders sorgfältiger Prüfung. Die widerspruchslose Hinnahme einer gesetzlich nicht zulässigen Kündigung kann nicht ohne weiteres als Abschluß eines Aufhebungsvertrages aufgefaßt werden (BGH, NJW 1981, 43; Heinrichs, in Palandt, BGB, § 305 Rn. 7). S. hierzu auch Vorbemerkungen zu den §§ 7 bis 10 Rn. 3 ff. (Beendigung von Kleingartenpachtverträgen).

9. Kündigungsfrist; Kündigungstermin

42 Abs. 2 regelt die **Kündigungsfrist;** er ist zwingendes Recht. Die Vorschrift **gilt für alle Kleingartenpachtverhältnisse,** die im Wege der ordentlichen Kündigung beendet werden können. Sie unterscheidet zwischen der **„ordentlichen Kündigungsfrist"** (Satz 1) und der **„vorzeitigen Kündigungsfrist"** (Satz 2).

Für die ordentliche Kündigungsfrist bestimmt Satz 1, daß die Beendigung des Kleingartenpachtverhältnisses durch Kündigung nur zum 30. November eines Jahres zulässig ist. Diese Frist soll es den Kleingärtnern erlauben, den Garten vollständig abzuernten und sich auf die Räumung des Gartens nach der Vegetationsperiode einzustellen. Abweichende Vereinbarungen sind nicht zulässig, wenn sie dem Pächter zum Nachteil gereichen (§ 13). Unter welchen Umständen eine abweichende Vereinbarung für den Pächter günstiger ist, hängt vom konkreten Einzelfall ab. **43**

Satz 1 nennt zwei Kündigungstermine, die eingehalten werden müssen, damit das Kleingartenpachtverhältnis am 30. November eines Jahres endet. In den Fällen des Abs. 1 Nr. 1 (Kündigung wegen nicht unerheblicher Pflichtverletzungen) hat die Kündigung spätestens am 3. Werktag im August zu erfolgen. Im Falle der Kündigung nach Abs. 1 Nr. 2 bis 6 muß die Kündigungserklärung dem Kündigungsgegner spätestens am dritten Werktag im Februar dieses Jahres zugehen. Näheres hierzu in Vorbemerkungen zu den §§ 7 bis 10 Rn. 2.

Abs. 2 Satz 2 regelt die vorzeitige Kündigungsfrist. Danach kann in den Fällen des Abs. 1 Nr. 5 und 6 der Kleingartenpachtvertrag spätestens am dritten Werktag eines Kalendermonats für den Ablauf des nächsten Monats gekündigt werden, wenn dringende Gründe die vorzeitige Inanspruchnahme des Kleingartenlandes erfordern. Mit dieser Vorschrift soll sichergestellt werden, daß Flächen, die sofort benötigt werden, auch bereitgestellt werden. Dringende Gründe können z. B. vorliegen, wenn Flächen zur Errichtung von Vorhaben im öffentlichen Interesse sofort benötigt werden oder wenn der Verpächter bei Einhaltung der Regelfrist wirtschaftliche Nachteile zu befürchten hat, die ihm nicht zuzumuten sind, wenn z. B. eine im Bebauungsplan festgesetzte andere Nutzung wegen der Regelfrist erst zu einem späteren Zeitpunkt realisiert werden könnte und der Verpächter dadurch finanzielle Einbußen erleiden würde. Für die Beurteilung, ob ein dringender Grund vorliegt, ist auch die Zeitdauer bis zum nächsten ‚normalen' Kündigungstermin von Bedeutung (BT-Drs. 9/2232 S. 21). **44**

Die in Abs. 2 geregelten gesetzlichen Kündigungsfristen gelten für den Verpächter. Für den Pächter gelten die Kündigungsfristen des BGB (§ 584 BGB). S. hierzu § 4 Rn. 4 ff. **45**

Für die Berechnung der Kündigungsfristen gelten die §§ 187 ff. BGB (s. Anhang 4). Eine nach Abs. 2 verspätete Kündigung kann für den nächsten zulässigen Termin wirksam sein, ohne daß es einer erneuten Kündigung bedarf, wenn eine Beendigung des Kleingartenpachtverhältnisses erkennbar für alle Fälle gewollt ist. **46**

10. Kündigung bei Zeitverträgen

Nach Abs. 3 sind **Kündigungen wegen Eigenbedarfs des Eigentümers** (Abs. 1 Nr. 3) und **wegen anderer wirtschaftlicher Verwertung** unzulässig, wenn der Kleingartenpachtvertrag auf bestimmte Zeit geschlossen wurde (Zeitverträge). Bestimmte Zeit bedeutet Festlegung der Pachtdauer auf eine Kalenderzeit oder ein bestimmtes Ereignis. Ist ungewiß, ob das Ereignis überhaupt eintritt, so handelt es sich um einen Vertrag unter auflösender Bedingung, das ist ein Vertragsverhältnis auf unbestimmte Zeit (Putzo, in Palandt, §§ 564 Rn. 5). Bei befristeten Verträgen mit Verlängerungs- **47** klausel kommt es auf die Ausgestaltung der Verlängerung des Pachtvertrages — auf bestimmte oder unbestimmte Zeit — an. Sieht die Klausel vor, daß sich ein Pachtverhältnis automatisch immer weiter verlängern soll, wenn es nicht durch entsprechende Erklärung fristgerecht beendet wird, bleibt bei Abschluß des Vertrages ungewiß, wann der Beendigungszeitpunkt eintritt. Dies erfordert es, den Vertrag wie einen auf unbestimmte Zeit geschlossenen mit vereinbarter Kündigungsfrist zu behandeln (BGH, NJW 1991, 1349). Zu Kleingartenpachtverträgen, die nach § 16 Abs. 3 verlängert wurden, s. § 16 Rn. 11.

§ 10
Kündigung von Zwischenpachtverträgen

(1) Der Verpächter kann einen Zwischenpachtvertrag auch kündigen, wenn

1. der Zwischenpächter Pflichtverletzungen im Sinne des § 8 Nr. 2 oder des § 9 Abs. 1 Nr. 1 ungeachtet einer Abmahnung des Verpächters duldet oder

2. dem Zwischenpächter die kleingärtnerische Gemeinnützigkeit aberkannt ist.

(2) Durch eine Kündigung nach § 9 Abs. 1 Nr. 3 bis 6, die nur Teile der Kleingartenanlage betrifft, wird der Zwischenpachtvertrag auf die übrigen Teile der Kleingartenanlage beschränkt.

(3) Wird ein Zwischenpachtvertrag durch eine Kündigung des Verpächters beendet, tritt der Verpächter in die Verträge des Zwischenpächters mit den Kleingärtnern ein.

Übersicht

1. Allgemeines

1 Grundsätzlich gelten für die Kündigung von Zwischenpachtverträgen durch den Verpächter die in §§ 8 und 9 genannten Kündigungsgründe (§ 4 Abs. 2 Satz 1, s. Rn. 35 f.). Die Fassung der Kündigungsgründe in diesen Vorschriften wird jedoch nicht in jedem Falle den Besonderheiten eines Zwischenpachtvertrages gerecht. Das

gilt für die Kündigung wegen schwerwiegender Pflichtverletzungen des Kleingärtners (§ 8 Nr. 2) und wegen nicht unerheblicher Pflichtverletzungen (§ 9 Abs. 1 Nr. 1). Die Fassung der Kündigungsgründe in § 8 Nr. 2 und § 9 Abs. 1 Nr. 1 ist auf das Verhalten der Kleingärtner abgestellt, und nicht auf das Verhalten des Zwischenpächters. § 10 Abs. 1 Nr. 1 räumt daher dem Verpächter gegenüber dem Zwischenpächter ein **Kündigungsrecht ein, wenn dieser die Pflichtverletzungen der Kleingärtner duldet.** Absatz 1 Nr. 2 enthält einen eigenständigen Kündigungsgrund wegen Aberkennung der kleingärtnerischen Gemeinnützigkeit.

2. Kündigung wegen Duldung von Pflichtverletzungen

Die Kündigung nach Nr. 1 setzt eine **Pflichtverletzung i. S. des § 8 Nr. 2** (s. § 8 Rn. 4 ff.) oder des **§ 9 Abs. 1 Nr. 1** (s. § 9 Rn. 3 bis 10) der Kleingärtner voraus. Das Verhalten der Kleingärtner muß also zur Kündigung des mit ihnen geschlossenen Einzelpachtvertrages berechtigen. Weitere Voraussetzung ist, daß der Zwischenpächter das **pflichtwidrige Verhalten der Kleingärtner duldet,** also wissentlich geschehen läßt. Auf sein Verschulden kommt es nicht an. **Dulden** bedeutet insoweit Nichteinschreiten gegen Pflichtverletzungen der Kleingärtner. Es genügt aber auch die Hinnahme von Pflichtverletzungen, wenn (bisher) ergriffene Maßnahmen sich als ungeeignet oder erfolglos erwiesen haben. Der Verpächter muß ferner den Zwischenpächter erfolglos abgemahnt haben, die Pflichtverletzungen der Kleingärtner zu unterbinden. Die **Abmahnung** kann — im Unterschied zu der Abmahnung nach § 9 Abs. 1 Nr. 1 — formlos erfolgen. Nach Abmahnung muß dem Zwischenpächter eine angemessene Zeit verbleiben, auf vertragsgemäßes Verhalten der Kleingärtner hinzuwirken. Die Art der zu ergreifenden Maßnahme bleibt dem Zwischenpächter freigestellt (so auch Stang, BKleingG, § 10 Rn. 8). Ggf. wird er von seinem Kündigungsrecht Gebrauch machen müssen. Für die Kündigung in den von § 9 Abs. 1 Nr. 1 erfaßten Fällen gilt die Kündigungsfrist der § 9 Abs. 2. In den Fällen des § 8 Nr. 2 kann ohne Einhaltung der Kündigungsfrist gekündigt werden (a. M. Stang, § 10 Rn. 5; wie hier Otte, § 10 Rn. 6). § 10 enthält zwar für den Kündigungstermin und den Kündigungszeitpunkt keine besondere Regelung. Er geht aber von den diesen Kündigungstatbeständen in § 8 Abs. 2 bzw. § 9 Abs. 1 zugrundeliegenden Fristen und Terminen aus (so auch Otte, § 10 Rn. 6). 2

3. Kündigung wegen Aberkennung der kleingärtnerischen Gemeinnützigkeit

Zwischenpachtverträge können nach § 4 Abs. 2 Satz 2 nur mit einer nach Landesrecht als gemeinnützig anerkannten Kleingärtnerorganisation (oder der Gemeinde) geschlossen werden. Als gemeinnützig anerkannte Kleingärtnerorganisationen haben insoweit gegenüber anderen eine privilegierte Stellung. Das setzt aber auch voraus, daß bestimmte Garantien für die Erfüllung der nur ihnen zugewiesenen Aufgaben gegeben sein müssen. Liegen die Voraussetzungen für die kleingärtnerische Gemeinnützigkeit nicht mehr vor, so ist der Kleingärtnerorganisation die Gemeinnützigkeit abzuerkennen (s. § 2 Rn. 13 f.). Die Kleingärtnerorganisation kann dann Kleingartenpachtverträge nicht mehr wirksam abschließen. Folgerichtig räumt die Nr. 2 dem Verpächter bei Aberkennung der kleingärtnerischen Gemeinnützigkeit das Recht ein, den geschlossenen Zwischenpachtvertrag zu kündigen. Die Kündigung ist rechtlich 3 erst zulässig, wenn die Aberkennung der kleingärtnerischen Gemeinnützigkeit rechtswirksam (unanfechtbar) geworden ist (so auch Otte, § 10 Rn. 3; a. M. Stang, § 10 Rn. 10). Für die Kündigungsfrist gilt § 9 Abs. 2 entsprechend.

4. Teilkündigung

4 Bei Kündigung von Zwischenpachtverträgen wird nicht immer die gesamte kleingärtnerisch genutzte Fläche benötigt. Das kann zum Beispiel bei einer Kündigung wegen Eigenbedarfs des Verpächters (§ 9 Abs. 1 Nr. 3) oder bei einer Kündigung wegen einer anderen wirtschaftlichen Verwertung (§ 9 Abs. 1 Nr. 4) oder auch bei Kündigung wegen Umwidmung durch Planungsakte (§ 9 Abs. 1 Nr. 5 und 6) der Fall sein. Die Vorschrift des § 10 Abs. 2 sieht daher die Möglichkeit einer Teilkündigung vor. Der Zwischenpachtvertrag wird dann auf die Teile der Kleingartenanlage beschränkt, die nicht in Anspruch genommen werden.

5. Eintritt des Verpächters in die Einzelpachtverträge

5 Die Vorschrift des Abs. 3 soll die vertragstreuen Kleingärtner vor dem Verlust ihres Kleingartens wegen Nichterfüllung von Pflichten durch den Zwischenpächter schützen. Grundsätzlich kann nämlich der Verpächter mit der Beendigung des Pachtvertrages gemäß § 556 Abs. 3, § 581 Abs. 2 BGB von jedem Dritten die **Herausgabe der Pachtsache verlangen**, dem der Pächter diese überlassen hat (vgl. BGHZ 119, 300, 304 = BGH, NJW 1993, 55 ff. = RdL 1992, 318). Der Anspruch aus § 556 Abs. 3 BGB ist ein vertraglicher Anspruch besonderer Art. Er setzt nicht voraus, daß der Pächter (noch) Besitzer der Pachtsache ist; er richtet sich also bei Kleingartenpachtverträgen gegen die einzelnen Kleingärtner, bei mehrfach gestuften Pachtverhältnissen auch gegen weitere Zwischenpächter (BGH a. a. O.). Der Zwischenpächter ist nach Kündigung des Zwischenpachtvertrages verpflichtet, Auskunft über die bestehenden Einzelpachtverträge (bzw. weitere Zwischenpachtverträge) zu erteilen, um die Durchsetzung des Rückgabeanspruchs zu ermöglichen.

5 a Im Falle des § 10 Abs. 3 dagegen tritt der Zwischenverpächter in die Einzelpachtverträge ein, wie sie abgeschlossen worden sind; er „übernimmt" also sämtliche Rechte und Pflichten. Der Übergang vollzieht sich ohne Rücksicht auf die Kenntnis der Kleingärtner. Der „ehemalige" Zwischenpächter scheidet mit dem Eintritt des Verpächters in die Einzelpachtverträge aus diesen aus. Es findet eine Auswechslung einer Vertragspartei gegen eine andere kraft Gesetzes statt (BGH, NJW 1993, 55). Die Vorschrift des Abs. 3 gilt auch bei mehrfach gestuften Kleingartenpachtverhältnissen (BGH a. a. O.). Der kündigende Verpächter wird jeweils Verpächter auf der nächstniedrigeren Pachtstufe.

5 b Nach dem Sinn und Zweck der Regelung in Abs. 3, die Kleingärtner vor den Folgen zu schützen, die sich insoweit aus Pflichtverletzungen des Zwischenpächters ergeben (BT-Drs. 9/1900 S. 17), ist der Anwendungsbereich auf solche Kündigungen reduziert, die ihren Grund in Pflichtverletzungen des Zwischenpächters haben. Das sind nur die Kündigungen nach § 10 Abs. 1, d. h. also wegen Duldung der Pflichtverletzung i. S. des § 8 Nr. 2 oder des § 9 Abs. 1 Nr. 1 ungeachtet einer Abmahnung des Verpächters und wegen Aberkennung der kleingärtnerischen Gemeinnützigkeit (BGH, NJW 1993, 55; BGH, MDR 1994, 1212 f.). Auf Kündigungen aus den in Nrn. 2 bis 6 des § 9 Abs. 1 genannten Gründen findet § 10 Abs. 3 keine Anwen-

dung. In der Regel schlagen diese Kündigungsgründe gegenüber den Kleingärtnern auch durch, so daß ein Eintritt des Verpächters in die Verträge des Zwischenpächters mit Kleingärtnern (oder anderen Vertragsparteien bei mehrfach gestuften Pachtverhältnissen) nur einen zeitlich befristeten Kündigungsvorlauf hätte.

Unter dem Gesichtspunkt des Schutzzwecks der Regelung des § 10 Abs. 3 ist eine entsprechende Anwendung dieser Vorschrift im Falle einer vertraglichen Aufhebung des Zwischenpachtverhältnisses geboten (so auch Otte, § 10 Rn. 5; Stang, § 10 Rn. 17). Der Eintritt des Verpächters in die Verträge des Zwischenpächters dient dem Schutz der Kleingärtner. Dieser Schutz kann ihnen nicht durch einvernehmliches Zusammenwirken von Verpächter und Zwischenpächter entzogen werden (OVG Lüneburg, BRS 44, 17). Absatz 3 findet dagegen keine analoge Anwendung, wenn der Zwischenpachtvertrag wegen Verstoßes gegen das Zwischenpachtprivileg (§ 4 Abs. 2 Satz 2) nichtig ist (BGH, NJW 1987, 2865 = RdL 1987, 263). 6

§ 10 Abs. 3 ist nicht anwendbar bei Beendigung des Zwischenpachtvertrages durch Zeitablauf und Fortdauer der Einzelpachtverträge, wenn der Zwischenpächter Einzelpachtverträge mit längeren Laufzeiten geschlossen hat als nach dem Zwischenpachtvertrag rechtlich möglich war. Der Zwischenpächter kann keine Nutz- und Besitzrechte vermitteln, die über die Vereinbarungen im Zwischenpachtvertrag hinausgehen. Die Vorschrift findet auch keine Anwendung, wenn der Zwischenpächter (als Pächter) den Zwischenpachtvertrag kündigt. § 10 Abs. 3 regelt nur die Rechtsfolgen bei **Verpächterkündigung**. Im Falle der Kündigung des Zwischenpachtvertrages durch den Zwischenpächter — ein Fall, der kaum praktische Bedeutung erlangen dürfte — können sich die Kleingärtner gegenüber dem Eigentümer des Kleingartenlandes, der Herausgabe der Pachtsache verlangt, auf den aus § 242 BGB abgeleiteten Grundsatz der unzulässigen Rechtsausübung durch den Zwischenpächter berufen. Jede Rechtsnorm trägt ihre durch Interessenlage und Zweck bestimmte Geltungsschranke in sich. Das gilt auch für die Rechte und Pflichten des Pächters im Zwischenpachtvertrag. Überschreitet dieser die sich aus der Interessenlage und dem Zweck für ihn ergebende Geltungsschranke, so übt er sein Recht in unzulässiger Weise aus, dazu auch das Recht zur Kündigung des Zwischenpachtvertrages. Nach Treu und Glauben durften die Kleingärtner darauf vertrauen, daß sie den Schutz des BKleingG genießen und der kleingärtnerisch gemeinnützige Zwischenpächter sich so verhält, daß er ihnen die Besitz- und Nutzungsrechte bezüglich des Kleingartens — wie im Zwischenpachtvertrag vereinbart, also auch für die vereinbarte Laufzeit des Zwischenpachtvertrages — vermittelt. 7

§ 11
Kündigungsentschädigung

(1) Wird ein Kleingartenpachtvertrag nach § 9 Abs. 1 Nr. 2 bis 6 gekündigt, hat der Pächter einen Anspruch auf angemessene Entschädigung für die von ihm eingebrachten oder gegen Entgelt übernommenen Anpflanzungen und Anlagen, soweit diese im Rahmen der kleingärtnerischen Nutzung üblich sind. Soweit Regeln für die Bewertung von Anpflanzungen und Anlagen von den Ländern aufgestellt oder von einer Kleingärtnerorganisation beschlossen und durch die zuständige Behörde genehmigt worden sind, sind

diese bei der Bemessung der Höhe der Entschädigung zugrunde zu legen. Bei einer Kündigung nach § 9 Abs. 1 Nr. 5 oder 6 sind darüber hinaus die für die Enteignungsentschädigung geltenden Grundsätze zu beachten.

(2) Zur Entschädigung ist der Verpächter verpflichtet, wenn der Vertrag nach § 9 Abs. 1 Nr. 2 bis 4 gekündigt worden ist. Bei einer Kündigung nach § 9 Abs. 1 Nr. 5 oder 6 ist derjenige zur Entschädigung verpflichtet, der die als Kleingarten genutzte Fläche in Anspruch nimmt.

(3) Der Anspruch ist fällig, sobald das Pachtverhältnis beendet und der Kleingarten geräumt ist.

Übersicht

1. Entschädigungsvoraussetzungen

1 § 11 regelt den **schuldrechtlichen Ausgleich** zwischen den durch die vorzeitige **Beendigung des Kleingartenpachtverhältnisses** Betroffenen. Nach Abs. 1 Satz 1 hat der Pächter einen Entschädigungsanspruch, wenn der Verpächter den Kleingartenpachtvertrag nach § 9 Abs. 1 Nr. 2 bis 6 gekündigt hat. § 11 erfaßt nicht die Fälle, in denen der Pächter selbst gekündigt oder die Kündigung des Verpächters durch schuldhaftes Verhalten herbeigeführt hat (§§ 8, 9 Abs. 1 Nr. 1 und § 10) oder die Parteien den Kleingartenpachtvertrag einvernehmlich aufgehoben haben. Der Gesetzgeber ist bei dieser Regelung davon ausgegangen, daß es nicht sachgerecht und mit der Eigentumsgarantie des Art. 14 GG nicht zu vereinbaren ist, dem Pächter auch in den Fällen, in denen er die vorzeitige Beendigung des Pachtverhältnisses durch eigenes Verhalten herbeigeführt hat, einen gesetzlichen Entschädigungsanspruch einzuräumen und den Verpächter, der die vorzeitige Beendigung nicht zu vertreten hat, mit einer Entschädigung zu belasten (BT-Drs. 9/2232 S. 16). Ein gesetzlicher Entschädigungsanspruch besteht auch nicht, wenn der Vertrag durch Ablauf der Pachtdauer endet (Zeitverträge). In diesen Fällen verbleibt es vielmehr bei dem Wegnahmerecht des Pächters gemäß §§ 547 a Abs. 1, 581 Abs. 2 BGB, § 4 Abs. 1 BKleingG. Abweichende Vereinbarungen sind zulässig; es können also Entschädigungsleistungen zugunsten des weichenden Pächters vereinbart werden. In der Praxis wird auch weitgehend so verfahren, daß beim Pächterwechsel der Nachfolger dem weichenden Kleingärtner eine Entschädigung für die Anlagen und Anpflanzungen zu leisten hat. Die örtlichen Verkehrssitten bleiben insoweit unberührt.

2 Ein gesetzlicher Entschädigungsanspruch gemäß § 11 besteht nur bei Kündigungen wegen

– Neuordnung der Kleingartenanlage (§ 9 Abs. 1 Nr. 2);
– Eigenbedarfs des Verpächters oder seiner Familienangehörigen im Sinne des § 8 Abs. 1 II. WoBauG (§ 9 Abs. 1 Nr. 3);
– anderer wirtschaftlicher Verwertung des Kleingartengrundstücks, soweit dies planungsrechtlich zulässig ist und der Verpächter durch die Fortsetzung des Pachtverhältnisses erhebliche Nachteile erleiden würde (§ 9 Abs. 1 Nr. 4);
– Zuführung des Kleingartengrundstücks der im Bebauungsplan bereits festgesetzten beziehungsweise bei entsprechender Planungsreife beabsichtigten Nutzung auch schon im Aufstellungsverfahren (§ 9 Abs. 1 Nr. 5);
– Zuführung der kleingärtnerisch genutzten Flächen der im Planfeststellungsverfahren (z. B. nach Bundesfernstraßengesetz) festgelegten Nutzung oder den in § 1 Abs. 1 des Landbeschaffungsgesetzes genannten Zwecken (§ 9 Abs. 1 Nr. 6).

2. Umfang des Entschädigungsanspruchs

Nach Abs. 1 Satz 1 sind in den oben – Rn. 2 – genannten Kündigungsfällen ange- 3
messen zu entschädigen die eingebrachten oder gegen Entgelt übernommenen

– Anpflanzungen

und

– Anlagen,

soweit sie im Rahmen der kleingärtnerischen Nutzung üblich sind. Die Kündigungsentschädigung muß in einem sachgerechten Verhältnis zur kleingärtnerischen Nutzung stehen.

Unter **Anpflanzungen** sind Dauerkulturen (z. B. Obstgehölze und Beeren) und ein- 4
jährige Kulturen (z. B. Gemüse) zu verstehen sowie Ziergehölze, Stauden, Rasen usw. Zu den **Anlagen** (s. hierzu auch § 3 Rn. 15) im Sinne des Abs. 1 Satz 1 gehören Gartenlauben und Anbauten, Wegebefestigungen, Platten und Kantensteine, Spaliergerüste, Windschutzwände, Zäune und Pforten, Gerätekisten und Frühbeete sowie sonstige Anlagen, die zur Bewirtschaftung eines Kleingartens erforderlich sind. Die **Anpflanzungen und Anlagen** müssen vom Pächter **eingebracht oder gegen Entgelt übernommen worden sein.** Der Pächter selbst muß also für die zu entschädigenden Gegenstände Aufwendungen erbracht haben. Ausgeschlossen von der Entschädigung ist somit alles, was von einem Dritten – zum Beispiel dem Kleingartenverein – gestellt worden ist oder was der Pächter vom Vorgänger unentgeltlich übernommen hat.

Entschädigungsfähig sind nach Satz 1 Anpflanzungen und Anlagen, soweit sie **im 5
Rahmen der kleingärtnerischen Nutzung** (s. hierzu § 1 Rn. 6 ff., 9) üblich sind. Das Kriterium der **Üblichkeit** steht in einem engen Zusammenhang mit der Zulässigkeit, insbesondere von Anlagen. Beide Merkmale begrenzen die Entschädigungsfähigkeit, wobei nicht alles was zulässig ist auch üblich sein muß. **Üblich** i. S. des Absatzes 1 bedeutet ortsüblich, also häufig anzutreffen in einer bestimmten Gegend, z. B. Gemeinde, Landkreis (so auch Otte, a. a. O. § 11 Rn. 4; Stang, a. a. O. § 11 Rn. 30).

Hinweise auf die (Orts-)Üblichkeit ergeben sich aus den Gartenordnungen. Danach können etwa kostspielige Gehölze mit Liebhaberwert nur mit den kleingärtnerisch üblichen Sätzen bei der Entschädigung berücksichtigt werden.

5 a Gartenlauben sind nach Maßgabe des § 3 Abs. 2 entschädigungsfähig, d. h. also mit einer Grundfläche von höchstens 24 m^2, in einfacher Ausführung, Ausstattung und Einrichtung — nicht zum dauernden Wohnen geeignet —. Das gilt auch für übergroße bestandsgeschützte Lauben. Der Bestandsschutz begründet keinen über die Voraussetzungen der gesetzlichen Kündigungsentschädigung nach § 11 hinausgehenden Anspruch auf eine „zusätzliche" Entschädigung. Zum Bestandsschutz s. § 18 Rn. 1 ff.; 20 a Rn. 27 ff. Sinn und Zweck der Regelung des § 11 ist es unter anderem, die sozialpolitische Funktion des Kleingartens sicherzustellen. Der Zugang zum Kleingarten soll auch für wirtschaftlich schwächere Bevölkerungsschichten offenstehen. Das BKleingG hat mit dieser Regelung eine in der Praxis bewährte Übung aufgegriffen und gesetzlich abgesichert.

6 Bei der Entschädigung wird auch zu beachten sein, daß der Kleingarten ein Nutz- und Erholungsgarten ist, daß also der **Anbau von Obst und Gemüse ein notwendiger Bestandteil der kleingärtnerischen Nutzung ist,** für den ein Teil der Gartenfläche verwendet werden muß (s. § 1 Rn. 9). Das kann im Einzelfall dazu führen, daß eine Entschädigung nicht in Betracht kommt, zum Beispiel wenn die gesamte Fläche aus Rasenbewuchs und Ziergehölzen besteht. Zu viele Obstbäume und Beerensträucher können eine Minderung der Entschädigung bewirken, wenn sie unter Nichtbeachtung gärtnerischer Regel angepflanzt worden sind. Anpflanzungen, die etwa durch schlechte Pflege abgängig sind, bleiben ohnehin bei der Entschädigung außer Betracht. Die gleichen Grundsätze gelten auch für die Entschädigung von Anlagen. Maßstab und Entschädigungsvoraussetzung ist die kleingärtnerische Nutzung. Anlagen, die über das hinausgehen, was unter kleingärtnerischen Gesichtspunkten notwendig ist, werden bei der Kündigungsentschädigung nicht berücksichtigt.

7 Der Pächter hat nach Satz 1 nur einen Anspruch auf eine **angemessene Entschädigung.** Angemessen ist die Entschädigung dann, wenn sie das Ergebnis einer gerechten Abwägung der Interessen des Entschädigungsverpflichteten und des Pächters unter Berücksichtigung der sozialpolitischen und städtebaulichen Funktion des Kleingartens ist. Die **Entschädigung** muß also insoweit in einem **sachgerechten Verhältnis zur kleingärtnerischen Nutzung stehen** und dieser Nutzungsart entsprechen. Maßgebend ist der **„kleingärtnerische Wert"** und nicht ein unter betriebswirtschaftlichen Gesichtspunkten ermittelter Wert der Anpflanzungen und Anlagen. Bei Lauben ist also z. B. nur der Wert einer einfachen Ausführung und kostengünstiger Baustoffe und Materialien zu entschädigen (s. § 3 Rn. 8).

7 a Das BKleingG enthält keine Regelung darüber, auf welche Art und Weise der Wert der Anlagen und Anpflanzungen zu ermitteln ist. Auszugehen ist daher von den Grundsätzen der Wertermittlung. Zentraler Begriff der Wertermittlung ist der Verkehrswert als der im gewöhnlichen Geschäftsverkehr zu erzielende Preis. Der Verkehrswert wird von der Angebots- und Nachfragesituation auf dem Kleingartenpachtmarkt bestimmt, der für das konkret zu bewertende Objekt zu simulieren ist. Dabei sind rein spekulative Erwartungen (Liebhaberwert oder sonstige und ungewöhnliche und persönliche Verhältnisse) unberücksichtigt zu lassen. Wie der Verkehrswert im Einzelfall zu ermitteln ist, nach Vergleichspreisen, nach Erträgen oder nach Herstellungskosten, ist eine Frage der Methode und hängt vom Gegenstand der Bewertung ab. Für **Anpflanzungen und Anlagen in Kleingärten** kommt als Ermittlungsmethode nur das Sachwertverfahren in Betracht. Die anderen Wertermittlungsverfahren, das Vergleichswert- und das Ertragswertverfahren, sind für die Wertermittlung der Anpflanzungen und Anlagen in Kleingärten ungeeignet.

Der **Sachwert für Anpflanzungen** umfaßt den Herstellungswert für Jungpflanzen, das **7 b** sind die Kosten der Pflanzware als auch die Boden-/Pflanzvorbereitungen und ggf. den Erhaltungsaufwand (Pflegeaufwand). Abhängig von der Lebensdauer wird ab einem bestimmten Zeitpunkt eine Altersabschreibung anzusetzen sein. Die gleichen Grundsätze finden auch auf die Sachwertermittlung für Zierpflanzen Anwendung. Hierbei ist jedoch zu berücksichtigen, daß ein Teil des Kleingartens von Gesetzes wegen zwingend dem Obst- und Gemüseanbau dienen muß. Das bedeutet, daß bei der Bemessung der Kündigungsentschädigung höchstens ein Drittel der Gartenfläche für den Zierpflanzenanbau berücksichtigungsfähig ist. Kleingärten sind keine Ziergärten. Auch kostspielige Gehölze mit Liebhaberwerten können nur mit den kleingärtnerisch üblichen Werten bewertet werden. Wertmindernd sind dabei zu berücksichtigen z. B. zu geringe Pflanzabstände, Pflegerückstand bzw. Vernachlässigung der Anpflanzungen.

Bei der Ermittlung des **Sachwerts für (bauliche) Anlagen** in Kleingärten ist der Zeit- **7 c** wert zu ermitteln, d. h. also der Herstellungswert der Anlagen unter Berücksichtigung ihres Alters sowie der Baumängel und Bauschäden. Zum Herstellungswert gehören die gewöhnlichen Herstellungskosten und ggf. Baunebenkosten, wie z. B. Planungs-, Prüfungs- und Genehmigungskosten. Die normalen Herstellungskosten können nach Erfahrungswerten angesetzt werden, ggf. mit Hilfe von Baupreisindizes auf die Preisverhältnisse am Wertermittlungsstichtag umgerechnet werden.

Die Entschädigung ist in Geld zu leisten. Die Höhe der Entschädigung ergibt sich aus **8** dem ermittelten Wert der Anpflanzungen und Anlagen.

3. Entschädigungsrichtlinien

In der Praxis gibt es zahlreiche **Richtlinien** für die **Bewertung** von Kleingärten, in **9** denen konkrete Entschädigungssummen für **Anpflanzungen und Anlagen** genannt werden. Diese Entschädigungsrichtlinien haben sich bewährt und in zahlreichen Fällen eine unkomplizierte und rasche Erledigung der Entschädigung ermöglicht, auch weil sie für den Entschädigungsberechtigten „durchsichtig" sind. Es ist bezeichnend, daß Rechtsstreitigkeiten vor ordentlichen Gerichten wegen Entschädigungszahlungen außerordentlich selten sind. § 11 Abs. 1 Satz 2 nimmt auf diese Richtlinien Bezug und will sie für die Fälle der gesetzlich geregelten Kündigungsentschädigung nutzbar machen. Danach sind vorhandene Entschädigungsrichtlinien bei der Bemessung der Entschädigung zugrunde zu legen, wenn sie entweder von den Ländern aufgestellt oder von einer Kleingartenorganisation (z. B. Landes-, Bezirks- oder Stadtverband) beschlossen und durch die zuständigen Behörden genehmigt worden sind.

Liegen solche Richtlinien vor, so sind diese maßgebend für die Ermittlung der Entschädigung. Beispielhaft sind im **Anhang 7** die vom Bayerischen Staatsministerium des Inneren genehmigten „Richtlinien des Landesverbandes bayerischer Kleingärtner e. V. für die Bewertung von Anpflanzungen und Anlagen nach § 11 Abs. 1 BKleingG" i. d. F. vom 8. 6. 1993 abgedruckt. Von den Behörden aufgestellte oder genehmigte **Richtlinien sind keine Rechtsnormen** (a. M. Stang, § 10 Rn. 41).

Das Bundeskleingartengesetz enthält keine Bestimmung darüber, unter welchen Voraussetzungen die Richtlinien zu genehmigen sind. Die Genehmigungskriterien ergeben sich aber aus der Grundsatznorm des § 11 Abs. 1 Satz 1. Genehmigungsbehörde ist die nach Landesrecht für das Kleingartenwesen zuständige Behörde. Sie wird zu prüfen haben, ob die Voraussetzungen für den Umfang der Kündigungsentschädigung nach Satz 1 erfüllt sind oder nicht.

4. Berücksichtigung der Grundsätze der Enteignungsentschädigung

10 Die Vorschrift des § 11 Abs. 1 Satz 1 gilt auch in den Fällen, in denen das Kleingartenpachtverhältnis gekündigt worden ist, weil das Grundstück durch Planungsakte oder durch das Landbeschaffungsgesetz einer anderen Nutzung zugeführt werden soll (§ 9 Abs. 1 Nr. 5 und 6). Satz 3 bestimmt lediglich, daß bei einer Kündigung aus diesen Gründen auch die für die Enteignungsentschädigung geltenden Grundsätze zu beachten sind. Das sind insbesondere die Entschädigung (nur) gesicherter Rechtspositionen nach **Verkehrswert, Vorteilsausgleich** und **Bewertungszeitpunkt**. Zum Verkehrswert s. Rn. 7 a f. Der Vorteilsausgleich ist ein das Schadensersatz- und das Entschädigungsrecht beherrschender Grundsatz. Der Betroffene soll für die durch die Enteignung erlittenen Nachteile Ausgleich erhalten. Vermögensvorteile, die ihm in adäquatem Zusammenhang mit der Enteignung zufließen, sind auf die Entschädigung anzurechnen. Der Betroffene soll nicht mehr, aber auch nicht weniger erhalten, als er ohne den Eingriff hätte. Im Entschädigungsrecht ist für die Bemessung der Entschädigung der Zeitpunkt maßgebend, in dem über den Enteignungsantrag entschieden wird; bei Kündigungen nach § 9 Abs. 1 Nr. 5 und 6 also der Zeitpunkt des Wirksamwerdens der Kündigung.

10 a Die Regelung des § 11 Abs. 1 Satz 3 soll sicherstellen, daß Kündigungs- und Enteignungsentschädigung bei Inanspruchnahme von Grundstücken für andere als kleingärtnerische Zwecke aufgrund von Planungsakten einander entsprechen. Das wird in der Regel ohnehin der Fall sein, so daß die Vorschrift des Absatzes 1 Satz 3 letztlich einen klarstellenden Charakter hat.

11 Dabei geht das BKleingG davon aus, daß Pachtrechte zu den enteignungsfähigen und damit auch entschädigungspflichtigen Rechtspositionen gehören (BGH, NJW 1972, 528; BGH, NJW 1982, 2181, 2183). Wird ein Pachtverhältnis nicht gekündigt, sondern im Wege der Enteignung aufgehoben, hat der Pächter als Nebenberechtigter einen eigenen Anspruch auf eine Enteignungsentschädigung. Er kann nicht auf die den Eigentümer zu leistende Entschädigung verwiesen werden.

11 a Grundsätzlich ist zur Enteignungsentschädigung des Pächters folgendes zu bemerken:

Die Entschädigung beschränkt sich auf den **Ausgleich der durch die vorzeitige Entziehung des Pachtrechts entstehenden Nachteile** (BGH, NJW 1981, 2181 f.; 2183;

BGH, NJW 1972, 528). Bei auf unbestimmte Zeit abgeschlossenen Verträgen wird aus allen erkennbaren Umständen zu ermitteln sein, wie lange der Pächter mit dem Fortbestand seines Vertrages rechnen konnte und ob eine Kündigung überhaupt in Aussicht genommen war (BGHZ 26, 248 ff.). Die Rechtsstellung des Pächters ist daher bei Verträgen über Dauerkleingärten oder bei unbefristeten Verträgen über sonstige Kleingärten erheblich stärker. Verliert der Pächter durch Enteignung sein Besitz- und Nutzungsrecht, so ist er entsprechend dem Wert der (restlichen) Laufzeit des Vertrages zu entschädigen. Zur Enteignung eines Kleingartenpachtrechts hat der BGH in seiner Entscheidung vom 11. Mai 1959 – II ZR 18/58 – (MDR 1959, 918) ausgeführt:

> „Bei der Aufhebung von Pachtrechten im Wege der Enteignung kann der Pächter daher nur Ersatz für den Verlust seines Pachtrechts verlangen. Der Wert dieses Rechtsverlustes ist danach zu ermitteln, welche Vermögensnachteile der Pächter dadurch erleidet, daß er den Vertrag nicht mehr fortsetzen kann. Für den Wert des Pachtrechts ist nicht maßgeblich, welche Aufwendungen der Pächter während seiner Pachtzeit für das Grundstück erbracht hat. **Es war demnach unrichtig, als Enteignungsentschädigung nur den Wert der auf dem Pachtland zurückgelassenen Sachwerte des Vereins festzusetzen.** Das OLG mußte vielmehr den Wert des Pachtrechts selbst ermitteln."

Zur **Ermittlung dieses Wertes** ist – nach ständiger Rechtsprechung zu untersuchen, was das Pachtrecht „kostet", welcher Betrag für den Erwerb eines gleichgearteten Rechts aufgewendet werden müßte (BGH, WM 1964, 1968 = MDR 1964, 830; BGHZ 41, 354 = NJW 1964, 1227; BGHZ 59, 250, 259 = NJW 1973, 47 f.). Der **Umfang des Rechtsverlustes** ist also nach objektiven Maßstäben und nicht nach subjektiven Wertvorstellungen des Pächters festzulegen. Dabei ist zwischen der Entschädigung für den Rechtsverlust und anderen durch die Enteignung eintretenden Vermögensnachteilen zu unterscheiden. **12**

Für die Ermittlung des Verkehrswerts des entzogenen Pachtrechts ist darauf abzustellen, wieviel der Pächter aufwenden muß, um ein entsprechendes Vertragsverhältnis unter den nämlichen Voraussetzungen, Vorteilen und Bedingungen einzugehen (Schmidt-Aßmann, in: Ernst/Zinkahn/Bielenberg, BauGB, § 95 Rn. 55). Maßgebend ist dabei der **objektive Wert des Pachtrechts,** der Wert für „jedermann" (BGHZ 59, 250, 258 = NJW 1973, 47 f.). Das ist der Kündigungsentschädigungsanspruch nach Abs. 1 Satz 1 d. h. die Entschädigung für im Kleingarten zurückgelassene Anpflanzungen und Anlagen, soweit sie im Rahmen der kleingärtnerischen Nutzung üblich sind. Es ist der Wertausgleich für das Genommene. Entsprach im übrigen die bisherige Pacht dem marktüblichen Pachtzins, hat der Pächter keinen weiteren entschädigungspflichtigen Nachteil erlitten (Aust/Jacobs, Die Enteignungsentschädigung, 3. Aufl. S. 149). Er kann mit der ersparten (marktüblichen) Pacht ein anderes Objekt anpachten. Zur Pachtaufhebungsentschädigung im landwirtschaftlichen Bereich s. Entschädigungsrichtlinien Landwirtschaft vom 28. 7. 2978 – LandR 78 –. **13**

Neben der Entschädigung des Pachtrechts kommt auch eine **Entschädigung für andere Vermögensnachteile** (Folgeschäden) in Betracht, soweit sie nicht schon bei Entschädigung für den Rechtsverlust berücksichtigt wurden. Vermögensnachteile i. d. Sinne können z. B. die Kosten für den Transport von Anlagen und Anpflanzungen in den neuen Kleingarten sein. Zu beachten ist hierbei aber, daß der Pächter diese Kosten nur dann voll entschädigt verlangen kann, wenn sie – auch später – **nicht** **14**

entstanden wären, weil z. B. der Pachtvertrag auf unbestimmte Zeit geschlossen war oder als geschlossen galt und eine Beendigung der Pachtverträge – aus welchen Gründen auch immer – nicht zu erwarten war. Der zu entschädigende Nachteil liegt dann in dem vorzeitigen Anfall dieser Kosten. Die Entschädigung geht daher nur auf den Ersatz des Zwischenzinses, der dadurch entsteht, daß diese Kosten vorzeitig aufgebracht werden müssen (Aust/Jacobs, a. a. O. S. 151; BGH, NJW 1972, 528; BGHZ 83, 1, 7 = NJW 1982, 2181).

15 Kündigungsentschädigung nach § 11 Abs. 1 Satz 1 und **Enteignungsentschädigung** nach §§ 93 ff. BauGB werden daher in aller Regel **einander entsprechen**. Die Vorschrift des Abs. 1 Satz 3 soll (mehr klarstellend) der Gleichbehandlung beider Entschädigungsarten dienen (so auch Otte, a. a. O. § 11 Rn. 6). Beide Entschädigungsarten stellen einen materiellen Ausgleich für Vermögenseinbußen dar, die dem Betroffenen durch die Verwirklichung von Planungen auferlegt werden. Dabei kommt es nicht darauf an, ob der Vollzug der Planungen, hier insbesondere des Bebauungsplans, durch den Planungsträger erzwungen werden darf, sondern vielmehr darauf, daß die (mögliche) Realisierung des Plans zu Vermögenseinbußen der Betroffenen (tatsächlich) führt, die mit der Enteignung vergleichbar sind. A. M. offensichtlich Stang, § 11 Rn. 43 ff., der Abs. 1 Satz 3 einschränkend unter die Voraussetzungen für die Zulässigkeit der Enteignung stellen will. Eine solche einschränkende Auslegung ist den Gesetzgebungsmaterialien nicht zu entnehmen.

15 a Anspruch auf eine Entschädigung hat auch der Zwischenpächter für Anlagen und Anpflanzungen i. S. d. Abs. 1 Satz 1, soweit er sie eingebracht hat.

5. Entschädigungsverpflichteter

16 Abs. 2 regelt die Entschädigungsverpflichtung gegenüber dem Pächter in Verbindung mit den Kündigungstatbeständen des § 9 Abs. 1. Danach ist entweder der Verpächter oder derjenige zur Entschädigung verpflichtet, der die kleingärtnerisch genutzte Fläche nach der Kündigung in Anspruch nimmt, also der durch die Kündigung Begünstigte.

17 Satz 1 bestimmt, daß der **Verpächter zur Entschädigung verpflichtet** ist, wenn Kleingartenpachtverträge wegen **Neuordnung einer Kleingartenanlage** (§ 9 Abs. 1 Nr. 2), wegen **Eigenbedarfs** (§ 9 Abs. 1 Nr. 3) oder wegen **anderer wirtschaftlicher Verwertung** des Kleingartenlandes gekündigt werden (§ 9 Abs. 1 Nr. 4).

Bei Kündigung wegen Neuordnung einer Anlage nimmt der Verpächter keine Kleingartenflächen in Anspruch; die Neuordnung dient der besseren Gestaltung der Anlage. Dem Verpächter obliegt aber letztendlich die Verantwortung für die Kleingartenanlage; er hat darüber zu entscheiden, ob eine Neuordnung durchgeführt werden soll oder nicht. Der Verpächter wird vor einer Kündigung zu prüfen haben, ob (öffentliche) Mittel für mögliche Entschädigungsfälle bereitstehen oder bereitgestellt werden. Ist das nicht der Fall, wird die Neuordnung der Anlage unterbleiben müssen, es sei denn, daß der Verpächter bereit ist, ggf. die Entschädigung aus eigenen Mitteln zu bestreiten.

In den beiden anderen Fällen übernimmt der Grundstückseigentümer die Kleingartenflächen. Es ist daher sachlich gerechtfertigt, daß er als Verpächter zur Entschädigung verpflichtet ist.

Satz 2 regelt die Entschädigungspflicht bei Kündigungen nach § 9 Abs. 1 Nr. 5 **18**
und 6. Wird der Kleingartenpachtvertrag gekündigt, weil die Flächen **alsbald der im Bebauungsplan festgesetzten Nutzung zugeführt** werden sollen (§ 9 Abs. 1 Nr. 5), so ist **derjenige zur Entschädigung verpflichtet, der die Fläche in Anspruch nimmt.** Das kann der Verpächter sein, aber auch ein anderer Begünstigter. Wird eine kleingärtnerisch genutzte Fläche **nach abgeschlossener Planfeststellung** gekündigt (§ 9 Abs. 1 Nr. 6 a), so ist der **Fachplanungsträger** zur Kündigungsentschädigung verpflichtet. In den Fällen der Kündigung nach § 9 **Abs. 1 Nr. 6 b** ist der **Bund** der Begünstigte und somit entschädigungspflichtig.

6. Fälligkeit des Entschädigungsanspruchs

Nach Absatz 3 ist der Entschädigungsanspruch fällig, sobald das Pachtverhältnis be- **19**
endet und der Kleingarten geräumt ist. Das Pachtverhältnis ist beendet, wenn die Kündigung wirksam geworden ist (s. hierzu Vorbemerkungen zu den §§ 7 bis 10). Geräumt ist der Kleingarten, wenn er freigemacht von den Sachen des Kleingärtners bzw. wenn diese dem Verpächter übergeben worden sind und der Besitz aufgegeben worden ist, z. B. durch Übergabe der Schlüssel für das Gartentor oder für die Laube. Mit dem Eintritt der Fälligkeit beginnt der Lauf der Verjährungsfrist.

7. Entschädigung bei Pächterwechsel; Umsatzsteuer

Das BKleinG sieht eine Entschädigung für im Kleingarten zurückgelassene Anpflan- **20**
zungen und Anlagen nur in bestimmten Fällen vor (s. Rn. 2). In allen übrigen Fällen verbleibt dem Pächter bei Beendigung des Pachtverhältnisses das Wegnahmerecht (§§ 581 Abs. 2, 547 a BGB i. V. m. § 4 Abs. 1 BKleingG — s. Anhang 4). Die Vertragsparteien können jedoch vereinbaren, daß der nachfolgende Pächter dem weichenden Kleingärtner eine Entschädigung für die im Kleingarten zurückgelassenen Anpflanzungen und Anlagen zu leisten hat. In der Praxis wird in der Regel auch so verfahren. Die Bewertung der Anpflanzungen und Anlagen erfolgt aufgrund von Richtlinien. Diese Praxis hat sich bewährt. Sie ermöglicht eine rasche und unkomplizierte Abwicklung des beendeten Pachtverhältnisses.

In zahlreichen Pachtvereinbarungen wird dem weichenden Pächter ein **Anspruch auf** **21**
Entschädigung für die Anpflanzungen und Anlagen gegenüber der Kleingärtnerorganisation eingeräumt und der **nachfolgende Kleingärtner verpflichtet,** die entsprechende **Ablösungsumme** nach Abschätzung des Kleingartens **an die Kleingärtnerorganisation** zu zahlen. In diesen Fällen bestehen zwischen dem weichenden und dem nachfolgenden Pächter keine Rechtsbeziehungen. Die Kleingärtnerorganisation ist Empfänger der Ablösungssumme vom neuen Pächter und Entschädigungsleistender an den weichenden Pächter zugleich. Insoweit handelt es sich um eine **steuerbare Leistung** im Sinne des § 1 Abs. 1 Ziffer 1 UStG, d. h. daß die Kleingärtnerorganisation umsatzsteuerpflichtig ist. Daß die Kleingärtnerorganisation die Entschädigung erst zahlt, wenn der neue Pächter die Ablösungssumme geleistet hat, ist umsatzsteuerrechtlich ohne Bedeutung.

22 Die Ablösungssumme ist auch kein „durchlaufender Posten" im Sinne des § 10 Abs. 1 Satz 4 UStG. **Durchlaufende Posten** sind nur solche Beträge, die im Namen und für Rechnung eines anderen vereinnahmt und verausgabt werden, d. h. die also der Kleingärtnerorganisation weder wirtschaftlich noch rechtlich zugerechnet werden können. Dies setzt voraus, daß unmittelbare Rechtsbeziehungen bezüglich der Ablösungssumme nur zwischen dem weichenden und dem nachfolgenden Pächter bestehen (vgl. BFH, BStBl II, 66, 263). Die Kleingärtnerorganisation, bei der die Beträge „durchlaufen", darf selbst aus eigenem Recht keinen Anspruch auf diese haben. Auch darf der weichende Pächter sie nicht von der Kleingärtnerorganisation fordern können (BFH, BStBl II, 67, 377). Unmittelbare Rechtsbeziehungen zwischen dem weichenden und nachfolgenden Pächter setzen voraus, daß beide jeweils den Namen des anderen und die Höhe des gezahlten Betrages kennen (BFH, BStBl II, 70, 191).

23 Die Ablösungssumme unterliegt danach nur dann nicht der Umsatzsteuer, wenn sich aus dem Einzelpachtvertrag ergibt, daß hinsichtlich der Ablösungssumme **Rechtsbeziehungen nur zwischen dem weichenden und dem nachfolgenden Kleingärtner** bestehen und daß der Kleingärtnerverein, wenn dieser eingeschaltet ist, nur im Namen und für Rechnung des weichenden und nachfolgenden Kleingärtners tätig ist.

24 Eine solche Regelung kann auch in einem „zusätzlichen" Übernahmevertrag vereinbart werden. Eine entsprechende Regelung in der Satzung ist nur dann rechtswirksam, wenn diese Bestandteil des Kleingartenpachtvertrages ist.

§ 12

Beendigung des Kleingartenpachtvertrages bei Tod des Kleingärtners

(1) Stirbt der Kleingärtner, endet der Kleingartenpachtvertrag mit dem Ablauf des Kalendermonats, der auf den Tod des Kleingärtners folgt.

(2) Ein Kleingartenpachtvertrag, den Eheleute gemeinschaftlich geschlossen haben, wird beim Tode eines Ehegatten mit dem überlebenden Ehegatten fortgesetzt. Erklärt der überlebende Ehegatte binnen eines Monats nach dem Todesfall schriftlich gegenüber dem Verpächter, daß er den Kleingartenpachtvertrag nicht fortsetzen will, gilt Abs. 1 entsprechend.

(3) Im Falle des Abs. 2 Satz 1 ist § 569 a Abs. 3 und 4 des Bürgerlichen Gesetzbuchs über die Haftung und über die Anrechnung des geleisteten Mietzinses entsprechend anzuwenden.

Übersicht

1. Beendigung der Pachtverträge

§ 12 enthält eine Sonderregelung für alle Kleingartenpachtverträge bei Tod des Kleingärtners. Nach Abs. 1 endet der Kleingartenpachtvertrag mit dem Ablauf des Kalendermonats, der auf den Tod des Kleingärtners folgt, weil die Person des Kleingärtners für den Verpächter von wesentlicher Bedeutung ist. Der Verpächter soll auch nach dem Tode des Kleingärtners im Hinblick auf die Vergabe des Kleingartens wieder völlig frei sein, es sei denn, daß auch der überlebende Ehegatte gemeinschaftlich mit dem Verstorbenen den Kleingartenpachtvertrag geschlossen hat. Die Monatsfrist dient dazu, den Erben genügend Zeit zur Räumung des Gartens zu geben. Abs. 1 ist nicht abdingbar. 1

2. Gemeinschaftlicher Kleingartenpachtvertrag der Eheleute

Nach Abs. 2 Satz 1 wird der Kleingartenpachtvertrag mit dem überlebenden Ehegatten fortgesetzt, wenn die Eheleute gemeinschaftlich den Vertrag abgeschlossen haben. Das gleiche gilt, wenn ein Ehegatte nachträglich durch Vereinbarung mit dem Verpächter in den vom anderen geschlossenen Kleingartenpachtvertrag eintritt. Aus einem Pachtverhältnis mit nur einem Pächter wird ein Schuldverhältnis mit zwei Kleingärtnern. Abs. 2 Satz 1 findet auch dann Anwendung, wenn die Ehegatten beim Tod des einen keinen gemeinsamen Hausstand geführt haben, z. B. getrennt lebten. Voraussetzung für die Fortsetzung des Pachtvertrages ist (lediglich) das Bestehen der Ehe beim Tod des einen Ehegatten. Abs. 2 ist nicht abdingbar. 2

Der überlebende Ehegatte kann sich aber auch in diesem Fall von dem Vertrag kurzfristig lösen, wenn er binnen eines Monats nach dem Todesfall dem Verpächter gegenüber schriftlich erklärt, daß er den Kleingartenpachtvertrag nicht fortsetzen will. In diesem Falle gilt Abs. 1, d. h., daß der Kleingartenpachtvertrag mit dem Ablauf des Kalendermonats endet, der auf den Tod des Kleingärtners folgt. 3

Wird der Kleingartenpachtvertrag mit dem überlebenden Ehegatten fortgesetzt, so haftet dieser bereits als Mitverpflichteter aus dem Kleingartenpachtvertrag für alle bis zum Tode des Kleingärtners entstandenen Verbindlichkeiten — soweit sie mit der Nutzung des Kleingartens im Zusammenhang stehen —, und nicht nur für die Zahlung des Pachtzinses. Aus der in Abs. 3 angeordneten entsprechenden Anwendung des § 569 a Abs. 3 BGB ergibt sich, daß der Erbe des verstorbenen Kleingärtners ausgleichpflichtig ist, soweit der Verstorbene im Verhältnis der Ehegatten allein für die Schulden aufzukommen hatte. Andererseits kommen Pachtzinsvorauszahlungen des verstorbenen Kleingärtners dem überlebenden Ehegatten — soweit er das Pachtverhältnis fortsetzt — zugute. Den Vorteil, den der überlebende Ehegatte dadurch erlangt, muß er an den Erben herausgeben, wenn er selbst nicht als Erbe den Betrag ganz oder teilweise behalten kann (§ 569 a Abs. 4 BGB). Die Vorschrift des Absatzes 3 kann abbedungen werden. 4

§ 13
Abweichende Vereinbarungen

Vereinbarungen, durch die zum Nachteil des Pächters von den Vorschriften dieses Abschnitts abgewichen wird, sind nichtig.

Übersicht

1. Nachteilige Abweichungen

1 Die Vorschrift dient dem Schutz des Pächters und schließt für ihn nachteilige Vereinbarungen über die im Zweiten Abschnitt des Bundeskleingartengesetzes geregelten Gegenstände aus. Die Regelungen der §§ 4 bis 12 können danach nicht zum Nachteil des Pächters geändert werden. Das gilt für die pachtrechtlichen Vorschriften des BGB, die über § 4 Abs. 1 auf Kleingartenpachtverträge entsprechend anwendbar sind, ferner für die Pachtzinsregelungen (§ 5), die Vorschriften über die Pachtdauer (§ 6), die Schriftform der Kündigung (§ 7), die Kündigungsvorschriften (§§ 8–10), die Kündigungsentschädigung (§ 11) sowie für die Regelungen über die Beendigung des Kleingartenpachtvertrages bei Tod des Kleingärtners (§ 12). Das gilt – mit Ausnahme des § 12 – auch für Zwischenpachtverträge (§ 4 Abs. 2 Satz 1). Nicht erfaßt werden von § 13 Vereinbarungen über die nähere Ausgestaltung der Nutzung des Kleingartens in Pachtverträgen. Die kleingärtnerische Nutzung ist gesetzlich festgelegt. Vereinbarungen, die der gesetzlichen Begriffsbestimmung (in § 1 Abs. 1) widersprechen, sind keine Kleingartenpachtverträge, sondern Bodennutzungsverträge anderer Art. Ob ein Kleingartenpachtvertrag i. S. d. BKleingG vorliegt, muß ggf. durch Auslegung festgestellt werden (a. M. offensichtlich Stang, § 13 Rn. 6 ff.). Ein **Nachteil** liegt vor, wenn der Pächter einen Verlust von Rechten aus diesen Vorschriften erleidet. Eine Kompensation von Nach- und Vorteilen in der Weise, daß Nachteile gegen Vorteile aufgerechnet werden, ist nach § 13 nicht möglich.

2. Rechtsfolgen

2 Vereinbarungen sind nach § 13 nichtig, wenn zum Nachteil des Pächters von den pachtrechtlichen Vorschriften des BKleingG abgewichen wird. Die Nichtigkeit einzelner Vertragsvereinbarungen hat nicht die Gesamtnichtigkeit des Kleingartenpachtvertrages zur Folge. Sinn und Zweck der Regelung des § 13 ist es, den Pächter vor einzelnen Klauseln zu schützen, die abweichend von den Bestimmungen über die Kleingartenpacht des BKleingG ihn belasten. Abweichende Vereinbarungen, die den Pächter begünstigen, sind, soweit die entsprechende Vorschrift des BKleingG abdingbar ist, zulässig, so zum Beispiel eine Vereinbarung über einen Entschädigungsanspruch bei Kündigung wegen Verschulden des Pächters. Auch vor dem 1. April 1983 getroffene Vereinbarungen sind gemäß § 16 Abs. 1 nichtig, wenn sie von den Regelungen des zweiten Abschnitts des BKleingG abweichen und den Pächter benachteiligen. Bei jeder abweichenden Vereinbarung zum Vorteil des Pächters ist daher zu prüfen, ob es sich um eine abdingbare, veränderbare Vorschrift handelt oder nicht.

DRITTER ABSCHNITT
Dauerkleingärten

§ 14
Bereitstellung und Beschaffung von Ersatzland

(1) Wird ein Kleingartenpachtvertrag über einen Dauerkleingarten nach § 9 Abs. 1 Nr. 5 oder 6 gekündigt, hat die Gemeinde geeignetes Ersatzland bereitzustellen oder zu beschaffen, es sei denn, sie ist zur Erfüllung der Verpflichtung außerstande.

(2) Hat die Gemeinde Ersatzland bereitgestellt oder beschafft, hat der Bedarfsträger an die Gemeinde einen Ausgleichsbetrag zu leisten, der dem Wertunterschied zwischen der in Anspruch genommenen kleingärtnerisch genutzten Fläche und dem Ersatzland entspricht.

(3) Das Ersatzland soll im Zeitpunkt der Räumung des Dauerkleingartens für die kleingärtnerische Nutzung zur Verfügung stehen.

Übersicht

1. Ersatzlandverpflichtung als öffentlich-rechtliche Aufgabe der Gemeinde

§ 14 verpflichtet die Gemeinde, in bestimmten gesetzlich im einzelnen festgelegten Fällen Ersatzland bereitzustellen oder zu beschaffen. Die Vorschrift knüpft an den Grundgedanken der Ersatzlandbeschaffung nach altem Recht an, normiert die Ersatzlandbeschaffung aber **nicht als Rechtsanspruch des Pächters, sondern als öffentlich-rechtliche Pflichtaufgabe der Gemeinde.** Ziel der Ersatzlandverpflichtung ist die Erhaltung des Kleingartenbestandes. Der Gemeinde obliegt es, die Bevölkerung mit Kleingärten zu versorgen. Dies hat auch das Bundesverfassungsgericht in seiner Entscheidung vom 12. Juni 1979 ausdrücklich festgestellt (BVerfGE 52, 37). Diese Aufgabe ist weder auf andere öffentlich-rechtliche Körperschaften noch auf Private übertragbar. § 14 belastet daher folgerichtig die Gemeinde mit der Ersatzlandbeschaffungspflicht, begrenzt aber gleichzeitig die Tatbestände, die eine Ersatzlandpflicht auslösen und stellt die Gemeinde von dieser Verpflichtung frei, wenn sie zur Erfüllung außerstande ist. Diese (öffentlich-rechtliche) Verpflichtung der Gemeinde kann privat-rechtlich **nicht abbedungen** werden (unklar Stang, § 14 Rn. 22 ff.). Die Gemeinde kann sich aber privat-rechtlich verpflichten, Ersatzland bereitzustellen. Das gleiche gilt auch für den privaten Verpächter. Er kann mit den Pächtern oder mit der 1

Gemeinde vereinbaren, Ersatzland für kleingärtnerische Zwecke zur Verfügung zu stellen. Zweifelhaft ist jedoch, ob eine solche Vereinbarung ein städtebaulicher Vertrag i. S. des § 11 BauGB ist (so aber Stang, § 14 Rn. 22 ff.). Dabei ist insbesondere zu berücksichtigen, daß Verträge im Zusammenhang mit städtebaulichen Planungen **Ansprüche auf Aufstellung oder Änderung eines Bebauungsplans nicht begründen** können (§ 2 Abs. 3 BauGB).

2 Nach Abs. 1 Satz 1 ist die Ersatzlandverpflichtung der Gemeinde an die folgenden Voraussetzungen geknüpft:

1. Eine Ersatzlandverpflichtung löst nur die Kündigung eines Pachtvertrages über einen **Dauerkleingarten** aus, d. h. also über einen Kleingarten, der im (alten) Bebauungsplan planungsrechtlich abgesichert war. Gleich zu behandeln sind die Fälle, in denen (sonstige) Kleingärten wie Dauerkleingärten zu behandeln sind, sog. fiktive Dauerkleingärten (§§ 16 Abs. 2, 20 a Abs. 2).

   Dauerkleingärten sind nach der gesetzlichen Definition des § 1 Abs. 3 Kleingärten auf einer Fläche, die für Dauerkleingärten festgesetzt ist. Es muß sich also um einen Pachtvertrag handeln, der die Überlassung einer solchen Fläche zum Gegenstand hat oder um einen Überlassungsvertrag über Kleingartenland, das nach Vertragsschluß als Fläche für Dauerkleingärten im Bebauungsplan ausgewiesen worden ist. Die Ersatzlandverpflichtung der Gemeinde „besteht" latent vom Zeitpunkt der Ausweisung der Fläche für Dauerkleingärten (und ihrer Verpachtung); wird aber erst im Falle der Kündigung aus den in § 9 Abs. 1 Nr. 5 oder 6 genannten Gründen aktuell. Zu den Kleingärten, die wie Dauerkleingärten zu behandeln sind, (s. § 16 Rn. 3 f.; § 20 a Rn. 5 ff.), gehören nach § 16 Abs. 2 gemeindeeigene Kleingartengrundstücke, die vor Inkrafttreten des BKleingG verpachtet und bei Inkrafttreten des BKleingG planungsrechtlich nicht abgesichert waren sowie gemeindeeigene Grundstücke in den neuen Ländern (s. hierzu § 20 a Rn. 7 f.). Die Kündigung von Kleingärten, die im Flächennutzungsplan als Dauerkleingärten dargestellt sind, begründet keine Ersatzlandverpflichtung der Gemeinde.

2. Die Kündigung muß zu dem Zweck erfolgen, die (frühere) Dauerkleingartenfläche

   a) der im Bebauungsplan festgesetzten neuen Nutzung zuzuführen, zum Beispiel bei Festsetzung einer Dauerkleingartenfläche als Gewerbegebiet (§ 9 Rn. 24 ff.) oder

   b) der durch die Planfeststellung festgelegten Nutzung zuzuführen, zum Beispiel durch die Verwendung einer (dauer-) kleingärtnerisch genutzten Fläche für den Bau einer Bundesfernstraße (§ 9 Rn. 33 ff.) oder

   c) für die im Landbeschaffungsgesetz genannten Nutzungen zu verwenden (§ 9 Rn. 39 ff.).

3 Die **Kündigung aus anderen** nach dem BKleingG zulässigen **Gründen löst keine Ersatzlandverpflichtung der Gemeinde aus.**

Im Falle der Beendigung des Kleingartenpachtverhältnisses durch Enteignung ist die Gemeinde ebenfalls — unabhängig von der Entschädigungsverpflichtung für die Enteignung — öffentlich-rechtlich verpflichtet, geeignetes Ersatzland bereitzustellen (so auch Otte, § 14 Rn. 3). § 14 Abs. 1 ist insoweit entsprechend anzuwenden. Dies ergibt sich aus der dem § 14 Abs. 1 zugrundeliegenden Zielrichtung, den vorhandenen Bestand an Kleingartenanlagen zu sichern, wenn Kleingartenland durch Planungsakte (hoheitliche Maßnahmen) für andere Zwecke in Anspruch genommen wird. Die Ersatzlandverpflichtung der Gemeinde nach Maßgabe des § 14 hängt insoweit nicht davon ab, ob das (ehemalige) Kleingartengelände durch Kündigung oder durch Enteignung der kleingärtnerischen Nutzung entzogen wurde. **4**

Demgegenüber meint Stang (§ 14 Rn. 8), die Gemeinden seien nicht verpflichtet, bei Enteignungen Ersatzland zu beschaffen oder bereitzustellen, weil das jeweils anzuwendende Enteignungsrecht die Folgen der Enteignung abschließend regele. Im übrigen sei das Enteignungsrecht in weiten Teilen Länderrecht, das durch eine entsprechende Anwendung bundesrechtliche Regelungen unterlaufen würde. Dem muß entgegengehalten werden, daß die Ersatzlandverpflichtung der Gemeinde keine Frage der Enteignungsentschädigung ist. Sie ergibt sich vielmehr — als Folgepflicht — aus der öffentlich-rechtlichen Verpflichtung der Gemeinde, die Bevölkerung mit Kleingärten zu versorgen. Dies hat das Bundesverfassungsgericht in seiner Entscheidung vom 12. Juni 1979 ausdrücklich festgestellt (BVerfGE 52, 37). In § 14 ist diese Folgepflicht für den Bereich der Kündigung zum Zwecke der Verwirklichung des Bebauungsplans bzw. der Planfeststellung, sofern Verträge über (frühere) Dauerkleingärten betroffen sind, gesetzlich verankert. Die Rechtslage ist vergleichbar, wenn (früheres) Dauerkleingartenland durch Enteignung den in Bebauungsplan oder Planfeststellung festgesetzten Nutzungszwecken zugeführt werden soll. Hierin liegt der Grund für die entsprechende Anwendbarkeit des § 14 im Falle der Enteignung. **4 a**

Zur Bereitstellung oder Beschaffung von Ersatzland ist die Gemeinde gemäß § 185 Abs. 3 Satz 1 BauGB auch dann verpflichtet, wenn Kleingartenpachtverträge im Zuge von städtebaulichen Maßnahmen (Sanierung, Entwicklung, städtebauliche Gebote) von der Gemeinde aufgehoben werden. Diese Vorschrift ist aus dem StBauFG übernommen worden. Dort ist sie in Anlehnung an die für Kleingärten geltenden Schutzbestimmungen eingefügt worden (Mainczyk, BauBG, Kommentar, 2. Aufl. § 185 Rn. 3). **4 b**

2. Geeignetes Ersatzland; Bereitstellung; Beschaffung

Die Gemeinde hat geeignetes Ersatzland zur Verfügung zu stellen. Geeignet ist es, wenn es nach seiner tatsächlichen und rechtlichen Beschaffenheit den mit der Ersatzlandgestellung vorgesehenen Zweck erfüllen kann. Die **tatsächliche Beschaffenheit** richtet sich nach der **Bodengüte und Lage.** Dabei kommt es nicht auf die unmittelbare Nähe zur alten Kleingartenanlage an. Häufig wird es gar nicht möglich sein, in unmittelbarer Nähe der alten Anlage eine neue zu errichten. In **rechtlicher Hinsicht** kommt es vor allem auf die **planungsrechtliche Situation des Ersatzlandes** an, die nicht im Widerspruch zu dem vorgesehenen Verwendungszweck stehen darf. Geeignet in diesem Sinne ist **Ersatzland, wenn es bereits als Dauerkleingartenfläche im Be-** **5**

bauungsplan ausgewiesen oder in Planentwürfen als Dauerkleingartenfläche vorgesehen ist. Näheres zur Planung s. § 1 Rn. 42 ff., 47 ff. Eine Fläche, die bereits für andere Zwecke verplant ist, kommt als Ersatzland nicht in Betracht.

6 Das Ersatzland hat die Gemeinde bereitzustellen oder zu beschaffen. **„Bereitstellen"** bedeutet, die Ersatzfläche aus eigenem Grundvermögen zur Verfügung zu stellen (beplant oder nichtbeplant) oder durch Ausweisung von Flächen für Dauerkleingärten im Bebauungsplan. Unter dem Begriff **„Beschaffen"** ist nicht nur der Ankauf oder die Anpachtung von Grundstücken zur kleingärtnerischen Nutzung durch die Gemeinde zu verstehen (s. Otte, a. a. O. § 14 Rn. 6), sondern auch die **Vermittlung zur Anpachtung** einer Fläche durch Kleingärtnerorganisationen (so auch Stang, a. a. O. § 14 Rn. 14).

3. Freistellung der Gemeinde von der Ersatzlandpflicht

7 Nicht in jedem Falle wird die Gemeinde in der Lage sein, Ersatzland zur Verfügung zu stellen. **Städtebauliche Gründe** und der **Mangel** an bzw. das **völlige Fehlen von geeignetem Ersatzland können der Verpflichtung** der Gemeinde, Ersatzland bereitzustellen oder zu beschaffen, **entgegenstehen.** Diesem Umstand trägt Abs. 1 zweiter Halbsatz Rechnung. Die Gemeinde ist danach von ihrer Verpflichtung befreit, wenn sie zur Erfüllung außerstande ist. Das kann der Fall sein, wenn die Gemeinde das gesamte eigene Grundvermögen bereits auf Dauer anderweitig nutzt, eine planungsrechtliche Ausweisung von Kleingartenland in absehbarer Zeit aus Planungskapazitäten oder sonstigen Gründen nicht möglich ist oder wenn es der Gemeinde nicht gelungen ist, Grundstücke für die kleingärtnerische Nutzung zu erwerben, anzupachten oder die Anpachtung zu vermitteln. Die Gemeinde muß **glaubhaft machen,** daß sie sich ernsthaft bemüht hat, Ersatzgrundstücke zu beschaffen, z. B. auch durch Zeitungsanzeigen. Es ist Aufgabe der Kommunalaufsicht, über die Einhaltung dieser Vorschrift zu wachen. Die Ersatzlandverpflichtung entfällt auch, wenn ein Bedarf an Kleingärten in der Gemeinde nicht besteht (BT-Drs. 9/1900 S. 18). Es kommt hierbei auf die Gesamtnachfrage im Gemeindegebiet an.

Eine Nachfrage wird aber schon dann zu bejahen sein, wenn die bisherigen Pächter einen „Ersatz"-Kleingarten wünschen.

8 Die Erfüllung der gemeindlichen Pflicht, Ersatzland bereitzustellen (aus eigenem Grundvermögen) oder zu beschaffen (Ankauf) findet grundsätzlich eine Grenze in der finanziellen Leistungsfähigkeit der Gemeinde, d. h. in ihrer **ordnungsgemäßen Haushaltsführung.** Die sich aus dem Kommunalrecht ergebenden Grundsätze der Haushalts- und Wirtschaftsführung sind durch die Regelung über die Ersatzlandverpflichtung der Gemeinde nicht geändert worden. Hierbei ist aber auch der Ausgleichsbetrag des Bedarfsträgers, soweit ein solcher in Betracht kommt, zu berücksichtigen. Für die Anpachtung von Grundstücken zur kleingärtnerischen Nutzung gelten die Vorschriften über den Höchstpachtzins gemäß § 5.

4. Ausgleichsbetrag des Bedarfsträgers

9 Absatz 2 verpflichtet den Bedarfsträger, der eine Anlage oder Teile davon nach Kündigung gemäß § 9 Abs. 1 Nr. 5 oder 6 in Anspruch nimmt, sich an der Bereitstellung oder Beschaffung von Ersatzland durch Zahlung eines **Ausgleichsbetrages** an die Ge-

meinde zu beteiligen. **Bedarfsträger** in diesem Sinne ist der jeweilige **öffentliche Planungs- oder Gemeinbedarfsträger,** bei Maßnahmen nach dem Landbeschaffungsgesetz der **Bund,** vertreten durch den zuständigen Bundesminister.

Voraussetzung für die Zahlung des Ausgleichsbetrages ist, daß die Gemeinde Ersatz- **10**
land zur Verfügung gestellt hat und ihr dadurch Aufwendungen entstanden sind. Aufwendungen entstehen der Gemeinde durch den entgeltlichen Erwerb eines Ersatzgrundstückes oder durch evtl. Übernahmeansprüche nach § 40 BauGB, sofern die Bereitstellung durch Festsetzung von Dauerkleingärten erfolgt und die Anspruchsvoraussetzungen vorliegen. Stellt die Gemeinde eigenes Land zur Verfügung, entstehen ihr in der Regel keine Aufwendungen, es sei denn, daß sie infolge der Bereitstellung dieses (für die kleingärtnerische Nutzung geeignete) Grundstücks gezwungen ist, ein Ersatzgrundstück zu erwerben. Im Falle der Anpachtung oder der Vermittlung der Anpachtung entstehen der Gemeinde grundsätzlich keine über den Ausgleichsbetrag zu deckende Aufwendungen.

Stellt die Gemeinde kein Ersatzland zur Verfügung, weil entweder ein Bedarf an Kleingärten nicht besteht oder die Gemeinde von der Ersatzlandverpflichtung freigestellt ist, entsteht auch keine Verpflichtung des Bedarfsträgers zur Zahlung des Ausgleichsbetrages. Der Ausgleichsbetrag ist insoweit abhängig von der Erfüllung der Ersatzlandverpflichtung der Gemeinde. Solange die Ersatzlandverpflichtung der Gemeinde besteht, bleibt auch die Ausgleichsbetragsverpflichtung des Bedarfsträgers unberührt.

Der **Ausgleichsbetrag** besteht **neben den Verpflichtungen** des Bedarfsträgers, die sich **11**
aus der Inanspruchnahme von Grund und Boden für die Zwecke des Bedarfsträgers ergeben, etwa Entschädigungsverpflichtungen. Er dient dazu, der Gemeinde die Erfüllung der Ersatzlandverpflichtung zu erleichtern.

Der Ausgleichsbetrag entspricht nach Absatz 2 dem **Wertunterschied zwischen** dem **12**
in Anspruch genommenen **Kleingartenland** und dem **Ersatzland.** Maßgebend für die Ermittlung des Wertunterschieds ist der **Verkehrswert.** Für die Ermittlung des Verkehrswerts sind nur Preise des gewöhnlichen Geschäftsverkehrs maßgebend, d. h. Preise, die sich nach den marktwirtschaftlichen Grundsätzen von Angebot und Nachfrage vollziehen und bei denen jeder Vertragspartner ohne Zwang und nicht aus Not oder besonderen Rücksichten, sondern freiwillig in Wahrung seiner eigenen wirtschaftlichen Interessen zu handeln in der Lage ist. Bestimmte Grundstücke, wie z. B. öffentliche Gemeinbedarfs- oder Grünflächen, werden im gewöhnlichen Geschäftsverkehr kaum gehandelt. Der Bodenwert dieser Flächen läßt sich deshalb nicht aus Kaufpreisen geeigneter Vergleichsgrundstücke ableiten. Für ihre Wertermittlung kann in aller Regel nach den Grundsätzen für die Ermittlung des Verkehrswerts von Gartenbauflächen verfahren werden (Rössler, Schätzung und Ermittlung von Grundstückswerten, S. 109). Stehen Vergleichspreise nicht zur Verfügung, so muß der Bodenwert aus Preisen vergleichbarer landwirtschaftlicher Flächen abgeleitet werden. Gärtnerisch genutztes Land wird höher als Ackerland gehandelt. In Ortsrandlagen kann es besonders hoch in der Nähe von Baulandpreisen liegen. Das gilt auch für Kleingartenland. Liegen Vergleichspreise für kleingärtnerisch genutzte Grundstücke nicht vor, sind diese Flächen nach den Grundsätzen für die Ermittlung des Verkehrswerts von Gartenflächen zu bewerten.

5. Zeitpunkt, zu dem Ersatzland bereitstehen soll

13 Das Ersatzland soll — das heißt **hat** im Regelfall — **im Zeitpunkt der Räumung des Dauerkleingartens zur Verfügung zu stehen.** Ist dies im Zeitpunkt der Räumung nicht möglich, ändert dies grundsätzlich nichts an der Ersatzlandverpflichtung der Gemeinde und dementsprechend auch an der Verpflichtung zur Zahlung eines Ausgleichsbetrages des Bedarfsträgers.

§ 15

Begründung von Kleingartenpachtverträgen durch Enteignung

(1) An Flächen, die in einem Bebauungsplan für Dauerkleingärten festgesetzt sind, können durch Enteignung Kleingartenpachtverträge zugunsten Pachtwilliger begründet werden.

(2) Die Enteignung setzt voraus, daß

1. das Wohl der Allgemeinheit sie erfordert,

2. der Enteignungszweck auf andere zumutbare Weise nicht erreicht werden kann und

3. dem Eigentümer ein angemessenes Angebot zur Begründung der Kleingartenpachtverträge gemacht worden ist; das Angebot ist in bezug auf den Pachtzins als angemessen anzusehen, wenn dieser dem Pachtzins nach § 5 entspricht.

(3) Der als Entschädigung festzusetzende Pachtzins bemißt sich nach § 5.

(4) Im übrigen gilt das Landesenteignungsrecht.

Übersicht

1. Zielsetzung und Anforderungen der Enteignungsregelung

1 Die Vorschrift des § 15 regelt nicht die Entziehung des Eigentums, sondern lediglich die zwangsweise Begründung von Pachtverhältnissen für Dauerkleingärten; **sie dient dem Vollzug der Festsetzung „Flächen für Dauerkleingärten"** im Bebauungsplan. Die Eigentumsverhältnisse werden dadurch nicht verändert. Nach § 86 BauGB, der die enteignungsfähigen Gegenstände regelt, können Kleingartenpachtverträge durch Enteignung nicht begründet werden. § 15 ergänzt insoweit die Bestimmungen des § 86 BauGB.

Sind nach § 9 Abs. 1 Nr. 15 BauGB in einem Bebauungsplan Flächen für Dauerkleingärten festgesetzt worden, so steht dem Eigentümer unter den in § 40 Abs. 1 und 2 Nr. 1 BauGB geregelten Voraussetzungen ein Anspruch gegen die Gemeinde auf Übernahme des Grundstücks (unter Zahlung einer angemessenen Entschädigung) zu. Voraussetzung hierfür ist, daß es mit Rücksicht auf die Festsetzung oder Durchführung des Bebauungsplans dem Eigentümer wirtschaftlich nicht mehr zuzumuten ist, das Grundstück zu behalten oder in der festgesetzten Art zu nutzen. Gaentzsch will den Übernahmeanspruch auf festgesetzte öffentliche Grünflächen beschränken (Gaentzsch, BauGB-Kommentar, § 40 Rn. 5). Da Flächen für Dauerkleingärten der privaten Nutzung dienen, soll § 40 auf die Festsetzung „Flächen für Dauerkleingärten" keine Anwendung finden. Diese Auffassung läßt jedoch außer acht, daß auch die Festsetzung „Dauerkleingärten" den Eigentümer dieser Flächen wegen der sich aus dem BKleingG ergebenden Beschränkungen (Vertragsdauer, Pachtpreisbindung, Beendigung von Kleingartenpachtverträgen) in seiner eigenwirtschaftlichen Nutzung beschränken (s. BVerfGE 87, 114, 140 f.) und daher auch in Einzelfällen einen Übernahmeanspruch begründen können. S. auch unten Rn. 3 ff. 2

Macht der Eigentümer von dieser Möglichkeit **keinen Gebrauch,** schließt er andererseits aber auch **keinen Kleingartenpachtvertrag,** so bietet das BauGB keine Handhabe, die festgesetzte Fläche als Dauerkleingarten zu nutzen. Die Voraussetzungen für eine Entziehung des Eigentums werden regelmäßig nicht vorliegen. Die zwangsweise Begründung eines Kleingartenpachtverhältnisses durch Enteignung ist im Hinblick auf die einschränkende Regelung des § 86 Abs. 1 Nr. 4 BauGB, der die zwangsweise Begründung von schuldrechtlichen Nutzungsverhältnissen nur zuläßt, soweit die enteignungsrechtlichen Regelungen des BauGB dies vorsehen, nicht möglich. Diese Lücke schließt § 15. 2 a

2. Übernahmeanspruch bei Festsetzung von Dauerkleingärten

§ 40 BauGB regelt die Entschädigung für Fälle, in denen der Bebauungsplan dem Eigentümer gegenüber eine in § 40 Abs. 1 Nrn. 1–14 BauGB bezeichnete Nutzung festsetzt und ihm dadurch eine andere privatnützige Verwendung abschneidet. Das Gesetz greift aus den möglichen Festsetzungen nach § 9 Abs. 1 BauGB diejenigen heraus, die die Eigentümer in der eigenwirtschaftlichen Nutzung beschränken können. Zu den in § 40 Abs. 1 BauGB genannten Nutzungsfestsetzungen gehört nach Nr. 8 auch die Festsetzung von Dauerkleingärten (BVerwG, NVwZ 1984, 581). Dauerkleingärten sind zwar (private) Pachtgärten, sie hindern aber deren Eigentümer an einer planverträglichen anderen Nutzung, die dem Eigentümer mehr wirtschaftliche Vorteile bringen würde (BVerfGE 87, 114, 140 f.). A. A. Gaentzsch, BauGB-Kommentar, § 40 Rn. 5. 3

Eine Entschädigung steht dem Eigentümer bei den in § 40 Abs. 1 BauGB genannten Festsetzungen nur zu, soweit ihm Vermögensnachteile entstehen, soweit also die Festsetzungen durch die von ihnen ausgehenden Beschränkungen der (privatnützigen Verwendung) eigenwirtschaftlichen Nutzung finanzielle Einbußen bewirken.

Als Vermögensnachteile kommen hier z. B. in Betracht: Minderung des Verkehrswerts (BGH, BauR 1975, 118); diese Wirkung bleibt allerdings latent, solange der Eigentümer das Grundstück nicht veräußern oder belasten will; Einbußen am erzielba- 4 ren Nutzungsentgelt, wenn infolge der belastenden Festsetzung nur geringere Erträge erzielt werden können, wenn also z. B. nur noch ein geringerer Pachtpreis erzielbar ist (Beispiele: BGH, BauR 1975, 119 und 325).

5 Die Entschädigung wird grundsätzlich durch Übernahme der belasteten Flächen unter Zahlung einer angemessenen Entschädigung gewährt (Übernahmeanspruch). Nach § 40 Abs. 2 BauGB greift der Übernahmeanspruch u. a. in folgenden Alternativen ein

1. bei wirtschaftlicher Unzumutbarkeit, das Grundstück zu behalten (§ 40 Abs. 2 Nr. 1, 1. **Alternative**)
2. bei wirtschaftlicher Unzumutbarkeit, das Grundstück in der bisherigen oder einer anderen zulässigen Art zu nutzen (§ 40 Abs. 2 Nr. 1, 2. **Alternative**)

Die Frage der Unzumutbarkeit in der 1. und 2. Alternative ist von Fall zu Fall unter Heranziehung aller Umstände zu klären; sie unterliegt in vollem Umfang der gerichtlichen Nachprüfung. Die **wirtschaftliche Unzumutbarkeit** muß auf die Festsetzung oder die Durchführung des Bebauungsplans zurückzuführen sein. Sie bestimmt sich nach objektiven Kriterien. Die persönlichen Verhältnisse des Eigentümers bleiben außer Betracht (s. Mainczyk, BauGB-Kommentar, 2. Aufl., § 40 Rn. 3 ff.).

6 Im Rahmen der **1. Alternative** geht es um die Unzumutbarkeit des Behaltens des Grundstücks, während es sich in den Fällen der 2. Alternative um die Wirtschaftlichkeit der Grundstücksnutzung handelt. Es muß eine fühlbare Beeinträchtigung von Vermögenswerten entstehen. Das wird in der 1. Alternative anzunehmen sein, wenn infolge der Nutzungsfestsetzung das „belastete" Grundstück nicht mehr veräußerbar oder beleihbar ist und der Eigentümer auf die Veräußerung oder Beleihung angewiesen ist (s. auch BGH, BauR 1975, 119 und 325). Dagegen führt die bloße Minderung des Verkehrswertes für sich allein noch nicht zur wirtschaftlichen Unzumutbarkeit, das Grundstück zu behalten. Erst dann, wenn diese Minderung „spürbar" wird, weil es z. B. veräußert werden soll, aktualisiert sich die Verkehrswertminderung zu einem Vermögensnachteil. Ob in einem solchen Fall dem Eigentümer zugemutet werden kann, das Grundstück zu behalten, hängt davon ab, inwieweit der Eigentümer auf die Veräußerung angewiesen ist. Den Maßstab für das Zumutbare bildet die durch die Planungsentscheidung eingetretene Verschlechterung gemessen an seinen gesamten wirtschaftlichen Verhältnissen (BGH, ZfBR 1986, 185).

7 Nach der **2. Alternative** darf es dem Eigentümer wirtschaftlich nicht mehr zuzumuten sein, das Grundstück in der bisherigen oder einer anderen zulässigen Art, hier also als Kleingartenland i. S. des BKleingG, zu nutzen. Das ist z. B. der Fall, wenn der Eigentümer erhebliche Einbußen am erzielbaren Nutzungsentgelt erleidet, die ihm nicht zugemutet werden können.

7 a Ob die Voraussetzungen des Übernahmeanspruchs in den in Rn. 5–7 dargestellten Fallgestaltungen vorliegen, ist in jedem Einzelfall zu prüfen. Nach der Anhebung der Pachtobergrenze durch die Novelle zum BKleingG dürften die Prämissen des Übernahmeanspruchs in der Regel nicht vorliegen. Es kommt aber auf den Einzelfall an.

3. Begründung von Pachtverhältnissen zugunsten Pachtwilliger

Die Begründung von Kleingartenpachtverhältnissen durch Enteignung zugunsten Nutzungswilliger an Flächen, die in einem Bebauungsplan als Dauerkleingärten festgesetzt wurden, war bereits nach altem Recht möglich. Um sicherzustellen, daß die Pachtverträge sowohl zugunsten von Nutzungswilligen (Kleingärtnern) als auch zugunsten von Zwischenpächtern, die keine Nutzer sind, begründet werden können, stellt § 15 nicht auf den Nutzungswilligen — wie im alten Recht — sondern auf den **Pachtwilligen** ab. **Nutzungswilliger** ist nach der Rechtsprechung nur derjenige, **„der unmittelbar in den Genuß der Vorteile gelangen will, die die spätere Gebrauchsüberlassung gewährt"** (OLG München, Urt. vom 17. 5. 1979 — Baul. U 1/78). Nach dieser Rechtsprechung ist der **Zwischenpächter kein Nutzungswilliger.** Die Regelung des § 15 trägt insoweit den Anforderungen der Praxis, Kleingartenpachtverträge auch zugunsten von Zwischenpächtern begründen zu können, Rechnung. 8

4. Enteignungsvoraussetzungen

Absatz 2 bestimmt die Voraussetzungen, unter denen Kleingartenpachtverhältnisse durch Enteignung begründet werden können. Die „Zwangspacht" ist danach im Einzelfall nur zulässig, wenn **das Wohl der Allgemeinheit** sie erfordert, die **Begründung eines Kleingartenpachtverhältnisses auf andere zumutbare Weise nicht erreicht werden kann** und dem Eigentümer ein **angemessenes Angebot zur Begründung des Pachtverhältnisses** gemacht worden ist. Das Angebot ist in bezug auf den Pachtzins als angemessen anzusehen, wenn dieser der Pachtzinsregelung des Bundeskleingartengesetzes entspricht. Die oben genannten Voraussetzungen stimmen inhaltlich mit den in § 87 BauGB geregelten Prämissen für die Zulässigkeit der Enteignung überein. 9

Wie jede **Enteignung** muß auch die Begründung von Pachtverhältnissen durch Enteignung das **„letzte Mittel"** sein. Sie kann deshalb erst dann in Betracht kommen, wenn die Begründung von Pachtverhältnissen auf andere Weise nicht erreichbar ist. Dem Eigentümer muß also Gelegenheit gegeben werden, sich auf der Ebene privater Verhandlungen mit dem Angebot zur Begründung eines Kleingartenpachtverhältnisses auseinanderzusetzen. Abs. 2 verlangt daher ausdrücklich, daß vor der zwangsweisen Begründung des Pachtverhältnisses dem Eigentümer ein **angemessenes Angebot zum Abschluß eines Kleingartenpachtvertrages** gemacht worden ist. Der Pachtpreis muß sich dabei im Rahmen der Regelung des § 5 halten. Lehnt der Eigentümer ein solches Angebot ab, dann ist der Weg frei für eine Enteignung im Sinne des § 15. 10

Der als Entschädigung für die Begründung von Kleingartenpachtverhältnissen zu zahlende Pachtzins bemißt sich ebenfalls nach den Pachtpreisbestimmungen des § 5. Die dort vorgesehene Höchstpacht darf nicht überschritten werden. 11

5. Enteignungsverfahren

§ 15 regelt lediglich die materiell-rechtlichen Voraussetzungen der Begründung von Pachtverhältnissen durch Enteignung. Das Enteignungsverfahren richtet sich nach den Landesenteignungsgesetzen: 12

Baden-Württemberg

Landesenteignungsgesetz (LEntG) vom 6. 4. 1982 (GBl S. 97); zuletzt geändert durch Gesetz vom 25. 2. 1992 (GBl S. 145)

Bayern

Bayerisches Gesetz über die entschädigungspflichtige Enteignung in der Fassung vom 25. 7. 1978 (GVBl S. 625)

Berlin

Berliner Enteignungsgesetz vom 14. 7. 1964 (GVBl S. 737); geändert durch Gesetz vom 30. 11. 1984 (GVBl S. 1664)

Brandenburg

Enteignungsgesetz vom 19. 10. 1992 (GVBl I S. 430); geändert durch Gesetz v. 14. 6. 1993 (GVBl I S. 198)

Bremen

Enteignungsgesetz für die Freie Hansestadt Bremen vom 5. 10. 1965 (GBl S. 129), geändert durch das Gesetz vom 12. 6. 1973 (GBl S. 127)

Hamburg

Hamburgisches Enteignungsgesetz in der Fassung vom 11. 11. 1980 (GVBl S. 305); zuletzt geändert durch Änderungsgesetz v. 1. 7. 1993 (GVBl S. 149, 151)

Hessen

Hessisches Enteignungsgesetz (HEG) vom 4. 4. 1973 (GVBl S. 107)

Mecklenburg-Vorpommern

Enteignungsgesetz v. 2. 3. 1993 (GVBl I S. 178)

Niedersachsen

Niedersächsisches Enteignungsgesetz (NEG) in der Fassung vom 6. 4. 1981 (GVBl S. 84), geändert durch das Nds. Rechtsvereinfachungsgesetz v. 19. 9. 1989 (GVBl S. 345)

Nordrhein-Westfalen

Landesenteignungs- und -entschädigungsgesetz (EEG NW) vom 20. 6. 1989 (GVBl S. 366, 570)

Rheinland-Pfalz

Landesenteignungsgesetz (LEnteigG) vom 22. April 1966 (GVBl S. 103); geändert durch Gesetz vom 27. 6. 1974 (GVBl S. 290)

Saarland

Preußisches Gesetz über die Enteignung von Grundeigentum vom 11. 6. 1874 (GS S. 221) und preußisches Gesetz über ein vereinfachtes Enteignungsverfahren vom 26. 7. 1922 (GS S. 211); geändert durch Gesetz vom 17. 12. 1964 (Amtsbl. 1965 S. 117)

Sachsen-Anhalt

Enteignungsgesetz des Landes Sachsen-Anhalt vom 13. 4. 1994 (GVBl S. 508)

Schleswig-Holstein

Preußisches Gesetz über die Enteignung von Grundeigentum vom 11. 6. 1874 (GS S. 221) und preußisches Gesetz über ein vereinfachtes Enteignungsverfahren vom 26. 7. 1922 (GS S. 211), geändert durch das Landschaftspflegegesetz vom 19. 11. 1982 (GVBl S. 256)

Thüringen

Thüringer Enteignungsgesetz vom 23. 3. 1994 (GVBl S. 329)

VIERTER ABSCHNITT
Überleitungs- und Schlußvorschriften

§ 16
Überleitungsvorschriften für bestehende Kleingärten

(1) Kleingartenpachtverhältnisse, die im Zeitpunkt des Inkrafttretens dieses Gesetzes bestehen, richten sich von diesem Zeitpunkt an nach dem neuen Recht.

(2) Vor Inkrafttreten dieses Gesetzes geschlossene Pachtverträge über Kleingärten, die bei Inkrafttreten dieses Gesetzes keine Dauerkleingärten sind, sind wie Verträge über Dauerkleingärten zu behandeln, wenn die Gemeinde Eigentümerin der Grundstücke ist.

(3) Stehen bei Verträgen der in Absatz 2 bezeichneten Art die Grundstükke nicht im Eigentum der Gemeinde, enden die Pachtverhältnisse mit Ablauf des 31. März 1987, wenn der Vertrag befristet und die vereinbarte Pachtzeit bis zu diesem Zeitpunkt abgelaufen ist; im übrigen verbleibt es bei der vereinbarten Pachtzeit.

(4) Ist die Kleingartenanlage vor Ablauf der in Absatz 3 bestimmten Pachtzeit im Bebauungsplan als Fläche für Dauerkleingärten festgesetzt worden, gilt der Vertrag als auf unbestimmte Zeit verlängert. Hat die Gemeinde vor Ablauf des 31. März 1987 beschlossen, einen Bebauungsplan aufzustellen mit dem Ziel, die Fläche für Dauerkleingärten festzusetzen, und den Beschluß nach § 2 Abs. 1 Satz 2 des Bundesbaugesetzes bekanntgemacht, verlängert sich der Vertrag vom Zeitpunkt der Bekanntmachung an um vier Jahre; der vom Zeitpunkt der vereinbarten Beendigung der Pachtzeit bis zum 31. März 1987 abgelaufene Zeitraum ist hierbei anzurechnen. Vom Zeitpunkt der Rechtsverbindlichkeit des Bebauungsplans an sind die Vorschriften über Dauerkleingärten anzuwenden.

Übersicht

1. Anwendung des neuen Rechts auf bestehende Pachtverhältnisse

1 § 16 regelt die **Überleitung** von **Kleingartenpachtverträgen**, die vor dem 1. April 1983 begründet wurden, auf das BKleingG. **Maßgebender Zeitpunkt** für die Überleitung ist der Termin des Inkrafttretens des BKleingG. Gemäß § 22 ist das Gesetz am **1. April 1983** in Kraft getreten.

2 Nach Abs. 1 finden ab 1. April 1983 die gesetzlichen Regelungen des Bundeskleingartengesetzes auch auf **Kleingartenpachtverträge Anwendung, die vor diesem Zeitpunkt geschlossen worden sind.** Als **„bestehende Kleingartenpachtverhältnisse"** i. S. des Abs. 1 sind auch solche anzusehen, die nach der vertraglichen Regelung schon vor dem 1. April 1983 beendet gewesen wären, nach § 1 Abs. 1 Satz 2 KSchVO aber als auf unbestimmte Zeit verlängert galten (s. BGH NJW 1985, 3096). Das ergibt sich auch aus § 16 Abs. 3. Demnach endeten diese Verträge erst mit dem Ablauf des 31. März 1987, obwohl die KSchVO am 1. April 1983 außer Kraft getreten ist. Der Gesetzgeber des BKleingG wollte die Verlängerung der Pachtdauer. Das BVerfG hat diese Regelung der KSchVO in seiner ersten Entscheidung zum Kleingartenrecht vom 12. Juni 1976 nicht für nichtig erklärt, sondern festgestellt, daß das Regelungssystem – Ausschluß befristeter Verträge, Pachtpreiskündigung, weitgehender Ausschluß der Kündigungsbefugnis – mit dem Grundgesetz nicht vereinbar ist. In der zweiten Kleingartenrechtsentscheidung vom 23. September 1992 hat es zum Überleitungsrecht entschieden, daß während der Verlängerungszeit der Pachtverträge, also vom 1. April 1983 bis zum 31. März 1987 dem Verpächter die im BKleingG vorgesehenen Kündigungsmöglichkeiten in gleicher Weise wie bei einem unbefristeten Vertrag offenstanden (BVerfGE 87, 114, 143 ff.).

In der Begründung zur Regierungsvorlage heißt es: „Abs. 1 soll Unklarheiten vorbeugen, die sich bei der Anwendung des neuen Rechts ergeben können." Das bedeutet für Verträge, die vor dem 1. April 1983 geschlossen worden sind, u. a., daß

- die Kleingarteneigenschaft ausschließlich nach § 1 zu beurteilen ist,
- die Kündigung von Kleingartenpachtverträgen durch den Verpächter nur nach Maßgabe der §§ 8 bis 10 möglich ist,
- kein Anspruch auf eine gesetzliche Kündigungsentschädigung gegeben ist, wenn die Kündigung durch schuldhaftes Verhalten des Pächters herbeigeführt worden ist und
- Ersatzland nur noch für Dauerkleingärten bereitgestellt oder beschafft werden muß, wenn die Fläche durch einen Bebauungsplan, Planfeststellung oder das Landbeschaffungsgesetz anderen Zwecken zugeführt wird.

Darüber hinaus sind alle zwischen den Parteien getroffenen Vereinbarungen, die von den gesetzlichen Regelungen abweichen und dem Pächter zum Nachteil gereichen, wie zum Beispiel die Erweiterung der Kündigungsmöglichkeiten durch den Verpächter oder der Ausschluß des gesetzlichen Entschädigungsanspruchs, nichtig. Vereinbarungen zum Vorteil des Pächters bleiben grundsätzlich unberührt. Ausnahmen können sich aber unter dem Gesichtspunkt des Wegfalls der Geschäftsgrundlage ergeben (s. Rn. 9).

Mit dem Inkrafttreten des BKleingG sind auch vorher abgeschlossene Verträge über die Zahlung von Pachtzinsen insoweit unwirksam geworden, als diese die zulässige Höchstpacht überschreiten. An Stelle der vereinbarten Pacht ist die gesetzliche Höchstpacht zu zahlen. Zuviel gezahlte Pachtzinsen können zurückgefordert werden (BGH, NJW 1989, 2470 = BGHZ 108, 147). S. auch § 5 Rn. 14.

2. Kleingartenpachtverträge über gemeindeeigene Kleingartengrundstücke

Für Verträge über **sonstige, im Bebauungsplan nicht festgesetzte, Kleingärten** enthalten darüber hinaus die Absätze 2 bis 4 besondere Überleitungsvorschriten. 3

Das Bundeskleingartengesetz unterscheidet zwischen **kleingärtnerisch genutzten Flächen, die im Eigentum der Gemeinde stehen**, und allen anderen Kleingartengrundstücken. Nach § 16 Abs. 2 sind vor dem 1. April 1983 geschlossene Pachtverträge über Kleingärten, die am 1. April 1983 nicht im Bebauungsplan festgesetzt sind, **wie Verträge über Dauerkleingärten zu behandeln,** wenn die Gemeinde Eigentümerin der Grundstücke ist. **Entscheidend ist, daß die Gemeinde am Stichtag,** nämlich am 1. April 1983, **Eigentümerin der** kleingärtnerisch genutzten **Fläche war.** Die weitere Voraussetzung für die Anwendbarkeit des Abs. 2 ist, daß der Kleingartenpachtvertrag vor diesem Zeitpunkt abgeschlossen wurde. Die Bestimmung des Abs. 2 setzt nicht voraus, daß die Gemeinde den Kleingartenpachtvertrag abgeschlossen haben muß; **es genügt, wenn die Gemeinde als Erwerberin des Kleingartengrundstücks in den Pachtvertrag** nach §§ 571, 581 Abs. 2 BGB **eingetreten ist** (so auch Otte, a. a. O. § 16 Rn. 5). **Unbeachtlich sind für** die Anwendbarkeit des Abs. 2 die **Veränderungen in Eigentumsverhältnissen nach dem Stichtag,** also nach dem 1. April 1983. Die Gemeinde kann selbstverständlich das Kleingartengrundstück an einen Dritten veräußern; der Erwerber tritt aber in den bestehenden Vertrag zwischen der Gemeinde als Verpächterin und dem Pächter ein, in einem Vertrag also, der wie ein Vertrag über Dauerkleingärten zu behandeln ist (a. M. Stang, § 16 Rn. 19). Auf die Kenntnis des Erwerbers, daß ein nach den Vertragsvereinbarungen befristetes Pachtverhältnis kraft Gesetzes ein unbefristetes geworden ist, kommt es nicht an. Der Gemeinde gleichzustellen sind Gesellschaften, die von ihr beherrscht werden. Abs. 2 ist in einem solchen Fall entsprechend anzuwenden. Die Übertragung von Grundeigentum auf eine juristische Person, die von der Gemeinde dominiert wird, darf nicht der Umgehung gemeindlicher Pflichten dienen. Der gute Glaube wird insoweit nicht geschützt (BGHZ 13, 2 f.). Auf Kleingärten i. S. des § 16 Abs. 2 – sog. **„fiktive Dauerkleingärten"** finden auch die Vorschriften über Dauerkleingärten Anwendung. Das hat zur Folge, daß 4

- befristete geschlossene Pachtverträge als auf unbestimmte Dauer verlängert gelten (§ 6);

– die Gemeinde diese Verträge nicht nach § 9 Abs. 1 Nr. 4 kündigen kann und bei Kündigung zum Zweck der Planverwirklichung oder nach dem Landbeschaffungsgesetz (§ 9 Abs. 1 Nr. 5 und 6) unter in § 14 genannten Voraussetzungen zur Gestellung von Ersatzland verpflichtet ist.

S. auch unten Rn. 6.

3. Nicht im Eigentum der Gemeinde stehende Kleingärten

5 Nach Abs. 3 wird bei Kleingartenpachtverhältnissen über Grundstücke, die **nicht** der Gemeinde gehören, die ursprünglich vereinbarte Befristung des Vertrages nach einer Übergangszeit von 4 Jahren nach Inkrafttreten des Gesetzes wieder wirksam. Kleingartenpachtverträge, die vereinbarungsgemäß – ohne den Ablaufschutz des § 1 der Kündigungsschutzverordnung von 1944 – **vor dem 31. März 1987 abgelaufen wären, enden am 31. März 1987.** Für Verträge, die vereinbarungsgemäß **nach dem 31. März 1987 auslaufen, gilt die vereinbarte Pachtdauer.** Verträge, die **vor dem 1. April 1983 auf unbestimmte Dauer geschlossen** worden sind, **bleiben zeitlich unbefristet.** Sie können durch Kündigung des Verpächters beendet werden, wenn ein Kündigungsgrund i. S. der §§ 8 ff. BKleinG vorliegt. Im übrigen enden diese Verträge durch Kündigung des Pächters, Vertragsaufhebung, Aufhebung durch staatlichen Eingriffsakt und durch den Tod des Kleingärtners (s. Vorbemerkungen zu den §§ 7 bis 10 Rn. 3 ff.). Bei befristeten Verträgen mit Verlängerungsklausel kommt es auf diese Klausel an, ob und für welche Dauer die Verträge fortgesetzt werden (s. § 9 Rn. 47). Ein Vertrag, der auf bestimmte Zeit abgeschlossen wurde und sich vereinbarungsgemäß jeweils um eine bestimmte Zeit verlängert, falls er nicht fristgerecht „gekündigt" wird, ist wie ein unbefristeter Vertrag zu behandeln, der nicht unter § 16 Abs. 3 und 4 fällt (BGH, NJW 1991, 1349). Näheres zur verfassungsrechtlichen Frage, die dem Abs. 3 zugrunde liegt, s. Einleitung Rn. 24 ff.

6 Unter die Vorschrift des § 16 Abs. 3 BKleingG fallen auch Grundstücke, die z. B. der Deutschen Bahn AG, Nachfolgeunternehmen der Bundespost oder den Kirchen gehören. Das Bundeskleingartengesetz hat die Unterscheidung zwischen gemeindeeigenen und allen anderen Kleingartengrundstücken im Hinblick auf die besonderen Aufgaben der Gemeinde getroffen. Gemeinden können, auch wenn sie fiskalisch handeln, nicht mit anderen Grundeigentümern, selbst dann nicht, wenn es sich um öffentlich-rechtliche Eigentümer handelt, gleichgestellt werden. **Das Grundeigentum der Gemeinden ist unter Berücksichtigung der von ihnen zu erfüllenden Aufgaben Bindungen unterworfen.** Zu den von den Gemeinden zu erfüllenden Aufgaben gehört auch die Bereitstellung von Kleingartenland. Hieraus leitet sich die unterschiedliche Behandlung der Eigentümerposition der Gemeinde und anderer Grundstückseigentümer ab. Alle anderen Verpächter von Kleingartenland, auch die Deutsche Bahn AG, die Nachfolgeunternehmen der Bundespost sowie Kirchen haben keine Verpflichtung, Grundstücke für Kleingartenzwecke bereitzustellen. Es muß ihnen überlassen bleiben, ob, wann und mit welcher Vertragsdauer sie Kleingartenpachtverträge abschließen.

Im übrigen kann die Gemeinde, soweit sie Kleingartenland für andere Zwecke benötigt, einen Bebauungsplan aufstellen, der für die kleingärtnerisch genutzten Flächen nach Abwägung aller zu berücksichtigenden Belange eine andere Nutzung festsetzt, und von der dann gegebenen Kündigungsmöglichkeit nach § 9 Abs. 1 Nr. 5

Gebrauch machen. Die Entscheidung hierüber liegt in ihrer Hand. „Solange aber keine andere Nutzung planungsrechtlich vorgesehen ist, soll es bei der bisher ausgeübten Nutzung verbleiben" (BT-Drs. 9/1900 S. 18).

Die Übergangsfrist von vier Jahren ist verfassungskonform (BVerfGE 87, 114, 7
145 f.). Sie trägt sowohl den schutzwürdigen Belangen der Pächter als auch der verfassungsrechtlichen Gewährleistung des Eigentums Rechnung. Sie lehnt sich an die Rechtsprechung zur Geltungsdauer der Veränderungssperre (§ 17 BauGB) an (BGHZ 73, 161 = BGH, NJW 1979, 653).

Die Regelung des Abs. 3 bedarf jedoch im Hinblick auf Art. 3 Abs. 1 GG einer ver- 7 a
fassungskonformen Auslegung (BVerfGE 87, 114, 143 f.). Nach dem Spruch des BVerfG können nach Abs. 3 verlängerte Alt-Pachtverhältnisse auch wegen Eigenbedarf (§ 9 Abs. 1 Nr. 3) oder zur Verwirklichung einer bauplanungsrechtlich nicht festgesetzten aber zulässigen anderen Nutzung (§ 9 Abs. 1 Nr. 4) gekündigt werden. § 9 Abs. 3, wonach Kündigungen wegen Eigenbedarfs des Eigentümers und wegen anderer wirtschaftlicher Verwertung bei befristeten Verträgen unzulässig sind, findet auf nach Abs. 3 verlängerte Alt-Pachtverhältnisse keine Anwendung. Die vertragliche Befristung beruht auf einem entsprechenden Bindungswillen der Parteien, zu dem eine Kündigung im Widerspruch stehen kann. Die gesetzliche Verlängerung wird den Parteien dagegen aufgezwungen ohne oder sogar gegen ihren Willen, so daß die Einräumung von Kündigungsmöglichkeiten damit nicht unvereinbar ist. Der Regelungszweck steht einer solchen Auslegung nicht entgegen. Der Umstand, daß der Gesetzgeber bei unbefristeten Verträgen trotz gleicher Interessenlage die Kündigungsmöglichkeiten nicht für eine Übergangszeit ausgeschlossen hat, zeigt, daß es ihm darauf nicht entscheidend ankam (BVerfGE 87, 114, 145).

Inzwischen hat diese Problematik auch wegen Ablaufs der Übergangsfrist (30. 3. 1987) 7 b
ihre Aktualität verloren. Vertragsverhältnisse, die gemäß § 16 Abs. 3 gesetzlich 4 Jahre verlängert worden sind, sind mit dem Ablauf der Übergangsfrist beendet, wenn nicht vor dem 31. 3. 1987 eine Vertragsverlängerung vereinbart oder wenn nicht die Fläche als Dauerkleingarten im Bebauungsplan festgesetzt worden ist (s. Rn. 11).

Für Verträge, die gemäß Abs. 3 auslaufen, sieht das BKleinG **keine gesetzliche Ent-** 8
schädigung für die Pächter vor. Die Abwicklung des Pachtverhältnisses richtet sich nach den vertraglichen Vereinbarungen.

Ein (gesetzlicher) Entschädigungsanspruch besteht nach dem BKleingG nur dann, wenn der Kleingartenpachtvertrag vorzeitig endet. Verträge, die nach dem Willen der Vertragsparteien befristet sein sollten und die „nur" aufgrund der früheren Rechtslage als auf unbestimmte Dauer verlängert galten „enden nicht vorzeitig". Durch das BKleingG ist die ursprüngliche Befristung wieder wirksam geworden. Der Hinweis, daß schon allein die lange Dauer eines solchen Vertrages und das Vertrauen auf frühere Regelungen eine gesetzliche Entschädigungspflicht sachgerecht erscheinen lassen, ist nicht begründet. Zur Entschädigung könnte nur der Verpächter herangezogen werden, denn nur zwischen ihm und dem („entschädigungsberechtigten") Pächter bestanden vertragliche Beziehungen. In Anbetracht der äußerst niedrigen Pachtzinsen stehen einer gesetzlichen Entschädigungspflicht des Verpächters verfassungsrechtliche Gründe entgegen. Der Verpächter müßte z. B. bei einem unter der Geltung der KGO üblichen Pachtpreis von ca. DM 0,10 pro Quadratmeter und Jahr für einen 400 m^2 großen Garten die gesamten Pachteinnahmen von 50 Jahren aufwenden, um eine Entschädigung von nur DM 2000,— leisten zu können.

9 Haben die Parteien vereinbart, daß der Pächter bei Beendigung des Vertrages einen Entschädigungsanspruch gegen den Verpächter (Zwischenpächter) hat, so bleibt diese Vereinbarung zunächst zwar unberührt. Schwerwiegende Gründe können jedoch einen „Einbruch" in diesen Vertrag geboten erscheinen lassen, wenn ein Festhalten am Vertrag zu untragbaren, mit Recht und Gerechtigkeit schlechthin unvereinbaren Ergebnissen führen würde. Das wird in der Regel der Fall sein bei unter der Geltung des alten Rechts getroffener Vereinbarung zwischen dem Kleingärtner und dem Zwischenpächter (Generalpächter) über Entschädigungszahlungen durch den Zwischenpächter (Generalpächter) bei Beendigung des Pachtvertrages. Beide Parteien werden in der Regel davon ausgegangen sein, daß das alte Kleingartenrecht, wonach Zeitverträge als auf unbestimmte Dauer verlängert galten, unberührt bleiben werde, so daß neue Einzelpachtverträge jederzeit neu abgeschlossen werden können und der Nachfolger für die übernommenen Anpflanzungen und Anlagen im Kleingarten einen „Übernahmebetrag" an den Zwischenpächter leistet, den dieser an den weichenden Kleingärtner als Entschädigung auszahlt. Diese Geschäftsgrundlage, nämlich die Möglichkeit der Weiterverpachtung, kann durch § 16 Abs. 3 weggefallen sein, wenn das Kleingartenland nach Ablauf der Übergangsfrist einer anderen (nicht kleingärtnerischen) Nutzung zugeführt wird, so daß ein Festhalten an der Entschädigungsverpflichtung des Zwischenpächters den Grundsätzen von Treu und Glauben widersprechen würde. In einem solchen Falle ist der Vertrag an die veränderten Umstände anzupassen. Das führt hier dazu, daß die Entschädigungsverpflichtung des Zwischenpächters entfällt. S. hierzu Ausführungen zum Wegfall der Geschäftsgrundlage, § 4 Rn. 29 f.

4. Ausweisung der Kleingärten i. S. des Abs. 3 im Bebauungsplan

10 Die Gemeinde hat in den Fällen des Abs. 3 zu entscheiden, ob bestehende Kleingärten unter Berücksichtigung der städtebaulichen Ordnung und Entwicklung sowie des Nachfragebedarfs im Bebauungsplan als Dauerkleingärten festgesetzt werden sollen oder nicht. Grundsätzlich steht es im pflichtgemäßen Ermessen der Gemeinde, ob sie plant, wann und wie sie plant. Dieses Ermessen ist jedoch insoweit „eingeschränkt", als konkrete Bedürfnisse eine Planung erfordern. Das kann bei den sonstigen Kleingärten i. S. des § 16 Abs. 3 der Fall sein.

Zur Ausweisung von Kleingärten i. S. des § 16 Abs. 3 s. § 1 Rn. 35 bis 55.

11 Ist eine Kleingartenanlage vor Ablauf der in Abs. 3 festgelegten Übergangsfrist beziehungsweise vor Ablauf der vereinbarten Pachtdauer, wenn diese über den 31. März 1987 hinausgeht, im Bebauungsplan als Fläche für Dauerkleingärten festgesetzt worden, so gilt nach Abs. 4 Satz 1 der alte **Kleingartenpachtvertrag als auf unbestimmte Zeit verlängert.** Es braucht **kein neuer Vertrag** abgeschlossen zu werden. Die Überleitung eines befristeten Vertrages auf eine unbestimmte Geltungsdauer findet ihre Rechtfertigung in der bauplanerischen Festsetzung, die die ortsrechtlich verbindliche Nutzungsregelung für die betroffene Fläche darstellt.

5. Verlängerung des Pachtvertrages durch Aufstellungsbeschluß und Bekanntgabe des Beschlusses

Beschließt die Gemeinde, vor dem 31. März 1987, einen Bebauungsplan aufzustellen mit dem Ziel, die kleingärtnerisch genutzte Fläche als Dauerkleingarten festzusetzen und macht sie den Beschluß gemäß § 2 Abs. 1 Satz 2 BauGB ortsüblich bekannt, so **verlängert sich der Pachtvertrag um — höchstens — weitere vier Jahre**. In welcher Weise der Aufstellungsbeschluß ortsüblich bekanntzumachen ist, richtet sich nach Landesrecht und einschlägigem Ortsrecht (BVerwGE 19, 164). Mit diesem Beschluß wird das Planaufstellungsverfahren förmlich eingeleitet. Der vom Zeitpunkt der vereinbarten Beendigung der Pachtzeit bis zum 31. März 1987 abgelaufene Zeitraum ist hierbei anzurechnen. Die „gesetzliche Verlängerungsklausel" wirkt sich also nur auf **Pachtverträge** aus, die zwischen **dem 1. April 1983 und dem 31. 3. 1987 beendet** gewesen wären. Nähere Einzelheiten zum Problem der Anrechnung s. Mainczyk, Die vierjährige Übergangsfrist nach § 16 Abs. 3 BKleingG, in: Schriftenreihe des BDG Heft Nr. 40, 6 ff., 11 ff. Vom Zeitpunkt der Rechtsverbindlichkeit des Bebauungsplans an sind die Vorschriften über Dauerkleingärten anzuwenden. § 16 Abs. 4 Satz 2 stellt damit die Fortdauer der kleingärtnerischen Nutzung sicher, wenn ihre planungsrechtliche Festsetzung ohnehin bevorsteht. **12**

§ 17

Überleitungsvorschrift für die kleingärtnerische Gemeinnützigkeit

Anerkennungen der kleingärtnerischen Gemeinnützigkeit, die vor Inkrafttreten dieses Gesetzes ausgesprochen worden sind, bleiben unberührt.

Übersicht

1. Anerkennung nach altem Recht

Die **kleingärtnerische Gemeinnützigkeit** ist bereits durch die **Kleingarten- und Kleinpachtlandordnung** (KGO) von 1919 (RGBl S. 1371) eingeführt worden. Die KGO war bis zum Inkrafttreten des Bundeskleingartengesetzes (fortgeltendes) Bundesrecht (Art. 123, 125 Nr. 2 GG). Nach § 5 KGO durften Grundstücke zum Zwecke der Weiterverpachtung als Kleingärten nur durch Körperschaften oder Anstalten des öffentlichen Rechts oder ein als gemeinnützig anerkanntes Unternehmen zur Förderung des Kleingartenwesens gepachtet und nur an solche verpachtet werden. Diese Beschränkung ist eingeführt worden, um die gewerbsmäßige Zwischenpacht zu verhindern, die vor Inkrafttreten der KGO zu Mißständen im Kleingartenwesen geführt hat. Im Laufe der Zeit ist die sogenannte Zwischenpacht (Generalpacht) ein im Kleingartenwesen weit verbreitetes Rechtsinstitut geworden. **1**

In einigen Ländern sind aufgrund des in § 5 KGO geregelten Zwischenpachtprivilegs **Verwaltungsvorschriften** über die Anerkennung und den Widerruf der kleingärtnerischen Gemeinnützigkeit sowie über das Anerkennungs- und Widerrufsverfahren erlassen worden (s. hierzu § 2 Rn. 4). Die aufgrund dieser Rechtsvorschriften ausge- **2**

sprochenen Anerkennungen der kleingärtnerischen Gemeinnützigkeit bleiben gemäß § 17 unberührt; sie gelten unverändert fort, solange die Gemeinnützigkeit nicht entzogen wird.

2. Aufsicht und Entzug

3 Die nach altem Recht anerkannten Kleingärtnerorganisationen unterliegen der **Aufsicht durch die Anerkennungsbehörde.** Die Aufsicht erstreckt sich insbesondere darauf, ob die Führung der Geschäfte mit den Bestimmungen der Satzung in Übereinstimmung steht. Im übrigen werden nach altem Recht oder nach dem BKleingG als kleingärtnerisch gemeinnützig anerkannte Organisationen sowohl im Hinblick auf die Gemeinnützigkeitsaufsicht als auch auf die Voraussetzungen für den Entzug der Gemeinnützigkeit gleich behandelt. Näheres hierzu s. § 2 Rn. 13 bis 16.

§ 18
Überleitungsvorschriften für Lauben

(1) Vor Inkrafttreten dieses Gesetzes rechtmäßig errichtete Lauben, die die in § 3 Abs. 2 vorgesehene Größe überschreiten, können unverändert genutzt werden.

(2) Eine bei Inkrafttreten dieses Gesetzes bestehende Befugnis des Kleingärtners, seine Laube zu Wohnzwecken zu nutzen, bleibt unberührt, soweit andere Vorschriften der Wohnnutzung nicht entgegenstehen. Für die Nutzung der Laube kann der Verpächter zusätzlich ein angemessenes Entgelt verlangen.

Übersicht

1. Bestandsschutz für rechtmäßig errichtete Gartenlauben

1 Absatz 1 stellt klar, daß die vor dem 1. April 1983 rechtmäßig errichteten **Lauben unverändert genutzt** werden können, **auch wenn** sie die in **§ 3 Abs. 2 vorgesehene Größe überschreiten.** Er trägt dem Rechtsinstitut des Bestandsschutzes Rechnung.

Der Bestandsschutz beruht auf Art. 14 Abs. 1 Satz 1 GG. Unmittelbar auf den in Art. 14 GG garantierten Bestandsschutz kann aber nicht zurückgegriffen werden, soweit eine Regelung besteht, die Inhalte und Schranken des Eigentums i. S. von Art. 14 Abs. 1 Satz 2 GG bestimmt (BVerwGE 84, 322, 334). Eine solche Regelung enthält § 18. Absatz 1 regelt den Bestandsschutz der baulichen Anlage, Absatz 2 den des Wohnrechts. Verfassungsrechtlich wird der Bestandsschutz begründet, wenn und weil eine schutzwürdige (materiell) legale Eigentumsausübung (bzw. eine aus dem Eigentumsrecht abgeleitete Ausübung der Nutzung) vorliegt (BVerwG, Urt. v. 21. 1. 1972 – BauR 1972, 152 ff.). Das einmal legal, materiell rechtmäßig, errichtete Bauwerk ist auch bei einer **späteren Änderung der Sach- oder Rechtslage in seinem Bestand geschützt,** das heißt, daß es weiterhin wie bisher genutzt werden darf. Die Anforderungen an die materielle Rechtmäßigkeit ergeben sich aus dem Kleingartenrecht, dem Bauplanungs- und Bauordnungsrecht. Rechtmäßig ist eine bauliche Anlage, wenn ihre Errichtung gegen Rechtsvorschriften nicht verstößt oder verstoßen hat (s. hierzu auch § 3 Rn. 31 ff.). Vertragliche Vereinbarungen sind insoweit bedeutungslos; sie können keinen Bestandsschutz begründen, wenn die Abreden entgegen den Rechtsvorschriften getroffen worden sind (s. § 3 Rn. 37 ff.). Der Bestandsschutz erstreckt sich nur auf die **vorhandene bauliche Anlage** für die Dauer ihres Bestandes. Er deckt ebensowenig eine Ersetzung durch eine neue Anlage wie den Aufbau eines zerstörten Bauwerks aus seinen noch vorhandenen Resten oder die Vollendung eines begonnenen Bauwerks, von dem einzelne Teile Bestandsschutz erlangt haben. Der Bestandsschutz ist seinem Wesen nach ein Schutz gegenüber einem behördlichen Beseitigungsverlangen. Andererseits folgt aus dem Bestandsschutz aber auch die Befugnis, das Bauwerk instandzuhalten und Reparaturen durchzuführen. Auch hier gilt die Einschränkung, daß nur solche Reparaturen gedeckt sind, die das Gebäude vor dem vorzeitigen Verfall oder vor dem Eintritt der Unbenutzbarkeit vor dem Ablauf der Lebensdauer in seiner Substanz schützen.

Der Bestandsschutz ist danach ein Schutz der **„Bestandsnutzung"**. Er verliert daher seine Wirksamkeit, wenn das geschützte Gebäude nicht mehr vorhanden ist. Ob eine neue bauliche Anlage zulässig ist, entscheidet sich nach dem jeweils geltenden materiellen Recht. 2

In bestimmten Fällen kann eine von der zuständigen Behörde bekundete Duldung einer formell und materiell illegalen baulichen Anlage einen Rechtsstatus herbeiführen, der dem auf einer Baugenehmigung beruhenden angenähert ist (OVG Berlin, MDR 1983, 165; LG Hannover, ZMR 1987, 23 f.). Das OVG Berlin hat hierzu ausgeführt: 3

> „Das Wohnhaus des Kl. ist weder baupolizeilich genehmigt worden, noch ist es genehmigungsfähig. Trotzdem kann es nicht ohne jede Einschränkung als — formell und materiell — illegal bezeichnet werden. Denn die seit über einem Viertel Jahrhundert geübte Duldung eines formell und materiell illegalen Zustands hat dem Kl. einen Rechtsstatus verliehen, der nicht weit von demjenigen entfernt ist, den eine Baugenehmigung begründet. Die zuständige Behörde verharrte in dieser Zeit nicht in reiner Passivität, sondern bekundete in mehreren Verfügungen, daß sie nicht gewillt war, ihre im Jahre 1956 erlassene Beseitigungsanordnung durchzusetzen. Routinemäßig verlängerte sie mehrfach die Fristen zur Befolgung ihres Beseitigungsverlangens. Dadurch hat sie sich in einer Weise gebunden, die ihr die Ausübung der in § 97 Abs. 1 BauO Berlin eingeräumten Befugnisse aus anderen Gründen als den im Beschl. v. 2. 1. 1970 genannten nahezu unmöglich macht."

Der Bestandsschutz i. S. des Abs. 1 bezieht sich auf die bauliche Anlage. Er ist objektgebunden. Es kommt daher **nicht darauf an, wer die bauliche Anlage errichtet hat.** So kann beispielsweise der derzeitige Pächter die der in § 3 Abs. 2 vorgeschriebenen Größe nicht entsprechenden Laube vom Vorpächter übernommen haben. Auch diese Laube ist vom Bestandsschutz gedeckt, wenn sie unter Beachtung der Rechtsvorschriften, also rechtmäßig errichtet worden oder zu irgendeinem (späteren) Zeitpunkt rechtmäßig geworden ist. 4

2. Wohnlaubennutzung; Nutzungsentgelt

Die Problematik des Wohnens in der Gartenlaube ist — wie die Erfahrungen zeigen — immer wieder aktuell und gewinnt im Rahmen von Diskussionen über die unzurei- 5 chende Versorgung der Bevölkerung mit preiswertem Wohnraum auch politische Bedeutung. Mit der Regelung in § 3 Abs. 2 hat der Gesetzgeber ausdrücklich bestimmt, daß Lauben (nur) der kleingärtnerischen Nutzung dienen und zum dauernden Wohnen ungeeignet sein sollen. Die Bestimmung, daß Lauben nicht zum dauernden Wohnen geeignet sein dürfen, beinhaltet (auch) das Verbot, Lauben als Wohnung zu nutzen. In der Begründung der Regierungsvorlage heißt es hierzu: „Dauerndes Wohnen in den Lauben stellt — abgesehen von den Fällen, in denen der Kleingärtner zulässigerweise seine Laube zu Wohnzwecken nutzt — eine Zweckentfremdung dar" (BT-Drs. 9/1900 S. 13). „Eigenart und Charakter von Kleingartenanlagen sollen erhalten bleiben. Kleingartenanlagen sollen sich nicht zu Wochenend- oder Ferienhausgebieten entwickeln" (BT-Drs. a. a. O.).

6 Die Nutzung einer Laube zu Wohnzwecken verträgt sich grundsätzlich **nicht** mit dem Charakter des Kleingartens. Nach Abs. 2 bleibt jedoch die Wohnnutzung unter der dort genannten Voraussetzung unberührt, soweit ihr andere Vorschriften, z. B. des Bauordnungsrechts, nicht entgegenstehen. **Voraussetzung einer bestandsgeschützten Wohnnutzung der Gartenlaube ist nach Abs. 2 die Befugnis des Kleingärtners, seine Laube zu Wohnzwecken zu nutzen.** Das Recht zur Wohnnutzung ist danach nicht an die Gartenlaube, sondern ausschließlich an die Person des Kleingärtners gebunden. Das bedeutet, daß die rechtmäßige Wohnnutzung der Gartenlaube mit der Beendigung des Kleingartenpachtvertrages endet. Ein (neues) Wohnnutzungsrecht für den nachfolgenden Kleingärtner müßte neu begründet werden. Dies schließt aber die Bestimmung des § 3 Abs. 2, das ein Wohnungsverbot beinhaltet (s. oben Rn. 5) ausdrücklich aus.

7 Für die Wohnnutzung der Gartenlaube kann der Verpächter nach Abs. 2 Satz 2 **zusätzlich ein angemessenes Entgelt** verlangen, d. h. neben dem Pachtzins i. S. des § 5 Abs. 1 und sonstigen Nebenleistungen (s. § 5 Rn. 26 ff.). Das Entgelt ist kein Mietzins (LG Hannover, ZMR 1986, 243 f.).

Maßstäbe für ein „zusätzliches angemessenes Entgelt" enthält das BKleinG nicht. Nach der Rechtsprechung des BGH bestimmt sich das Entgelt nach einer angemessenen Verzinsung des Verkehrswertes der überbauten Grundfläche (BGHZ 117, 394 ff.). Auszugehen ist hierbei davon, daß der Kleingartenpachtvertrag sich nicht schon deshalb in einen „anderen Vertrag" verwandelt, weil auf dem Kleingartengrundstück eine Gartenlaube zu Wohnzwecken genutzt wird, selbst dann nicht, wenn der Ertrag aus der Wohnlaube höher ist als aus der kleingärtnerischen Nutzung (s. BGH, NJW 1966, 596). Dieser Sachlage wird dadurch Rechnung getragen, daß bei der Bemessung des Entgelts nur der überbaute Teil des Kleingartens als Berechnungsfaktor einzusetzen ist (BGHZ 117, 394, 397). Der Wert dieser Fläche ist nach den für bebaute Grundstücke ermittelten Verkehrswerten zu bestimmen (BGH a. a. O.). Bei der Ermittlung des für die Verzinsung des Bodenswerts maßgeblichen Faktors ist von dem Zinssatz auszugehen, mit dem der Verkehrswert von Liegenschaften im Durchschnitt marktüblich verzinst wird (§§ 11 f. WertV). Es können jedoch Differenzierungen nach dem Ausbauzustand der Laube und nach sozialen Gesichtspunkten erforderlich sein. Ist die Laube vom Verpächter erstellt, kann neben einer angemessenen Verzinsung des Bodenswerts auch Verzinsung des Gebäudewerts in Erwägung gezogen werden (BGH a. a. O.).

§ 19

Stadtstaatenklausel

Die Freie und Hansestadt Hamburg gilt für die Anwendung des Gesetzes auch als Gemeinde.

§ 20

Aufhebung von Vorschriften

(1) Mit Inkrafttreten dieses Gesetzes treten außer Kraft:

1. Kleingarten- und Kleinpachtlandordnung in der im Bundesgesetzblatt Teil III, Gliederungsnummer 235-1, veröffentlichten bereinigten Fassung;
2. Gesetz zur Ergänzung der Kleingarten- und Kleinpachtlandordnung in der im Bundesgesetzblatt Teil III, Gliederungsnummer 235-2, veröffentlichten bereinigten Fassung;
3. Verordnung über Kündigungsschutz und andere kleingartenrechtliche Vorschriften in der im Bundesgesetzblatt Teil III, Gliederungsnummer 235-4, veröffentlichten bereinigten Fassung;
4. Bestimmungen über die Förderung von Kleingärten vom 22. März 1938 (Reichsanzeiger 1938 Nr. 74), Bundesgesetzblatt Teil III, Gliederungsnummer 235-6;
5. Anordnung über eine erweiterte Kündigungsmöglichkeit von kleingärtnerisch bewirtschaftetem Land in der im Bundesgesetzblatt Teil III, Gliederungsnummer 235-5, veröffentlichten bereinigten Fassung;
6. Gesetz zur Änderung und Ergänzung kleingartenrechtlicher Vorschriften vom 28. Juli 1969 (BGBl I S. 1013);
7. Artikel 4 des Gesetzes zur Änderung des Berlinhilfegesetzes und anderer Vorschriften vom 23. Juni 1970 (BGBl I S. 826);
8. Baden-Württemberg (für das ehemalige Land Württemberg-Hohenzollern): Verordnung des Landwirtschaftsministeriums über Kündigungsschutz von Kleingärten vom 28. Juli 1947 (Regierungsbl S. 104), Bundesgesetzblatt Teil III, Gliederungsnummer 235-8;
9. Baden-Württemberg (für das ehemalige Land Baden): Landesverordnung über die Auflockerung des Kündigungsschutzes von Kleingärten vom 19. November 1948 (Gesetz- und Verordnungsbl 1049 S. 50), Bundesgesetzblatt Teil III, Gliederungsnummer 235-7;
10. Hamburg: Verordnung über Pachtpreise für Kleingärten vom 28. März 1961 (Hamburgisches Gesetz- und Verordnungsbl S. 115),

geändert durch die Verordnung zur Änderung der Verordnung über Pachtpreise für Kleingärten vom 18. Februar 1969 (Hamburgisches Gesetz- und Verordnungsbl S. 22):

11. Rheinland-Pfalz: Landesgesetz über Kündigungsschutz für Kleingärten und andere kleingartenrechtliche Vorschriften vom 23. November 1948 (Gesetz- und Verordnungsbl S. 410), Bundesgesetzblatt Teil III, Gliederungsnummer 235-10;

12. Schleswig-Holstein: Kleingartengesetz vom 3. Februar 1948 (Gesetz- und Verordnungsbl S. 59) in der Fassung vom 5. Mai 1948 (Gesetz- und Verordnungsbl S. 148), mit Ausnahme der §§ 24 bis 26, Bundesgesetzblatt Teil III, Gliederungsnummer 235-3;

13. Schleswig-Holstein: Schleswig-Holsteinische Verfahrensordnung für Kleingartensachen vom 16. August 1948 (Gesetz- und Verordnungsbl S. 192), Bundesgesetzblatt Teil III, Gliederungsnummer 235-3-1.

(2) Mit Inkrafttreten dieses Gesetzes erlöschen beschränkte persönliche Dienstbarkeiten, die aufgrund von § 5 Abs. 1 Satz 5 des nach Absatz 1 Nr. 12 außer Kraft tretenden Kleingartengesetzes von Schleswig-Holstein im Grundbuch eingetragen worden sind. Für die Berichtigung des Grundbuchs werden Kosten nicht erhoben.

Das frühere materielle Kleingartenrecht ist durch das Bundeskleingartengesetz aufgehoben. Landesrecht, das bis dahin den gleichen Gegenstand geregelt hatte wie das BKleingG, tritt bereits nach Art. 31 GG außer Kraft. In Schleswig-Holstein bleiben die Kleingartenausschüsse bei den Kreisen, Gemeinden und beim Land bestehen (§ 20 Abs. 1 Nr. 12).

Mit der Aufhebung des Schleswig-Holsteinischen Kleingartengesetzes tritt auch § 5 Abs. 1 Satz 5 außer Kraft, nach der die Rechtsnatur eines Grundstücks als Dauerkleingartenfläche durch Eintragung einer beschränkten persönlichen Dienstbarkeit im Grundbuch zugunsten des Landesfiskus gesichert werden soll. Soweit derartige Eintragungen vorgenommen worden sind, sind sie nach Absatz 2 am 1. 4. 1983 erloschen. Die Eintragung ins Grundbuch kann als gegenstandslos gelöscht werden.

§ 20 a

Überleitungsregelungen aus Anlaß der Herstellung der Einheit Deutschlands

In dem in Artikel 3 des Einigungsvertrages genannten Gebiet ist dieses Gesetz mit folgenden Maßgaben anzuwenden:

1. Kleingartennutzungsverhältnisse, die vor dem Wirksamwerden des Beitritts begründet worden und nicht beendet sind, richten sich von diesem Zeitpunkt an nach diesem Gesetz.

2. Vor dem Wirksamwerden des Beitritts geschlossene Nutzungsverträge über Kleingärten sind wie Kleingartenpachtverträge über Dauerkleingärten zu behandeln, wenn die Gemeinde bei Wirksamwerden des Beitritts Eigentümerin der Grundstücke ist oder nach diesem Zeitpunkt das Eigentum an diesen Grundstücken erwirbt.

3. Bei Nutzungsverträgen über Kleingärten, die nicht im Eigentum der Gemeinde stehen, verbleibt es bei der vereinbarten Nutzungsdauer. Sind die Kleingärten im Bebauungsplan als Flächen für Dauerkleingärten festgesetzt worden, gilt der Vertrag als auf unbestimmte Zeit verlängert. Hat die Gemeinde vor Ablauf der vereinbarten Nutzungsdauer beschlossen, einen Bebauungsplan aufzustellen mit dem Ziel, die Fläche für Dauerkleingärten festzusetzen, und den Beschluß nach § 2 Abs. 1 Satz 2 des Baugesetzbuchs bekanntgemacht, verlängert sich der Vertrag vom Zeitpunkt der Bekanntmachung an um sechs Jahre. Vom Zeitpunkt der Rechtsverbindlichkeit des Bebauungsplans an sind die Vorschriften über Dauerkleingärten anzuwenden. Unter den in § 8 Abs. 4 Satz 1 des Baugesetzbuchs genannten Voraussetzungen kann ein vorzeitiger Bebauungsplan aufgestellt werden.

4. Die vor dem Wirksamwerden des Beitritts Kleingärtnerorganisationen verliehene Befugnis, Grundstücke zum Zwecke der Vergabe an Kleingärtner anzupachten, kann unter den für die Aberkennung der kleingärtnerischen Gemeinnützigkeit geltenden Voraussetzungen entzogen werden. Das Verfahren der Anerkennung und des Entzugs der kleingärtnerischen Gemeinnützigkeit regeln die Länder.

5. Anerkennungen der kleingärtnerischen Gemeinnützigkeit, die vor dem Wirksamwerden des Beitritts ausgesprochen worden sind, bleiben unberührt.

6. Der bei Inkrafttreten des Gesetzes zur Änderung des Bundeskleingartengesetzes zu leistende Pachtzins kann bis zur Höhe des nach § 5 Abs. 1 zulässigen Höchstpachtzinses in folgenden Schritten erhöht werden:

   1. ab 1. Mai 1994 auf das Doppelte

   2. ab 1. Januar 1996 auf das Dreifache

   3. ab 1. Januar 1998 auf das Vierfache

des ortsüblichen Pachtzinses im erwerbsmäßigen Obst- und Gemüseanbau. Liegen ortsübliche Pachtzinsen im erwerbsmäßigen Obst- und Gemüseanbau nicht vor, ist der entsprechende Pachtzins in einer vergleichbaren Gemeinde als Bemessungsgrundlage zugrunde zu legen. Bis zum 1. Januar 1998 geltend gemachte Erstattungsbeträge gemäß § 5 Abs. 5 Satz 3 können vom Pächter in Teilleistungen, höchstens in acht Jahresleistungen entrichtet werden.

7. Vor dem Wirksamwerden des Beitritts rechtmäßig errichtete Gartenlauben, die die in § 3 Abs. 2 vorgesehene Größe überschreiten, oder andere der kleingärtnerischen Nutzung dienende bauliche Anlagen können unverändert genutzt werden. Die Kleintierhaltung in Kleingartenanlagen bleibt unberührt, soweit sie die Kleingärtnergemeinschaft nicht wesentlich stört und der kleingärtnerischen Nutzung nicht widerspricht.

8. Eine vor dem Wirksamwerden des Beitritts bestehende Befugnis des Kleingärtners, seine Laube dauernd zu Wohnzwecken zu nutzen, bleibt unberührt, soweit andere Vorschriften der Wohnnutzung nicht entgegenstehen. Für die dauernde Nutzung der Laube kann der Verpächter zusätzlich ein angemessenes Entgelt verlangen.

Übersicht

1. Allgemeines

1 Nach Art. 8 des Einigungsvertrages vom 31. 8. 1990 (BGBl II S. 885) ist mit Wirkung vom 3. 10. 1990 in den (neuen) Ländern **Brandenburg, Mecklenburg-Vorpommern, Sachsen, Sachsen-Anhalt** und **Thüringen** sowie in **Berlin (Ost)** das Bundesrecht der Bundesrepublik Deutschland in Kraft getreten, soweit der Einigungsvertrag und seine Anlagen keine Sonderregelungen enthalten. Für das Kleingartenrecht bedeutet dies, daß mit dem 3. 10. 1990 das Bundeskleingartengesetz im Beitrittsgebiet Anwendung findet. Überleitungsvorschriften und Sonderregelungen für die neuen Bundesländer enthält § 20 a (Anlage I Kapitel XIV Abschnitt II Nr. 4 des Einigungsvertrages vom 31. 8. 1990 i. V. m. Art. 1 des Gesetzes vom 23. 9. 1990 – BGBl 1990 II S. 885, 1125). Er trägt der Entwicklung des Kleingartenwesens im Gebiet der ehemaligen DDR Rechnung. Zur Rechtslage des Kleingartenwesens in der ehemaligen DDR s. Kärsten, Rechtsstreitigkeiten im Kleingartenwesen der neuen Bundesländer, in: Neue Justiz 1994, 104 ff.

2. Überleitung bestehender Kleingartenpachtverträge (Nr. 1)

2.1 Kleingarten- und Hauptnutzungsverträge

2 Nr. 1 regelt die Überleitung der im Zeitpunkt des Beitritts der DDR zur Bundesrepublik bestehenden Kleingartenpachtverhältnisse in das Bundeskleingartengesetz. Danach finden auf Kleingartenpachtverträge, die vor dem 3. Oktober rechtswirksam geschlossen worden und nicht beendet sind, die Vorschriften des BKleingG mit den Maßgaben des § 20 a Anwendung. Der Kleingartenpachtvertrag muß auf die Überlassung von Flächen zur kleingärtnerischen Nutzung gerichtet sein. Der Begriff der kleingärtnerischen Nutzung ist zwar im ZGB nicht definiert, nach dem Selbstverständnis der ehemaligen Organisation der Kleingärtner, des VKSK, war der Begriffsinhalt der „kleingärtnerischen Nutzung" in der Bundesrepublik und in der ehemaligen DDR identisch. Erfaßt werden von Nr. 1 alle die Überlassung von Kleingärten i. S.

des § 1 Abs. 1 BKleinG betreffende Verträge **(Kleingartennutzungsverhältnisse) – auch zwei- oder mehrfach gestufte Nutzungsverhältnisse** sog. „Hauptnutzungsverträge" – **die vor dem 3. 10. 1990 geschlossen worden sind**, und die zu diesem Zeitpunkt noch bestanden (s. unten Rn. 4 a). Unerheblich ist, wer das Grundstück verpachtet hat. Das kann der private Grundeigentümer sein (natürliche und juristische Personen z. B. Betriebe, Kirchen, Genossenschaften u. a.), die Gemeinde als Grundstückseigentümerin, der Rat des Kreises des Rechtsträger sog. volkseigener Flächen oder als Pächter im Rahmen des sog. Kreispachtvertrages oder die LPG (s. hierzu Rn. 3 a). Das BKleinG findet keine Anwendung auf die Abwicklung von Kleingartennutzungsverträgen, die bereits am 3. 10. 1990 z. B. durch Zeitablauf, Kündigung oder Aufhebung des Vertrages beendet waren. Die Entschädigung für zurückgelassene Anpflanzungen und Anlagen richtet sich in diesem Fall nach altem Recht. Nr. 1 enthält **keine Rückwirkungsanordnung** des BKleingG auf Sachverhalte vor dem Wirksamwerden des Beitritts der DDR. Auch eine vor dem Inkrafttreten des BKleinG in den neuen Bundesländern ausgesprochene Kündigung, die das Vertragsverhältnis bis zum 3. 10. 1990 noch nicht beendet hat, beurteilt sich hinsichtlich ihrer Wirksamkeit und ihrer Rechtsfolgen nach dem Recht der ehemaligen DDR.

3 In den Überleitungsregelungen wird in Anlehnung an die Terminologie des Zivilgesetzbuchs der DDR vom 19. Juni 1975 (ZGB) der **Begriff** „Kleingartennutzungsverhältnisse" bzw. „Kleingartennutzungsverträge" verwendet. Unter diesen Begriffen sind Kleingartenpachtverhältnisse bzw. Kleingartenpachtverträge zu verstehen, d. h. also schuldrechtliche Verträge, die die Überlassung von Land zur kleingärtnerischen Nutzung zum Gegenstand haben („Einzelnutzungsverträge") als auch solche, die auf die Weitergabe (Weiterverpachtung) zum Zweck der kleingärtnerischen Nutzung gerichtet sind („Haupt-/Zwischennutzungsverträge"). Kleingartenrechtlich sind insoweit die Begriffe „Nutzungsverhältnis", „Nutzungsvertrag" und „Pachtverhältnis", „Pachtvertrag" deckungsgleich.

3 a Übergeleitet sind auch von der LPG auf der Grundlage des **dauernden und umfassenden Nutzungsrechts** nach § 18 LPG-Gesetzes geschlossene Nutzungsverträge, die aufgrund der Aufhebung des § 18 LPG-Gesetz durch § 7 des Gesetzes über die Änderung oder Aufhebung von Gesetzen der DDR vom 28. 6. 1990 (GBl I S. 483) – wegen nachträglichen Wegfalls des Nutzungsrechts der LPG – dem Grundeigentümer gegenüber ab dem 1. 7. 1990 keine Wirkung entfaltet haben (BGH, DtZ 1994, 68 ff.; BGH, ZOV 1994, 182 ff.). Näheres hierzu s. § 20 b Rn. 2 ff.

3 b Die Verträge sind mit dem **vereinbarten Inhalt** übergeleitet worden. Abweichungen für Pachtverträge über gemeindeigenes Kleingartenland ergeben sich im Hinblick auf die Vertragsdauer aus § 20 a Nr. 2 (gesetzliche Verlängerung auf unbestimmte Zeit). Zu Kleingartenpachtverträgen über gemeindeigene Grundstücke s. unten Rn. 5 ff., 7 ff.

2.2 Rückgabe von Kleingartenland an Alteigentümer nach dem VermG

3 c Auch Kleingartennutzungsverträge über **enteignete oder der staatlichen Verwaltung unterstellte Flächen** fallen unter die Überleitungsregelung der Nr. 1. Aufgrund des Gesetzes zur Regelung offener Vermögensfragen – Vermögensgesetz – (VermG)

i. d. F. der Bekanntmachung vom 3. 8. 1992 (BGBl I S. 1446) haben die ehemaligen Eigentümer, denen in rechtsstaatswidriger Weise Grundstücke entzogen worden sind, Anspruch auf Rückübertragung bzw. Rückgabe (Restitution). Rechtswirksam vor dem Wirksamwerden des Beitritts geschlossene Kleingartennutzungsverhältnisse bleiben hiervon unberührt. § 17 VermG bestimmt ausdrücklich, daß durch die Rückübertragung von Grundstücken oder durch die Aufhebung der staatlichen Verwaltung bestehende Nutzungsrechtsverhältnisse nicht berührt werden. Mit der Restitution oder der Aufhebung der staatlichen Verwaltung tritt der Berechtigte in alle früher begründeten noch bestehenden schuldrechtlichen Rechtsverhältnisse ein. § 17 Satz 1 VermG stellt einen Fall der gesetzlichen Vertragsübernahme dar, in dem der (vor der Restitution) Verfügungsberechtigte (staatlicher Verwalter) mit der Rückübertragung von allen Rechten und Pflichten frei wird und diese auf den Berechtigten, den Alteigentümer, übergehen.

Von diesem Grundsatz sind nur diejenigen Fälle ausgenommen, in denen der Pächter bei Abschluß des Vertrages nicht redlich gewesen ist, in denen also der Erwerb des Nutzungsrechts auf einer **sittlich anstößigen Manipulation** beruht. Das ist das gemeinsame Merkmal der in § 4 Abs. 2 VermG beispielhaft genannten Fallgruppen eines unredlichen Handelns. Ist dies der Fall, dann ist das Nutzungsrechtsverhältnis nicht nichtig, sondern löst sich mit dem Zeitpunkt der Rückübertragung bzw. Aufhebung der staatlichen Verwaltung auf. Ob ein Kleingartenpachtverhältnis unredlich begründet worden ist, läßt sich nur im konkreten Einzelfall feststellen. **„Redlicher Erwerb“** ist nicht gleichbedeutend mit dem „guten Glauben“ i. S. des BGB. Mit dem Begriff der Redlichkeit soll den speziellen gesellschaftlichen Verhältnissen in der Realität der ehemaligen DDR Rechnung getragen werden. **Redlich und damit schutzwürdig** sind diejenigen, die sich auf die in der ehemaligen DDR formell bestehende Rechtslage eingerichtet und sich gemessen an dieser Rechtslage korrekt verhalten haben (vergl. BVerwG, ZOV 1993, 193).

2.3 Kleingärten und sonstige Bodennutzungen nach § 312 ZGB

Ob (im konreten Einzelfall) ein Pachtvertrag/Nutzungsvertrag über einen Kleingarten i. S. d. Bundeskleingartengesetzes vorliegt oder nicht, ergibt sich aus den Begriffsbestimmungen des § 1 Abs. 1 und 2. Diese Vorschriften legen den **sachlichen Geltungsbereich des Bundeskleingartengesetzes** fest. Danach ist ein Kleingarten eine Grundstücksfläche, die dem Nutzer (Kleingärtner) zur nichterwerbsmäßigen gärtnerischen Nutzung insbesondere zur Gewinnung von Gartenbauerzeugnissen für den eigenen Bedarf sowie zur Erholung dient und die in einer Anlage liegt, in der mehrere Einzelgärten mit gemeinschaftlichen Einrichtungen, z. B. Wegen, Spielflächen, Vereinshäusern zusammengefaßt sind (Kleingartenanlage). Liegen diese Voraussetzungen vor, ist das BKleingG (zwingend) anzuwenden. **4 a**

Keine Kleingärten sind — auch wenn die Flächen kleingärtnerisch genutzt werden — **Eigentümergärten**, ferner Gärten, die im Zusammenhang mit der Wohnung als deren Zubehör dem Mieter **(Wohnungsgärten)** oder die im Zusammenhang mit einem Arbeits- oder Dienstvertrag dem Arbeitnehmer **(Arbeitnehmergärten)** überlassen werden. Keine Kleingärten sind darüber hinaus Grundstücke, auf denen (vertraglich) nur bestimmte Gartenbauerzeugnisse oder nur einjährige Pflanzen **(Grabeland)** be- **4 b** stellt werden dürfen. Näheres hierzu s. § 1 Rn. 3 ff., 25 ff. **Kleingärtnerisch genutzte Flächen außerhalb einer Kleingartenanlage** i. S. d. § 1 Abs. 1 Nr. 2 und sog. Wochenendsiedlergärten sind ebenfalls keine Kleingärten nach dem BKleingG. Letztere könnten nur dann als Kleingärten i. S. des BKleingG qualifiziert werden, wenn die entsprechenden Nutzungsverträge nachträglich geändert worden sind und die einzelnen Parzellen (Grundstücksflächen) als Kleingärten i. S. des § 1 Abs. 1 BKleingG genutzt werden.

Auf Wohnungs- und Arbeitnehmergärten finden die Regelungen des Hauptvertragsverhältnisses, also die des Miet- oder Arbeitsrechts Anwendung, auf Grabeland oder auf Grundstücke, auf denen nur bestimmte Gartenbauerzeugnisse angebaut werden dürfen, das Pachtrecht des BGB (s. § 1 Rn. 27 ff.).

4 c Auf Verträge über **kleingärtnerisch genutzte Flächen außerhalb einer Kleingartenanlage fanden gemäß Art. 232 § 4 Abs. 1 EGBGB bis zum 31. 12. 1994 die Vorschriften der §§ 312 ff. ZBG der ehemaligen DDR Anwendung**. Zur weiteren Rechtsentwicklung s. unten Rn. 4 f. Das gleiche gilt auch für **Verträge über die Nutzung von Bodenflächen zur Erholung und Freizeitgestaltung (§§ 312 ff. ZGB)**. Hierbei handelt es sich um Grundstücke, die als der Erholung und Freizeitgestaltung dienende und mit dieser Zweckbestimmung bebaubare Flächen überlassen worden sind. Solche Nutzungsverträge bildeten die Grundlage für die Errichtung von Wochenendhäusern (Datschen, Bungalows). Aber auch größere Gärten oder Kulturen (z. B. zum Nebenerwerb genutzte Spargelkulturen) beruhten auf diesen Verträgen. Insgesamt wurden die Nutzungszwecke „Erholung und Freizeitgestaltung“, wie das Beispiel der Garagen zeigt (vgl. § 314 Abs. 4 ZGB), weit ausgelegt. Hierunter fallen auch die sog. Wochenendsiedlungen.

4 d Gemäß § 312 Abs. 1 Satz 1 ZGB konnten bis zum 2. Oktober 1990 land- und forstwirtschaftlich nicht genutzte Bodenflächen Bürgern zum Zwecke der **kleingärtnerischen Nutzung, Erholung** und **Freizeitgestaltung** überlassen werden. Der Vertrag war schriftlich abzuschließen. Vor Inkrafttreten des ZGB mündlich abgeschlossene Pachtverträge waren gem. § 2 Abs. 2 Satz 2 des Einführungsgesetzes zum Zivilgesetzbuch (EGZGB) weiterhin wirksam. Die Schriftform war im einzelnen nicht vorgeschrieben. Der Nutzungsvertrag konnte unbefristet oder befristet geschlossen werden. Befristete Nutzungsverträge durften jedoch nur dann geschlossen werden, wenn dafür gesellschaftlich gerechtfertigte Gründe vorlagen (§ 312 Abs. 2 Satz 2 ZGB). Diese Gründe waren im Vertrag anzugeben.

4 e Der Einigungsvertrag hat den **Regelungsgehalt des § 312 Abs. 1 Satz 1 ZGB aufgefächert.** Verträge über die Überlassung von Kleingärten im Sinne des § 1 Abs. 1 BKleingG sind aus dem sachlichen Anwendungsbereich des § 312 Abs. 1 Satz 1 ZGB herausgenommen und in das BKleingG übergeleitet worden. Für die Nutzung von Bodenflächen, die keine Kleingärten im Sinne des BKleingG sind, wurde angeordnet, daß insoweit die Regelungen in den §§ 312 ff. ZGB (vorerst) fortgelten. Eine Anpassung durch besonderes Gesetz blieb vorbehalten (Art. 232 § 4 Abs. 1 EGBGB).

2.4 Schuldrechtsänderungsgesetz; Sachenrechtsbereinigungsgesetz

4 f Diese nach dem Einigungsvertrag bestehende Rechtslage wurde durch das **Schuldrechtsänderungsgesetz (SchuldRÄndG)**, das am 1. Januar 1995 in Kraft getreten ist,

neu gestaltet (BGBl I S. 2538). Das SchuldRÄndG ist ein Artikelgesetz. In den insgesamt 5 Artikeln enthält es verschiedene Gesetze bzw. Gesetzesänderungen.

In Art. 1 dieses Gesetzes sind die Vorschriften des Gesetzes zur Anpassung schuldrechtlicher Nutzungsverhältnisse an Grundstücken im Beitrittsgebiet **(Schuldrechtsanpassungsgesetz-SchuldRAnpG)** zusammengefaßt. Danach sind auf die in der ehemaligen DDR abgeschlossenen Bodennutzungsverträge, soweit sie nicht in das BKleingG übergeleitet worden sind, vom Inkrafttreten des Schuldrechtsänderungsgesetzes die Vorschriften des BGB über die Miete und die Pacht anzuwenden (§ 6 Abs. 1). Das Gesetz knüpft insoweit an die vorgefundene Art der Bodennutzung an und unterstellt die Nutzungsverhältnisse den Bestimmungen, die auf wirtschaftlich und sozial vergleichbare Vertragsverhältnisse anzuwenden sind. Sozialverträglich ausgestaltete Übergangsregelungen gewährleisten einen sachgerechten Interessenausgleich zwischen Grundstückseigentümern und Nutzern. Den Nutzern wird ein weitreichender Kündigungsschutz eingeräumt. Das Gesetz sieht ein System abgestufter Kündigungsgründe vor. Das Entgelt für die Nutzung der Grundstücke bemißt sich nach der **Nutzungsentgeltverordnung** vom 22. Juli 1993 (BGBl I S. 1339).

Auf Kleingartenpachtverhältnisse findet das Schuldrechtsanpassungsgesetz keine Anwendung. Art. 1 § 2 Abs. 3 dieses Gesetztes stellt ausdrücklich klar, daß für Nutzungsverhältnisse innerhalb von Kleingartenanlagen die Anwendung des Bundeskleingartengesetzes unberührt bleibt. Ist ein Grundstück nach Ablauf des 2. Oktober 1990 in eine Kleingartenanlage eingegliedert worden, sind vom Zeitpunkt der Eingliederung die Bestimmungen des BKleingG anzuwenden.

Art. 5 des SchuldRÄndG ändert durch Einfügung eines neuen **§ 20 b das BKleingG.** **4 g**
Diese Vorschrift enthält Sonderregelungen für Zwischenpachtverhältnisse im Beitrittsgebiet. S. hierzu § 20 b Rn. 1 ff.

Nutzungsrechte an fremdem Grund und Boden konnten in der ehemaligen DDR **4 h**
auch durch **Verleihung** (§ 286 Abs. 1 Nr. 1, §§ 287–290 ZGB) oder durch **Zuweisung** (§ 286 Abs. 1 Nr. 2, §§ 291–294 ZGB) begründet werden. Hierbei handelt es sich um Rechte zum Zwecke der Errichtung und Nutzung von Eigenheimen. Der Einigungsvertrag hat diese Nutzungsrechte mit ihrem bisherigen Inhalt übernommen, zugleich jedoch eine spätere Anpassung und Bereinigung dieser Rechtsverhältnisse vorbehalten (Art. 233 § 3 Abs. 2 EGBGB). S. Anhang 4 a. Diese Rechtslage wird durch das **Sachenrechtsbereinigungsgesetz**, das am 1. Oktober 1994 in Kraft getreten ist, neu gestaltet und an das BGB angepaßt. Die Anpassung an das BGB soll dazu führen, daß Grundstücks-. und Gebäudeeigentum in eine Hand zusammengeführt werden können. Bodennutzungsverträge sind nicht in die Sachenrechtsbereinigung einbezogen. Eine Ausnahme gilt nur für den Fall, wenn ein Wohngebäude mit Billigung staatlicher Stellen errichtet, die vertragliche Grundlage der Nutzung des Grundstücks (§§ 312 ff. ZGB) jedoch nicht verändert wurde (§ 5 Abs. 1 Buchst. e SachRÄndG). Das gilt auch für **Kleingartennutzungsverträge**, wenn innerhalb der Kleingartenanlage mit staatlicher Genehmigung ein **Wohngebäude (Einfamilienhaus) errichtet** wurde. Das entspricht dem Grundsatz, die baulichen Investitionen unabhängig von der vorgefundenen Rechtsform zu schützen. Nach der Praxis der ehemaligen DDR war die Billigung durch staatliche Stellen die entscheidende Voraus-

setzung für die Zulässigkeit der baulichen Nutzung. Im Streitfall muß der Nutzer die Billigung staatlicher Stellen für die Errichtung eines Wohngebäudes nachweisen.

Das SachRÄndG gilt jedoch nicht, wenn der Grundstückseigentümer oder der diesen vertretende Verwalter der Bebauung des Grundstücks mit einem Wohngebäude ausdrücklich widersprochen hatte (§ 5 Abs. 1 Buchst. e SachRÄndG).

2.5 Eigentum an Baulichkeiten in Kleingärten

4 i Die im Rahmen des kleingärtnerischen Nutzungsrechts errichteten Gartenlauben in Kleingärten sind unter der Geltung des ZGB der ehemaligen DDR unabhängig vom Grundstückseigentum grundsätzlich Eigentum des Kleingärtners (Nutzungsberechtigten) geworden, soweit nichts anderes vereinbart wurde (§ 296 Abs. 1 ZGB). S. Anhang 4 c. Der Einigungsvertrag läßt dieses Eigentumsrecht unberührt. Art. 231 § 5 Abs. 1 EGBGB bestimmt ausdrücklich, daß Baulichkeiten, Gebäude, Anlagen, Anpflanzungen oder Einrichtungen, an denen am 3. 10. 1990 ein vom Grundstückseigentum unabhängiges Eigentum bestand, keine Bestandteile des Grundstücks sind. S. Anhang 4 a. Der Kleingärtner konnte aber nur an rechtmäßig errichteten baulichen Anlagen Eigentum erwerben (s. hierzu auch § 3 Rn. 30). Ein Wegfall des Nutzungsrechts infolge gesetzlicher Änderungen (Aufhebung des § 18 LPG-Gesetzes) läßt das Eigentum unberührt (BGH, WM 1994, 119 ff.). Rechtmäßig bedeutet im Rahmen der vertraglichen Vereinbarungen auf der Grundlage der geltenden Rechtsvorschriften der ehemaligen DDR (s. hierzu auch § 3 Rn. 30 ff.). Es kommt allein auf das materielle Recht an. Das Fehlen einer förmlichen Genehmigung (s. § 3 Rn. 30) ist unschädlich, wenn ein Anspruch auf die förmliche Genehmigung bestand. Für das Eigentum an diesen baulichen Anlagen galten die Bestimmungen über das Eigentum an beweglichen Sachen entsprechend (§ 296 Abs. 1 Satz 2 ZGB).

2.6 Anwendbare Vorschriften auf Kleingartenpachtverträge

4 j Auf die in das BKleingG übergeleiteten Kleingartenpachtverhältnisse finden gemäß § 4 Abs. 1 die Vorschriften des Bürgerlichen Gesetzbuchs (BGB) über die Pacht (§§ 581 ff. BGB) Anwendung, soweit sich aus dem BKleingG nichts anderes ergibt. Nach § 581 Abs. 2 BGB sind auf Pachtverhältnisse die Vorschriften über die Miete (§§ 535 ff. BGB) entsprechend anzuwenden, d. h. also mit den sich aus dem Kleingartenwesen ergebenden Besonderheiten. Keine Anwendung finden z. B. die besonderen Vorschriften über die Kündigung von Wohnraum. Zur Frage der Anwendbarkeit des Pachtrechts s. § 4 Rn. 4 bis 9, zur Frage der Anwendbarkeit des Mietrechts und sonstiger allgemeiner Vorschriften des BGB s. § 4 Rn. 10 bis 30. Die Vorschriften des BGB über die Pacht und die Miete sind im Anhang 4 abgedruckt.

4 k Das BGB ist seit dem 3. Oktober 1990 in den neuen Ländern einschließlich Berlin Ost in Kraft. Die Überleitungsvorschriften mit den für das Beitrittsgebiet geltenden Maßgaben enthält der Sechste Teil des Einführungsgesetzes zum BGB (EGBGB). Sie sind im Anhang 4 a abgedruckt.

4 l Darüber hinaus gilt in den neuen Ländern und Berlin Ost auch das Baugesetzbuch (BauGB). Die Überleitungsregelung des § 246 a ist durch das BauROG gestrichen worden. Im übrigen finden auch die Vorschriften des Landesbauordnungsrechts Anwendung.

3. Kleingartenpachtverträge über gemeindeeigene Grundstücke (Nr. 2)

3.1 Dauerkleingärten und sonstige Kleingärten

Nr. 2 entspricht der Regelung des § 16 Abs. 2 (s. § 16 Rn. 3 f.). Ihr liegt die Unterscheidung zwischen **Dauerkleingärten** und **sonstigen Kleingärten** zugrunde. Dauerkleingärten sind nur die im Bebauungsplan für die kleingärtnerische Nutzung festgesetzten Flächen (§ 9 Abs. 1 Nr. 15 BauGB, s. Anhang 2). Alle anderen kleingärtnerisch genutzten Grundstücke sind sonstige Kleingärten. Diese Differenzierung geht auf das Bauplanungsrecht zurück. Sie ergibt sich aus der unterschiedlichen bodenrechtlichen Qualität der kleingärtnerisch genutzten Flächen. Die im Bebauungsplan für Dauerkleingärten festgesetzten Flächen stellen die ortsrechtlich verbindliche Bodennutzungsregelung dar, der die im Plangebiet gelegenen Grundstücke unterworfen sind. Flächen, die als Dauerkleingärten festgesetzt sind, sind ausschließlich für die kleingärtnerische Nutzung bestimmt. Von dieser bauplanungsrechtlichen Grundlage ausgehend sieht § 6 Halbs. 1 vor, daß Kleingartenpachtverträge über Dauerkleingärten nur auf unbestimmte Zeit geschlossen werden können und befristete Verträge als auf unbestimmte Dauer verlängert gelten. Wird diese Fläche in einem Bebauungsplan, Planfeststellungsverfahren oder nach dem Landbeschaffungsgesetz (s. § 9 Abs. 1 Nr. 5 und 6) einer anderen Nutzung zugeführt, so ist die Gemeinde unter den in § 14 genannten Voraussetzungen zur Bereitstellung und Beschaffung von Ersatzland verpflichtet. 5

3.2 Gemeindeeigenes Kleingartenland

Die sich aus der bauplanungsrechtlichen Festsetzung ergebenden Wirkungen überträgt die Nr. 2 auf alle kleingärtnerisch genutzten Grundstücke, die der Gemeinde gehören. Nr. 2 differenziert insoweit zwischen kleingärtnerisch genutzten **Flächen, die im Eigentum der Gemeinde stehen** (sog. **fiktive Dauerkleingärten),** und allen anderen im Bebauungsplan nicht als Dauerkleingärten festgesetzten Kleingartengrundstücken. Diese Differenzierung ist sachgerecht und verfassungsrechtlich nicht zu beanstanden. Sie trägt den Aufgaben der Gemeinde, Kleingartenland bereitzustellen, Rechnung. Unter Berücksichtigung dieser Aufgabe ist das Grundeigentum der Gemeinde Bindungen unterworfen. Diesen Bindungen unterliegen andere Grundeigentümer nicht, denn sie sind nicht verpflichtet, Kleingartenland zur Verfügung zu stellen. Aus diesen Erwägungen heraus sieht Nr. 2 vor, daß vor dem Wirksamwerden des Beitritts geschlossene Nutzungsverträge über Kleingärten wie Pachtverträge über Dauerkleingärten zu behandeln sind, wenn die Gemeinde Eigentümerin der Grundstücke ist. 6

Die Vorschrift der Nr. 2 setzt nicht voraus, daß die Gemeinde die Verträge geschlossen hat. Es genügt, wenn die Gemeinde als Erwerberin des Kleingartengrundstücks in den Pachtvertrag im Wege der §§ 581 Abs. 2, 571 BGB eingetreten ist („Kauf bricht nicht Miete" s. § 4 Rn. 25). Die **Gemeinde** muß entweder bereits **am 3. 10. 1990 Eigentümerin** der Grundstücke gewesen sein **oder nach diesem Zeitpunkt** das Eigentum an diesen Grundstücken erworben haben. Es reicht also aus, wenn die Gemeinde zu irgendeinem Zeitpunkt nach dem 3. 10. 1990 Eigentümerin des Kleingartengrundstücks wird. 7

8 **Veränderungen in den Eigentumsverhältnissen** nach dem 3. 10. 1990 sind unbeachtlich, wenn die Gemeinde einmal Eigentümerin des Kleingartenlandes war. Die Gärten bleiben (fiktive) Dauerkleingärten i. S. d. Nr. 2, auch wenn der Erwerber gutgläubig ist. Auf nach dem 3. 10. 1990 geschlossene Kleingartenpachtverträge kommt Nr. 2 nicht zur Anwendung.

9 Die gesetzliche Fiktion, Pachtverträge über Kleingärten, die im Eigentum der Gemeinde stehen, wie Dauerkleingärten zu behandeln hat folgende **Wirkungen:** Die Pachtverträge gelten gemäß § 6 BKleingG als auf unbestimmte Zeit geschlossen bzw. als auf unbestimmte Dauer verlängert. Die vertraglich vereinbarte Nutzungsdauer wird insoweit durch diese gesetzliche Regelung überlagert. Dadurch wird die kleingärtnerische Nutzung auf diesen Grundstücken ohne zeitliche Beschränkung gewährleistet. Eine Nutzungsänderung kann nur durch Bebauungsplan oder Planfeststellung (§ 9 Abs. 1 Nr. 5 oder 6) erfolgen. Die Kündigung wegen anderer wirtschaftlicher Verwertung (§ 9 Abs. 1 Nr. 4) ist ausgeschlossen, weil auf diesen Flächen nur die kleingärtnerische Nutzung zulässig ist, solange sie durch einen Bebauungsplan nicht geändert wird (s. § 9 Rn. 20 ff.). Im Falle der Kündigung zum Zwecke der Verwirklichung des Bebauungsplans oder der Planfeststellung (§ 9 Abs. 1 Nr. 5 oder 6; s. hierzu § 9 Rn. 24 ff.; 33 ff.) ist die Gemeinde gemäß § 14 zur Bereitstellung und Beschaffung von Ersatzland verpflichtet; unabhängig von der Ersatzlandverpflichtung der Gemeinde steht dem Pächter eine Entschädigung für die von ihm eingebrachten oder gegen Entgelt übernommenen Anpflanzungen und Anlagen nach § 11 zu. Zur Entschädigung ist derjenige verpflichtet, der die als Kleingarten genutzte Fläche in Anspruch nimmt.

3.3 Kommunales Finanzvermögen

9 a Soweit kleingärtnerisch genutzte Flächen als **kommunales Finanzvermögen** auf die Gemeinde übergehen, sind sie Dauerkleingärten mit den sich daraus ergebenden Folgewirkungen (s. Rn. 9) gleichzustellen. Kommunales Finanzvermögen ist ehemals volkseigenes Vermögen, wenn es bis zum 3. 10. 1990 in der Rechtsträgerschaft der Kommunen gestanden hat bzw. von ihnen vertraglich genutzt wurde und schon damals für kommunale Zwecke im üblichen Rahmen vorgesehen war. Für die Beurteilung der Üblichkeit werden die Verhältnisse in den alten Bundesländern zugrunde gelegt. Zum kommunalen Finanzvermögen gehört auch der vom ehemaligen VKSK genutzte Grund und Boden, soweit er sich jeweils in der Rechtsträgerschaft der ehemaligen Räte der Gemeinden, Städte und Kreise befand. Offen ist noch die Frage, wem kleingärtnerisch genutzte Flächen, die sich in der **Rechtsträgerschaft des VKSK** befanden, zu übertragen sind. Werden diese Kleingärten den Gemeinden übertragen, sind sie mit der Übertragung Dauerkleingärten, sofern die Voraussetzungen des § 1 Abs. 1 vorliegen.

9 b Kleingärten werden jedoch kein fiktives Dauerkleingartenland allein dadurch, daß die Gemeinde Zwischenpächter ist. Die Zwischenpächterfunktion hat ausschließlich schuldrechtlichen Charakter; sie läßt die eigentumsrechtlichen Verhältnisse unberührt.

4. Kleingartenpachtverträge über Grundstücke, die nicht der Gemeinde gehören (Nr. 3)

4.1 Befristete und unbefristete Verträge

Verträge über Kleingartenland, das der Gemeinde **nicht gehört**, also z. B. Verträge über Privatpersonen gehörende Grundstücke, die vor dem 3. 10. 1990 geschlossen worden sind und im Zeitpunkt des Wirksamwerdens des Beitritts bestehen, bleiben unberührt. Nach § 312 Abs. 2 Satz 1 ZGB konnten Kleingartennutzungsverträge unbefristet oder befristet abgeschlossen werden. Befristete Verträge durften jedoch nur dann geschlossen werden, wenn dafür gesellschaftlich gerechtfertigte Gründe vorlagen (§ 312 Abs. 2 Satz 2 ZGB). S. Anlage 4 c. Verträge i. S. der Nr. 3 sind gemäß § 20 a Nr. 1 in das BKleinG übergeleitet mit dem vereinbarten Vertragsinhalt, soweit sie in den sachlichen Anwendungsbereich des BKleingG fallen (s. oben Rn. 2 ff). Hierunter fallen auch Grundstücke, die der Reichsbahn, der Post, den Kirchen oder sonstigen öffentlich-rechtlichen Körperschaften gehören. Der Kleingartenpachtvertrag endet mit dem Ablauf der Zeit, für die er eingegangen ist. Einer Kündigung bedarf es nicht, es sei denn, daß die Kündigung ausdrücklich zur Voraussetzung der Vertragsbeendigung erklärt worden ist (z. B. „der Vertrag verlängert sich um 1 Jahr [oder 5 Jahre oder 10 Jahre], wenn nicht bis zum 30. 10. eines Jahres mit einer Frist von 3 Monaten gekündigt wird“). Die Beendigung von Verträgen mit „Verlängerungsklausel“ hängt von einem Ereignis — der Kündigung — ab, dessen Eintritt ungewiß ist. Solange dieses Ereignis nicht eingetreten ist, wird das alte Pachtverhältnis unverändert fortgesetzt (s. hierzu auch § 9 Rn. 47). 10

Eine **Vertragsverlängerung** kann aber auch (neu) vereinbart werden. Wird sie vereinbart, so wird das alte Pachtverhältnis mit demselben Vertragsinhalt fortgesetzt, es sei denn, daß auch der Vertragsinhalt geändert wird. Maßgeblich für die Pachtdauer ist dann die Verlängerungsvereinbarung. 11

Ist der Kleingartenpachtvertrag auf unbestimmte Dauer geschlossen, so bleibt es dabei. Zur Beendigung von Pachtverträgen s. § 4 Rn. 6, § 9 Rn. 2 und 40 f. Zur Frage des Vertragsabschlusses durch einen Vertreter (§§ 53 Abs. 2, 59 Abs. 1 ZGB; §§ 164 Abs. 1, 177 Abs. 1 BGB). 12

Unter bestimmten Voraussetzungen gelten **zeitlich befristete** Kleingartenpachtverträge als auf **unbestimmte Dauer verlängert**, unabhängig von der privatrechtlichen Vereinbarung (Nr. 3 Satz 2). Das ist der Fall, wenn Kleingärten in einem **(künftigen) Bebauungsplan** als Fläche für Dauerkleingärten festgesetzt werden. Die Möglichkeit des Fortgeltens festgestellter städtebaulicher Pläne in der ehemaligen DDR als Bebauungspläne durch bestätigenden Beschluß der Gemeinde, wie es (der nicht mehr geltende) § 246 a Abs. 4 BauGB a. F. i. V. m. § 64 Abs. 3 BauZVO vorsah, ist infolge Fristablaufs (30. 6. 1991) ersatzlos entfallen. Dies gilt auch für festgestellte Pläne aus der Zeit vor dem 7. 10. 1949. 13

4.2 Ausweisung von Kleingärten in städtebaulichen Plänen

Für die **städtebaulichen Pläne in der ehemaligen DDR gilt grundsätzlich folgendes:** 14

Generalbebauungspläne, Leitplanungen und Ortsgestaltungskonzeptionen können, soweit sie Darstellungen wie Flächennutzungspläne enthalten, **als Flächennutzungs-**

pläne fortgelten oder – wie informelle Planungen – als Anhaltspunkte für die Beurteilung von Maßnahmen nach dem BauGB von Bedeutung sein. Sollen diese als Flächennutzungspläne i. S. des § 5 Abs. 1 BauGB fortgelten, müssen sie Darstellungen i. S. dieser Vorschrift enthalten. Die Pläne müssen unter Einhaltung des Verfahrens aufgestellt worden sein, das zum Zeitpunkt der Aufstellung galt. Dazu hatte u. a. gehört, daß sie von der örtlichen Volksvertretung beschlossen und bekanntgemacht sein müssen. Der Inhalt dieser Pläne muß mit dem Abwägungsgebot des § 1 Abs. 6 BauGB vereinbar sein (s. hierzu § 1 Rn. 52 ff.). Nur soweit dies der Fall ist, gelten sie als Flächennutzungspläne (oder Teil-Flächennutzungspläne). Die Gemeinde kann diese fortgeltenden Pläne ganz oder teilweise von ihrer Fortgeltung ausnehmen. Erforderlich ist ein Beschluß der Gemeindevertretung, der der Genehmigung durch die höhere Verwaltungsbehörde bedarf. Die Genehmigung ist ortsüblich bekanntzumachen. Die Ausweisung von Flächen für Dauerkleingärten in diesen Plänen hat nach außen keine Rechtswirkung. Lediglich die Gemeinde bindet sich dadurch für die Aufstellung von Bebauungsplänen. S. hierzu auch § 1 Rn. 39 ff.

Baurechtliche Vorschriften und **festgestellte städtebauliche Pläne**, die Regelungen wie Bebauungspläne enthalten, gelten je nach ihrem Inhalt **als einfache oder qualifizierte Bebauungspläne** (s. hierzu § 1 Rn. 46) **weiter,** wenn die Gemeinde bis zum 30. 6. 1991 einen entsprechenden bestätigenden Beschluß gefaßt hat. Es mußte sich um solche Vorschriften oder städtebauliche Pläne handeln, die für ein bestimmtes Gebiet (Plangebiet) Regelungen über die Zulässigkeit von Vorhaben treffen. Sie konnten auch vor Gründung der DDR entstanden sein, wie z. B. Fluchtlinienpläne nach Preußischem Recht.

Fortgeltende Vorschriften und Pläne können wie Bauleitpläne nach den Vorschriften des BauGB geändert, ergänzt und aufgehoben werden.

15 Flächen, die als Dauerkleingärten im Bebauungsplan festgesetzt oder in einem übergeleiteten Plan vor Inkrafttreten der BauZVO ausgewiesen sind, sind – jedenfalls solange diese Festsetzung besteht – kleingärtnerisch zu nutzen. Für die (unbestimmte) Geltungsdauer des Bebauungsplans (übergeleiteten Plans) wird mit dieser Regelung auch gleichzeitig kleingartenrechtlich der Bestand von Kleingartenpachtverträgen sichergestellt. Die Bestimmung der Nr. 3 ist auf die verbindliche Nutzungsregelung im Bebauungsplan (übergeleiteten städtebaulichen Plan) abgestimmt.

4.3 Bebauungsplanaufstellungsbeschluß

16 Befristete Pachtverträge über Kleingärten **verlängern** sich gemäß Nr. 3 Satz 3 **um sechs Jahre,** wenn die Gemeinde vor Ablauf der Pachtdauer beschlossen hat, einen Bebauungsplan aufzustellen, mit dem Ziel, die kleingärtnerisch genutzte Fläche als Dauerkleingarten festzusetzen und wenn die Gemeinde diesen Beschluß ortsüblich bekanntgemacht hat. Zur Ausweisung von Flächen für Dauerkleingärten s. § 1 Rn. 35 ff., 42 ff., 48 ff. Mit diesem Beschluß wird das förmliche Planaufstellungsverfahren in Gang gesetzt. Diese Regelung stellt im Prinzip eine **„gesetzliche Verlängerungsklausel"** dar, die sicherstellen soll, daß die kleingärtnerische Nutzung fortgesetzt wird, wenn die bauplanungsrechtliche Festsetzung dieser Bodennutzung ohnehin bevorsteht. Sobald der Bebauungsplan rechtsverbindlich geworden ist, finden die Vorschriften über Dauerkleingärten Anwendung. Die Pachtdauer verlängert sich gemäß § 6 auf unbestimmte Zeit. Es braucht kein neuer Kleingartenpachtvertrag abgeschlossen zu werden.

4.4 Vorzeitiger Bebauungsplan

Das Bauleitplanverfahren ist grundsätzlich zweistufig (s. hierzu § 1 Rn. 42). Zunächst ist für das gesamte Gemeindegebiet der Flächennutzungsplan als vorbereitender Bauleitplan aufzustellen, aus dem dann Bebauungspläne als verbindliche Bauleitpläne zu entwickeln sind (§ 8 Abs. 2 Satz 1 BauGB). Unter bestimmten Voraussetzungen kann darauf verzichtet werden, den Bebauungsplan aus dem Flächennutzungsplan zu entwickeln **(vorzeitiger Bebauungsplan).** **17**

Nach § 8 Abs. 4 Satz 1 BauGB (s. Anhang 2 BauGB) kann abweichend von der grundsätzlichen Verpflichtung, den Bebauungsplan aus dem Flächennutzungsplan zu entwickeln, ein Bebauungsplan aufgestellt werden, bevor der Flächennutzungsplan aufgestellt ist, **wenn dringende Gründe es erfordern** und wenn der Bebauungsplan **der beabsichtigten städtebaulichen Entwicklung des Gemeindegebiets nicht entgegenstehen wird** (vorzeitiger Bebauungsplan). In der Begründung des Bebauungsplans ist darzulegen, daß der Bebauungsplan der beabsichtigten städtebaulichen Entwicklung des Gemeindegebiets insbesondere den künftigen Darstellungen des in Aufstellung befindlichen Flächennutzungsplans oder, wenn ein entsprechender Stand nicht erreicht ist, den Zielen und Zwecken des Flächennutzungsplans nicht entgegenstehen wird. Diese Regelung berücksichtigt, daß die Aufstellung von Flächennutzungsplänen häufig viele Jahre in Anspruch nimmt und dies zur Gewährleistung einer geordneten städtebaulichen Entwicklung durch Bebauungspläne nicht abgewartet werden kann. Die Regelung in § 20 a Nr. 3 Satz 5 stellt sicher, daß auch kleingärtnerisch genutzte Grundstücke kurzfristig planungsrechtlich als Dauerkleingärten festgesetzt werden können, wenn die hierfür erforderlichen Voraussetzungen vorliegen. **18**

5. Überleitung der Befugnis zum Abschluß von Zwischenpachtverträgen (Nr. 4)

5.1 Fortbestand bzw. Auflösung der zwischenpachtberechtigten Kleingärtnerorganisation

Nr. 4 leitet das in der ehemaligen DDR dem VKSK zuerkannte Zwischenpachtprivileg über (§ 4 VO über das Kleingarten- und Siedlungswesen und die Kleingartenzucht vom 3. 12. 1959 [GBl I 1960 S. 1]). In der Praxis wurden Zwischenpachtverträge in Ausübung des Zwischenpachtprivilegs am häufigsten von den Kreisverbänden des VKSK geschlossen (Kärsten, Rechtsstreitigkeiten im Kleingartenwesen der Bundesländer, NJ 1994, 104 ff.). Gemäß Nr. 4 bleibt die **vor dem 3. Oktober 1990 verliehene Befugnis**, Grundstücke zum Zwecke der Weiterverpachtung an Kleingärtner anzupachten, **unberührt**. Nr. 4 **unterstellt** — im Interesse der Aufrechterhaltung bestehender Kleingartenpachtverträge —, daß dieser Befugnis die **Voraussetzungen für die kleingärtnerische Gemeinnützigkeit** i. S. des § 2, und zwar die **Rechtsfähigkeit** der Kleingärtnerorganisation und die **selbstlose Förderung des Kleingartenwesens** zugrunde lagen. **19**

19 a **Organisatorische Veränderungen,** z. B. die Änderung des Vereinsnamens, die Wahl eines neuen Vorstands nach dem Beitritt oder sonstige Satzungsänderungen der zwischenpachtberechtigten Untergliederungen des VKSK stellen **keine Vereinsauflösung** dar. Sie lassen sowohl den Fortbestand der Kleingärtnerorganisation als auch das Zwischenpachtprivileg unberührt. Ein Indiz für die Annahme der Identität und der Kontinuität des Zwischenpächters ist insbesondere eine fortdauernde Mitgliedschaft. Eine Kontinuität kann dagegen nicht angenommen werden, wenn die Mitgliedschaft neu erworben werden muß. Soweit sich im Einzelfall eine zwischenpachtberechtigte Untergliederung des VKSK aufgelöst hat, findet eine **Liquididation** statt, mit der Folge, daß die aufgelöste Organisation bis zur Beendigung der Abwicklung als „Liquidationsverein" fortbesteht, und zwar im Hinblick auf bestehende Verträge zwischenpachtprivilegiert. **Ist die Liquidation beendet, erlischt die Kleingärtnerorganisation.** Der Zwischenpächter ist dann weggefallen. In solchen Fällen wird dem Schutz der einzelnen Kleingärtner durch eine **entsprechende Anwendung des § 8 SchuldRAnpG** über den Vertragseintritt des Eigentümers in die Einzelpachtverträge Rechnung getragen, soweit nicht bereits im Liquidationsstadium eine **Vertragsübernahme** durch den Funktionsnachfolger der aufgelösten Kleingärtnerorganisation vereinbart wurde oder stattgefunden hat. Im letzteren Falle ist eine entsprechende Vereinbarung aller Beteiligten erforderlich oder die (zumindest stillschweigende) Zustimmung des einen Vertragspartners (Eigentümers), z. B. duch Entgegennahme des Pachtzinses, zum vereinbarten Wechsel des Zwischenpächters.

5.2 Voraussetzungen der Überleitung des Zwischenpachtprivilegs

19 b Die Rechtsfähigkeit ist eine wesentliche Voraussetzung der Befugnis zum Abschluß von Zwischenpachtverträgen, d. h. die kleingärtnerische Gemeinnützigkeit. Nach dem Einigungsvertrag bestehen rechtsfähige Vereinigungen, die nach dem Gesetz über die Vereinigungen (Vereinigungsgesetz – VereingG –) vom 21. 2. 1990 (GBl I S. 75) zuletzt geändert durch Gesetz vom 22. 6. 1990 (GBl I S. 470) vor dem 3. 10. 1990 entstanden sind, fort (Art. 231 § 2 EGBGB). Nach dem VereinG der ehemaligen DDR erlangte ein Verein die Rechtsfähigkeit mit seiner Registrierung (§ 4 VereinG). Vereinigungen, die zum Zeitpunkt des Inkrafttretens des Vereinigungsgesetzes aufgrund staatlicher Anerkennung oder des Erlasses von Rechtsvorschriften rechtsfähig waren – und das galt auch für die Kreisverbände des VKSK –, hatten sich bei dem für den Sitz der Vereinigung zuständigen Kreisgericht innerhalb von sechs Monaten nach Inkrafttreten des Vereinigungsgesetzes registrieren zu lassen (§ 22 VereinG).

Die Registrierpflicht lief danach am 31. August 1990 aus. Soweit sich Verbände nicht registrieren ließen, erlosch ihre Rechtsfähigkeit und damit gleichzeitig auch die kleingärtnerische Gemeinnützigkeit. Ist eine Kleingärtnerorganisation nicht mehr kleingärtnerisch gemeinnützig, kann sie wirksam keine Zwischenpachtverträge abschließen. Folgerichtig räumt daher auch § 10 Abs. 1 Nr. 2 BKleingG dem Verpächter bei Wegfall der kleingärtnerischen Gemeinnützigkeit das Recht ein, den bestehenden Zwischenpachtvertrag zu kündigen.

Die Fortwirkung des Zwischenpachtprivilegs aus der Zeit vor dem 3. 10. 1990 auch nach diesem Zeitpunkt ist nur vertretbar, wenn die betroffenen örtlichen Kleingärtnerorganisationen rechtsfähig sind. Die Überleitungsvorschrift des § 20 a Nr. 4

BKleingG setzt die Rechtsfähigkeit des Vereins voraus. Soweit der Verein nicht rechtsfähig ist, leiden die bestehenden Zwischenpachtverträge an einem Mangel. Dieser Mangel kann durch die nachträgliche Eintragung in das Vereinsregister geheilt werden (BGH, NJW 1987, 2865).

5.3 Entzug der kleingärtnerischen Gemeinnützigkeit

Nach Nr. 4 Satz 1 kann die verliehene Befugnis, Grundstücke zum Zwecke der Vergabe an Kleingärtner anzupachten, unter den für die Aberkennung der kleingärtnerischen Gemeinnützigkeit geltenden Voraussetzungen entzogen werden (s. § 2 Rn. 13 f.). Sie kann **aberkannt** werden, wenn festgestellt wird, daß die Kleingärtnerorganisation von Anfang an oder später in erheblichem Umfang nicht kleingärtnerische Tätigkeiten ausübt oder nicht mehr ihrem Zweck gemäß tätig ist oder wenn erhebliche Verstöße gegen Grundsätze kleingärtnerischer Gemeinnützigkeit festgestellt und nicht behoben werden, insbesondere wenn die finanzielle Verwaltungsführung nicht mit dem Prinzip der Selbstlosigkeit zu vereinbaren ist, wenn also Zwecke verfolgt werden, die der Mehrung der eigenen Einkünfte oder der eigenen Vermögenssubstanz dienen. Selbstlos ist eine Förderung, wenn dadurch nicht in erster Linie eigenwirtschaftliche Zwecke verfolgt werden (BFH, BStBl 1979 II S. 482). Selbstlosigkeit wird durch die Verfolgung eigenwirtschaftlicher Zwecke nicht schlechthin beseitigt. Diese dürfen nur nicht Hauptzweck sein (s. hierzu § 2 Rn. 3). Die Vermutung in Nr. 4 läßt den Beweis des Gegenteils zu. Dabei ist jedes Beweismittel zulässig, auch die Parteivernehmung, falls andere Beweismittel nicht vorgebracht werden können. Der Beweis des Gegenteils besteht im Nachweis, daß es an einer selbstlosen Förderung des Kleingartenwesens mangelt. 20

Die für den Entzug der Befugnis, Kleingartenland anzupachten und an Kleingärtner weiterzuverpachten, **zuständige Behörde** bestimmen die Länder. Im übrigen gilt für die (allgemeine) Ausführung des Bundeskleingartengesetzes grundsätzlich das **Verwaltungsverfahrensgesetz des Bundes**, mit den in der Anlage I Kapitel II Sachgebiet B Abschnit III Nr. 1 zum Einigungsvertrag beschlossenen Maßgaben (BGBl II 1990 S. 914), solange die öffentlich-rechtliche Verwaltungstätigkeit der Behörden nicht landesrechtlich geregelt ist. 21

6. Überleitung der kleingärtnerischen Gemeinnützigkeit nach § 5 KGO (Nr. 5)

Die kleingärtnerische Gemeinnützigkeit ist durch die Kleingarten- und Kleinpachtlandordnung – KGO – 1919 (RGBl S. 1371) im ehemaligen Deutschen Reich eingeführt worden. Nach § 5 KGO durften Grundstücke zum Zwecke der Weiterverpachtung an Kleingärtner nur durch Körperschaften oder Anstalten des öffentlichen Rechts oder ein als gemeinnützig anerkanntes Unternehmen zur Förderung des Kleingartenwesens gepachtet und nur an solche verpachtet werden. Diese Vorschrift war nach 1945 auch auf dem Gebiet der ehemaligen DDR geltendes Recht. Soweit nach **§ 5 KGO Anerkennungen der kleingärtnerischen Gemeinnützigkeit** ausgesprochen worden sind, bleiben sie gemäß Nr. 5 **unverändert fortbestehen.** S. hierzu auch § 17 Rn. 1 ff. Die Vorschrift ist in der Praxis bedeutungslos. 22

7. Pachtzinsen (Nr. 6)

7.1 Schrittweise Pachtzinserhöhung; Bodenpachtmarkt als Bemessungsgrundlage

23 Die Höhe des Entgelts, das der Verpächter für die Überlassung von Flächen zur kleingärtnerischen Nutzung höchstens verlangen darf, regelt § 5. Die Pachtzinsregelungen des § 5 gelten für alle Kleingartenpachtverträge, für befristete und unbefristete, für Verträge über Dauerkleingärten und über sonstige Kleingärten. Nach § 5 Abs. 1 darf als Pachtzins höchstens der vierfache Betrag des ortsüblichen Pachtpreises im erwerbsmäßigen Obst- und Gemüseanbau — bezogen auf die gesamte Fläche der Kleingartenanlage — verlangt werden. Zur Pachtpreisbindung s. § 5 Rn. 1 ff.; 4 ff. In den neuen Ländern gelten die Vorschriften der Nr. 6.

24 Die **zulässige Pachtobergrenze in den neuen Ländern** regelt die Überleitungsvorschrift aus Anlaß der Herstellung der Einheit Deutschlands, § 20 a Nr. 6 Satz 1. Die alte Fassung dieser Vorschrift bestimmte, daß der nach § 5 Abs. 1 Satz 1 a. F. zulässige Höchstpachtzins erst ab 3. Oktober 1993 verlangt werden darf. Lag der im Zeitpunkt des Beitritts zu leistende Pachtzins unter der Pachtobergrenze nach § 5 Abs. 1 a. F., so konnte er nur schrittweise — unter Berücksichtigung der Einkommensverhältnisse der Pächter — erhöht werden. Schrittweise bedeutet, daß der Verpächter schon vor dem 3. 10. 1993 den Pachtzins erhöhen konnte. Der erhöhte Pachtzins durfte aber die zulässige Pachtobergrenze nach § 5 Abs. 1 nicht erreichen. Die gesetzliche Verpflichtung des Verpächters, die Einkommensverhältnisse der Pächter bei der stufenweisen Anpassung des Pachtzinses an den zulässigen Höchstpachtzins nach § 5 Abs. 1 a. F. zu berücksichtigen, fügte die zulässige Pachtzinserhöhung in die Einkommensentwicklung ein.

24 a Die aufgrund des BKleingÄndG geänderte, neue, Fassung der Nr. 6 übernimmt die bisherige Übergangsregelung — doppelter Betrag der im erwerbsmäßigen Obst- und Gemüseanbau erzielbaren Pachtzinsen als Ausgangslage und ermöglicht eine **Steigerung des Pachtzinses bis zum vierfachen Betrag** in einer mehrjährigen Stufenfolge. Bis zum 31. 12. 1995 kann unverändert höchstens der doppelte Betrag des ortsüblichen Pachtzinses im erwerbsmäßigen Obst- und Gemüseanbau verlangt werden. Nachfolgend kann der Pachtzins ab 1. 1. 1996 auf das Dreifache und ab 1. 1. 1998 auf das Vierfache des ortsüblichen Pachtzinses im erwerbsmäßigen Obst- und Gemüseanbau angehoben werden. Diese Regelung soll der im Zuge des Einigungsprozesses insgesamt erheblich gestiegenen Kostenbelastung ebenso wie den Einkommensverhältnissen in den neuen Ländern Rechnung tragen (BT-Drs. 12/6154 S. 9).

24 b **Ortsüblich** ist die in der betreffenden Gemeinde tatsächlich durchschnittlich gezahlte Pacht. S. hierzu § 5 Rn. 9. Liegen ortsübliche Pachtzinsen im erwerbsmäßigen Obst- und Gemüseanbau nicht vor, ist ersatzweise der entsprechende Pachtzins in einer vergleichbaren Gemeinde als Bemessungsgrundlage zugrunde zu legen. Vergleichbar sind Gemeinden gleicher Größenordnung und/oder gleicher Wirtschaftsstruktur (s. hierzu auch § 5 Rn. 9 a). Vergleichbar sind Gemeinden in den neuen oder alten Ländern. Die Vergleichbarkeit ist nicht auf das Land beschränkt, in dem der Pachtzins ermittelt wird. Auf diese Weise ist sichergestellt, daß Vergleichspachten in jedem Fall ermittelt werden können.

Die **Bemessungsgrundlage stellt auf den Bodenpachtmarkt** ab. Sie setzt also einen aufgrund von **Angebot und Nachfrage** frei vereinbarten Pachtzins voraus. Dort, wo es einen Bodenpachtmarkt (noch) nicht gibt, müssen die ortsüblichen Pachtzinsen in vergleichbaren Gemeinden (s. § 5 Rn. 9 f.) als Bemessungsgrundlage herangezogen werden. Solche Fälle können in den neuen Ländern nicht ausgeschlossen werden. Es kann sein, daß der heute noch im erwerbsmäßigen Obst- und Gemüseanbau geleistete Pachtzins nicht frei vereinbart, sondern nach marktfremden, gesellschaftspolitischen Gesichtspunkten festgelegt worden ist. **24 c**

Zur Ermittlung des Pachtzinses s. § 5 Rn. 10, 12 ff.; zur Einschaltung von Gutachterausschüssen § 5 Rn. 16 ff.; zur Frage der Zwischenpächterzuschläge § 5 Rn. 15; zur Vereinbarung überhöhter Pachzinsen s. § 5 Rn. 14. **24 d**

Auf die schrittweise Erhöhung des Pachtzinses gemäß § 20 a Nr. 6 auf das Doppelte, Dreifache oder auf das Vierfache ist die Regelung des **§ 5 Abs. 3 Satz 1 entsprechend anzuwenden.** Der Pächter kann also durch einseitige vertragsgestaltende Erklärung den Pachtzins anheben. Die „Erhöhungserklärung" hat schriftlich zu erfolgen. Sie ist unwirksam, wenn die Form nicht eingehalten wird (nähere Einzelheiten hierzu § 5 Rn. 20 ff.). **25**

7.2 Nebenleistungen

Aufgrund der durch das BKleingÄndG neu in § 5 eingefügten Vorschrift des Abs. 5 kann der Verpächter die Erstattung der **öffentlich-rechtlichen Lasten** verlangen, die auf dem Kleingartengrundstück ruhen. S. hierzu § 5 Rn. 36 ff.; 39 ff.; 42 ff.; 45 f. Bei der Beteiligung der Kleingärtner an den öffentlichen Lasten werden die Gemeinschaftsflächen nach dem Flächenverhältnis zwischen dem Kleingarten und der Kleingartenanlage auf die einzelnen Kleingärtner verteilt. Diese Abgaben können eine nicht unerhebliche Höhe erreichen. Der Pächter kann daher den Erstattungsbetrag einer **einmalig erhobenen Abgabe**, z. B. den Straßenausbaubeitrag, in Teilleistungen entrichten, in den alten Ländern in fünf Jahresleistungen, in den neuen Ländern bis zum 1. 1. 1998 in **acht Jahresleistungen**. **26**

8. Gartenlauben; Bestandsschutz; Kleintierhaltung (Nr. 7)

Nr. 7 Satz 1 stellt klar, daß **rechtmäßig errichtete Gartenlauben**, auch wenn sie die in § 3 Abs. 2 vorgeschriebene Größe von 24 m² überschreiten, oder andere der kleingärtnerischen Nutzung dienende bauliche Nebenanlagen (z. B. Gewächshäuser) **unverändert genutzt** werden können. Diese Regelung ergibt sich aus dem **Bestandsschutz,** der seinerseits auf Art. 14 Abs. 1 Satz 1 GG beruht. Der Bestandsschutz wird begründet, wenn und weil eine schutzwürdige (materiell) legale Nutzungsausübung vorliegt. Das einmal legal errichtete Bauwerk ist auch bei einer späteren Änderung der Sach- und Rechtslage in seinem Bestand geschützt, d. h., daß es weiterhin wie bisher genutzt werden darf. Zur behördlichen Duldung einer materiell und formell illegalen baulichen Anlage s. § 18 Rn. 3. Der Bestandsschutz erstreckt sich nur auf die vorhandene Anlage für die Dauer ihres Bestandes. Er deckt ebensowenig eine Ersetzung durch eine neue Anlage wie den Aufbau eines zerstörten Bauwerks **27** aus seinen noch vorhandenen Resten. Der Bestandsschutz beschränkt sich auf sie Sicherung des Geschaffenen.

28 Der **Bestandsschutz nach Nr. 7** bezieht sich auf die Anlage selbst. Er ist **objekt- und nicht subjektbezogen.** Es kommt daher auch nicht darauf an, wer die Anlage errichtet hat. Der Bestandsschutz erlischt daher nicht bereits bei einem Pächterwechsel, sondern erst dann, wenn das Bauwerk nicht mehr vorhanden ist bzw. wenn (reine) Instandsetzungsmaßnahmen nicht mehr geeignet sind, die Funktion des Bauwerks zu erhalten. Das ist zum Beispiel dann der Fall, wenn der erforderliche Eingriff in die Bausubstanz so intensiv ist, daß er eine statische Nachrechnung erforderlich macht (vgl. BVerwGE 47, 126).

Gartenlauben, die die Höchstgrenze von 24 m^2 überschreiten, und auch sonstige der kleingärtnerischen Nutzung dienende bauliche Anlagen können also unverändert genutzt werden, wenn sie zu irgendeinem Zeitpunkt vor dem 3. Oktober 1990 rechtmäßig errichtet worden sind. Zum Bestandsschutz s. auch § 18 Rn. 1 ff.

29 Die **Kleintierhaltung** gehört grundsätzlich nicht zur kleingärtnerischen Nutzung (s. hierzu Näheres § 1 Rn. 4 ff.). Soweit jedoch in den Kleingartenanlagen in der ehemaligen DDR die Kleintierhaltung bis zum 3. Oktober 1990 zulässig und üblich war, bleibt sie unberührt, unter der Voraussetzung, daß sie die Kleingärtnergemeinschaft nicht wesentlich stört und der kleingärtnerischen Nutzung nicht widerspricht. Das wird in der Regel dann der Fall sein, wenn die Kleintierhaltung im bescheidenen Umfang betrieben wird. Stets muß aber die gärtnerische Nutzung überwiegen. Auch bei der Kleintierhaltung gilt die Einschränkung, daß sie nicht erwerbsmäßig, sondern nur für den Eigenbedarf betrieben werden darf. Mit diesen Voraussetzungen wird dem Charakter der Kleingartenanlagen als der Gartenarbeit und der Erholung dienende „Grünflächen" Rechnung getragen.

9. Wohnlaubennutzung; Nutzungsschutz (Bestandsschutz); Nutzungsentgelt (Nr. 8)

30 Das BKleingG stellt durch die Regelung in § 3 Abs. 2 Satz 2, wonach Lauben nicht zum dauernden Wohnen geeignet sein dürfen, sicher, daß Kleingartenanlagen sich nicht zur Wochenendhaus-, Ferienhaus- oder sonstigen der Erholung dienenden Baugebieten entwickeln. Kleingartenanlagen sind keine Baugebiete, sondern Grünflächen i. S. d. § 9 Abs. 1 Nr. 15 BauGB, soweit sie im Bebauungsplan festgesetzt sind, oder Außenbereich, der durch § 35 BauGB vor dem Eindringen wesensfremder Nutzungen, insbesondere der Nutzung zum Wohnen, geschützt wird.

Nr. 8 bezieht unter bestimmten Voraussetzungen die **Wohnnutzung** in die kleingärtnerische Nutzung ein und läßt sie unberührt. Diese „Nutzungsgarantie" ist im **Bestandsschutz** begründet. Die bis zum 3. 10. 1990 bestehende **Befugnis, die Laube zu Wohnzwecken zu nutzen, bleibt nach Nr. 8 fortbestehen,** soweit andere Vorschriften nicht entgegenstehen. Die Befugnis kann sich aus **öffentlich-rechtlichen Regelungen,** z. B. aus der Nachkriegszeit, oder aus **vertraglichen Abmachungen** mit dem Verpächter und behördlicher Zustimmung oder (wissentlicher) stillschweigender Duldung ergeben. Die Wohnnutzung ist rechtswidrig, wenn sie nicht durch öffentlich-rechtliche Bestimmungen gedeckt ist bzw. war. Zur „stillschweigenden Zustimmung" s. § 1 Rn. 34. Die rechtswidrige Wohnnutzung ist nicht bestandsgeschützt. Es liegt in einem solchen Falle keine materiell legale Nutzungsausübung (s. Rn. 27), also keine „Befugnis" i. S. der Nr. 8 vor. Die Befugnis nach Nr. 8 erlischt, wenn **andere Vorschriften** der Wohnnutzung entgegenstehen. Das sind z. B. Vorschriften des Bauordnungsrechts (s. Anhang 3), die im (konkreten) Einzelfall nicht erfüllbare Anforderungen an Aufenthaltsräume stellt. Von den sog. Wohnlauben zu unterscheiden sind sonstige dem „Freizeitwohnen" dienende Gebäude, die auf sog. Erholungsgrundstücken errichtet wurden (s. Rn. 4 c ff.). Näheres zur Wohnnutzung der Gartenlaube s. § 18 Rn. 5 ff.

Für die Wohnnutzung kann der Verpächter ein **zusätzliches angemessenes Entgelt** 31
verlangen, d. h. also ein Entgelt neben dem Pachtzins. Dieses Entgelt ist kein Mietzins. Nach welchen Maßstäben dieses zusätzliche Entgelt zu bemessen ist, regelt das BKleingG nicht. Nach der höchstrichterlichen Rechtsprechung ist auf den Wert der überbauten Grundfläche abzustellen (BGHZ 117, 394 ff.). Zur Frage des angemessenen Entgelts s. § 18 Rn. 7.

§ 20 b

Sonderregelungen für Zwischenpachtverhältnisse im Beitrittsgebiet

Auf Zwischenpachtverträge über Grundstücke in dem in Artikel 3 des Einigungsvertrages genannten Gebiet, die innerhalb von Kleingartenanlagen genutzt werden, sind die §§ 8 bis 10 und § 19 des Schuldrechtsanpassungsgesetzes entsprechend anzuwenden.

Schuldrechtsanpassungsgesetz:

§ 8

Vertragseintritt

(1) Der Grundstückseigentümer tritt in die sich ab dem 1. Januar 1995 ergebenden Rechte und Pflichten aus einem Vertragsverhältnis über den Gebrauch oder die Nutzung seines Grundstücks ein, das landwirtschaftliche Produktionsgenossenschaften bis zum Ablauf des 30. Juni 1990 oder staatliche Stellen im Sinne des § 10 Abs. 1 des Sachenrechtsbereinigungsgesetzes bis zum Ablauf des 2. Oktober 1990 im eigenen oder in seinem Namen mit dem Nutzer abgeschlossen haben. Die in § 46 des Gesetzes über die landwirtschaftlichen Produktionsgenossenschaften vom 2. Juli 1982 (GBl I Nr. 25 S. 443) bezeichneten Genossenschaften und Kooperationsbeziehungen stehen landwirtschaftlichen Produktionsgenossenschaften gleich. Die Regelungen zum Vertragsübergang in § 17 des Vermögensgesetzes bleiben unberührt.

(2) Ist der Vertrag mit einem Zwischenpächter abgeschlossen worden, tritt der Grundstückseigentümer in dieses Vertragsverhältnis ein.

(3) Absatz 1 Satz 1 gilt nicht, wenn der andere Vertragschließende zur Überlassung des Grundstücks nicht berechtigt war und der Nutzer beim

Vertragsabschluß den Mangel der Berechtigung des anderen Vertragschließenden kannte. Kannte nur der Zwischenpächter den Mangel der Berechtigung des anderen Vertragschließenden, tritt der Grundstückseigentümer in den vom Zwischenpächter mit dem unmittelbar Nutzungsberechtigten geschlossenen Vertrag ein. Ein Verstoß gegen die in § 18 Abs. 2 Satz 2 des Gesetzes über die landwirtschaftlichen Produktionsgenossenschaften vom 2. Juli 1982 genannten Voraussetzungen ist nicht beachtlich.

(4) Abweichende rechtskräftige Entscheidungen bleiben unberührt.

§ 9

Vertragliche Nebenpflichten

Grundstückseigentümer und Nutzer können die Erfüllung solcher Pflichten verweigern, die nicht unmittelbar die Nutzung des Grundstücks betreffen und nach ihrem Inhalt von oder gegenüber dem anderen Vertragschließenden zu erbringen waren. Dies gilt insbesondere für die Unterhaltung von Gemeinschaftsanlagen in Wochenendhausgebieten und die Verpflichtung des Nutzers zur Mitarbeit in einer landwirtschaftlichen Produktionsgenossenschaft.

§ 10

Verantwortlichkeit für Fehler oder Schäden

(1) Der Grundstückseigentümer haftet dem Nutzer nicht für Fehler oder Schäden, die infolge eines Umstandes eingetreten sind, den der andere Vertragschließende zu vertreten hat.

(2) Soweit der Grundstückseigentümer nach Absatz 1 nicht haftet, kann der Nutzer unbeschadet des gesetzlichen Vertragseintritts Schadenersatz von dem anderen Vertragschließenden verlangen.

§ 19

Heilung von Mängeln

(1) Ein Vertrag nach § 1 Abs. 1 Nr. 1 ist nicht deshalb unwirksam, weil die nach § 312 Abs. 1 Satz 2 des Zivilgesetzbuchs der Deutschen Demokratischen Republik vorgesehene Schriftform nicht eingehalten worden ist.

(2) Das Fehlen der Zustimmung zur Bebauung nach § 313 Abs. 2 des Zivilgesetzbuchs ist unbeachtlich, wenn der Nutzungsvertrag von einer staatlichen Stelle abgeschlossen worden ist und eine Behörde dieser Körperschaft dem Nutzer eine Bauzustimmung erteilt hat.

(3) Abweichende rechtskräftige Entscheidungen bleiben unberührt.

Übersicht

1. Ausgangslage

1.1 Allgemeines

1 § 20 b ist durch das SchuldRÄndG eingefügt worden. Zum SchuldRÄndG s. § 20 a Rn. 4 f und 4 g. Die Vorschrift des § 20 b stellt der tatsächlichen Grundstücksnutzung entsprechende Rechtsverhältnisse zwischen Grundstückseigentümer und Zwischenpächter her. Mit dieser Regelung wird der **Grundstückseigentümer an einen Vertrag** gebunden, den die LPG oder der Rat des Kreises (oder sonstige staatliche Stellen) mit dem für die Zwischenpacht von Kleingartengrundstücken früher zuständigen VKSK (s. § 20 a Rn. 19) geschlossen hat ohne Rücksicht darauf, ob dieser dem Willen oder dem Interesse des Eigentümers entsprach (BT-Drs. 12/7135 S. 42), und der ihm gegenüber keine Wirksamkeit entfaltet (s. unten Rn. 2 ff.).

1.2 Bodennutzungsrecht der LPG; Kreispachtverträge

2 Nach dem Recht der ehemaligen DDR konnten Privatgrundstücke von LPG-en oder staatlichen Stellen unter bestimmten Voraussetzungen ohne Mitwirkung des Grundstückseigentümers Dritten durch Vertrag zur Weiterverpachtung zur kleingärtnerischen Nutzung aufgrund von Einzelnutzungsverträgen überlassen werden. Die LPG hatte gemäß § 18 LPG-Gesetz vom 2. 7. 1982 (GBl I S. 443) an dem Boden, der durch die Genossenschaftsbauern eingebracht oder ihr vom Staat unentgeltlichen Nutzung übergeben oder ihr von anderen sozialistischen Betrieben zur unbefristeten Nutzung übertragen wurde, das **umfassende und dauernde Nutzungsrecht**. Dieses Nutzungsrecht war selbständiger Natur und vom Eigentumsrecht am Boden unabhängig und umfaßte u. a. auch das Recht, Grund und Boden für kleingärtnerische Zwecke dem VKSK zur Verfügung zu stellen, und zwar sowohl **zeitweilig nicht bewirtschaftbare Kleinstflächen i. S. d. § 18 Abs. 2 Satz 2 LPG-Gesetz** als auch **Großflächen nach entsprechender Umwidmung i. S. d. § 18 Abs. 2 Satz 1 Buchst. h LPG-Gesetz** (s. BGH, ZOV 1994, 182 f.; grundlegend zu den pachtrechtlichen Grundlagen in der ehemaligen DDR Kärsten, Rechtsstreitigkeiten im Kleingartenwesen der neuen Bundesländer, in: Neue Justiz 1994, 104 ff.).

3 Das der LPG durch § 18 LPG-Gesetz eingeräumte, Rechte des Eigentümers ausschließende umfassende und dauernde **Nutzungsrecht** ist mit Wirkung vom 1. Juli 1990

durch § 7 des Gesetzes über die Änderung oder die Aufhebung von Gesetzen der DDR vom 28. Juni 1990 (GBl I S. 483) **aufgehoben worden**. Damit war das vom entsprechenden Recht der LPG **abgeleitete Nutzungsrecht der Kleingärtner** mit Wirkung vom 1. Juli 1990 **dem Eigentümer gegenüber erloschen (BGH, DtZ 1994, 68 ff.). Dennoch ergab sich** — unabhängig vom gesetzlichen Moratorium (s. unten Rn. 7 f.) — aus dem **Grundsatz des Vertrauensschutzes** (§ 242 BGB) eine Nutz- und Besitzberechtigung des einzelnen Kleingärtners, der sich auf einen wirksamen Kleingartennutzungsvertrag mit dem VKSK berufen konnte. § 242 BGB setzt der Rechtsausübung dort eine Grenze, wo die sich aus der sozial-ethischen Gebundenheit des Rechts ergebenden Schranken überschritten werden. Das BVerfG hat z. B. dem Mieter, der in Kenntnis der Eigentumsverhältnisse von einem Dritten — Zwischenmieter eine Wohnung gemietet hat, den gesetzlichen Mieterschutz zugebilligt.

4 Nach § 51 LandAnpG vom 29. 6. 1990 (GBl I S. 642) waren die zwischen der LPG und dem Rat des Kreises sowie die zwischen ihm und dem Grundstückseigentümer abgeschlossenen Verträge, durch die auch Flächen für die kleingärtnerische Nutzung zur Verfügung gestellt wurden (sog. **Kreispachtverträge**), innerhalb eines Jahres nach dessen Inkrafttreten, also bis zum 20. 7. 1991, aufzulösen. Hierbei handelte es sich um Privatgrundstücke, die der Rat des Kreises gepachtet und entweder an die LPG-en zur Nutzung im Rahmen des umfassenden Bodennutzungsrechts oder an den VKSK zum Zwecke der kleingärtnerischen Nutzung weiterverpachtet hatte (s. Kärsten, NJ 1994, 104, 105). Unmittelbare Rechtsbeziehungen zwischen dem Grundstückseigentümer und dem letztlich unmittelbar nutzungsberechtigten Kleingärtner lagen in der Regel nicht vor. Die Überlassung des Bodens an den Rat des Kreises erfolgte auf Dauer und konnte vom Grundstückseigentümer für die eigene Nutzung nicht mehr rückgängig gemacht werden, weil dies „gesellschaftlich überholt" war (Arlt-Rohde, Bodenrecht, 1967, S. 343).

5 § 51 LandAnpG regelt nicht, auf welche Art und Weise die Auflösung der Rechtsverhältnisse zu erfolgen hat. Er verfolgt nur den Zweck, das Privateigentum an Grund und Boden in vollem Umfang wiederherzustellen (§ 1 LandAnpG) und den Staat aus den Rechtsbeziehungen zwischen dem Eigentümer und Nutzer herauszunehmen. Mit der Beendigung des in § 51 LandAnpG genannten Nutzungsverhältnisses verlor der letztlich unmittelbar Nutzungsberechtigte sein Recht zum Besitz gegenüber dem Grundstückseigentümer (BGHZ 121, 188).

6 Darüber hinaus entwickelte sich in vielen Gemeinden und Kreisen eine Verwaltungspraxis, nach der nicht genutzte Grundstücke ohne gesetzliche Ermächtigung oder in Überschreitung einer solchen und ohne Befragung des Eigentümers Dritten vertraglich zur Nutzung überlassen worden sind (s. BT-Drs. 12/7135 S. 42).

1.3 Vertrags- und Besitzschutzmoratorium

7 Bis zum 31. 12. 1994 bildete das **Vertragsmoratorium in Art. 232 § 4 a EGBGB** in den Fällen der Aufhebung des dauernden und umfassenden Nutzungsrechts (§ 18 LPG-Gesetz) und der Auflösung der sog. Kreispachtverträge (§ 51 LandAnpG) — s. oben Rn. 3 ff — die gesetzliche Grundlage für das Besitz- und Nutzungsrecht der Kleingärtner. Es ist durch das am 25. 12. 1993 in Kraft getretene Gesetz zur Vereinfachung und Beschleunigung registerrechtlicher und anderer Verfahren (Registerverfahren-Beschleunigungsgesetz) vom 20. 12. 1993 (BGBl I S. 2182) durch Einfügung

von § 4 a in Art. 232 EGBGB begründet worden. Danach wurde dem Nutzer bis zum Ablauf des 31. 12. 1994 ein Besitzrecht gewährt, das auch gegenüber dem Grundstückseigentümer wirksam war, wenn aufgrund von § 18 LPG-Gesetz in der vor dem 1. Juli 1990 geltenden Fassung zwischen der LPG und einer der dort genannten Stellen ein Vertrag über die kleingärtnerische Nutzung land- und forstwirtschaftlich nicht genutzer Bodenflächen abgeschlossen worden ist (§ 4 Abs. 2). Das gleiche gilt auch, wenn ein Vertrag mit einer staatlichen Stelle abgeschlossen wurde, auch wenn diese hierzu nicht ermächtigt war, es sei denn, daß der Nutzer Kenntnis vom Fehlen der Ermächtigung hatte (§ 4 a Abs. 3). S. hierzu unten Rn. 15 ff. Im Regelfall wird Bösgläubigkeit des Kleingärtners auszuschließen sein. Dieses Moratorium stellte also sicher, daß der Kleingärtner als Nutzer eines Grundstücks aufgrund eines mit der LPG oder einer staatlichen Stelle abgeschlossenen Vertrages gemäß § 312 ZGB das Grundstück dem Eigentümer nicht deswegen herausgeben mußte, weil der Vertrag ihm gegenüber keine Wirksamkeit entfaltete (vgl. BGHZ 121, 88; BGH, DtZ 1994, 68). Voraussetzung für den gesetzlichen Besitzschutz des Kleingärtners war, daß dieser selbst einen wirksamen Vertrag (§ 312 ZGB) mit dem VKSK abgeschlossen und der VKSK seine auch mittelbare Besitzberechtigung wirksam eingeräumt erhalten hat. In seiner Entscheidung vom 4. 2. 1994 – V ZR 247/92 – hat der BGH u. a. ausdrücklich festgestellt, daß die LPG in Ausübung ihres Nutzungsrechts in Abstimmung mit den Räten der Städte und Gemeinden auch größere Flächen durch Hauptnutzungsvertrag dem VKSK zur Weiterverpachtung überlassen durfte. **Ein solcher Vertrag gab auch dem Rechtsnachfolger des VKSK und seinen Untergliederungen sowie dem Kleingärtner bis zum 31. 12. 1994 ein Recht zum Besitz gegenüber dem Eigentümer (BGH, ZOV 1994, 182).**

Nach der Rechtsprechung des BGH war der Kleingärtner bis zum 31. 12. 1994 auch durch das **Moratorium nach Art. 233 § 2 a Abs. 1 EGBGB** (zweites VermRÄndG) vom 14. Juli 1992 (BGBl I S. 122, 57) in seinem Besitz geschützt **(Besitzschutzmoratorium)**. Das Besitz- und Nutzungsrecht aufgrund dieses Moratoriums war unabhängig von der bestehenden Rechtslage. Insoweit unterschied sich das Vertragsmoratorium grundlegend vom sog. **Besitzschutzmoratorium** in Art. 233 § 2 a EGBGB, wo es auf eine vertragliche oder gesetzliche Besitzberechtigung nicht ankam. 8

Die abschließende Regelung der gestörten Besitzverhältnisse erfolgt durch den gesetzlichen Vertragseintritt nach § 8 SchuldRAnpG i. V. m. § 20 b BKleingG. Auf Kleingartenpachtverhältnisse i. S. des BKleingG findet er keine unmittelbare, sondern (nur) entsprechende Anwendung. § 20 b, der durch Art. 5 des Schuldrechtsänderungsgesetzes in das BKleingG eingefügt wurde (s. § 20 a Rn. 4 f und 4 g) ordnet an, daß auf Zwischenpachtverträge über kleingärtnerisch genutzte Grundstücke innerhalb von Kleingartenanlagen die Vorschriften der §§ 8 bis 10 und 19 SchuldRAnpG entsprechend anzuwenden sind. 8 a

2. Vertragseintritt (§ 8 SchuldRAnpG)

Nach § 8 SchuldRAnpG **tritt der Grundstückseigentümer** von Gesetzes wegen am 1. 1. 1995 **in das Zwischenpachtverhältnis** (Hauptnutzungsverhältnis) i. S. des § 4 Abs. 2 i. V. m. § 20 a Nr. 1 ein, das die LPG oder eine andere Produktionsgenossenschaft, z. B. die GPD, mit dem VKSK als Zwischenpächter geschlossen hat (§ 8 9

Abs. 1 und 2 SchuldRAnpG, § 20 b BKleinG). Zwischenpächter waren i. d. R. die Kreisverbände des VKSK. Die vereinsorganisatorischen Änderungen der Kleingärtnerorganisationen in den neuen Ländern nach Auflösung des VKSK berühren weder das nach § 20 a Nr. 4 übergeleitete Zwischenpachtprivileg der örtlichen Kleingärtnerorganisationen (s. hierzu § 20 a Rn. 19 f.) noch die früher geschlossenen Vertragsverhältnisse der LPG mit dem VKSK als Zwischenpächter. Durch den Vertragseintritt wechselt in diesem Vertragsverhältnis ein Vertragspartner. **An die Stelle der LPG tritt der Eigentümer** der verpachteten Flächen in den Zwischenpachtvertrag ein.

10 Das gleiche gilt auch für die **Zwischenpachtverträge, die der Rat des Kreises mit dem VKSK als Zwischenpächter geschlossen hat.** § 8 Abs. 1 SchuldRAnpG spricht in diesem Zusammenhang von „staatlichen Stellen", ohne diesen Begriff näher zu erläutern. Den gleichen Begriff verwendet auch § 10 des Sachenrechtsbereinigungsgesetzes (SachenRBerG). Beispielhaft werden dort als staatliche Stellen genannt Verwaltungsstellen, die nach der in der ehemaligen DDR üblichen Verwaltungspraxis Entscheidungen über Grundstücksnutzungen getroffen haben (vgl. BT-Drs. 12/7135 S. 43). **Staatliche Stellen** i. S. des § 8 Abs. 1 SchuldRAnpG sind auch die **Räte der Kreise**. Dabei kommt es nicht darauf an, ob die LPG oder der Rat des Kreises im eigenen Namen oder als Vertreter des Eigentümers handelten. Die Vorschriften des BGB und des ZGB über die Vollmacht (Vertretung) finden keine Anwendung. Im Interesse des Kleingärtners stellt das Gesetz auf die tatsächlich bestehenden Nutzungsverhältnisse ab.

11 § 8 Abs. 1 knüpft an das Eigentum an. Ist jemand im Grundbuch als Eigentümer eingetragen, so wird vermutet, daß ihm das Eigentumsrecht zusteht (§ 891 BGB). Das bedeutet, daß bis zur Widerlegung die Eintragung als richtig gilt. Die Vermutung kann widerlegt werden. Erforderlich ist der Beweis der Unrichtigkeit. Tatsachen, die die Gegenvermutung begründen, reichen nicht aus. Der Grundstückseigentümer tritt an die Stelle der LPG oder der staatlichen Stelle, **in die sich aus dem Zwischenpachtverhältnis ergebenden Rechte und Pflichten** ein, und zwar in alle, die zwischen den damaligen Vertragsparteien vereinbart und Bestandteil des Zwischenpachtverhältnisses geworden sind. Der Eintritt erfolgt kraft Gesetzes ab dem 1. Januar 1995 ohne Rücksicht darauf, ob der Zwischenpächter Kenntnis vom Vertragseintritt hat oder nicht. Der Grundstückseigentümer **tritt jedoch nicht in solche Rechte und Pflichten** ein, **die nicht unmittelbar die Nutzung des Kleingartengrundstückes** betreffen.

12 Der gesetzliche Vertragseintritt ist in die Zukunft gerichtet. Wie in § 571 BGB („Kauf bricht nicht Miete") gehen nur die Rechte und Pflichten auf die Grundstückseigentümer über, die nach Inkrafttreten des Gesetzes fällig werden. Das gilt nicht für das Nutzungsentgelt. Gemäß Art. 232 § 4 a Abs. 4 EGBGB sind die vor dem gesetzlichen Eintritt in den Vertrag gezogenen Nutzungsentgelte an den Grundstückseigentümer herauszugeben.

13 § 8 Abs. 1 Satz 3 SchuldRAnpG bestimmt ausdrücklich, daß die Regelungen über den Vertragsübergang in § 17 des Vermögensgesetzes (VermG) unberührt bleiben. § 17 VermG trifft Sonderregelungen für Miet- und Nutzungsrechtsverhältnisse an Grundstücken und Gebäuden, die an den Alteigentümer zurückübertragen worden sind oder bei denen die staatliche Verwaltung aufgehoben worden ist. Diese besonderen Bestimmungen werden durch den gesetzlichen Vertragseintritt nach § 8

SchuldRAnpG nicht berührt. Hierbei handelt es sich vor allem darum, ob das Zwischenpachtverhältnis redlich begründet worden ist oder nicht. § 17 Satz 2 VermG ordnet an, daß das Rechtsverhältnis aufzuheben ist, wenn der Mieter oder der Nutzer bei Abschluß des Vertrages nicht redlich war, wenn also das Zwischenpachtverhältnis aufgrund unlauterer Machenschaften, z. B. durch Machtmißbrauch, begründet worden ist. Zum redlichen Erwerb s. § 20 a Rn. 3 d.

§ 8 Abs. 2 bestimmt aus praktischen Erwägungen den Eintritt des Grundstückseigentümers in das Zwischenpachtverhältnis. Das Gesetz will insoweit die entstandenen Pachtstufen beibehalten. Davon geht auch § 20 b aus. Dieser Grundsatz, daß der Eigentümer in den Zwischenpachtvertrag anstelle der LPG oder einer anderen staatlichen Stelle eintritt, gilt jedoch nicht ausnahmslos. Nach § 8 Abs. 3 Satz 2 tritt der Grundstückseigentümer in die vom Zwischenpächter mit dem einzelnen Nutzer geschlossenen Verträge ein, wenn der Zwischenpächter bei Vertragsabschluß mit der LPG oder der staatlichen Stelle wußte, daß diese zur Überlassung des Grundstücks nicht berechtigt waren. Die **Bösgläubigkeit des Zwischenpächters** gereicht dadurch dem redlichen Nutzer nicht zum Nachteil. Das Einzelpachtverhältnis des Kleingärtners mit dem Zwischenpächter bleibt bestehen mit der Maßgabe, daß an die Stelle des Zwischenpächters der Grundstückseigentümer (in diesem Vertragsverhältnis) tritt. Kannte jedoch der unmittelbare Nutzer, also der Kleingärtner, den Mangel der Berechtigung ebenfalls, so wird keiner der Verträge übergeleitet (§ 8 Abs. 3 Satz 1 SchuldRAnpG). 14

§ 8 Abs. 3 Satz 2 SchuldRAnpG knüpft hier einerseits an **Verstöße gegen Rechtsvorschriften** der ehemaligen DDR und andererseits an die **Bösgläubigkeit des Zwischenpächters** an. 15

Ein **Verstoß** gegen Rechtsvorschriften kann vorliegen, wenn LPG oder staatliche Stellen Flächen zur kleingärtnerischen Nutzung ohne Rechtsgrundlage oder in Überschreitung dieser Flächen zur kleingärtnerischen Nutzung überlassen haben. Das kann auch der Fall sein, wenn die Überlassung der Genehmigung einer staatlichen Stelle bedurfte, die bei Vertragsabschluß nicht vorlag. Ist der Grundstückseigentümer über die Weiterverpachtung weder informiert noch beteiligt worden, so liegt darin nur dann ein nach § 8 Abs. 3 SchuldRAnpG beachtlicher Verstoß, wenn die Vorschriften der ehemaligen DDR die Beteiligung oder die Benachrichtigung des Eigentümers vorgesehen haben. Das gilt auch für Kreispachtverträge, in denen Vereinbarungen über die Weitergabe der Grundstücksfläche getroffen worden sind, die später durch den Rat des Kreises einseitig ohne Beteiligung oder Befragung des Eigentümers geändert worden sind. Verstöße gegen vertragliche Vereinbarungen sind nicht beachtlich, wenn sie von den im Zeitpunkt des Vertragsabschlusses geltenden Vorschriften gedeckt waren. Hierbei kommt es entscheidend auf ein der Rechtslage in der ehemaligen DDR entsprechendes Verhalten an. 16

Zweite Voraussetzung für den Nichteintritt des Grundstückseigentümers in den Zwischenpachtvertrag ist die **Bösgläubigkeit des Zwischenpächters**. Der Zwischenpächter muß also im Zeitpunkt des Vertragsabschlusses gewußt haben, daß die Überlassung der Fläche zur kleingärtnerischen Nutzung entgegen den Vorschriften erfolgte. Grob fahrlässige Unkenntnis genügt nicht. Andererseits bestand auch für den VKSK 17 als Zwischenpächter keine allgemeine Nachforschungspflicht, ob der andere Vertragschließende zur Überlassung der Fläche berechtigt war. Dabei kann dahinstehen, ob der VKSK überhaupt die Möglichkeit hatte, Nachforschungen anzustellen. Im Regelfall wird also Bösgläubigkeit des VKSK als Zwischenpächter auszuschließen sein.

18 Eine **Sondervorschrift enthält § 8 Abs. 3 Satz 3** SchuldRAnpG für die Fälle, in denen die Nutzungsbefugnis von LPG'en nach Maßgabe des § 18 Abs. 2 Satz 2 LPG-Gesetz eingeräumt worden ist. Nach dieser Bestimmung konnte die LPG zeitweilig durch sie selbst nicht bewirtschaftbare Kleinstflächen in Abstimmung mit den Räten der Städte und Gemeinden befristet Sparten der VKSK oder anderen Nutzern überlassen. Soweit bei der Überlassung von Flächen nach Maßgabe dieser Vorschrift deren Voraussetzungen nicht eingehalten worden sind, z. B. die Befristung der Verträge, sind diese **Verletzungen unbeachtlich**, selbst wenn die Verstöße dem Nutzer oder Zwischenpächter bekannt waren. Denn § 18 Abs. 2 Satz 2 LPG-Gesetz diente nur zur Sicherung der kollektiven Bodennutzung, bezweckte aber nicht den Schutz des Grundstückseigentümers. Rechtsmängel werden durch die Vorschrift geheilt.

19 § 8 Abs. 4 SchuldRAnpG stellt klar, daß aus Gründen des Rechtsfriedens die bei Inkrafttreten des Gesetzes abweichenden rechtskräftigen Entscheidungen unberührt bleiben.

3. Vertragliche Nebenpflichten (§ 9 SchuldRAnpG)

20 § 9 regelt das Schicksal der vertraglichen Nebenpflichten nach Eintritt des Grundstückseigentümers in den Zwischenpachtvertrag. Hierbei handelt es sich um **Verpflichtungen, die nicht unmittelbar die Nutzung des Kleingartengrundstücks betreffen.** Das können z. B. Erschließungs- und Unterhaltungspflichten sein, die die LPG im Zwischenpachtvertrag übernommen hat oder Verpflichtungen der Nutzer (Kleingärtner) gegenüber der LPG. In Betracht kommen u. a. die Herstellungs- und Unterhaltungspflicht des Wegenetzes innerhalb der Kleingartenanlage oder sonstiger gemeinschaftlicher Einrichtungen, die der LPG obliegt. Soweit solche Nebenverpflichtungen in Zwischenpachtverträgen zu Lasten der LPG vereinbart worden sind, gewährt § 9 dem **Grundstückseigentümer das Recht**, die Erfüllung dieser Verpflichtung zu **verweigern**. Der Grundstückseigentümer tritt nur in die Rechte und Pflichten des Zwischenpachtvertrages ein, die die Nutzung des Kleingartengrundstücks betreffen. S. hierzu auch oben Rn. 11.

21 Das gleiche gilt auch für staatliche Stellen als **Zwischenpächter**, der im Zwischenpachtvertrag Nebenverpflichtungen übernommen hat, die sich nicht unmittelbar aus der Nutzung des Grundstücks bzw. der Weitergabe der Fläche zur kleingärtnerischen Nutzung ergeben. Auch er kann vertraglich übernommene Nebenverpflichtungen verweigern. Er wird insoweit aus der Verantwortlichkeit entlassen.

4. Verantwortlichkeit für Fehler und Schäden (§ 10 SchuldRAnpG)

22 Mit dem gesetzlichen Vertragseintritt übernimmt der Grundstückseigentümer sämtliche die Nutzung des Kleingartengrundstücks betreffende vertragliche und gesetzliche Rechte und Pflichten. Nach § 581 Abs. 2 BGB sind auf die Kleingartenpacht die Vorschriften über die Miete entsprechend anzuwenden. S. hierzu auch § 20 a Rn. 4 j ff.

und Anhang 4. Gemäß § 536 BGB ist also der Grundstückseigentümer als Verpächter verpflichtet, den Pachtgegenstand in einem zu dem **vertragsmäßigen Gebrauch** geeigneten Zustand zu erhalten. Er haftet also grundsätzlich dem Nutzer gegenüber auf **Mängelbeseitigung** (§ 536 BGB) und ggf. auch auf **Schadensersatz** (§ 538 BGB), wenn das Grundstück mit einem Fehler behaftet ist, der die Tauglichkeit der Kleingartenfläche zum vertragsmäßigen Gebrauch aufhebt oder mindert. S. hierzu auch § 4 Rn. 11 ff.

23 Soweit der Mangel durch einen Umstand eingetreten ist, den der andere Vertragschließende zu vertreten hat, erscheint es unbillig, den Grundstückseigentümer hierfür haften zu lassen. § 10 Abs. 1 SchuldRAnpG bestimmt daher, daß der **Grundstückseigentümer nicht für Fehler oder Schäden haftet**, die infolge eines Umstandes eingetreten sind, den der **andere Vertragschließende zu vertreten hat**. Diese Vorschrift schließt also die Haftung des Grundstückseigentümers gegenüber dem Nutzer für die von dem anderen Vertragschließenden schuldhaft herbeigeführten Fehler und Schäden aus. Der Grundstückseigentümer ist zur Behebung eines solchen Mangels oder zu Schadensersatz nicht verpflichtet. Andererseits ist auch der Nutzer, soweit der Mangel die Tauglichkeit des Grundstücks zum vertragsmäßigen Gebrauch beeinträchtigt, nicht zur Minderung des Nutzungsentgelts nach § 537 BGB berechtigt. Der Nutzer kann auch kein Schadensersatz wegen Nichterfüllens gemäß § 538 Abs. 1 BGB vom Grundstückseigentümer verlangen. S. hierzu § 4 Rn. 16 und unten Rn. 25.

24 Der **Ausschluß der Haftung** gilt aber nur, wenn der andere Vertragschließende den Mangel allein zu vertreten hat. Ist der Grundstückseigentümer für den Mangel oder den Schadenseintritt mitursächlich verantwortlich, bleibt es bei der im BGB vorgesehenen Haftung.

25 Soweit der **Grundstückseigentümer** für Fehler und Schäden nach § 10 Abs. 1 SchuldRAnpG **nicht haftet**, kann der Nutzer **vom anderen Vertragschließenden Schadensersatz** verlangen. Der gesetzliche Vertragseintritt und der Haftungsausschluß des Grundstückseigentümers führt also nicht zu Nachteilen für den Nutzer.

5. Heilung von Mängeln (§ 19 SchuldRAnpG)

26 Grundsätzlich sind Verträge, die die vorgeschriebene Form nicht einhalten nichtig. Das gilt auch für die Kleingartennutzungsverträge nach § 312 Abs. 1 Satz 2 ZGB. § 19 Abs. 1 heilt diese wegen Formmangels nichtigen Verträge. Durch Verweisung in § 20 b BKleingG auf die Heilungsvorschrift des § 19 SchuldRAnpG wird sichergestellt, daß formlos abgeschlossene Zwischenpachtverträge wirksam sind.

27 § 19 Abs. 3 SchuldRAnpG stellt klar, daß **abweichende rechtskräftige Entscheidungen** Bestand haben.

§ 21[1])

Berlin-Klausel

Dieses Gesetz gilt nach Maßgabe des § 13 Abs. 1 des Dritten Überleitungsgesetzes auch im Land Berlin.

§ 22[2])

Inkrafttreten

Dieses Gesetz tritt am 1. April 1983 in Kraft.

1) Die Berlin-Klausel ist gegenstandslos geworden. Durch § 4 Abs. 1 Nr. 2 des sechsten Überleitungsgesetzes (BGBl I S. 2106) ist die Vorschrift des § 13 des Dritten Überleitungsgesetzes außer Kraft gesetzt worden, nachdem die Alliierten durch Erklärung vom 1. Oktober 1990 ihre Vorbehaltsrechte in bezug auf Berlin zum 3. Oktober 1990 suspendiert haben.

2) Gemäß Art. 4 ist das BKleingÄndG am 1. Mai 1994 in Kraft getreten.

ZWEITES KAPITEL
Gesetz zur Änderung des Bundeskleingartengesetzes (BKleingÄndG)

Art. 1
Änderung des BKleingG

Die Änderungen des Bundeskleingartengesetzes sind in den Gesetzestext eingearbeitet und dort erläutert.

Artikel 2
Änderung des Baugesetzbuchs

Dem § 135 Abs. 4 des Baugesetzbuchs, das zuletzt durch Artikel 6 Abs. 29 des Gesetzes vom 27. Dezember 1993 (BGBl I S. 2378) geändert worden ist, wird folgender Satz 3 angefügt:

„Der Beitrag ist auch zinslos zu stunden, solange Grundstücke als Kleingärten im Sinne des Bundeskleingartengesetzes genutzt werden."

Übersicht

1. Erschließungsbeitragspflicht für Dauerkleingärten

Kleingärten gehören nach der Rechtsprechung des Bundesverwaltungsgerichts zu den **erschlossenen** (§ 131 Abs. 1 BauGB) und der **Erschließungsbeitragspflicht** unterliegenden **Grundstücken** i. S. d. § 133 Abs. 1 BauGB, sofern sie im Bebauungsplan als Dauerkleingärten festgesetzt sind (BVerwG, NJW 1980, 1973 = BRS 43, 71, 72). Der Beitragspflicht unterworfen sind nicht nur baulich und gewerblich nutzbare Grundstücke, sondern auch Grundstücke, die in einer der baulichen oder gewerblichen Nutzung vergleichbaren Weise genutzt werden können, also einen Ziel- und Quellverkehr verursachen, und somit auf die Erschließung angewiesen sind und deswegen einen Erschließungsvorteil haben (BVerwG, DVBl 1979, 784; BVerwG, NVwZ 1983, 669). Nach § 125 Abs. 1 setzt die rechtmäßige (erstmalige) Herstellung von erschließungsbeitragsfähigen Verkehrsanlagen einen **rechtskräftigen Bebauungsplan** voraus. Beitragsfähig sind daher nur Dauerkleingartengrundstücke (s. § 1 Rn. 35 ff.). Sonstige Kleingartenanlagen sind planungsrechtlich als Außenbereich zu qualifizieren und unterliegen daher **nicht** der Erschließungsbeitragspflicht (vgl. § 3 Rn. 16). 1

2 Nach § 135 Abs. 5 BauGB kann die Gemeinde von der Erhebung des Erschließungsbeitrags ganz oder teilweise absehen, wenn dies im öffentlichen Interesse oder zur Vermeidung unbilliger Härten geboten ist. Die Praxis ist bisher davon ausgegangen, daß bei Kleingärten die Voraussetzungen für einen Billigkeitserlaß unter dem Gesichtspunkt des öffentlichen Interesses und auch dem der unbilligen Härte in der Regel erfüllt sein werden (vgl. BVerwG, NJW 1980, 1973 = BRS 43, 71, 72). Nach der neueren Rechtsprechung des BVerwG kommt dagegen ein Beitragserlaß nur in seltenen Ausnahmefällen in Betracht (BVerwG, KStZ 1992, 229).

2. Stundung des Erschließungsbeitrags

3 Art. 2 trifft für Dauerkleingartengrundstücke eine **besondere Billigkeitsregelung**, um eine – wegen der Überwälzbarkeit öffentlich-rechtlicher Lasten, die auf dem Kleingartengrundstück ruhen (hierzu gehört auch der Erschließungsbeitrag von §§ 127 ff. BauGB) auf die Pächter – mögliche unangemessene und sozialpolitisch nicht zu rechtfertigende Belastung der Kleingärtner zu vermeiden (s. BT-Drs. 12/6154 S. 10). Der federführende BT-Ausschuß hat diese Billigkeitsregelung angesichts des sozialpolitischen Charakters der Kleingärten einvernehmlich für angemessen gehalten (BT-Drs. 12/6782 S. 7).

4 In Anlehnung an die Billigkeitsmaßnahme für landwirtschaftlich genutzte Grundstücke bestimmt der in § 135 Abs. 4 neu eingefügte Satz 3, daß der Erschließungsbeitrag für Grundstücke, die als Kleingärten i. S. d. BKleinG genutzt werden, **zinslos zu stunden** ist. Die Stundungsregelung findet also nur auf Kleingärten Anwendung, die den in § 1 Abs. 1 BKleingG genannten Begriffsmerkmalen entsprechen und die weder den in Abs. 2 aufgezählten Gärten noch Grundstücksnutzungen zuzurechnen sind. Eines Stundungsantrags des Grundstückseigentümers bedarf es nicht. Die Gemeinde ist von Amts wegen verpflichtet, den Erschließungsbeitrag zu stunden. Durch die Stundung wird die Fälligkeit des Erschließungsbeitrags hinausgeschoben. Nach § 135 Abs. 4 Satz 3 ist der Erschließungsbeitrag für die Dauer der Nutzung des Grundstücks als Kleingarten i. S. d. § 1 BKleingG zu stunden. Die Verinsung des Erschließungsbeitrags während der Stundung ist durch das Gesetz ausdrücklich ausgeschlossen. Der Erschließungsbeitrag wird fällig, wenn das der Beitragspflicht unterliegende als Kleingarten i. S. des § 1 Abs. 1 genutzte Grundstück einer anderen Bodennutzung zugeführt wird, die dieser Billigkeitsmaßnahme nicht unterworfen ist.

Artikel 3

Überleitungsregelungen

Für private Verpächter von Kleingärten findet Artikel 1 Nr. 4 Buchstabe a

1. **im Falle am 1. November 1992 nicht bestandskräftig entschiedener Rechtsstreitigkeiten über die Höhe des Pachtzinses rückwirkend vom ersten Tage des auf die Rechtshängigkeit folgenden Monats,**
2. **im übrigen ab 1. November 1992**

Anwendung. Das gilt nicht für den Anwendungsbereich des § 20 a des Bundeskleingartengesetzes. § 5 Abs. 3 Satz 1 und 4 des Bundeskleingartengesetzes gilt entsprechend. Die schriftliche Erklärung des Verpächters hat die Wirkung, daß mit dem vom Verpächter genannten Zeitpunkt an die Stelle des bisherigen Pachtzinses der erhöhte Pachtzins tritt.

Übersicht

1. Rückwirkende Pachtzinserhöhung in den alten Ländern

Art. 3 BKleingÄndG regelt als Überleitungsvorschrift die (rückwirkende) Erhöhung des Pachtzinses für Kleingärten gemäß § 5 Abs. 1 Satz 1 – neu – BKleinG. Nach Satz 1 können private Verpächter von **Kleingärten** die Pachtzinsen **rückwirkend zum 1. November 1992** bis zum Höchstpachtzins nach § 5 Abs. 1 Satz 1 BKleingG anheben. Für den Fall, daß am 1. November 1992 Rechtsstreitigkeiten über die Höhe der Kleingartenpacht nicht bestandskräftig entschieden waren, kann ein privater Verpächter von Kleingartenland darüber hinaus den Pachtzins **rückwirkend vom ersten Tag des auf die Rechtshängigkeit folgenden Monats** anheben. Gemeinden als Verpächter und alle anderen juristischen Personen des öffentlichen Rechts (z. B. Bund, Länder, Kirchen) können den Pachtzins frühestens ab 1. Mai 1994 bis zur Höhe der gesetzlich zulässigen Pachtobergrenze erhöhen. **1**

Art. 3 des BKleingÄndG trägt damit der Forderung des BVerfG Rechnung. Das BVerfG hat den Gesetzgeber ausdrücklich verpflichtet, die Pachtzinsen für Pachtverhältnisse mit privaten Verpächtern mindestens für die Zeit von der Bekanntgabe des Beschlusses des BVerfG vom 23. September 1992, also ab November 1992, nachzubessern. Für die darüber hinaus reichende Zeit mußte nach dem BVerfG die rückwirkende Regelung jedenfalls auf Fälle erstreckt werden, in denen Rechtsstreitigkeiten die Höhe des Pachtzinses anhängig gemacht und im Zeitpunkt der Bekanntgabe noch nicht bestandskräftig abgeschlossen waren (BVerfGE 87, 114, 151). Die Rückwirkungsregelung gilt nur in den **alten Bundesländern**. **2**

2. Erhöhungserklärung

Voraussetzung für die Anhebung der Kleingartenpacht ist jeweils eine entsprechende **schriftliche Erklärung** des Verpächters. Diese Erklärung hat die Wirkung, daß mit dem vom Verpächter genannten Zeitpunkt an die Stelle des bisherigen Pachtzinses der erhöhte Pachtzins nach der Neufassung des § 5 Abs. 1 Satz 1 BKleingG tritt (Art. 3 Satz 4 BKleingÄndG). Die Erhöhungserklärung ist unwirksam, wenn die Schriftform nicht eingehalten wird. **3**

Im Falle einer Pachtzinserhöhung räumt Art. 3 Satz 2 BKleingÄndG den Pächtern ein **vorzeitiges Kündigungsrecht** ein. Das Kündigungsrecht besteht bei allen Kleingartenpachtverträgen. Die Kündigung des Pächters muß schriftlich erfolgen. Eine verspätete Kündigung ist unwirksam. Sie kann in eine ordentliche Kündigung umgedeutet werden. Die Erhöhung der Pacht bleibt bestehen (s. auch § 5 Rn. 49 ff.). **4**

Artikel 4
Inkrafttreten

Dieses Gesetz tritt am 1. Mai 1994 in Kraft.

Dritter Teil
Anhang

Anhang 1

Rechts- und Verwaltungsvorschriften der Länder zum Kleingartenrecht

Stand: September 1996

Baden-Württemberg

- Richtlinien über die Gewährung von zinsverbilligten Darlehen zur Förderung von Kleingärten aus Mitteln der Landeskreditbank vom 1. 1. 1984 (n. V.)
- Verordnung des Ministeriums Ländlicher Raum über die Zuständigkeiten im Kleingartenrecht (KleingZuVO) vom 30. 9. 1992 (GBl Nr. 26 S. 687)
- Verwaltungsvorschrift des Ministeriums Ländlicher Raum über die Anerkennung und Prüfung der kleingärtnerischen Gemeinnützigkeit nach dem BKleingG vom 15. 10. 1992 (GemABl Nr. 37 v. 15. 12. 1992 S. 1323)

Bayern

- Gesetz über Zuständigkeiten im Kleingartenrecht und über die Aufhebung von Zuständigkeiten im Siedlungs- und Wohnungsrecht vom 6. 8. 1986 (Bay. GVBl S. 217)
- Bekanntmachung des Bayerischen Staatsministeriums des Innern vom 30. 4. 1987: „Vollzug des BKleingG; Anerkennung und Überwachung der kleingärtnerischen Gemeinnützigkeit" Bay. MABl Nr. 11/87 S. 272 i. d. F. der Bekanntmachung vom 9. 9. 1987 (Bay. MABl Nr. 23/87 S. 696)
- Richtlinien des Landesverbandes bayerischer Kleingärtner e. V. für die Bewertung von Anpflanzungen und Anlagen nach § 11 Abs. 1 des Bundeskleingartengesetzes — Bewertungsrichtlinien — Fassung Dez. 1984 (Bay. MABl Nr. 4/85 S. 53)
- Genehmigung der o. a. Richtlinien — Bekanntmachung des Bayerischen Staatsministeriums des Innern vom 14. 2. 1985 Nr. II C 4 — 4709.9 — 3 (Bay. MABl Nr. 4/85 S. 52)

- Genehmigungen der Änderungen der o. g. Richtlinien-Bekanntmachungen des Bay. Staatsministeriums des Innern vom 28. 11. 1986 (MABl S. 579), vom 28. 1. 1981 (AllMBl 1991, S. 105) und vom 8. 6. 1993 (AllBMl 1993, S. 780)

Berlin

- Allgemeine Anweisung über die Anlegung, Verpachtung und Verwaltung von Dauerkleingärten und Kleingärten auf landeseigenen Grundstücken vom 19. 1. 1993 (DBl Teil VI Nr. 1 vom 14. 5. 1993, S. 9)
- Verordnung über Lauben (LaubenVO) vom 18. 6. 1987 (GVBl S. 1882)
- Anweisungen über Kündigungsentschädigungen auf Kleingartenland vom 20. 2. 1990 (ABl S. 510)
- Richtlinien über die Prüfung der Geschäfts- und Kassenführung der als kleingärtnerisch gemeinnützig anerkannten Kleingärtnerorganisationen vom 22. 1. 1985 (DBl S. 17, ABl S. 589)
- Zuständigkeiten sind im Allgemeinen Zuständigkeitsgesetz (AZG) geregelt.
- Allgemeine Anweisung über die Angleichung des Pachtzinses und Festsetzung des Wohnbautenentgelts für Kleingärten auf landeseigenen Grundstücken gemäß § 20 a BKleingG vom 8. 10. 1991 (DBl Teil VI Nr. 1 vom 17. 1. 1992 S. 2) i. d. F. vom 6. 7. 1993 (DBl Teil VI Nr. 3 vom 5. 10. 1993, S. 57)

Brandenburg

- Verordnung über Zuständigkeiten im Kleingartenrecht vom 3. 4. 1993 (GVBl Nr. 26 S. 190)
- Anerkennung und Entzug der kleingärtnerischen Gemeinnützigkeit von Kleingärtnerorganisationen sowie regelmäßige Prüfung der Geschäftsführung der als kleingärtnerisch gemeinnützig anerkannten Kleingärtnerorganisationen vom 22. 4. 1993 (ABl Nr. 46 S. 938)

Bremen

- Bekanntmachung über die Zuständigkeit zur Anerkennung der kleingärtnerischen Gemeinnützigkeit nach dem Bundeskleingartengesetz vom 10. 4. 1984 (ABl S. 165)
- Zulässige Nutzung und Bebauung der Dauerkleingartengebiete, die durch Bebauungspläne festgesetzt oder im Flächennutzungsplan dargestellt sind (Dienstanweisung der Freien Hansestadt Bremen MinLand Nr. 263 10/89 S. V vom 29. 8. 1989)

Hamburg

- Verwaltungsvorschrift der Umweltbehörde über die Anerkennung, die Prüfung und den Widerruf der kleingärtnerischen Gemeinnützigkeit vom 8. 7. 1985 (Amtl. Anzeiger S. 1266)
- Bauaufsichtliche Anforderungen an Nutzungen in Kleingartenanlagen – Fachliche Weisung BOA 1/1985 – (Hamburger Gartenfreund, 6/1985)
- Richtlinien für die gutachtliche Schätzung bei Räumung von Kleingärten vom 30. 9. 1983
- Anordnung über Zuständigkeiten im Kleingartenwesen vom 10. 7. 1984 (Amtl. Anzeiger S. 1185)

Hessen

- Anordnung über Zuständigkeiten im Kleingartenrecht vom 3. 6. 1986 (Hess. GVBl I S. 205)
- Richtlinien für die Anerkennung und die Prüfung der kleingärtnerischen Gemeinnützigkeit nach dem BKleingG vom 16. 2. 1987 (StAnz. 11/87 S. 615)
- Grundsätze und Richtlinien für die Wertermittlung von Aufwuchs, Baulichkeiten und sonstigen Einrichtungen in Kleingärten (Fassung September 1983) vom 10. 11. 1983 (StAnz. 49/83 S. 2318)
- Richtlinien für die Gewährung von Zuwendungen zur Förderung des Kleingartenwesens vom 7. 12. 1983 (StAnz. 1/84 S. 37)
- Bewertung von Anpflanzungen und Anlagen gemäß § 11 Abs. 1 BKleingG vom 12. 2. 1993 (StAnz. 12/93 S. 767)

Mecklenburg-Vorpommern

- Landesverordnung über die zuständigen Behörden nach dem BKleinG vom 30. 9. 1992 (GVBl Nr. 24 S. 575)
- Bekanntmachung des Landwirtschaftsministers über die Genehmigung der Richtlinien des Landesverbandes über die Bewertung von Anpflanzungen und Anlagen (Schätzungsrichtlinie) vom 16. 9. 1992 (ABl Nr. 38 S. 988)
- Bekanntmachung des Landwirtschaftsministers – Richtlinie über die kleingärtnerische Gemeinnützigkeit (Gemeinnützigkeitsrichtlinie) vom 16. 9. 1992 (ABl Nr. 38 S. 990)

Niedersachsen

- Allgemeine Zuständigkeitsverordnung für die Gemeinden und Landkreise zur Ausführung von Bundesrecht (Allg.Zust.VO-Kom.) vom 19. 12. 1990 (GVBl S. 521, zuletzt geändert durch VO vom 29. 1. 1996 (GVBl S. 17)

- Richtlinien über die Gewährung von Landesmitteln zur Förderung von Dauerkleingärten vom 8. 8. 1989 (Nds. MBl S. 1022)

Nordrhein-Westfalen

- Richtlinien über die Gewährung von Zuwendungen zur Förderung von Dauerkleingärten vom 26. 11. 1992 (MBl NW Nr. 79 S. 1856)
- Verordnung über die Zuständigkeiten auf dem Gebiet des Kleingartenwesens vom 19. 12. 1995 (GVBl S. 41)

Rheinland-Pfalz

- Landesverordnung über Zuständigkeiten nach dem Bundeskleingartengesetz vom 31. 10. 1984 (GVBl S. 225)
- Vollzug des Bundeskleingartengesetzes;
  hier: Anerkennung und Überwachung der kleingärtnerischen Gemeinnützigkeit. Verwaltungsvorschrift des Ministers der Finanzen vom 20. 2. 1985 (MinBl S. 94)

Saarland

- Richtlinien über die Anerkennung der Gemeinnützigkeit von Kleingärtnervereinen und Führung der Gemeinnützigkeitsaufsicht (Gemeinnützigkeitsrichtlinien). Erlaß des Ministers der Finanzen vom 1. 1. 1987 (GMBl Saarl. vom 9. 3. 1987)
- Richtlinien für die Bewertung von Anpflanzungen und Anlagen nach § 11 Abs. 1 des BKleingG vom 1. 1. 1987 (GMBl Saarl. S. 31)
- Richtlinien über die Gewährung von Zuwendungen zur Förderung von Dauerkleingärten. Vom 24. 9. 1990 (AmtsBl Saarl. v. 8. 11 1990 S. 1145)

Sachsen

- Richtlinie über die Gemeinnützigkeit von Kleingartenvereinen und Führung der Gemeinnützigkeitsaufsicht vom 25. 5. 1994 (Sächs. ABl Nr. 36 S. 804)

Schleswig-Holstein

- Richtlinien über die Anerkennung der Gemeinnützigkeit von Kleingärtnervereinen und Führung der Gemeinnützigkeitsaufsicht (Erlaß vom 13. 12. 1985, ABl S. 11)
- Richtlinien für die Bewertung und Entschädigung von Anpflanzungen und Anlagen nach § 11 Abs. 1 des Bundeskleingartengesetzes (BKleingG) vom 13. 12. 1985 (ABl 86 S. 13) i. d. F. der Bekanntmachung vom 11. 7. 1995 (ABl 1995 S. 507)

Thüringen

- Richtlinien für die Anerkennung und die Prüfung der kleingärtnerischen Gemeinnützigkeit nach dem BKleinG vom 30. 5. 1994 (Thür. StAnz. S. 1415)

Baugesetzbuch (BauGB)

in der Bekanntmachung der Neufassung vom 27. August 1997 (BGBl I S. 2141)

— Auszug —

ERSTES KAPITEL

Allgemeines Städtebaurecht

ERSTER TEIL

Bauleitplanung

ERSTER ABSCHNITT

Allgemeine Vorschriften

§ 1

Aufgabe, Begriff und Grundsätze der Bauleitplanung

(1) Aufgabe der Bauleitplanung ist es, die bauliche und sonstige Nutzung der Grundstücke in der Gemeinde nach Maßgabe dieses Gesetzbuchs vorzubereiten und zu leiten.

(2) Bauleitpläne sind der Flächennutzungsplan (vorbereitender Bauleitplan) und der Bebauungsplan (verbindlicher Bauleitplan).

(3) Die Gemeinden haben die Bauleitpläne aufzustellen, sobald und soweit es für die städtebauliche Entwicklung und Ordnung erforderlich ist.

(4) Die Bauleitpläne sind den Zielen der Raumordnung anzupassen.

(5) Die Bauleitpläne sollen eine nachhaltige städtebauliche Entwicklung und eine dem Wohl der Allgemeinheit entsprechende sozialgerechte Bodennutzung gewährleisten und dazu beitragen, eine menschenwürdige Umwelt zu sichern und die natürlichen Lebensgrundlagen zu schützen und zu entwickeln. Bei der Aufstellung der Bauleitpläne sind insbesondere zu berücksichtigen

1. die allgemeinen Anforderungen an gesunde Wohn- und Arbeitsverhältnisse und die Sicherheit der Wohn- und Arbeitsbevölkerung,

2. die Wohnbedürfnisse der Bevölkerung bei Vermeidung einseitiger Bevölkerungsstrukturen, die Eigentumsbildung weiter Kreise der Bevölkerung insbesondere durch die Förderung kostensparenden Bauens und die Bevölkerungsentwicklung,

3. die sozialen und kulturellen Bedürfnisse der Bevölkerung, insbesondere die Bedürfnisse der Familien, der jungen und alten Menschen und der Behinderten, die Belange des Bildungswesens und von Sport, Freizeit und Erholung,

4. die Erhaltung, Erneuerung und Fortentwicklung vorhandener Ortsteile sowie die Gestaltung des Orts- und Landschaftsbilds,

5. die Belange des Denkmalschutzes und der Denkmalpflege sowie die erhaltenswerten Ortsteile, Straßen und Plätze von geschichtlicher, künstlerischer oder städtebaulicher Bedeutung,

6. die von den Kirchen und Religionsgesellschaften des öffentlichen Rechts festgestellten Erfordernisse für Gottesdienst und Seelsorge,

7. gemäß § 1 a die Belange des Umweltschutzes, auch durch Nutzung erneuerbarer Energien, des Naturschutzes und der Landschaftspflege, insbesondere des Naturhaushalts, des Wassers, der Luft und des Bodens einschließlich seiner Rohstoffvorkommen, sowie das Klima,

8. die Belange der Wirtschaft, auch ihrer mittelständischen Struktur im Interesse einer verbrauchernahen Versorgung der Bevölkerung, der Land- und Forstwirtschaft, des Verkehrs einschließlich des öffentlichen Personennahverkehrs, des Post- und Fernmeldewesens, der Versorgung, insbesondere mit Energie und Wasser, der Abfallentsorgung und der Abwasserbeseitigung sowie die Sicherung von Rohstoffvorkommen und die Erhaltung, Sicherung und Schaffung von Arbeitsplätzen,

9. die Belange der Verteidigung und des Zivilschutzes,

10. die Ergebnisse einer von der Gemeinde beschlossenen sonstigen städtebaulichen Planung.

Mit Grund und Boden soll sparsam und schonend umgegangen werden. Landwirtschaftlich, als Wald oder für Wohnzwecke genutzte Flächen sollen nur im notwendigen Umfang für andere Nutzungsarten vorgesehen und in Anspruch genommen werden.

(6) Bei der Aufstellung der Bauleitpläne sind die öffentlichen und privaten Belange gegeneinander und untereinander gerecht abzuwägen.

§ 1 a

Umweltschützende Belange in der Abwägung

(1) Mit Grund und Boden soll sparsam und schonend umgegangen werden, dabei sind Bodenversiegelungen auf das notwendige Maß zu begrenzen.

(2) In der Abwägung nach § 1 Abs. 6 sind auch zu berücksichtigen

1. die Darstellungen von Landschaftsplänen und sonstigen Plänen, insbesondere des Wasser-, Abfall- und Immissionsschutzrechtes,
2. die Vermeidung und der Ausgleich der zu erwartenden Eingriffe in Natur und Landschaft (Eingriffsregelung nach dem Bundesnaturschutzgesetz),
3. die Bewertung der ermittelten und beschriebenen Auswirkungen eines Vorhabens auf die Umwelt entsprechend dem Planungsstand (Umweltverträglichkeitsprüfung), soweit im Bebauungsplanverfahren die bauplanungsrechtliche Zulässigkeit von bestimmten Vorhaben im Sinne der Anlage zu § 3 des Gesetzes über die Umweltverträglichkeitsprüfung begründet werden soll, und
4. die Erhaltungsziele oder der Schutzzweck der Gebiete von gemeinschaftlicher Bedeutung und der Europäischen Vogelschutzgebiete im Sinne des Bundesnaturschutzgesetzes; soweit diese erheblich beeinträchtigt werden können, sind die Vorschriften des Bundesnaturschutzgesetzes über die Zulässigkeit oder Durchführung von derartigen Eingriffen sowie die Einholung der Stellungnahme der Kommission anzuwenden (Prüfung nach der Fauna-Flora-Habitat-Richtlinie).

(3) Der Ausgleich der zu erwartenden Eingriffe in Natur und Landschaft erfolgt durch geeignete Darstellungen nach § 5 als Flächen zum Ausgleich und Festsetzungen nach § 9 als Flächen oder Maßnahmen zum Ausgleich. Soweit dies mit einer geordneten städtebaulichen Entwicklung und den Zielen der Raumordnung sowie des Naturschutzes und der Landschaftspflege vereinbar ist, können die Darstellungen und Festsetzungen nach Satz 1 auch an anderer Stelle als am Ort des Eingriffs erfolgen. Anstelle von Darstellungen und Festsetzungen nach Satz 1 oder 2 können auch vertragliche Vereinbarungen gemäß § 11 oder sonstige geeignete Maßnahmen zum Ausgleich auf von der Gemeinde bereitgestellten Flächen getroffen werden. Ein Ausgleich ist nicht erforderlich, soweit die Eingriffe bereits vor der planerischen Entscheidung erfolgt sind oder zulässig waren.

§ 2

Aufstellung der Bauleitpläne, Verordnungsermächtigung

(1) Die Bauleitpläne sind von der Gemeinde in eigener Verantwortung aufzustellen. Der Beschluß, einen Bauleitplan aufzustellen, ist ortsüblich bekanntzumachen.

(2) Die Bauleitpläne benachbarter Gemeinden sind aufeinander abzustimmen.

(3) Auf die Aufstellung von Bauleitplänen und städtebaulichen Satzungen besteht kein Anspruch; ein Anspruch kann auch nicht durch Vertrag begründet werden.

(4) Die Vorschriften dieses Gesetzbuchs über die Aufstellung von Bauleitplänen gelten auch für ihre Änderung, Ergänzung und Aufhebung.

(5) Der Bundesminister für Raumordnung, Bauwesen und Städtebau wird ermächtigt, mit Zustimmung des Bundesrates durch Rechtsverordnung Vorschriften zu erlassen über

1. Darstellungen und Festsetzungen in den Bauleitplänen über
   a) die Art der baulichen Nutzung,
   b) das Maß der baulichen Nutzung und seine Berechnung,
   c) die Bauweise sowie die überbaubaren und die nicht überbaubaren Grundstücksflächen;
2. die in den Baugebieten zulässigen baulichen und sonstigen Anlagen;
3. die Zulässigkeit der Festsetzung nach Maßgabe des § 9 Abs. 3 über verschiedenartige Baugebiete oder verschiedenartige in den Baugebieten zulässige bauliche und sonstige Anlagen;
4. die Ausarbeitung der Bauleitpläne einschließlich der dazugehörigen Unterlagen sowie über die Darstellung des Planinhalts, insbesondere über die dabei zu verwendenden Planzeichen und ihre Bedeutung.

§ 3
Beteiligung der Bürger

(1) Die Bürger sind möglichst frühzeitig über die allgemeinen Ziele und Zwecke der Planung, sich wesentlich unterscheidende Lösungen, die für die Neugestaltung oder Entwicklung eines Gebiets in Betracht kommen, und die voraussichtlichen Auswirkungen der Planung öffentlich zu unterrichten; ihnen ist Gelegenheit zur Äußerung und Erörterung zu geben. Von der Unterrichtung und Erörterung kann abgesehen werden, wenn

1. ein Bebauungsplan aufgestellt oder aufgehoben wird und sich dies auf das Plangebiet und die Nachbargebiete nicht oder nur unwesentlich auswirkt oder
2. die Unterrichtung und Erörterung bereits zuvor auf anderer planerischer Grundlage erfolgt sind.

An die Unterrichtung und Erörterung schließt sich das Verfahren nach Absatz 2 auch an, wenn die Erörterung zu einer Änderung der Planung führt.

(2) Die Entwürfe der Bauleitpläne sind mit dem Erläuterungsbericht oder der Begründung auf die Dauer eines Monats öffentlich auszulegen. Ort und Dauer der Auslegung sind mindestens eine Woche vorher ortsüblich bekanntzumachen mit dem Hinweis darauf, daß Anregungen während der Auslegungsfrist vorgebracht werden können. Die nach § 4 Abs. 1 Beteiligten sollen von der Auslegung benachrichtigt werden. Die fristgemäß vorgebrachten Anregungen sind zu prüfen; das Ergebnis ist mitzuteilen. Haben mehr als fünfzig Personen Anregungen mit im wesentlichen gleichem Inhalt vorgebracht, kann die Mitteilung des Ergebnisses der Prüfung dadurch ersetzt werden, daß diesen Personen die Einsicht in das Ergebnis ermöglicht wird; die Stelle, bei der das Ergebnis der Prüfung während der Dienststunden eingesehen werden kann, ist ortsüblich bekanntzumachen. Bei der Vorlage der Bauleitpläne nach § 6 oder

§ 10 Abs. 2 sind die nicht berücksichtigten Anregungen mit einer Stellungnahme der Gemeinde beizufügen.

(3) Wird der Entwurf des Bauleitplans nach der Auslegung geändert oder ergänzt, ist er erneut nach Absatz 2 auszulegen; bei der erneuten Auslegung kann bestimmt werden, daß Anregungen nur zu den geänderten oder ergänzten Teilen vorgebracht werden können. Die Dauer der Auslegung kann bis auf zwei Wochen verkürzt werden. Werden durch die Änderung oder Ergänzung des Entwurfs eines Bebauungsplans die Grundzüge der Planung nicht berührt, kann das vereinfachte Verfahren nach § 13 Nr. 2 entsprechend angewendet werden.

§ 4
Beteiligung der Träger öffentlicher Belange

(1) Die Gemeinde holt die Stellungnahmen der Behörden und sonstigen Träger öffentlicher Belange, deren Aufgabenbereich durch die Planung berührt wird, möglichst frühzeitig ein. Die Beteiligung kann gleichzeitig mit dem Verfahren nach § 3 Abs. 2 durchgeführt werden.

(2) Die Träger öffentlicher Belange haben ihre Stellungnahmen nach Absatz 1 innerhalb eines Monats abzugeben; die Gemeinde soll diese Frist bei Vorliegen eines wichtigen Grundes angemessen verlängern. In den Stellungnahmen sollen sich die Träger öffentlicher Belange auf ihren Aufgabenbereich beschränken; sie haben auch Aufschluß über von ihnen beabsichtigte oder bereits eingeleitete Planungen und sonstige Maßnahmen sowie deren zeitliche Abwicklung zu geben, die für die städtebauliche Entwicklung und Ordnung des Gebiets bedeutsam sein können.

(3) Die Stellungnahmen der Träger öffentlicher Belange sind in der Abwägung nach § 1 Abs. 6 zu berücksichtigen. Belange, die von den Trägern öffentlicher Belange nicht innerhalb der Frist des Absatzes 2 Satz 1 vorgetragen wurden, werden in der Abwägung nicht berücksichtigt, es sei denn, die verspätet vorgebrachten Belange sind der Gemeinde bekannt oder hätten ihr bekannt sein müssen oder sind für die Rechtmäßigkeit der Abwägung von Bedeutung.

(4) Wird der Entwurf des Bauleitplans nachträglich geändert oder ergänzt und wird dadurch der Aufgabenbereich eines Trägers öffentlicher Belange erstmalig oder stärker als bisher berührt, kann das vereinfachte Verfahren nach § 13 Nr. 3 entsprechend angewendet werden.

§ 4 a
Grenzüberschreitende Unterrichtung der Gemeinden und Träger öffentlicher Belange

(1) Bei Bauleitplänen, die erhebliche Auswirkungen auf Nachbarstaaten haben können, sind die Gemeinden und Träger öffentlicher Belange des Nachbarstaates nach den Grundsätzen der Gegenseitigkeit und Gleichwertigkeit zu unterrichten.

(2) Konsultationen, die auf der Grundlage des Verfahrens nach Absatz 1 erfolgen können, sind nach den Grundsätzen der Gegenseitigkeit und Gleichwertigkeit durchzuführen.

§ 4 b

Einschaltung eines Dritten

Die Gemeinde kann insbesondere zur Beschleunigung des Bauleitplanverfahrens die Vorbereitung und Durchführung von Verfahrensschritten nach den §§ 3 bis 4 a einem Dritten übertragen.

ZWEITER ABSCHNITT

Vorbereitender Bauleitplan (Flächennutzungsplan)

§ 5

Inhalt des Flächennutzungsplans

(1) Im Flächennutzungsplan ist für das ganze Gemeindegebiet die sich aus der beabsichtigten städtebaulichen Entwicklung ergebende Art der Bodennutzung nach den voraussehbaren Bedürfnissen der Gemeinde in den Grundzügen darzustellen. Aus dem Flächennutzungsplan können Flächen und sonstige Darstellungen ausgenommen werden, wenn dadurch die nach Satz 1 darzustellenden Grundzüge nicht berührt werden und die Gemeinde beabsichtigt, die Darstellung zu einem späteren Zeitpunkt vorzunehmen; im Erläuterungsbericht sind die Gründe hierfür darzulegen.

(2) Im Flächennutzungsplan können insbesondere dargestellt werden:

1. die für die Bebauung vorgesehenen Flächen nach der allgemeinen Art ihrer baulichen Nutzung (Bauflächen), nach der besonderen Art ihrer baulichen Nutzung (Baugebiete) sowie nach dem allgemeinen Maß der baulichen Nutzung; Bauflächen, für die eine zentrale Abwasserbeseitigung nicht vorgesehen ist, sind zu kennzeichnen;

2. die Ausstattung des Gemeindegebiets mit Einrichtungen und Anlagen zur Versorgung mit Gütern und Dienstleistungen des öffentlichen und privaten Bereichs, insbesondere mit den der Allgemeinheit dienenden baulichen Anlagen und Einrichtungen des Gemeinbedarfs, wie mit Schulen und Kirchen sowie mit sonstigen kirchlichen und mit sozialen, gesundheitlichen und kulturellen Zwecken dienenden Gebäuden und Einrichtungen, sowie die Flächen für Sport- und Spielanlagen;

3. die Flächen für den überörtlichen Verkehr und für die örtlichen Hauptverkehrszüge;

4. die Flächen für Versorgungsanlagen, für die Abfallentsorgung und Abwasserbeseitigung, für Ablagerungen sowie für Hauptversorgungs- und Hauptabwasserleitungen;

5. die Grünflächen, wie Parkanlagen, Dauerkleingärten, Sport-, Spiel-, Zelt- und Badeplätze, Friedhöfe;

6. die Flächen für Nutzungsbeschränkungen oder für Vorkehrungen zum Schutz gegen schädliche Umwelteinwirkungen im Sinne des Bundes-Immissionsschutzgesetzes;

7. die Wasserflächen, Häfen und die für die Wasserwirtschaft vorgesehenen Flächen sowie die Flächen, die im Interesse des Hochwasserschutzes und der Regelung des Wasserabflusses freizuhalten sind;

8. die Flächen für Aufschüttungen, Abgrabungen oder für die Gewinnung von Steinen, Erden und anderen Bodenschätzen;

9. a) die Flächen für die Landwirtschaft und

   b) Wald;

10. die Flächen für Maßnahmen zum Schutz, zur Pflege und zur Entwicklung von Boden, Natur und Landschaft.

(2 a) Flächen zum Ausgleich im Sinne des § 1 a Abs. 3 im Geltungsbereich des Flächennutzungsplans können den Flächen, auf denen Eingriffe in Natur und Landschaft zu erwarten sind, ganz oder teilweise zugeordnet werden.

(3) Im Flächennutzungsplan sollen gekennzeichnet werden:

1. Flächen, bei deren Bebauung besondere bauliche Vorkehrungen gegen äußere Einwirkungen oder bei denen besondere bauliche Sicherungsmaßnahmen gegen Naturgewalten erforderlich sind;

2. Flächen, unter denen der Bergbau umgeht oder die für den Abbau von Mineralien bestimmt sind;

3. für bauliche Nutzungen vorgesehene Flächen, deren Böden erheblich mit umweltgefährdenden Stoffen belastet sind.

(4) Planungen und sonstige Nutzungsregelungen, die nach anderen gesetzlichen Vorschriften festgesetzt sind, sowie nach Landesrecht denkmalgeschützte Mehrheiten von baulichen Anlagen sollen nachrichtlich übernommen werden. Sind derartige Festsetzungen in Aussicht genommen, sollen sie im Flächennutzungsplan vermerkt werden.

(5) Dem Flächennutzungsplan ist ein Erläuterungsbericht beizufügen.

§ 6
Genehmigung des Flächennutzungsplans

(1) Der Flächennutzungsplan bedarf der Genehmigung der höheren Verwaltungsbehörde.

(2) Die Genehmigung darf nur versagt werden, wenn der Flächennutzungsplan nicht ordnungsgemäß zustande gekommen ist oder diesem Gesetzbuch, den aufgrund dieses Gesetzbuchs erlassenen oder sonstigen Rechtsvorschriften widerspricht.

(3) Können Versagungsgründe nicht ausgeräumt werden, kann die höhere Verwaltungsbehörde räumliche oder sachliche Teile des Flächennutzungsplans von der Genehmigung ausnehmen.

(4) Über die Genehmigung ist binnen drei Monaten zu entscheiden; die höhere Verwaltungsbehörde kann räumliche und sachliche Teile des Flächennutzungsplans vorweg genehmigen. Aus wichtigen Gründen kann die Frist auf Antrag der Genehmigungsbehörde von der zuständigen übergeordneten Behörde verlängert werden, in der Regel jedoch nur bis zu drei Monaten. Die Gemeinde ist von der Fristverlängerung in Kenntnis zu setzen. Die Genehmigung gilt als erteilt, wenn sie nicht innerhalb der Frist unter Angabe von Gründen abgelehnt wird.

(5) Die Erteilung der Genehmigung ist ortsüblich bekanntzumachen. Mit der Bekanntmachung wird der Flächennutzungsplan wirksam. Jedermann kann den Flächennutzungsplan und den Erläuterungsbericht einsehen und über deren Inhalt Auskunft verlangen.

(6) Mit dem Beschluß über eine Änderung oder Ergänzung des Flächennutzungsplans kann die Gemeinde auch bestimmen, daß der Flächennutzungsplan in der Fassung, die er durch die Änderung oder Ergänzung erfahren hat, neu bekanntzumachen ist.

§ 7
Anpassung an den Flächennutzungsplan

Öffentliche Planungsträger, die nach § 4 oder § 13 beteiligt worden sind, haben ihre Planungen dem Flächennutzungsplan insoweit anzupassen, als sie diesem Plan nicht widersprochen haben. Der Widerspruch ist bis zum Beschluß der Gemeinde einzulegen. Macht eine Veränderung der Sachlage eine abweichende Planung erforderlich, haben sie sich unverzüglich mit der Gemeinde ins Benehmen zu setzen. Kann ein Einvernehmen zwischen der Gemeinde und dem öffentlichen Planungsträger nicht erreicht werden, kann der öffentliche Planungsträger nachträglich widersprechen. Der Widerspruch ist nur zulässig, wenn die für die abweichende Planung geltend gemachten Belange die sich aus dem Flächennutzungsplan ergebenden städtebaulichen Belange nicht nur unwesentlich überwiegen. Im Fall einer abweichenden Planung ist § 37 Abs. 3 auf die durch die Änderung oder Ergänzung des Flächennutzungsplans oder eines Bebauungsplans, der aus dem Flächennutzungsplan entwickelt worden ist und geändert, ergänzt oder aufgehoben werden mußte, entstehenden Aufwendungen und Kosten entsprechend anzuwenden; § 38 Satz 3 bleibt unberührt.

DRITTER ABSCHNITT

Verbindlicher Bauleitplan
(Bebauungsplan)

§ 8

Zweck des Bebauungsplans

(1) Der Bebauungsplan enthält die rechtsverbindlichen Festsetzungen für die städtebauliche Ordnung. Er bildet die Grundlage für weitere zum Vollzug dieses Gesetzbuchs erforderliche Maßnahmen.

(2) Bebauungspläne sind aus dem Flächennutzungsplan zu entwickeln. Ein Flächennutzungsplan ist nicht erforderlich, wenn der Bebauungsplan ausreicht, um die städtebauliche Entwicklung zu ordnen.

(3) Mit der Aufstellung, Änderung, Ergänzung oder Aufhebung eines Bebauungsplans kann gleichzeitig auch der Flächennutzungsplan aufgestellt, geändert oder ergänzt werden (Parallelverfahren). Der Bebauungsplan kann vor dem Flächennutzungsplan bekanntgemacht werden, wenn nach dem Stand der Planungsarbeiten anzunehmen ist, daß der Bebauungsplan aus den künftigen Darstellungen des Flächennutzungsplans entwickelt sein wird.

(4) Ein Bebauungsplan kann aufgestellt, geändert, ergänzt oder aufgehoben werden, bevor der Flächennutzungsplan aufgestellt ist, wenn dringende Gründe es erfordern und wenn der Bebauungsplan der beabsichtigten städtebaulichen Entwicklung des Gemeindegebiets nicht entgegenstehen wird (vorzeitiger Bebauungsplan). Gilt bei Gebiets- oder Bestandsänderungen von Gemeinden oder anderen Veränderungen der Zuständigkeit für die Aufstellung von Flächennutzungsplänen ein Flächennutzungsplan fort, kann ein vorzeitiger Bebauungsplan auch aufgestellt werden, bevor der Flächennutzungsplan ergänzt oder geändert ist.

§ 9

Inhalt des Bebauungsplans

(1) Im Bebauungsplan können aus städtebaulichen Gründen festgesetzt werden:

1. die Art und das Maß der baulichen Nutzung;
2. die Bauweise, die überbaubaren und die nicht überbaubaren Grundstücksflächen sowie die Stellung der baulichen Anlagen;
3. für die Größe, Breite und Tiefe der Baugrundstücke Mindestmaße und aus Gründen des sparsamen und schonenden Umgangs mit Grund und Boden für Wohnbaugrundstücke auch Höchstmaße;
4. die Flächen für Nebenanlagen, die aufgrund anderer Vorschriften für die Nutzung von Grundstücken erforderlich sind, wie Spiel-, Freizeit- und Erholungsflächen sowie die Flächen für Stellplätze und Garagen mit ihren Einfahrten;

5. die Flächen für den Gemeinbedarf sowie für Sport- und Spielanlagen;
6. die höchstzulässige Zahl der Wohnungen in Wohngebäuden;
7. die Flächen, auf denen ganz oder teilweise nur Wohngebäude, die mit Mitteln des sozialen Wohnungsbaus gefördert werden könnten, errichtet werden dürfen;
8. einzelne Flächen, auf denen ganz oder teilweise nur Wohngebäude errichtet werden dürfen, die für Personengruppen mit besonderem Wohnbedarf bestimmt sind;
9. der besondere Nutzungszweck von Flächen, der durch besondere städtebauliche Gründe erfordert wird;
10. die Flächen, die von der Bebauung freizuhalten sind, und ihre Nutzung;
11. die Verkehrsflächen sowie Verkehrsflächen besonderer Zweckbestimmung, wie Fußgängerbereiche, Flächen für das Parken von Fahrzeugen sowie den Anschluß anderer Flächen an die Verkehrsflächen;
12. die Versorgungsflächen;
13. die Führung von Versorgungsanlagen und -leitungen;
14. die Flächen für die Abfall- und Abwasserbeseitigung, einschließlich der Rückhaltung und Versickerung von Niederschlagswasser, sowie für Ablagerungen;
15. die öffentlichen und privaten Grünflächen, wie Parkanlagen, Dauerkleingärten, Sport-, Spiel-, Zelt- und Badeplätze, Friedhöfe;
16. die Wasserflächen sowie die Flächen für die Wasserwirtschaft, für Hochwasserschutzanlagen und für die Regelung des Wasserabflusses;
17. die Flächen für Aufschüttungen, Abgrabungen oder für die Gewinnung von Steinen, Erden und anderen Bodenschätzen;
18. a) die Flächen für die Landwirtschaft und
    b) Wald;
19. die Flächen für die Errichtung von Anlagen für die Kleintierhaltung wie Ausstellungs- und Zuchtanlagen, Zwinger, Koppeln und dergleichen;
20. die Flächen oder Maßnahmen zum Schutz, zur Pflege und zur Entwicklung von Boden, Natur und Landschaft;
21. die mit Geh-, Fahr- und Leitungsrechten zugunsten der Allgemeinheit, eines Erschließungsträgers oder eines beschränkten Personenkreises zu belastenden Flächen;
22. die Flächen für Gemeinschaftsanlagen für bestimmte räumliche Bereiche wie Kinderspielplätze, Freizeiteinrichtungen, Stellplätze und Garagen;
23. Gebiete, in denen zum Schutz vor schädlichen Umwelteinwirkungen im Sinne des Bundes-Immissionsschutzgesetzes bestimmte luftverunreinigende Stoffe nicht oder nur beschränkt verwendet werden dürfen;

24. die von der Bebauung freizuhaltenden Schutzflächen und ihre Nutzung, die Flächen für besondere Anlagen und Vorkehrungen zum Schutz vor schädlichen Umwelteinwirkungen im Sinne des Bundes-Immissionsschutzgesetzes sowie die zum Schutz vor solchen Einwirkungen oder zur Vermeidung oder Minderung solcher Einwirkungen zu treffenden baulichen und sonstigen technischen Vorkehrungen;

25. für einzelne Flächen oder für ein Bebauungsplangebiet oder Teile davon sowie für Teile baulicher Anlagen mit Ausnahme der für landwirtschaftliche Nutzungen oder Wald festgesetzten Flächen
    a) das Anpflanzen von Bäumen, Sträuchern und sonstigen Bepflanzungen,
    b) Bindungen für Bepflanzungen und für die Erhaltung von Bäumen, Sträuchern und sonstigen Bepflanzungen sowie von Gewässern;

26. die Flächen für Aufschüttungen, Abgrabungen und Stützmauern, soweit sie zur Herstellung des Straßenkörpers erforderlich sind.

(1 a) Flächen oder Maßnahmen zum Ausgleich im Sinne des § 1 a Abs. 3 können auf den Grundstücken, auf denen Eingriffe in Natur und Landschaft zu erwarten sind, oder an anderer Stelle sowohl im sonstigen Geltungsbereich des Bebauungsplans als auch in einem anderen Bebauungsplan festgesetzt werden. Die Flächen oder Maßnahmen zum Ausgleich an anderer Stelle können den Grundstücken, auf denen Eingriffe zu erwarten sind, ganz oder teilweise zugeordnet werden; dies gilt auch für Maßnahmen auf von der Gemeinde bereitgestellten Flächen.

(2) Bei Festsetzungen nach Absatz 1 kann auch die Höhenlage festgesetzt werden.

(3) Festsetzungen nach Absatz 1 für übereinanderliegende Geschosse und Ebenen und sonstige Teile baulicher Anlagen gesondert getroffen werden; dies gilt auch, soweit Geschosse, Ebenen und sonstige Teile baulicher Anlagen unterhalb der Geländeoberfläche vorgesehen sind.

(4) Die Länder können durch Rechtsvorschriften bestimmen, daß auf Landesrecht beruhende Regelungen in den Bebauungsplan als Festsetzungen aufgenommen werden können und inwieweit auf diese Festsetzungen die Vorschriften dieses Gesetzbuchs Anwendung finden.

(5) Im Bebauungsplan sollen gekennzeichnet werden:

1. Flächen, bei deren Bebauung besondere bauliche Vorkehrungen gegen äußere Einwirkungen oder bei denen besondere bauliche Sicherungsmaßnahmen gegen Naturgewalten erforderlich sind;

2. Flächen, unter denen der Bergbau umgeht oder die für den Abbau von Mineralien bestimmt sind;

3. Flächen, deren Böden erheblich mit umweltgefährdenden Stoffen belastet sind.

(6) Nach anderen gesetzlichen Vorschriften getroffene Festsetzungen sowie Denkmäler nach Landesrecht sollen in den Bebauungsplan nachrichtlich übernommen werden, soweit sie zu seinem Verständnis oder für die städtebauliche Beurteilung von Baugesuchen notwendig oder zweckmäßig sind.

(7) Der Bebauungsplan setzt die Grenzen seines räumlichen Geltungsbereichs fest.

(8) Dem Bebauungsplan ist eine Begründung beizufügen. In ihr sind die Ziele, Zwecke und wesentlichen Auswirkungen des Bebauungsplans darzulegen.

§ 10

Beschluß, Genehmigung und Inkrafttreten des Bebauungsplans

(1) Die Gemeinde beschließt den Bebauungsplan als Satzung.

(2) Bebauungspläne nach § 8 Abs. 2 Satz 2, Abs. 3 Satz 2 und Abs. 4 bedürfen der Genehmigung der höheren Verwaltungsbehörde. § 6 Abs. 2 und 4 ist entsprechend anzuwenden.

(3) Die Erteilung der Genehmigung oder, soweit eine Genehmigung nicht erforderlich ist, der Beschluß des Bebauungsplans durch die Gemeinde ist ortsüblich bekanntzumachen. Der Bebauungsplan ist mit der Begründung zu jedermanns Einsicht bereitzuhalten; über den Inhalt ist auf Verlangen Auskunft zu geben. In der Bekanntmachung ist darauf hinzuweisen, wo der Bebauungsplan eingesehen werden kann. Mit der Bekanntmachung tritt der Bebauungsplan in Kraft. Die Bekanntmachung tritt an die Stelle der sonst für Satzungen vorgeschriebenen Veröffentlichung.

§ 11

Städtebaulicher Vertrag

(1) Die Gemeinde kann städtebauliche Verträge schließen. Gegenstände eines städtebaulichen Vertrages können insbesondere sein:

1. die Vorbereitung oder Durchführung städtebaulicher Maßnahmen durch den Vertragspartner auf eigene Kosten; dazu gehören auch die Neuordnung der Grundstücksverhältnisse, die Bodensanierung und sonstige vorbereitende Maßnahmen sowie die Ausarbeitung der städtebaulichen Planungen; die Verantwortung der Gemeinde für das gesetzlich vorgesehene Planaufstellungsverfahren bleibt unberührt;
2. die Förderung und Sicherung der mit der Bauleitplanung verfolgten Ziele, insbesondere die Grundstücksnutzung, die Durchführung des Ausgleichs im Sinne des § 1 a Abs. 3, die Deckung des Wohnbedarfs von Bevölkerungsgruppen mit besonderen Wohnraumversorgungsproblemen sowie des Wohnbedarfs der ortsansässigen Bevölkerung;
3. die Übernahme von Kosten oder sonstigen Aufwendungen, die der Gemeinde für städtebauliche Maßnahmen entstehen oder entstanden sind und die Voraussetzung oder Folge des geplanten Vorhabens sind; dazu gehört auch die Bereitstellung von Grundstücken.

(2) Die vereinbarten Leistungen müssen den gesamten Umständen nach angemessen sein. Die Vereinbarung einer vom Vertragspartner zu erbringenden Leistung ist unzulässig, wenn er auch ohne sie einen Anspruch auf die Gegenleistung hätte.

(3) Ein städtebaulicher Vertrag bedarf der Schriftform, soweit nicht durch Rechtsvorschriften eine andere Form vorgeschrieben ist.

(4) Die Zulässigkeit anderer städtebaulicher Verträge bleibt unberührt.

§ 12

Vorhaben- und Erschließungsplan

(1) Die Gemeinde kann durch einen vorhabenbezogenen Bebauungsplan die Zulässigkeit von Vorhaben bestimmen, wenn der Vorhabenträger auf der Grundlage eines mit der Gemeinde abgestimmten Plans zur Durchführung der Vorhaben und der Erschließungsmaßnahmen (Vorhaben- und Erschließungsplan) bereit und in der Lage ist und sich zur Durchführung innerhalb einer bestimmten Frist und zur Tragung der Planungs- und Erschließungskosten ganz oder teilweise vor dem Beschluß nach § 10 Abs. 1 verpflichtet (Durchführungsvertrag). Für den vorhabenbezogenen Bebauungsplan nach Satz 1 gelten ergänzend die Absätze 2 bis 6.

(2) Die Gemeinde hat auf Antrag des Vorhabenträgers über die Einleitung des Bebauungsplanverfahrens nach pflichtgemäßem Ermessen zu entscheiden.

(3) Der Vorhaben- und Erschließungsplan wird Bestandteil des vorhabenbezogenen Bebauungsplans. Im Bereich des Vorhaben- und Erschließungsplans ist die Gemeinde bei der Bestimmung der Zulässigkeit der Vorhaben nicht an die Festsetzungen nach § 9 und nach der auf Grund von § 2 Abs. 5 erlassenen Verordnung gebunden; die §§ 14 bis 28, 39 bis 79, 127 bis 135 c sind nicht anzuwenden. Soweit der vorhabenbezogene Bebauungsplan auch im Bereich des Vorhaben- und Erschließungsplans Festsetzungen nach § 9 für öffentliche Zwecke trifft, kann gemäß § 85 Abs. 1 Nr. 1 enteignet werden.

(4) Einzelne Flächen außerhalb des Bereichs des Vorhaben- und Erschließungsplans können in den vorhabenbezogenen Bebauungsplan einbezogen werden.

(5) Ein Wechsel des Vorhabenträgers bedarf der Zustimmung der Gemeinde. Die Zustimmung darf nur dann verweigert werden, wenn Tatsachen die Annahme rechtfertigen, daß die Durchführung des Vorhaben- und Erschließungsplans innerhalb der Frist nach Absatz 1 gefährdet ist.

(6) Wird der Vorhaben- und Erschließungsplan nicht innerhalb der Frist nach Absatz 1 durchgeführt, soll die Gemeinde den Bebauungsplan aufheben. Aus der Aufhebung können Ansprüche des Vorhabenträgers gegen die Gemeinde nicht geltend gemacht werden. Bei der Aufhebung kann das vereinfachte Verfahren nach § 13 angewendet werden.

§ 13

Vereinfachtes Verfahren

Werden durch Änderungen oder Ergänzungen eines Bauleitplans die Grundzüge der Planung nicht berührt, kann

1. von der Unterrichtung und Erörterung nach § 3 Abs. 1 Satz 1 abgesehen werden,
2. den betroffenen Bürgern Gelegenheit zur Stellungnahme innerhalb angemessener Frist gegeben oder wahlweise die Auslegung nach § 3 Abs. 2 durchgeführt werden,
3. den berührten Trägern öffentlicher Belange Gelegenheit zur Stellungnahme innerhalb angemessener Frist gegeben oder wahlweise die Beteiligung nach § 4 durchgeführt werden.

ZWEITER ABSCHNITT
Teilungsgenehmigung

§ 19
Teilungsgenehmigung

(1) Die Gemeinde kann im Geltungsbereich eines Bebauungsplans im Sinne des § 30 Abs. 1 und 3 durch Satzung bestimmen, daß die Teilung eines Grundstücks zu ihrer Wirksamkeit der Genehmigung bedarf. Die Gemeinde hat die Satzung ortsüblich bekanntzumachen. Sie kann die Bekanntmachung auch in entsprechender Anwendung des § 10 Abs. 3 Satz 2 bis 5 vornehmen.

(2) Teilung ist die dem Grundbuchamt gegenüber abgegebene oder sonstwie erkennbar gemachte Erklärung des Eigentümers, daß ein Grundstücksteil grundbuchmäßig abgeschrieben und als selbständiges Grundstück oder als ein Grundstück zusammen mit anderen Grundstücken oder mit Teilen anderer Grundstücke eingetragen werden soll.

(3) Die Genehmigung wird durch die Gemeinde erteilt. Über die Genehmigung ist innerhalb eines Monats nach Eingang des Antrags bei der Gemeinde zu entscheiden. Kann die Prüfung des Antrags in dieser Zeit nicht abgeschlossen werden, ist die Frist vor ihrem Ablauf in einem dem Antragsteller mitzuteilenden Zwischenbescheid um den Zeitraum zu verlängern, der notwendig ist, um die Prüfung abschließen zu können. Die Verlängerung der in Satz 2 bezeichneten Frist darf höchstens drei Monate betragen. Die Genehmigung gilt als erteilt, wenn sie nicht innerhalb der Frist versagt wird.

(4) Die Teilung bedarf der Genehmigung nicht, wenn

1. sie in einem Verfahren zur Enteignung oder während eines Verfahrens zur Bodenordnung nach diesem Gesetz oder anderen bundes- oder landesrechtlichen Vorschriften oder für ein Unternehmen, für das die Enteignung für zulässig erklärt wurde, oder in einem bergbaulichen Grundabtretungsverfahren vorgenommen wird,
2. sie in einem förmlich festgelegten Sanierungsgebiet oder städtebaulichen Entwicklungsbereich vorgenommen wird und in der Sanierungssatzung die Genehmigungspflicht nach § 144 Abs. 2 nicht ausgeschlossen ist,
3. der Bund, ein Land, eine Gemeinde oder ein Gemeindeverband als Erwerber, Eigentümer oder Verwalter beteiligt ist,

4. eine ausschließlich kirchlichen, wissenschaftlichen, gemeinnützigen oder mildtätigen Zwecken dienende öffentlich-rechtliche Körperschaft, Anstalt oder Stiftung, eine mit den Rechten einer Körperschaft des öffentlichen Rechts ausgestattete Religionsgesellschaft oder eine den Aufgaben einer solchen Religionsgesellschaft dienende rechtsfähige Anstalt, Stiftung oder Personenvereinigung als Erwerber oder Eigentümer beteiligt ist oder
5. sie der Errichtung von Anlagen der öffentlichen Versorgung mit Elektrizität, Gas, Wärme und Wasser sowie von Anlagen der Abwasserwirtschaft dient.

§ 191 bleibt unberührt.

(5) Die Landesregierungen können für ihr Landesgebiet oder für Teile des Landesgebietes durch Rechtsverordnung vorschreiben, daß die Gemeinde eine Satzung nach Absatz 1 nicht beschließen darf.

§ 20
Versagungsgründe und Grundbuchsperre

(1) Die Genehmigung ist zu versagen, wenn die Teilung oder die mit ihr bezweckte Nutzung mit den Festsetzungen des Bebauungsplans nicht vereinbar wäre.

(2) Ist für eine Teilung eine Genehmigung nach § 19 nicht erforderlich oder gilt sie als erteilt, hat die Gemeinde auf Antrag eines Beteiligten darüber ein Zeugnis auszustellen. Das Grundbuchamt darf eine Eintragung in das Grundbuch erst vornehmen, wenn der Genehmigungsbescheid oder das Zeugnis vorgelegt ist.

(3) Ist auf Grund einer nicht genehmigten Teilung eine Eintragung in das Grundbuch vorgenommen worden, kann die Gemeinde, falls die Genehmigung erforderlich war, das Grundbuchamt um die Eintragung eines Widerspruchs ersuchen; § 53 Abs. 1 der Grundbuchordnung bleibt unberührt.

(4) Ein nach Absatz 3 eingetragener Widerspruch ist zu löschen, wenn die Gemeinde darum ersucht oder wenn die Genehmigung erteilt ist.

...

DRITTER TEIL
Regelung der baulichen und sonstigen Nutzung; Entschädigung

ERSTER ABSCHNITT
Zulässigkeit von Vorhaben

§ 29
Begriff des Vorhabens; Geltung von Rechtsvorschriften

(1) Für Vorhaben, die die Errichtung, Änderung oder Nutzungsänderung von baulichen Anlagen zum Inhalt haben, und für Aufschüttungen und Abgrabungen größeren Umfangs sowie für Ausschachtungen, Ablagerungen einschließlich Lagerstätten gelten die §§ 30 bis 37.

(2) Die Vorschriften des Bauordnungsrechts und andere öffentlich-rechtliche Vorschriften bleiben unberührt.

(3) Können die Erhaltungsziele oder der Schutzzweck der Gebiete von gemeinschaftlicher Bedeutung und der Europäischen Vogelschutzgebiete im Sinne des Bundesnaturschutzgesetzes durch Vorhaben, die nach § 34 zugelassen werden, erheblich beeinträchtigt werden, sind die Vorschriften des Bundesnaturschutzgesetzes über die Zulässigkeit oder Durchführung von derartigen Eingriffen sowie über die Einholung der Stellungnahme der Kommission anzuwenden (Prüfung nach der Fauna-Flora-Habitat-Richtlinie).

§ 30

Zulässigkeit von Vorhaben im Geltungsbereich eines Bebauungsplans

(1) Im Geltungsbereich eines Bebauungsplans, der allein oder gemeinsam mit sonstigen baurechtlichen Vorschriften mindestens Festsetzungen über die Art und das Maß der baulichen Nutzung, die überbaubaren Grundstücksflächen und die örtlichen Verkehrsflächen enthält, ist ein Vorhaben zulässig, wenn es diesen Festsetzungen nicht widerspricht und die Erschließung gesichert ist.

(2) Im Geltungsbereich eines vorhabenbezogenen Bebauungsplans nach § 12 ist ein Vorhaben zulässig, wenn es dem Bebauungsplan nicht widerspricht und die Erschließung gesichert ist.

(3) Im Geltungsbereich eines Bebauungsplans, der die Voraussetzungen des Absatzes 1 nicht erfüllt (einfacher Bebauungsplan), richtet sich die Zulässigkeit von Vorhaben im übrigen nach § 34 oder § 35.

§ 31

Ausnahmen und Befreiungen

(1) Von den Festsetzungen des Bebauungsplans können solche Ausnahmen zugelassen werden, die in dem Bebauungsplan nach Art und Umfang ausdrücklich vorgesehen sind.

(2) Von den Festsetzungen des Bebauungsplans kann befreit werden, wenn die Grundzüge der Planung nicht berührt werden und

1. Gründe des Wohls der Allgemeinheit die Befreiung erfordern oder
2. die Abweichung städtebaulich vertretbar ist oder
3. die Durchführung des Bebauungsplans zu einer offenbar nicht beabsichtigten Härte führen würde

und wenn die Abweichung auch unter Würdigung nachbarlicher Interessen mit den öffentlichen Belangen vereinbar ist.

§ 32
Nutzungsbeschränkungen auf künftigen Gemeinbedarfs-, Verkehrs-, Versorgungs- und Grünflächen

Sind überbaute Flächen in dem Bebauungsplan als Baugrundstücke für den Gemeinbedarf oder als Verkehrs-, Versorgungs- oder Grünflächen festgesetzt, dürfen auf ihnen Vorhaben, die eine wertsteigernde Änderung baulicher Anlagen zur Folge haben, nur zugelassen und für sie Befreiungen von den Festsetzungen des Bebauungsplans nur erteilt werden, wenn der Bedarfs- oder Erschließungsträger zustimmt oder der Eigentümer für sich und seine Rechtsnachfolger auf Ersatz der Werterhöhung für den Fall schriftlich verzichtet, daß der Bebauungsplan durchgeführt wird. Dies gilt auch für die dem Bebauungsplan nicht widersprechenden Teile einer baulichen Anlage, wenn sie für sich allein nicht wirtschaftlich verwertbar sind oder wenn bei der Enteignung die Übernahme der restlichen überbauten Flächen verlangt werden kann.

§ 33
Zulässigkeit von Vorhaben während der Planaufstellung

(1) In Gebieten, für die ein Beschluß über die Aufstellung eines Bebauungsplans gefaßt ist, ist ein Vorhaben zulässig, wenn

1. die öffentliche Auslegung (§ 3 Abs. 2 und 3) durchgeführt und die Träger öffentlicher Belange (§ 4) beteiligt worden sind,
2. anzunehmen ist, daß das Vorhaben den künftigen Festsetzungen des Bebauungsplans nicht entgegensteht,
3. der Antragsteller diese Festsetzungen für sich und seine Rechtsnachfolger schriftlich anerkennt und
4. die Erschließung gesichert ist.

(2) Vor Durchführung der öffentlichen Auslegung und Beteiligung der Träger öffentlicher Belange kann ein Vorhaben zugelassen werden, wenn die in Absatz 1 Nr. 2 bis 4 bezeichneten Voraussetzungen erfüllt sind. Den betroffenen Bürgern und berührten Trägern öffentlicher Belange ist vor Erteilung der Genehmigung Gelegenheit zur Stellungnahme innerhalb angemessener Frist zu geben, soweit sie dazu nicht bereits zuvor Gelegenheit hatten.

§ 34
Zulässigkeit von Vorhaben innerhalb der im Zusammenhang bebauten Ortsteile

(1) Innerhalb der im Zusammenhang bebauten Ortsteile ist ein Vorhaben zulässig, wenn es sich nach Art und Maß der baulichen Nutzung, der Bauweise und der Grundstücksfläche, die überbaut werden soll, in die Eigenart der näheren Umgebung einfügt und die Erschließung gesichert ist. Die Anforderungen an gesunde Wohn- und Arbeitsverhältnisse müssen gewahrt bleiben; das Ortsbild darf nicht beeinträchtigt werden.

(2) Entspricht die Eigenart der näheren Umgebung einem der Baugebiete, die in der auf Grund des § 2 Abs. 5 erlassenen Verordnung bezeichnet sind, beurteilt sich die Zulässigkeit des Vorhabens nach seiner Art allein danach, ob es nach der Verordnung in dem Baugebiet allgemein zulässig wäre; auf die nach der Verordnung ausnahmsweise zulässigen Vorhaben ist § 31 Abs. 1, im übrigen ist § 31 Abs. 2 entsprechend anzuwenden.

(3) (weggefallen)

(4) Die Gemeinde kann durch Satzung

1. die Grenzen für im Zusammenhang bebaute Ortsteile festlegen,
2. bebaute Bereiche im Außenbereich als im Zusammenhang bebaute Ortsteile festlegen, wenn die Flächen im Flächennutzungsplan als Baufläche dargestellt sind,
3. einzelne Außenbereichsflächen in die im Zusammenhang bebauten Ortsteile einbeziehen, wenn die einbezogenen Flächen durch die bauliche Nutzung des angrenzenden Bereichs entsprechend geprägt sind.

Die Satzungen können miteinander verbunden werden. Die Satzungen nach Satz 1 Nr. 2 und 3 müssen mit einer geordneten städtebaulichen Entwicklung vereinbar sein; in ihnen können einzelne Festsetzungen nach § 9 Abs. 1, 2 und 4 getroffen werden. § 9 Abs. 6 ist entsprechend anzuwenden. Auf die Satzung nach Satz 1 Nr. 3 sind ergänzend die §§ 1 a und 9 Abs. 1 a und 8 entsprechend anzuwenden.

(5) Bei der Aufstellung der Satzungen nach Absatz 4 Satz 1 Nr. 2 und 3 ist das vereinfachte Verfahren nach § 13 Nr. 2 und 3 entsprechend anzuwenden. Die Satzung nach Absatz 4 Satz 1 Nr. 3 bedarf der Genehmigung der höheren Verwaltungsbehörde; § 6 Abs. 2 und 4 ist entsprechend anzuwenden. Dies gilt nicht, soweit die Satzung nach Absatz 4 Satz 1 Nr. 3 aus dem Flächennutzungsplan entwickelt worden ist. Auf die Satzungen nach Absatz 4 Satz 1 Nr. 1 bis 3 ist § 10 Abs. 3 entsprechend anzuwenden.

§ 35

Bauen im Außenbereich

(1) Im Außenbereich ist ein Vorhaben nur zulässig, wenn öffentliche Belange nicht entgegenstehen, die ausreichende Erschließung gesichert ist und wenn es

1. einem land- oder forstwirtschaftlichen Betrieb dient und nur einen untergeordneten Teil der Betriebsfläche einnimmt,
2. einem Betrieb der gartenbaulichen Erzeugung dient,
3. dem Fernmeldewesen, der öffentlichen Versorgung mit Elektrizität, Gas, Wärme und Wasser, der Abwasserwirtschaft oder einem ortsgebundenen gewerblichen Betrieb dient,
4. wegen seiner besonderen Anforderungen an die Umgebung, wegen seiner nachteiligen Wirkung auf die Umgebung oder wegen seiner besonderen Zweckbestimmung nur im Außenbereich ausgeführt werden soll,

5. der Erforschung, Entwicklung oder Nutzung der Kernenergie zu friedlichen Zwecken oder der Entsorgung radioaktiver Abfälle dient oder
6. der Erforschung, Entwicklung oder Nutzung der Wind- oder Wasserenergie dient.

(2) Sonstige Vorhaben können im Einzelfall zugelassen werden, wenn ihre Ausführung oder Benutzung öffentliche Belange nicht beeinträchtigt und die Erschließung gesichert ist.

(3) Eine Beeinträchtigung öffentlicher Belange liegt insbesondere vor, wenn das Vorhaben

1. den Darstellungen des Flächennutzungsplans widerspricht,
2. den Darstellungen eines Landschaftsplans oder sonstigen Plans, insbesondere des Wasser-, Abfall- oder Immissionsschutzrechts, widerspricht,
3. schädliche Umwelteinwirkungen hervorrufen kann oder ihnen ausgesetzt wird,
4. unwirtschaftliche Aufwendungen für Straßen oder andere Verkehrseinrichtungen, für Anlagen der Versorgung oder Entsorgung, für die Sicherheit oder Gesundheit oder für sonstige Aufgaben erfordert,
5. Belange des Naturschutzes und der Landschaftspflege, des Bodenschutzes, des Denkmalschutzes oder die natürliche Eigenart der Landschaft und ihren Erholungswert beeinträchtigt oder das Orts- und Landschaftsbild verunstaltet,
6. Maßnahmen zur Verbesserung der Agrarstruktur beeinträchtigt oder die Wasserwirtschaft gefährdet oder
7. die Entstehung, Verfestigung oder Erweiterung einer Splittersiedlung befürchten läßt.

Raumbedeutsame Vorhaben nach den Absätzen 1 und 2 dürfen den Zielen der Raumordnung nicht widersprechen; öffentliche Belange stehen raumbedeutsamen Vorhaben nach Absatz 1 nicht entgegen, soweit die Belange bei der Darstellung dieser Vorhaben als Ziele der Raumordnung in Plänen im Sinne des § 8 oder 9 des Raumordnungsgesetzes abgewogen worden sind. Öffentliche Belange stehen einem Vorhaben nach Absatz 1 Nr. 2 bis 6 in der Regel auch dann entgegen, soweit hierfür durch Darstellungen im Flächennutzungsplan oder als Ziele der Raumordnung eine Ausweisung an anderer Stelle erfolgt ist.

(4) Den nachfolgend bezeichneten sonstigen Vorhaben im Sinne des Absatzes 2 kann nicht entgegengehalten werden, daß sie Darstellungen des Flächennutzungsplans oder eines Landschaftsplans widersprechen, die natürliche Eigenart der Landschaft beeinträchtigen oder die Entstehung, Verfestigung oder Erweiterung einer Splittersiedlung befürchten lassen, soweit sie im übrigen außenbereichsverträglich im Sinne des Absatzes 3 sind:

1. die Änderung der bisherigen Nutzung eines Gebäudes im Sinne des Absatzes 1 Nr. 1 unter folgenden Voraussetzungen:
   a) das Vorhaben dient einer zweckmäßigen Verwendung erhaltenswerter Bausubstanz,
   b) die äußere Gestalt des Gebäudes bleibt im wesentlichen gewahrt,

c) die Aufgabe der bisherigen Nutzung liegt nicht länger als sieben Jahre zurück,

d) das Gebäude ist vor dem 27. August 1996 zulässigerweise errichtet worden,

e) das Gebäude steht im räumlich-funktionalen Zusammenhang mit der Hofstelle des land- oder forstwirtschaftlichen Betriebes,

f) im Falle der Änderung zu Wohnzwecken entstehen neben den bisher nach Absatz 1 Nr. 1 zulässigen Wohnungen höchstens drei Wohnungen je Hofstelle und

g) es wird eine Verpflichtung übernommen, keine Neubebauung als Ersatz für die aufgegebene Nutzung vorzunehmen, es sei denn, die Neubebauung wird im Interesse der Entwicklung des Betriebes im Sinne des Absatzes 1 Nr. 1 erforderlich,

2. die Neuerrichtung eines gleichartigen Wohngebäudes an gleicher Stelle unter folgenden Voraussetzungen:

   a) das vorhandene Gebäude ist zulässigerweise errichtet worden,

   b) das vorhandene Gebäude weist Mißstände oder Mängel auf,

   c) das vorhandene Gebäude wird seit längerer Zeit vom Eigentümer selbst genutzt und

   d) Tatsachen rechtfertigen die Annahme, daß das neu errichtete Gebäude für den Eigenbedarf des bisherigen Eigentümers oder seiner Familie genutzt wird; hat der Eigentümer das vorhandene Gebäude im Wege der Erbfolge von einem Voreigentümer erworben, der es seit längerer Zeit selbst genutzt hat, reicht es aus, wenn Tatsachen die Annahme rechtfertigen, daß das neu errichtete Gebäude für den Eigenbedarf des Eigentümers oder seiner Familie genutzt wird,

3. die alsbaldige Neuerrichtung eines zulässigerweise errichteten, durch Brand, Naturereignisse oder andere außergewöhnliche Ereignisse zerstörten, gleichartigen Gebäudes an gleicher Stelle,

4. die Änderung oder Nutzungsänderung von erhaltenswerten, das Bild der Kulturlandschaft prägenden Gebäuden, auch wenn sie aufgegeben sind, wenn das Vorhaben einer zweckmäßigen Verwendung der Gebäude und der Erhaltung des Gestaltwerts dient,

5. die Erweiterung eines Wohngebäudes auf bis zu höchstens zwei Wohnungen unter folgenden Voraussetzungen:

   a) das Gebäude ist zulässigerweise errichtet worden,

   b) die Erweiterung ist im Verhältnis zum vorhandenen Gebäude und unter Berücksichtigung der Wohnbedürfnisse angemessen und

   c) bei der Errichtung einer weiteren Wohnung rechtfertigen Tatsachen die Annahme, daß das Gebäude vom bisherigen Eigentümer oder seiner Familie selbst genutzt wird,

6. die bauliche Erweiterung eines zulässigerweise errichteten gewerblichen Betriebes, wenn die Erweiterung im Verhältnis zum vorhandenen Gebäude und Betrieb angemessen ist.

In den Fällen des Satzes 1 Nr. 2 und 3 sind geringfügige Erweiterungen des neuen Gebäudes gegenüber dem beseitigten oder zerstörten Gebäude sowie geringfügige Abweichungen vom bisherigen Standort des Gebäudes zulässig.

(5) Die nach den Absätzen 1 bis 4 zulässigen Vorhaben sind in einer flächensparenden, die Bodenversiegelung auf das notwendige Maß begrenzenden und den Außenbereich schonenden Weise auszuführen. Die Baugenehmigungsbehörde soll durch nach Landesrecht vorgesehene Baulast oder in anderer Weise die Einhaltung der Verpflichtung nach Absatz 4 Satz 1 Nr. 1 Buchstabe g sicherstellen. Im übrigen soll sie in den Fällen des Absatzes 4 Satz 1 sicherstellen, daß die bauliche oder sonstige Anlage nach Durchführung des Vorhabens nur in der vorgesehenen Art genutzt wird.

(6) Die Gemeinde kann für bebaute Bereiche im Außenbereich, die nicht überwiegend landwirtschaftlich geprägt sind und in denen eine Wohnbebauung von einigem Gewicht vorhanden ist, durch Satzung bestimmen, daß Wohnzwecken dienenden Vorhaben im Sinne des Absatzes 2 nicht entgegengehalten werden kann, daß sie einer Darstellung im Flächennutzungsplan über Flächen für die Landwirtschaft oder Wald widersprechen oder die Entstehung oder Verfestigung einer Splittersiedlung befürchten lassen. Die Satzung kann auch auf Vorhaben erstreckt werden, die kleineren Handwerks- und Gewerbebetrieben dienen. In der Satzung können nähere Bestimmungen über die Zulässigkeit getroffen werden. Die Satzung muß mit einer geordneten städtebaulichen Entwicklung vereinbar sein. Bei ihrer Aufstellung ist das vereinfachte Verfahren nach § 13 Nr. 2 und 3 entsprechend anzuwenden. Die Satzung bedarf der Genehmigung der höheren Verwaltungsbehörde; § 6 Abs. 2 und 4 und § 10 Abs. 3 sind entsprechend anzuwenden. Von der Satzung bleibt die Anwendung des Absatzes 4 unberührt.

§ 36
Beteiligung der Gemeinde und der höheren Verwaltungsbehörde

(1) Über die Zulässigkeit von Vorhaben nach den §§ 31, 33 bis 35 wird im bauaufsichtlichen Verfahren von der Baugenehmigungsbehörde im Einvernehmen mit der Gemeinde entschieden. Das Einvernehmen der Gemeinde ist auch erforderlich, wenn in einem anderen Verfahren über die Zulässigkeit nach den in Satz 1 bezeichneten Vorschriften entschieden wird; dies gilt nicht für Vorhaben der in § 29 Abs. 1 bezeichneten Art, die der Bergaufsicht unterliegen. Richtet sich die Zulässigkeit von Vorhaben nach § 30 Abs. 1, stellen die Länder sicher, daß die Gemeinde rechtzeitig vor Ausführung des Vorhabens über Maßnahmen zur Sicherung der Bauleitplanung nach den §§ 14 und 15 entscheiden kann. In den Fällen des § 35 Abs. 2 und 4 kann die Landesregierung durch Rechtsverordnung allgemein oder für bestimmte Fälle festlegen, daß die Zustimmung der höheren Verwaltungsbehörde erforderlich ist.

(2) Das Einvernehmen der Gemeinde und die Zustimmung der höheren Verwaltungsbehörde dürfen nur aus den sich aus den §§ 31, 33, 34 und 35 ergebenden Gründen versagt werden. Das Einvernehmen der Gemeinde und die Zustimmung der höhe-

ren Verwaltungsbehörde gelten als erteilt, wenn sie nicht binnen zwei Monaten nach Eingang des Ersuchens der Genehmigungsbehörde verweigert werden; dem Ersuchen gegenüber der Gemeinde steht die Einreichung des Antrags bei der Gemeinde gleich, wenn sie nach Landesrecht vorgeschrieben ist. Die nach Landesrecht zuständige Behörde kann ein rechtswidrig versagtes Einvernehmen der Gemeinde ersetzen.

§ 37

Bauliche Maßnahmen des Bundes und der Länder

(1) Macht die besondere öffentliche Zweckbestimmung für bauliche Anlagen des Bundes oder eines Landes erforderlich, von den Vorschriften dieses Gesetzbuchs oder den auf Grund dieses Gesetzbuchs erlassenen Vorschriften abzuweichen oder ist das Einvernehmen mit der Gemeinde nach § 14 oder § 36 nicht erreicht worden, entscheidet die höhere Verwaltungsbehörde.

(2) Handelt es sich dabei um Vorhaben, die der Landesverteidigung, dienstlichen Zwecken des Bundesgrenzschutzes oder dem zivilen Bevölkerungsschutz dienen, ist nur die Zustimmung der höheren Verwaltungsbehörde erforderlich. Vor Erteilung der Zustimmung hat diese die Gemeinde zu hören. Versagt die höhere Verwaltungsbehörde ihre Zustimmung oder widerspricht die Gemeinde dem beabsichtigten Bauvorhaben, entscheidet der zuständige Bundesminister im Einvernehmen mit den beteiligten Bundesministern und im Benehmen mit der zuständigen Obersten Landesbehörde.

(3) Entstehen der Gemeinde infolge der Durchführung von Maßnahmen nach den Absätzen 1 und 2 Aufwendungen für Entschädigungen nach diesem Gesetzbuch, sind sie ihr vom Träger der Maßnahmen zu ersetzen. Muß infolge dieser Maßnahmen ein Bebauungsplan aufgestellt, geändert, ergänzt oder aufgehoben werden, sind ihr auch die dadurch entstandenen Kosten zu ersetzen.

(4) Sollen bauliche Anlagen auf Grundstücken errichtet werden, die nach dem Landbeschaffungsgesetz beschafft werden, sind in dem Verfahren nach § 1 Abs. 2 des Landbeschaffungsgesetzes alle von der Gemeinde oder der höheren Verwaltungsbehörde nach den Absätzen 1 und 2 zulässigen Einwendungen abschließend zu erörtern. Eines Verfahrens nach Absatz 2 bedarf es in diesem Fall nicht.

§ 38

Bauliche Maßnahmen von überörtlicher Bedeutung auf Grund von Planfeststellungsverfahren; öffentlich zugängliche Abfallbeseitigungsanlagen

Auf Planfeststellungsverfahren und sonstige Verfahren mit den Rechtswirkungen der Planfeststellung für Vorhaben von überörtlicher Bedeutung sowie auf die auf Grund des Bundes-Immissionsschutzgesetzes für die Errichtung und den Betrieb öffentlich zugänglicher Abfallbeseitigungsanlagen geltenden Verfahren sind die §§ 29 bis 37 nicht anzuwenden, wenn die Gemeinde beteiligt wird; städtebauliche Belange sind zu berücksichtigen. Eine Bindung nach § 7 bleibt unberührt. § 37 Abs. 3 ist anzuwenden.

ZWEITER ABSCHNITT
Entschädigung

§ 39
Vertrauensschaden

Haben Eigentümer oder in Ausübung ihrer Nutzungsrechte sonstige Nutzungsberechtigte im berechtigten Vertrauen auf den Bestand eines rechtsverbindlichen Bebauungsplans Vorbereitungen für die Verwirklichung von Nutzungsmöglichkeiten getroffen, die sich aus dem Bebauungsplan ergeben, können sie angemessene Entschädigung in Geld verlangen, soweit die Aufwendungen durch die Änderung, Ergänzung oder Aufhebung des Bebauungsplans an Wert verlieren. Dies gilt auch für Abgaben nach bundes- oder landesrechtlichen Vorschriften, die für die Erschließung des Grundstücks erhoben wurden.

§ 40
Entschädigung in Geld oder durch Übernahme

(1) Sind im Bebauungsplan

1. Flächen für den Gemeinbedarf sowie für Sport- und Spielanlagen,
2. Flächen für Personengruppen mit besonderem Wohnbedarf,
3. Flächen mit besonderem Nutzungszweck,
4. von der Bebauung freizuhaltende Schutzflächen und Flächen für besondere Anlagen und Vorkehrungen zum Schutz vor Einwirkungen,
5. Verkehrsflächen,
6. Versorgungsflächen,
7. Flächen für die Abfall- und Abwasserbeseitigung einschließlich der Rückhaltung und Versickerung von Niederschlagswasser sowie für Ablagerungen,
8. Grünflächen,
9. Flächen für Aufschüttungen, Abgrabungen oder für die Gewinnung von Steinen, Erden und anderen Bodenschätzen,
10. Flächen für Gemeinschaftsstellplätze und Gemeinschaftsgaragen,
11. Flächen für Gemeinschaftsanlagen,
12. von der Bebauung freizuhaltende Flächen,
13. Wasserflächen, Flächen für die Wasserwirtschaft, Flächen für Hochwasserschutzanlagen und Flächen für die Regelung des Wasserabflusses,
14. Flächen für Maßnahmen zum Schutz, zur Pflege und zur Entwicklung von Boden, Natur und Landschaft

festgesetzt, so ist der Eigentümer nach Maßgabe der folgenden Absätze zu entschädigen, soweit ihm Vermögensnachteile entstehen. Dies gilt in den Fällen des Satzes 1 Nr. 1 in bezug auf Flächen für Sport- und Spielanlagen sowie des Satzes 1 Nr. 4 und 10 bis 14 nicht, soweit die Festsetzungen oder ihre Durchführung den Interessen des Eigentümers oder der Erfüllung einer ihm obliegenden Rechtspflicht dienen.

(2) Der Eigentümer kann die Übernahme der Flächen verlangen,

1. wenn und soweit es ihm mit Rücksicht auf die Festsetzung oder Durchführung des Bebauungsplans wirtschaftlich nicht mehr zuzumuten ist, das Grundstück zu behalten oder es in der bisherigen oder einer anderen zulässigen Art zu nutzen, oder
2. wenn Vorhaben nach § 32 nicht ausgeführt werden dürfen und dadurch die bisherige Nutzung einer baulichen Anlage aufgehoben oder wesentlich herabgesetzt wird.

Der Eigentümer kann anstelle der Übernahme die Begründung von Miteigentum oder eines geeigneten Rechts verlangen, wenn die Verwirklichung des Bebauungsplans nicht die Entziehung des Eigentums erfordert.

(3) Dem Eigentümer ist eine angemessene Entschädigung in Geld zu leisten, wenn und soweit Vorhaben nach § 32 nicht ausgeführt werden dürfen und dadurch die bisherige Nutzung seines Grundstücks wirtschaftlich erschwert wird. Sind die Voraussetzungen des Übernahmeanspruchs nach Absatz 2 gegeben, kann nur dieser Anspruch geltend gemacht werden. Der zur Entschädigung Verpflichtete kann den Entschädigungsberechtigten auf den Übernahmeanspruch verweisen, wenn das Grundstück für den im Bebauungsplan festgesetzten Zweck alsbald benötigt wird.

. . .

VIERTER TEIL
Bodenordnung

ERSTER ABSCHNITT
Umlegung

. . .

§ 61
Aufhebung, Änderung und Begründung von Rechten

(1) Grundstücksgleiche Rechte sowie andere Rechte an einem im Umlegungsgebiet gelegenen Grundstück oder an einem das Grundstück belastenden Recht, ferner Ansprüche mit dem Recht auf Befriedigung aus dem Grundstück oder persönliche Rechte, die zum Erwerb, zum Besitz oder nur Nutzung eines im Umlegungsgebiet gelegenen Grundstücks berechtigen oder den Verpflichteten in der Benutzung des Grundstücks beschränken, können durch den Umlegungsplan aufgehoben, geändert oder neu begründet werden. Zur zweckmäßigen und wirtschaftlichen Ausnutzung der Grundstücke können Flächen für hintere Zuwege, gemeinschaftliche Hofräume, Kinderspielplätze, Freizeiteinrichtungen, Stellplätze, Garagen, Flächen zum Ausgleich i. S. des § 1 a Abs. 3, oder andere Gemeinschaftsanlagen in Übereinstimmung mit den Zielen des Bebauungsplans festgelegt und ihre Rechtsverhältnisse geregelt werden. Im Landesrecht vorgesehene öffentlich-rechtliche Verpflichtungen zu einem das Grundstück betreffenden Tun, Dulden oder Unterlassen (Baulast) können im Einvernehmen mit der Baugenehmigungsbehörde aufgehoben, geändert oder neu begründet werden.

(2) Soweit durch die Aufhebung, Änderung oder Begründung von Rechten oder Baulasten, Vermögensnachteile oder Vermögensvorteile entstehen, findet ein Ausgleich in Geld statt. Für den Fall, daß Vermögensnachteile entstehen, sind die Vorschriften über die Entschädigung im Zweiten Abschnitt des Fünften Teils und über den Härteausgleich nach § 181 entsprechend anzuwenden.

(3) Die Absätze 1 und 2 gelten auch für die nach § 55 Abs. 5 in die Verteilungsmasse eingebrachten Grundstücke.

. . .

FÜNFTER TEIL
Enteignung

ERSTER ABSCHNITT
Zulässigkeit der Enteignung

§ 85
Enteignungszweck

(1) Nach diesem Gesetzbuch kann nur enteignet werden, um

1. entsprechend den Festsetzungen des Bebauungsplans ein Grundstück zu nutzen oder eine solche Nutzung vorzubereiten,
2. unbebaute oder geringfügig bebaute Grundstücke, die nicht im Bereich eines Bebauungsplans, aber innerhalb im Zusammenhang bebauter Ortsteile liegen, insbesondere zur Schließung von Baulücken, entsprechend den baurechtlichen Vorschriften zu nutzen oder einer baulichen Nutzung zuzuführen,
3. Grundstücke für die Entschädigung in Land zu beschaffen,
4. durch Enteignung entzogene Rechte durch neue Rechte zu ersetzen,
5. Grundstücke einer baulichen Nutzung zuzuführen, wenn ein Eigentümer die Verpflichtung nach § 176 Abs. 1 oder 2 nicht erfüllt, oder
6. im Geltungsbereich einer Erhaltungssatzung eine bauliche Anlage aus den in § 172 Abs. 3 bis 5 bezeichneten Gründen zu erhalten.

(2) Unberührt bleiben

1. die Vorschriften über die Enteignung zu anderen als den in Absatz 1 genannten Zwecken,
2. landesrechtliche Vorschriften über die Enteignung zu den in Absatz 1 Nr. 6 genannten Zwecken.

§ 86
Gegenstand der Enteignung

(1) Durch Enteignung können

1. das Eigentum an Grundstücken entzogen oder belastet werden;
2. andere Rechte an Grundstücken entzogen oder belastet werden;
3. Rechte entzogen werden, die zum Erwerb, zum Besitz oder zur Nutzung von Grundstücken berechtigen oder die den Verpflichteten in der Benutzung von Grundstücken beschränken; hierzu zählen auch Rückübertragungsansprüche nach dem Vermögensgesetz;

4. soweit es in den Vorschriften dieses Teils vorgesehen ist, Rechtsverhältnisse begründet werden, die Rechte der in Nummer 3 bezeichneten Art gewähren.

(2) Auf das Zubehör eines Grundstücks sowie auf Sachen, die nur zu einem vorübergehenden Zweck mit dem Grundstück verbunden oder in ein Gebäude eingefügt sind, darf die Enteignung nur nach Maßgabe des § 92 Abs. 4 ausgedehnt werden.

(3) Die für die Entziehung oder Belastung des Eigentums an Grundstücken geltenden Vorschriften sind auf die Entziehung, Belastung oder Begründung der in Absatz 1 Nr. 2 bis 4 bezeichneten Rechte entsprechend anzuwenden.

...

SECHSTER TEIL
Erschließung

ERSTER ABSCHNITT
Allgemeine Vorschriften

§ 123
Erschließungslast

(1) Die Erschließung ist Aufgabe der Gemeinde, soweit sie nicht nach anderen gesetzlichen Vorschriften oder öffentlich-rechtlichen Verpflichtungen einem anderen obliegt.

(2) Die Erschließungsanlagen sollen entsprechend den Erfordernissen der Bebauung und des Verkehrs hergestellt werden und spätestens bis zur Fertigstellung der anzuschließenden baulichen Anlagen benutzbar sein.

(3) Ein Rechtsanspruch auf Erschließung besteht nicht.

(4) Die Unterhaltung der Erschließungsanlagen richtet sich nach landesrechtlichen Vorschriften.

...

ZWEITER ABSCHNITT
Erschließungsbeitrag

§ 127
Erhebung des Erschließungsbeitrags

(1) Die Gemeinden erheben zur Deckung ihres anderweitig nicht gedeckten Aufwands für Erschließungsanlagen einen Erschließungsbeitrag nach Maßgabe der folgenden Vorschriften.

(2) Erschließungsanlagen im Sinne dieses Abschnitts sind

1. die öffentlichen zum Anbau bestimmten Straßen, Wege und Plätze;
2. die öffentlichen aus rechtlichen oder tatsächlichen Gründen mit Kraftfahrzeugen nicht befahrbaren Verkehrsanlagen innerhalb der Baugebiete (z.B. Fußwege, Wohnwege);

3. Sammelstraßen innerhalb der Baugebiete; Sammelstraßen sind öffentliche Straßen, Wege und Plätze, die selbst nicht zum Anbau bestimmt, aber zur Erschließung der Baugebiete notwendig sind;
4. Parkflächen und Grünanlagen mit Ausnahme von Kinderspielplätzen, soweit sie Bestandteil der in den Nummern 1 bis 3 genannten Verkehrsanlagen oder nach städtebaulichen Grundsätzen innerhalb der Baugebiete zu deren Erschließung notwendig sind;
5. Anlagen zum Schutz von Baugebieten gegen schädliche Umwelteinwirkungen im Sinne des Bundes-Immissionsschutzgesetzes, auch wenn sie nicht Bestandteil der Erschließungsanlagen sind.

(3) Der Erschließungsbeitrag kann für den Grunderwerb, die Freilegung und für Teile der Erschließungsanlagen selbständig erhoben werden (Kostenspaltung).

(4) Das Recht, Abgaben für Anlagen zu erheben, die nicht Erschließungsanlagen im Sinne dieses Abschnitts sind, bleibt unberührt. Dies gilt insbesondere für Anlagen zur Ableitung von Abwasser sowie zur Versorgung mit Elektrizität, Gas, Wärme und Wasser.

. . .

§ 133

Gegenstand und Entstehung der Beitragspflicht

(1) Der Beitragspflicht unterliegen Grundstücke, für die eine bauliche oder gewerbliche Nutzung festgesetzt ist, sobald sie bebaut oder gewerblich genutzt werden dürfen. Erschlossene Grundstücke, für die eine bauliche oder gewerbliche Nutzung nicht festgesetzt ist, unterliegen der Beitragspflicht, wenn sie nach der Verkehrsauffassung Bauland sind und nach der geordneten baulichen Entwicklung der Gemeinde zur Bebauung anstehen. Die Gemeinde gibt bekannt, welche Grundstücke nach Satz 2 der Beitragspflicht unterliegen; die Bekanntmachung hat keine rechtsbegründende Wirkung.

(2) Die Beitragspflicht entsteht mit der endgültigen Herstellung der Erschließungsanlagen, für Teilbeträge, sobald die Maßnahmen, deren Aufwand durch die Teilbeträge gedeckt werden soll, abgeschlossen sind. Im Falle des § 128 Abs. 1 Satz 1 Nr. 3 entsteht die Beitragspflicht mit der Übernahme durch die Gemeinde.

(3) Für ein Grundstück, für das eine Beitragspflicht noch nicht oder nicht in vollem Umfang entstanden ist, können Vorausleistungen auf den Erschließungsbeitrag bis zur Höhe des voraussichtlichen endgültigen Erschließungsbeitrags verlangt werden, wenn ein Bauvorhaben auf dem Grundstück genehmigt wird oder wenn mit der Herstellung der Erschließungsanlagen begonnen worden ist und die endgültige Herstellung der Erschließungsanlagen innerhalb von vier Jahren zu erwarten ist. Die Vorausleistung ist mit der endgültigen Beitragsschuld zu verrechnen, auch wenn der Vorausleistende nicht beitragspflichtig ist. Ist die Beitragspflicht sechs Jahre nach Erlaß des Vorausleistungsbescheids noch nicht entstanden, kann die Vorausleistung zurückverlangt werden, wenn die Erschließungsanlage bis zu diesem Zeitpunkt noch nicht benutzbar ist. Der Rückzahlungsanspruch ist ab Erhebung der Vorausleistung

mit 2 vom Hundert über dem Diskontsatz der Deutschen Bundesbank jährlich zu verzinsen. Die Gemeinde kann Bestimmungen über die Ablösung des Erschließungsbeitrags im ganzen vor Entstehung der Beitragspflicht treffen.

§ 134
Beitragspflichtiger

(1) Beitragspflichtig ist derjenige, der im Zeitpunkt der Bekanntgabe des Beitragsbescheids Eigentümer des Grundstücks ist. Ist das Grundstück mit einem Erbbaurecht belastet, so ist der Erbbauberechtigte anstelle des Eigentümers beitragspflichtig. Ist das Grundstück mit einem dinglichen Nutzungsrecht nach Artikel 233 § 4 des Einführungsgesetzes zum Bürgerlichen Gesetzbuch belastet, so ist der Inhaber dieses Rechts an Stelle des Eigentümers beitragspflichtig. Mehrere Beitragspflichtige haften als Gesamtschuldner; bei Wohnungs- und Teileigentum sind die einzelnen Wohnungs- und Teileigentümer nur entsprechend ihrem Miteigentumsanteil beitragspflichtig.

(2) Der Beitrag ruht als öffentliche Last auf dem Grundstück, im Falle des Absatzes 1 Satz 2 auf dem Erbbaurecht, im Falle des Absatzes 1 Satz 3 auf dem Wohnungs- oder dem Teileigentum.

§ 135
Fälligkeit und Zahlung des Beitrags

(1) Der Beitrag wird einen Monat nach der Bekanntgabe des Beitragsbescheids fällig.

(2) Die Gemeinde kann zur Vermeidung unbilliger Härten im Einzelfall, insbesondere soweit dies zur Durchführung eines genehmigten Bauvorhabens erforderlich ist, zulassen, daß der Erschließungsbeitrag in Raten oder in Form einer Rente gezahlt wird. Ist die Finanzierung eines Bauvorhabens gesichert, so soll die Zahlungsweise der Auszahlung der Finanzierungsmittel angepaßt, jedoch nicht über zwei Jahre hinaus erstreckt werden.

(3) Läßt die Gemeinde nach Absatz 2 eine Verrentung zu, so ist der Erschließungsbeitrag durch Bescheid in eine Schuld umzuwandeln, die in höchstens zehn Jahresleistungen zu entrichten ist. In dem Bescheid sind Höhe und Zeitpunkt der Fälligkeit der Jahresleistungen zu bestimmen. Der jeweilige Restbetrag ist mit höchstens 2 vom Hundert über dem Diskontsatz der Deutschen Bundesbank jährlich zu verzinsen. Die Jahresleistungen stehen wiederkehrenden Leistungen im Sinne des § 10 Abs. 1 Nr. 3 des Zwangsversteigerungsgesetzes gleich.

(4) Werden Grundstücke landwirtschaftlich oder als Wald genutzt, ist der Beitrag so lange zinslos zu stunden, wie das Grundstück zur Erhaltung der Wirtschaftlichkeit des landwirtschaftlichen Betriebs genutzt werden muß. Satz 1 gilt auch für die Fälle der Nutzungsüberlassung und Betriebsübergabe an Familienangehörige im Sinne des § 15 der Abgabenordnung. Der Beitrag ist auch zinslos zu stunden, solange Grundstücke als Kleingärten im Sinne des Bundeskleingartengesetzes genutzt werden.

(5) Im Einzelfall kann die Gemeinde auch von der Erhebung des Erschließungsbeitrags ganz oder teilweise absehen, wenn dies im öffentlichen Interesse oder zur Vermeidung unbilliger Härten geboten ist. Die Freistellung kann auch für den Fall vorgesehen werden, daß die Beitragspflicht noch nicht entstanden ist.

(6) Weitergehende landesrechtliche Billigkeitsregelungen bleiben unberührt.

. . .

ZWEITES KAPITEL
Besonderes Städtebaurecht

FÜNFTER TEIL
Miet- und Pachtverhältnisse

§ 182
Aufhebung von Miet- und Pachtverhältnissen

(1) Erfordert die Verwirklichung der Ziele und Zwecke der Sanierung im förmlich festgelegten Sanierungsgebiet, der Entwicklung im städtebaulichen Entwicklungsbereich oder eine Maßnahme nach den §§ 176 bis 179 die Aufhebung eines Miet- oder Pachtverhältnisses, kann die Gemeinde das Rechtsverhältnis auf Antrag des Eigentümers oder im Hinblick auf ein städtebauliches Gebot mit einer Frist von mindestens sechs Monaten, bei einem land- oder forstwirtschaftlich genutzten Grundstück nur zum Schluß eines Pachtjahres aufheben.

(2) Die Gemeinde darf ein Mietverhältnis über Wohnraum nur aufheben, wenn im Zeitpunkt der Beendigung des Mietverhältnisses angemessener Ersatzwohnraum für den Mieter und die zu seinem Hausstand gehörenden Personen zu zumutbaren Bedingungen zur Verfügung steht. Strebt der Mieter oder Pächter von Geschäftsraum eine anderweitige Unterbringung an, soll die Gemeinde das Miet- oder Pachtverhältnis nur aufheben, wenn im Zeitpunkt der Beendigung des Rechtsverhältnisses anderer geeigneter Geschäftsraum zu zumutbaren Bedingungen zur Verfügung steht.

(3) Wird die Erwerbsgrundlage eines Mieters oder Pächters von Geschäftsraum im förmlich festgelegten Sanierungsgebiet oder in einem städtebaulichen Entwicklungsbereich infolge der Durchführung städtebaulicher Sanierungsmaßnahmen oder städtebaulicher Entwicklungsmaßnahmen wesentlich beeinträchtigt und ist ihm deshalb die Fortsetzung des Miet- oder Pachtverhältnisses nicht mehr zuzumuten, kann die Gemeinde auf Antrag des Mieters oder Pächters das Rechtsverhältnis mit einer Frist von mindestens sechs Monaten aufheben.

§ 183
Aufhebung von Miet- und Pachtverhältnissen über unbebaute Grundstücke

(1) Ist nach den Festsetzungen des Bebauungsplans für ein unbebautes Grundstück eine andere Nutzung vorgesehen und ist die alsbaldige Änderung der Nutzung be-

absichtigt, kann die Gemeinde auf Antrag des Eigentümers Miet- oder Pachtverhältnisse aufheben, die sich auf das Grundstück beziehen und der neuen Nutzung entgegenstehen.

(2) Auf die Aufhebung ist § 182 Abs. 1 entsprechend anzuwenden.

§ 184
Aufhebung anderer Vertragsverhältnisse

Die §§ 182 und 183 sind entsprechend auf andere schuldrechtliche Vertragsverhältnisse anzuwenden, die zum Gebrauch oder zur Nutzung eines Grundstücks, Gebäudes oder Gebäudeteils oder einer sonstigen baulichen Anlage berechtigen.

§ 185
Entschädigung bei Aufhebung von Miet- und Pachtverhältnissen

(1) Ist ein Rechtsverhältnis aufgrund des § 182, des § 183 oder des § 184 aufgehoben worden, ist den Betroffenen insoweit eine angemessene Entschädigung in Geld zu leisten, als ihnen durch die vorzeitige Beendigung des Rechtsverhältnisses Vermögensnachteile entstehen. Die Vorschriften des zweiten Abschnitts des Fünften Teils des Ersten Kapitels sind entsprechend anzuwenden.

(2) Zur Entschädigung ist die Gemeinde verpflichtet. Kommt eine Einigung über die Entschädigung nicht zustande, entscheidet die höhere Verwaltungsbehörde.

(3) Wird ein Pachtvertrag über kleingärtnerisch genutztes Land nach § 182, § 183 oder § 184 aufgehoben, ist die Gemeinde außer zur Entschädigung nach Absatz 1 auch zur Bereitstellung oder Beschaffung von Ersatzland verpflichtet. Bei der Entschädigung in Geld ist die Bereitstellung oder Beschaffung des Ersatzlands angemessen zu berücksichtigen. Die höhere Verwaltungsbehörde kann die Gemeinde von der Verpflichtung zur Bereitstellung oder Beschaffung von Ersatzland befreien, wenn die Gemeinde nachweist, daß sie zur Erfüllung außerstande ist.

. . .

DRITTES KAPITEL
Sonstige Vorschriften

ERSTER TEIL
Wertermittlung

§ 192
Gutachterausschuß

(1) Zur Ermittlung von Grundstückswerten und für sonstige Wertermittlungen werden selbständige, unabhängige Gutachterausschüsse gebildet.

(2) Die Gutachterausschüsse bestehen aus einem Vorsitzenden und ehrenamtlichen weiteren Gutachtern.

(3) Der Vorsitzende und die weiteren Gutachter sollen in der Ermittlung von Grundstückswerten oder sonstigen Wertermittlungen sachkundig und erfahren sein und dürfen nicht hauptamtlich mit der Verwaltung der Grundstücke der Gebietskörperschaft, für deren Bereich der Gutachterausschuß gebildet ist, befaßt sein. Für die Ermittlung der Bodenrichtwerte ist ein Bediensteter der zuständigen Finanzbehörde mit Erfahrung in der steuerlichen Bewertung von Grundstücken als Gutachter vorzusehen.

(4) Die Gutachterausschüsse bedienen sich einer Geschäftsstelle.

§ 193
Aufgaben des Gutachterausschusses

(1) Der Gutachterausschuß erstattet Gutachten über den Verkehrswert von bebauten und unbebauten Grundstücken sowie Rechten an Grundstücken, wenn

1. die für den Vollzug dieses Gesetzbuchs zuständigen Behörden bei der Erfüllung der Aufgaben nach diesem Gesetzbuch,
2. die für die Feststellung des Werts eines Grundstücks oder der Entschädigung für ein Grundstück oder ein Recht an einem Grundstück aufgrund anderer gesetzlicher Vorschriften zuständigen Behörden,
3. die Eigentümer, ihnen gleichstehende Berechtigte, Inhaber anderer Rechte am Grundstück und Pflichtteilsberechtigte, für deren Pflichtteil der Wert des Grundstücks von Bedeutung ist, oder
4. Gerichte und Justizbehörden

es beantragen. Unberührt bleiben Antragsberechtigungen nach anderen Rechtsvorschriften.

(2) Der Gutachterausschuß kann außer über die Höhe der Entschädigung für den Rechtsverlust auch Gutachten über die Höhe der Entschädigung für andere Vermögensnachteile erstatten.

(3) Der Gutachterausschuß führt eine Kaufpreissammlung, wertet sie aus und ermittelt Bodenrichtwerte und sonstige zur Wertermittlung erforderliche Daten.

(4) Die Gutachten haben keine bindende Wirkung, soweit nichts anderes bestimmt oder vereinbart ist.

(5) Eine Abschrift des Gutachtens ist dem Eigentümer zu übersenden.

. . .

§ 197

Befugnisse des Gutachterausschusses

(1) Der Gutachterausschuß kann mündliche oder schriftliche Auskünfte von Sachverständigen und von Personen einholen, die Angaben über das Grundstück und, wenn das zur Ermittlung von Geldleistungen im Umlegungsverfahren, von Ausgleichsbeträgen und von Enteignungsentschädigungen erforderlich ist, über ein Grundstück, das zum Vergleich herangezogen werden soll, machen können. Er kann verlangen, daß Eigentümer und sonstige Inhaber von Rechten an einem Grundstück die zur Führung der Kaufpreissammlung und zur Begutachtung notwendigen Unterlagen vorlegen. Der Eigentümer und der Besitzer des Grundstücks haben zu dulden, daß Grundstücke zur Auswertung von Kaufpreisen und zur Vorbereitung von Gutachten betreten werden. Wohnungen dürfen nur mit Zustimmung der Wohnungsinhaber betreten werden.

(2) Alle Gerichte und Behörden haben dem Gutachterausschuß Rechts- und Amtshilfe zu leisten. Das Finanzamt erteilt dem Gutachterausschuß Auskünfte über Grundstücke, soweit dies zur Ermittlung von Ausgleichsbeträgen und Enteignungsentschädigungen erforderlich ist.

§ 198

Oberer Gutachterausschuß

(1) Bei Bedarf können Obere Gutachterausschüsse für den Bereich einer oder mehrerer höherer Verwaltungsbehörden gebildet werden, auf die die Vorschriften über die Gutachterausschüsse entsprechend anzuwenden sind.

(2) Der Obere Gutachterausschuß hat auf Antrag eines Gerichts ein Obergutachten zu erstatten, wenn schon das Gutachten eines Gutachterausschusses vorliegt.

. . .

ZWEITER TEIL
Allgemeine Vorschriften; Zuständigkeiten; Verwaltungsverfahren; Wirksamkeitsvoraussetzungen

ERSTER ABSCHNITT
Allgemeine Vorschriften

§ 200
Grundstücke, Rechte an Grundstücken; Baulandkataster

(1) Die für Grundstücke geltenden Vorschriften dieses Gesetzbuchs sind entsprechend auch auf Grundstücksteile anzuwenden.

(2) Die für das Eigentum an Grundstücken bestehenden Vorschriften sind, soweit dieses Gesetzbuch nichts anderes vorschreibt, entsprechend auch auf grundstücksgleiche Rechte anzuwenden.

(3) Die Gemeinde kann sofort oder in absehbarer Zeit bebaubare Flächen in Karten oder Listen auf der Grundlage eines Lageplans erfassen, der Flur- und Flurstücksnummern, Straßennamen und Angaben zur Grundstücksgröße enthält (Baulandkataster). Sie kann die Flächen in Karten oder Listen veröffentlichen, soweit der Grundstückseigentümer nicht widersprochen hat. Die Gemeinde hat ihre Absicht zur Veröffentlichung einen Monat vorher öffentlich bekanntzugeben und dabei auf das Widerspruchsrecht der Grundstückseigentümer hinzuweisen.

. . .

§ 201
Begriff der Landwirtschaft

Landwirtschaft im Sinne dieses Gesetzbuchs ist insbesondere der Ackerbau, die Wiesen- und Weidewirtschaft einschließlich Pensionstierhaltung auf überwiegend eigener Futtergrundlage, die gartenbauliche Erzeugung, der Erwerbsobstbau, der Weinbau, die berufsmäßige Imkerei und die berufsmäßige Binnenfischerei.

. . .

VIERTES KAPITEL
Überleitungs- und Schlußvorschriften

. . .

ERSTER TEIL
Überleitungsvorschriften

. . .

§ 242
Überleitungsvorschriften für die Erschließung

. . .

(9) Für Erschließungsanlagen oder Teile von Erschließungsanlagen in dem in Artikel 3 des Einigungsvertrages genannten Gebiet, die vor dem Wirksamwerden des

Beitritts bereits hergestellt worden sind, kann nach diesem Gesetzbuch ein Erschließungsbeitrag nicht erhoben werden. Bereits hergestellte Erschließungsanlagen oder Teile von Erschließungsanlagen sind die einem technischen Ausbauprogramm oder den örtlichen Ausbaugepflogenheiten entsprechend fertiggestellten Erschließungsanlagen oder Teile von Erschließungsanlagen. Leistungen, die Beitragspflichtige für die Herstellung von Erschließungsanlagen oder Teile von Erschließungsanlagen erbracht haben, sind auf den Erschließungsbeitrag anzurechnen. Die Landesregierungen werden ermächtigt, bei Bedarf Überleitungsregelungen durch Rechtsverordnung zu treffen.

Gesetz über Naturschutz und Landschaftspflege (Bundesnaturschutzgesetz – BNatSchG)

in der Fassung der Bekanntmachung vom 12. März 1987 (BGBl I S. 889), zuletzt geändert durch Artikel 6 des Bau- und Raumordnungsgesetz 1998 – BauROG – vom 18. August 1997 (BGBl I S. 2081)

– Auszug –

DRITTER ABSCHNITT
Allgemeine Schutz-, Pflege- und Entwicklungsmaßnahmen

§ 8
Eingriffe in Natur und Landschaft

(1) Eingriffe in Natur und Landschaft im Sinne dieses Gesetzes sind Veränderungen der Gestalt oder Nutzung von Grundflächen, die die Leistungsfähigkeit des Naturhaushalts oder das Landschaftsbild erheblich oder nachhaltig beeinträchtigen können.

(2) Der Verursacher eines Eingriffs ist zu verpflichten, vermeidbare Beeinträchtigungen von Natur und Landschaft zu unterlassen sowie unvermeidbare Beeinträchtigungen innerhalb einer zu bestimmenden Frist durch Maßnahmen des Naturschutzes und der Landschaftspflege auszugleichen, soweit es zur Verwirklichung der Ziele des Naturschutzes und der Landschaftspflege erforderlich ist. Voraussetzung einer derartigen Verpflichtung ist, daß für den Eingriff in anderen Rechtsvorschriften eine behördliche Bewilligung, Erlaubnis, Genehmigung, Zustimmung, Planfeststellung, sonstige Entscheidung oder eine Anzeige an eine Behörde vorgeschrieben ist. Die Verpflichtung wird durch die für die Entscheidung oder Anzeige zuständige Behörde ausgesprochen. Ausgeglichen ist ein Eingriff, wenn nach seiner Beendigung keine erhebliche oder nachhaltige Beeinträchtigung des Naturhaushalts zurückbleibt und das Landschaftsbild landschaftsgerecht wiederhergestellt oder neu gestaltet ist.

(3) Der Eingriff ist zu untersagen, wenn die Beeinträchtigungen nicht zu vermeiden oder nicht im erforderlichen Maße auszugleichen sind und die Belange des Naturschutzes und der Landschaftspflege bei der Abwägung aller Anforderungen an Natur und Landschaft im Range vorgehen.

(4) Bei einem Eingriff in Natur und Landschaft, der auf Grund eines nach öffentlichem Recht vorgesehenen Fachplanes vorgenommen werden soll, hat der Planungsträger die zum Ausgleich dieses Eingriffs erforderlichen Maßnahmen des Naturschutzes und der Landschaftspflege im einzelnen im Fachplan oder in einem landschaftspflegerischen Begleitplan in Text und Karte darzustellen; der Begleitplan ist Bestandteil des Fachplanes.

(5) Die Entscheidungen und Maßnahmen werden im Benehmen mit den für Naturschutz und Landschaftspflege zuständigen Behörden getroffen, soweit nicht eine weitergehende Form der Beteiligung vorgeschrieben ist oder die für Naturschutz und Landschaftspflege zuständigen Behörden selbst entscheiden. Dies gilt nicht für Entscheidungen, die auf Grund eines Bebauungsplanes getroffen werden.

(6) Bei Eingriffen in Natur und Landschaft durch Behörden, denen keine behördliche Entscheidung nach Absatz 2 vorausgeht, gelten die Absätze 2 bis 5 entsprechend.

(7) Die im Sinne dieses Gesetzes ordnungsgemäße land-, forst- und fischereiwirtschaftliche Bodennutzung ist nicht als Eingriff in Natur und Landschaft anzusehen.

(8) Die Länder können bestimmen, daß Veränderungen der Gestalt oder Nutzung von Grundflächen bestimmter Art, die im Regelfall nicht zu einer erheblichen oder nachhaltigen Beeinträchtigung der Leistungsfähigkeit des Naturhaushalts oder des Landschaftsbildes führen, nicht als Eingriffe anzusehen sind. Sie können gleichfalls bestimmen, daß Veränderungen bestimmter Art als Eingriffe gelten, wenn sie regelmäßig die Voraussetzungen des Absatzes 1 erfüllen.

(9) Die Länder können zu den Absätzen 2 und 3 weitergehende Vorschriften erlassen, insbesondere über Ersatzmaßnahmen der Verursacher bei nicht ausgleichbaren, aber vorrangigen Eingriffen.

(10) Handelt es sich bei dem Eingriff um ein Vorhaben, das nach § 3 des Gesetzes über die Umweltverträglichkeitsprüfung einer Umweltverträglichkeitsprüfung unterliegt, so muß das Verfahren, in dem Entscheidungen nach Absatz 2 Satz 1, Absatz 3 oder auf Grund von Vorschriften nach Absatz 9 getroffen werden, den Anforderungen des genannten Gesetzes entsprechen.

§ 8 a
Verhältnis zum Baurecht

(1) Sind auf Grund der Aufstellung, Änderung, Ergänzung oder Aufhebung von Bauleitplänen oder von Satzungen nach § 34 Abs. 4 Satz 1 Nr. 3 des Baugesetzbuchs Eingriffe in Natur und Landschaft zu erwarten, ist über die Vermeidung, den Ausgleich und den Ersatz nach den Vorschriften des Baugesetzbuchs zu entscheiden.

(2) Auf Vorhaben in Gebieten mit Bebauungsplänen nach § 30 des Baugesetzbuchs, während der Planaufstellung nach § 33 des Baugesetzbuchs und im Innenbereich nach § 34 des Baugesetzbuchs sind die Vorschriften der Eingriffsregelung nicht anzuwenden; § 29 Abs. 3 des Baugesetzbuchs bleibt unberührt. Für Vorhaben im Außenbereich nach § 35 des Baugesetzbuchs sowie für Bebauungspläne, soweit sie eine Planfeststellung ersetzen, bleibt die Geltung der Vorschriften über die Eingriffsregelung unberührt.

(3) Entscheidungen über Vorhaben nach § 35 Abs. 1 und 4 des Baugesetzbuchs und über die Errichtung von baulichen Anlagen nach § 34 des Baugesetzbuchs ergehen im Benehmen mit den für Naturschutz und Landschaftspflege zuständigen Behörden. Äußert sich in den Fällen des § 34 des Baugesetzbuchs die für Naturschutz und Land-

schaftspflege zuständige Behörde nicht binnen eines Monats, kann die für die Entscheidung zuständige Behörde davon ausgehen, daß Belange des Naturschutzes und der Landschaftspflege von dem Vorhaben nicht berührt werden. Das Benehmen ist nicht erforderlich bei Vorhaben in Gebieten mit Bebauungsplänen und während der Planaufstellung nach den §§ 30 und 33 des Baugesetzbuchs und in Gebieten mit Satzungen nach § 34 Abs. 4 Satz 1 Nr. 3 des Baugesetzbuchs.

§ 9
Verfahren bei Beteiligung von Behörden des Bundes

Soll bei Eingriffen in Natur und Landschaft, denen Entscheidungen von Behörden des Bundes vorausgehen oder die von Behörden des Bundes durchgeführt werden, von der Stellungnahme der für Naturschutz und Landschaftspflege zuständigen Behörden abgewichen werden, so entscheidet hierüber die fachlich zuständige Behörde des Bundes im Benehmen mit der obersten Landesbehörde für Naturschutz und Landschaftspflege, soweit nicht eine weitergehende Form der Beteiligung vorgeschrieben ist.

Bauordnungen der Länder

Stand: Oktober 1996

Baden-Württemberg

Landesbauordnung für Baden-Württemberg (LBO)
Neufassung vom 8. August 1995 (GVBl S. 617)

Bayern

Bayerische Bauordnung (BayBO)
Bekanntmachung der Neufassung der BayBO vom 18. 4. 1994 (GVBl S. 251)

Berlin

Bauordnung für Berlin (BauOBln)
Neufassung vom 1. Januar 1996 (GVBl S. 29)

Brandenburg

Brandenburgische Bauverordnung (BbgBO)
vom 1. 6. 1994 (GVBl S. 126)

Bremen

Bremische Landesbauordnung (BremLBO)
Neufassung vom 27. März 1995 (GVBl S. 11)

Hamburg

Hamburgische Bauordnung (HBauO)
vom 1. Juli 1986 (GVBl S. 183)
zuletzt geändert durch das Gesetz zur Änderung der Hamburgischen BO und anderer Gesetze vom 20. 7. 1994 (GVBl S. 221)

Hessen

Hessische Bauordnung (HBO) vom 20. Dezember 1993 (GVBl I S. 655)

Mecklenburg-Vorpommern

Landesbauordnung Mecklenburg-Vorpommern (LBauO M-V)
vom 26. 4. 1994 (GVBl S. 518)

Niedersachsen

Niedersächsische Bauordnung (NBauO)
Neufassung vom 13. Juli 1995 (GVBl S. 199)

Nordrhein-Westfalen

Bauordnung für das Land Nordrhein-Westfalen (BauO NW)
Neufassung vom 7. März 1995 (GVBl S. 218)

Rheinland-Pfalz

Landesbauordnung für Rheinland-Pfalz (LBauO)
Neufassung vom 8. März 1995 (GVBl S. 19)

Saarland

Landesbauordnung für das Saarland (LBO)
vom 27. März 1996 (AmtsBl Nr. 23 S. 477)

Sachsen

Sächsische Bauordnung
vom 19. 8. 1992 (GVBl S. 375)
Bekanntmachung der Neufassung der Sächsischen Bauordnung vom 26. 7. 1994 (GVBl S. 1401)

Sachsen-Anhalt

Gesetz über die Bauordnung des Landes Sachsen-Anhalt
vom 23. 6. 1994 (GVBl S. 723)

Schleswig-Holstein

Landesbauordnung für das Land Schleswig-Holstein
Bekanntmachung der Neufassung der Landesbauordnung für das Land vom 11. 7. 1994 (GVBl S. 321)

Thüringen

Thüringer Bauordnung (ThürBO) vom 3. 6. 1994 (GVBl S. 553)

Bürgerliches Gesetzbuch (BGB)

Vom 18. August 1896 (RGBl S. 195), (BGBl III 400-2), zuletzt geändert durch Artikel 11 des Gesetzes vom 18. Juni 1997 (BGBl I S. 1430)

— Auszug —

Vereine

ERSTES BUCH
Allgemeiner Teil

ERSTER ABSCHNITT

Personen

Zweiter Titel. Juristische Personen

I. VEREINE

1. Allgemeine Vorschriften

§ 21
Rechtsfähigkeit durch Eintragung

Ein Verein, dessen Zweck nicht auf einen wirtschaftlichen Geschäftsbetrieb gerichtet ist, erlangt Rechtsfähigkeit durch Eintragung in das Vereinsregister des zuständigen Amtsgerichts.

. . .

§ 24
Vereinssitz

Als Sitz eines Vereins gilt, wenn nicht ein anderes bestimmt ist, der Ort, an welchem die Verwaltung geführt wird.

§ 25
Vereinssatzung

Die Verfassung eines rechtsfähigen Vereins wird, soweit sie nicht auf den nachfolgenden Vorschriften beruht, durch die Vereinssatzung bestimmt.

§ 26
Vorstand

(1) Der Verein muß einen Vorstand haben. Der Vorstand kann aus mehreren Personen bestehen.

(2) Der Vorstand vertritt den Verein gerichtlich und außergerichtlich; er hat die Stellung eines gesetzlichen Vertreters. Der Umfang seiner Vertretungsmacht kann durch die Satzung mit Wirkung gegen Dritte beschränkt werden.

§ 27
Bestellung des Vorstandes — Geschäftsführung

(1) Die Bestellung des Vorstandes erfolgt durch Beschluß der Mitgliederversammlung.

(2) Die Bestellung ist jederzeit widerruflich, unbeschadet des Anspruchs auf die vertragsmäßige Vergütung. Die Widerruflichkeit kann durch die Satzung auf den Fall beschränkt werden, daß ein wichtiger Grund für den Widerruf vorliegt; ein solcher Grund ist insbesondere grobe Pflichtverletzung oder Unfähigkeit zur ordnungsmäßigen Geschäftsführung.

(3) Auf die Geschäftsführung des Vorstandes finden die für den Auftrag geltenden Vorschriften der §§ 664 bis 670 entsprechende Anwendung.

§ 28
Mehrgliedriger Vorstand

(1) Besteht der Vorstand aus mehreren Personen, so erfolgt die Beschlußfassung nach den für die Beschlüsse der Mitglieder des Vereins geltenden Vorschriften der §§ 32, 34.

(2) Ist eine Willenserklärung dem Vereine gegenüber abzugeben, so genügt die Abgabe gegenüber einem Mitgliede des Vorstandes.

§ 29
Bestellung eines Vorstandes durch das Amtsgericht

Soweit die erforderlichen Mitglieder des Vorstandes fehlen, sind sie in dringenden Fällen für die Zeit bis zur Behebung des Mangels auf Antrag eines Beteiligten von dem Amtsgericht zu bestellen, das für den Bezirk, in dem der Verein seinen Sitz hat, das Vereinsregister führt.

§ 30
Besondere Vertreter

Durch die Satzung kann bestimmt werden, daß neben dem Vorstande für gewisse Geschäfte besondere Vertreter zu bestellen sind. Die Vertretungsmacht eines solchen Vertreters erstreckt sich im Zweifel auf alle Rechtsgeschäfte, die der ihm zugewiesene Geschäftskreis gewöhnlich mit sich bringt.

§ 31
Schadenshaftung des Vereins

Der Verein ist für den Schaden verantwortlich, den der Vorstand, ein Mitglied des Vorstandes oder ein anderer verfassungsmäßig berufener Vertreter durch eine in Ausführung der ihm zustehenden Verrichtungen begangene, zum Schadensersatze verpflichtende Handlung einem Dritten zufügt.

§ 32
Beschlußfassung durch die Vereinsmitglieder

(1) Die Angelegenheiten des Vereins werden, soweit sie nicht von dem Vorstand oder einem anderen Vereinsorgane zu besorgen sind, durch Beschlußfassung in einer Versammlung der Mitglieder geordnet. Zur Gültigkeit des Beschlusses ist erforderlich, daß der Gegenstand bei der Berufung bezeichnet wird. Bei der Beschlußfassung entscheidet die Mehrheit der erschienenen Mitglieder.

(2) Auch ohne Versammlung der Mitglieder ist ein Beschluß gültig, wenn alle Mitglieder ihre Zustimmung zu dem Beschlusse schriftlich erklären.

§ 33
Satzungsänderung und Zweckänderung

(1) Zu einem Beschlusse, der eine Änderung der Satzung enthält, ist eine Mehrheit von drei Vierteln der erschienenen Mitglieder erforderlich. Zur Änderung des Zwekkes des Vereins ist die Zustimmung aller Mitglieder erforderlich; die Zustimmung der nicht erschienenen Mitglieder muß schriftlich erfolgen.

(2) Beruht die Rechtsfähigkeit des Vereins auf Verleihung, so ist zu jeder Änderung der Satzung staatliche Genehmigung oder, falls die Verleihung durch den Bundesrat erfolgt ist, die Genehmigung des Bundesrats erforderlich.

§ 34
Ausschluß vom Stimmrecht

Ein Mitglied ist nicht stimmberechtigt, wenn die Beschlußfassung die Vornahme eines Rechtsgeschäfts mit ihm oder die Einleitung oder Erledigung eines Rechtsstreits zwischen ihm und dem Vereine betrifft.

§ 35
Sonderrechte eines Mitglieds

Sonderrechte eines Mitglieds können nicht ohne dessen Zustimmung durch Beschluß der Mitgliederversammlung beeinträchtigt werden.

§ 36
Berufung der Mitgliederversammlung

Die Mitgliederversammlung ist in den durch die Satzung bestimmten Fällen sowie dann zu berufen, wenn das Interesse des Vereins es erfordert.

§ 37
Minderheitenrecht auf Berufung der Mitgliederversammlung

(1) Die Mitgliederversammlung ist zu berufen, wenn der durch die Satzung bestimmte Teil oder in Ermangelung einer Bestimmung der zehnte Teil der Mitglieder die Berufung schriftlich unter Angabe des Zweckes und der Gründe verlangt.

(2) Wird dem Verlangen nicht entsprochen, so kann das Amtsgericht die Mitglieder, die das Verlangen gestellt haben, zur Berufung der Versammlung ermächtigen; es kann Anordnungen über die Führung des Vorsitzes in der Versammlung treffen. Zuständig ist das Amtsgericht, das für den Bezirk, in dem der Verein seinen Sitz hat, das Vereinsregister führt. Auf die Ermächtigung muß bei der Berufung der Versammlung Bezug genommen werden.

§ 38
Unübertragbarkeit der Mitgliedschaft

Die Mitgliedschaft ist nicht übertragbar und nicht vererblich. Die Ausübung der Mitgliedschaftsrechte kann nicht einem anderen überlassen werden.

§ 39
Austritt aus dem Verein

(1) Die Mitglieder sind zum Austritt aus dem Vereine berechtigt.

(2) Durch die Satzung kann bestimmt werden, daß der Austritt nur am Schlusse eines Geschäftsjahrs oder erst nach dem Ablauf einer Kündigungsfrist zulässig ist; die Kündigungsfrist kann höchstens zwei Jahre betragen.

§ 40
Vorgehendes Satzungsrecht

Die Vorschriften des § 27 Abs. 1, 3, des § 28 Abs. 1 und der §§ 32, 33, 38 finden insoweit keine Anwendung, als die Satzung ein anderes bestimmt.

§ 41
Auflösung des Vereins

Der Verein kann durch Beschluß der Mitgliederversammlung aufgelöst werden. Zu dem Beschluß ist eine Mehrheit von drei Vierteln der erschienenen Mitglieder erforderlich, wenn nicht die Satzung ein anderes bestimmt.

§ 42
Verlust der Rechtsfähigkeit durch Konkurseröffnung

(1) Der Verein verliert die Rechtsfähigkeit durch die Eröffnung des Konkurses.

(2) Der Vorstand hat im Falle der Überschuldung die Eröffnung des Konkursverfahrens oder des gerichtlichen Vergleichsverfahrens zu beantragen. Wird die Stel-

lung des Antrags verzögert, so sind die Vorstandsmitglieder, denen ein Verschulden zur Last fällt, den Gläubigern für den daraus entstehenden Schaden verantwortlich; sie haften als Gesamtschuldner.

§ 43

Entziehung der Rechtsfähigkeit

(1) Dem Vereine kann die Rechtsfähigkeit entzogen werden, wenn er durch einen gesetzwidrigen Beschluß der Mitgliederversammlung oder durch gesetzwidriges Verhalten des Vorstandes das Gemeinwohl gefährdet.

(2) Einem Vereine, dessen Zweck nach der Satzung nicht auf einen wirtschaftlichen Geschäftsbetrieb gerichtet ist, kann die Rechtsfähigkeit entzogen werden, wenn er einen solchen Zweck verfolgt.

(3) (aufgehoben)

(4) Einem Vereine, dessen Rechtsfähigkeit auf Verleihung beruht, kann die Rechtsfähigkeit entzogen werden, wenn er einen anderen als den in der Satzung bestimmten Zweck verfolgt.

§ 44

Zuständigkeit und Verfahren bei Entziehung der Rechtsfähigkeit

(1) Die Zuständigkeit und das Verfahren bestimmen sich in den Fällen des § 43 nach dem Recht des Landes, in dem der Verein seinen Sitz hat.

(2) Beruht die Rechtsfähigkeit auf Verleihung durch den Bundesrat, so erfolgt die Entziehung durch Beschluß des Bundesrats.

§ 45

Anfall des Vereinsvermögens bei Auflösung oder Rechtsfähigkeitsentzug

(1) Mit der Auflösung des Vereins oder der Entziehung der Rechtsfähigkeit fällt das Vermögen an die in der Satzung bestimmten Personen.

(2) Durch die Satzung kann vorgeschrieben werden, daß die Anfallberechtigten durch Beschluß der Mitgliederversammlung oder eines anderen Vereinsorgans bestimmt werden. Ist der Zweck des Vereins nicht auf einen wirtschaftlichen Geschäftsbetrieb gerichtet, so kann die Mitgliederversammlung auch ohne eine solche Vorschrift das Vermögen einer öffentlichen Stiftung oder Anstalt zuweisen.

(3) Fehlt es an einer Bestimmung der Anfallberechtigten, so fällt das Vermögen, wenn der Verein nach der Satzung ausschließlich den Interessen seiner Mitglieder diente, an die zur Zeit der Auflösung oder der Entziehung der Rechtsfähigkeit vorhandenen Mitglieder zu gleichen Teilen, anderenfalls an den Fiskus des Bundesstaats, in dessen Gebiete der Verein seinen Sitz hatte.

§ 46

Anfall des Vereinsvermögens an den Fiskus

Fällt das Vereinsvermögen an den Fiskus, so finden die Vorschriften über eine dem Fiskus als gesetzlichem Erben anfallende Erbschaft entsprechende Anwendung. Der Fiskus hat das Vermögen tunlichst in einer den Zwecken des Vereins entsprechenden Weise zu verwenden.

§ 47

Liquidation

Fällt das Vereinsvermögen nicht an den Fiskus, so muß eine Liquidation stattfinden.

§ 48

Durchführung der Liquidation — Liquidatoren

(1) Die Liquidation erfolgt durch den Vorstand. Zu Liquidatoren können auch andere Personen bestellt werden; für die Bestellung sind die für die Bestellung des Vorstandes geltenden Vorschriften maßgebend.

(2) Die Liquidatoren haben die rechtliche Stellung des Vorstandes, soweit sich nicht aus dem Zwecke der Liquidation ein anderes ergibt.

(3) Sind mehrere Liquidatoren vorhanden, so ist für ihre Beschlüsse Übereinstimmung aller erforderlich, sofern nicht ein anderes bestimmt ist.

§ 49

Aufgabe der Liquidatoren

(1) Die Liquidatoren haben die laufenden Geschäfte zu beendigen, die Forderungen einzuziehen, das übrige Vermögen in Geld umzusetzen, die Gläubiger zu befriedigen und den Überschuß den Anfallberechtigten auszuantworten. Zur Beendigung schwebender Geschäfte können die Liquidatoren auch neue Geschäfte eingehen. Die Einziehung der Forderungen sowie die Umsetzung des übrigen Vermögens in Geld darf unterbleiben, soweit diese Maßregeln nicht zur Befriedigung der Gläubiger oder zur Verteilung des Überschusses unter die Anfallberechtigten erforderlich sind.

(2) Der Verein gilt bis zur Beendigung der Liquidation als fortbestehend, soweit der Zweck der Liquidation es erfordert.

§ 50

Bekanntmachung der Auflösung oder der Rechtsfähigkeitsentziehung

(1) Die Auflösung des Vereins oder die Entziehung der Rechtsfähigkeit ist durch die Liquidatoren öffentlich bekanntzumachen. In der Bekanntmachung sind die Gläubiger zur Anmeldung ihrer Ansprüche aufzufordern. Die Bekanntmachung erfolgt durch das in der Satzung für Veröffentlichungen bestimmte Blatt, in Ermangelung eines solchen durch dasjenige Blatt, welches für Bekanntmachungen des Amts-

gerichts bestimmt ist, in dessen Bezirke der Verein seinen Sitz hatte. Die Bekanntmachung gilt mit dem Ablaufe des zweiten Tages nach der Einrückung oder der ersten Einrückung als bewirkt.

(2) Bekannte Gläubiger sind durch besondere Mitteilung zur Anmeldung aufzufordern.

. . .

2. Eingetragene Vereine

§ 55

Zuständiges Registergericht

(1) Die Eintragung eines Vereins der im § 21 bezeichneten Art in das Vereinsregister hat bei dem Amtsgericht zu geschehen, in dessen Bezirke der Verein seinen Sitz hat.

(2) Die Landesjustizverwaltungen können die Vereinssachen einem Amtsgericht für die Bezirke mehrerer Amtsgerichte zuweisen.

§ 56

Mindestzahl der Mitglieder

Die Eintragung soll nur erfolgen, wenn die Zahl der Mitglieder mindestens sieben beträgt.

§ 57

Muß-Bestimmungen der Satzung

(1) Die Satzung muß den Zweck, den Namen und den Sitz des Vereins enthalten und ergeben, daß der Verein eingetragen werden soll.

(2) Der Name soll sich von den Namen der an demselben Orte oder in derselben Gemeinde bestehenden eingetragenen Vereine deutlich unterscheiden.

§ 58

Soll-Bestimmungen der Satzung

Die Satzung soll Bestimmungen enthalten:

1. über den Eintritt und Austritt der Mitglieder;
2. darüber, ob und welche Beiträge von den Mitgliedern zu leisten sind;
3. über die Bildung des Vorstandes;
4. über die Voraussetzungen, unter denen die Mitgliederversammlung zu berufen ist, über die Form der Berufung und über die Beurkundung der Beschlüsse.

§ 59
Anmeldung zur Eintragung

(1) Der Vorstand hat den Verein zur Eintragung anzumelden.

(2) Der Anmeldung sind beizufügen:

1. die Satzung in Urschrift und Abschrift;
2. eine Abschrift der Urkunden über die Bestellung des Vorstandes.

(3) Die Satzung soll von mindestens sieben Mitgliedern unterzeichnet sein und die Angabe des Tages der Errichtung enthalten.

§ 60
Zurückweisung der Anmeldung

Die Anmeldung ist, wenn den Erfordernissen der §§ 56 und 59 nicht genügt ist, von dem Amtsgericht unter Angabe der Gründe zurückzuweisen.

...

§ 64
Angaben bei der Eintragung

Bei der Eintragung sind der Name und der Sitz des Vereins, der Tag der Errichtung der Satzung sowie die Mitglieder des Vorstandes im Vereinsregister anzugeben. Bestimmungen, die den Umfang der Vertretungsmacht des Vorstandes beschränken oder die Beschlußfassung des Vorstandes abweichend von der Vorschrift des § 28 Abs. 1 regeln, sind gleichfalls einzutragen.

§ 65
Zusatz „eingetragener Verein"

Mit der Eintragung erhält der Name des Vereins den Zusatz „eingetragener Verein".

§ 66
Bekanntmachung der Eintragung — Aufbewahrung der Satzungsabschrift

(1) Das Amtsgericht hat die Eintragung durch das für seine Bekanntmachungen bestimmte Blatt zu veröffentlichen.

(2) Die Urschrift der Satzung ist mit der Bescheinigung der Eintragung zu versehen und zurückzugeben. Die Abschrift wird von dem Amtsgericht beglaubigt und mit den übrigen Schriftstücken aufbewahrt.

§ 67
Anmeldung und Eintragung der Änderung des Vorstandes

(1) Jede Änderung des Vorstandes ist von dem Vorstand zur Eintragung anzumelden. Der Anmeldung ist eine Abschrift der Urkunde über die Änderung beizufügen.

(2) Die Eintragung gerichtlich bestellter Vorstandsmitglieder erfolgt von Amts wegen.

§ 68

Öffentlicher Glaube des Vereinsregisters

Wird zwischen den bisherigen Mitgliedern des Vorstandes und einem Dritten ein Rechtsgeschäft vorgenommen, so kann die Änderung des Vorstandes dem Dritten nur entgegengesetzt werden, wenn sie zur Zeit der Vornahme des Rechtsgeschäfts im Vereinsregister eingetragen oder dem Dritten bekannt ist. Ist die Änderung eingetragen, so braucht der Dritte sie nicht gegen sich gelten zu lassen, wenn er sie nicht kennt, seine Unkenntnis auch nicht auf Fahrlässigkeit beruht.

§ 69

Vorstandsnachweis gegenüber Behörden

Der Nachweis, daß der Vorstand aus den im Register eingetragenen Personen besteht, wird Behörden gegenüber durch ein Zeugnis des Amtsgerichts über die Eintragung geführt.

§ 70

Beschränkung der Vertretungsmacht

Die Vorschriften des § 68 gelten auch für Bestimmungen, die den Umfang der Vertretungsmacht des Vorstandes beschränken oder die Beschlußfassung des Vorstandes abweichend von der Vorschrift des § 28 Abs. 1 regeln.

§ 71

Eintragung von Satzungsänderungen

(1) Änderungen der Satzung bedürfen zu ihrer Wirksamkeit der Eintragung in das Vereinsregister. Die Änderung ist von dem Vorstande zur Eintragung anzumelden. Der Anmeldung ist der die Änderung enthaltende Beschluß in Urschrift und Abschrift beizufügen.

(2) Die Vorschriften der §§ 60, 64 und des § 66 Abs. 2 finden entsprechende Anwendung.

§ 72

Bescheinigung über die Mitgliederzahl

Der Vorstand hat dem Amtsgericht auf dessen Verlangen jederzeit eine von ihm vollzogene Bescheinigung über die Zahl der Vereinsmitglieder einzureichen.

§ 73

Entziehung der Rechtsfähigkeit wegen Mitgliederschwund

Sinkt die Zahl der Vereinsmitglieder unter drei herab, so hat das Amtsgericht auf Antrag des Vorstandes und, wenn der Antrag nicht binnen drei Monaten gestellt wird, von Amts wegen nach Anhörung des Vorstandes dem Vereine die Rechtsfähigkeit zu entziehen.

§ 74
Eintragung der Auflösung oder der Entziehung der Rechtsfähigkeit

(1) Die Auflösung des Vereins sowie die Entziehung der Rechtsfähigkeit ist in das Vereinsregister einzutragen. Im Falle der Eröffnung des Konkurses unterbleibt die Eintragung.

(2) Wird der Verein durch Beschluß der Mitgliederversammlung oder durch den Ablauf der für die Dauer des Vereins bestimmten Zeit aufgelöst, so hat der Vorstand die Auflösung zur Eintragung anzumelden. Der Anmeldung ist im ersteren Falle eine Abschrift des Auflösungsbeschlusses beizufügen.

(3) Wird dem Verein auf Grund des § 43 die Rechtsfähigkeit entzogen, so erfolgt die Eintragung auf Anzeige der zuständigen Behörde.

§ 75
Eintragung der Konkurseröffnung

Die Eröffnung des Konkurses ist von Amts wegen einzutragen. Das gleiche gilt von der Aufhebung des Eröffnungsbeschlusses.

§ 76
Eintragung der Liquidatoren

(1) Die Liquidatoren sind in das Vereinsregister einzutragen. Das gleiche gilt von Bestimmungen, welche die Beschlußfassung der Liquidatoren abweichend von der Vorschrift des § 48 Abs. 3 regeln.

(2) Die Anmeldung hat durch den Vorstand, bei späteren Änderungen durch die Liquidatoren zu erfolgen. Der Anmeldung der durch Beschluß der Mitgliederversammlung bestellten Liquidatoren ist eine Abschrift des Beschlusses, der Anmeldung einer Bestimmung über die Beschlußfassung der Liquidatoren eine Abschrift der die Bestimmung enthaltenden Urkunde beizufügen.

(3) Die Eintragung gerichtlich bestellter Liquidatoren geschieht von Amts wegen.

§ 77
Bewirkung der Anmeldung mittels öffentlich beglaubigter Erklärung

Die Anmeldungen zum Vereinsregister sind von den Mitgliedern des Vorstandes sowie von den Liquidatoren mittels öffentlich beglaubigter Erklärung zu bewirken.

§ 78
Festsetzung von Zwangsgeld

(1) Das Amtsgericht kann die Mitglieder des Vorstandes zur Befolgung der Vorschriften des § 67 Abs. 1, des § 71 Abs. 1, des § 72, des § 74 Abs. 2 und des § 76 durch Festsetzung von Zwangsgeld anhalten.

(2) In gleicher Weise können die Liquidatoren zur Befolgung der Vorschriften des § 76 angehalten werden.

. . .

VIERTER ABSCHNITT

Fristen, Termine

§ 186

Auslegungsvorschriften

Für die in Gesetzen, gerichtlichen Verfügungen und Rechtsgeschäften enthaltenen Frist- und Terminsbestimmungen gelten die Auslegungsvorschriften der §§ 187 bis 193.

§ 187

Anfang der Frist

(1) Ist für den Anfang einer Frist ein Ereignis oder ein in den Lauf des Tages fallender Zeitpunkt maßgebend, so wird bei der Berechnung der Frist der Tag nicht mitgerechnet, in welchen das Ereignis oder der Zeitpunkt fällt.

(2) Ist der Beginn eines Tages der für den Anfang einer Frist maßgebende Zeitpunkt, so wird dieser Tag bei der Berechnung der Frist mitgerechnet. Das gleiche gilt von dem Tag der Geburt bei der Berechnung des Lebensalters.

§ 188

Ende der Frist

(1) Eine nach Tagen bestimmte Frist endigt mit dem Ablaufe des letzten Tages der Frist.

(2) Eine Frist, die nach Wochen, nach Monaten oder nach einem mehrere Monate umfassenden Zeitraume – Jahr, halbes Jahr, Vierteljahr – bestimmt ist, endigt im Falle des § 187 Abs. 1 mit dem Ablaufe desjenigen Tages der letzten Woche oder des letzten Monats, welcher durch seine Benennung oder seine Zahl dem Tage entspricht, in den das Ereignis oder der Zeitpunkt fällt, im Falle des § 187 Abs. 2 mit dem Ablaufe desjenigen Tages der letzten Woche oder des letzten Monats, welcher dem Tage vorhergeht, der durch seine Benennung oder seine Zahl dem Anfangstage der Frist entspricht.

(3) Fehlt bei einer nach Monaten bestimmten Frist in dem letzten Monate der für ihren Ablauf maßgebende Tag, so endigt die Frist mit dem Ablaufe des letzten Tages dieses Monats.

§ 189

Halbes Jahr, Vierteljahr, halber Monat

(1) Unter einem halben Jahre wird eine Frist von sechs Monaten, unter einem Vierteljahre eine Frist von drei Monaten, unter einem halben Monat eine Frist von fünfzehn Tagen verstanden.

(2) Ist eine Frist auf einen oder mehreren ganze Monate und einen halben Monat gestellt, so sind die fünfzehn Tage zuletzt zu zählen.

§ 190

Verlängerung der Frist

Im Falle der Verlängerung einer Frist wird die neue Frist von dem Ablaufe der vorigen Frist an berechnet.

§ 191
Monatsfrist, Jahresfrist

Ist ein Zeitraum nach Monaten oder nach Jahren in dem Sinne bestimmt, daß er nicht zusammenhängend zu verlaufen braucht, so wird der Monat zu dreißig, das Jahr zu dreihundertfünfundsechzig Tagen gerechnet.

§ 192
Monatsanfang, Monatsmitte, Monatsende

Unter Anfang des Monats wird der erste, unter Mitte des Monats der fünfzehnte, unter Ende des Monats der letzte Tag des Monats verstanden.

§ 193
Fristablauf

Ist an einem bestimmten Tag oder innerhalb einer Frist eine Willenserklärung abzugeben oder eine Leistung zu bewirken und fällt der bestimmte Tag oder der letzte Tag der Frist auf einen Sonntag, einen am Erklärungs- oder Leistungsorte staatlich anerkannten allgemeinen Feiertag oder einen Sonnabend, so tritt an die Stelle eines solchen Tages der nächste Werktag.

ZWEITES BUCH

ERSTER ABSCHNITT

Inhalt der Schuldverhältnisse

Erster Titel. Verpflichtung zur Leistung

...

§ 242
Leistung nach Treu und Glauben

Der Schuldner ist verpflichtet, die Leistung so zu bewirken, wie Treu und Glauben mit Rücksicht auf die Verkehrssitte es erfordern.

...

ZWEITES BUCH

Recht der Schuldverhältnisse

SIEBENTER ABSCHNITT

Einzelne Schuldverhältnisse

Dritter Teil. Miete, Pacht

I. MIETE

. . .

§ 536

Gebrauchsüberlassungspflicht und Erhaltungspflicht des Vermieters

Der Vermieter hat die vermietete Sache dem Mieter in einem zu dem vertragsmäßigen Gebrauche geeigneten Zustande zu überlassen und sie während der Mietzeit in diesem Zustande zu erhalten.

§ 537

Mängel der vermieteten Sache

(1) Ist die vermietete Sache zur Zeit der Überlassung an den Mieter mit einem Fehler behaftet, der ihre Tauglichkeit zu dem vertragsmäßigen Gebrauch aufhebt oder mindert, oder entsteht im Laufe der Miete ein solcher Fehler, so ist der Mieter für die Zeit, während deren die Tauglichkeit aufgehoben ist, von der Entrichtung des Mietzinses befreit, für die Zeit, während deren die Tauglichkeit gemindert ist, nur zur Entrichtung eines nach den §§ 472, 473 zu bemessenden Teiles des Mietzinses verpflichtet. Eine unerhebliche Minderung der Tauglichkeit kommt nicht in Betracht.

(2) Absatz 1 Satz 1 gilt auch, wenn eine zugesicherte Eigenschaft fehlt oder später wegfällt. Bei der Vermietung eines Grundstücks steht die Zusicherung einer bestimmten Größe der Zusicherung einer Eigenschaft gleich.

. . .

§ 538

Schadensersatzanspruch des Mieters bei Mängeln

(1) Ist ein Mangel der im § 537 bezeichneten Art bei dem Abschluß des Vertrages vorhanden oder entsteht ein solcher Mangel später infolge eines Umstandes, den der Vermieter zu vertreten hat, oder kommt der Vermieter mit der Beseitigung eines Mangels in Verzug, so kann der Mieter unbeschadet der im § 537 bestimmten Rechte Schadensersatz wegen Nichterfüllung verlangen.

(2) Im Falle des Verzugs des Vermieters kann der Mieter den Mangel selbst beseitigen und Ersatz der erforderlichen Aufwendungen verlangen.

§ 539

Kenntnis des Mieters vom Mangel bei Abschluß des Mietvertrags

Kennt der Mieter bei dem Abschlusse des Vertrages den Mangel der gemieteten Sache, so stehen ihm die in den §§ 537, 538 bestimmten Rechte nicht zu. Ist dem Mieter ein Mangel der im § 537 Abs. 1 bezeichneten Art infolge grober Fahrlässigkeit unbekannt geblieben oder nimmt er eine mangelhafte Sache an, obschon er den Mangel kennt, so kann er diese Rechte nur unter den Voraussetzungen geltend machen, unter welchen dem Käufer einer mangelhaften Sache nach den §§ 460, 464 Gewähr zu leisten ist.

§ 540

Kein Ausschluß der Mängelhaftung des Vermieters bei Arglist

Eine Vereinbarung, durch welche die Verpflichtung des Vermieters zur Vertretung von Mängeln der vermieteten Sache erlassen oder beschränkt wird, ist nichtig, wenn der Vermieter den Mangel arglistig verschweigt.

§ 541

Gebrauchsentzug durch das Recht eines Dritten

Wird durch das Recht eines Dritten dem Mieter der vertragsmäßige Gebrauch der gemieteten Sache ganz oder zum Teil entzogen, so finden die Vorschriften der §§ 537, 538, des § 539 Satz 1 und des § 540 entsprechende Anwendung.

. . .

§ 542

Kündigung wegen Hinderung oder Vorenthaltung des Gebrauchs

(1) Wird dem Mieter der vertragsmäßige Gebrauch der gemieteten Sache ganz oder zum Teil nicht rechtzeitig gewährt oder wieder entzogen, so kann der Mieter ohne Einhaltung einer Kündigungsfrist das Mietverhältnis kündigen. Die Kündigung ist erst zulässig, wenn der Vermieter eine ihm von dem Mieter bestimmte angemessene Frist hat verstreichen lassen, ohne Abhilfe zu schaffen. Der Bestimmung einer Frist bedarf es nicht, wenn die Erfüllung des Vertrags infolge des die Kündigung rechtfertigenden Umstandes für den Mieter kein Interesse hat.

(2) Wegen einer unerheblichen Hinderung oder Vorenthaltung des Gebrauchs ist die Kündigung nur zulässig, wenn sie durch ein besonderes Interesse des Mieters gerechtfertigt wird.

(3) Bestreitet der Vermieter die Zulässigkeit der erfolgten Kündigung, weil er den Gebrauch der Sache rechtzeitig gewährt oder vor dem Ablaufe der Frist die Abhilfe bewirkt habe, so trifft ihn die Beweislast.

§ 543

Anwendung der Vorschriften über Mängelhaftung auf das Kündigungsrecht

Auf das dem Mieter nach § 542 zustehende Kündigungsrecht finden die Vorschriften der §§ 539 bis 541 sowie die für die Wandelung bei dem Kaufe geltenden Vorschriften der §§ 469 bis 471 entsprechende Anwendung. Bei einem Mietverhältnis über Wohnraum ist eine Vereinbarung, durch die das Kündigungsrecht ausgeschlossen oder eingeschränkt wird, unwirksam.

. . .

§ 545

Anzeigepflicht des Mieters bei Mängeln

(1) Zeigt sich im Laufe der Miete ein Mangel der gemieteten Sache oder wird eine Vorkehrung zum Schutze der Sache gegen eine nicht vorhergesehene Gefahr erforderlich, so hat der Mieter dem Vermieter unverzüglich Anzeige zu machen. Das gleiche gilt, wenn sich ein Dritter ein Recht an der Sache anmaßt.

(2) Unterläßt der Mieter die Anzeige, so ist er zum Ersatze des daraus entstehenden Schadens verpflichtet; er ist, soweit der Vermieter infolge der Unterlassung der Anzeige Abhilfe zu schaffen außerstande war, nicht berechtigt, die im § 537 bestimmten Rechte geltend zu machen oder nach § 542 Abs. 1 Satz 3 ohne Bestimmung einer Frist zu kündigen oder Schadensersatz wegen Nichterfüllung zu verlangen.

§ 546

Auf der vermieteten Sache ruhende Lasten trägt Vermieter

Die auf der vermieteten Sache ruhenden Lasten hat der Vermieter zu tragen.

§ 547

Pflicht des Vermieters zum Ersatz notwendiger Verwendungen des Mieters

(1) Der Vermieter ist verpflichtet, dem Mieter die auf die Sache gemachten notwendigen Verwendungen zu ersetzen. Der Mieter eines Tieres hat jedoch die Fütterungskosten zu tragen.

(2) Die Verpflichtung des Vermieters zum Ersatze sonstiger Verwendungen bestimmt sich nach den Vorschriften über die Geschäftsführung ohne Auftrag.

§ 547 a

Wegnahmerecht des Mieters

(1) Der Mieter ist berechtigt, eine Einrichtung, mit der er die Sache versehen hat, wegzunehmen.

(2) Der Vermieter von Räumen kann die Ausübung des Wegnahmerechts des Mieters durch Zahlung einer angemessenen Entschädigung abwenden, es sei denn, daß der Mieter ein berechtigtes Interesse an der Wegnahme hat.

(3) Eine Vereinbarung, durch die das Wegnahmerecht des Mieters von Wohnraum ausgeschlossen wird, ist nur wirksam, wenn ein angemessener Ausgleich vorgesehen ist.

§ 548

Veränderungen oder Verschlechterungen durch vertragsmäßigen Gebrauch

Veränderungen oder Verschlechterungen der gemieteten Sache, die durch den vertragsmäßigen Gebrauch herbeigeführt werden, hat der Mieter nicht zu vertreten.

§ 549

Untermiete

(1) Der Mieter ist ohne die Erlaubnis des Vermieters nicht berechtigt, den Gebrauch der gemieteten Sache einem Dritten zu überlassen, insbesondere die Sache weiter zu vermieten. Verweigert der Vermieter die Erlaubnis, so kann der Mieter das Mietverhältnis unter Einhaltung der gesetzlichen Frist kündigen, sofern nicht in der Person des Dritten ein wichtiger Grund vorliegt.

. . .

(3) Überläßt der Mieter den Gebrauch einem Dritten, so hat er ein dem Dritten bei dem Gebrauche zur Last fallendes Verschulden zu vertreten, auch wenn der Vermieter die Erlaubnis zur Überlassung erteilt hat.

§ 550

Vertragswidriger Gebrauch durch den Mieter

Macht der Mieter von der gemieteten Sache einen vertragswidrigen Gebrauch und setzt er den Gebrauch ungeachtet einer Abmahnung des Vermieters fort, so kann der Vermieter auf Unterlassung klagen.

. . .

§ 551

Entrichtung des Mietzinses

(1) Der Mietzins ist am Ende der Mietzeit zu entrichten. Ist der Mietzins nach Zeitabschnitten bemessen, so ist er nach Ablauf der einzelnen Zeitabschnitte zu entrichten.

(2) Der Mietzins für ein Grundstück ist, sofern er nicht nach kürzeren Zeitabschnitten bemessen ist, nach dem Ablaufe je eines Kalendervierteljahrs am ersten Werktage des folgenden Monats zu entrichten.

§ 552

Vorteilsanrechnung bei Nichtgebrauch auf den Mietzins

Der Mieter wird von der Entrichtung des Mietzinses nicht dadurch befreit, daß er durch einen in seiner Person liegenden Grund an der Ausübung des ihm zustehenden Gebrauchsrechts verhindert wird. Der Vermieter muß sich jedoch den Wert der ersparten Aufwendungen sowie derjenigen Vorteile anrechnen lassen, welche er aus einer anderweitigen Verwertung des Gebrauchs erlangt. Solange der Vermieter infolge der Überlassung des Gebrauchs an einen Dritten außerstande ist, dem Mieter den Gebrauch zu gewähren, ist der Mieter zur Entrichtung des Mietzinses nicht verpflichtet.

. . .

§ 556

Rückgabe der gemieteten Sache nach Beendigung des Mietverhältnisses

(1) Der Mieter ist verpflichtet, die gemietete Sache nach der Beendigung des Mietverhältnisses zurückzugeben.

(2) Dem Mieter eines Grundstücks steht wegen seiner Ansprüche gegen den Vermieter ein Zurückbehaltungsrecht nicht zu.

(3) Hat der Mieter den Gebrauch der Sache einem Dritten überlassen, so kann der Vermieter die Sache nach der Beendigung des Mietverhältnisses auch von dem Dritten zurückfordern.

. . .

§ 557

Ansprüche bei verspäteter Rückgabe

(1) Gibt der Mieter die gemietete Sache nach Beendigung des Mietverhältnisses nicht zurück, so kann der Vermieter für die Dauer der Vorenthaltung als Entschädigung den vereinbarten Mietzins verlangen; bei einem Mietverhältnis über Räume kann er anstelle dessen als Entschädigung den Mietzins verlangen, der für vergleichbare Räume ortsüblich ist. Die Geltendmachung eines weiteren Schadens ist nicht ausgeschlossen.

. . .

§ 557 a

Rückerstattungsanspruch des Mieters bei Vorauszahlung

(1) Ist der Mietzins für eine Zeit nach der Beendigung des Mietverhältnisses im voraus entrichtet, so hat ihn der Vermieter nach Maßgabe des § 347 oder, wenn die Beendigung wegen eines Umstandes erfolgt, den er nicht zu vertreten hat, nach den Vorschriften über die Herausgabe einer ungerechtfertigten Bereicherung zurückzuerstatten.

. . .

§ 558

Verjährung der Ersatzansprüche des Vermieters

(1) Die Ersatzansprüche des Vermieters wegen Veränderungen oder Verschlechterungen der vermieteten Sache sowie die Ansprüche des Mieters auf Ersatz von Ver-

wendungen oder auf Gestattung der Wegnahme einer Einrichtung verjähren in sechs Monaten.

(2) Die Verjährung der Ersatzansprüche des Vermieters beginnt mit dem Zeitpunkt, in welchem er die Sache zurückerhält, die Verjährung der Ansprüche des Mieters beginnt mit der Beendigung des Mietverhältnisses.

(3) Mit der Verjährung des Anspruchs des Vermieters auf Rückgabe der Sache verjähren auch die Ersatzansprüche des Vermieters.

§ 559
Pfandrecht des Vermieters

Der Vermieter eines Grundstücks hat für seine Forderung aus dem Mietverhältnis ein Pfandrecht an den eingebrachten Sachen des Mieters. Für künftige Entschädigungsforderungen und für den Mietzins für eine spätere Zeit als das laufende und das folgende Mietjahr kann das Pfandrecht nicht geltend gemacht werden. Es erstreckt sich nicht auf die der Pfändung nicht unterworfenen Sachen.

§ 560
Entfernung der dem Vermieterpfandrecht unterliegenden Sachen

Das Pfandrecht des Vermieters erlischt mit der Entfernung der Sachen von dem Grundstück, es sei denn, daß die Entfernung ohne Wissen oder unter Widerspruch des Vermieters erfolgt. Der Vermieter kann der Entfernung nicht widersprechen, wenn sie im regelmäßigen Betriebe des Geschäfts des Mieters oder den gewöhnlichen Lebensverhältnissen entsprechend erfolgt oder wenn die zurückbleibenden Sachen zur Sicherung des Vermieters offenbar ausreichen.

§ 561
Ausübung des Vermieterpfandrechts

(1) Der Vermieter darf die Entfernung der seinem Pfandrecht unterliegenden Sachen, soweit er ihr zu widersprechen berechtigt ist, auch ohne Anrufen des Gerichts verhindern und, wenn der Mieter auszieht, die Sachen in seinen Besitz nehmen.

(2) Sind die Sachen ohne Wissen oder unter Widerspruch des Vermieters entfernt worden, so kann die Herausgabe zum Zwecke der Zurückschaffung in das Grundstück und, wenn der Mieter ausgezogen ist, die Überlassung des Besitzes verlangen. Das Pfandrecht erlischt mit dem Ablauf eines Monats, nachdem der Vermieter von der Entfernung der Sachen Kenntnis erlangt hat, wenn nicht der Vermieter diesen Anspruch vorher gerichtlich geltend gemacht hat.

§ 562
Abwendung der Geltendmachung des Pfandrechts durch Sicherheitsleistung

Der Mieter kann die Geltendmachung des Pfandrechts des Vermieters durch Sicherheitsleistung abwenden; er kann jede einzelne Sache dadurch von dem Pfandrecht befreien, daß er in Höhe ihres Wertes Sicherheit leistet.

§ 563

Pfändung durch andere Gläubiger

Wird eine dem Pfandrechte des Vermieters unterliegende Sache für einen anderen Gläubiger gepfändet, so kann diesem gegenüber das Pfandrecht nicht wegen des Mietzinses für eine frühere Zeit als das letzte Jahr vor der Pfändung geltend gemacht werden.

§ 564

Endigung des Mietverhältnisses

(1) Das Mietverhältnis endigt mit dem Ablaufe der Zeit, für die es eingegangen ist.

. . .

§ 566

Schriftform des Mietvertrages bei Grundstücksmiete

Ein Mietvertrag über ein Grundstück, der für längere Zeit als ein Jahr geschlossen wird, bedarf der schriftlichen Form. Wird die Form nicht beobachtet, so gilt der Vertrag als für unbestimmte Zeit geschlossen; die Kündigung ist jedoch nicht für eine frühere Zeit als für den Schluß des ersten Jahres zulässig.

§ 567

Kündigung bei mehr als 30jährigem Mietvertrag

Wird ein Mietvertrag für eine längere Zeit als dreißig Jahre geschlossen, so kann nach dreißig Jahren jeder Teil das Mietverhältnis unter Einhaltung der gesetzlichen Frist kündigen. Die Kündigung ist unzulässig, wenn der Vertrag für die Lebenszeit des Vermieters oder des Mieters geschlossen ist.

§ 568

Verlängerung des Mietverhältnisses auf unbestimmte Zeit

Wird nach dem Ablaufe der Mietzeit der Gebrauch der Sache von dem Mieter fortgesetzt, so gilt das Mietverhältnis als auf unbestimmte Zeit verlängert, sofern nicht der Vermieter oder der Mieter seinen entgegenstehenden Willen binnen einer Frist von zwei Wochen dem anderen Teile gegenüber erklärt. Die Frist beginnt für den Mieter mit der Fortsetzung des Gebrauchs, für den Vermieter mit dem Zeitpunkt, in welchem er von der Fortsetzung Kenntnis erlangt.

. . .

§ 569 a

Fortsetzung des Mietverhältnisses nach dem Tod des Mieters

. . .

(3) Der Ehegatte oder die Familienangehörigen haften, wenn sie in das Mietverhältnis eingetreten sind, neben dem Erben für die bis zum Tode des Mieters entstan-

denen Verbindlichkeiten als Gesamtschuldner; im Verhältnis zu dem Ehegatten oder den Familienangehörigen haftet der Erbe allein.

(4) Hat der Mieter den Mietzins für einen nach seinem Tode liegenden Zeitraum im voraus entrichtet und treten sein Ehegatte oder Familienangehörige in das Mietverhältnis ein, so sind sie verpflichtet, dem Erben dasjenige herauszugeben, was sie infolge der Vorausentrichtung des Mietzinses ersparen oder erlangen.

. . .

§ 571

Kauf bricht nicht Miete

(1) Wird das vermietete Grundstück nach der Überlassung an den Mieter von dem Vermieter an einen Dritten veräußert, so tritt der Erwerber an Stelle des Vermieters in die sich während der Dauer seines Eigentums aus dem Mietverhältnis ergebenden Rechte und Verpflichtungen ein.

(2) Erfüllt der Erwerber die Verpflichtungen nicht, so haftet der Vermieter für den von dem Erwerber zu ersetzenden Schaden wie ein Bürge, der auf die Einrede der Vorausklage verzichtet hat. Erlangt der Mieter von dem Übergange des Eigentums durch Mitteilung des Vermieters Kenntnis, so wird der Vermieter von der Haftung befreit, wenn nicht der Mieter das Mietverhältnis für den ersten Termin kündigt, für den die Kündigung zulässig ist.

§ 572

Eintritt des Grundstückserwerbers in Rechte aus Sicherheitsleistung

Hat der Mieter des veräußerten Grundstücks dem Vermieter für die Erfüllung seiner Verpflichtungen Sicherheit geleistet, so tritt der Erwerber in die dadurch begründeten Rechte ein. Zur Rückgewähr der Sicherheit ist er nur verpflichtet, wenn sie ihm ausgehändigt wird oder wenn er dem Vermieter gegenüber die Verpflichtung zur Rückgewährung übernimmt.

§ 573

Verfügung des Vermieters über den Mietzins vor dem Eigentumsübergang

Hat der Vermieter vor dem Übergang des Eigentums über den Mietzins, der auf die Zeit der Berechtigung des Erwerbers entfällt, verfügt, so ist die Verfügung insoweit wirksam, als sie sich auf den Mietzins für den zur Zeit des Übergangs des Eigentums laufenden Kalendermonat bezieht; geht das Eigentum nach dem fünfzehnten Tage des Monats über, so ist die Verfügung auch insoweit wirksam, als sie sich auf den Mietzins für den folgenden Kalendermonat bezieht. Eine Verfügung über den Mietzins für eine spätere Zeit muß der Erwerber gegen sich gelten lassen, wenn er sie zur Zeit des Überganges des Eigentums kennt.

§ 574

Rechtsgeschäfte zwischen Mieter und Vermieter über die Mietzinsforderung

Ein Rechtsgeschäft, das zwischen dem Mieter und dem Vermieter in Ansehung der Mietzinsforderung vorgenommen wird, insbesondere die Entrichtung des Mietzinses, ist dem Erwerber gegenüber wirksam, soweit es sich nicht auf den Mietzins für eine spätere Zeit als den Kalendermonat bezieht, in welchem der Mieter von dem Übergang des Eigentums Kenntnis erlangt; erlangt der Mieter die Kenntnis nach dem fünfzehnten Tage des Monats, so ist das Rechtsgeschäft auch insoweit wirksam, als es sich auf den Mietzins für den folgenden Kalendermonat bezieht. Ein Rechtsgeschäft, das nach dem Übergange des Eigentums vorgenommen wird, ist jedoch unwirksam, wenn der Mieter bei der Vornahme des Rechtsgeschäfts von dem Übergange des Eigentums Kenntnis hat.

§ 575

Aufrechnungsrecht des Mieters gegen die Mietzinsforderung des Erwerbers

Soweit die Entrichtung des Mietzinses an den Vermieter nach § 574 dem Erwerber gegenüber wirksam ist, kann der Mieter gegen die Mietzinsforderung des Erwerbers eine ihm gegen den Vermieter zustehende Forderung aufrechnen. Die Aufrechnung ist ausgeschlossen, wenn der Mieter die Gegenforderung erworben hat, nachdem er von dem Übergange des Eigentums Kenntnis erlangt hat, oder wenn die Gegenforderung erst nach der Erlangung der Kenntnis und später als der Mietzins fällig geworden ist.

§ 576

Anzeige des Vermieters von der Eigentumsübertragung

(1) Zeigt der Vermieter dem Mieter an, daß er das Eigentum an dem vermieteten Grundstück auf einen Dritten übertragen habe, so muß er in Ansehung der Mietzinsforderung die angezeigte Übertragung dem Mieter gegenüber gegen sich gelten lassen, auch wenn sie nicht erfolgt oder nicht wirksam ist.

(2) Die Anzeige kann nur mit Zustimmung desjenigen zurückgenommen werden, welcher als der neue Eigentümer bezeichnet worden ist.

§ 577

Gebrauchsentzug durch Belastung des vermieteten Grundstücks

Wird das vermietete Grundstück nach der Überlassung an den Mieter von dem Vermieter mit dem Rechte eines Dritten belastet, so finden die Vorschriften der §§ 571 bis 576 entsprechende Anwendung, wenn durch die Ausübung des Rechtes dem Mieter der vertragsmäßige Gebrauch entzogen wird. Hat die Ausübung des Rechtes nur eine Beschränkung des Mieters in dem vertragsmäßigen Gebrauche zur Folge, so ist der Dritte dem Mieter gegenüber verpflichtet, die Ausübung zu unterlassen, soweit sie den vertragsmäßigen Gebrauch beeinträchtigen würde.

§ 578

Veräußerung oder Belastung des Grundstücks vor Überlassung an Mieter

Hat vor der Überlassung des vermieteten Grundstücks an den Mieter der Vermieter das Grundstück an einen Dritten veräußert oder mit einem Rechte belastet, durch dessen Ausübung der vertragsmäßige Gebrauch dem Mieter entzogen oder beschränkt wird, so gilt das gleiche wie in den Fällen des § 571 Abs. 1 und des § 577, wenn der Erwerber dem Vermieter gegenüber die Erfüllung der sich aus dem Mietverhältnis ergebenden Verpflichtungen übernommen hat.

§ 579

Weiterveräußerung oder Belastung durch den Grundstückserwerber

Wird das vermietete Grundstück von dem Erwerber weiterveräußert oder belastet, so finden die Vorschriften des § 571 Abs. 1 und der §§ 572 bis 578 entsprechende Anwendung. Erfüllt der neue Erwerber die sich aus dem Mietverhältnis ergebenden Verpflichtungen nicht, so haftet der Vermieter dem Mieter nach § 571 Abs. 2.

. . .

II. PACHT[1])

§ 581

Pflichten des Verpächters und des Pächters

(1) Durch den Pachtvertrag wird der Verpächter verpflichtet, dem Pächter den Gebrauch des verpachteten Gegenstandes und den Genuß der Früchte, soweit sie nach den Regeln einer ordnungsgemäßen Wirtschaft als Ertrag anzusehen sind, während der Pachtzeit zu gewähren. Der Pächter ist verpflichtet, dem Verpächter den vereinbarten Pachtzins zu entrichten.

(2) Auf die Pacht mit Ausnahme der Landpacht sind, soweit sich nicht aus den §§ 582 bis 584 b etwas anderes ergibt, die Vorschriften über die Miete entsprechend anzuwenden.

§ 584

Kündigung bei unbestimmter Pachtzeit

(1) Ist bei der Pacht eines Grundstücks oder eines Rechtes die Pachtzeit nicht bestimmt, so ist die Kündigung nur für den Schluß eines Pachtjahrs zulässig; sie hat spätestens am ersten Werktage des halben Jahres zu erfolgen, mit dessen Ablaufe die Pacht enden soll.

(2) Diese Vorschriften gelten bei der Pacht eines Grundstücks oder eines Rechtes auch für die Fälle, in denen das Pachtverhältnis unter Einhaltung der gesetzlichen Frist vorzeitig gekündigt werden kann.

---

1) Das Pachtrecht ist mit Wirkung vom 1. 7. 1986 durch das Gesetz zur Neuordnung des landwirtschaftlichen Pachtrechts vom 8. 11. 1985 (BGBl I, S. 2065) neu gefaßt worden.

§ 584 a
Ausschluß des Kündigungsrechts

(1) Dem Pächter steht das im § 549 Abs. 1 bestimmte Kündigungsrecht nicht zu.

(2) Der Verpächter ist nicht berechtigt, das Pachtverhältnis nach § 569 zu kündigen.

(3) Eine Kündigung des Pachtverhältnisses nach § 570 findet nicht statt.

§ 584 b
Entschädigung des Verpächters bei Nichtrückgabe des Pachtgegenstandes

Gibt der Pächter den gepachteten Gegenstand nach der Beendigung der Pacht nicht zurück, so kann der Verpächter für die Dauer der Vorenthaltung als Entschädigung den vereinbarten Pachtzins nach dem Verhältnisse verlangen, in welchem die Nutzungen, die der Pächter während dieser Zeit gezogen hat oder hätte ziehen können, zu den Nutzungen des ganzen Pachtjahrs stehen. Die Geltendmachung eines weiteren Schadens ist nicht ausgeschlossen.

Einführungsgesetz zum Bürgerlichen Gesetzbuch (EGBGB)

i. d. F. der Bekanntmachung vom 21. September 1994 (BGBl I S. 2494), zuletzt geändert durch Artikel 2 des Wohnraummodernisierungsgesetzes vom 17. Juli 1997 (BGBl I S. 1823)

— Auszug —

. . .

SECHSTER TEIL

Inkrafttreten und Übergangsrecht aus Anlaß der Einführung des Bürgerlichen Gesetzbuchs und dieses Einführungsgesetzes in dem in Art. 3 des Einigungsvertrages genannten Gebiet.

. . .

Art. 231

Erstes Buch. Allgemeiner Teil des Bürgerlichen Gesetzbuchs

. . .

§ 2

Vereine

(1) Rechtsfähige Vereinigungen, die nach dem Gesetz über Vereinigungen — Vereinigungsgesetz — vom 21. Februar 1990 (GBl I Nr. 10 S. 75), geändert durch das Gesetz vom 22. Juni 1990 (GBl I Nr. 37 S. 470, Nr. 39 S. 546) vor dem Wirksamwerden des Beitritts entstanden sind, bestehen fort.

(2) Auf sie sind ab dem Tag des Wirksamwerdens des Beitritts die §§ 21 bis 79 des Bürgerlichen Gesetzbuchs anzuwenden.

(3) Die in Absatz 1 genannten Vereinigungen führen ab dem Wirksamwerden des Beitritts die Bezeichnung „eingetragener Verein".

(4) Auf nicht rechtsfähige Vereinigungen im Sinn des Gesetzes über Vereinigungen — Vereinigungsgesetz — vom 21. Februar 1990 findet ab dem Tag des Wirksamwerdens des Beitritts § 54 des Bürgerlichen Gesetzbuchs Anwendung.

. . .

§ 4

Haftung juristischer Personen für ihre Organe

Die §§ 31 und 89 des Bürgerlichen Gesetzbuchs sind nur auf solche Handlungen anzuwenden, die am Tag des Wirksamwerdens des Beitritts oder danach begangen werden.

§ 5

Sachen

(1) Nicht zu den Bestandteilen eines Grundstücks gehören Gebäude, Baulichkeiten, Anlagen, Anpflanzungen oder Einrichtungen, die gemäß dem am Tag vor dem Wirksamwerden des Beitritts geltenden Recht vom Grundstückseigentum unabhängiges Eigentum sind. Das gleiche gilt, wenn solche Gegenstände am Tag des Wirksamwerdens des Beitritts oder danach errichtet oder angebracht werden, soweit dies aufgrund eines vor dem Wirksamwerden des Beitritts begründeten Nutzungsrechts an dem Grundstück oder Nutzungsrechts nach §§ 312 bis 315 des Zivilgesetzbuchs der Deutschen Demokratischen Republik zulässig ist.

(2) Das Nutzungsrecht an dem Grundstück und die erwähnten Anlagen, Anpflanzungen oder Einrichtungen gelten als wesentliche Bestandteile des Gebäudes. Artikel 233 § 4 Abs. 3 und 5 bleiben unberührt.

(3) Das Gebäudeeigentum nach den Absätzen 1 und 2 erlischt, wenn nach dem 31. Dezember 1999 das Eigentum am Grundstück übertragen wird, es sei denn, daß das Nutzungsrecht oder das selbständige Gebäudeeigentum nach Artikel 233 § 2 b Abs. 2 Satz 3 im Grundbuch des veräußerten Grundstücks eingetragen ist oder dem Erwerber das nicht eingetragene Recht bekannt war. Dem Inhaber des Gebäudeeigentums steht gegen den Veräußerer ein Anspruch auf Ersatz des Wertes zu, den das Gebäudeeigentum im Zeitpunkt seines Erlöschens hatte; an dem Gebäudeeigentum begründete Grundpfandrechte werden Pfandrechte an diesem Anspruch.

(4) Wird nach dem 31. Dezember 1999 das Grundstück mit einem dinglichen Recht belastet oder ein solches Recht erworben, so gilt für den Inhaber des Rechts das Gebäude als Bestandteil des Grundstücks. Absatz 3 Satz 1 ist entsprechend anzuwenden.

(5) Ist ein Gebäude auf mehreren Grundstücken errichtet, gelten die Absätze 3 und 4 nur in Ansehung des Grundstücks, auf dem sich der überwiegende Teil des Gebäudes befindet. Für den Erwerber des Grundstücks gelten in Ansehung des auf dem anderen Grundstück befindlichen Teils des Gebäudes die Vorschriften über den zu duldenden Überbau sinngemäß.

§ 6

Verjährung

(1) Die Vorschriften des Bürgerlichen Gesetzbuchs über die Verjährung finden auf die am Tag des Wirksamwerdens des Beitritts bestehenden und noch nicht verjährten Ansprüche Anwendung. Der Beginn, die Hemmung und die Unterbrechung der Verjährung bestimmen sich jedoch für den Zeitraum vor dem Wirksamwerden des Beitritts nach den bislang für das in Artikel 3 des Einigungsvertrages genannte Gebiet geltenden Rechtsvorschriften.

(2) Ist die Verjährungsfrist nach dem Bürgerlichen Gesetzbuch kürzer als nach den Rechtsvorschriften, die bislang für das in Artikel 3 des Einigungsvertrages genannte Gebiet galten, so wird die kürzere Frist von dem Tag des Wirksamwerdens des Bei-

tritts an berechnet. Läuft jedoch die in den Rechtsvorschriften, die bislang für das in Artikel 3 des Einigungsvertrages genannte Gebiet galten, bestimmte längere Frist früher als die im Bürgerlichen Gesetzbuch bestimmte kürzere Frist ab, so ist die Verjährung mit dem Ablauf der längeren Frist vollendet.

(3) Die Absätze 1 und 2 sind entsprechend auf Fristen anzuwenden, die für die Geltendmachung, den Erwerb oder den Verlust eines Rechts maßgebend sind.

. . .

Artikel 232

Zweites Buch. Recht der Schuldverhältnisse

§ 1

Allgemeine Bestimmungen für Schuldverhältnisse

Für ein Schuldverhältnis, das vor dem Wirksamwerden des Beitritts entstanden ist, bleibt das bisherige für das in Artikel 3 des Einigungsvertrages genannte Gebiet geltende Recht maßgebend.

§ 1 a

Überlassungsverträge

Ein vor dem 3. Oktober 1990 geschlossener Vertrag, durch den ein bisher staatlich verwaltetes (§ 1 Abs. 4 des Vermögensgesetzes) Grundstück durch den staatlichen Verwalter oder die von ihm beauftragte Stelle gegen Leistung eines Geldbetrages für das Grundstück sowie etwa aufstehende Gebäude und gegen Übernahme der öffentlichen Lasten einem anderen zur Nutzung überlassen wurde (Überlassungsvertrag), ist wirksam.

§ 2

Miete

(1) Mietverhältnisse aufgrund von Verträgen, die vor dem Wirksamwerden des Beitritts geschlossen worden sind, richten sich von diesem Zeitpunkt an nach den Vorschriften des Bürgerlichen Gesetzbuchs, soweit nicht in den folgenden Absätzen etwas anderes bestimmt ist.

. . .

§ 3

Pacht

(1) Pachtverhältnisse aufgrund von Verträgen, die vor dem Wirksamwerden des Beitritts geschlossen worden sind, richten sich von diesem Zeitpunkt an nach den §§ 581 bis 597 des Bürgerlichen Gesetzbuchs.

(2) Die §§ 51 und 52 des Landwirtschaftsanpassungsgesetzes vom 29. Juni 1990 (GBl I Nr. 42 S. 642) bleiben unberührt.

§ 4

Nutzung von Bodenflächen zur Erholung

(1) Nutzungsverhältnisse nach den §§ 312 bis 315 des Zivilgesetzbuchs der Deutschen Demokratischen Republik aufgrund von Verträgen, die vor dem Wirksamwerden des Beitritts geschlossen worden sind, richten sich weiterhin nach den genannten Vorschriften des Zivilgesetzbuchs. Abweichende Regelungen bleiben einem besonderen Gesetz vorbehalten.

(2) Die Bundesregierung wird ermächtigt, durch Rechtsverordnung mit Zustimmung des Bundesrates Vorschriften über eine angemessene Gestaltung der Nutzungsentgelte zu erlassen. Angemessen sind Entgelte bis zur Höhe des ortsüblichen Pachtzinses für Grundstücke, die auch hinsichtlich der Art und des Umfangs der Bebauung in vergleichbarer Weise genutzt werden. In der Rechtsverordnung können Bestimmungen über die Ermittlung des ortsüblichen Pachtzinses, über das Verfahren der Entgelterhöhung sowie über die Kündigung im Fall der Erhöhung getroffen werden.

(3) Für Nutzungsverhältnisse innerhalb von Kleingartenanlagen bleibt die Anwendung des Bundeskleingartengesetzes vom 28. Februar 1983 (BGBl I S. 210) mit den in Anlage I Kapitel XIV Abschnitt II Nr. 4 zum Einigungsvertrag enthaltenen Ergänzungen unberührt.

(4) Die Absätze 1 bis 3 gelten auch für vor dem 1. Januar 1976 geschlossene Verträge, durch die land- oder forstwirtschaftlich nicht genutzte Bodenflächen Bürgern zum Zwecke der nicht gewerblichen kleingärtnerischen Nutzung, Erholung und Freizeitgestaltung überlassen wurden.

§ 4 a

Vertrags-Moratorium

(1) Verträge nach § 4 können, auch soweit sie Garagen betreffen, gegenüber dem Nutzer bis zum Ablauf des 31. Dezember 1994 nur aus den in § 554 des Bürgerlichen Gesetzbuchs bezeichneten Gründen gekündigt oder sonst beendet werden. Sie verlängern sich, wenn nicht der Nutzer etwas Gegenteiliges mitteilt, bis zu diesem Zeitpunkt, wenn sie nach ihrem Inhalt vorher enden würden.

(2) Hat der Nutzer einen Vertrag nach § 4 nicht mit dem Eigentümer des betreffenden Grundstücks, sondern aufgrund von § 18 oder § 46 in Verbindung mit § 18 des Gesetzes über die landwirtschaftlichen Produktionsgenossenschaften — LPG-Gesetz — vom 2. Juli 1982 (GBl I Nr. 25 S. 443) in der vor dem 1. Juli 1990 geltenden Fassung mit einer der dort genannten Genossenschaften oder Stellen geschlossen, so ist er nach Maßgabe des Vertrages und des Absatzes 1 bis zum Ablauf des 31. Dezember 1994 auch dem Grundstückseigentümer gegenüber zum Besitz berechtigt.

(3) Die Absätze 1 und 2 gelten ferner, wenn ein Vertrag nach § 4 mit einer staatlichen Stelle abgeschlossen wurde, auch wenn diese hierzu nicht ermächtigt war. Dies gilt jedoch nicht, wenn der Nutzer Kenntnis von dem Fehlen einer entsprechenden Ermächtigung hatte.

(4) Die Absätze 1 und 2 gelten ferner auch, wenn ein Vertrag nach § 4 mit einer staatlichen Stelle abgeschlossen wurde und diese bei Vertragsschluß nicht ausdrücklich in fremdem Namen, sondern im eigenen Namen handelte, obwohl es sich nicht um ein volkseigenes, sondern ein von ihr verwaltetes Grundstück handelte, es sei denn, daß der Nutzer hiervon Kenntnis hatte.

(5) In den Fällen der Absätze 2 bis 4 ist der Vertragspartner des Nutzers unbeschadet des § 51 des Landwirtschaftsanpassungsgesetzes verpflichtet, die gezogenen Entgelte unter Abzug der mit ihrer Erzielung verbundenen Kosten an den Grundstückseigentümer abzuführen. Entgelte, die in der Zeit von dem 1. Januar 1992 an bis zum Inkrafttreten dieser Vorschrift erzielt wurden, sind um 20 vom Hundert gemindert an den Grundstückseigentümer auszukehren; ein weitergehender Ausgleich für gezogene Entgelte und Aufwendungen findet nicht statt. Ist ein Entgelt nicht vereinbart, so ist das Entgelt, das für Verträge der betreffenden Art gewöhnlich zu erzielen ist, unter Abzug der mit seiner Erzielung verbundenen Kosten an den Grundstückseigentümer auszukehren. Der Grundstückseigentümer kann von dem Vertragspartner des Nutzers die Abtretung der Entgeltansprüche verlangen.

(6) Die Absätze 1 bis 5 gelten auch, wenn der unmittelbare Nutzer Verträge mit einer Vereinigung von Kleingärtnern und diese mit einer der dort genannten Stellen den Hauptnutzungsvertrag geschlossen hat. Ist Gegenstand des Vertrages die Nutzung des Grundstücks für eine Garage, so kann der Eigentümer die Verlegung der Nutzung auf eine andere Stelle des Grundstücks oder ein anderes Grundstück verlangen, wenn die Nutzung ihn besonders beeinträchtigt, die andere Stelle für den Nutzer gleichwertig ist und die rechtlichen Voraussetzungen für die Nutzung geschaffen worden sind; die Kosten der Verlegung hat der Eigentümer zu tragen und vorzuschießen.

(7) Die Absätze 1 bis 6 finden keine Anwendung, wenn die Betroffenen nach dem 2. Oktober 1990 etwas Abweichendes vereinbart haben oder zwischen ihnen abweichende rechtskräftige Urteile ergangen sind.

. . .

Artikel 233
Drittes Buch. Sachenrecht

§ 1
Besitz

Auf ein am Tag des Wirksamwerdens des Beitritts bestehendes Besitzverhältnis finden von dieser Zeit an die Vorschriften des Bürgerlichen Gesetzbuchs Anwendung.

§ 2
Inhalt des Eigentums

(1) Auf das am Tage des Wirksamwerdens des Beitritts bestehende Eigentum an Sachen finden von dieser Zeit an die Vorschriften des Bürgerlichen Gesetzbuchs Anwendung, soweit nicht in den nachstehenden Vorschriften etwas anderes bestimmt ist.

(2) Bei ehemals volkseigenen Grundstücken wird unwiderleglich vermutet, daß in der Zeit vom 15. März 1990 bis zum Ablauf des 2. Oktober 1990 die als Rechtsträger eingetragene staatliche Stelle und diejenige Stelle, die deren Aufgaben bei Vornahme der Verfügung wahrgenommen hat, und in der Zeit vom 3. Oktober 1990 bis zum 24. Dezember 1993 die in § 8 des Vermögenszuordnungsgesetzes in der seit dem 25. Dezember 1993 geltenden Fassung bezeichneten Stellen zur Verfügung über das Grundstück befugt waren. § 878 des Bürgerlichen Gesetzbuchs gilt auch für den Fortfall der Verfügungsbefugnis sinngemäß. Die vorstehenden Sätze lassen Verbote, über ehemals volkseigene Grundstücke zu verfügen, namentlich nach § 68 des Zivilgesetzbuchs und der Zweiten, Dritten und Vierten Durchführungsverordnung zum Treuhandgesetz unberührt. Wem bisheriges Volkseigentum zusteht, richtet sich nach den Vorschriften über die Abwicklung des Volkseigentums.

(3) Ist der Eigentümer eines Grundstücks oder sein Aufenthalt nicht festzustellen und besteht ein Bedürfnis, die Vertretung des Eigentümers sicherzustellen, so bestellt der Landkreis oder die kreisfreie Stadt, in dessen oder deren Gebiet sich das Grundstück befindet, auf Antrag der Gemeinde oder eines anderen, der ein berechtigtes Interesse daran hat, einen gesetzlichen Vertreter. Im Falle einer Gemeinschaft wird ein Mitglied der Gemeinschaft zum gesetzlichen Vertreter bestellt. Der Vertreter ist von den Beschränkungen des § 181 des Bürgerlichen Gesetzbuchs befreit. § 16 Abs. 3 und 4 des Verwaltungsverfahrensgesetzes findet entsprechende Anwendung. Der Vertreter wird auf Antrag des Eigentümers abberufen. Diese Vorschrift tritt in ihrem räumlichen Anwendungsbereich und für die Dauer ihrer Geltung an die Stelle des § 119 des Flurbereinigungsgesetzes auch, soweit auf diese Bestimmung in anderen Gesetzen verwiesen wird. § 11 b des Vermögensgesetzes bleibt unberührt.

§ 2 a
Moratorium

(1) Als zum Besitz eines in dem in Artikel 3 des Einigungsvertrages genannten Gebiet belegenen Grundstücks berechtigt gelten unbeschadet bestehender Nutzungsrechte und günstigerer Vereinbarungen und Regelungen:

a) wer das Grundstück bis zum Ablauf des 2. Oktober 1990 aufgrund einer bestandskräftigen Baugenehmigung oder sonst entsprechend den Rechtsvorschriften mit Billigung staatlicher oder gesellschaftlicher Organe mit Gebäuden oder Anlagen bebaut oder zu bebauen begonnen hat und bei Inkrafttreten dieser Vorschrift selbst nutzt,

b) Genossenschaften und ehemals volkseigene Betriebe der Wohnungswirtschaft, denen vor dem 3. Oktober 1990 aufgrund einer bestandskräftigen Baugenehmigung oder sonst entsprechend den Rechtsvorschriften mit Billigung staatlicher oder gesellschaftlicher Organe errichtete Gebäude und dazugehörige Grundstücksflächen und -teilflächen zur Nutzung sowie selbständigen Bewirtschaftung und Verwaltung übertragen worden waren und von diesen oder ihren Rechtsnachfolgern genutzt werden,

c) wer über ein bei Abschluß des Vertrages bereits mit einem Wohnhaus bebautes Grundstück, das bis dahin unter staatlicher oder treuhänderischer Verwaltung gestanden hat, einen Überlassungsvertrag geschlossen hat, sowie diejenigen, die mit diesem einen gemeinsamen Hausstand führen,

d) wer ein auf einem Grundstück errichtetes Gebäude gekauft oder den Kauf beantragt hat.

Das Recht nach Satz 1 besteht bis zur Bereinigung der genannten Rechtsverhältnisse durch besonderes Gesetz längstens bis zum Ablauf des 31. Dezember 1994; die Frist kann durch Rechtsverordnung des Bundesministers der Justiz einmal verlängert werden. . . . Umfang und Inhalt des Rechts bestimmen sich im übrigen nach der bisherigen Ausübung. In den Fällen der in der Anlage II Kapitel II Sachgebiet A Abschnitt III des Einigungsvertrages vom 31. August 1990 (BGBl 1990 II S. 885, 1150) aufgeführten Maßgaben kann das Recht nach Satz 1 allein von der Treuhandanstalt geltend gemacht werden.

(2) Das Recht zum Besitz nach Absatz 1 wird durch eine Übertragung oder einen Übergang des Eigentums oder eine sonstige Verfügung über das Grundstück nicht berührt. Das Recht kann übertragen werden; die Übertragung ist gegenüber dem Grundstückseigentümer nur wirksam, wenn sie diesem vom Veräußerer angezeigt wird.

(3) Während des in Absatz 1 Satz 2 genannten Zeitraums kann Ersatz für gezogene Nutzungen oder vorgenommene Verwendungen nur auf einvernehmlicher Grundlage verlangt werden. Der Eigentümer eines Grundstücks ist während der Dauer des Rechts zum Besitz nach Absatz 1 verpflichtet, das Grundstück nicht mit Rechten zu belasten, es sei denn, er ist zu deren Bestellung gesetzlich oder aufgrund der Entscheidung einer Behörde verpflichtet.

(4) Bis zu dem in Absatz 1 Satz 2 genannten Zeitpunkt findet auf Überlassungsverträge unbeschadet des Artikels 232 § 1 der § 78 des Zivilgesetzbuchs der Deutschen Demokratischen Republik keine Anwendung.

(5) Das Vermögensgesetz, die in der Anlage II Kapitel II Sachgebiet A Abschnitt III des Einigungsvertrages aufgeführten Maßgaben sowie Verfahren nach dem 8. Abschnitt des Landwirtschaftsanpassungsgesetzes bleiben unberührt.

(6) Bestehende Rechte des gemäß Absatz 1 Berechtigten werden nicht berührt. In Ansehung der Nutzung des Grundstücks getroffene Vereinbarungen bleiben außer in den Fällen des Absatzes 1 Satz 1 Buchstabe c unberührt. Sie sind in allen Fällen auch weiterhin möglich. Das Recht nach Absatz 1 kann ohne Einhaltung einer Frist durch einseitige Erklärung des Grundeigentümers beendet werden, wenn

a) der Nutzer

aa) im Sinne der §§ 20 a und 20 b des Parteiengesetzes der Deutschen Demokratischen Republik eine Massenorganisation, eine Partei, eine ihr verbundene Organisation oder eine juristische Person ist und die treuhänderische Verwaltung über den betreffenden Vermögenswert beendet worden ist oder

bb) dem Bereich der Kommerziellen Koordinierung zuzuordnen ist oder

b) die Rechtsverhältnisse des Nutzers an dem fraglichen Grund und Boden Gegenstand eines gerichtlichen Strafverfahrens gegen den Nutzer sind oder

c) es sich um ein ehemals volkseigenes Grundstück handelt und seine Nutzung am 2. Oktober 1990 auf einer Rechtsträgerschaft beruhte, es sei denn, der Nutzer ist eine landwirtschaftliche Produktionsgenossenschaft, ein ehemals volkseigener Betrieb der Wohnungswirtschaft, eine Arbeiter-Wohnungsbaugenossenschaft oder eine gemeinnützige Wohnungsgenossenschaft oder deren jeweiliger Rechtsnachfolger.

In den Fällen des Satzes 4 Buchstaben a und c ist § 1000 des Bürgerlichen Gesetzbuchs nicht anzuwenden. Das Recht zum Besitz nach dieser Vorschrift erlischt, wenn eine Vereinbarung nach Satz 2 und 3 durch den Nutzer gekündigt wird.

(7) Die vorstehenden Regelungen gelten nicht für Nutzungen zur Erholung, Freizeitgestaltung oder zu ähnlichen persönlichen Bedürfnissen einschließlich der Nutzung innerhalb von Kleingartenanlagen. Ein Miet- oder Pachtvertrag ist nicht als Überlassungsvertrag anzusehen.

. . .

§ 2 b

Gebäudeeigentum ohne dingliches Nutzungsrecht

(1) In den Fällen des § 2 a Abs. 1 Satz 1 Buchstaben a und b sind Gebäude und Anlagen landwirtschaftlicher Produktionsgenossenschaften sowie Gebäude und Anlagen von Arbeiter-Wohnungsbaugenossenschaften und von gemeinnützigen Wohnungsgenossenschaften auf ehemals volkseigenen Grundstücken, auch soweit dies nicht gesetzlich bestimmt ist, unabhängig vom Eigentum am Grundstück Eigentum des Nutzers. Ein beschränkt dingliches Recht am Grundstück besteht nur, wenn dies besonders begründet worden ist. Dies gilt auch für Rechtsnachfolger der in Satz 1 bezeichneten Genossenschaften.

(2) Für Gebäudeeigentum, das nach Absatz 1 entsteht oder nach § 27 des Gesetzes über die landwirtschaftlichen Produktionsgenossenschaften vom 2. Juli 1982 (GBl I Nr. 25 S. 443), das zuletzt durch das Gesetz über die Änderung oder Aufhebung von Gesetzen der Deutschen Demokratischen Republik vom 28. Juni 1990 (GBl I Nr. 38 S. 483) geändert worden ist, entstanden ist, ist auf Antrag des Nutzers ein Gebäudegrundbuchblatt anzulegen. Für die Anlegung und Führung des Gebäudegrundbuchblatts sind die vor dem Wirksamwerden des Beitritts geltenden sowie später erlassene Vorschriften entsprechend anzuwenden. Ist das Gebäudeeigentum nicht gemäß § 2 c Abs. 1 wie eine Belastung im Grundbuch des betroffenen Grundstücks eingetragen, so ist diese Eintragung vor Anlegung des Gebäudegrundbuchblatts von Amts wegen vorzunehmen.

(3) Ob Gebäudeeigentum entstanden ist und wem es zusteht, wird durch Bescheid des Präsidenten der Oberfinanzdirektion festgestellt in dessen Bezirk das Gebäude liegt. Das Vermögenszuordnungsgesetz ist anzuwenden. . . .

§ 2 c

Grundbucheintragung

(1) Selbständiges Gebäudeeigentum nach § 2 b ist auf Antrag (§ 13 Abs. 2 der Grundbuchordnung) im Grundbuch wie eine Belastung des betroffenen Grundstücks einzutragen. Ist für das Gebäudeeigentum ein Gebäudegrundbuchblatt nicht vorhanden, so wird es bei der Eintragung in das Grundbuch von Amts wegen angelegt.

. . .

(3) Der Erwerb selbständigen Gebäudeeigentums sowie dinglicher Rechte am Gebäude der in § 2 b bezeichneten Art aufgrund der Vorschriften über den öffentlichen Glauben des Grundbuchs ist nur möglich, wenn das Gebäudeeigentum auch bei dem belasteten Grundstück eingetragen ist.

§ 3

Inhalt und Rang beschränkter dinglicher Rechte

(1) Rechte, mit denen eine Sache oder ein Recht am Ende des Tages vor dem Wirksamwerden des Beitritts belastet ist, bleiben mit dem sich aus dem bisherigen Recht ergebenden Inhalt und Rang bestehen, soweit sich nicht aus den nachstehenden Vorschriften ein anderes ergibt. . . .

(2) Die Aufhebung eines Rechts, mit dem ein Grundstück oder ein Recht an einem Grundstück belastet ist, richtet sich nach den bisherigen Vorschriften, wenn das Recht der Eintragung in das Grundbuch nicht bedurfte und nicht eingetragen ist.

. . .

§ 4

Sondervorschriften für dingliche Nutzungsrechte und Gebäudeeigentum

(1) Für das Gebäudeeigentum nach § 288 Abs. 4 oder § 292 Abs. 3 des Zivilgesetzbuchs der Deutschen Demokratischen Republik gelten von dem Wirksamwerden des Beitritts an die sich auf Grundstücke beziehenden Vorschriften des Bürgerlichen Gesetzbuchs mit Ausnahme der §§ 927 und 928 entsprechend. Vor der Anlegung eines Gebäudegrundbuchblattes ist das dem Gebäudeeigentum zugrundeliegende Nutzungsrecht von Amts wegen im Grundbuch des belasteten Grundstücks einzutragen. Der Erwerb eines selbständigen Gebäudeeigentums oder eines dinglichen Rechts am Gebäude der in Satz 1 genannten Art aufgrund der Vorschriften über den öffentlichen Glauben des Grundbuchs ist nur möglich, wenn auch das zugrundeliegende Nutzungsrecht bei dem belasteten Grundstück eingetragen ist.

(2) Ein Nutzungsrecht nach §§ 287 bis 294 des Zivilgesetzbuchs der Deutschen Demokratischen Republik, das nicht im Grundbuch des belasteten Grundstücks eingetragen ist, wird durch die Vorschriften des Bürgerlichen Gesetzbuchs über den öffentlichen Glauben des Grundbuchs nicht beeinträchtigt, wenn ein aufgrund des Nutzungsrechts zulässiges Eigenheim oder sonstiges Gebäude in dem für den öffentlichen Glauben maßgebenden Zeitpunkt ganz oder teilweise errichtet ist und der dem Erwerb zugrundeliegende Eintragungsantrag vor dem 1. Januar 2000 gestellt

worden ist. Der Erwerber des Eigentums oder eines sonstigen Rechts an dem belasteten Grundstück kann in diesem Fall die Aufhebung oder Änderung des Nutzungsrechts gegen Ausgleich der dem Nutzungsberechtigten dadurch entstehenden Vermögensnachteile verlangen, wenn das Nutzungsrecht für ihn mit Nachteilen verbunden ist, welche erheblich größer sind als der dem Nutzungsberechtigten durch die Aufhebung oder Änderung seines Rechts entstehende Schaden; dies gilt nicht, wenn er beim Erwerb des Eigentums oder sonstigen Rechts in dem für den öffentlichen Glauben des Grundbuchs maßgeblichen Zeitpunkt das Vorhandensein des Nutzungsrechts kannte.

(3) Der Untergang des Gebäudes läßt den Bestand des Nutzungsrechts unberührt. Aufgrund des Nutzungsrechts kann ein neues Gebäude errichtet werden; Belastungen des Gebäudeeigentums setzen sich an dem Nutzungsrecht und dem neu errichteten Gebäude fort. Ist ein Nutzungsrecht nur auf die Gebäudegrundfläche verliehen worden, so umfaßt das Nutzungsrecht auch die Nutzung des Grundstücks in dem für Gebäude der errichteten Art zweckentsprechenden ortsüblichen Umfang, bei Eigenheimen nicht mehr als eine Fläche von 500 m^2; Auf Antrag ist das Grundbuch entsprechend zu berichtigen. Absatz 2 gilt entsprechend.

(4) Besteht am Gebäude selbständiges Eigentum nach § 288 Abs. 4, § 292 Abs. 3 des Zivilgesetzbuchs der Deutschen Demokratischen Republik, so bleibt bei bis zum Ablauf des 31. Dezember 1999 angeordneten Zwangsversteigerungen ein nach jenem Recht begründetes Nutzungsrecht am Grundstück bei dessen Versteigerung auch dann bestehen, wenn es bei der Feststellung des geringsten Gebots nicht berücksichtigt ist.

(5) War der Nutzer beim Erwerb des Nutzungsrechts unredlich i. S. des § 4 des Vermögensgesetzes, kann der Grundstückseigentümer die Aufhebung des Nutzungsrechts durch gerichtliche Entscheidung verlangen. Der Anspruch nach Satz 1 ist ausgeschlossen, wenn er nicht bis zum 31. Dezember 1999 rechtshängig geworden ist. Ein Klageantrag auf Aufhebung ist unzulässig, wenn der Grundstückseigentümer zu einem Antrag auf Aufhebung des Nutzungsrechts durch Bescheid des Amtes zur Regelung offener Vermögensfragen berechtigt oder berechtigt gewesen ist. Mit der Aufhebung des Nutzungsrechts erlischt das Eigentum am Gebäude nach § 288 Abs. 4 und § 292 Abs. 3 des Zivilgesetzbuches der Deutschen Demokratischen Republik. Das Gebäude wird Bestandteil des Grundstücks. Der Nutzer kann für Gebäude Anlagen und Anpflanzungen, mit denen er das Grundstück ausgestattet hat, Ersatz verlangen, soweit der Wert des Grundstücks hierdurch noch zu dem Zeitpunkt der Aufhebung des Nutzungsrechts erhöht ist. Grundpfandrechte an einem aufgrund des Nutzungsrechts errichteten Gebäude setzen sich am Wertersatzanspruch des Nutzers gegen den Grundstückseigentümer fest. § 16 Abs. 3 Satz 5 des Vermögensgesetzes ist entsprechend anzuwenden.

(6) Auf die Aufhebung eines Nutzungsrechts nach § 287 oder § 291 des Zivilgesetzbuchs der Deutschen Demokratischen Republik finden die §§ 875 und 876 des Bürgerlichen Gesetzbuchs Anwendung. Ist das Nutzungsrecht nicht im Grundbuch eingetragen, so reicht die notariell beurkundete Erklärung des Berechtigten, daß er das Recht aufgebe, aus, wenn die Erklärung bei dem Grundbuchamt eingereicht

wird. Mit der Aufhebung des Nutzungsrechts erlischt das Gebäudeeigentum nach § 288 Abs. 4 oder § 292 Abs. 3 des Zivilgesetzbuchs der Deutschen Demokratischen Republik; das Gebäude wird Bestandteil des Grundstücks.

(7) Die Absätze 1 bis 5 gelten entsprechend, soweit aufgrund anderer Rechtsvorschriften Gebäudeeigentum, für das ein Gebäudegrundbuchblatt anzulegen ist, in Verbindung mit einem Nutzungsrecht an dem betroffenen Grundstück besteht.

. . .

Gesetz zur Änderung schuldrechtlicher Bestimmungen im Beitrittsgebiet (Schuldrechtsänderungsgesetz – SchuldRÄndG)

vom 21. 9. 1994 (BGBl I S. 2538),
geändert durch Mietüberleitungsgesetz vom 6. 6. 1995 (BGBl I S. 748)

— Auszug —

Artikel 1

Gesetz zur Anpassung schuldrechtlicher Nutzungsverhältnisse an Grundstücken im Beitrittsgebiet (Schuldrechtsanpassungsgesetz — SchuldRAnpG)

KAPITEL 1
Allgemeine Vorschriften

ABSCHNITT 1
Anwendungsbereich

§ 1
Betroffene Rechtsverhältnisse

(1) Dieses Gesetz regelt Rechtsverhältnisse an Grundstücken in dem in Artikel 3 des Einigungsvertrages genannten Gebiet (Beitrittsgebiet), die aufgrund

1. eines Vertrages zum Zwecke der kleingärtnerischen Nutzung, Erholung oder Freizeitgestaltung oder zur Errichtung von Garagen oder anderen persönlichen, jedoch nicht Wohnzwecken dienenden Bauwerken überlassen,
2. eines Überlassungsvertrages im Sinne des Artikels 232 § 1 a des Einführungsgesetzes zum Bürgerlichen Gesetzbuche zu Wohnzwecken oder zu gewerblichen Zwecken übergeben oder
3. eines Miet-, Pacht- oder sonstigen Nutzungsvertrages von einem anderen als dem Grundstückseigentümer bis zum Ablauf des 2. Oktober 1990 mit Billigung staatlicher Stellen mit einem Wohn- oder gewerblichen Zwecken dienenden Bauwerk bebaut

worden sind.

(2) Wurde das Grundstück einem anderen als dem unmittelbar Nutzungsberechtigten (Zwischenpächter) zum Zwecke der vertraglichen Überlassung an Dritte übergeben, sind die Bestimmungen dieses Gesetzes auch auf diesen Vertrag anzuwenden.

§ 2
Nicht einbezogene Rechtsverhältnisse

(1) Die Bestimmungen dieses Gesetzes sind nicht auf Rechtsverhältnisse anzuwenden, deren Bereinigung im Sachenrechtsbereinigungsgesetz vorgesehen ist. Dies gilt insbesondere für

1. Nutzungsverträge nach § 1 Abs. 1 Nr. 1 und 3, wenn die in § 5 Abs. 1 Nr. 2 Satz 2 Buchstabe d und e des Sachenrechtsbereinigungsgesetzes bezeichneten Voraussetzungen des Eigenheimbaus vorliegen,
2. Überlassungsverträge nach § 1 Abs. 1 Nr. 2, wenn der Nutzer mit Billigung staatlicher Stellen ein Eigenheim errichtet oder bauliche Investitionen nach § 12 Abs. 2 des Sachenrechtsbereinigungsgesetzes in ein vorhandenes Gebäude vorgenommen hat, und
3. Miet-, Pacht- oder sonstige Nutzungsverträge nach § 1 Abs. 1 Nr. 3, wenn der Nutzer für seinen Handwerks- oder Gewerbebetrieb auf einem ehemals volkseigenen Grundstück einen Neubau errichtet oder eine bauliche Maßnahme nach § 12 Abs. 1 des Sachenrechtsbereinigungsgesetzes vorgenommen hat.

(2) Dieses Gesetz gilt ferner nicht für die in § 71 des Vertragsgesetzes der Deutschen Demokratischen Republik bezeichneten Verträge.

(3) Für Nutzungsverhältnisse innerhalb von Kleingartenanlagen bleibt die Anwendung des Bundeskleingartengesetzes vom 28. Februar 1983 (BGBl I S. 210), zuletzt geändert durch Artikel 5 des Schuldrechtsänderungsgesetzes vom 21. September 1994 (BGBl I S. 2538), unberührt. Ist das Grundstück nach Ablauf des 2. Oktober 1990 in eine Kleingartenanlage eingegliedert worden, sind vom Zeitpunkt der Eingliederung an die Bestimmungen des Bundeskleingartengesetzes anzuwenden.

§ 3
Zeitliche Begrenzung

Die Bestimmungen dieses Gesetzes sind nur auf solche Verträge anzuwenden, die bis zum Ablauf des 2. Oktober 1990 abgeschlossen worden sind.

. . .

ABSCHNITT 3
Grundsätze

UNTERABSCHNITT 1
Durchführung der Schuldrechtsanpassung

§ 6
Gesetzliche Umwandlung

(1) Auf die in § 1 Abs. 1 bezeichneten Verträge sind die Bestimmungen des Bürgerlichen Gesetzbuchs über die Miete oder die Pacht anzuwenden, soweit dieses Gesetz nichts anderes bestimmt.

(2) Vereinbarungen, die die Beteiligten (Grundstückseigentümer und Nutzer) nach Ablauf des 2. Oktober 1990 getroffen haben, bleiben von den Bestimmungen dieses Gesetzes unberührt. Dies gilt unabhängig von ihrer Vereinbarkeit mit Rechtsvorschriften der Deutschen Demokratischen Republik auch für bis zu diesem Zeitpunkt getroffene Abreden, die vom Inhalt eines Vertrages vergleichbarer Art abweichen, nicht zu einer unangemessenen Benachteiligung eines Beteiligten führen und von denen anzunehmen ist, daß die Beteiligten sie auch getroffen hätten, wenn sie die durch den Beitritt bedingte Änderung der wirtschaftlichen und sozialen Verhältnisse vorausgesehen hätten.

(3) In einem Überlassungsvertrag getroffene Abreden bleiben nur wirksam, soweit es in diesem Gesetz bestimmt ist.

§ 7
Kündigungsschutz durch Moratorium

(1) Eine vom Grundstückseigentümer oder einem anderen Vertragschließenden (§ 8 Abs. 1 Satz 1) nach Ablauf des 2. Oktober 1990 ausgesprochene Kündigung eines in § 1 Abs. 1 bezeichneten Vertrages ist unwirksam, wenn der Nutzer nach Artikel 233 § 2 a Abs. 1 des Einführungsgesetzes zum Bürgerlichen Gesetzbuche gegenüber dem Grundstückseigentümer zum Besitz berechtigt war und den Besitz noch ausübt. Satz 1 ist auch anzuwenden, wenn dem Nutzer der Besitz durch verbotene Eigenmacht entzogen wurde. Abweichende rechtskräftige Entscheidungen bleiben unberührt.

(2) Absatz 1 ist nicht anzuwenden, wenn die Kündigung wegen vertragswidrigen Gebrauchs, Zahlungsverzugs des Nutzers oder aus einem anderen wichtigen Grund erfolgt ist.

(3) Artikel 232 § 4 a des Einführungsgesetzes zum Bürgerlichen Gesetzbuche bleibt unberührt.

UNTERABSCHNITT 2
Rechtsgeschäfte mit anderen Vertragschließenden

§ 8
Vertragseintritt

(1) Der Grundstückseigentümer tritt in die sich ab dem 1. Januar 1995 ergebenden Rechte und Pflichten aus einem Vertragsverhältnis über den Gebrauch oder die Nutzung seines Grundstücks ein, das landwirtschaftliche Produktionsgenossenschaften bis zum Ablauf des 30. Juni 1990 oder staatliche Stellen im Sinne des § 10 Abs. 1 Sachenrechtsbereinigungsgesetzes bis zum Ablauf des 2. Oktober 1990 im eigenen oder in seinem Namen mit dem Nutzer abgeschlossen haben. Die in § 46 des Gesetzes über die landwirtschaftlichen Produktionsgenossenschaften vom 2. Juli 1982 (GBl Nr. 25 S. 443) bezeichneten Genossenschaften und Kooperationsbeziehungen stehen landwirtschaftlichen Produktionsgenossenschaften gleich. Die Regelungen zum Vertragsübergang in § 17 des Vermögensgesetzes bleiben unberührt.

(2) Ist der Vertrag mit einem Zwischenpächter abgeschlossen worden, tritt der Grundstückseigentümer in dieses Vertragsverhältnis ein.

(3) Absatz 1 Satz 1 gilt nicht, wenn der andere Vertragschließende zur Überlassung des Grundstücks nicht berechtigt war und der Nutzer beim Vertragsabschluß den Mangel der Berechtigung des anderen Vertragschließenden kannte. Kannte nur der Zwischenpächter den Mangel der Berechtigung des anderen Vertragschließenden, tritt der Grundstückseigentümer in den vom Zwischenpächter mit dem unmittelbar Nutzungsberechtigten geschlossenen Vertrag ein. Ein Verstoß gegen die in § 18 Abs. 2 Satz 2 des Gesetzes über die landwirtschaftlichen Produktionsgenossenschaften vom 2. Juli 1982 genannten Voraussetzungen ist nicht beachtlich.

(4) Abweichende rechtskräftige Entscheidungen bleiben unberührt.

§ 9

Vertragliche Nebenpflichten

Grundstückseigentümer und Nutzer können die Erfüllung solcher Pflichten verweigern, die nicht unmittelbar die Nutzung des Grundstücks betreffen und nach ihrem Inhalt von oder gegenüber dem anderen Vertragschließenden zu erbringen waren. Dies gilt insbesondere für die Unterhaltung von Gemeinschaftsanlagen in Wochenendhausgebieten und die Verpflichtung des Nutzers zur Mitarbeit in einer landwirtschaftlichen Produktionsgenossenschaft.

§ 10

Verantwortlichkeit für Fehler oder Schäden

(1) Der Grundstückseigentümer haftet dem Nutzer nicht für Fehler oder Schäden, die infolge eines Umstandes eingetreten sind, den der andere Vertragschließende zu vertreten hat.

(2) Soweit der Grundstückseigentümer nach Absatz 1 nicht haftet, kann der Nutzer unbeschadet des gesetzlichen Vertragseintritts Schadensersatz von dem anderen Vertragschließenden verlangen.

. . .

§ 19

Heilung von Mängeln

(1) Ein Vertrag nach § 1 Abs. 1 Nr. 1 ist nicht deshalb unwirksam, weil die nach § 312 Abs. 1 Satz 2 des Zivilgesetzbuchs der Deutschen Demokratischen Republik vorgesehene Schriftform nicht eingehalten worden ist.

(2) Das Fehlen der Zustimmung zur Bebauung nach § 313 Abs. 2 des Zivilgesetzbuchs ist unbeachtlich, wenn der Nutzungsvertrag von einer staatlichen Stelle abgeschlossen worden ist und eine Behörde dieser Körperschaft dem Nutzer eine Bauzustimmung erteilt hat.

(3) Abweichende rechtskräftige Entscheidungen bleiben unberührt.

Artikel 5
Änderung des Bundeskleingartengesetzes

Nach § 20 a des Bundeskleingartengesetzes vom 28. Februar 1983 (BGBl I S. 210), das zuletzt durch Art. 1 des Gesetzes vom 8. April 1994 (BGBl I S. 766) geändert worden ist, wird folgender § 20 b eingefügt:

„§ 20 b
Sonderregelungen für Zwischenpachtverhältnisse im Beitrittsgebiet

Auf Zwischenpachtverträge über Grundstücke in dem in Artikel 3 des Einigungsvertrages genannten Gebiet, die innerhalb von Kleingartenanlagen genutzt werden, sind die §§ 8 bis 10 und § 19 des Schuldrechtsanpassungsgesetzes entsprechend anzuwenden."

Artikel 6
Inkrafttreten

Dieses Gesetz tritt am 1. Januar 1995 in Kraft.

Zivilgesetzbuch der ehemaligen DDR

vom 19. 6. 1975 (GBl I S. 465)

i. d. F. der Bekanntmachung vom 28. 6. 1990 (GBl I 1990 S. 524), zuletzt geändert durch Gesetz vom 22. 7. 1990 (GBl I 1990 S. 903)

. . .

Zweites Kapitel

Verleihung von Nutzungsrechten an volkseigenen Grundstücken

§ 287

Entstehen des Nutzungsrechts

(1) Bürgern kann zur Errichtung und persönlichen Nutzung eines Eigenheimes oder eines anderen persönlichen Bedürfnisses dienenden Gebäudes an volkseigenen Grundstücken ein Nutzungsrecht verliehen werden.

(2) Über die Verleihung des Nutzungsrechts wird dem Berechtigten durch das zuständige staatliche Organ eine auf seinen Namen lautende Urkunde ausgestellt. Das Nutzungsrecht entsteht mit dem in der Urkunde festgelegten Zeitpunkt.

§ 288

Inhalt des Nutzungsrechts

(1) Der Nutzungsberechtigte ist berechtigt und verpflichtet, das volkseigene Grundstück bestimmungsgemäß zu nutzen.

(2) Das Nutzungsrecht ist unbefristet. In Ausnahmefällen kann das Nutzungsrecht befristet verliehen werden.

(3) Für das Nutzungsrecht ist ein Entgelt zu entrichten. Durch Rechtsvorschriften kann festgelegt werden, daß die Nutzung unentgeltlich erfolgt.

(4) Die auf dem volkseigenen Grundstück errichteten Gebäude, Anlagen und Anpflanzungen sind persönliches Eigentum des Nutzungsberechtigten.

§ 289

Übergang des Nutzungsrechts

(1) Gebäude auf volkseigenen Grundstücken, für die ein Nutzungsrecht verliehen wurde, können veräußert und vererbt werden.

(2) Mit der staatlichen Genehmigung des Vertrages über die Veräußerung geht das Nutzungsrecht auf den Erwerber über. Der Übergang des Nutzungsrechts auf den Erben bestimmt sich nach den dafür geltenden Rechtsvorschriften.

(3) Dem Erwerber oder dem Erben ist durch das zuständige staatliche Organ eine auf seinen Namen lautende Urkunde auszustellen, aus der sich der Übergang des Nutzungsrechts ergibt.

§ 290

Entzug des Nutzungsrechts

(1) Wird das volkseigene Grundstück nicht bestimmungsgemäß genutzt, kann das zuständige staatliche Organ das Nutzungsrecht entziehen.

(2) Bei Entzug des Nutzungsrechts gehen Gebäude, Anlagen und Anpflanzungen in Volkseigentum über. Die Entschädigung erfolgt nach den dafür geltenden Rechtsvorschriften. Für Gebäude wird eine Entschädigung gewährt, wenn sie mit staatlicher Genehmigung auf dem volkseigenen Grundstück errichtet wurden.

Drittes Kapitel

Persönliche Nutzung genossenschaftlich genutzten Bodens

§ 291

Entstehen des Nutzungsrechts

Landwirtschaftliche Produktionsgenossenschaften und andere sozialistische Genossenschaften können, soweit Rechtsvorschriften das vorsehen, Bürgern genossenschaftlich genutzten Bodens zum Bau von Eigenheimen oder anderen persönlichen Bedürfnissen dienenden Gebäuden zuweisen.

§ 292

Inhalt des Nutzungsrechts

(1) Der Nutzungsberechtigte ist berechtigt und verpflichtet, die zugewiesene Bodenfläche bestimmungsgemäß zu nutzen.

(2) Das Nutzungsrecht an der zugewiesenen Bodenfläche ist unbefristet. In Ausnahmefällen kann das Nutzungsrecht befristet werden.

(3) Die auf der zugewiesenen Bodenfläche errichteten Gebäude, Anlagen und Anpflanzungen sind unabhängig vom Eigentum an der Bodenfläche persönliches Eigentum des Nutzungsberechtigten.

§ 293

Übergang des Nutzungsrechts

(1) Die errichteten Gebäude können an Bürger, denen nach § 291 Boden zugewiesen werden kann, veräußert werden. Mit Zustimmung der Genossenschaft ist eine Veräußerung an andere Bürger zulässig, wenn das Gebäude persönlichen Wohnbedürfnissen dienen soll.

(2) Die errichteten Gebäude können vererbt werden.

(3) Mit dem Übergang des Eigentums am Gebäude geht auch das Nutzungsrecht an der zugewiesenen Bodenfläche auf den neuen Eigentümer über.

§ 294

Entzug des Nutzungsrechts

(1) Wird die zugewiesene Bodenfläche nicht bestimmungsgemäß genutzt, kann das zuständige staatliche Organ das Nutzungsrecht entziehen.

(2) Nach Entzug des Nutzungsrechts ist der Gebäudeeigentümer verpflichtet, das Gebäude nach § 293 Abs. 1 zu veräußern.

. . .

Viertes Kapitel

Persönliches Eigentum an Grundstücken und Gebäuden

§ 296

Eigentum an Wochenendhäusern und anderen Baulichkeiten auf vertraglich genutzten Bodenflächen

(1) Wochenendhäuser sowie andere Baulichkeiten, die der Erholung, Freizeitgestaltung oder ähnlichen persönlichen Bedürfnissen der Bürger dienen und in Ausübung eines vertraglich vereinbarten Nutzungsrecht errichtet werden, sind unabhängig vom Eigentum am Boden Eigentum des Nutzungsberechtigten, soweit nicht anderes vereinbart ist. Für das Eigentum an diesen Baulichkeiten gelten die Bestimmungen über das Eigentum an beweglichen Sachen entsprechend.

(2) Endet das Nutzungsverhältnis und wird ein neues Nutzungsverhältnis vertraglich vereinbart, kann das Eigentum an der Baulichkeit durch schriftlichen Vertrag auf den nachfolgenden Nutzungsberechtigten übertragen werden. Der Vertrag über die Begründung des neuen Nutzungsverhältnisses bedarf der Schriftform und der staatlichen Genehmigung.

Fünftes Kapitel

Nutzung von Bodenflächen zur Erholung

§ 312

Abschluß des Vertrages

(1) Land- und forstwirtschaftlich nicht genutzte Bodenflächen können Bürgern zum Zwecke der kleingärtnerischen Nutzung, Erholung und Freizeitgestaltung überlassen werden. Der Vertrag über die Nutzung ist schriftlich abzuschließen und bedarf der staatlichen Genehmigung, soweit das in Rechtsvorschriften vorgesehen ist.

(2) Der Vertrag kann unbefristet oder befristet abgeschlossen werden. Ein Vertrag darf nur befristet abgeschlossen werden, wenn dafür gesellschaftlich gerechtfertigte Gründe vorliegen. Sie sind im Vertrag anzugeben.

§ 313

Rechte und Pflichten des Nutzungsberechtigten

(1) Der Nutzungsberechtigte ist berechtigt und verpflichtet, die ihm überlassene Bodenfläche bestimmungsgemäß zu nutzen. Er kann insbesondere Anpflanzungen vornehmen und sich den Ertrag aneignen.

(2) Zwischen den Vertragspartnern kann vereinbart werden, daß der Nutzungsberechtigte auf der Bodenfläche ein Wochenendhaus oder andere Baulichkeiten errichtet, die der Erholung, Freizeitgestaltung oder ähnlichen persönlichen Bedürfnissen dienen.

(3) Der Nutzungsberechtigte ist verpflichtet, das Entgelt für die Nutzung termingemäß zu zahlen. Die Übertragung der Nutzung an andere Bürger ist nicht zulässig.

§ 314

Beendigung des Nutzungsverhältnisses

(1) Das Nutzungsverhältnis kann durch Vereinbarung der Vertragspartner beendet werden.

(2) Der Nutzungsberechtigte kann unter Einhaltung einer Frist von 3 Monaten zum 31. Oktober des laufenden Jahres kündigen. Aus gesellschaftlich gerechtfertigten Gründen kann zum Ende eines Quartals mit einer Frist von einem Monat gekündigt werden.

(3) Der Überlassende kann mit einer Frist von 3 Monaten zum 31. Oktober des laufenden Jahres kündigen, wenn dafür gesellschaftlich gerechtfertigte Gründe vorliegen, insbesondere dann, wenn der Nutzungsberechtigte seine Pflichten wiederholt gröblich verletzt, andere Nutzungsberechtigte erheblich belästigt oder sich auf andere Weise gemeinschaftsstörend verhält. Bei besonders schwerwiegendem vertragswidrigem Verhalten kann auch zum Ende des Quartals mit einer Frist von einem Monat gekündigt werden. Erfolgt die Nutzung außerhalb einer Kleingartenanlage, kann das Nutzungsverhältnis auch bei Vorliegen von dringendem Eigenbedarf gekündigt werden.

(4) Die Kündigung des Nutzungsverhältnisses durch einen Vertragspartner bedarf der Schriftform. Hat der Nutzungsberechtigte in Ausübung des Nutzungsrechts auf der Bodenfläche ein Wochenendhaus oder eine Garage errichtet, kann das Nutzungsverhältnis gegen seinen Willen nur durch gerichtliche Entscheidung aufgehoben werden.

(5) Endet das Nutzungsverhältnis, hat der Nutzungsberechtigte die Bodenfläche in einem ordnungsgemäßen Zustand zurückzugeben. Wertverbesserungen sind dem Nutzungsberechtigten zu entschädigen.

(6) Im Falle der Kündigung nach Abs. 3 aus dringendem Eigenbedarf ist der Überlassende verpflichtet, auf Verlangen des Nutzungsberechtigten von ihm errichtete Baulichkeiten oder Anpflanzungen durch Kauf zu erwerben.

. . .

A. Zwischenpachtvertrag[1])

Zwischen

....

als Verpächter(in)

und

....

als Zwischenpächter

wird folgendes vereinbart:

§ 1

Der/Die Verpächter(in) überläßt dem Zwischenpächter zur Nutzung als Dauerkleingärten die im beigefügten Lageplan näher dargestellten Flächen auf den Flurstücken .... Flur .... Nr. .... mit einer nutzbaren Kleingartenfläche von .... m^2.

§ 2

Die Überlassung der Flächen erfolgt ab .... auf .... (Zeit). Für die Überlassung der Flächen und die Kündigungsmöglichkeit dieses Vertrages gelten die Bestimmungen des Bundeskleingartengesetzes.

§ 568 BGB findet keine Anwendung.

§ 3

Der zu entrichtende Pachtzins ist dem Anhang zu diesem Zwischenpachtvertrag zu entnehmen. Der Anhang ist Bestandteil dieses Zwischenpachtvertrages. Der Pachtzins für die Zeit vom .... bis .... ist erstmalig nach Vertragsabschluß und für die künftigen Erntejahre bis zum .... eines jeden Pachtjahres im voraus an .... zu überweisen.

§ 4

Dem Zwischenpächter wird gestattet, neben diesem an die Stadt abzuführenden Pachtzins einen Zuschlag bis zu . . . % des Pachtzinses von seinen Unterpächtern zu erheben.

Für rückständige und gestundete Pachtzinsbeträge können Verzugszinsen in Höhe von 3 % über dem jeweiligen Diskontsatz der Deutschen Bundesbank erhoben werden. Der Zwischenpächter kann darüber hinaus auch zum Ersatz desjenigen Schadens herangezogen werden, der der Verpächterin durch den Verzug entsteht.

---

1) Der hier abgedruckte Zwischenpachtvertrag ist ein „Mustervertrag". Er entspricht im wesentlichen den unter der Geltung des alten Rechts im Bereich des Landesverbandes der Gartenfreunde Bremen e. V. verwendeten Verträgen. Die durch das BKleingG notwendigen Änderungen sind eingefügt.

§ 5

Der Zwischenpächter ist berechtigt, die vorstehend genannten Flächen an einen dem Landesverband angeschlossenen Kleingärtnerverein in Verwaltung zu geben oder unmittelbar Einzelgärten an Kleingärtner zu verpachten. Die abzuschließenden Unterpachtverträge müssen die diesem Vertrag zugrunde liegenden Vereinbarungen und Verpflichtungen enthalten.

Zwischen- und Unterpächter haften dem/der Verpächter(in) als Gesamtschuldner.

Der Zwischenpächter ist verpflichtet, auf Aufforderung des/der Verpächter(in) solchen Unterpächtern den Kleingarten zu kündigen und zu entziehen, die ihren kleingärtnerischen oder vertraglichen Verpflichtungen nicht nachkommen.

Die vom Landesverband der Kleingärtner erlassene Gartenordnung ist Bestandteil der mit den Unterpächtern abzuschließenden Pachtverträge.

Die Fläche darf nur kleingärtnerisch genutzt werden.

§ 6

Die Verpachtung der Flächen erfolgt in dem Zustand, in dem sie sich zur Zeit befinden, ohne Gewähr für offene oder heimliche Mängel.

Änderungen in der Aufteilung der Kleingartenflächen und in ihrer Be- und Entwässerung sowie die Beseitigung oder das Zurückschneiden von Allee-, Zier- oder Nutzholzbäumen bedürfen der vorherigen schriftlichen Genehmigung des/der Verpächter(in)s. Für eigenmächtig durchgeführte Maßnahmen ist der Veranlasser dem/der Verpächter(in) gegenüber schadenersatzpflichtig.

Der Zwischenpächter bzw. der von ihm eingesetzte verwaltende Kleingärtnerverein hat zur Schadensverhütung bzw. -minderung sofort geeignete Schritte zu unternehmen, Ermittlungen hinsichtlich des Schadenverursachers einzuleiten und Strafanzeigen zu erstatten. Der/die Verpächter(in) ist unverzüglich zu informieren.

Der Zwischenpächter hat dafür zu sorgen, daß die im anliegenden Plan eingetragenen Nummern und der Vor- und Zuname des Kleingärtners an den Kleingarteneingängen angebracht werden.

§ 7

Vorbehaltlich einer vom Bauordnungsamt zu erteilenden Genehmigung dürfen auf den einzelnen Kleingärten Gartenlauben nur bis zu einer Größe von 24 m^2 Grundfläche einschließlich überdachtem Freisitz nach den vom Gartenbauamt erstellten oder genehmigten Entwürfen errichtet werden.

Sind im Entwurfsplan des Gartenbauamtes Giebelstellungen eingetragen, sind diese einzuhalten. Der Abstand zu allen Nachbargrenzen muß in jedem Falle mindestens 2,50 m betragen. Abweichungen von dieser Vorschrift bedürfen der Genehmigung der Verpächterin. Der Unterpächter hat für jeden Neu- oder Umbau bzw. jede

Abweichung von den im Entwurfplan vorgesehenen Laubentypen die Genehmigung des Bauordnungsamtes und die Zustimmung des verwaltenden Vereins selbst einzuholen und alle aus der Bebauung entstehenden Kosten, Gebühren und Abgaben zu tragen.

Die vom Gartenbauamt errichtete lebende Hecke an den Wegen ist einheitlich zu pflegen und zu erhalten. Die Hecken dürfen eine Höhe von 1,10 m nicht überschreiten. Die mitgelieferten und errichteten Gartenpforten sind pfleglich zu behandeln und dürfen in ihrem Aussehen nicht verändert werden. Durch natürlichen Verschleiß abgehende Pforten sind durch gleiche zu ersetzen.

§ 8

Die Fläche ist so zu unterhalten, wie es eine ordnungsgemäße kleingärtnerische Nutzung erfordert. Der Zwischenpächter ist zur Unterhaltung und Ausbesserung der zu dem gepachteten Land gehörigen Wege, Stege, Deiche, Dämme, Gräben, Fleete, Siele, Schlagbäume, Dammstellen, Grünflächen, Rickelwerke und Einfriedungen verpflichtet.

In die Pflege des Zwischenpächters gehen alle Gräben, Hecken und die im Vertragsplan **gelb** dargestellten Wege, Rasen- und Gehölzflächen.

Das Auslichten und Zurückschneiden der Gehölze auf diesen Flächen wird in mehrjährigen Abständen vom Gartenbauamt durchgeführt.

Das Gartenbauamt übernimmt die Pflege der im Vertragsplan grün dargestellten Fläche.

Evtl. zu der verpachteten Fläche gehörende Schaugräben sind jeweils zu den Schauterminen, die in den bremischen Tageszeitungen bekanntgegeben werden, ordnungsgemäß aufzureinigen.

Kommt der Zwischenpächter seinen Verpflichtungen nicht oder nicht ordnungsgemäß bzw. nicht rechtzeitig nach, so ist der/die Verpächter(in) berechtigt, die erforderlichen Arbeiten ohne vorherige Mahnung auf Kosten des Generalpächters vornehmen zu lassen.

§ 9

Soweit die Pachtflächen an Straßen und Straßenteile in geschlossener Ortslage im Sinne des § 41 des Bremischen Landesstraßengesetzes (BremLStrG) vom 20. 12. 1976 anschließen, obliegt dem Zwischen- oder Unterpächter die Pflicht zur Reinigung der dem Fußgängerverkehr vorbehaltenen Straßen und Straßenteile nach den Vorschriften der §§ 39, 41 und 42 BremLStrG, insbesondere das Schneeräumen sowie das Abstumpfen von Eis- und Schneeglätte. Dabei dürfen Salze und salzhaltige Streumittel nicht verwendet werden. Diese Verpflichtung gilt entsprechend auch für die Wege innerhalb der verpachteten Fläche, die regelmäßig der Öffentlichkeit zugängig sein müssen. In Zweifelsfällen ist über die genaue Abgrenzung der zu reinigenden Straßen- und Wegeflächen zwischen der Verpächterin (ggf. gemeinsam mit dem Gartenbauamt) und dem Zwischenpächter bzw. dem verwaltenden Verein Einvernehmen herbeizuführen.

§ 10

Für Veränderungen und Verbesserungen an der verpachteten Fläche wird der Zwischenpächter nicht entschädigt. Er darf sie ohne Zustimmung des/der Verpächter(in) nicht wieder beseitigen oder zerstören.

Der Zwischenpächter hat dem/der Verpächter(in) sofort Anzeige zu erstatten, wenn Nachbarn oder andere Personen die Grenzen oder die Rechte der verpachteten Fläche beeinträchtigen oder sich Rechte daran anmaßen.

Der Zwischenpächter kann sich nicht darauf berufen, daß die Unterpächter mit der Zahlung der Pacht im Rückstand sind. Ein Erlaß der Pacht wegen Mißwuchses, Wildschadens, Hagelschlags, Überschwemmung oder dgl. kann nicht gefordert werden. Jegliche Aufrechnung mit Ansprüchen gegen die Verpächterin ist ausgeschlossen.

§ 11

Jeglicher Handel, insbesondere der Verkauf und der Ausschank von Alkohol auf den Kleingärten ist verboten. Die Erwirkung einer Verkaufs- oder Schankerlaubnis ist ohne Einfluß auf dieses Verbot. Die Tierhaltung ist untersagt.

Jede Art der gewerblichen Nutzung auf der verpachteten Fläche ist untersagt. Verstöße gegen diese Bestimmungen gelten als kleingartenwidrig und sind entsprechend zu ahnden.

§ 12

Der Zwischenpächter befreit den/die Verpächter(in) von allen Schadensersatzforderungen und sonstigen Ansprüchen, auch dritter Personen, die aus der Inanspruchnahme der Flächen entstehen könnten. Hierzu gehören auch alle Ansprüche, die durch das Auslaufen und Versickern von Schadstoffen in das Erdreich und Gewässer oder Wassergräben entstehen könnten, soweit der Zwischenpächter, sein Verwalter oder dessen Mitglieder dieses zu vertreten haben.

§ 13

Den Beauftragten des/der Verpächters(in) ist jederzeit der Zutritt zu der verpachteten Fläche zu gestatten.

§ 14

Für alle aus diesem Vertrag sich ergebenden Streitigkeiten wird ausdrücklich Bremen als Gerichtsstand vereinbart.

§ 15

Der Zwischenpächter ist für die Pflege der gesamten Anlagen verantwortlich.

Den Anweisungen des Gartenbauamtes ist Folge zu leisten.

Der Zwischenpächter ist berechtigt, die Unterpächter zu den Kosten der Unterhaltung des Pachtgegenstandes, soweit der Zwischenpächter hierzu gegenüber dem/der Verpächter(in) verpflichtet ist, heranzuziehen. Dies gilt insbesondere für die Verpflichtung gemäß §§ 8 und 9 des Pachtvertrages mit der Gemeinde/Stadt . . .

Soweit die Heranziehung nicht im Rahmen der Mitgliedschaft zu einem Kleingärtnerverein erfolgt, ist der Zwischenpächter berechtigt, die hierdurch entstehenden Kosten auf die Unterpächter in angemessener Weise umzulegen. Arbeitsleistungen der Mitglieder eines Kleingärtnervereins können hierbei — soweit sie verweigert werden — durch eine Geldumlage abgegolten werden. Der Zwischenpächter kann sich eines Kleingärtnervereins als Erfüllungsgehilfen bedienen.

§ 16

Änderungen und Ergänzungen dieses Zwischenpachtvertrages bedürfen der Schriftform.

B. Einzelpachtvertrag[1])

Pachtgegenstand: ....

Pächter: ....

Pachtzins jährlich: .... zuerst am ....

Pachtvertrag

zwischen 1. ....
(Verpächter)

vertreten durch den Kleingärtnerverein

....

....
dieser vertreten durch seinen Vorstand

und 2. a) .... (Ehemann)

b) .... (Ehefrau)
Pächter)

wohnhaft ....

Mitglied des Kleingärtnervereins ....

....
betreffend den Dauerkleingarten/Kleingarten

.... Weg Nr. ....

1) Der hier veröffentlichte Einzelpachtvertrag ist ein „Mustervertrag". Er entspricht im wesentlichen den vom Landesverband der Gartenfreunde Bremen e. V. verwendeten Verträgen.

§ 1

Gegenstand der Pachtung

Der Verpächter verpachtet an den Pächter aus dem im Gebiet des Kleingärtnervereins .... gelegenen Gelände das Teilstück .... Weg Nr. .... von insgesamt etwa .... m^2, zum Zwecke der kleingärtnerischen Nutzung.

Der Garten wird in dem Zustand verpachtet, in dem er sich zur Zeit befindet, ohne Gewähr für offene oder heimliche Mängel und Fehler.

Dem Pächter ist bekannt, daß das Wohnen im Garten nicht erlaubt ist. Während der Dauer des Pachtvertrages hat er eine ständige Stadtwohnung nachzuweisen. Jede Wohnungsänderung ist dem Verpächter sofort zu melden. Änderungen in der Aufteilung der Gemeinschaftsanlagen und die Beseitigung oder das Zurückschneiden von Allee-, Zier- oder Nutzholzbäumen bedürfen der vorherigen schriftlichen Genehmigung des Verpächters.

§ 2

Pachtdauer und Kündigung

Dieser Pachtvertrag beginnt mit Wirkung vom .... und wird (für Dauerkleingärten auf unbestimmte Zeit) für sonstige Kleingärten auf .... (Zeit), jedoch längstens für die Dauer des Zwischenpachtvertrages geschlossen. Er endigt automatisch mit dem Tode des Pächters. Die Neuverpachtung ist ausschließlich Angelegenheit des Verpächters.

Das Pachtjahr beginnt mit dem .... und endet mit dem .... jeden Kalenderjahres. Für die Kündigung des Vertrages gelten die Bestimmungen des BKleingG.

§ 568 findet keine Anwendung.

§ 3

Pachtzins

Der Pachtzins beträgt zur Zeit DM .... und ist spätestens am 31. Oktober eines jeden Jahres im voraus an den Verpächter zu zahlen, erstmalig am .... Ein Erlaß des Pachtzinses wegen Mißwuchses, Wildschadens, Hagelschlags, Überschwemmung oder dergleichen kann nicht gefordert werden. Die Aufrechnung gegen die Pachtzinsforderung ist ebenso unzulässig wie die Geltendmachung von Zurückbehaltungsrechten.

§ 4

Zahlungsverzug

Bleibt der Pächter mit der Zahlung seines Pachtzinses oder mit seinem Vereinsbeitrag, Wassergeld, Wegegeld evtl. Verzugszinsen und ähnlichem trotz erfolgter schriftlicher Mahnung länger als 2 Monate im Rückstand, so ist der Verpächter berechtigt, das Pachtverhältnis nach Maßgabe der Bestimmungen des BKleingG zu kündigen.

Die gesamten Bestände des Kleingartens sowie die Laube, Einfriedigung und die Gartenfrüchte haften für den Pachtzins. Bis zur Bezahlung des Pachtzinses darf nichts von den Beständen aus dem Garten entfernt werden. Der Pächter ist verpflichtet, von einer etwaigen Pfändung der Bestände des Gartens dem Verpächter sofort Mitteilung zu machen.

§ 5
Nutzung

Der Pächter ist verpflichtet, das Pachtgrundstück im Sinne einer kleingärtnerischen Nutzung ordnungsgemäß zu bewirtschaften und in gutem Kulturzustand zu erhalten, um die Ordnung im Vereinsgebiet zu sichern.

Der Pächter hat an der Eingangspforte seinen Namen und die Nr. des Kleingartens sowie die Wohnungsanschrift anzubringen.

Der Pächter darf das Grundstück oder Teile desselben weder weiterverpachten noch Dritten zum Gebrauch oder zum Wohnen überlassen.

Jeglicher Handel, insbesondere der Verkauf und der Ausschank von Alkohol auf dem Pachtgrundstück ist verboten. Die Erwirkung einer Verkaufs- oder Schankerlaubnis ist ohne Einfluß auf dieses Verbot.

Jede Art der gewerblichen Nutzung des Pachtgrundstücks ist verboten.

Die Rasenfläche darf nicht größer als $^{1}/_{3}$ der Gesamtgartenfläche sein.

Auf den einzelnen Gärten dürfen Gartenlauben nur nach dem für diese Anlage festgelegten Entwurf des Gartenbauamtes der Stadt Bremen vorbehaltlich der Genehmigung durch das Bauaufsichtsamt errichtet werden. Die im Entwurfsplan des Gartenbauamtes eingetragene Giebelstellung ist einzuhalten. Der Abstand zu allen Nachbargrenzen muß in jedem Fall mindestens 2,50 m betragen. Abweichungen von dieser Vorschrift bedürfen der besonderen Genehmigung. Der Pächter hat für den Neubau die Genehmigung des Bauaufsichtsamtes sowie die Zustimmung des Verpächters und seines Kleingärtnervereins selbst einzuholen und alle aus der Bebauung entstehenden Kosten, Gebühren und Abgaben zu tragen.

Die vom Gartenbauamt errichtete Hecke an den Wegen ist einheitlich zu pflegen und zu erhalten. Die Hecken dürfen, sofern vom Verpächter bzw. seinem Vertreter (verwaltender Verein) keine mindere Höhe vorgeschrieben wird, eine Höhe von 1,10 m nicht überschreiten. Die mitgelieferten und errichteten Gartenpforten sind pfleglich zu behandeln und dürfen in ihrem Aussehen nicht verändert werden. Durch natürlichen Verschleiß abgehende Pforten sind durch gleiche zu ersetzen.

Die Tierhaltung ist untersagt. Das gilt auch für Brieftauben.

§ 6
Wege und Gräben

Der Pächter ist verpflichtet, die zu dem Pachtgrundstück gehörenden und angrenzenden Wege und Gräben in ordnungsmäßigem Zustand zu halten. Soweit die Pachtgrundstücke an öffentlichen Straßen und Wegen liegen, obliegt dem Pächter die polizeilich oder sonstwie gebotene Reinigungs- und Streupflicht.

Kommt der Pächter seinen Verpflichtungen nicht oder nicht ordnungsgemäß bzw. nicht rechtzeitig nach, so ist der Verpächter berechtigt, die erforderlichen Arbeiten ohne vorherige Mahnung auf Kosten des Pächters vornehmen zu lassen.

Außerdem sind die zum Pachtgegenstand gehörenden Gräben jeweils zu den Schauterminen, die in den Tageszeitungen bekanntgegeben werden, ordnungsgemäß aufzureinigen.

§ 7

Verhältnis zum Zwischenpachtvertrag

Auf das Vertragsverhältnis finden die jeweiligen Bestimmungen des zwischen dem Verpächter und dem Grundeigentümer bestehenden Zwischenpachtvertrages Anwendung.

Der Verpächter ist berechtigt, den Pächter zu den Kosten der Unterhaltung des Pachtgegenstandes heranzuziehen, soweit er hierzu gegenüber seinem Vertragspartner verpflichtet ist. Dies gilt insbesondere für die Verpflichtungen gemäß § 6 (Ziffer 4 und 6 Zw. Pachtvertrag).

Der Pächter ist verpflichtet, an den zur Gesamtgestaltung der Anlage erforderlichen Gemeinschaftsarbeiten auf Anforderung des Verpächters oder Bekanntgabe seines Kleingärtnervereins teilzunehmen. Kommt der Pächter dieser Verpflichtung nicht nach und stellt er auch keinen Ersatzmann, so hat er die Nichtbeteiligung durch Geld abzugelten. Die Höhe des Abfindungsbetrages wird durch den Verpächter bzw. durch seinen Kleingärtnerverein festgesetzt.

§ 8

Gartenordnung

Die Gartenordnung ist in ihrer jeweiligen Fassung bindender Bestandteil dieses Pachtvertrages.

§ 9

Parken von Kraftfahrzeugen

Das Parken und Wagenwaschen auf sämtlichen Wegen der Kleingartenanlage und in den Gärten selbst ist untersagt. Das Parken ist nur auf den ausgewiesenen Parkplätzen zulässig.

§ 10

Pächterwechsel

Im Falle der Kündigung des Pachtvertrages durch den Pächter fällt der Garten an den Verpächter zurück und wird von diesem neu verpachtet. Für diese Auseinandersetzung gelten folgende Bestimmungen:

Bei Beendigung des Pachtverhältnisses muß der Garten in dem Zustand zurückgegeben werden, der sich aus der fortlaufenden ordnungsgemäßen Bewirtschaftung ergibt. Verfallene oder unbrauchbare sowie das Landschaftsbild verunzierende Baulichkeiten sind von dem ausscheidenden Pächter zu beseitigen. Überzählige oder kranke Bäume und Sträucher sind auf Verlangen des Verpächters zu entfernen.

Der abgehende Pächter verpflichtet sich, die geschätzten Gegenstände und Einrichtungen gegen Erstattung des Schätzwertes auf den Nachfolger des Gartens zu übertragen. Der Verpächter sorgt für die fachgerechte Abschätzung dieser Gegenstände und Auszahlung der Entschädigung an den bisherigen Pächter. Die durch die Schätzung entstandenen Kosten und noch entstehenden sonstigen Forderungen des Verpächters an den Pächter werden von der Entschädigung in Abzug gebracht.

Bei Beendigung des Vertragsverhältnisses durch Verschulden des Pächters gelten die Bestimmungen dieses § entsprechend. Der Verpächter ist jedoch berechtigt, den Garten auf Kosten des Pächters ordnungsgemäß instand zu setzen und die hierfür entstehenden Kosten von dem Erlös des Gartens einzubehalten.

§ 11
Haftung

Der Pächter verzichtet auf jegliche Haftung des Verpächters für Mängel des Pachtgegenstandes.

Für Veränderungen oder Verbesserungen an dem Pachtgegenstand wird der Pächter nicht entschädigt. Auch darf er solche ohne Zustimmung des Verpächters nicht wieder beseitigen oder zerstören.

§ 12
Betreten der Kleingärten

Den Beauftragten des Verpächters, seines Vertreters (verw. Verein) und des Eigentümers im Rahmen seiner Verwaltungsbefugnisse ist der Zutritt zu dem Kleingarten zu gestatten.

§ 13
Verstöße und mißbräuchliche Nutzung

Bei schwerwiegenden oder nicht unerheblichen Pflichtverletzungen z. B. bei Verstößen gegen die §§ 5, 6 ist der Verpächter nach Maßgabe der Bestimmungen des BKleingG zur Kündigung berechtigt. Der Verpächter ist daneben gegebenenfalls auch berechtigt, die Beseitigung der Mängel auf Kosten des Pächters vornehmen zu lassen.

Strafbare Handlungen des Pächters, insbesondere Eigentumsvergehen und sittliche Verwahrlosung, innerhalb des Kleingartengebietes, berechtigen den Verpächter zur fristlosen Kündigung.

§ 14
Gerichtsstand

Die Pächter zu 2) sind Gesamtschuldner. Willenserklärungen werden wirksam, wenn sie auch nur einem Pächter zugehen. Jeder Pächter hat sich Willenserklärungen sowie Verfehlungen so anrechnen zu lassen, als ob sie an seiner eigenen Person entstanden sind.

Erfüllungsort und Gerichtsstand ist . . .

Gartenordnung[1])

Das Kleingartenwesen dient der Gesundheitsförderung und Erholung der Bevölkerung. Seine Verwirklichung sowie das gemeinsame Miteinander bedingen, daß die Gartenfreunde gut nachbarschaftlich zusammenarbeiten, gegenseitig Rücksicht nehmen und die Parzellen kleingärtnerisch nutzen, wobei mindestens $^1/_3$ der Gartenfläche dem Anbau von **Obst und Gemüse** vorbehalten bleiben muß.

1. Bebauung

Art und Umfang der baulichen Nutzung ergeben sich aus dem Pachtvertrag, dem Bundeskleingartengesetz, den betreffenden Bebauungsplänen und der Dienstanweisung des Senators für das Bauwesen für Bauten in Kleingärten.

1.1 Vor Errichtung, Änderung oder Erweiterung einer Gartenlaube oder anderer Baukörper und baulicher Nebenanlagen muß die Bauerlaubnis beim zuständigen Bauordnungsamt eingeholt werden und die **Zustimmung durch den Verpächter** erfolgen.

Abweichungen von der genehmigten Bauzeichnung sind unzulässig.

1.2 Die Gartenlaube ist stets in einem gepflegten Zustand zu erhalten.

1.3 Sitzplätze und Wegeflächen dürfen nicht aus geschüttetem Beton bestehen oder ähnlich massiv angelegt sein.

1.4 Die Wasseroberfläche eines Feuchtbiotops oder eines Zier- und Wasserpflanzenteiches kann bis zu 4 m^2 groß sein, bei größeren Kleingärten maximal jedoch 1 % der Gartenfläche betragen. Zur Anlage des Teiches sind entweder Lehm-Tondichtungen oder geeignete Folien zu verwenden.

Ein Entschädigungsanspruch besteht nicht.

2. Gehölze

Aus der kleingärtnerischen Nutzung, den Standortansprüchen der Obstgehölze und wegen der engen Nachbarschaft ergeben sich Einschränkungen bei der Gehölzauswahl, so daß insbesondere das Anpflanzen von Haselnuß, Hollunder und Walnuß im Kleingarten nicht erlaubt ist.

2.1 Obstgehölze

2.1.1 Auf je 200 m^2 Gartenland dürfen nicht mehr als 2 Buschbäume auf stark wachsender Unterlage sowie 1 Hoch- oder Halbstamm gepflanzt werden. Der Grenzabstand zu den Nachbargärten muß bei diesen Bäumen mindestens 4 m betragen.

Nur am Hauptweg und an der südlichen Gartengrenze sind 2 m Abstand ausreichend. In Altanlagen sind bei ausdrücklicher Zustimmung des betroffenen Nachbarn Ausnahmen für den bestehenden Altbaumbestand möglich.

---

1) Gartenordnung des Landesverbandes der Gartenfreunde Bremen e. V.

2.1.2 Kleinbaumformen auf schwach wachsender Unterlage sowie Beerenobst müssen den nach gärtnerischen Erkenntnissen erforderlichen Pflanzenabstand haben. Die Grenzabstände müssen 1,5 m, bei Beerenobststammformen 1,0 m als Mindestabstand betragen.

2.2 Ziergehölze

2.2.1 Auf je 100 m² Gartenland ist die Anpflanzung/der Stand von 2 Ziergehölzen (Laub- und Nadelgehölze) mit einer absoluten Wuchshöhe bis zu 4 m zulässig. Ein Grenzabstand von 2,50 m ist einzuhalten. Darüber hinaus sind nur solche Gehölze zu wählen, die eine endgültige Wuchshöhe von 2,50 m nicht überschreiten. Für diese ist ein Grenzabstand von 1,50 m einzuhalten.

2.2.2 Großwüchsige Waldbäume — heimische Gehölze — haben ihren Standort ausschließlich in den Anlagen des Gemeinschaftsgrüns.

3. Einfriedungen

3.1 Massive Einfriedungen, Betonpfähle und Stacheldraht sind unzulässig.

3.2 Die Gartenpforte ist in der vom Gartenbauamt erstellten Form zu erhalten und zu pflegen. Ansonsten ist sie in der vom Verpächter jeweils festgelegten Ausführung zu erstellen und zu unterhalten.

3.3 Lebende Hecken sind entsprechend der Pflanzung des Gartenbauamtes zu erhalten, erforderlichenfalls zu ergänzen. Ansonsten sind sie nach den Angaben des Verpächters zu pflanzen. Bei Neuanpflanzungen und Ergänzungen sind heimische Arten zu verwenden. Die bestimmte Heckenform ist einzuhalten.

Eine Heckenhöhe von 1,10 m darf nicht überschritten werden, damit der Einblick in den Garten gewährleistet ist. Heckenbögen über Gartenpforten sind zulässig. Die erforderlichen Pflegemaßnahmen sind ordnungsgemäß durchzuführen. Auf den notwendigen **Vogelschutz** ist dabei zu achten.

3.4 Abgrenzungen zum Nachbargarten durch lebende Hecken sind nicht gestattet. Abgrenzungen bis zu einer Höhe von 0,75 m mit engmaschigem Drahtgeflecht sind jedoch möglich. Entsprechende Stützpfosten müssen in ihren Abmessungen der geringen Zaunhöhe angepaßt sein.

4. Umweltschützende Maßnahmen

4.1 Bei der Durchführung von Pflanzenschutzmaßnahmen sind nur nützlings- bzw. bienenschonende Mittel zu verwenden. Sie sind nur im äußersten **Notfall** anzuwenden.

4.2 Der Gebrauch von **Unkrautvernichtungsmitteln** in Kleingärten ist verboten.

4.3 Förderung und Schutz der **Bienenhaltung** ist eine besondere Verpflichtung der Kleingärtnergemeinschaft.

4.4 Der Pächter soll für Nistgelegenheiten und Tränkeplätze für Vögel sorgen. Während der **Brutzeit** ist der Schnitt von Hecken und Sträuchern auf das unbedingte Maß zu beschränken.

4.5 Pflanzliche Abfälle sind zu **kompostieren** und die organische Substanz dem Boden zuzuführen, so daß eine mineralische Düngung der Gartenfläche weitgehend überflüssig wird. Für die Kompostherstellung nicht geeignetes Material muß abgefahren werden. Die Kompostanlage muß durch Abpflanzung vor Einsicht geschützt sein und darf nicht zur Belästigung anderer führen.

4.6 Unrat und Gerümpelablagerungen im Kleingarten sind nicht erlaubt. Das **Verbrennen** im Freien ist verboten.

4.7 Abwässer und sonstige zur **Verunreinigung** führende Stoffe dürfen nicht in die Gräben eingeleitet werden. Bei Grabenreinigungen ist auf Bewuchs und Tiere Rücksicht zu nehmen, wobei die Grabenprofile nicht verändert werden dürfen und der Wasserdurchfluß zu gewährleisten ist. Die Reinigung der Gräben darf nur in der Zeit zwischen dem 15. August und dem 15. November durchgeführt werden. Während der Räumungsperiode ist jeweils nur eine Grabenseite zu reinigen.

Die Weisungen des Eigentümers, des Deichverbandes und der zuständigen Ämter sowie des Verpächters sind zu befolgen. Das gilt auch für die Benutzung von Deichen.

4.8 Das Entleeren von Fäkalien- und Jauchebehältern darf nur werktags ab 20.00 Uhr erfolgen und zu keiner Belästigung führen.

5. Wege und Gemeinschaftsanlagen

5.1 Die Pflege und Instandhaltung der an die Kleingärten grenzenden Flächen wie Wege, Hecken, Gräben usw. obliegt dem Pächter, sofern nicht im Einzelfall besondere Vereinbarungen getroffen worden sind. Die eigenmächtige Veränderung dieser Einrichtungen ist nicht erlaubt.

5.2 Die Lagerung von Materialien außerhalb des Gartens darf nicht zur Behinderung anderer führen und ist daher nur bis zu einer Dauer von höchstens 24 Stunden unter Beachtung der üblichen Sicherheitsvorschriften gestattet.

5.3 Bei Benutzung von Kraftfahrzeugen aller Art innerhalb der Kleingartenanlage sind die vom Verpächter getroffenen Regelungen bindend.

5.4 Anschlagtafeln, Hinweis- und Verkehrsschilder, Vereinsheime, Kinderspielplätze, Wasserzapfstellen, Wegschranken und -absperrungen usw. unterstehen dem besonderen Schutz aller Gartenfreunde. Festgestellte Schäden müssen sofort dem Verpächter gemeldet werden.

5.5 Der Verpächter ist berechtigt, die Pächter zu **Gemeinschaftsarbeiten** für die Anlage und Unterhaltung der gemeinsamen Einrichtungen der Kleingartenanlage heranzuziehen. Für nicht geleistete Gemeinschaftsarbeit setzt der Verpächter einen entsprechenden Geldbetrag fest.

6. Ruhe und Ordnung

6.1 Der Pächter ist verpflichtet, auf Einhaltung von Ruhe, Ordnung und Sicherheit für sich, seine Angehörigen und seine Gäste zu achten.

6.2 Eine den Nachbarn belästigende und den Erholungswert beeinträchtigende **Geräuschverursachung** ist verboten. Geräuschverbreitende Gartengeräte können ganzjährig werktags von 8–13 Uhr und 15–19 Uhr benutzt werden. Einschränkungen bleiben dem Verpächter im Bedarfsfall vorbehalten.

6.3 Das Instandsetzen, Waschen und Pflegen von Kraftfahrzeugen ist innerhalb der Kleingartenanlage nicht erlaubt. Zum Parken von Kraftfahrzeugen sind nur die vom Verpächter bezeichneten Plätze oder öffentliche Parkplätze zu benutzen. Das Aufstellen von Wohnwagen und Zelten innerhalb der Kleingartenanlage ist nicht statthaft.

6.4 Jeglicher Handel, insbesondere der Verkauf und Ausschank von Getränken, ist, auch bei Erwirkung einer Verkaufs- und Schankerlaubnis, nicht zulässig.

7. Tierhaltung

Tierhaltung ist im Kleingarten nicht erlaubt. Hunde und Katzen sind in der Kleingartenanlage an der Leine zu führen, vom Spielplatz fernzuhalten und im Garten unter Aufsicht zu stellen. Verunreinigungen auf den Wegen und in der Anlage sind unverzüglich von den jeweiligen Tierhaltern zu beseitigen.

8. Verstöße

Verstöße gegen diese Gartenordnung, die nach schriftlicher Abmahnung mit angemessener Fristsetzung des Verpächters nicht behoben oder nicht unterlassen werden, sind eine Verletzung des Pachtvertrages und können wegen vertragswidrigen Verhaltens zur **Kündigung** des Pachtvertrages führen.

9. Fachberatung

Der Pächter ist gehalten, in allen gärtnerischen Belangen die Fachberater anzusprechen und sich deren Erfahrungen und Ratschläge zunutze zu machen.

10. Schlußbestimmungen

Diese Gartenordnung ist Bestandteil des zwischen dem Verpächter und Pächter geschlossenen Pachtvertrages.

Bewertung von Anpflanzungen und Anlagen

Genehmigung der „Richtlinien des Landesverbandes bayerischer Kleingärtner e.V. für die Bewertung von Anpflanzungen und Anlagen nach § 11 Abs. 1 des Bundeskleingartengesetzes (BKleingG) – Bewertungsrichtlinien Fassung Dezember 1984"[1])

Bekanntmachung des Bayerischen Staatsministeriums des Inneren vom 14. Februar 1985 Nr. II C 4 - 4709.9-3

Wird ein Kleingartenpachtvertrag nach § 9 Abs. 1 Nrn. 2 bis 6 BKleingG gekündigt, hat der Pächter nach § 11 Abs. 1 Satz 1 BKleingG einen Anspruch auf angemessene Entschädigung für die von ihm eingebrachten oder gegen Entgelt übernommenen Anpflanzungen oder Anlagen, soweit diese im Rahmen der kleingärtnerischen Nutzung üblich sind. Soweit Regeln für die Bewertung von Anpflanzungen und Anlagen von einer Kleingärtnerorganisation beschlossen und durch die zuständige Behörde genehmigt worden sind, sind diese bei der Bemessung der Höhe der Entschädigung zugrunde zu legen (§ 11 Abs. 1 Satz 2 BKleingG).

Im Einvernehmen mit den Staatsministerien für Ernährung, Landwirtschaft und Forsten und für Landesentwicklung und Umweltfragen genehmigen wir die anliegenden Bewertungsrichtlinien des Landesverbandes bayerischer Kleingärtner e.V.

Bei einer Kündigung nach § 9 Abs. 1 Nr. 5 oder 6 BKleingG (wegen einer anderweitigen planungsrechtlich zulässigen Nutzung) sind über die genehmigten Bewertungsrichtlinien hinaus die für die Enteignungsentschädigung geltenden Grundsätze zu beachten (§ 11 Abs. 1 Satz 3 BKleingG).

1) Veröffentlicht im Ministerialamtsblatt der Bayerischen Inneren Verwaltung 1985 Nr. 4 S. 52. Die Änderungen der Richtlinien wurden durch Bekanntmachungen des Staatsministeriums des Innern vom 28. 11. 1986 (MABl S. 579), vom 28. 1. 1991 (AllMBl 1991 S. 105), vom 8. 6. 1993 (AllMBl 1993 S. 780) und vom 28. 11. 1994 (AllMBl 1994 S. 1031) genehmigt.

Richtlinien des Landesverbandes bayerischer Kleingärtner e.V. für die Bewertung von Anpflanzungen und Anlagen nach § 11 Abs. 1 des Bundeskleingartengesetzes (BKleingG)

– Bewertungsrichtlinien –
Fassung Dezember 1984

mit den durch Bekanntmachungen des Staatsministeriums des Innern vom 28. 11. 1986 (MABl S. 579), vom 28. 1. 1991 (AllMBl 1991 S. 105), vom 8. 6. 1993 (AllMBl 1993 S. 780) und vom 28. 11. 1994 (AllMBl 1994 S. 1031) genehmigten Änderungen

1. Allgemeines

1.1 Die im Garten verbleibenden Anpflanzungen und Anlagen werden nur entschädigt und bewertet, soweit sie

1.1.1 nach Gesetz (z. B. § 1, § 3 Abs. 2 BKleingG; Baurecht) und Vertrag (insbesondere Pachtvertrag, Gartenordnung) **zulässig** und

1.1.2 im Rahmen der kleingärtnerischen Nutzung **üblich** sind.

1.2 Die Bewertung erfolgt nach dem **Sachwertverfahren;** Ausgangspunkt der Bewertung sind daher die Herstellungskosten (Normalherstellungskosten), wobei die **Arbeitsleistung** unbeschadet der in Nummer 2.1.4 getroffenen Regelung **unberücksichtigt bleibt.** Es werden nur die normalen Herstellungskosten berücksichtigt, nicht etwaige außergewöhnliche Leistungen.

Beim Sachwertverfahren wird von „Idealwerten" ausgegangen, die nicht überschritten werden können (die in den Tabellen im Anhang genannten Beiträge sind solche Idealwerte). Der Idealwert wird nur eingesetzt, wenn es sich um einen fachlich und gestalterisch einwandfreien Bewertungsgegenstand handelt, wenn z. B. bei einem Obstbaum der Standort, die Sorte und der Pflanzenabstand richtig gewählt wurden und der Baum gesund und gut gepflegt ist.

Der Bewertungsgegenstand wird somit seinem Zustand entsprechend mit einem Betrag bewertet, der zwischen Null und dem Idealwert liegt. Dabei ist zu beachten, daß die Herstellung von Kulturen erst abgeschlossen ist, wenn Obstgehölze das Vollertragsstadium erreicht haben und Ziergehölze ihre Funktion voll erfüllen. Nach vollendeter Herstellung – bei Obstgehölzen nach Ende des Vollertragsstadiums – beginnt bei Anpflanzungen ebenso wie bei baulichen Anlagen die Altersabschreibung.

Die für die Bewertung der einzelnen Gegenstände maßgebenden Wertangaben (Idealwerte) ergeben sich aus den Nummern 1 und 2 (einschließlich der Tabellen 1 bis 8 der Anlage 1).

1.3 Befindet sich der zu bewertende Garten allgemein in einem schlechten Zustand, ist er etwa stark vernachlässigt, so ist der Betrag der jeweiligen Einzelbewertungen, die sich nach den nachstehenden Richtlinien ergeben, um einen angemessenen Vomhundertsatz (20 bis 100 v. H.) zu kürzen. Die Kürzungen sind im Bewertungsgutachten zu vermerken und zu begründen. Bei starken Wertminderungen empfiehlt es sich, zur Beweissicherung Fotos anzufertigen.

1.4 Kosten für die Beseitigung von Anpflanzungen und Anlagen, die nach der Satzung des Bebauungsplans und der im Kleingartenverband oder -verein gültigen Gartenordnung nicht genehmigt und erlaubt sind, werden, sofern nicht der Kleingärtner die Beseitigung vornimmt oder die Beseitigung wegen der künftigen andersartigen Nutzung (vgl. § 9 Abs. 1 Nrn. 4 bis 6 BKleingG) nicht erforderlich ist, von der Bewertungssumme abgezogen, die sich bei der Bewertung im übrigen ergibt.

2. Gegenstand der Bewertung

2.1 Gegenstand der Bewertung sind

2.1.1 Kleingärtnerische Kulturen und Anpflanzungen, die zur Gewinnung von Erzeugnissen für den Eigenbedarf und zu Erholungszwecken dienen. Kostspielige Pflanzen mit Liebhaberwert werden dem Grundsatz der Nummer 1.1.2 entsprechend nur bis zur Höhe des Werts von Pflanzen berücksichtigt, die im Rahmen kleingärtnerischer Nutzung üblich sind.

Unzulässig hohe Gehölze werden, wenn die unzulässige Höhe auf einen unterlassenen Rückschnitt zurückzuführen ist, in der zulässigen Höhe und, wenn das Gehölz seiner Art nach unzulässig ist, überhaupt nicht bewertet und entschädigt;

2.1.2 Gartenlauben,

die dem — örtlichen — Baurecht entsprechen, bis zu der bei ihrer Errichtung kleingartenrechtlich zulässigen Grundfläche (24 m^2 einschließlich überdachtem Freisitz bei nach dem 31. 8. 1983 errichteten Lauben, vgl. § 3 Abs. 2 Satz 1, § 22 BKleingG);

2.1.3 sonstige bauliche Anlagen (Nebenanlagen)

Dazu gehören z. B. Spaliergerüste, Windschutzwände, Frühbeete, Gerätekisten, Kompostbehälter, Wasserbecken, Befestigungen und Einfassungen von Gartenflächen, Innenzäune; vgl. auch die in Nummer 2.2 der Anlage 1 genannten übrigen Anlagen;

2.1.4 Leistungen des Pächters für die Erstellung von Gemeinschaftseinrichtungen

Die vom Pächter erbrachten Leistungen (Geldleistungen und Arbeitsleistungen) für die Erstellung (nicht Unterhaltung) von Gemeinschaftsanlagen sind Gegenstand der Entschädigung. Der Wert geleisteter Gemeinschaftsarbeit errechnet sich nach dem jeweiligen Stundensatz oder der Umlage, die der Kleingartenverband/Verein in der Mitgliederversammlung durch Beschluß festgesetzt hat. Diese anteilig auf den Pächter entfallenden Erschließungskosten werden in einem Zeitraum von 25 Jahren gleichmäßig abgeschrieben;

2.1.5 Bodenzustand bei Neuanlagen innerhalb eines Zeitraums von fünf Jahren

Bei Gartenneuanlage sind dem Pächter erhebliche Sachkosten entstanden (Torf, Erden, Stallmist und andere bodenverbessernde Materialien), für die er, wenn die bodenverbessernden Maßnahmen nicht länger als fünf Jahre zurückliegen, entschädigt wird. Der Entschädigungsbetrag wird nach dem Bodenzustand mit bis zu DM 1,50/m² bewertet. Ab dem zweiten Jahr bis zum sechsten Jahr vermindert sich der Betrag von DM 1,50/m² jährlich um 20 v. H.

3. Gegenstand der Bewertung sind nicht

3.1 Anpflanzungen und Anlagen, die im Eigentum des Verpächters stehen;

3.2 Großbäume wie Pappeln, Birken, Linden und hochwachsende Koniferen innerhalb der Kleingärten, die im ausgewachsenen Zustand eine Wuchshöhe von 4 m überschreiten;

3.3 bewegliches Inventar (z. B. Gartenmöbel, Geräte) einschließlich Installationen von Propangas und elektrischen Anlagen.

Die Übernahme derartigen Inventars bleibt einem etwaigen nachfolgenden Nutzer des Gartens überlassen;

3.4 ein Alpinum, Teichbecken jeder Art, ein gemauerter Grill. Die Pflanzen des Alpinums und des Teichbeckens werden jedoch bewertet.

Nichtbewertete Gegenstände sind im Bewertungsgutachten als solche aufzuführen; die Gründe für die unterbliebene Bewertung sind zu nennen.

Anlage 1

1. Wertermittlung von kleingärtnerischen Kulturen und Anpflanzungen

1.1 Bewertung von Obstgehölzen und Erdbeeren

Bei der Bewertung nach den Richtlinien sind die Tabellen 1 mit 4 der Anlage 1 anzuwenden.

Unterkulturen werden nur bewertet, wenn sie pflanzenbaulich sachgerecht angelegt sind.

1.2 Bewertung von Zierpflanzen

Bei der Bewertung nach den Richtlinien ist die Tabelle 5 der Anlage 1 anzuwenden.

1.3 Anhaltspunkte zur Bestimmung des Werts

Bei der Bestimmung des Werts von kleingärtnerischen Kulturen und Anpflanzungen ist auch die Tabelle 2 der Anlage 1 anzuwenden.

Tabelle 1

Durchschnittlicher Standraum für Obstgehölze und Erdbeeren

Pflanzenart		angemessene Fläche pro Pflanze/Zahl der Pflanzen pro lfd. m
Apfel, Birne – Halbstamm (H)		7 m x 7 m
Apfel, Birne – Spindelbusch – Spalierobst je nach Erziehungsform		1,5–2 m x 2–4 m
Zwetschgen, Pflaumen, Reineclauden Mirabellen	– Halbstamm	8 m x 8 m
	– Büsche	4 m x 6 m
Süßkirschen	– Halbstamm	7 m x 8 m
Sauerkirschen	– Busch	4 m x 6 m
Schwarze Johannisbeeren		2 m x 2 m
Rote Johannisbeeren, Stachelbeeren		1,5 m x 1,5 m
Brombeeren		1 Pflanze auf 3 lfd. m
Himbeeren		2 Pflanzen auf 1 lfd. m
Erdbeeren		8 Pflanzen/m^2

Tabelle 2

Wertminderungsstufen bei der Bewertung von Gehölzen

Ausgangspunkt ist eine einwandfreie, gelungene Herstellung, wie sie für die jeweilige Funktion erwartet werden kann.

	Wertminderung v. H.
Art- und Standortwahl	
keine sehr wesentliche Beanstandung	5–10
wesentliche Fehler	10–30
völlig falsch	30–50
Pflanzabstand	
etwas eng	5–10
zu gering	10–30
nicht ausreichend	30–50
Wachstum	
mittelwüchsig	5–10
schwachwüchsig	10–20
völlig kraftlos	20–30
Pflege	
leichter Pflegerückstand leichte Erziehungsfehler bei Obstgehölzen	5–10
wesentlicher Pflegerückstand wesentliche Erziehungsfehler bei Obstgehölzen	10–20
völlig vernachlässigt	20

Bewertung von Anpflanzungen und Anlagen

Tabelle 3

– Auszug –

Obstbäume	Ø Kosten der Pflanzware DM/Stück	Bodenvorbereitung Vorratsdüngung Pfahl DM/Stück	Wert der Jungpflanzen DM/Stück	Herstellungswert d. fert. Gehölzes Idealwert DM/Stück	Herstellungswert ist erreicht nach ... Jahren	Altersabschreibg. beginnt nach ... Jahren	jährliche Abschreibung (rd.) v. H.	dabei wurde folgende Gesamtlebensdauer unterstellt	Wertminderungsstufen siehe Tabelle 2
	1	2	3	4	5	6	7	8	9
Apfel-Spindelb. Spalierobst	24	14	38	60	4	8	8	20	
Apfel-Halb- und Niederstamm	29	14	43	98	8	15	4	45	
Birnen-Spindelb. Spalierobst	24	14	38	75	6	10	5	30	
Zwetschgen Plaumen, Mirabellen, Reneklođen – Halbstamm	30	14	44	83	6	10	5	30	
Süßkirschen Spalierobst	29	14	43	109	9	15	3	45	
Herstellungswert enthält 3 DM Pflegekosten/Jahr									

Erläuterungen zur Tabelle

Spalte 1 Die Kosten für die Pflanzware wurden nach Katalogpreisen der Markenbaumschulen errechnet. Hochstämme werden als Halbstämme berechnet.

Spalte 4 Der Herstellungswert enthält neben Anschaffungs- und Pflanzkosten auch einen Betrag für Pflegeaufwand (3 DM pro Jahr). Der Herstellungswert ergibt sich aus den o. a. Beträgen, die mit 5 v. H. aufgezinst wurden. Der Herstellungswert ist als Idealwert anzusehen (oberste Preisgrenze), der nur bei idealer Pflanzung und Pflege angebracht ist. Die Herstellungswerte für Haselnußsträucher gelten nur für großfrüchtige Sorten. Gewöhnliche Haselnußsträucher werden meist als Ziergehölze gepflanzt und als solche bewertet.

Spalte 5–7 Nach vollendeter Herstellung, d. h. wenn das Vollertragsstadium erreicht ist, beginnt die Altersabschreibung, die im Normalfall geradlinig, linear vorgenommen wird.

Spalte 8 Die Gesamtlebensdauer ist ein Orientierungswert. Je nach Standort und Pflegezustand kann dieser nach oben oder unter korrigiert werden.

Spalte 9 Wertminderungsstufen sind aus Tabelle 2 ersichtlich.

Tabelle 4

– Auszug –

Beerenobst und Dauer-gemüse – Art	Ø Kosten der Pflanz-ware DM/ Stück	Boden-vorbe-reitung Vorrats-düngung Pfahl DM/ Stück	Wert der Jung-pflanzen DM/ Stück	Herstel-lungs-wert d. fert. Ge-hölzes Idealwert DM/ Stück	Herstel-lungs-wert ist erreicht nach . . . Jah-ren	Altersab-schreibg. beginnt nach . . . Jah-ren	jährliche Abschrei-bung (rd.) v. H.	dabei wurde folgende Gesamt-lebens-dauer unter-stellt	Wert-minde-rungs-stufen siehe Tabelle 2
	1	2	3	4	5	6	7	8	9
Johannisbeer-strauch 8–12 Tr.	6,30	4,20	10,50	18	3	5	7	20	
Stachelbeer-strauch 8–12 Tr.	8,50	4,20	12,70	20,–	3	5	7	20	
Weinrebe mit Topfb.	15,–	4,20	18,20	31	4	5	5	25	
Spargel	2,– lfd. m	4,20 lfd. m	6,20 lfd. m	13	3	5	10	15	
Erdbeeren bei 8 Stck/m²	einjährig 6–8 DM/m² ca. 1,– DM/St.			zweijährig 4–5 DM/m²		dreijährig 2–2,50 DM/m²			
Herstellungswert enthält 1,50 DM Pflegekosten/Jahr									

Erläuterungen zur Tabelle

Spalte 1 Die Kosten für die Pflanzware wurden nach Katalogpreisen der Markenbaumschulen errechnet.

Spalte 4 Der Herstellungswert enthält neben Anschaffungs- und Pflanzkosten auch einen Betrag für Pflegeaufwand (1,50 DM pro Jahr). Der Herstellungswert ergibt sich aus den o. a. Beträgen, die mit 5 v. H. aufgezinst wurden. Der Herstellungswert ist als Idealwert (oberste Preisgrenze) anzusehen, der nur bei idealer Pflanzung und Pflege angebracht ist. Die Herstellungswerte für Erdbeeren beziehen sich jeweils auf den Zeitpunkt vor der Ernte, d. h., wenn die erste Ernte vorbei ist, sind die Preise für das zweite Jahr zugrunde zu legen.

Spalte 5–7 Nach vollendeter Herstellung, d. h. wenn das Vollertragsstadium erreicht ist, beginnt die Altersabschreibung, die im Normalfall geradlinig, linear vorgenommen wird.

Spalte 8 Die Gesamtlebensdauer ist ein Orientierungswert. Je nach Standort und Pflegezustand kann dieser nach oben oder unter korrigiert werden.

Spalte 9 Wertminderungsstufen sind aus Tabelle 2 ersichtlich.

Tabelle 5

– Auszug –

Zierpflanzen	∅-Kosten der Pflanzware je nach Art und Sorte DM/Stück	Die Kosten wachsen bis zur fertigen Herstellung an je nach Standort- u. Pflegezustand auf DM/Stück
Rosen		
Teehybriden, Polyantharosen, Strauchrosen	6,– –10,–	–
Hochstammrosen	24,– –25,–	28,–
Schlingpflanzen		
Clematis	13,– –15,–	23,–
Wisteria	30,–	33,–
Pfeiffenwinde	36,–	40,–
Ziergehölze		
Forsythie, Spireae, Weigelie u. ä. 80/100 cm	11,– –22,–	30,–
Hecken		
Liguster (Lig. vulgare)	4,–	
Stauden		
Bodendecker wie Fetthenne,	3,50– 4,50	
Thymian, Hornkraut, Ziest u. ä.	9,–/m^2	
Rasen		
nur bis zu $^1/_3$ der Gartenfläche	1,00– 2,00 pro m^2	
Einjährige Kulturen Sommerblumen, Gemüse	1,50– 3,50 pro m^2	

Erläuterungen zur Tabelle

Ziergehölze werden insgesamt nur bis zu einem Wert von 600 DM berücksichtigt. Stauden und Zwiebelpflanzen werden insgesamt nur bis zu einem Wert von 400 DM berücksichtigt.

Bei der Bewertung von Blumenzwiebeln wird der Betrag der Bewertung in der Regel unter dem Kaufpreis der Pflanzen liegen; Blumenzwiebeln bauen rasch ab und verlieren dann an Wert. Der volle Kaufpreis ist daher nur bei Neupflanzungen gerechtfertigt. Einjährige Kulturen werden nur in Ausnahmefällen, d. h. wenn der Pächterwechsel vor dem Abernten erfolgt, berechnet.

2. Wertermittlung von baulichen Anlagen

2.1 Gartenlauben

Bei der Bewertung nach den Richtlinien ist die Tabelle 6 anzuwenden. Entsprechend dem in Nummer 1.1.2 der Richtlinien genannten Grundsatz werden Gartenlauben in aufwendiger Ausstattung nur bis zum Herstellungswert normal ausgeführter, d. h. kleingärtnerisch üblicher Lauben bewertet. Der zu ermittelnde Zeitwert einer Gartenlaube errechnet sich aus dem Normalherstellungswert (§ 16 der Wertermittlungsverordnung), der Grundfläche und dem zu dem Zeitpunkt der Bewertung gültigen Preisindex für Bauwerke (Baukostenindex) – Preisindices für Bauwerke – Meßzahlen für Bauleistungspreise in Bayern – Preisindex für Wohngebäude insgesamt (zu erfragen beim Statistischen Bundesamt) – abzüglich der jährlichen Abschreibung von 2 bis 5 v. H. Der Baukostenindex wird im Verbandsorgan und im Ministerialamtsblatt der Bayerischen Inneren Verwaltung veröffentlicht.

Berechnungsformel:

Normalherstellungswert x Grundfläche x Preisindex minus Abschreibung = Zeitwert.

Bei der Bewertung wird das Alter, vor allem aber auch der Zustand (einschließlich etwaiger Baumängel) berücksichtigt. Dadurch kann sich der Zeitwert erhöhen oder verringern. Eine alte, aber gut gepflegte noch gebrauchsfähige Laube kann z. B. durchaus noch einen Restwert von 20 bis 30 v. H. des Neuwerts haben.

Übersteigt der nach der genannten Berechnungsformel (Normalherstellungswert x Grundfläche x Preisindex minus Abschreibung) errechnete Zeitwert einer Gartenlaube die tatsächlichen Anschaffungskosten unverhältnismäßig, kann der Zeitwert einer Gartenlaube aus dem Anschaffungswert abzüglich einer jährlichen Abschreibung von 2% bis 5% errechnet werden.

2.2 Nebenanlagen

Nebenanlagen sind mit dem Betrag zu bewerten, der sich unter Berücksichtigung der nachstehend genannten Werte und des baulichen Zustands aus dem Anschaffungswert abzüglich einer jährlichen Abschreibung (Tabelle 8 der Anlage 1) ergibt.

2.2.1 Zäune

Bei Zäunen sind der Bewertung die in der Tabelle 7 der Anlage 1 genannten Werte zugrunde zu legen.

Bewertung von Anpflanzungen und Anlagen

Tabelle 6

	Bauklasse	Normalherstellungswert je m^2 Grundfläche aus Basis 1913 = 100 DM/m^2
1	Holzbauweise, sehr einfache Ausführung, einwandig, ohne Fundament, Dach mit Dachpappe	5 bis 10
2	Holzbauweise, einfache Ausführung, ordentliche Konstruktion, einfaches Fundament, einwandig, Dach mit Dachpappe	10 bis 15
3	Holzbauweise/Massivbauweise, einfache Ausführung, ordentliche Konstruktion, doppelwandig mit Fundament oder mindestens 1/2steinige Wand, einfacher Fußboden, Dach mit Dachpappe	20 bis 25
4	Holzbauweise/Massivbauweise, einfache Ausführung, jedoch sehr gute Konstruktion, Fundament, Innenverkleidung mit Nut- und Federbrettern, Beton- oder Holzfußboden, eingezogene Decke, Dach mit Wellplatten oder Ziegeln, Mauerwerk 1/2steinige Wand, beidseitig verputzt	25 bis 30
5	Massivbauweise, Ziegel oder anderer Stein, mindestens 1/2steinig, außen verputzt, innen mit Nut- und Federbrettern verkleidet, eingezogene Decke, Beton- oder Langriemfußboden, Dach mit Wellplatten oder Ziegeln	35 bis 40
6	Holzbauweise/Massivbauweise, doppelwandig oder mindestens 1/2 steinige Wand, sehr gute Ausführung, außen Wasserschlagbretter, Innenverkleidung mit Nut- und Federberettern oder außen verputzt, Innenverkleidung mit Nut- und Federbrettern, belüfteter Fußboden oder schwimmender Estrich, eingezogene Decke, Wellplatten, Isolierfenster, Fensterläden, Türsicherung	40 bis 45
	Bei Pult- und Flachdachlauben sind die Ausgangswerte um 3 DM/m^2 zu reduzieren.	
	überdachte Sitzfläche	
1	bei Pult- und Flachdachlauben sowie flachen Vordächern bei Zelt- und Satteldachlauben in einwandfreier Konstruktion bis zu 1/3 des ermittelten Ausgangswerts, jedoch nicht über	10
2	Bei Zelt, Walm- und Satteldachlauben, einbezogen in die Dachkonstruktion der Laube bis zu 1/3 des jeweils ermittelten Normalherstellungswerts der Laube	1/3 von Laube

Markisen und Rolläden sind nicht Gegenstand der Bewertung. Sie können vom Nachfolgepächter in freier Vereinbarung übernommen werden.

Tabelle 7
– Auszug –

	Zäune	Höhe in m	Ø-Wert des fertig erstellten Zauns DM/lfd. m einschl. MwSt.	Wert des Materials in DM/lfd. m einschl. MwSt.
1	Staketenzaun lfd. m/Beton- oder Stahlsäulen, rohe Binder und Staketen (Rinde)	0,60 0,80	25,00 28,00	19,00 21,00
2	Staketenzaun lfd. m/Beton- oder Stahlsäulen, geschälten und imprägnierten Bindern und Staketen	0,60 0,80	32,00 35,00	24,50 25,50
3	Lattenzaun lfd. m/Betonsäulen, gehobelten und imprägnierten Riegeln 60/75 mm und Latten 26/65 mm	0,60 0,80	48,00 52,00	25,50 27,00
4	Jägerzaun (Scherenzaun) lfd. m/Betonsäulen- oder Stahlsäulen und imprägnierten Staketen	0,60 0,80	38,00 42,00	23,00 26,00
5	Drahtzaun lfd. m/verzinkten Rohren Ø x 42 mm, Geflecht verzinkt od. PVC 2,5/50 mm	0,60	26,00	17,00
	Betonsockel bis DM 15/lfd. m			

Tabelle 8

– Auszug –

Lebensdauer und Abschreibungssätze von Nebenanlagen – Richtwerte

	Unterstellte Lebenserwartung in Jahren	Abschreibungssatz v. H.
Holzzäune mit Schutzanstrich	10–20	5–10
Holzzäune imprägniert	15–25	4– 7
Drahtzäune mit Holzpfosten	10–15	7–10
Drahtzäune	25–35	3– 4
Gartenplatten		
in Sand verlegt	10–15	7–10
Schotterunterlage	20	5
Stützwände	10–50	2–10
Kompostbehälter		
aus Holz	5–10	10–20
aus Beton, Drahtgeflecht	15–20	5– 7

2.2.2	Gartentore, Stützwände	Ø DM/Stck.
	Holzlatten mit Beschlag an Beton- oder Stahlsäulen	höchstens 80
	Holzrahmen mit Drahtgeflecht an Beton oder Stahlsäulen	höchstens 140
	Eisenrahmen mit Welldrahtgitter	höchstens 200
	Sonstige Ausführung	höchstens 250
	Stützwände	
	Diese werden nur bewertet, wenn sie baurechtlich vorgeschrieben oder lagebedingt erforderlich sind.	
	Stützwände	Ø DM/m²
		40 – 100
2.2.3	Wasserbecken	Ø DM/Stck.
	Betonbecken einfach	rd.
	ca. 0,25 m³	70
	Waschbetonbecken	
	ca. 0,50 m³	180
2.2.6	Befestigte Gartenflächen	Ø DM/lfd.m
	Wegeeinfassungen, Betonrandsteine Stellplatten etc. (ca. 100x25x6 cm)	3,50 – 4,50
		Ø DM/m²
	Kiesweg	10 – 15
	Gartenplatten (mit Unterbau)	22 – 28
	Befestigte Gartenflächen werden nur bis zu 10 v. H. der Gesamtgartenfläche bewertet.	
2.2.7	Kompostbehälter	Ø DM/Stck.
	Holzkonstruktionen	60 – 160
	Drahtgeflecht	60 – 110
	Betonkonstruktion mit abnehmbaren Betonlamellen	250 – 350
	Komposterde	bis 40 DM/m³

Stichwortverzeichnis

Die Zahlen beziehen sich auf die Paragraphen (**fett**) und auf die Randnummern (mager)